사도 바울은 어느 한 관점으로 모조리 설명될 수 없는 인물이다. 유대교만의 관점 혹은 그리스-로마의 관점으로만 설명한다면 우리는 다차원적인 바울의 신학을 놓치게 될 것이다. 마이클 버드는 이 책에서 바울이 유대인이지만 당대 유대인과 다른 면을 설명하고 있으며, 동시에 바울이 로마 시민이었지만 로마인과는 사뭇 다른 점을 분해해낸다. 한마디로, 버드는 유대인이었던 바울이 그의 동료 유대인과 달리 이방인들이 유대인들과 동등한 하나님의 백성이 된다는 것을 주장한 점, 또한 바울이 로마 시민이지만 로마 제국의 통치가 하나님의 통치에 비해 무가치함을 가르쳤다는 점에서 별다른 사람이라고 주장한다. 그 시대에 속하면서 그 시대와 구별되는 바울의 독특성을 이해하기 원하는 사람에게 본서는 그 길을 보여줄 것이다.

김경식 | 웨스트민스터 신학대학원대학교 신약학 교수

바울은 신약성서학계에서 언제나 중요한 위치를 차지한다. 본서는 바울이 자신의 정체성을 유대인만으로 제한하지 않는다는 뜻에서 '특이성'(anomaly)을 포착함으로써 바울 신학의 과녁을 정확히 꿰뚫는다. 마이클 버드는 메시아의 죽음과 부활에 대한 바울의 묵시적 해석이 유대인들과 큰 차이를 만들어, 결국 메시아이신 예수와 그를 따르는 자들로 형성된 교회가 회복된 이스라엘의 주류가 되도록 작용했다고 주장한다. '혁신적 신학자' 바울의 면모를 다양한 관점에서 분석하는 버드의 통찰은 바울에 관한 '더' 새로운 관점을 추동하는 강력한 촉매제가 될 것이다.

윤철원 | 서울신학대학교 신학대학원 신약학 교수

위대한 사도 바울은 당시 어떤 취급을 받았을까? 본서는 바로 이 질문에 대한 버드의 답변이다. 바울은 어딜 가나 문제와 갈등을 일으킨 인물로서, 그의 신앙과 주장에 분노하며 반대하는 이들이 그에게 호감을 느낀 이들보다 훨씬 더 많았다는 것이다. 유대인들은 그를 터무니없는 이단자로, 유대 그리스도인들은 갈등과 분열을 일으키는 말썽꾼으로, 그리스인들은 그의 사상을 모호한 철학이라고, 로마인들은 예수를 황제의 잠재적 경쟁자로 소개하는 정치적으로 불온한 사상가로 보았다는 것이다. 이 책에서 소개하는 역사적 바울은 현대 신앙인이 가져야 할 사회·정치적인 태도와 방향성을 제시하는 '이례적인'(anomalous) 인물이다.

이민규 | 한국성서대학교 신학대학원 신약학 교수

바울이 유대인이라는 것은 널리 알려져 있지만, 과연 어떤 종류의 유대인인가 하는 문제는 학계의 오랜 논쟁거리다. 세계 신약학계에서 주목받는 학자인 마이클 버드는 학계의 복잡한 논의들을 쉽게 풀어내어 정리해주면서 자신만의 통찰력으로 독특한 입장을 가미하는 보수적인 성향의 학자다. 이 책에서는 바울이 특이한 유대인이었음을 제안하면서 그의 팔레스타인적 배경을 강조하고 있다. 『혁신적 신학자 바울』은 최근에 활발하게 논의되고 있는 바울 연구의 중요한 주제들을 바울의 정체성과 관련하여 전체적으로 조망하게 해주는 중요한 책이므로 목회자들과 학자들에게 일독을 권한다.

이상일 | 총신대학교 신약학 교수

바울은 '그리스도 안에서' 모든 족속이 하나가 되길 염원하는 신학적 비전 속에 '그리스도인'이라는 정체성을 명토 박아두고 싶어했다. 그렇다면 태생이 유대인이었던 바울이 견지했던 유대교, 율법 등에 대한 입장은 어떻게 나타났는지, 그의 이방선교 사역에서 중요한 전환점이 되었던 이른바 '안디옥 사건'은 어떤 신학사적 의의를 띄고 있는지, 그의 서신에서 묵시주의와 언약신학의 전통은 어떻게 융합되어 나타나는지, 당시 로마제국에 대하여 바울의 복음은 어떤 관점을 드러내고 있는지 등의 중요한 질문에 대해 어떻게 답변해야 하는 걸까? 본서는 유대인 바울에 대한 기존의 여러 관점들을 공정하게 요약·평가하는 동시에 저자가 견지한 역동적이고 다층적인 바울의 신학적 정체성을 매우 선명하게 제시하고 있다. 이전의 주요 학자들이 조명한 여러 관점과 해석을 합리적으로 자리매김하면서 그 틈새의 시선으로 논증한 저자의 관점은 창의적인 만큼 교훈적이다. 바울과 유대교라는 주제에 대한 또 하나의 역작으로, 그 연구사적 지형의 세밀한 파악과 함께 바울 신학도들이 의지할 만한 또 다른 샛길을 이 책에서 만날 수 있다.

차정식 | 한일장신대학교 신학과 교수, 한국신약학회 회장

마이클 버드는 서구 기독교 미디어를 통해 학계의 '유력자'(heavy hitter)란 태그를 달고 해마다 급부상하고 있는 중진 신약학자이다. 그의 글과 사고의 특징은 빼어난 균형감각과 흐트러지지 않는 집중력이다. 저자는 이 책에서 '옛 바울 창고'와 '새 바울 창고' 학계의 양 진영을 적절히 넘나들며 다섯 가지 관심 분야를 방문한다. 이는 바울의 다차원적 이미지 속에 담긴 한 화면을 지속적으로 클로즈업하려는 것이다. 바울의 이목구비는 각각이어도 이 모두가 함께 빚어내는 바울의 형상은 명료하다. '혁신적 신학자 바울'의 초상! 한때 열악한 시대에 순응하며 살았던 바울, 그러나 나사렛 예수의 죽음과 부활 사건이 그의 삶속에 침투해 들어오자 그는 더 이상 환경에 순응할 수 없었다. 하늘의 빛을 이 땅에서 보았기 때문이다. 영문 안 익숙한 땅인 예루살렘이 아닌 영문 밖 낯선 변방의 땅 다메섹에서 하늘의 소리를 들었기 때문이다. 인간 바울과 주변 환경에 대한 이해를 심도 있게 재부팅하기 원하는 독자에게 꼭 집어 안겨주고 싶은 책이다.

허주 | 아세아연합신학대학교 신약학 교수

본서는 버드의 최고 걸작으로서, 어쩌면 톰 라이트의 색채도 약간 가미되어 있다고 하겠다. 본서를 읽다보면, 역사적 자료에 근거한, 바울 서신에 대한 견고한 해석뿐 아니라 바울 및 1세기 유대교를 둘러싼 학자들의 다양한 견해와 논쟁에 대한 깊이 있는 통찰을 엿보게 된다. 전반적으로 본서가 바울을 그가 활동했던 1세기의 맥락 안에 자리매김하는 데 실질적이고도 중요하게 이바지하고 있음을 알게 된다.

조슈아 W. 지프 Joshua W. Jipp | 트리니티 복음주의 신학교

마이클 버드는 바울이 기독교인이 된 후에도 여전히 유대교인으로서의 정체성을 버리지 않았음을 설득력 있게 주장한다. 하지만 바울이 과거에 유대인으로서 지녔던 확신은 그 중심에서부터 흔들렸고, 따라서 변모되었다. 바울은 끝까지 유대인이었지만, 그와 동시대를 살았던 다른 유대인들이 보기에 그는 별종(anomaly)이었다.

프랜시스 왓슨 Francis Watson | 더럼 대학교

바울을 제대로 이해하기 위해 그를 당시의 정황에서 접근하는 것은 반드시 필요한 일이다. 그런데 버드는 그러한 바울이 그 어떤 범주로도 포착되지 않는 인물임을 주장한다. 바울은 독불장군 격의 사도였고, 독보적인 사상가였으며, 유대인치고는 별난(anomalous) 인물이었다. 버드가 바울을 그가 속한 정황 속에서 조명하면서도, 그를 그 시대의 조류에 순응시키는 것이 아니라, 그가 지닌 독특한 성격을 끌어내는 방식은 참으로 탄탄하다. 본서는 역사적 바울에 대한 신선한 통찰이 가미된 참으로 매력적인 해석이라고 하겠다.

니자이 K. 굽타 Nijay K. Gupta | 조지 팍스 복음주의 신학교

An Anomalous Jew

Paul among Jews, Greeks, and Romans

Michael F. Bird

An Anomalous Jew:
Paul among
Jews, Greeks,
and Romans

혁신적 신학자 바울

마이클 F. 버드 지음 | 김수진 옮김

새물결플러스

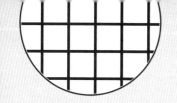

목차

서문

본서는 바울의 유대인적 특성이 다른 유대인들과 바울의 동료였던 유대 그리스도인들, 또한 로마인들 및 로마 제국과 관련하여 어떻게 표현되었는지를 이해해보려는 시도다. 바울이 유대인이었고, 유대적 삶의 방식 및 뚜렷한 유대적 세계관을 가진 인물이었음은 두말할 나위가 없다. 그렇지만 그는 디아스포라에서나 유대 지역에서 유대인 공동체와 갈등을 빚었고, 동료 유대 그리스도인들에게는 골칫거리였으며, 결국은 유대인 선동자라는 죄목으로 로마 당국에 의해 처형되었다. 나의 목표는 어떻게 해서 바울이 철저한 유대인이면서도 유대인 동포들 사이에서 악명 높은 문제 인물이 되었는지를 밝히는 것이다. 나의 대답은 간단히 말해서 바울은 특이한 유대인(an anomalous Jew)으로서 유대교의 일반적인 신념과 논란이 될 만한 신념을 모두 갖고 있던 기이한 인물이었고, 이로 인해 그를 둘러싼 사회종교적 배경과 충돌을 빚었다는 것이다.

본서의 제1장과 4장 및 5장은 초판의 형태로 출간된 바 있고, 제2장과 3장은 이번 판을 위해 특별히 추가된 것이다. 여러모로 보아 각 장은 각각 독립적이며 개별적인 연구라고 하겠다. 하지만 이렇게 한 권으로 엮이고 나니, 각 장의 공통된 목표는 바울이 통상적인 유대교와 관련하여 어떤 입장을 취했으며, 그의 이러한 접근방식이 어떻게 해서 유대교의 유산을 인정하는 동시에 그것을 변화시킬 수 있었는지를 설명하는 것이 된다. 이 연구가 유대 그리스도인으로서 이방인의 사도가 되었던 바울에 대한 논의를 심화시키는 데 이바지하기를 희망한다.

이 책을 쓰면서 여러 사람에게 신세를 졌다. 우선 먼저, 블룸스버리, 모르 지벡(Mohr Siebeck), IVP 출판사가 나의 예전 논문을 수정해서 재출판하도록 허락해준 것에 감사드린다. 둘째로, 엘리자베스 컬해인은 각 장에 해당하는 내 논문들을 일괄하여 단일 판형으로 편집해주었다. 셋째로, 어드맨즈 출판사의 마이클 톰슨과 편집팀은 본서를 출판하기 위해 언제나처럼 높은 수준의 편집 능력을 발휘해주었고, 초고를 제때에 넘겨주지 못하는 것도 너그럽게 이해해주었다. 넷째로, 리들리 대학 도서관 사서인 루스 밀라드는 평소처럼 부지런히 여러 권의 자료를 찾아줌으로써 본서를 완성하는 데 도움을 주었다. 다섯째, 벤 서튼은 약어 목록과 참고 문헌을, 존 쇼어는 색인을 위한 작업을 맡아주었다. 여섯째, 니자이 굽타, 조지프 팬틴, 제이슨 매스턴, 헤핀 존스와 같은 박식한 친구들 여럿이 본서의 원고를 읽고 수정에 필요한 현명한 조언을 해주었다. 일곱째, 나의 아내 내오미를 비롯한 우리 가족은 내가 연구에 전념할 수 있도록 사랑과 지지를 보내주었다.

마지막으로, 나는 리들리 대학 이사회, 교수진, 지원들의 신학교육을 향한 헌신 및 예수 그리스도의 복음에 동참함을 치하하며 이들에게 본서를 헌정한다. 동료들과 후원자들의 격려는 교육과 학교 행정과 교회 사역 및 연구를 균형 있게 수행함에 있어 없어서는 안될 요소다. 동료들이 늘 나를 응원해주고 언제 어떤 식으로든 내게 도움을 아끼지 않았다고 말할 수 있어서 기쁠 따름이다. 특히 브라이언 로스너 같은 진정한 바울 학자가 바로 가까이에 있어서 언제라도 바울에 관한 모든 것을 논의하면서 바울에 대한 책을 쓸 수 있는 것은 커다란 행운이라고 생각한다.

약어

AB	Anchor Bible
ABD	*Anchor Bible Dictionary*
ABR	*Australian Biblical Review*
AGJU	Arbeiten zur Geschichte des antiken Judentums und des Urchristentums
AJEC	Ancient Judaism and early Christianity
ANRW	*Aufstieg und Niedergang der romischen Welt*
ANTC	Abingdon New Testament Commentary
AusBR	*Australian Biblical Review*
AYB	Anchor Yale Bible Commentaries
BBR	*Bulletin for Biblical Research*
BDAG	W. Bauer, F. W. Danker, W. F. Arndt, and F. W. Gingrich. *A Greek-English Lexicon of the New Testament and Other Early Christian Literature.* 3rd ed. Chicago: University of Chicago Press, 2000.
BECNT	Baker Exegetical Commentary on the New Testament
BI	*Biblical Interpretation*
Bib	*Biblica*
BJRL	*Bulletin of the John Rylands University Library of Manchester*
BNTC	Black's New Testament Commentary
BR	*Biblical Research*
BTB	*Biblical Theology Bulletin*
BZ	*Biblische Zeitschrift*
BZAW	Beihefte zur Zeitschrift fur die alttestamentliche Wissenschaft
BZNW	Beihefte zur Zeitschrift fur die neutestamentliche Wissenschaft
CBET	Contributions to Biblical Exegesis and Theology
CBNTS	Coniectanea biblica, New Testament Series
CBQ	*Catholic Biblical Quarterly*

CBR	*Currents in Biblical Research*
CD	Karl Barth. *Church Dogmatics*
CIL	*Corpus Inscriptionum Latinarum*
CITM	James D. G. Dunn. Christianity in the Making. 2 vols. Grand Rapids, MI: Eerdmans, 2003-9.
ConBNT	Coniectanea biblica. New Testament Series
COQG	N. T. Wright. Christian Origins and the Question of God. 4 vols. Minneapolis: Fortress, 1992-2013.
CUP	Cambridge University Press
DNTB	*Dictionary of New Testament Background*
DPL	*Dictionary of Paul and His Letters*
EvTh	*Evangelische Theologie*
FES	Finnish Exegetical Society
FGrH	*Fragments of the Greek Historians* (*Die Fragmente der griechischen Historiker*)
FilNT	Filologia Neotestamentaria
GBS	Deutsche Bibelgesellschaft
GLAJJ	*Greek and Latin Authors on Jews and Judaism*
HBT	*Horizons in Biblical Theology*
HTR	*Harvard Theological Review*
IBS	*Irish Biblical Studies*
ICC	International Critical Commentary
IDBSup	*Interpreter's Dictionary of the Bible*: *Supplementary Volume*
IJST	*International Journal of Systematic Theology*
Int	*Interpretation*
JAJ	*Journal of Ancient Judaism*
JBL	*Journal of Biblical Literature*
JBTh	*Journal of Biblical Theology*
JES	*Journal of Ecumenical Studies*
JETS	*Journal of the Evangelical Theological Society*
JNES	*Journal of Near Eastern Studies*
JSHJ	*Journal for the Study of the Historical Jesus*
JSJ	*Journal for the Study of Judaism*
JSNT	*Journal for the Study of the New Testament*
JSNTSup	Journal for the Study of the New Testament Supplemental Series

JSOT	*Journal for the Study of the Old Testament*
JSOTSup	Journal for the Study of the Old Testament Supplement Series
JSP	*Journal for the Study of the Pseudepigrapha*
JSPL	*Journal for the Study of Paul's Letters*
JSPSup	Journal for the Study of the Pseudepigrapha Supplement Series
JSQ	*Jewish Studies Quarterly*
JTI	*Journal for Theological Interpretation*
KEK	Kritisch-exegetischer Kommentar uber das Neue Testament
KNT	Kommentar zum Neuen Testament
LAE	*Light from the Ancient East*
L&N	J. P. Louw and E. A. Nida. *Greek and English Lexicon of the New Testament; Based on Semantic Domains.* New York: United Bible Societies, 1999.
LNTS	Library of New Testament Studies
LPS	Library of Pauline Studies
LSTS	Library of Second Temple Studies
NACSBT	New American Commentary Studies in Bible and Theology
NCCS	New Covenant Commentary Series
NDIEC	*New Documents Illustrating Early Christianity*
NIB	*New Interpreter's Bible*
NICNT	New International Commentary on the New Testament
NIGTC	New International Greek Testament Commentary
NovT	*Novum Testamentum*
NovTSup	Novum Testamentum Supplement Series
NSBT	New Studies in Biblical Theology
NTL	New Testament Library
NTM	New Testament Monographs
NTR	New Testament Readings
NTS	*New Testament Studies*
OGIS	*Orientis Graeci Inscriptiones Selectae*
OTL	Old Testament Library
OUP	Oxford University Press
PAST	Pauline Studies
PBM	Paternoster Biblical Monographs
PC	Pentecostal Commentary Series

PNTC	Pillar New Testament Commentary Series
P.Oxy	*Oxyrhynchus Papryi*. Edited by B. P. Grenfell, A. S. Hunt, et al.
PS	Pauline Studies
RB	*Revue biblique*
RBL	*Review of Biblical Literature*
RevExp	*Review and Expositor*
RTR	*Reformed Theological Review*
SBG	Studies in Biblical Greek
SBL	Society of Biblical Literature
SBLSS	Society of Biblical Literature Semeia Studies
SBT	Studies in Biblical Theology
SIG	Sylloge Inscriptionum Graecarum
SJT	*Scottish Journal of Theology*
SNTSMS	Society for New Testament Studies Monograph Series
SP	Sacra Pagina
ST	*Studia Theologica*
STDJ	Studies on the Texts of the Desert of Judah
TANZ	Texte und Arbeiten zum neutestamentlichen Zeitalter
TBei	*Theologische Beitrage*
ThLZ	*Theologische Literaturzeitung*
TNTC	Tyndale New Testament Commentary Series
TPI	Trinity Press International
TSAJ	Texts and Studies in Ancient Judaism
TynB	*Tyndale Bulletin*
VerbEccl	*Verbum et Ecclesia*
WBC	Word Biblical Commentary Series
WMANT	Wissenschaftliche Monographien zum Alten und Neuen Testament
WUNT	Wissenschaftliche Untersuchungen zum Neuen Testament
ZNW	*Zeitschrift fur die neutestamentliche Wissenschaft*

서론

여러 면모를 지닌 유대인 바울

바울은 유대인이었다. 바울 스스로 자신의 민족적 정체성과 종교적 유산에 대해 유대인이자[1] 히브리인이며 이스라엘 사람이라고 공공연하게 증언했던 점을 감안할 때, 이 기본적인 사실을 부인하기는 어렵다. 바울은 다음과 같이 말한다.

우리는 본래 유대인이요 이방 죄인이 아니로되(갈 2:15).

나는 팔 일 만에 할례를 받고 이스라엘 족속이요 베냐민 지파요 히브리인 중의 히브리인이요 율법으로는 바리새인이요(빌 3:5).

---

[1] Ἰουδαῖος("유대인" 혹은 "유대 지방 사람")의 의미, 그 의미 영역, 그것이 지닌 사회·민족지학적 함의에는 논란의 여지가 있다. 논란의 골자는 주로 Ἰουδαῖος가 인종적/지리적 명칭인지 아니면 종교적 성향을 나타내는지에 관한 것이다. 어휘의 정의에 관해서는 BDAG, 478을 보라. "유대인은 모세 시대의 전통을 전심으로 수호하려는 자이며 ⋯ 유대인, 즉 Ἰουδαῖος는 대개 이스라엘 조상의 믿음과 관습을 지킨다는 의미를 내포한다." L&N 93.488, "유대 민족에 속한 자의 민족적 명칭." 또한 David M. Miller의 다음 글에 포함된 2차 자료 조사 내용을 보라. "Ethnicity, Religion, and the Meaning of *Ioudaios* in Ancient 'Judaism,'" *CBR* 12 (2014): 216-65. 여러 저자의 공저인 "Jew and Judean: A Forum on Politics and Historiography in the Translation of Ancient Texts," ed. T. Michael Law, *Marginalia Review of Books*, August 26, 2014, http://marginalia.lareviewofbooks.org/jew-judean-forum을 보라. 그 외 저명한 연구로 다음을 보라. Steve Mason, "Jews, Judaeans, Judaizing, Judaism: Problems of Categorization in Ancient History," *JSJ* 38 (2007): 457-512; Caroline Johnson Hodge, *If Sons, Then Heirs: A Study of Kinship and Ethnicity in the Letters of Paul* (Oxford: OUP, 2007), 11-15; John H. Elliott, "Jesus the Israelite Was Neither a 'Jew' nor a 'Christian': On Correcting Misleading Nomenclature," *JSHJ* 5 (2007): 119-54; Seth Schwartz, "How Many Judaisms Were There? A Critique of Neusner and Smith on Definition and Mason and Boyarin on Categorization," *JAJ* 2 (2011): 221-38; Cynthia Baker, "A 'Jew' by Any Other Name?," *JAJ* 2 (2011): 153-80; Michael Satlow, "Jew or Judaean?," in *"The One Who Sows Bountifully": Essays in Honor of Stanley K. Stowers*, ed. C. Johnson Hodge et al. (Providence, RI: Brown Judaic Studies, 2013), 165-75. John M. G. Barclay(*Jews in the Mediterranean Diaspora: From Alexander to Trajan [323 BCE-117 CE]* [Berkeley: University of California Press, 1996], 404)는 "조상과 관습"이 유대인이 지닌 정체성의 핵심이자 Ἰουδαῖος가 의미하는 바라고 올바르게 파악하고 있다. Michael F. Bird, *Crossing Over Sea and Land: Jewish Missionary Activity in the Second Temple Period* (Peabody, MA: Hendrickson, 2010), 13-16에서는 여러 주장에 대한 요약과 평가를 편리하게 정리해 놓았다.

그들이 히브리인이냐? 나도 그러하며, 그들이 이스라엘인이냐? 나도 그러하며, 그들이 아브라함의 후손이냐? 나도 그러하며(고후 11:22).

나의 형제 곧 골육의 친척을 위하여 내 자신이 저주를 받아 그리스도에게서 끊어질지라도 원하는 바로라. 그들은 이스라엘 사람이라(롬 9:3-4).

나도 이스라엘인이요 아브라함의 씨에서 난 자요 베냐민 지파라(롬 11:1).

또한 누가의 기록에 의하면 바울은 다음과 같이 말한다.

바울이 이르되 "나는 유대인이라. 소읍이 아닌 길리기아 다소 시의 시민이니"(행 21:39).

이어 이르되 "나는 유대인으로 길리기아 다소에서 났고 이 성에서 자라 가말리엘의 문하에서 우리 조상들의 율법의 엄한 교훈을 받았고 오늘 너희 모든 사람처럼 하나님께 대하여 열심이 있는 자라"(행 22:3).

바울은 자신이 유대 "민족"(γένος)에 속해 있고(고후 11:26; 갈 1:14), 유대 민족은 자신의 "친족"(συγγενής)이자 형제(ἀδελφοί)이며 심지어 골육(σάρξ)이라고 생각했으므로, 그 점을 열심히 밝힌다(롬 9:3; 11:14). 이러한 정서가 놀라울 것은 없다. 바울은 유대인 가정에서 태어나서 유대교 안에서 교육을 받았고, 심지어 바리새인이 되었으며, 그가 조상의 전통에 열심으로 헌신한 것이 그가 교회를 박해한 사실에서 증명되기 때문이다(행 9:4-5; 22:4-8; 26:14-15; 고전 15:9; 갈 1:13, 23; 빌 3:6; 딤전 1:13). 바울은 그리스도인이 되고 나서도 계속해서 유일신 신앙에 깊이 헌신하고 있었다(롬 3:30; 고전 8:4; 갈 3:20). 그는 이스라엘에 대한 [하나님의] 선택과 소명과 언약을 확신했고(롬 3:2, 9:4; 11:28-29), 이스라엘의 경전을 하나님의 계시로 대하였다(고후 4:6; 6:16).

그리스도인이 되어 사도직을 수행할 때에도 바울은 철저히 유대인으로 살았다. 그는 유대인들을 위해 진정으로 애통했고(롬 9:1-3) 그들의 구원을 위해 기도했으며(롬 10:1), 유대인 중 몇 사람이라도 얻어서 구원하고자 했고(고전 9:20-22), 심지어 [이방인을 위한] 자신의 사도직을 통해 유대인을 섬기고자 했다(롬 11:14; 15:25-28; 고전 16:1-4). 바울은 유대 지역의 교회와 협력하였으며(갈 2:1-10) 여러 유대인들을 자신의 동료로 삼았다(롬 16:7; 고전 9:6; 골 4:11). 그는 이사야서에 묘사된 "종"을 연상케 하거나(갈 1:15; 고후 6:2; 고후 7:6; 빌 2:16; 행 13:46-47) 심지어 제사장과 흡사한(롬 15:16) 유대인 예언자와 같은 역할을 하는 인물로 자신을 소개하였다(고전 2:6-16; 고후 4:1-6; 12:1-10). 게다가 한 분이신 하나님과 메시아에 대한 신앙을 전파하고 이방인 회심자들에게 우상숭배와 성적 부도덕을 피해야 한다고 주장함으로써 바울은 적어도 제한된 의미에서나마 이방인을 유대교화(judaizing)하였다(롬 1:18-32; 고전 5:10-11; 6:9; 8:4; 10:7, 14; 12:2; 고후 6:16; 갈 5:19-21; 살전 1:9).[2] 이방인들이 이스라엘의 하나님을 찬양하고 신실한 순종의 삶을 살도록 인도하는 바울의 부르심과 사도적 사명은 바로 유대적인 소명으로 간주해야 한다.[3] 캐롤라인 존슨 호지(Caroline Johnson Hodge)는 "바울이 이방인의 교사로서 한 일은 이스라엘 이야기라는 넓은 맥락에 속하는 것이지,

---

2 다음을 보라. E. P. Sanders, "Paul's Jewishness," in *Paul's Jewish Matrix*, ed. T. G. Casey and J. Taylor (Rome: Gregorian & Biblical Press, 2011), 62-63; Paula Fredriksen, "Judaizing the Nations: The Ritual Demands of Paul's Gospel," in *Paul's Jewish Matrix*, ed. T. G. Casey and J. Taylor (Rome: Gregorian & Biblical Press, 2011), 327-54 (esp. 352).

3 다음을 보라. N. T. Wright, "Romans 2:17-3:9: A Hidden Clue to the Meaning of Romans?," *JSPL* 2 (2012): 1-28; Lionel J. Windsor, *Paul and the Vocation of Israel: How Paul's Jewish Identity Informs His Apostolic Ministry, with Special Reference to Romans* (BZNW 205; Berlin: Walter de Gruyter, 2014).

그것으로부터 분리된 것이 아니다"4라고 주장하기까지 한다.

그런데 바울의 자기 소개와 그의 실천적 삶을 보면 그는 유대인의 범주에서 벗어나는 것처럼 보인다. 예를 들어, 바울은 율법에 매인 유대인이라면 결코 입에 담을 수 없을 법한 발언을 한다. 바울은 유대인 출신 바리새인으로서 자신의 태생적 특권을 과시할 수 있지만, 이제는 그것을 "배설물"로 여긴다고 밝힌다(빌 3:4-8). 또한 이전에 "유대교에 있을 때의 생활 방식"을 회상하면서 이를 멸시한다(갈 1:13-16). 바울은 자신과 같이 그리스도를 믿는 유대인은 물론이고(갈 2:19) 심지어 그리스도를 믿는 이방인조차(롬 7:4) 그리스도와 함께 죽음으로써 토라에 대해서도 이미 죽었다고 선포한다(갈 2:20; 롬 6:1-14). 나아가 "무릇 율법 행위에 속한 자들은 저주 아래에 있나니"(갈 3:10)라고까지 단언하는데, 이를 비유적으로 풀면, 율법을 충실히 지켜서 하나님을 기쁘시게 하려는 유대인은 누구나 유배당한 집에서 그저 가구나 재배치하고 있다는 뜻이다. 게다가 바울은 "율법은 진노를 이루게 하나니"(롬 4:15), 율법은 "범법하므로 더하여진 것이라"(갈 3:19), "율법이 들어온 것은 범죄를 더하게 하려 함이라"(롬 5:20) 등의 표현을 쓴다. 여기서 기본 전제는 율법이 율법-죄-사망으로 이루어진 삼중적 악의 세력의 일환이며, 인류는 이로부터 구속받아야 한다는 것이다(고전 15:56; 롬 8:2). 이렇게 명백히 급진성을 띠는 발언들은 신학적 이론에만 국한되지 않고 사회적 실천의 형태도 결정한다. 바울은 유대인과 이방인이 함께 먹는 것이나(갈 2:11-14) 우상에 바쳐진 제물을 먹는 것을(고전 8:1-10; 10:25-30) 모두 옹호한다. 그러나 다른 유대 그리스도인들은 이러한 행위가 모두 유대인의 생활 방식과 명백히 어긋나는 것으로 여겼다(행 11:1-3; 갈 2:12; 계 2:14, 20 참조). 바울은 무심결에 내뱉은 발언에서 유대교의 음식 규정인 **카슈루트**(kashrut)

---

4   Hodge, *If Sons, Then Heirs*, 121.

에 해당하는 성경의 계율을 전부 폐하고 있다(롬 14:14). 음식을 통해 우상 숭배와 타협하거나 유대교의 음식 규정을 무시하는 것은 유대 디아스포라 공동체에서 볼 때 배교 행위로 비난 받아 마땅한 것이었다(4Macc 4:26 참조!).[5] 의식과 의례에 있어서도 바울은 단지 이방인들에게 할례를 행하지 않는 것에서 그치지 않고, 이방인에게 할례를 강요하는 자들을 향해 저주를 퍼붓기까지 했다(갈 1:6-9; 5:6, 11; 6:12-15; 빌 3:2-3). 당연하게도 이러한 행위는 당시 수많은 유대 그리스도인들을 자극하였다(행 15:1-5; 갈 2:1-5; 6:12-13). 그런데 한편으로 바울의 구체적인 발언들(롬 3:19-20, 21, 31; 7:12-14; 13:8-10; 갈 3:15-26)을 볼 때, 이러한 행위를 토라에 대한 전적인 거부로 해석하기도 어렵다. 보다 적절히 말해서 이러한 발언들은 특정한 목적을 갖고 토라를 논박하며, 개인의 실천적 측면을 고려해서 토라를 상대화하고, 마지막 때의 계시에 비추어 토라를 예언과 지혜로서 재장착하는 것으로 보인다.[6] 하지만 바울을 한 사람의 유대인 사상가라고 아무리 열정적으로 변호한다고 해도, 그의 이러한 도발적인 발언들은 토라의 울타리 안에서 신실한 삶을 살아가고자 하는 유대인의 통상적인 신념과는 어느 하나도 들어맞지 않는다.

게다가 바울의 동족인 디아스포라에 속한 유대인들이나 유대 지역에 거주하는 유대인들은 모두 바울에게 난폭하고 적대적인 태도를 취했다. 예전에 바울이 교회를 박해했던 것과 마찬가지로 바울의 동포인 유대인들은 바울이 그리스도를 믿고 교회를 섬긴다는 이유로 그를 박해했다(행 13:50;

---

5   다음을 보라. John M. G. Barclay, "Who Was Considered an Apostate in the Jewish Diaspora?," in *Pauline Churches and Diaspora Jews: Beyond the New Perspective* (WUNT 275; Tübingen: Mohr Siebeck, 2011), 141-55 (esp. 151-54).

6   다음을 보라. Brian R. Rosner, *Paul and the Law* (NSBT; Downers Grove, IL: IVP Academic, 2013).

고전 4:12; 고후 4:9; 12:10; 갈 5:11; 살전 3:3-4, 7; 딤후 3:11). 바울은 그의 초기 서신에 속하는 데살로니가전서에서 청중에게 고난 가운데 인내할 것을 권고한다. 바울은 데살로니가 교인들이 지역의 당국자로부터 박해 받는 것과 유대 지역의 교회들이 유대인들에게서 박해 받는 것 간에 연관성을 이끌어 낸다.

> 형제들아, 너희가 그리스도 예수 안에서 유대에 있는 하나님의 교회들을 본받은 자 되었으니 그들이 유대인들에게 고난을 받음과 같이 너희도 너희 동족에게서 동일한 고난을 받았느니라. 유대인은 주 예수와 선지자들을 죽이고 우리를 쫓아내고 하나님을 기쁘시게 하지 아니하고 모든 사람에게 대적이 되어 우리가 이방인에게 말하여 구원받게 함을 그들이 금하여 자기 죄를 항상 채우매 노하심이 끝까지 그들에게 임하였느니라(살전 2:14-16).[7]

바울은 고린도 교인들에게 자신의 사도 자격은 유대인들에게 당한 갖가지 박해와 같은 여러 위험을 통해 입증된다고 말한다.

> 유대인들에게 사십에서 하나 감한 매를 다섯 번 맞았으며 세 번 태장으로 맞고 한 번 돌로 맞고 세 번 파선하고 일 주야를 깊은 바다에서 지냈으며 여러 번 여행하면서 강의 위험과 강도의 위험과 동족의 위험과 이방인의 위험과 시내의 위험과 광야의 위험과 바다의 위험과 거짓 형제 중의 위험을 당하고(고후 11:24-26; 다음을 보라. m. Mak. 3.14).

---

7 살전 2:14-16의 배경 및 바울 저작성에 관해서는 다음을 보라. Markus Bockmuehl, "1 Thessalonians 2:14-16 and the Church in Jerusalem," *TynB* 52 (2001): 1-31; J. A. Weatherly, "The Authenticity of 1 Thessalonians 2.13-16: Additional Evidence," *JSNT* 42 (1991): 79-98.

로마서를 쓰던 무렵 바울은 스페인을 경유하여 로마로 가기에 앞서서 예루살렘 교회에 기부금을 전달하기 위해 예루살렘을 재방문할 것을 계획하고 있었다. 로마서에서 바울은 로마 교인들에게 자신이 예루살렘 방문 중 큰 위험을 목전에 두고 있으니 안전을 위해 기도해달라고 요청하는데, 그 위험했던 상황은 사도행전 21:15-26:32에 나오는 누가의 보도를 통해 확인할 수 있다. 바울은 다음과 같은 말로 기도를 부탁했다.

> 형제들아, 내가 우리 주 예수 그리스도와 성령의 사랑으로 말미암아 너희를 권하노니 너희 기도에 나와 힘을 같이하여 나를 위하여 하나님께 빌어, 나로 유대에서 순종하지 아니하는 자들로부터 건짐을 받게 하고 또 예루살렘에 대하여 내가 섬기는 일을 성도들이 받을 만하게 하고 나로 하나님의 뜻을 따라 기쁨으로 너희에게 나아가 너희와 함께 편히 쉬게 하라(롬 15:30-32).

논의가 복잡해지는 이유는 바울이 자신의 유대인 됨을 자신이 지닌 정체성의 전부로 여기지 않았다는 데 있나. 그의 기독교 신앙에는 자신뿐만 아니라 다른 그리스도인들의 정체성과 소명을 결정짓는 어떤 중요한 요소가 내포되어 있었다.

> 유대인들에게 내가 유대인과 같이 된 것은 유대인들을 얻고자 함이요, 율법 아래에 있는 자들에게는 내가 율법 아래에 있지 아니하나 율법 아래에 있는 자 같이 된 것은 율법 아래에 있는 자들을 얻고자 함이요, 율법 없는 자에게는 내가 하나님께는 율법 없는 자가 아니요 도리어 그리스도의 율법 아래에 있는 자이나 율법 없는 자와 같이 된 것은 율법 없는 자들을 얻고자 함이라. 약한 자들에게 내가 약한 자와 같이 된 것은 약한 자들을 얻고자 함이요, 내가 여러 사람에게 여러 모습이 된 것은 아무쪼록 몇 사람이라도 구원하고자 함이니(고전

9:20-22).

위의 진술에서 바울은 여러 경우를 포괄하는 수사법을 쓰고 있는데, 이것을 단지 바울의 철학적 융통성을 나타내는 수사적 발언으로 축소할 수는 없다.[8] 바울이 스스로를 유대인의 입장에도, 율법 아래에 있는 자나 율법 없는 자의 입장에도, 또 약한 자의 입장에도 처하게 할 수 있는 유일한 이유는 자신의 정체성이 궁극적으로 그 모든 입장을 넘어선다고 믿기 때문이다. 다시 말해, 그 여러 입장에 맞추기 위해서 바울은 스스로를 굽힐 수 있는 것이다. 한층 더 충격적인 진술은 "율법 아래에 있지 않다"(μὴ...ὑπὸ νόμον)라는 표현이다. "율법 아래에" 있다는 말은 언약적으로 신실한 상태에 있는 유대인들을 일컫는 대표적인 표현이기 때문이다(갈 4:4, 21 참조. 롬 3:19; 7:6; 빌 3:6). 그런데 바울은 이방인 그리스도인들이 율법 아래에 사는 삶을 갈망해서는 안 된다고 주장한다(갈 5:18; 롬 6:14-15). 믿는 자들은 "율법 아래에" 있지 않고, 그래서도 안 된다. 왜냐하면 바울이 자신의 유대적 정체성뿐만

---

8   이와 상반되는 견해로 다음을 보라. Mark A. Nanos, "Paul's Relationship to Torah in Light of His Strategy 'to Become Everything to Everyone' (1 Corinthians 9.19-23)," in *Paul and Judaism: Crosscurrents in Pauline Exegesis and the Study of Jewish-Christian Relations*, ed. R. Bieringer and D. Pollefeyt (LNTS 463; London: T&T Clark, 2012), 106-40; idem "Was Paul a 'Liar' for the Gospel? The Case for a New Interpretation of Paul's 'Becoming Everything to Everyone' in 1 Corinthians 9:19-23," *RevExp* 110 (2013): 591-608. Nanos 는 바울이 자신의 생활 방식을 "율법 없는 삶"이라고 언급하는 것이 아니라고 보며, 바울은 율법에 순종하는 유대인으로서 단지 타인들의 관점에서 논쟁하기 위해 수사적 융통성을 드러내고 있다고 주장한다. Nanos와 유사한 견해로 다음을 보라. David J. Rudolph, *A Jew to the Jews: Jewish Contours of Pauline Flexibility in 1 Corinthians 9:19-23* (WUNT 2.304; Tübingen: Mohr Siebeck, 2011). Rudolph는 "고후 9:19-23이 바울이 율법을 준수했다는 주장과 공존할 수 없다는 것은 과장에 지나지 않는다.…[왜냐하면] 고후 9:19-23은 모세 율법의 범위 내에서 살아가는 유대인의 담화로 해석될 수 있기 때문이다"라는 의견을 제시한다. 이와 유사한 견해로는 다음을 보라. Brian J. Tucker, *Remain in Your Calling: Paul and the Continuation of Social Identities in 1 Corinthians* (Eugene, OR: Pickwick, 2011), 100-109.

아니라 타민족 출신 그리스도인들의 정체성 역시 "메시아 안"에서 찾기 때문인데, 그 안에서는 **어떤 의미에서** 인종적·사회적 및 성별의 구분이 폐하여진다(갈 3:28; 골 3:11).

이러한 새 창조에 참여한다는 것은 옛 질서 안에 내재했었고 "율법 아래에서" 의무적으로 부과되었던 차별이 본질적으로나 지속적으로 더 이상 유효하지 않음을 의미한다. 따라서 바울은 다음과 같이 진술한다. "그리스도 예수 안에서는 할례나 무할례나 효력이 없으되 사랑으로써 역사하는 믿음뿐이니라"(갈 5:6). "할례나 무할례가 아무것도 아니로되, 오직 새로 지으심을 받는 것만이 중요하니라"(갈 6:15). 바울은 고린도 교인들에게도 이와 유사한 표현을 쓰고 있다. "할례 받는 것도 아무것도 아니요, 할례 받지 아니하는 것도 아무것도 아니로되, 오직 하나님의 계명을 지킬 따름이니라"(고전 7:19). 할례는 하나님이 아브라함 및 이스라엘과 맺은 언약의 표지였고(창 17:10-14; 레 12:3), 신실한 유대인들이라면 헬레니즘 문화에 동화시키려는 각종 압력에 맞서서 생명을 맞바꿔서라도 수호해야 하는 중대한 문제였다(1 Macc 1:60-61). 필론(Philo)조차 할례를 단순한 상징적 지위 정도로 격하시킬 생각은 하지 못했다(Philo, *Migr.* 89-93). 그런데도 바울은 할례가 중요치 않다고 감히 말한다. 그에게 중요한 문제는 새 창조 및 새 창조의 주체들 안에 나타나는 도덕적 변화의 현실이고, 여기에는 계명을 사랑하고 준행하여 "그리스도의 법"을 성취하는 데 이르는 것이 포함된다(갈 6:2; 고전 9:21). 그러한 이유로 바울은 순종을 할례와 같이 여길 수 있는 것으로서 내세운다(롬 2:26-27). 결과적으로 유대인으로서의 정체성은 **토라**로써 육체의 할례를 행하는 것이 아니라 **영**으로써 마음의 할례를 행함으로써 확대된다. 다시 말해서 언약 공동체의 자격조건은 민족적(ethnic)인 것이 아니라 가공적(fictive)인 것이다(롬 2:28-29). 이러한 이유로 바울은 믿는 자들에게 메시아와의 연합과 성령 안에서의 생명에서 의로운 삶의 원천을 찾으라고 촉구할 수 있는 것이고(롬 6:1-23; 8:1-11; 갈 5:22-24), 동시에 은혜를 토라와 대비시켜 강조하고 있는 것이다(롬 5:20-21; 6:14-15; 갈 2:21; 5:4).

바울이 지닌 기독론과 종말론의 토대는 토라를 탈중심화하는 것으로 이어진다. 더욱 충격적인 것은 유대인과 이방인 사이의 관계를 규정지었던 사회적 구조가 필연적으로 깨어지는 결과를 낳는다는 점이다. 바울은 자신이 더 이상 "유대교 안"에 있다고 여기지 않으며(갈 1:13), 이방인 회심자들도 더 이상 "이방 종교" 안에 있다고 여기지 않는다(고전 12:2; 살전 1:10; 4:5). 그들은 새로운 사회적 지평에 접어들었다(갈 3:28; 골 3:11). 바울의 구분법대로라면 그들은 "유대인과…헬라인 [그리고] 하나님의 교회"(고전 10:32)로 구성된 계열 중에서 "세 번째 족속"을 이룬다고 말할 수 있다. 바울이 스스로를 가리켜 유대인이자 히브리인이며 또한 이스라엘 사람으로 소개하고 있음을 감안한다면 이러한 언어는 가히 충격적이라고 하겠다.

이렇듯 바울은 자신도 유대인이었지만 자신의 유대인 동족에게 노여움과 불쾌함은 물론 폭력마저 유발하는 언행을 서슴지 않았다. 그는 자신의 정체성과 소명이 이스라엘의 거룩한 역사와 불가분의 관계가 있지만, 그것이 자신이 이스라엘의 메시아와 맺은 관계에 의해 보다 더 적절하게 결정된다고 생각했다. 역설적이게도 그는 율법이 이미 동터온 새로운 시대에서 거부됨과 동시에 재적용된다고 보았다. 또한 그리스도를 믿는 자들이라면 언약 공동체의 소속을 나타내는 상징적 행위들 없이도 이스라엘이 받는 복에 참여하며, 이스라엘 민족보다 앞서서 처음부터 새 창조를 경험한다고 설명한다. 그는 교회가 이방인화하는 것뿐만 아니라, 비록 스스로는 의식하지 못했을지라도, 기독교와 유대교가 궁극적으로는 서로 "결별"하는 데에도 이바지하게 되었다.[9] 이러한 바울의 활동과 그가 남긴 유산으로 인해 그

---

9   다음을 보라. Alan Segal, *Paul the Convert: The Apostolate and Apostasy of Saul the Phar-*

에게 유대인 배교자라고 낙인이 찍혔을 수도 있다(행 21:20-21, 27-28; 24:5-6에서 알 수 있듯이 그는 실제로 그러한 비난을 받았다).[10]

따라서 우리는 바울과 유대인을 두고 여러 가지 질문을 하게 된다. 바울은 유대교에서 어디쯤에 자리하고 있는가? 그는 어떤 유대인이었는가? 그는 그리스도를 믿는 유대인으로서 당대의 유대교와 어떤 관계에 있었는가?

신학계 전체는 유대교와 관련하여 바울이 어디에 자리하고 있고, 유대교 신앙 및 관습의 스펙트럼 상에서 어디에 해당하는지 보여주려고 했다. 19세기 초부터 20세기 전반기까지 유력했던 개념은 바울의 "기독교"는 하나의 지적 구성물이며, "행위"에 바탕을 둔 유대교 특수주의의 한계를 돌파하여 "은혜"에 바탕을 둔 보편적 종교가 되었다는 것이었다.[11] 19세기 말에 아돌프 폰 하르나크(Adolf von Harnack)는 바울이 "기독교를 유대교에서 건

---

isee (New Haven: Yale University Press, 1990), 267: "초기 교회에서 이방인 기독교의 역할을 과장할 수도 있겠지만, 바울의 저술을 보면 그 성공에 대한 이유를 어느 정도 알 수 있다." 아울러 다음을 보라. James D. G. Dunn, *The Parting of the Ways: Between Christianity and Judaism and Their Significance for the Character of Christianity* (London: SCM, 1990), 139: "안디옥과 그 이후 시기의 바울의 입장으로 **양자 간의 분리가 불가피해졌다. 바울의 입장은 그의 교회를 세우는 데 이미 한 요인으로 작용하고 있었을 것이다**"(강조는 원저자의 것임). 유사한 견해로 다음을 보라. E. P. Sanders, *Paul, the Law, and the Jewish People* (Minneapolis: Fortress, 1983), 207-10; 『바울, 율법, 유대인』(CH북스 역간, 1995).

10 Udo Schnelle (*Apostle Paul: His Life and Theology*, trans. M. Eugene Boring [Grand Rapids, MI: Baker Academic, 2005], 362): "유대인들뿐만 아니라 엄격한 유대 그리스도인들에게도 바울은 이제 유대인과 그리스도인의 진정한 영적 고향인 회당을 배신한 철저한 배교자나 다름없었다." 다음에 들어 있는 논의를 보라. John M. G. Barclay, "Paul among Diaspora Jews: Anomaly or Apostate?," *JSNT* 60 (1995): 89-120, James D. G. Dunn, "Paul: Apostate or Apostle of Israel?," *ZNW* 89 (1998): 256-71.

11 여기서 F. C. Baur, Adolf von Harnack, Rudolf Bultmann을 아우르는 학계의 궤적을 생각하게 된다. 다음을 보라. Anders Gerdmar, *Roots of Theological Anti-Semitism: German Biblical Interpretation and the Jews, from Herder and Semler to Kittel and Bultmann* (Leiden: Brill, 2009).

져냈다"고 선언했다.[12] 그 후 50년 동안 학계는 이러한 입장에 거의 이의를 제기하지 않았다. 이 점은 루돌프 불트만(Rudolf Bultmann)이 기독교의 배경이 되는 유대교의 실체를 지목하기 위해 "유대 율법주의"라는 표제를 사용한 데서도 드러난다.[13] 바울은 위대한 첫 기독교 신학자가 된 것이다!

그러던 중 다음의 몇 가지 일로 인해 바울 사상의 유대적 성격을 재평가하고 심지어 재구성하려는 움직임이 급격하게 일어나기 시작했다. 첫 번째로 제2차 세계 대전의 와중에 자행된 가공할 만한 유대인 대학살 사건으로 인해 학계가 움츠러들었고, 이와 더불어 대학살과 같은 기괴한 악행이 지속되었던 원인이 적어도 부분적으로는 기독교의 반유대주의 때문임을 보게 되었다. 이 점만으로도 바울과 유대 민족에 대한 급진적 사고 전환이 필요했다. 두 번째로 사해 사본이 발견되었고 이에 따라 바울과 후기 랍비 문학에 대한 학문적 비교 연구가 여러 차례 진행된 결과, 바울 사상을 구성하는 제일차적 지층으로서 헬레니즘보다 유대교가 더 각광을 받게 되었다. 세 번째로 1970년대에 샌더스(E. P. Sanders)가 바울 연구에 혁명을 일으키면서 "바울에 관한 새 관점(New Perspective on Paul, NPP)"[14]이 출현하였다. 새 관점이 출발점으로 삼은 것은 바울이 유대교와 마찰을 빚은 부분이 "율법주의"가 아니라 일종의 "자민족중심주의"라고 보는 시각이었다. 제임스 던(James Dunn)이나 라이트(N. T. Wright)와 같은 학자들도 각자 독특한 관점으로 바울을 유대교 맥락 내에서 새롭게 재조명함으로써 전통적인 개신교의 해석을 대폭적으로 수정하였다. 새 관점은 바울이 유대적 세계관과 관습

---

12   Adolf von Harnack, *What Is Christianity?* (New York: Harper & Row, 1957), 176.

13   Rudolf Bultmann, *Primitive Christianity in Its Contemporary Setting*, trans. R. H. Fuller (London: Thames & Hudson, 1956), 59-71.

14   다음을 보라. E. P. Sanders, *Paul and Palestinian Judaism: A Comparison of Patterns of Religion* (Philadelphia: Fortress, 1977; 『바울과 팔레스타인 유대교』, 알맹e 역간, 2018); idem, *Paul, the Law, and the Jewish People*.

에 얼마나 깊이 뿌리박혀 있었는지를 보여주었다. 하지만 새 관점을 주창하는 학자들이 여전히 역설했던 것은 바울이 유대교와 마찰을 빚고 있었으며, 그가 유대교의 언약 신학 및 사회적 경계선들을 비판했다는 점이었다. 이러한 알력은 바울과 유대인들과의 관계가 계속해서 불안정했음을 확인해주었다.[15]

새 관점은 분명히 1990년대와 2000년대에 바울 연구의 논제를 설정해주었다. 어떤 학자들은 새 관점이 종교개혁에 대한 신학적 배신이며, 바울이 말하는 그리스도 대 토라의 대립관계를 편벽된 시각에서 해석할 경우에만 그 타당성을 인정받을 수 있다고 본다.[16] 또 어떤 학자들은 옛 관점이 지닌 신학적 깊이와 새 관점이 내포한 역사적 통찰을 통합하는 야심찬 과제를 시도했다.[17] 그런가 하면 새 관점이 그다지 급진적이지 않다고 느끼는 사람들도 있었는데, 이들은 바울이 유대교에 무슨 문제가 있다고 생각하지 않았으며, 또한 유대인들이 언약에 힘입어 구원된다고 보지 않았음을 강조하

---

15 개괄적 설명으로는 다음을 보라. Kent L. Yinger, *The New Perspective on Paul: An Intro-duction* (Eugene, OR: Cascade, 2011), Hans Hubner, "Zur gegenwartigen Diskussion uber die Theologie des Paulus," *JBTh* 7 (1992): 399–413; Don Garlington, *In Defense of the New Perspective on Paul: Essays and Reviews* (Eugene, OR: Wipf & Stock, 2004).

16 예를 들어, 다음의 평가를 보라. D. A. Carson, Peter T. O'Brien, and Mark A. Seifrid, eds., *Justification and Variegated Nomism,* vol. 1, *The Complexities of Second Temple Judaism,* vol. 2, *The Paradoxes of Paul* (Grand Rapids, MI: Baker Academic, 2001–4); Simon J. Gathercole, *Where Is the Boasting? Early Jewish Soteriology and Paul's Response in Romans 1-5* (Grand Rapids, MI: Eerdmans, 2002); A. Andrew Das, *Paul, the Law, and the Covenant* (Peabody, MA: Hendrickson, 2004), Stephen Westerholm, *Perspectives Old and New on Paul: The "Lutheran" Paul and His Critics* (Grand Rapids, MI: Eerdmans, 2003); Michael Bachmann and Johannes Woyke, eds., *Lutherische und neue Paulusperspektive: Beiträge zu einem Schlüsselproblem der gegenwärtigen exegetischen Diskussion* (WUNT 182; Tübingen: Mohr Siebeck, 2005).

17 Michael F. Bird, *The Saving Righteousness of God: Studies on Paul, Justification, and the New Perspective* (PBM; Milton Keynes, UK: Paternoster, 2006); idem, "What if Martin Luther Had Read the Dead Sea Scrolls? Historical Particularity and Theological Interpreta-tion in Pauline Theology: Galatians as a Test Case," *JTI* 3 (2009): 107–25.

는 것이 학문적으로 정확할 뿐 아니라 연구 윤리에도 부합한다고 생각했다. 바울이 유대인들에게 촉구한 것은 다만 메시아를 하나님의 구원 목적에 있어 이방인을 포함하기 위한 도구로 바라보라는 것이었다.[18] 그 밖에 어떤 학자들은 여태껏 바르트 신학, 즉 묵시적 입장을 편들어오다가 대학살 이후의 여러 감수성을 뒤섞어놓은 바울 신학을 구성하였으며, 또한 묵시적 범주들을 재편함으로써 개혁주의 신학에 대한 해체에 이르게 되었다.[19] 작금의 바울 학계는 극히 다원적인 성격을 띠고 있으므로, 그 가운데는 전통적인 개신교학파(traditional Protestants), 새관점학파(NPP), 탈새관점학파(post-NPP), 묵시학파(the apoclyptic school), 바울을 급진적 유대인으로 보는 학파, 기타 여러 혼합된 관점들에 더해서, 상상 가능한 모든 관점들이 뒤섞인 채, 바울 대 유대교에 관한 온갖 잡다한 해석들을 양산하는 실정이다.[20]

나는 아래에서 바울과 유대교에 대한 연구 현황을 살펴볼 것인데, 이 조사는 결코 완벽한 것은 아니지만, 독특한 신앙과 관습을 지닌 유대교 공동체와 관련하여 바울의 위치를 확인하기 위한 시도에 해당한다. 그

---

18 Lloyd Gaston, *Paul and the Torah* (Vancouver: University of British Columbia Press,1987), John G. Gager, *Reinventing Paul* (Oxford: OUP, 2000).

19 Douglas A. Campbell, *The Deliverance of God: An Apocalyptic Rereading of Paul* (Grand Rapids, MI: Eerdmans, 2009); idem, "Christ and the Church in Paul: A 'Post-New Perspective' Account," in *The Apostle Paul: Four Views*, ed. M. F. Bird (Grand Rapids, MI: Zondervan, 2012), 113-43, 그리고 그에 대한 평가로는 다음을 보라. Chris Tilling, ed., *Beyond Old and New Perspectives: Reflections on the Work of Douglas Campbell* (Eugene, OR: Cascade, 2014).

20 다음을 보라. Kathy Ehrensperger, *That We May Be Mutually Encouraged: Feminism and the New Perspective in Pauline Studies* (London: T&T Clark, 2004); Charles Cosgrove, Herold Weiss, and Khiok-Khng Yeo, *Cross-Cultural Paul: Journeys to Others, Journeys to Ourselves* (Grand Rapids, MI: Eerdmans, 2005); Mark D. Given, ed., *Paul Unbound: Other Perspectives on the Apostle Paul* (Peabody, MA: Hendrickson, 2010); Christopher D. Stanley, *The Colonized Apostle: Paul through Postcolonial Eyes* (Minneapolis: Fortress, 2011); Bird, *The Apostle Paul: Four Views*, Magnus Zetterholm, *Approaches to Paul: A Student's Guide to Recent Scholarship* (Minneapolis: Fortress, 2009), esp. 195-224.

리고 그러한 목적을 위해 나는 과거의 유대인(former Jew), 변화된 유대인 (transformed Jew), 신실한 유대인(faithful Jew), 급진적 유대인(radical Jew), 특이한 유대인(anomalous Jew)이라는 분류법을 사용하였다. 두말할 것도 없이 이 분류법은 유연성을 띠고 있고 경계가 불분명하기 때문에 각 분류법에 해당하는 저자들이 하나 이상 여러 범주에 속할 수 있다. 그러나 이 분류법은 바울과 유대교에 대한 탐구에 도움이 되는 유용한 패러다임으로서 계속해서 사용될 수 있을 것이다.

과거의 유대인

최근 일부 학자들은 바울이 지닌 유대인으로서의 자기 정체성을 인정하면서도 바울과 당시 유대인들 간의 불연속성을 상정하는데, 이는 특히 바울의 사회적 위치에 있어서만이 아니라 그의 기독교적 정체성을 이해하는 데도 존재했다고 단언한다. 바울은 자신을 민족적으로 유대인이라고 소개했지만, 그럼에도 불구하고 그가 언약의 경계를 근본적으로 변경한 것과, 또한 스스로 그리스도에 참여한다고 설명한 것에 비추어볼 때, 그는 **과거의 유대인**(한때는 유대인이었지만 지금은 그렇지 않다는 의미―옮긴이)이라고 하겠다. 따라서 J. 루이스 마틴(J. Louis Martyn)의 말마따나 "요컨대 교회는 과거의 유대인과 과거의 이방인으로 구성된 [새로운] 가족이지, 기존 가족의 확장판이 아니다."[21] 다른 학자들도 이러한 기본 개념을 바탕으로 이론을 확장

---

21   J. Louis Martyn, *Galatians* (AB; New York: Doubleday, 1997), 382.

해왔다.

프랜시스 왓슨(Francis Watson)은 자신의 원래 저작을 대폭 수정하면서 바울이 유대교와 토라 및 이방인에 관해서 했던 발언들의 기저에 있는 사회적 현실을 연구한다.[22] 그는 기독교 공동체들이 유대교 내의 개혁 운동에서 출발해서 유대교 회당으로부터 분리되고 의식으로 독립한 별개의 종파가 되기까지 바울이 촉매 역할을 했다고 본다.[23] 왓슨에 따르면 바울은 "유대교"를 사실상 "바리새주의"와 같은 것으로 간주하며, 바울 자신이 예전에 교회를 박해했을 때 가지고 있었던 것과 같은 조상의 전통을 향한 열심과 진배없다고 여긴다.[24] 로마서에 반영되어 있듯이 바울이 안디옥과 갈라디아에서 벌였던 논쟁에는 이방인들이 공동체로 존재하면서 토라에 대한 준수가 없이도 믿음을 실천할 수 있는 사회종교적 공간(이는 대체로 유대교의 종교적 전통을 재해석함으로써 성취된다)을 창출하고자 하는 바울의 관심이 나타난다.[25] 왓슨은 호기롭게도 바울의 급진성이나 논쟁을 굳이 설명해서 제거한다거나 그 날카로운 표현들을 무디게 하지 않은 채로 여과없이 펼쳐 보인다.[26] 그렇지만 나는 "종파적 분리"(sectarian separation)라는 개념이 과연 바울 공동체의 사회적 기풍을 나타내는 가장 적절한 모형인지에 대해 의문이 든다. 바울이 이방인 그리스도인들과 유대 그리스도인들 간에 화합을 이

---

22 Francis Watson, *Paul, Judaism, and the Gentiles: Beyond the New Perspective* (rev. ed., Grand Rapids, MI: Eerdmans, 2007).

23 Watson, *Paul, Judaism, and the Gentiles*, 21-24, 51-53, 344-46; 아울러 다음을 보라. Barclay, *Jews in the Mediterranean Diaspora*, 386, Wayne Meeks, "Breaking Away: Three New Testament Pictures of Christianity's Separation from Jewish Communities," in *"To See Ourselves as Others See Us"*: *Christians, Jews, and "Others" in Late Antiquity*, ed. J. Neusner and E. S. Frerich (Chico, CA: Scholars, 1985), 106; Segal, *Paul the Convert*, 271.

24 Watson, *Paul, Judaism, and the Gentiles*, 22-23.

25 Watson, *Paul, Judaism, and the Gentiles*, 52, 344-45.

26 Watson, *Paul, Judaism, and the Gentiles*, 24.

루고자 노력한 점, 또한 유대 그리스도인들이 여러 면에서 유대인 공동체 및 제도에 여전히 결속되어 있었다는 점 등으로 미루어 볼 때, 양자 간의 사회적 관계가 완전히 단절되었다고 보기는 어렵다.[27] 추후 유대인과 그리스도인들의 관계를 보면 서로 간의 단절이 분명하고도 철저했다기보다는 항상 복잡하고도 가변적이었음을 알 수 있다. 어쩌면 바울은 자신의 공동체를 탈유대인 내지 비유대인 공동체라기보다는 유사 유대인 공동체 정도로 이해하고 있었던 것 같다. 그리스도인들의 정체성과 실천적 삶은 종말론과 기독론이 혼합된 상태를 특징으로 하고 있던 반면에, 바울의 교회 공동체와 유대교 공동체 간에는 여전히 불가분의 연결고리가 남아 있었다.

러브 세크레스트(Love Sechrest)는 바울 사상의 민족적·인종적 연구를 통해서 새 창조에 대한 바울의 묵시적 확신과 이스라엘의 구원에 대한 그의 종말론적 소망 때문에 바울과 유대교 간에는 연속성(예를 들어, 롬 4:1-25; 11:25-32)과 불연속성(고전 9:19-23; 10:32; 갈 6:16)을 상정할 수 있다고 본다. 세크레스트는 바울이 자기 정체성을 언급하는 본문을 고대 유대 민족의 형성이라는 틀에서 해석할 경우, 바울은 자신이 유대인으로 태어났지만 이제 더는 유대인에 속하지 않는 것으로 여기는데, 이는 바울의 유대적 정체성이 말소되었다는 의미가 아니라, 그것이 보다 깊은 현실로 인해 초월된 것으로 보아야 한다는 뜻이다. 그리스도 사건을 바라보는 바울의 관점으로 인해 그가 하나님 및 동료 유대인들과 맺은 관계, 그리고 "이방인들"을 대하는 그의 태도가 묵시적 방향으로 바뀌었다. 세크레스트에 따르면 "'유대인과 **같이** 될 수 있다'는 바울의 주장에는 스스로를 우선적으로 유대인으로 간주하지 않을" 뿐 아니라, "바울을 포함하여 유대인 출신과 이방

---

27   이 점은 사도행전에 잘 나타나 있다. 바울은 회당에서 설교를 시작하면서 디모데가 할례를 받도록 했고, 동료 두 사람이 성전에서 나실인 서약을 할 수 있도록 속전을 지불하였다.

인 출신 그리스도인들은 이미 새로운 정체성을 지닌 대 가족의 일원이 되었다"는 뜻이 "분명히 함축되어" 있다.[28] 추후 살펴보겠지만, 나는 이러한 입장에 상당 부분 동조한다(제1장을 보라). 하지만 일부 용어에는 세심한 주의가 필요하고, 특히 바울과 유대교 간의 불연속성이 지나치게 강조될 때는 더욱 신중한 접근이 필요하다고 하겠다.[29]

변화된 유대인

새 관점에 속한 여러 저자들이 서로 다양한 입장을 갖고 있음에도 불구하고, 이들은 바울 서신에 대한 기존의 신학적 해석이 유대인들에게 중세 초기의 가톨릭 율법주의자와 같은 굴레를 씌워온 것을 바울에 대한 새로운 해석을 통해 깨뜨리려고 시도해왔으며, 그러한 새로운 해석은 다음과 같은 특징을 지니고 있다.

1. 중세 신학 및 종교개혁 신학에서 유래한 시대착오적인 범주와 단절하고, 역사적 민감성을 가지고 바울 서신을 해석한다.
2. 제2성전기 유대교의 구원론적 모형을 재평가하고, 유대인의 종교적 신념에 나타난 은혜의 본질에 방점을 둔다.

---

28 Love L. Sechrest, *A Former Jew: Paul and the Dialectics of Race* (LNTS 410; London: T&T Clark, 2009), 156, 164.
29 다음을 보라. N. T. Wright, *Paul and the Faithfulness of God* (COQG 4; London: SPCK, 2014), 1448; 『바울과 하나님의 신실하심 상, 하』(CH북스 역간, 2015).

3. 유대교 묵시사상, 1세기 유대인의 열심과 자민족주의, 토라의 해석을 둘러싼 종파 간의 논란과 관련하여 바울과 기타 유대인 저자들을 비교·연구한다.

이러한 새 관점에 따른 해석은 일반적으로 바울을 철저한 유대인으로 보며, 그가 이방인의 사도로 부르심을 받음으로 인해 그의 유대교적 가치관이 부정되기보다 변화되었다고 결론 내린다.

E. P. 샌더스(E. P. Sanders)의 대작 『바울과 하나님의 신실함』(*Paul and Palestinian Judaism*)는 바울 연구의 지형을 바꿔놓았다. 이전의 학자들도 유사한 결론을 암시했었으나, 샌더스는 신약학 내에서 유대교를 바라보는 새로운 시각과 더불어 바울에 대한 새로운 시각을 열어놓는 데 성공하였다.[30] 샌더스는 두 가지 중요한 일을 이루어 놓았다. 첫째로, "나는 내가 믿는 바나 행하는 바에 의해 구원받았는가?"라는 그리스도인들의 질문에 대답하기 위한 신학적 목적을 염두에 두고 바울을 연구하는 대신에, 그는 비교종교학적 접근을 통해 바울의 종교적 모형과 팔레스타인 유대교의 모형 간에 존재하는 유사점을 추적했다. 둘째로, 샌더스는 유대교를 외적 행위와 공허한 종교 의식을 통해 의를 얻기 위한 제도로 치부하면서 제2성전기 유대교를 편견을 갖고 희화화하던, 19세기부터 이어져온 시각을 거부했다. 그에 따라 샌더스는 랍비 문헌, 사해 사본, 외경, 위경 등을 조사하고서 이들 해당 자

---

30   E. P. Sanders보다 앞선 견해로는 다음을 보라. Preston M. Sprinkle, "The Old Perspective on the New Perspective: A Review of Some 'Pre-Sanders' Thinkers," *Themelios* 30 (2005): 21-31. Sprinkle은 G. F. Moore, Krister Stendahl, George Howard, Joseph Tyson의 주장을 다 아우르고 있다. 여기에 필자는 다음의 것들도 추가하고자 한다. N. A. Dahl, "The Doctrine of Justification: Its Social Function and Implications," in *Studies in Paul* (Minneapolis: Augsburg, 1977), 95-120; Markus Barth, "Jews and Gentiles: The Social Character of Justification in Paul," *JES* 5 (1968): 241-67.

료에서 하나님의 긍휼과 언약의 효력에 대한 확고한 신뢰가 드러난다고 결론지었다. 샌더스는 "해당 문헌 전체에 걸쳐, 순종을 통해 언약적 지위가 유지되지만, 순종을 방편으로 삼아 하나님의 은혜 자체를 얻을 수 없음을 알게 된다. 순종은 한 개인이 하나님의 은혜를 받는 집단 안에 머물게 할 뿐이다"고 주장했다.[31] 샌더스는 기원후 70년 이전에 팔레스타인에서 유행했던 종교적 모형을 그 자신의 용어로 "언약적 율법주의"(covenantal nomism)에 대한 가르침이라고 간략히 표현했다. 다시 말해 "하나님의 계획 안에서 한 사람의 지위는 언약에 근거하여 확립되며, 그러한 언약이 지속되기 위해 사람 편에서 계명에 순종할 것을 요구하는 한편, 언약에 대한 위반을 속죄할 수 있는 방편도 마련된다."[32] 보다 충분한 설명을 하자면, 다음과 같은 순서로 정리할 수 있다. "(1) 하나님이 이스라엘을 선택하셨고, (2) 율법을 주셨다. 이는 (3) 하나님 편에서 선택을 유지하겠다는 약속인 동시에, (4) 순종의 요구를 의미한다. (5) 하나님은 순종에 대해 상을 주시고, 위반에 대해 징벌을 내리신다. (6) 율법에는 속죄를 위한 방편이 마련되어 있고, 속죄의 결과 (7) 언약적 관계가 유지되거나 재확립된다. (8) 순종과 속죄와 하나님의 긍휼을 통해 언약 안에 머물러 있는 사람들은 모두 구원받을 집단에 속한다.[33] 따라서 "선택은 물론 궁극적으로는 구원까지도 인간의 노력보다는 하나님의 은혜에 의한 것이라고 볼 수 있다."[34]

이러한 모형이 바울과 무슨 관계가 있는가라는 질문에 대해, 유대교를 바라보는 이러한 새로운 시각으로 인해 예수 그리스도를 중심으로 하는 바울의 고유한 종교적 모형도 새로운 [유대교적] 배경에 비추어 이해해

---

31   Sanders, *Paul and Palestinian Judaism*, 420.

32   Sanders, *Paul and Palestinian Judaism*, 75.

33   Sanders, *Paul and Palestinian Judaism*, 422.

34   Sanders, *Paul and Palestinian Judaism*, 422.

야 할 필요가 생겨났다고 하겠다. 샌더스에 따르면, 바울 신학을 설명해주는 가장 기본적이고 확고한 신념이 두 가지가 있는데, 바로 (1) 예수 그리스도가 주님이시고, 그리스도 안에서 하나님이 구원의 길을 마련하셨다는 것과, (2) 바울이 이방인의 사도로 부르심을 받았다는 것이다.[35] 그러한 기본적인 신념을 인정하게 되면, 바울이 제시하는 논리는 곤경에서 해결로 나아가는 것이 아니라 도리어 해결에서 곤경으로 귀착된다. 하나님이 그리스도를 구세주로 보냈다면 세상은 처음부터 그러한 구세주를 필요로 했던 셈이다. 바울의 복음은 그리스도 안에 나타난 하나님의 구원 활동과 그리스도를 청종하는 자들이 믿음에 의해 구원에 참여하는 방법에 관한 것이다.[36] 더군다나 바울은 구원이 그리스도와의 신비로운 연합 안에서, 곧 그의 죽음과 부활에 동참하고, 그의 주 되심에 순복함으로써 이루어진다고 믿는다. 바울이 토라에 반대하는 이유는 그것이 하나님이 그리스도 안에서 확정한 구원의 길이 아니기 때문이다. 문제는 토라가 악하다거나 토라에 순종하는 것이 불가능하다는 점이 아니라, 그것이 단지 하나님의 구원 활동이 이루어지는 장소가 아니라는 점에 있다. 토라에 순종함으로써 한두 가지 의를 이룰 수는 있겠지만, 그것이 종교의 진정한 목적, 즉 생명으로 인도하는 의에 이르게 하지는 못한다. 이는 토라에 의해서가 아니라 그리스도에 의해서 이루어진다. 사실 토라도 하나님이 주신 것이지만, 토라의 기능은 모든 사람을 죄에 넘겨주어 그리스도 안에 있는 하나님의 은혜로 구원을 받게 하려는 것이었다.[37] 하지만 바울이 이와 같은 주장을 개진하는 것은 오직 유대교의

---

35 Sanders, *Paul and Palestinian Judaism*, 441-42; idem, *Paul, the Law, and the Jewish People*, 152, 162.

36 Sanders, *Paul and Palestinian Judaism*, 442-47, 474-75, 497; idem, *Paul, the Law, and the Jewish People*, 138.

37 Sanders, *Paul and Palestinian Judaism*, 475-97, 505-6, 549-50; idem, *Paul, the Law, and the Jewish People*, 140-41.

세 가지 핵심 교리인 이스라엘의 선택·언약·토라를 부인하지는 않더라도 적어도 간과할 경우에나 가능하다. 그렇다면 샌더스가 이해하는 바울이라는 인물은 분명히 언약적 율법주의자는 아니다. 바울의 사상에는 하나님이 이스라엘을 선택하고 언약을 맺어서 언약 당사자들이 순종하면 체결된다는 언약 신학 자체가 없기 때문이다. 도리어 바울 사상의 중심은 그리스도에 참여하는 것이었고, "언약 안"에 있는 상태가 "그리스도 안"에 있는 상태로 사실상 대체된다.[38] 바울은 이스라엘의 선택이 유효하다는 점을 부인한다. 아브라함의 자손이 되기 위해서 유대인이 될 필요는 없기 때문이다.[39] 또한 바울은 유대적 언약 개념이 구원의 효력이 있음을 부정함으로써 유대교의 구원론 도식 전체를 허물어버린다.[40] 그 결과 다음과 같은 샌더스의 핵심 주장이 나오게 된다. "요컨대 **유대교가 잘못되었다고 바울이 생각하는 이유는 바로 유대교는 기독교가 아니기 때문이다.**"[41] 후에 그는 이 결론을 다듬어 바울이 자신의 원종교인 유대교에 대해 비판한 점은 그리스도를 믿지 않고, "육신을 따른" 선택의 효력에 의존하면서, 이방인을 평등하게 대하지 않은 점이라고 설명하였다.[42]

바울과 그의 교회가 유대교와 관련하여 어디쯤 자리하고 있는지에 관한 질문은 샌더스에게서 확실한 답을 찾아내기 어렵다. 한편으로 바울은 유대인과 이방인을 함께 끌어들여 자신들이 아브라함의 자손임을 주장하며 새 창조를 경험하는 단일한 집단으로서 "제3의 실체"를 형성하였고, 이 실체는 기능적으로 "진정한 이스라엘"에 해당하는 것이 되었다. 다른 한편으

---

38   Sanders, *Paul and Palestinian Judaism*, 513-15, 543.

39   Sanders, *Paul, the Law, and the Jewish People*, 160.

40   Sanders, *Paul and Palestinian Judaism*, 551.

41   Sanders, *Paul and Palestinian Judaism*, 552 (강조는 원저자의 것임).

42   Sanders, *Paul, the Law, and the Jewish People*, 155, 160.

로 바울 자신은 물론 그에게 매질을 가함으로써 그를 처벌했던 유대인들도 바울을 유대교 내에서 타락한 자로 여겼음이 분명하다. 바울에 대한 처벌은 그가 유대교에 속해 있음을 의미하기 때문이다.[43] 바울이 애초에 기독교와 유대교 간의 단절을 조장할 의도를 가졌던 것은 아니었다. 그러나 그가 아브라함의 자손임이 선택의 근거가 됨을 부인하고, 유대교로의 개종이 아니라 그리스도를 믿는 믿음이 하나님의 백성이 되는 방편이라고 주장함으로써 이러한 단절에 기여한 것은 틀림없다. 샌더스에 의하면 "바울 서신에는 기독교의 자기 이해에 관한 핵심 내용이 상당 부분 존재한다. 기독교는 이스라엘의 역사를 사용하면서도 그것을 초월한다고 주장하곤 했다. 기독교는 유대 경전에 근거하여 그 안에서 기독교의 진리를 이끌어내지만, 불필요한 부분은 가차 없이 일축하고 그것을 새로운 말로 보완하곤 했다. 그중 일부는 '주님에게서' 나온 것이고, 일부는 인간적 권위로부터 나온 것이다."[44]

　　제임스 D. G. 던(James D. G. Dunn)은 샌더스 이후 바울과 유대교에 대한 재평가를 시도한 학계의 동향을 일컫는 "새 관점"이란 말을 최초로 사용한 사람이다.[45] 그 후에 던은 "바울과 그 조상의 종교인 유대교 간의 관계를 철저히 재평가하는 작업이 그야말로 필요한 시점이다. 바울 신학에 대한 현대적 해석으로 인해 도출된 수많은 결론을 전부 재평가하는 것도 당연히 필요하다"고 주장했다.[46] 샌더스가 주장하듯이 유대교가 본래부터 행위로 의를 얻는 종교가 아니었다고 해도, 바울이 토라의 행위와는 별도로 믿음으

43　Sanders, *Paul, the Law, and the Jewish People*, 171-79, 192.

44　Sanders, *Paul, the Law, and the Jewish People*, 209-10.

45　Dunn의 평생에 걸친 연구를 모아 놓은 다음의 논문집을 보라. James D. G. Dunn, *The New Perspective on Paul* (rev. ed., Grand Rapids, MI: Eerdmans, 2008); 『바울에 관한 새 관점』 (에클레시아북스 역간, 2012).

46　James D. G. Dunn, *The Theology of Paul the Apostle* (Edinburgh: T&T Clark, 1998), 5.

로 의롭게 된다고 역설했을 때 그가 정확히 무엇에 반대한 것인지는 여전히 풀리지 않는 문제였다. 던은 바울에 대한 초기 논문에서 과연 바울이 유대교의 오점으로 지적한 것이 무엇이었는지에 대한 질문에 답하고자 했다. 짐작건대 해결책은 예수였을 것이다. 그가 내린 결론은 하나님의 의로부터 이방인을 배제하는 기능을 했던 토라가 이제는 메시아 안에서 계시되었다는 것이다.[47] 바울은 이방인은 죄인이므로 신실한 유대인들에게서 분리되어야 한다는 당시의 지배적인 유대교적 관점을 해체하려고 했다. 즉 "믿음으로 의롭게 되는 복음을 주장하기 위해서 바울이 반드시 맞서야 한다고 생각했던 것은 이러한 율법에 대한 유대인들의 특징적인 '태도' 내지는 율법에 근거하여 이방인을 대하는 태도였다."[48] 바울의 유대인 동료들은 이스라엘을 이교도로부터 분리해주던 사회적 경계를 강화하려는 열망 때문에 눈이 멀어 있었고, 따라서 하나님이 예수 안에서 이방인도 아브라함의 가족으로 받아들인 것을 깨닫지 못했다. 갈라디아서와 로마서 연구를 통해 던은 다음과 같이 결론 짓는다. 바울이 보기에 "이스라엘은 이른바 유대교가 되어버렸다. 유대교는 하나님이 야곱을 은혜로 선택하여 이스라엘을 삼으신 언약에서 눈을 돌렸고, 율법 안에 있는 언약에 집중함으로써 그러한 은혜를 제한할 뿐 아니라 그 시대의 야곱과 같은 이들이 언약에 참여하는 것을 막았던 것이다."[49] 던이 보기에 결과적으로 "바울은 결코 자신이 이스라엘의 바깥에서 안을 들여다본다고 생각하지는 않았을 것이다. 어쩌면 유대교 밖에 있다고 여겼을 수는 있다. 하지만 바울이 생각한 유대교는 당시 바리새인들이 정의하던 유대교였고, 이스라엘과는 구분되는 유대교였다. 이 점에서 바

---

47   Dunn, *New Perspective*, 1-17.
48   Dunn, *New Perspective*, 31-32.
49   Dunn, *Parting of the Ways*, 147-48.

울은 여전히 이스라엘 사람[이었다].”⁵⁰

던은 유대교와 관련된 바울에 대한 설명에서 다음의 네 가지 원리를 제시한다.

1. 바울은 유대교 내에서의 자신의 생활 방식을 과거의 것으로 여겼다. 여기서 “유대교”란 이스라엘의 전통을 위해 바리새적인 열심을 나타내는 방식이라고 정의된다.

2. 바울은 자신의 유대적 정체성을 거부하지 않았지만 이를 양도불가한 것이 아니라 기능적인 것으로 간주하였다. 즉 문화적으로는 자신을 이방인과 구분해주며, 행동 규범 내지 삶의 방식을 외적으로 규정해주면서도, 하나님과의 관계라는 내적 현실을 설명해주는 것으로 보았다. 여기에 비유대인도 참여할 수 있는 것이다.

3. 바울은 스스로를 이스라엘 사람, 히브리인, 아브라함의 자손이라고 부른다. 하지만 이러한 명칭들은 일차적으로 하나님과의 관계에 의해 규정된 것이기 때문에 인종적·시회적 구분을 초월하며 인종적·사회적 다양성을 흡수한다.

4. 바울의 자기 정체성에 대한 주 표제어는 스스로를 “그리스도 안”에 있는 자라고 묘사하는 것이다. 이는 자신의 정체성이 그리스도와의 관계에 의해 규정되지만 그렇다고 해서 그것이 할례받은 유대인과 같은 그의 다른 정체성이 지닌 가치를 완전히 훼손시켜버리는 것은 아니다.⁵¹

---

50 Dunn, *Parting of the Ways*, 149.
51 James D. G. Dunn, *Beginning from Jerusalem* (CITM 2; Grand Rapids, MI: Eerdmans, 2009), 522-30; 『초기 교회의 기원(상, 하)』(새물결플러스 역간, 2019); idem, “Who Did Paul Think He Was? A Study of Jewish Christian Identity,” *NTS* 45 (1999): 174-93.

던이 그리는 바울은 자신의 회심자들을 유대교에서 멀어지게 하는 전략을 채택하고 있는 중에도 이방인 및 율법과 관련된 유대교 종파들 간의 할라카 논쟁에 깊숙히 얽혀 있는 인물이다.

N. T 라이트는 시종일관 바울이 지극히 유대적인 사상가임을 강조해 왔다. 그는 최근의 대작에서 무려 1,500 페이지에 달하는 거대한 분량을 할 애해가며 바울이 메시아 예수를 중심으로 유대적 세계관과 상징 그리고 그 이야기를 어떻게 다시 그려내는지에 대해 설명한다.[52] 배경 줄거리를 요약 하면, 이스라엘은 열방의 빛이 되어야 했으나, 불순종으로 인해 아담의 죄 를 반복하면서, 장기간의 망명 상태라는 언약의 저주 가운데 처해 있음을 깨닫게 되었다. 다소의 사울처럼 열성적인 바리새인들을 포함하여 이스라 엘 내 수많은 집단들은 이스라엘을 구속으로 인도하는 길이 정결법을 준수 하고 죄인이나 배교자와는 사귀지 않으며 이교도의 권력에 군사적으로 저 항하는 체제를 통해 출현하기를 고대했었고, 그 결과 그들은 "민족적 의" 를 고수하게 되었다. 하지만 성경은 하나님이 아브라함과 맺은 언약의 약속 을 신실하게 지킬 것이고, 아브라함의 "씨" 곧 이스라엘과 메시아를 통해서 열방을 축복할 것이며, 이 약속이 예수와 예수를 따르는 자들 안에서 실현 되었다고 이야기한다. 그러므로 이스라엘이 처한 문제는 아담의 상태, 망명 이라는 저주, 자민족중심적 경향이 뒤섞인 것이다.[53] 라이트는 이러한 내러 티브를 감안하면서, 바울의 지적 흐름은 유대교에 대한 **반대**가 아니라 특정 한 종류의 메시아적 종말론을 중심으로 유대교의 신념들을 **변화**시키는 것 이라고 주장한다.[54] 문제가 되는 부분은 바울은 "메시아가 이미 왔고, 그로

---

52   Wright, *Paul and the Faithfulness of God*.

53   Wright, *Paul and the Faithfulness of God*, esp. 783-95 and 894-96, 1064-65, 1207-8, 1455.

54   Wright, *Paul and the Faithfulness of God*, 1407-72.

인해 오랫동안 고대하던 새로운 시대가 출범했다고 믿었지만, 그의 유대인 동족들은 그것을 믿지 않았다는 점이다."[55] "바울은 유대인으로 태어났을 뿐 아니라 유대적 생활 방식과 인생관이 무엇보다도 **참되다**고 믿었지만", 그럴수록 "나사렛 예수가 죽음에서 부활했다는 것을 믿지 않았던 당시 유대인들과 복잡하고 애매모호한 관계"에 놓이게 되었다.[56] 바울은 부활한 그리스도와의 만남을 통해 변화되었는데, 여기에는 그의 사도적 소명에 대한 부르심뿐만 아니라 메시아의 죽음과 부활로 인해 유대교적 삶의 방식이 그 목적과 의미에 있어 새롭게 재정의되는 회심사건도 포함된 것이었다.[57]

바울의 유대인으로서의 정체성에 관한 한, 그것이 "말소"되지 않았다는 사실에는 의문의 여지가 없으나, 예수 안에서 세상에 도래한 새 사건에 비추어볼 경우, 그것은 옛 질서에 속한 일종의 군더더기에 불과하다. 라이트에게는 "종말론적 메시아 사상이…중요하다. 이는 유대적 세계에 뿌리박고 있는 미래상이며, 신실한 이스라엘 사람이 된다는 것이 무슨 뜻인지에 대해 1세기의 세계상을 토대로 성서적으로 변형시킨 것으로서만 의미를 지닌다."[58] 결과적으로 라이트는 바울이 교회를 일종의 제3의 실체, 즉 유대인도 이방인도 아닌 새로운 사회적 실재(고전 1:22-25; 10:32)로 보았다고 단정한다. 바울이 교회를 "제3의 족속"으로 설명한다고 해서 그것이 비유대적 내지 반유대적 실체라는 말은 아니다. 왜냐하면 바울의 설명에서 새로운 실재가 십자가에서 죽고 부활하신 메시아를 중심으로 재정의된다고 해도, 결국 유대인과 이방인으로 세계를 구분하는 유대적 방식을 전제할 뿐 아니라, 또한 그 새로운 정체성은 이스라엘의 메시아에 뿌리박고 있기 때문이다. 라

---

55   Wright, *Paul and the Faithfulness of God*, 1409.
56   Wright, *Paul and the Faithfulness of God*, 1410-11 (강조는 원저자의 것임).
57   Wright, *Paul and the Faithfulness of God*, 1423-26.
58   Wright, *Paul and the Faithfulness of God*, 1433.

이트의 은유를 따르자면, 그리스도를 믿는 이들의 정체성은 유대인의 유전자를 확실히 지니기 있기 때문에 다소 변형되었을지라도 여전히 동족으로서의 유사성이 있다. 로마서 11장에 나오는 바울의 감람나무 은유는 별개로 하더라도, 일종의 연속성을 보장하는 것은 결국 라이트가 메시아 백성의 정체성에 관한 바울의 이야기를 이스라엘에 대한 하나님의 신실하심에 토대한 것으로 본다는 점이다.[59] 하지만 라이트에게는 불연속성이 더 두드러진다. 왜냐하면 바울은 자신의 정체성이 기독론적으로 변화되었다고 보기 때문이다. 따라서 라이트는 다음과 같이 결론을 맺는다. "바울은 사실상 자신의 일차적인 자아관이 단지 유대인이기만 한 것은 아니라고 보았다. 그의 일차적인 자기이해는 자신이 메시아를 따르는 사람이라는 것이었다. 그는 **그리스도 안에**(*en Christō*) 있었고, 또한 역으로 메시아도 그의 안에 사셨기에, 바울과 메시아를 따르는 모든 사람들에게는 '메시아의 마음(mind)'이 있었다. 바울의 이러한 파격적인 주장은 유대인의 세계관 내에서만 이해가 가능하지만, 그럼에도 불구하고 유대인의 세계를 분열시키는 것이다. 그러한 말은 배수의 진을 친 사람이나 할 법한 소리다."[60]

새 관점 학파의 권위자 중 한 명이지만 제대로 주목받지 못하고 있는 테렌스 도널슨(Terence Donaldson)은 바울이 이방인 선교를 시작하게 된 경위를 다루고 있다.[61] 도널슨은 선택과 구원이 인간의 성취에 따른 공로가 아니라 하나님의 자비라고 보는 샌더스의 언약적 율법주의로부터 출발한다. 바울은 한때 열성적인 바리새인이었으며 이방인에게 유일한 희망은 유대교로 개종하는 것이라고 믿었었다. 그렇기 때문에 그가 예전에는 이방인들에게 할례를 전했던 것이다(갈 5:11). 바울이 그리스도인들을 박해했던 것

59 Wright, *Paul and the Faithfulness of God*, 1443-49 (esp. 1447-48).
60 Wright, *Paul and the Faithfulness of God*, 1471.
61 Terence L. Donaldson, *Paul and the Gentiles: Remapping the Apostle's Convictional World*

에는 여러 가지 이유가 있는데, 그중에서도 가장 중요한 것은 케리그마의 그리스도가 장차 누가 구원받을지를 판가름하는 기준으로서 율법의 경쟁자가 된다는 사회적 이유에서였다.[62] 다메섹 도상에서의 사건은 바울에게 그가 그리스도와 율법에 대해 확신하던 바에 근본적인 역전을 초래했다. 바울이 회심 전에도 그리스도와 그를 따르는 자들이 율법에 따른 영생의 삶에 대해 하나의 대안으로 작용한다고 보았던 것과 마찬가지로, 그는 회심 후에도 그리스도와 율법이 의에 도달하는 데 있어 각자 대안적이며 상호 배타적인 길이라고 생각했다.[63] 하지만 바울의 역전은 완전하지 않았는데, 이는 율법을 주신 이가 하나님이었으므로 바울은 자신이 과거에 그리스도를 거부했던 식으로 율법을 거부할 수는 없었기 때문이다. 또한 바울이 원래부터 품고 있던 확신의 세계는 그리스도를 새로운 중심으로 삼아 재구축되었고 그 주요 요소들은 재편성되었다. 이를테면, 하나님, 이스라엘을 선택함, 이방의 빛으로서 이스라엘의 역할, 지상에서의 하나님 나라의 완성 등이다.[64] 도널슨은 다음과 같이 말한다. "바울이 매우 중요한 것들을 버렸고, 아울러 상당한 개인적 대가를 치른 것(빌 3:7-8)에 대해서도 의심의 여지가 없지만, 그가 율법으로부터 그리스도로 옮겨간 것은 하나의 신념 체계를 완전히 버리고 그것과는 뚜렷이 구분되는 다른 신념 체계를 선택한 것이 아니라, 도리어 하나의 신념 체계를 다른 새롭고 강력한 핵을 중심으로 재편성한 것이라고 하겠다. 그러한 과정 가운데 그가 개인적으로 품고 있던 확신 중 일부는 내버리고, 일부는 근본적으로 바꾸는가 하면, 일부는 손대지 않은 채

(Minneapolis: Fortress, 1997); idem, *Jews and Anti-Judaism in the New Testament: Decision Points and Divergent Interpretations* (London: SPCK, 2010), 109-38.

62 Donaldson, *Paul and the Gentiles*, 295-97.

63 Donaldson, *Paul and the Gentiles*, 273-92, 297-98.

64 Donaldson, *Paul and the Gentiles*, 292, 297.

로 그대로 가져간 것도 있고, 거기에 기독교적인 확신을 가져와서 덧붙인 것도 있다."[65] 핵심적인 변화는 선교를 바라보는 바울의 관점에서 찾을 수 있는데, 그것은 이방인도 오직 "그리스도 안에서" 새로운 이스라엘의 온전한 지체가 됨으로써 이스라엘의 의에 참여할 수 있다는 확신이다. 그러므로 바울의 이방인 선교는 다음의 두 가지 요인이 결합된 것으로 보아야 할 것이다. 말하자면, 초기 기독교 운동 내에서 이미 작동하고 있던 사도직의 범례들과, 그리스도를 이방인에게 전하고자는 바울의 소명으로부터 우러나는 활력이 그것이다.[66] 거기에 마지막 요인을 추가한다면, 그것은 바울이 그리스도의 재림이 가까웠음을 믿었다는 점이다. 도널슨이 보기에, 이 점이 바로 바울이 어떻게 해서 한편으로는 유대인과 이방인 간의 옛 구분은 이미 지나간 것임을 주장하면서도, 다른 한편으로는 민족적 이스라엘을 여전히 중요한 실체로 간주할 수 있었는지, 그러한 "혼란스러운 양면성"을 설명해 준다. 바울은 이스라엘의 범위를 근본적으로 재정의하면서도 구원받은 자들 가운데 이스라엘의 자리를 인정하는 식으로 긴장을 놓지 않았다. 결국 바울은 이방인 그리스도인들을 새로이 정의된 아브라함의 가족 안에 있는 종말 때의 개종자들로 여겼던 것이다. 다음 세대들은 민족적 출신과 율법으로 정의되는 이스라엘을 택하느냐, 아니면 스스로를 "새 이스라엘"이라고 부르는 이방인 교회를 택하느냐의 갈림길에 서게 될 것이다.[67]

바울을 "변화된" 유대인으로 보는 새 관점에 대한 비평은 광범위하고 다양하다. 개괄적으로 정리하면 다음과 같다.

1. 일부 학자들은 팔레스타인 유대교를 "언약적 율법주의"로 보는 샌더

---

65   Donaldson, *Paul and the Gentiles*, 298.

66   Donaldson, *Paul and the Gentiles*, 298-99.

67   Donaldson, *Paul and the Gentiles*, 299, 305-7.

스의 결론을 몇 가지 근거에서 반박한다. 예를 들어, 그의 결론이 너무 광범위해서 무의미하다고 보거나, 또는 어떤 경우에는 언약보다는 토라가 강조되므로 순종이나 "행위"에 근거한 구원론적 정형을 낳기도 하는데, 이러한 사실을 제대로 보지 못한다는 것이다.

2. 다수의 학자들은 바울이 보기에 유대교의 잘못은 그것이 기독교가 아니라는 사실이라고 말한 샌더스의 독특한 발언에 대해 불편함을 드러낸다.

3. 율법의 행위를 주로 유대인과 이방인을 가르는 사회적 경계 표시를 가리키는 것으로 보거나 믿음에 의한 칭의를 이방인이 언약 공동체의 지체가 되게 하는 것으로 파악하는 것은 단순히 신학을 사회학으로 전락시킨다는 항변이 있어왔다.

4. 또 어떤 학자들은 새 관점이 바울을 반유대적이고 완고한 대체주의 (supersessionism)를 대표하는 인물로 기술하는 경향을 벗어나지 못했고, 유대 율법주의를 향한 옛 비난을 유대 민족주의를 향한 새 비난과 맞바꾼 것에 불과하다고 반빅한다.

5. 관점은 여전히 기독교화된 바울이라는 개념하에서 작용하지만, 바울은 사실상 토라를 준수하는 유대인으로서 이방인들을 대상으로 글을 쓴 것이며 어떤 시점에도 유대 그리스도인들이 토라의 준수를 그만 두기를 바란 적은 없었다.

신실한 유대인

또 다른 학파는 바울에 대한 시대착오적인 기독교화에 반대하여 그의 유대적 정체성을 재확인하고, 바울이 근본적으로 유대인이었다는 점을 유대교와 기독교 간의 관계 쇄신을 위한 촉매로 이용하고자 했다. 사도 바울이 유대인으로서 오해를 받았을 수 있으나, 그는 늘 **신실한 유대인**(a faithful Jew)이었다.

마르쿠스 바르트(Markus Barth)는 기독교와 유대교 간의 대화에 비추어 신약학을 재해석한 여러 연구자 가운데 그 선두에 있었다. 그 시절로서는 선동적이라고 할 만한 "성 바울, 실은 참 유대인"(St. Paul—a Good Jew)[68]이라는 바르트의 연구는 당시로서는 꽤 도발적이었고, 기독교 신학자들이 유대인에 대해 종종 보여주었던 신학적 우월 콤플렉스와 그로 인한 유대교에 대한 회화화에 맞서 칼 바르트의 아들로서 도전한 것이었다. 바르트가 보기에 그러한 기존의 바울 연구는 다음과 같은 다섯 가지 이유에서 거부해야만 하는 것이었다.

1. 신약의 배경으로서 구약을 연구하다 보면 예수 그리스도와 성령의 오심을 이스라엘에게 주신 하나님의 약속이라는 틀에 비추어서만

---

68 Markus Barth, "Der gute Jude Paulus," in *Richte unsere Fusse auf den Weg des Friedens*, ed. A. Baudis, D. Clausert, V. Schliski, and B. Wegener (FS Helmut Gollwitzer; Munich: Christian Kaiser, 1979), 107-37, repr. "St. Paul—a Good Jew," *HBT* 1 (1979): 7-45. Markus Barth의 연구에 대한 논평으로는 다음을 보라. Stanley E. Porter, "Was Paul a Good Jew? Fundamental Issues in a Current Debate," in *Christian-Jewish Relations through the Centuries*, ed. S. E. Porter and B. W. R. Pearson (JSNTSup 192; Sheffield: Sheffield Academic, 2000), 148-74.

이해할 수 있음이 밝혀진다.

2. 최근의 유대인 학자들은 바울을 유대교 신앙에 도전장을 내어민 "돌아온 탕자"라고 보지만, 그럼에도 불구하고 바울은 늘 진정한 유대인(Jewish figure)이다.

3. 최근의 학문적 노작은 바울이 유대 세계와 얼마나 밀접하게 얽혀 있었는지 보여주었다. 따라서 이른바 바울의 반유대주의라는 개념은 뻔한 날조에 불과하다.

4. 기독교 신학이 유대인 대학살을 낳은 반유대주의를 조장했다는 사실을 인정하지 않으려는 풍조는 반드시 사라져야 한다.

5. 바울 신학에 대한 비평이 바울이라는 인물 자체에 대한 비평을 의미할 필요는 없다. 현재는 다소 진부해 보이지만 1960년대에는 분분한 논란을 일으켰던 바르트의 결론은 바울을 유대인 사상가로 재해석해야 하고, 그에 따라 유대교와 기독교 간의 에큐메니컬한 관계를 새롭게 할 필요가 있다는 것이다.

마르쿠스 바르트는 바울을 참 유대인으로 보았는데, 그러한 관점에 동조하는 유대인 학자가 점차 늘어나면서 자연스럽게 현재의 바울 연구에까지 이어지고 있다. 19세기부터 유대인 학자들의 바울 연구가 조금씩 등장하기 시작했지만 주류 학계는 대부분 이를 무시하고 있다.[69] 현재는 기독교 신약성

---

69 다음의 연구들을 보라. D. A. Hagner, "Paul in Modern Jewish Thought," in *Pauline Studies*, ed. D. A. Hagner and M. J. Harris (FS F. F. Bruce; Exeter: Paternoster, 1980), 143–65; idem, "Paul as a Jewish Believer—according to His Letters," in *Jewish Believers in Jesus: The Early Centuries*, ed. O. Skarsaune and R. Hvalvik (Peabody, MA: Hendrickson, 2007), 96–120; Stefan Meißner, *Die Heimholung des Ketzers: Studien zur judischen Auseinandersetzung mit Paulus* (WUNT 2.87; Tübingen: Mohr Siebeck, 1996); W. D. Davies, "Paul: From the Jewish Point of View," in *The Cambridge History of Judaism*, vol. 3, *The Early Roman Period*, ed. William Horbury, W. D. Davies, and John Sturdy (Cambridge: CUP, 1999),

경에 대한 유대인 해설 성경도 있다.[70]

개혁파 유대교 학자인 마크 나노스(Mark Nanos)는 유대인 대학살 이후
의 학계의 흐름을 탔는데, 그는 반유대주의적 이념을 조장하는 왜곡된 바울
연구에 기여하지 않도록 바울을 1세기 유대교의적 삶에 철저히 얽혀있는
인물로 재조명하고자 했다.[71] 나노스는 바울이 유대교를 왜곡했던 인물이
아니라 오히려 율법을 준수하던 바리새인으로서 유대교의 핵심 교리를 버

3:678-730; Sung-Hee Lee-Linke, ed., *Paulus der Jude: Seine Stellung im christlich-ju-dischen Dialog heute* (Frankfurt: Lembeck, 2005); Michael F. Bird and Preston Sprinkle, "Jewish Interpretation of Paul in the Last Thirty Years," *CBR* 6 (2008): 355-76; Daniel R. Langton, *The Apostle Paul in the Jewish Imagination: A Study in Modern Jewish-Christian Relations* (Cambridge: CUP, 2010); John Gager, "The Rehabilitation of Paul in Jewish Tradition," in *"The One Who Sows Bountifully": Essays in Honor of Stanley K. Stowers*, ed. C. Hodge, S. Olyan, D. Ullicci, and E. Wasserman (Providence, RI: Brown Judaic Studies, 2013), 29-41.

70   Amy-Jill Levine, ed., *The Jewish Annotated New Testament* (Oxford: OUP, 2011).

71   Mark D. Nanos, *The Mystery of Romans: The Jewish Context of Paul's Letter* (Minneapolis: Fortress, 1996); idem, "The Jewish Context of the Gentile Audience Addressed in Paul's Letter to the Romans," *CBQ* 61 (1999): 283-304; idem, *The Irony of Galatians: Paul's Letter in First-Century Context* (Minneapolis: Fortress, 2002); idem, "How Inter-Christian Approaches to Paul's Rhetoric Can Perpetuate Negative Valuations of Jewishness—although Proposing to Avoid That Outcome," *BI* 13 (2005): 255-69; idem, "Paul between Jews and Christians," *BI* 13 (2005): 221-316; idem, "Paul and Judaism: Why Not Paul's Judaism?," in *Paul Unbound: Other Perspectives on the Apostle*, ed. M. D. Given (Peabody, MA: Hendrickson, 2010), 117-60; idem, "A Jewish View," in *Four Views on the Apostle Paul*, ed. M. F. Bird (Grand Rapids, MI: Zondervan, 2012), 159-93; idem, "To the Churches within the Synagogues of Rome," in *Reading Paul's Letter to the Romans*, ed. Jerry L. Sumney (Atlanta: SBL, 2012), 11-28; idem, "Paul's Polemic in Philippians 3 as Jewish-Subgroup Vilification of Local Non-Jewish Cultic and Philosophical Alternatives," *JSPL* 3 (2013): 47-92; idem, "Paul's Non-Jews Do Not Become 'Jews,' but Do They Become 'Jewish'? Reading Romans 2:25-29 within Judaism, alongside Josephus," *Journal of the Jesus Movement in Its Jewish Setting* 1 (2014): 26-53; Mark D. Nanos and Magnus Zetterholm, eds., *Paul within Judaism* (Minneapolis: Fortress, 2015). Nanos의 작업에 대한 평가로는 다음을 보라. Bird and Sprinkle, "Jewish Views," 365-69; Langton, *Apostle Paul in Jewish Imagination*, 89-91; Zetterholm, *Approaches to Paul*, 147-55.

리지 않았다고 여긴다.[72] 나노스는 바울이 메시아의 죽음과 부활로 인해 새로운 종말론적 시대가 도래함으로써 이방인들이 유대인들과 나란히 하나님의 백성이 되게끔 하는 시기(현재)와 방법(믿음)이 정해졌음을 믿었다고 말한다. 그 결과, 이방인은 할례를 통해 유대교로 개종할 필요 없이 이방인으로서 남아 있어야 한다.[73] 그럼에도 불구하고 나노스는 바울이 이방인들에게 유대교 회당 공동체와의 화목한 관계를 증진하기 위해 노아 시대에 준하는 계명을 지킴으로써 최소한의 토라 준수를 요구했다고 본다.[74] 일부 학자들은 바울이 토라로부터 이방인 그리스도인들의 자유를 보전하려 했다고 보는 반면, 나노스는 바울이 할라카를 통해 이방인 그리스도인들의 자유를 제한하려 했다고 주장한다.[75] 바울이 토라에 대해서 유일하게 부정적인 의견을 표출한 것은 토라 자체에 관한 것이 아니라, 그의 동족인 유대인들이 새로운 시대가 도래한 것을 믿지 않고, 이방인에게도 이스라엘로의 입문 예식으로서 할례를 고집했던 개종주의적 태도를 겨냥한 것이었다.[76] 나노스는 토라 준수를 실천하는 유대 기독교 공동체에 이방인이 가담하면서 토라 준수의 표지가 되는 몇 가지 조치를 스스로 채택하던 와중에, 바울은 개종주의적 태도에 맞서서 이방인을 변호하고 있었다고 인식한다. 그러므로 나노스는 바울이 유대교 회중 내에서 이방인 그리스도인의 지위를 놓고 벌어진 유대인 내부의 논쟁에 끼어든 것이지, "그리스도인" 바울을 유대인들과 맞서게 하는 **반이스라엘**(*adversus Israel*) 논쟁에 가담한 것은 아니라고 본다.

---

72 Nanos, *Romans*, 3-10; idem, "Jewish View," 166-71.

73 Nanos, *Romans*, 9; idem, "Jewish View," 171-74.

74 Nanos, *Romans*, 34-36, 50-56, 177-79; idem, "Jewish View," 174-75; idem, "Paul and Judaism," 147-48.

75 Langton의 다음과 같은 관찰은 타당하다. Langton, *Apostle Paul in Jewish Imagination*, 101n147.

76 Nanos, *Romans*, 9-10, 177-79.

파멜라 아이젠바움(Pamela Eisenbaum)은 현대 유대인 신약학자로서 기독교 신학교에서 가르치고 있으며 바울에 관한 다수의 저작을 출간했다.[77] 그는 기독교를 그리스도에 대한 헌신으로, 유대교를 토라에 대한 헌신으로 정의하는 식의 본질주의적 틀에 따라 바울을 이해하는 것을 거부한다. 그러한 접근은 바울을 유대교로부터 떼어내 기독교로 억지로 끼워 맞추면서 바울을 사실상 "그리스도인"으로 만드는 효과를 가져온다.[78] 아이젠바움이 보기에, 문제는 바울이 "기독교"인이 아니었다는 점이다. 바울이 인류를 대하는 일차적 범주는 "그리스도인"과 "비그리스도인"이 아니라 유대인과 이방인이기 때문이다. 바울은 "전형적인 유대인"[79]이었지만, 이방인에 대한 종말론적 추수가 그리스도의 죽음을 통해서 성취되고 있음을 믿었다. 아이젠바움은 "과감한 표현을 빌자면, 예수가 구원하는 것은 사실이나 이방인만 구원할 뿐"[80]라고 논평한다. 그는 유대교가 본래 죄와 연결된 결함 있는 종교라고 보는 견해는 심히 무례하다고 생각한다. 그가 보기에, 이러한 견해는 바울이 생각했던 것이 아니다. 도리어 바울은 타인의 민족적·종교적 정체성을 부인하지 않으면서도 자신의 고유한 민족적·종교적 정체성을 유지하는 법을 제시한다. 그러므로 바울은 종교 다원주의의 살아 있는 모범이다.[81]

---

77 Pamela M. Eisenbaum, "A Remedy for Having Been Born of Woman: Jesus, Gentiles, and Genealogy in Romans," *JBL* 123 (2004): 671-702; idem, "Following in the Footnotes of the Apostle Paul," in *Identity and the Politics of Scholarship in the Study of Religion*, ed. S. Davaney and J. Cabezon (New York: Routledge, 2004), 77-97; idem, "Paul, Polemics, and the Problem of Essentialism," *BI* 13 (2005): 224-38; idem, *Paul Was Not a Christian: The Original Message of a Misunderstood Apostle* (New York: HarperCollins, 2009).

78 Eisenbaum, "Problem of Essentialism," 232.

79 Eisenbaum, *Paul Was Not a Christian*, 150.

80 Eisenbaum, *Paul Was Not a Christian*, 242.

81 Eisenbaum, *Paul Was Not a Christian*, 1-4.

나노스와 아이젠바움 및 기타 그들의 동료들이 "유대교 내의 바울"에 대한 연구에 길이 남을 기여를 한 바는 바울을 유대인 사상가이자 토라를 준수하는 유대인으로서 회복시킨 것이다. 아울러 이방인과 할례를 둘러싼 바울의 논쟁을 이방인 국외자를 어떻게 하면 유대인 회중 안에 포함시킬 것인가를 놓고 유대인 내에서 벌어진 논쟁으로 이해하는 길을 열어놓은 것이다. 그렇지만 여전히 풀리지 않는 문제가 있다. 바울 서신을 주의 깊게 살펴보면, 바울과 당시 유대인들 간의 문제는 단순히 이방인 그리스도인과 비그리스도인 유대인 간의 상호 관계를 자리매김할 만한 타당한 근거를 모색하는 것이 아니라 오히려 일종의 인류학적 사안이었음을 알 수 있다. 정확히 말해서, 이스라엘이 토라와 언약을 갖고도 해결할 수 없는 인류의 문제는 무엇이었던가? 바울의 내러티브는 어떻게 해서 (1) 유대인과 이방인이 **모두** 토라의 소유 여부와 상관 없이 죄에 갇히게 되는지, (2) 메시아의 죽음과 부활로 말미암아 유대인과 이방인이 **모두** 토라 없이도 죄를 해결하고 하나님과 화목하게 되는지에 관한 것이다.[82] 바울이 유대인 동족의 지위는 그대로 놓아둔 채로 "하나님을 경외하는 자"의 범주를 해제할 것을 주장한다면, 성경과 수사법에 근거한 그의 복잡한 담론은 이치에 맞지 않게 된다. 바울이 유대인 사회에서 그다지 이례적이지 않은 견해를 주장했다면 (Josephus, *Ant.* 20.17-48, Philo, *QE* 2.2), 그 이유 때문에 회당 지도자들에 의해 5차례나 채찍질 형을 받는다거나 자기가 예루살렘에 가면 안전을 보장받지 못한 것이라는 우려(고후 11:32; 롬 15:30-32)를 표하지는 않았을 것이다.[83] 그렇지만 만약에 바울이 새로운 종말론적 시각에 따라 선택의 개념을 수

---

82 이 점은 "바울은 인류에게가 아니라 **이방인**에게 호소하고 있다"(*If Sons, Then Heirs*, 9)고 보는 Hodge의 견해와는 반대된다(강조는 원저자의 것임).

83 할례와 개종주의에 관한 유대교의 논쟁에 대해서는 다음을 보라. Bird, *Crossing Over Sea and Land*, 24-40.

정하고, 이스라엘의 역사가 십자가에서 죽으시고 부활하신 메시아 안에 총괄된다고 보면서, 이방인이 이스라엘을 대신하는 것은 아니지만 분명히 이스라엘에 앞서서 언약 갱신의 축복을 누리고 있다고 단언하는 가운데, 하나님에게서 인정을 받는 데 있어 토라는 이미 구시대의 것임을 암시했다고 한다면, 유대인이 바울에 대해 지녔던 우려와 반감은 충분히 설명된다.

급진적 유대인

대니얼 보야린(Daniel Boyarin)은 『급진적 유대인』(*A Radical Jew*)이라는 도발적인 저작에서 바울이 이스라엘의 표지들을 우의적으로 해석함으로써 유대인과 이방인을 일종의 사회적 일원론이라고 할 수 있는, 헬레니즘적인 "하나"(the One)의 이상에 동화시키려고 했다고 주장한다.[84] 보야린의 설명에 따르면, 바울은 헬라파 유대인으로서 유대인의 구원 만큼이나 이방인의 구원에 대해서도 깊은 관심을 갖고 있었지만, 유대교가 해결책을 제시해줄 수 없음을 알고 있었다. 바울은 성경 시대 이후 출현하여 당시에 퍼져있던 여러 종교에 대해 심히 우려하고 비판했다. 이러한 종교들은 "은연 중에나 노골적으로 나라·성별·계급 간의 위계를 조장한다"고 보았다.[85] 바울은 회심 전에 이 문제에 대해 고민하다가 다메섹 도상의 체험을 통해 해결책을 발견했다. 그는 그리스도를 믿는 믿음이 플라톤적 보편주의와 유대 민

---

84   Daniel Boyarin, *A Radical Jew: Paul and the Politics of Identity* (Berkeley: University of California Press, 1994).

85   Boyarin, *Radical Jew*, 52.

족주의를 통합하는 길이라고 생각했다. 보야린이 생각하기에, "바울은 하나를 향한 헬레니즘적 열망에 의해 고무되었다. 이러한 열망을 통해 탄생한 것은 무엇보다도 차이와 계층을 넘어서는 보편적 인간 본질에 대한 이상이었다."[86] 그렇다면 갈라디아서 3:28과 같은 본문은 바울의 메시아적 보편주의를 통한 "새로운 차별성을 지닌 새 인류에 대한 세례 확증의 선언"이 된다.[87] 탈무드 학자이자 문화 비평가인 보야린은 확실히 포스트모던적 헤겔 변증법의 시각을 통해 바울에 대한 고정관념에서 탈피한 견해를 제시한다. 그는 철학자들이 왜 바울을 보편성과 평등을 촉발하는 일종의 촉매제 같은 것으로 보는지를 설명해준다. 그러나 거기에 문제점이 있다. 브루스 핸슨(Bruce Hanson)이 지적하듯이, "보야린의 후기구조주의적·후기식민주의적 문화 비평은 그의 바울 해석에 의존하지 않기에 별도로 평가하고 비평할 사안이다. 그렇지만 바울과 그의 서신이 정작 보야린이 말하는 보편화의 축에 해당하는지에 대해서는 논란의 여지가 있다."[88] 보야린은 바울을 급진적으로 규정함으로써 알랭 바디우(Alain Badiou)나 스타니슬라스 브르통(Stanislas Breton)과 같은 철학자 및 문화 비평가들이 할 법한 해석으로써 바울에 대해 멋지게 운을 떼긴 했지만, 사실 그의 해석은 바울이 스스로 생각하던 것과는 거의 관련이 없다.[89] 그 밖에도 보야린에 대해 여러 가지 비판을 가할 수 있다.[90] 우선 보야린의 바울 해석은 진정성을 띠기보다는 우의적 성격이 강하며, 역사적인 면을 고려하기보다는 헤겔 철학에 입각하고 있다.

---

86   Boyarin, *Radical Jew*, 7.

87   Boyarin, *Radical Jew*, 5.

88   Bruce Hansen, *All of You Are One: The Social Vision of Galatians 3.28, 1 Corinthians 12.13, and Colossians 3.11* (LNTS 409; London: T&T Clark, 2010), 14.

89   P. Travis Kroeker는 Boyarin의 학계 내에서의 위치가 정확히 그러하다고 말한다. P. Travis Kroeker, "Recent Continental Philosophers," in *The Blackwell Companion to Paul*, ed. S. Westerholm (Malden, MA: Blackwell, 2011), 442.

90   Bird and Sprinkle, "Jewish Views," 363–65.

게다가 보야린의 바울은 결정적으로 기독론을 축소하고 있으며, 또한 보야린의 해석에서는 십자가가 거의 드러나지 않는데, 이러한 면모는 바울 이야기와 상충된다.[91]

특이한 유대인

존 바클레이(John Barclay)는 바울이 "특이한 디아스포라 유대인"이었다고 주장해왔다.[92] 바클레이가 보기에, 바울은 디아스포라 유대인으로서 헬레니즘 문화에 깊이 동화되어 있었지만, 또한 스스로를 철저한 유대교적 세계관을 지닌 유대인으로 생각했다. 바울의 이러한 관점 자체가 특이하거나 문제의 소지가 있는 것은 아니다. 바울에게서 불일치한 면은 그가 헬레니즘 종교와 문화에 큰 반감을 지녔던 한편, 유대인을 정의하는 전통적 범주를 급진적으로 재해석하는 것에 가담하고 조상의 관습을 규범으로 삼는 것에 대해서 문제를 제기하는 그러한 생활 방식과 신학을 채택했다는 사실이다. 바

---

91   N. T. Wright, "Two Radical Jews: A Review Article of Daniel Boyarin, *A Radical Jew: Paul and the Politics of Identity*," *Reviews in Religion and Theology* 3 (1995): 15-23; repr. in N. T. Wright, *Pauline Perspectives: Essays on Paul, 1978-2013* (London: SPCK, 2013), 126-33.

92   Barclay, *Jews in the Mediterranean Diaspora,* 381-95 (esp. 384-86); idem, "Paul among Diaspora Jews," 103, 113. Ronald Charles(*Paul and the Politics of Diaspora* [Minneapolis: Fortress, 2014], 248)는 다음과 같이 말한다. "바울은 서로 다른 공간을 넘나드는 하급 사회 계층에 속한 디아스포라 유대인 남성이었다. 그는 그리스도께 헌신하여 열방에 그리스도를 전하던 자였다. 그는 사회적으로 일탈된 상태였고, 경제적·정치적 거점도 전무했다. 그는 1세기 지중해 세계에 그리스도의 권위 하에 있는 새로운 제국을 알리는 중이었다."

클레이에 따르면, 바울 신학과 종교가 지닌 참으로 특이한 성격은 다음과 같이 설명할 수 있다.

바울이 사용한 개념들을 보면, 그는 대체로 배타적이고 가장 비적응된 디아스포라 분파와 친연성을 보인다. 그러나 그가 이 개념들을 사용하는 방식과 그의 사회적 실천에 있어서 그는 그러한 이념을 형성한 민족적 주형(鑄型)을 깨뜨려버린다. 그는 자신이 속한 문화적 환경과 어떤 형태로든 통합을 이루려는 시도에는 별로 관심을 보이지 않지만, 문화에 대해 적대적인 유대교의 언어를 사용하여 디아스포라 회당의 범위를 초월하는 새로운 사회적 실체를 세우려고 한다. 바울은 이례적인 이념적 전이를 통해 디아스포라 내에서 문화적으로 가장 보수적인 형태의 유대교를 근절하고, 이를 대부분 이방인으로 구성된 그의 공동체를 섬기는 데 사용한다.[93]

나는 바클레이의 논거가 입증되었다고 보며, 그가 바울을 "특이한 유대인"이라고 기술한 것을 수용한다. 그러나 나의 일차적인 평가는 바클레이가 디아스포라 유대교와 관련하여 바울을 바라본 것이 바울과 팔레스타인 유대교 간에 긴밀한 관계를 얼버무리고 넘어갔다는 것이다.[94] 헬라화된 디아스포라 유대교와 히브리 팔레스타인 유대교 간의 구분이라는 낡은 틀로 회귀하려는 유혹은 반드시 피해야 할 것이다. 지중해 동부, 아프리카, 아라비아, 아시아 및 팔레스타인 지역의 유대인 공동체가 서로에 대해서나 각 공동체 내에서 다양한 모습으로 유대교 신앙을 표현하고 있었다는 사실을 부인할 필요는 없다. 이러한 다양성은 지역적·언어적·문화적·사회정치적 영향력

---

93 Barclay, *Jews in the Mediterranean Diaspora*, 393.
94 공정하게 말해서, Barclay는 이 문제를 인식하고 있었다. Barclay, ("Paul among Diaspora Jews," 90-92).

에 따라 형성된 것이다. 그럼에도 불구하고 이 다양한 형태의 유대교는 민족적 혈연관계, 공통된 관습, 유사한 신념으로 특징지어지는 특정한 사회종교적 체제에 함께 헌신하고 있는 한, 모두 어느 정도까지는 동질적이었다.[95] 바클레이가 유대인 디아스포라에 관해서 수행한 광범위한 연구는 바울의 선교 활동과 관련된 배경 자료로서 유용하다. 그러나 그러한 장면에 팔레스타인의 상황을 첨가하면 바울에 대한 해석이 한층 더 풍부해질 것이다. 만약에 이를 등한시한다면, 율법을 놓고 벌어진 할라카 논쟁, 유대 종파주의, 묵시사상, 40·50년대 유대 지방에서의 반로마적 정서의 증가와 같이 팔레스타인 유대인의 삶을 구성하는 요소들을 바울의 신앙 및 실천이 출현하게 된 상황과 통합하지 못할 수도 있다. 다시 말해, 디아스포라 소속의 "특이한 유대인"이라는 바클레이의 주장에 더하여, 다른 무엇보다도 먼저 바울을 철저히 유대인으로 보는 W. D. 데이비스(W. D. Davies)와 E. P. 샌더스의 견해를 고려해야 한다.[96]

---

95   일례로 J. Andrew Overman(*Church and Community in Crisis*: *The Gospel according to Matthew* [Valley Forge, PA: TPI, 1996], 9)은 다양성을 강조한다. 그는 "이 시기에 이스라엘 지역은 유대인 집단들 간에 다양성이 너무나 컸기 때문에, 학자들은 유대 역사에 있어서 이 풍성한 형성기에 대해 논할 때 더 이상 유대교를 단수로 취급하지 않는다. 우리도 유대교들(Judaisms)이라고 복수로 칭하기로 한다. 이 시대와 장소에서 유대교들은 서로 경쟁하고, 심지어 서로 대항했다"고 설명한다. 그러나 James C. VanderKam("Judaism in the Land of Israel," in *Early Judaism*: *A Comprehensive Overview*, ed. J. J. Collins and D. C. Harlow [Grand Rapids, MI: Eerdmans, 2012], 91)은 "유대교들"이라는 명칭을 두고 다음과 같이 논한다. "현존하는 증거를 통해 제2성전기 유대교의 풍성함과 다양함을 볼 수 있다. 너무나 다양해서 어떤 학자들은 이를 일컫는 '유대교들'이라는 새로운 용어를 만들어냈다. 하지만 문헌을 통해 다양성은 명백히 입증되지만, 사실 당시에도 모든 유대인들이 수용했을 만한 기본적인 신념과 관습은 존재했다. 이러한 사실은 유대교라는 용어가 단수 명사로 계속 사용되어야 함을 정당화한다." 아울러 고대 유대교의 통일성과 다양성 간의 균형에 대해서는 다음을 보라. E. P. Sanders, "Common Judaism Explored," in *Common Judaism*: *Explorations in Second-Temple Judaism*, ed. W. O. McCready and A. Reinhartz (Minneapolis: Fortress, 2008), 11-23.

96   W. D. Davies, *Paul and Rabbinic Judaism*: *Some Rabbinic Elements in Paul's Theology* (London: SPCK, 1955); Sanders, *Paul and Palestinian Judaism*.

바울과 유대교를 그리스-로마 세계 안에서 바라보기: 향후 논의의 방향

문제는 위에서 살펴본 관점이 모두 일말의 타당성을 지니고 있다는 점이다. 실제로 바울은 그리스도인들을 유대교 회당으로부터 분리하고 그들을 율법 아래 속하지 않은 새로운 사회종교적 실체로 간주한 것으로 보인다(과거의 유대인). 실제로 바울은 예수를 메시아로 믿는 믿음을 중심으로 유대적 세계관의 요소를 변화시켰다(변화된 유대인). 실제로 바울은 자신의 개인적 경건 생활과 복음 선포에서, 또한 그가 이방인 그리스도인들에게 기대한 품행에 있어 늘 유대적 삶의 방식에 충실했다(신실한 유대인). 실제로 바울의 사상은 포괄적인 사회적 실천을 포함하고 있으며, 최소한 이러한 면모만으로도 그를 가리켜 독특하다고 할만하다(급진적 내지 특이한 유대인).

나는 "특이한 유대인"의 관점이 가장 유용하다고 본다. 다만 나는 바클레이와는 달리 바울이 지닌 특이성의 본질은 디아스포라 헬레니즘 내에서 자신의 방식을 실현하고자 하는 그의 시도와 관련된 역설(逆說)이 아니라, 보다 적절하게는 그의 메시아적 종말론, 즉 하나님을 예배하는 유대 그리스도인과 이방인 그리스도인으로 이루어진 연합체를 위해 사회적 공간을 창출하고자 하는 그의 시도에서 나온 부수적인 사회적 현상이라고 생각한다.[97] 요컨대, 하나님은 그리스도의 십자가와 부활을 통해 새로운 시대를

---

97 다음을 보라. Terence Donaldson ("Paul within Judaism: A Critical Evaluation from a 'New Perspective' Perspective," in *Paul within Judaism: Restoring the First-Century Context to the Apostle*, ed. M. Nanos and M. Zetterholm [Minneapolis: Fortress, 2015], 296): "내 의견으로는 바울에게 진정 특이한 면은 바울이 할례 받지 않은 그리스도인들 역시도 아브라함의 '씨'(*sperma*)의 완전한 일원이라고 주장한 점이다."

열어놓으셨고, 이는 새 창조의 시작과 이스라엘의 회복을 의미하는데, 거기서 바울이 세운 교회들이 그 선봉에 서 있었다.

이러한 요약이 정확하다면, 이제 우리는 바울의 신념과 실천에서 특이성이 **아닌** 부분을 제외할 수 있다. 첫째로, 예수를 메시아로 믿는 신념으로 인해 유대교와의 단절에 이르지는 않았을 것이다. 이는 랍비 아키바(Akiba)가 시몬 벤 코시바(Simon ben Kosiba)를 메시아와 동일시했지만 그렇다고 해서 그가 유대교 신앙과 단절하지는 않은 것과 마찬가지다.[98] 아키바가 종말론이라는 잘못된 말을 골라탔는지는 모르지만, 여하튼 그가 유대교를 배도한 것인가 하는 질문은 성립되지 않는다. 둘째로, "실현된" 종말론을 갖고 있음으로 인해 유대교와 결별하게 되지는 않았을 것이다. 왜냐하면 쿰란 공동체를 비롯한 다른 집단들도 특히 그들의 주석서나 찬양집을 살펴볼 때 "역사 속에서 자신들의 공동체가 처한 상황을 종말론적으로 이해함으로써 자신들이 시대의 마지막이자 오래된 예언이 가리키는 최종 목적지에 가까이 있다는 생각"[99]을 채택했을 수 있기 때문이다. 셋째로, 할례의 조건을 부과하지 않고도 이방인에게 하나님을 선포했다는 사실조차도 그다지 새로울 것이 없다. 이는 아디아베네(Adiabene)에 있는 왕가에 복음을 전한 유대인 상인의 활동을 통해서도 알 수 있다.[100] 오히려 특이성은 보다 깊은 확신의 차원에 속한 것이다.

우리가 바울의 "특이성"이라고 말하는 것을 바울은 그가 "예수 그리스도로부터 받은 계시"(갈 1:12)라고 부를 것이다. 이는 그리스도를 믿는 믿음이 어떻게 토라 없이도 유대인과 이방인을 하나님과 화목하게 하고 만물의

---

98   *y.* Ta'an. 68d.

99   George W. E. Nickelsburg, *Ancient Judaism and Christian Origins: Diversity, Continuity, and Transformation* (Minneapolis: Fortress, 2003), 126-27.

100   Josephus, *Ant.* 20.17-96.

회복을 가능케 하는 방편이 되는지를 보여주는 까닭이다. 추정하건대, 바울 사상이 지닌 특이성의 본질은 메시아의 죽음과 부활에 대한 그의 묵시적 해석으로 구성되어 있으며, 이로 인해 바울은 성경을 재해석하게 되었고 다른 실천적 삶을 살 수밖에 없었다. 이로써 그가 붙잡고 있던 "통상적인 유대교"는 변화되기에 이르렀고, 이제 유대교의 이야기와 상징은 메시아 예수와 그를 따르는 자들을 중심으로 재구성되었으며, 이들은 이제 막 시작된 종말에 속한 회복된 이스라엘을 이루게 되었다.

더 나아가, 바울이 특이한 유대인으로서 내세우던 종교적 주장에는 바울을 변방에 있는(marginal) 유대인이 되게끔 하는 사회적 효과가 부수되었다. 바울은 바로 이러한 변방성(marginality)을 열방을 향한 자신의 사도직에 속한 것으로 수용했다. 캘빈 로첼(Calvin Roetzel)이 암시하는 것처럼, "바울은 변방을 적극적으로 수용했고, 이를 가능성을 품은 수단으로 삼았다."[101] 유대교 회당 안에 있든지 혹은 밖에 있든지, 에베소 감옥에 있든지 혹은 고린도 가정교회의 중정(atrium)에 있든지, 바울은 하나님이 예수 그리스도를 통해 이방인과 유대인으로 이루어진 한 백성을 부르고 계신다고 믿었다. 이러한 변방의 장소는 온갖 위험으로 가득한 곳이었는데, 이는 이 장소가 바로 지도층이 통제하고 있는 문화적 규범과 제도적 구조에 위협이 되었기 때문이다. 그리고 이들 지도층은 분명 바울이 사회적 울타리를 허무는 것과 그리스도의 주권에 대한 그의 종말론적 열정이 함의하는 결과에 대해 경계하고 있었다. 이 장소는 또한 모호함과 긴장으로 가득한 곳이어서 신학적 답변과 목회적 대응을 필요로 했는데, 그럼에도 불구하고, 바울은 이것이 바로 자신의 소명이라고 여겼다. 바로 이러한 새 시대의 벼랑끝과 사회의 변방에서 "이 눈부시게 빛나는 순간에 바울은 소외된 세계를 그 창조주

---

101 Calvin Roetzel, *Paul, a Jew on the Margins* (Louisville: Westminster John Knox, 2003), 3.

와 화해시키고, '외부인'을 '내부인'과 화해시킬 수 있는 전망을 보았던 것이다."[102]

　나는 이렇게 바울을 변방에 있는 특이한 유대인으로 보는 전제를 여러 측면에서 검토하고자 한다. 이를 위해 바울 사상에서 논란이 되는 부분을 부각시키고 바울이 지닌 유대적 속성의 의미와 한계를 규명할 것이다. 첫째로, 제1장에서는 바울에게 "구원"이란 무슨 의미인지 살펴보고, 하나님의 결정적인 구속 행위에 대한 바울의 생각이 당시의 유대교와 어떤 관계에 있었는지 알아볼 것이다. 바울은 통상적인 유대교에서 생각하던 구원의 도식을 정확하게 제시했는가? 바울은 유대교 안에서도 구원을 얻을 수 있다고 보았는가? 둘째로, 제2장에서는 열방을 향한 바울의 사도직이 지닌 의미를 검토할 것이다. 나는 흔히 알려진 것보다 바울이 유대인의 복음화에 훨씬 더 적극적이었다고 본다. 이는 바울이 이방인 그리스도인들을 회당으로부터 사회적으로 분리시키긴 했지만, 그것이 결코 절대적인 분리가 아니었음을 함축한다. 바울은 양쪽의 사회적 지평을 자유롭게 넘나들었기 때문이다. 셋째로, 제3장에서는 바울 신학에 나타난 묵시사상 대 구속사라는 주제에 관한 현대의 논쟁을 다룬다. 이를 위해 나는 이스라엘의 이야기가 예수 그리스도를 통해 이방인을 아브라함의 가족으로 받아들이는 묵시적 계시에서 절정에 이르렀음을 보여주는 식으로 갈라디아서를 해석할 것을 제안한다. 넷째로, 제4장에서는 안디옥 사건(갈 2:11-14)에 대한 분석을 통해 바울이 여타 유대 그리스도인들과 껄끄러운 관계에 이르게 된 과정을 검토한다. 나의 주장은 바울이 할례파의 자민족중심적 율법주의에 반대했으며, 따라서 그 일화에는 바울이 선포한 **오직 은혜**(*sola gratia*)의 복음이 지닌 순전하고도 급진적인 성격이 드러나 있다는 것이다. 마지막으로, 제5장에서는

102　Roetzel, *Paul*, 2.

바울과 로마 제국이라는 주제에 천착하면서, 바울의 로마서에 제국에 반대하는 목소리가 울려나고 있는지를 탐지해볼 것이다.

요컨대, 바울은 종교적으로 특이성을 지닌 인물이었다. 그는 잔잔한 강물 위에 별안간 작은 파장을 일으키는 것처럼 그리스-로마 세계라는 무대에 등장했다. 그가 살아 있는 동안에는 거의 주목받지 못했지만, 그가 일으킨 파장이 근대라는 해안에 도달했을 즈음에는 거대한 쓰나미가 되어 있었다. 바울의 특이성은 유대인들에게는 거침돌이었고 그리스인들에게는 괴상한 것으로 비쳐졌지만, 그것은 이방인 기독교를 낳았고 급기야 로마 제국마저 삼켜버렸으며, 2천여 년이 지난 오늘날까지도 세계 종교 분포에 커다란 그림자를 드리우고 있다. 다소(Tarsus) 출신의 한 유대인 천막제조업자치고는 꽤 괜찮은 것이 아닌가!

추기: 바울의 연대기

바울 사상의 윤곽을 제대로 파악하기 위해서는 바울의 연대기에 대한 개략적인 지식을 갖고 시작하는 것이 좋겠다. 다음은 바울의 생애와 선교 가운데 일어난 사건들의 순서에 대해 내가 기본적으로 이해하고 있는 내용이다.

30	예수의 죽음
32-33	헬라파 그리스도인을 박해함
34	회심을 겪음
34-36	아라비아에서의 활동, 다메섹으로 귀환함

제1장

바울이 이해한 유대교에서의 구원

이번 장은 제목을 의도적으로 애매하게 정했다.[1] 두말할 것도 없이 유대인·그리스도인·그리스인·로마인에게 애초에 "구원"이란 어떤 의미였는지 알아맞히기가 어렵기 때문이다. 또한 "바울의 유대교"(Paul's Judaism)라는 구절이 지시하는 대상이 무엇인지가 몹시 난해하기 때문이기도 하다. 이 말이 (1) 바울이 알고 있던 유대교를 뜻하는가[?], 아니면 (2) 바울이 믿고 있던 **기독교** 신앙에서 말하는 유대교를 뜻하는가?[2] 각각의 경우에 대해 다음과 같은 질문을 던지면서 시작할 수 있다. 당시 유대교에 대한 바울의 증언은 신뢰할 만한가? 바울의 신학적·종교적 신념은 유대교에 속한 것인가, 아니면 그로부터 벗어난 것인가? 이 두 질문이 모두 내게 흥미롭다. 첫째로, 나는 이 연구를 통해 바울이 유대교에서의 구원을 어떻게 설명하는지에 관해 알아보려고 한다. 둘째로, 그러한 바울의 설명이 그리스도를 믿는 믿음 안에서의 구원이라는 바울의 표현과 어떠한 연속성 내지 불연속성을 지니는지도 궁금하다. 앞으로 살펴볼 터이지만, 유대교에서의 구원에 대한 바울의 설명에 사용된 수사법 및 그 실체가 무엇인지를 둘러싸고 논란이 분분하나. 이는 바울과 그의 공동체가 "통상적 유대교"라는 배경과 어느 정도 얽혀 있는지에 대해 논란이 분분한 것과 마찬가지다.[3] 그러한 질문들에 비추어, 이번 장에서는 구원과 관련한 바울과 유대교 간의 관계에 대해 탐

---

1   초기에 나온 이와 관련된 보다 간략한 논문은 다음과 같다. Michael F. Bird, "Salvation in Paul's Judaism," in *Paul and Judaism: Crosscurrents in Pauline Exegesis and the Study of Jewish-Christian Relations*, ed. Reimund Bieringer and Didier Pollefeyt (LNTS 463; London: T&T Clark, 2012), 15-40.

2   이러한 구분법을 위해 필자는 다음을 참고했다. Mark Nanos, "Paul and Judaism: Why Not Paul's Judaism?," in *Paul Unbound: Other Perspectives on Paul*, ed. M. D. Given (Peabody, MA: Hendrickson, 2009), 141-50.

3   "통상적 유대교"에 관해서는 다음을 보라. E. P. Sanders, *Judaism: Practice and Belief, 63 BCE-66 CE* (London: SCM, 1992). 또한 다음의 논의를 보라. Wayne O. McCready and Adele Reinhartz, eds., *Common Judaism: Explorations in Second-Temple Judaism* (Minneapolis: Fortress, 2008).

구할 것이다. 이를 위해서 예수 그리스도를 통한 구원에 대한 바울의 이야기가 이스라엘 이야기에 대한 바울의 내러티브와 어떻게 연관되는지를 파악할 필요가 있다. 나는 (1) 유대교의 구원론에 대해 바울이 어떻게 설명하고 있는지에 관해 여러 학자가 제시한 관점을 간략히 조사하고, (2) 바울과 그의 이방인 기독교 공동체가 유대교와 관련하여 어떠한 사회종교적 위상을 갖고 있었는지를 논할 것이다. 그러므로 이번 장은 바울과 유대교에 관한 서론을 다소 길게 서술한 것으로서, 구원에 대한 바울의 고유한 견해를 형성함에 있어 유대교의 구원론이 지닌 얼개가 어떻게 긍정적인 토대와 더불어 부정적인 외피의 역할을 했는지에 관해 살펴보려는 것이다.

바울, 유대교, 구원에 대한 학계의 논의

바울이 알고 있던 유대교는 어떤 것이었고, 그 유대교를 바울이 얼마나 충실하게 제시했는지에 대해서 이전부터 다양한 주장이 있어왔다. 나는 주요한 각각의 주장을 다음과 같이 요약해보았다.[4]

---

4   다음에서 제시하고 있는 다른 조사 연구도 보라. Douglas A. Campbell, *The Quest for Paul's Gospel: A Suggested Strategy* (London: T&T Clark, 2005), 139-40; Frank Thielman, *From Plight to Solution: A Jewish Framework for Understanding Paul's View of the Law in Galatians and Romans* (Leiden: Brill, 1989), 1-27; W. S. Campbell, "Perceptions of Compatibility between Christianity and Judaism in Pauline Interpretation," *BI* 13 (2005): 298-316.

바울과 유대교 율법주의

첫 번째는 바울이 회심을 겪고 난 후 포로기 이후 시대의 유대교가 일종의 율법주의·공로주의·신인협력설로 변질되었다고 비난했으며, 이 문제에 대해 하나님이 주신 해결책은 바로 기독교에서 말하는 은혜라고 보았다는 관점이다. 기독교의 오랜 전통은 유대교를 행위를 통한 의를 추구하는 종교로 보는 것이며, 19세기에 페르디난트 베버(Ferdinand Weber), 에밀 쉬러(Emil Schürer), 빌헬름 부세(Wilhelm Bousset) 등이 대표하는 초기 유대교 역사에 대한 개신교의 편향된 이해에서 정점에 이르렀다. 20세기 들어, 슈트락(P. Strack)과 빌러벡(H. L. Billerbeck)은 『주해』(Kommentar)에서 랍비 문헌을 의도적으로 선별하여 희화화함으로써 그러한 관점을 지지했고, 게르하르트 키텔(Gerhard Kittel)은 『성내러티브전』(Wörterbuch)을 통해 이를 공인했으며, 루돌프 불트만은 신학적 독창성을 통해 이를 더욱 부채질하였다. 이에 따라 20세기 개신교 신학자들의 뇌리에는 유대교를 인본적 종교 현상을 대변하는 알레고리로 취급하는 관점이 뿌리내리게 되었다.[5] 이러한 학계의 노선을 따라 귄터 보른캄(Günther Bornkamm)은 "바울의 적수는 어느 특정 교회의 이러저러한 파당이 아니라 유대인 및 유대교의 구원론이었다"라고 말했다.[6] 마찬가지로 울리히 빌켄스(Ulrich Wilckens)도 "바울은 유대인이었지만…기독교 내에 남아 있는 모든 '유대교'의 잔재에 대항한 불굴의 적이기도 했다"라고 표현했다.[7]

에른스트 케제만(Ernst Käsemann)에 따르면, 바울의 종교 비평은 "우리

---

5   Philip Sigal, *The Halakhah of Jesus of Nazareth according to the Gospel of Matthew* (Atlanta: SBL, 2007), 8.

6   Gunther Bornkamm, *Paul,* trans. D. M. G. Stalker (New York: Harper & Row, 1971), 95.

7   Ulrich Wilckens, *Rechtfertigung als Freiheit* (Neukirchen-Vluyn: Neukirchener, 1974), 7:
     "바울은 유대인이었지만…기독교 안의 모든 '유대주의'에 대해서는 불구대천의 원수였다."

모두의 내면에 숨어 있는 유대인을 공격한다. 그 유대인은 과거에 맺었던 관계를 근거로 하나님께 대항하여 자기 권리를 정당화하고 요구조건을 제시할 정도로, 그는 하나님이 아니라 신기루를 섬기는 셈이다."[8] 여기서 "유대교"는 단지 "종교"를 가리키는 암호이며, 그러한 종교란 인간이 만든 의식과 율법 규정으로 이루진 것으로, 인간이 의무를 수행함으로써 신의 호의를 얻을 수 있다고 가정한다. 유대교는 인간의 자력구원(Selbsterlosüng)을 보여주는 탁월한 예시가 된다. 유대교에 대한 이러한 견해는 교회와 학계의 일부에서 통용되고 있지만, 이것은 실제 증거를 짜증날 정도로 왜곡한 것으로서 몹시 혼란스럽고 복잡한 것이므로, 이에 대해 유대교 학자들은 오랫동안 반발해왔다.

　　주로 언약 안에서 표현되는 하나님의 자비와 이스라엘에 대한 선택을 구원의 효과적 요인으로서 두드러지게 강조하는 진술을 찾아보는 것이 어렵지 않다(예를 들어, 1QS 11.11-15; 1QH 15.18-20; Tob. 3:2-4; 4 Ezra 8:32; Jub. 16.26; Wis 12:16; m. Sanh. 10.1). 토라는 구원의 이야기이며, 토라는 또한 언약 관계에 뿌리내리고 있다는 생각은 계명으로서의 토라를 이해하는 배경으로서 기능한다. 조지 니켈스버그(George Nickelsburge)에 따르면, "유대교 문헌은 전반적으로…토라의 준수와 의로운 삶을 의인에게 상 주시는 하나님에 대한 신뢰에서 말미암는 기능으로서 설명하고 있다. 특정 계명의 준수에 초점을 맞추는 경우는 있어도, 율법주의, 굴종과 두려움에 따른 복종, 혐오스러운 자기의(self-righteousness)나 외식(外飾)에 대한 증거는 찾아볼 수 없다. 도리어 의인은 언약의 주인이신 하나님을 자발적으로 활발하게 섬기는 신실한 종이며, 하나님의 계명에 순종하기 위해 감내하는, 자칫 위험

8　　Ernst Käsemann, "Paul and Israel," in *New Testament Questions of Today* (Philadelphia: Fortress, 1969), 186.

할 수도 있는 행위에 대해 하나님이 보상해주실 것이라고 믿는다."[9] 유대교의 스승들이 그 종교 문헌과 전통에 충실히 머물러 있는 한, 그들의 사고에서 은혜와 언약의 개념을 지워버렸을 리가 만무하다. 샌더스는 다음과 같이 덧붙인다. "유대인이 언약을 믿고 있다면, 그들을 향해 '율법주의'라고 비난하는 것은 공허하다. 이 언약적 믿음이란 기독교에서 말하는 선행적 은총(prevenient grace)의 개념과 거의 동일한 역할을 하고 있다."[10]

나는 고대 이스라엘에는 "율법주의"라고 번역할 만한 용어가 없었다는 사실을 일부러 첨언하고 싶다. 그러므로 그러한 용어를 고대 유대교 문헌이나 기독교 문헌의 내용에 들이미는 것은 다소 시대착오적이라 하겠다.[11] 그

---

9   George W. E. Nickelsburg, *Ancient Judaism and Christian Origins: Diversity, Continuity, and Transformation* (Minneapolis: Fortress, 2003), 39.

10   E. P. Sanders, "Covenantal Nomism Revisited," *JSQ* 16 (2009): 27.

11   "율법의 행위"는 "율법주의의 정신으로 행하는 행위"라는 관점이 오랜 역사를 통해 두드러져왔다(예를 들어, Daniel Fuller, Gospel and Law: Contrast or Continuum? [Grand Rapids, MI: Eerdmans, 1980], 95; Richard N. Longenecker, *Galatians* [WBC; Dallas: Word, 1990], 86; 아울러 다음을 보라. H. B. P. Mijoga, *The Pauline Notion of Deeds of the Law* [San Francisco: International Scholars Publications, 1999], 5-21). 하지만 "율법의 행위"란 율법에서 요구되는 행위라고 보는 편이 훨씬 적절하다. 그렇다면 그것은 율법 전체를 준수하는 방법에 대한 특정한 할라카적 관점을 표현한 것이라는 주장을 할 수 있는데, 이에 대한 약간의 근거가 있다. 종파적 문헌(4QMMT 31; 1QS 5.21, 6.18; 2 Bar. 57.2)을 근거로 제시한 다음의 주장을 보라. Michael Bachmann, *Anti-Judaism in Galatians? Exegetical Studies on a Polemical Letter and on Paul's Theology*, trans. R. L. Brawley (Grand Rapids, MI: Eerdmans, 2008), 1-31. Preston Sprinkle (*Paul and Judaism Revisited: A Study of Divine and Human Agency in Salvation* [Downers Grove, IL: IVP Academic, 2013], 79)의 주장은 타당하다. 그는 이렇게 말한다. "따라서 MMT에 따르면, 율법의 행위는 공동체의 할라카 준수를 나타내며, 그것을 통해 언약의 저주를 피하고 축복을 누렸다." 일반적인 "율법주의"의 의미로는 다음을 보라. Moisés Silva, "Historical Reconstruction in New Testament Criticism," in *Hermeneutics, Authority, and Canon*, ed. D. A. Carson (Grand Rapids, MI: Baker, 1986), 117-21; 특히 "nominism"과 "legalism" 간의 미묘한 차이(84)를 뚜렷이 드러내고 있는 다음의 주장을 보라. Richard N. Longenecker, *Paul, Apostle of Liberty* (New York: Harper & Row, 1964), 77-85. 율법주의의 "강경한" 혹은 "유연한" 입장"에 대해서는 다음의 연구를 보라. Stephen Westerholm, *Perspectives Old and New on Paul: The "Lutheran" Paul and His Critics* (Grand Rapids, MI: Eerdmans, 2004), 332-35. 그 외 참고할 만한 주장으로는 다음

대신에 "신인협력설"(synergism)[12]이라는 좀 더 최신의 용어를 사용한다고 해도, 그 의미가 무엇이며 그것이 바울이 제시하는 구원론의 얼개와 어떻게 다른지는 여전히 의문이다. 바울의 구원론 역시 나름대로 하나님의 주권과 인간의 책임 간에 긴장을 내포하고 있으며, 인간의 반응이 실제로 중요하다면 그것도 어떤 면에서 신인협력설로 간주될 수 있다.[13] 그 이유는 바울이 복음에 대한 인간의 반응을 "우상을 버리고 하나님께로 돌아서는 것"(살전 1:9), "복음에 복종하는 것"(살후 1:8), "믿어 순종함"(롬 1:5)을 보여주는 것 등의 형태로 제시하기 때문이다. 또한 바울은 "두렵고 떨림으로 너희 구원을 이루라"(빌 2:12)고 했고, 행위로 말미암는 심판에 대해서도 알고 있었다(롬 2:13-16; 14:12; 고후 5:10). 바울의 복음은 은혜의 선물임과 동시에 새 언약에 대한 충성의 요구이기도 하다.[14]

을 보라. Michael F. Bird, *The Saving Righteousness of God: Studies on Paul, Justification, and the New Perspective* (PBM; Milton Keynes, UK: Paternoster, 2006), 89-90.

12 유대교의 "신인협력설"에 관해서는 다음을 보라. Donald A. Hagner, "Paul and Judaism, the Jewish Matrix of Early Christianity: Issues in the Current Debate," *BBR* 3 (1993): 122; Timo Esko, "Paul, Predestination, and 'Covenantal Nomism'—Re-assessing Paul and Palestinian Judaism," *JSJ* 29 (1997): 390-412; Charles H. Talbert, "Paul, Judaism, and the Revisionists," *CBQ* 63 (2001): 20-22. "신인협력설"이라는 명칭에 대한 반박으로는 다음을 보라. James D. G. Dunn, *The New Perspective on Paul* (Grand Rapids, MI: Eerdmans, 2008), 77-89; Kent L. Yinger, "Reformation *Redivivus*: Synergism and the New Perspective," *JTI* 3 (2009): 89-106; Campbell, *Quest*, 15; Sanders, "Covenantal Nomism Revisited," 49-50.

13 다음을 보라. Mikael Winninge, *Sinners and the Righteous: A Comparative Study of the Psalms of Solomon and Paul's Letters* (Stockholm: Almqvist & Wiksell, 1995), 334; Kari Kuula, *The Law, the Covenant, and God's Plan: Paul's Treatment of the Law and Israel in Romans* (FES 85; Gottingen: Vandenhoeck & Ruprecht, 2002), 5; Douglas Harink, *Paul among the Postliberals: Pauline Theology beyond Christendom and Modernity* (Grand Rapids, MI: Brazos, 2003), 32-38; Chris VanLandingham, *Judgment and Justification in Early Judaism and the Apostle Paul* (Peabody, MA: Hendrickson, 2005). But see objections of Peter T. O'Brien, "Was Paul a Covenantal Nomist?," in *Justification and Variegated Nomism,* vol. 2, *The Paradoxes of Paul,* ed. D. A. Carson, P. T. O'Brien, and M. A. Seifrid (Grand Rapids, MI: Baker Academic, 2004), 265.

14 πίστις가 "신뢰할 만한", "신실한", "충실한" 등의 개념을 포함하는 어휘의 영역에 속한다는

바울이 의와 생명으로 인도하는 통로라는 점에서 율법을 비판한 것은 확실히 기존의 유대교적 표현이 지닌 부적절함을 인식한 반응이었다고 인정할 수 있다.[15] 하지만 그는 여전히 유대교의 체계와 전통과 문법을 이용해서 유대교에 대한 비판을 수행한다. 다시 말해서 "믿음"을 가리키는 핵심 본문으로 창세기 15:6과 하박국 2:4에 호소하고, 신명기 32장을 통해 언약적 회복의 대한 소망을 암시하며, 회복에 관한 내러티브도 이사야서 40-55장에 의존한다. 갈라디아에서 바울과 마찰을 빚었던 사람들도 자신들의 구원론이 언약의 은혜에 기반하고 있다고 틀림없이 주장했을 것이다. 바울 스스로도 자신의 복음이 언약의 은혜를 무효로 하지 않는다고 믿으면서, 그 은혜의 범위를 확대하고 있었다. 메시아가 오심으로 인해 이방인이 토라 없이도 구원에 참여하는 길이 열렸기 때문이었다(갈 2:21). 바울이 유대인 동족이나 다른 유대 그리스도인과 다른 점은 하나님의 은혜의 실상에 관한 것이 아니라 은혜의 대상과 방편, 즉 구원에서 하나님의 역사와 인간의 반응이 작용하는 공식에 관한 것이었다. 바울은 메시아의 죽음과 부활을 통해서, 그리고 성령의 선물을 통해서 작용하는 하나님의 구원의 능력에 비추어 볼 때, 바울에게는 분명히 구원받는 자는 **누구**(who)이며 또한 **어떻게**(how) 구원받는가에 대한 자신만의 유대교적인 구상이 분명히 있었다고 하겠다.[16]

점을 덧붙여야 할 것이다.

15 Sir 17:11; 45:5; T. Dan. 6.11; 2 Bar. 67.6; Sib. Or. 3.580을 보라.

16 특히 다음을 보라. Francis Watson, *Paul, Judaism, and the Gentiles: Beyond the New Perspective* (rev. ed.; Grand Rapids, MI: Eerdmans, 2007), 15-19; John M. G. Barclay and Simon J. Gathercole, eds., *Divine and Human Agency in Paul and His Cultural Environment* (LNTS 335; London: T&T Clark, 2007); Jason Maston, *Divine and Human Agency in Second Temple Judaism and Paul: A Comparative Study* (WUNT 2.297; Tübingen: Mohr Siebeck, 2010); Sprinkle, *Paul and Judaism Revisited*.

바울과 디아스포라 유대교

다른 관점에서는 바울이 진정한 유대교를 경험하지 못했으며, 그가 알던 유대교는 헬레니즘적 유대교로서, 팔레스타인의 탈무드적 유대교에 비해서 빈약한 것이었다고 설명한다.[17] 이 관점이 지닌 명백한 약점은 디아스포라 유대교가 엉성했다고 추정한다는 것이다. 팔레스타인 외부에 살던 유대인들은 팔레스타인 땅에서 벗어나 성전으로부터 멀리 떨어져 살고 있었고, 상이한 외부 압력에 직면했으며, 자신들의 신앙심을 이질적인 문화의 언어로 담아내야 했음에도 불구하고, 이들이 팔레스타인의 유대인들 못지않게 유대교의 원리에 충실했음을 보여주는 방대한 증거가 존재한다.[18] 더군다나 이 관점은 헬레니즘과 유대교 간에 쓸모 없는 이분법을 가정하지만, 기원전부터 기원후 1세기 어간에 존재했던 유대교에 어떤 형태로든 헬레니즘의 영향이 스며들어 있었음은 이제 자명한 사실로 인정된다.[19] 팔레스타인의 보수적인 유대교에 반대되는 디아스포라의 자유주의적 유대교라는 개념은 이제는 신뢰할 수 없는 이론적 허구일 뿐이다.

---

17 Samuel Sandmel, *Judaism and Christian Beginnings* (Oxford: OUP, 1978); idem, *The Genius of Paul* (Philadelphia: Fortress, 1979); C. G. Montefiore, *Judaism and St. Paul: TwoEssays* (New York: Dutton, 1915); H. J. Schoeps, *Paul: The Theology of the Apostle in the Light of Jewish Religious History* (Philadelphia: Westminster, 1961).

18 유대인이 거주하는 곳에서 그들이 자신들의 고유한 유대 관습을 지키고 살았다는 진술은 유대 문헌뿐 아니라 비유대 문헌에서도 발견된다. 예를 들어, 다음을 보라. Josephus, *Ant.* 17.26; 18.84; 19.290; Tacitus, *Hist.* 5.5.

19 Martin Hengel, *Judaism and Hellenism*, trans. J. Bowden (2 vols.; London: SCM, 1974), 1:104; I. Howard Marshall, "Palestinian and Hellenistic Christian: Some Critical Comments," *NTS* 19 (1973): 271-87; Troels Engberg-Pedersen, ed., *Paul beyond the Judaism/Hellenism Divide* (Louisville: Westminster John Knox, 2001); Anders Gerdmar, *Rethinking the Judaism-Hellenism Dichotomy: A Historiographical Case Study of Second Peter and Jude* (CBNTS 36; Stockholm: Almqvist & Wiksell, 2001).

유대교에 대한 바울의 오해

또 다른 관점에서는 유대교에 대한 바울의 견해가 편협하고 왜곡되었으며 유대교에 대한 그의 설명도 공정하지 않다고 본다.[20] 이러한 견해를 편들다 보면 다음과 같이 말할 수 있다. (1) 바울이 자신의 반대파인 유대 그리스도인들과 벌인 논쟁이나 이스라엘이 메시아를 받아들이지 않았다고 탄식하는 말에는 분명히 수사적 요소가 개입되어 있다. (2) 바울은 회심 이전에 바리새파 유대인으로 살았던 자신의 삶이 부적절했음을 강조하기 위해 자신의 전기를 재구성하고 있다. (3) 토라에 대한 바울의 신학적 비평은 유대교에서는 다소 이례적인 것이다. 그렇지만 바울의 언어 자체에는 반유대교적인 내용이 거의 없다. 그 이유는 바울이 사용하는 언어의 형식이나 내용이 전형적으로 유대교 내부의 논쟁을 반영하기 때문이다. 바울의 회심은 그 정황 자체만 놓고 보면, 유대교 내에서 한 종파로부터 다른 종파로 옮겨간 것에 불과하다. 물론 바울이 전도한 이방인 회심자들이 유대교에 대해 지니는 입장이 모호해지는 면이 있기는 하다. 토라에 대한 바울의 발언도 논증적 맥락에 따라 특유의 적대감과 충직한 존중 사이를 오가고 있으며, 바울은 율법이 본래적으로 부당하다고 보는 마르키온파(Marcionite)의 관점과는 커다란 차이를 보인다. 더욱이 기원후 70년 이전의 유대교에 대한 정보를 알려주는 최고의 자료는 바로 일반적으로 말해서 신약성경이고, 구체적으로는 바울 서신이다.[21]

---

20 Joseph Klausner, *From Jesus to Paul* (Boston: Beacon, 1939); Hyam Maccoby, *Paul and Hellenism* (London: SCM, 1991).

21 다음을 보라. Alan F. Segal (*Paul the Convert: The Apostasy of Saul the Pharisee* [New Haven: Yale University Press, 1990], 48): "바울 문헌은 1세기 유대교 및 유대 신비주의에 대한 정보를 담고 있고, 그 중요성에 대해서는 유대교 문헌이 기독교 문헌의 의미를 정립해주는 것에 비견할 수 있다. 사실 랍비 문헌이 기독교 성경을 해석하는 데 있어서 갖는 중요성보다 바울 서신이 유대교 역사에 대해 갖는 중요성이 더 크다." Alan F. Segal ("Conversion and Messianism: Outline for a New Approach," in *The Messiah: Developments in Earliest*

바울과 언약적 율법주의

필시 지난 40여 년간 바울과 유대교에 대한 연구에서 가장 영향력 있는 주장은 팔레스타인 유대교를 "언약적 율법주의"로 파악한 샌더스의 해석일 것이다.[22] 이러한 "종교적 모형"은 현재 잘 알려져 있으며, "은혜는 들어가게 하고 행위는 머물게 한다"는 식의 금언 조의 말로 표현할 수 있다. 샌더스의 말을 빌리면, "순종으로 언약 안에서의 지위를 유지하지만, 하나님의 은혜를 그런 식으로 얻을 수는 없다. 순종은 단지 한 개인을 하나님의 은혜를 받은 집단 안에 머무르게 할 뿐이다.…순종은 일반적으로 말해서 언약 안에 있는 상태에 합당한 행위일 뿐, 하나님의 은혜를 얻기 위한 수단으로 간주되지 않는다."[23] 그러므로 토라에 대한 바울의 핵심 쟁점은 토라가 그리스도에 의해 대체되었다는 것이며, 바울 자신도 그리스도가 인간의 문제를 다스리는 주인이 되신다는 점, 다시 말해서 곤경(토라)에 대해 해결책(그리스도)이 되신다는 점에 착안하여 논증을 전개하였다.[24]

유대교와 바울에 관한 샌더스의 해석을 비평하는 작업이 계속되어왔는데, 여기서 나는 몇 가지 중요한 점만을 포함시켰다.

첫째로, 샌더스가 제시한 언약적 율법주의의 전형을 보여주는 예시를 분명히 여러 고대 문헌에서 찾아볼 수 있다. 예를 들면, 모세 언약, 에스드라

Judaism and Christianity, ed. J. H. Charlesworth [Minneapolis: Fortress, 1992], 299): "랍비 유대교가 기독교의 기원에 대해 기록한 증거보다, 신약은…[1세기] 유대교 역사에 대해 훨씬 더 많은 양질의 증거를 포함하고 있다." Geza Vermes (*Jesus and the World of Judaism* [London: SCM, 1983], 74-88): "어쩌면 신약성서 자체는 1세기 팔레스타인 유대교에 대한 최고의 안내서일지 모른다."

22 E. P. Sanders, *Paul and Palestinian Judaism: A Comparison of Patterns of Religion* (London: SCM, 1977), 422; idem, "Covenantal Nomism Revisited," 23-55.

23 Sanders, *Paul and Palestinian Judaism*, 420-21.

24 Sanders, *Paul and Palestinian Judaism*, 552; 참조. Nickelsburg (*Ancient Judaism and Christian Origins*, 60). Nickelsburg는 기독교와 유대교의 차이점은 구원론이 아닌 기독론에 있다고 본다.

1서, 필론 위서, 로마서 2:17-24, 사해 사본 중 감사찬양시편 등이다. 그러나 제2성전기 및 랍비 시대의 유대교 문헌은 구원에 있어 하나님의 역사와 인간의 반응을 지극히 다양한 각도와 관점에서 묘사한다.[25] 이 유대 문헌 내에서도 "구원"이란 무엇인가에 대해―개인 대 민족, 현세의 축복 대 내세의 영생, 우주적 악 대 개인적 악이라는 문제에 있어―커다란 견해차가 드러날 뿐 아니라, 구원의 범위와 방편에 대해서도 여러 상이한 견해가 있다. 그러므로 하나님이 혹자에게 이러저러한 이유로 평화·정의·생명 등을 주신다는 일반적인 소망을 언급하는 것 외에 유대교의 구원론을 단일하게 정의할 수 있는 방법은 없다. 결과적으로 유대교에서 말하는 구원의 토대와 작용과 범위에 대한 모든 내러티브를 압축하여 언약적 율법주의라는 단일한 구원론적 표지로 기술하는 것은 불가능하다. 왜냐하면 해당 문서가 지닌 특유의 역학에 따라 강조하는 바가 "언약"이 될 수도 있고, "율법주의"가 될 수도 있기(또한 여러 문서들 자체가 하나님의 행위와 인간의 적정 반응을 제시함에 있어 일관성을 결여하고 있기) 때문이다.[26]

---

25 Sanders(*Paul and Palestinian Judaism*, 427-28)도 4 Ezra가 자신이 기존 문헌에서 조사한 유형에서 어긋나는 예외임을 인정했다. Gabriele Boccaccini("Inner-Jewish Debate on the Tension between Divine and Human Agency in Second Temple Judaism," in *Divine and Human Agency in Paul and His Cultural Development*, ed. J. M. G. Barclay and S. J. Gathercole [London: T&T Clark, 2007], 23)는 "4 Ezra의 저자는 그리스도가 없는 바울과 같은 사람이다"고 기술한다.

26 Mark Adam Elliott, *The Survivors of Israel: A Reconsideration of the Theology of Pre-Christian Judaism* (Grand Rapids, MI: Eerdmans, 2000), 245-307; D. A. Carson, "Summaries and Conclusions," in *Justification and Variegated Nomism*, vol. 1, *The Complexities of Second Temple Judaism*, ed. D. A. Carson, P. T. O'Brien, and M. Seifrid (Grand Rapids, MI: Baker Academic, 2001), 543-48; Brendan Byrne, "Interpreting Romans: The New Perspective and Beyond," *Int* 58 (2004): 248; Bird, *Saving Righteousness*, 93-94; Watson, *Paul, Judaism, and the Gentiles*, xvii, 12-19; A. Andrew Das, "Paul and the Law: Pressure Points in the Debate," in *Paul Unbound: OtherPerspectives on the Apostle*, ed. M. D. Given (Peabody, MA: Hendrickson, 2010), 101: "유대 문학은 저자와 장르에 따라 다양하지만 각기 명확한 표현을 갖고 자비와 명령이라는 두 극단 사이 어디쯤에 위치해 있는 것

이러한 주장을 정당화하기 위해서, 의로운 행위가 하나님 앞에 설 수 있는 근거이자 미래의 시대로 들어갈 수 있는 조건임을 단정하는 상반되는 진술을 멀리서 찾을 필요도 없다(예를 들어, Wis 5:15; 6:18; Pss. Sol. 9.3-5; 1QS 3-4; 4 Ezra 7.77; 8.33, 36; 2 Bar. 14.12; 51.7). 구체적인 예를 들자면, 쿰란 공동체에서 작성되어 예루살렘으로 보냈던 할라카 서신 4QMMT(쿰란 문서 중 제4동굴에서 발견된 "율법의 실천을 위한 모음집"—옮긴이)는 "율법의 행위"에 대해 논하면서, 이를 지키는 자는 "하나님의 목전에서 의롭고 선한 일을 자신에게 득이 되도록 행했다는 점에서 의롭다고 여겨질 것이다"(4QMMT C 31)라고 약속한다. 크레이그 A. 에반스(Craig A. Evans)는 이 진술에 대해 다음과 같이 논평한다. "바울이 갈라디아서에서 명하고 있는 것과는 극히 대조적으로, 4QMMT에서는 '율법의 행위'를 준수할 것을 촉구하는데, 이는 복된 결말을 보장받기 위해서다."[27] 프레스턴 스프링클(Preston Sprinkle)도 이에 동의하면서, 4QMMT에서 요구하는 "종말의 시대에 율법으로의 회귀는 언약의 축복을 이끌어내기 위한 수단이지, 단지 누가 진정으로 의로운 자인지를 구별하기 위한 방법은 아니다"[28]라고 주장한다. 분명한 사실은 특정한 종파의 할라카를 따르는 것이 종말론적 구원에 이르는 길로 간주된다는 것이다. 위의 인용문에 덧붙이자면, 필론은 하나님의 축복이 획득해

같다."; Daniel M. Gurtner, ed., *This World and the World to Come: Soteriology in Early Judaism*(LSTS 74; London: T&T Clark, 2011)에 들어 있는 다음의 결론을 보라. Nickelsburg (313): "단일한 유대 구원론은 없다." 왜냐하면 구원은 "다양한 방식으로 그 얼굴을 내보이고 있고 이는 동일한 본문 내에서도 가끔 일어나는 일이다."; Boccaccini, "Inner-Jewish Debate,"9-26; Sprinkle, *Paul and Judaism Revisited*, 208-38; Jacob Thiessen, *Gottes Gerechtigkeit und Evangelium im Romerbrief: Die Rechtfertigungslehre des Paulus im Vergleich zu antiken judischen Auffasungen und zur neuen Paulusperspektive* (Frankfurt: Peter Lang, 2014), 112-37.

27 Craig A. Evans, "Paul and 'Works of Law' Language in Late Antiquity," in *Paul and His Opponents*, ed. S. E. Porter (PS 2; Leiden: Brill, 2005), 223.

28 Sprinkle, *Paul and Judaism Revisited*, 78.

야 할 대상인가 아니면 조건 없이 주어지는 것인가의 문제를 두고 알렉산드리아의 유대인들 사이에서 논쟁이 벌어졌음을 증언한다(Philo, Sacr. 54-57). 마찬가지로 요세푸스는 유대교의 다양한 종파를 논하면서, 하나님의 주도와 인간의 자기결정이라는 프리즘 상에서 인간의 운명을 이해하는 각 종파의 다양한 사고 방식을 설명함으로써, 그 종파들을 구분하고 있다(Josephus, War 2.119-66; Ant. 13.171-73; 18.11-25).[29] 구원론에 관한 다양성은 통상적인 유대교에서 표준적인 현상이었다. 제이슨 매스턴(Jason Maston)은 집회서(Sirach)와 사해 사본 감사찬양시편(1QH)을 비교하여 다음과 같이 말한다. "이 문서들 중에서 언약적 율법주의와 같은 단일한 모형을 발견하려고 시도하다가는 본문 상에 가시적으로 드러나는 차이점들을 불가피하게 지워버리고 말 것이다. 언약적 율법주의는 율법을 준수함으로써 생명을 얻게 된다는 집회서의 주장과 상충되며, 감사찬양시편(Hodayot)이 성령의 지속적인 역할에 방점을 두고 있다는 점도 간과한다. 그러므로 본 연구는 언약적 율법주의를 제2성전기 유대교 구원론의 기본 구조로 적용하는 것에 대해 의문을 세기해왔다."[30] 이들 문서에서 드러나는 관점의 다양성이 분명히 광범위하므로 아무리 상상력을 발휘한다고 해도 "율법주의"든 "언약적 율법주의"든 어떤 명칭을 붙이건 간에 유대 문헌을 한꺼번에 단 하나의 구원론으로 뭉뚱그릴 수는 없다. 이러한 다양성이 의미하는 바는, 비록 모든 유대인이 지지하는 관점은 아니었을지라도 토라의 준수를 종말론적 생명에 이르는 길로 취급하는 경우가 있었다고 해도, 그것이 그리 놀라운 일은 아니라는 사실이다. 또한 바울이 유대교의 율법주의적 경향을 지적한다고 해

---

29 Watson, *Paul, Judaism, and the Gentiles*, 18; Maston, *Divine and Human Agency*, 10-18. Boccaccini("Inner-Jewish Debate," 15)에 따르면, "[구원에 있어서] 신학적·철학적 문제를 강조하는 것은 단지 현대 기독교 학자들이 보이는 집착의 문제인 것(만)은 아니다."

30 Maston, *Divine and Human Agency*, 176.

서, 이를 사실의 왜곡이라고 일축할 이유도 없음을 의미한다.[31]

첨언하자면, 언약적 율법주의가 "매우 유연한 모형"[32]이기는 하지만, 언약적 율법주의가 지극히 율법적인 모형도 수용하는 동시에 언약의 전반적인 효력도 유지할 수 있음을 확증하려는 어떤 이들의 시도는 구원론의 범위를 과도하게 넓혀서 그것을 실제로 무의미하게 만든다.[33] 더군다나 '은혜는 들어가게 하고 행위는 머무르기 한다'는 식의 모형은 여전히 하나님의 축복을 받을 만한 지위를 결정하는 요인으로서 인간의 행위에 초점을 맞추고 있는 것이 아닌가 하는 의구심이 들게 한다. 피터 엔스(Peter Enns)는 성경의 내러티브를 풀어 쓰면서 구원론의 모형에 대해 다음과 같이 논평한다. "선택(election)은 은혜에 의해서, 구원은 순종에 의해서 이루어진다고 하는 편이 덜 혼란스러울 것이다." 이러한 발언은 샌더스의 도식이 지닌 개념 상의 허점을 드러내는데, 왜냐하면 언약이 구원의 장소이고, 순종이 언약 안에서 지위를 유지하는 역할을 한다면, 분명 구원을 결정짓는 것은 순종이기

---

31 다음을 보라. Francis Watson, "Constructing an Antithesis: Paul and Other Jewish Perspectives on Divine and Human Agency," in *Divine and Human Agency in Paul and His Cultural Development*, ed. J. M. G. Barclay and S. J. Gathercole (London: T&T Clark, 2007), 99–116.

32 Richard Bauckham, "Apocalypses," in *Justification and Variegated Nomism,* vol. 1, *The Complexities of Second Temple Judaism*, ed. D. A. Carson, P. T. O'Brien, and M. Seifrid (Grand Rapids, MI: Baker Academic, 2001), 174.

33 C. F. D. Moule, "Jesus, Judaism, and Paul," in *Tradition and Interpretation in the New Testament*, ed. G. F. Hawthorne and O. Betz (Grand Rapids, MI: Eerdmans, 1987), 48; Douglas J. Moo, *The Epistle to the Romans* (NICNT; Grand Rapids, MI: Eerdmans, 1996), 215–16; Timo Eskola, *Theodicy and Predestination in Pauline Theology* (WUNT 2.100; Tübingen: Mohr Siebeck, 1998), 56; Bird, *Saving Righteousness*, 94–95; 하지만 다음의 반론도 참고하라. Bruce Longenecker("On Critiquing the 'New Perspective' on Paul: A Case Study," *ZNW* 96 [2005]: 266–69)는 "머무른다는 것"은 다차원적 시간을 나타내는 용어로서 종말론적인 요소를 갖고 있다고 이해하며, 언약적 율법주의가 종말론적 율법주의의 요소를 포함하고 있다고 본다.

때문이다.[34] 그러므로 언약적 율법주의는 그것을 어떻게 적용하는가에 따라서, 특히 구원이 인간에게 주어지는 방식에서 여전히 매우 율법주의적일 수 있다.

둘째로, 나는 특정한 사회종교적 상황하에서는 하나님의 호의를 확보하기 위한 인간의 주도적 노력에 막중한 의미가 부여될 수도 있다는 점을 주장하고 싶다. 보통 이러한 경우는 장차 종말의 시대에 들어가는 근거가 무엇인지에 대한 논의에서, 율법에 대한 어느 해석이 하나님 앞에서 유효한지에 대한 여러 종파 간의 이견에서, 또한 외부인이 유대인 집단에 들어가기 위한 입문 의식과 관련된 논쟁에서 발생한다. 이러한 정황들은 대체로 인간의 구원을 결정함에 있어 율법 준수에 엄청난 중요성을 부여하는 식의 구원론적 모형으로 이어지기 마련이다.[35] 바울이 예루살렘 회의(갈 2:1-10; 행 15:1-5)에서, 안디옥 사건(갈 2:11-14)에서, 갈라디아(갈 2:15-3:28)에서, 또한 로마에서(롬 3:21-5:11) 마주했던 문제는 바로 이러한 쟁점들이었다. 다시 말해서, 바울이 유대인 내부의 논쟁에 가담했던 곳에서 부각된 문제는 바로 구원의 결정 요인으로서 토라의 준수에 관한 것이었다.

셋째로, 바울이 유대교의 오류라고 생각한 것이 단지 유대교가 구속사적으로 구시대의 것이 되었기 때문인지에 대해서도 논란의 여지가 있다. 바울은 인간에 대한 비관주의를 강하게 노정하고 있으며, 따라서 연약하고 실패한 인간의 조건에 비추어볼 때 토라가 부적절하기에 하나님의 역사가 구

---

34 Peter Enns, "Expansions of Scripture," in *Justification and Variegated Nomism,* vol. 1, *The Complexities of Second Temple Judaism,* ed. D. A. Carson, P. T. O'Brien, and M. Seifrid (Grand Rapids, MI: Baker Academic, 2001), 98(강조는 원저자의 것임).

35 다음을 보라. Michael F. Bird, "What if Martin Luther Had Read the Dead Sea Scrolls? Historical Particularity and Theological Interpretation in Pauline Theology: Galatians as a Test Case," *JTI* 3 (2009): 107-25.

원에 필요한 효과를 가져다준다고 보는 한층 더 급진적인 입장을 취한다.[36] 그 의미인즉, 스티븐 웨스터홈(Stephen Westerholm)이 말하듯이, "바울은 유대교의 구속적 체제가 인간의 죄 문제를 해결하는 데 충분치 못하다고 생각했으며" 하나님의 의가 예수 그리스도 안에서 계시된 것에서 해결책을 찾아야만 하는 지점에 이르게 되었다.[37] 유대교의 저자들도 악의 기원, 죄에 사로잡힌 인간의 상태, 인간이 선을 행하는 능력 등에 대해 다양한 관점을 지니고 있었지만, 유대인이나 이방인이나 하나님 앞에서 결코 의로울 수 없다는 바울의 주장은 미카엘 위닝에(Mikael Winninge)의 말마따나, "유대교 내에서는 전적으로 새로운 것"이다.[38]

마지막 넷째로, 바울의 종교적 모형이 언약적 율법주의와 그 근본에서 일치한다는 주장도 논란의 소지가 있다.[39] 말하자면, 바울은 [언약 안에]

36　Timo Laato(*Paul and Judaism: An Anthropological Approach* [Atlanta: Scholars, 1995], 62)는 E. P. Sanders의 *Paul and Palestinian Judaism*의 논리적 허점이 "인류의 능력이라는 문제를 충분하게 다루지 못한 것"이라고 본다. Maston(*Divine and Human Agency*, 171-72)에 의하면 "바울이 하나님의 구원 수단으로서 율법을 거부한 이유가 하나님이 그리스도 안에서 일하신다고 믿는 그의 확신에서 나온다는 Sanders의 주장은 옳으며, 다만 이러한 점이 충분히 인정되지 못한 점은 있다. 그렇다고 해도 왜 율법이 하나님의 구원의 수단이 되지 못하는지에 대해 바울이 인류학적으로 설명하지 않았다는 추론이 성립되지는 않는다. 바울의 비판적 인류학은 하나님이 그리스도 안에서 구원하신다는 믿음에서 파생된 부차적 추론일지 모르지만, 바울의 주장에 있어서 율법의 준수 행위가 하나님의 축복을 얻는 수단이 됨을 반박하는 중요한 논점이 된다."

37　Stephen Westerholm, "Paul's Anthropological 'Pessimism' in Its Jewish Context," in *Divine and Human Agency in Paul and His Cultural Development*, ed. J. M. G. Barclay and S. J. Gathercole (London: T&T Clark, 2007), 80; Sprinkle, *Paul and Judaism Revisited*, 125-44.

38　Winninge, *Sinners and the Righteous*, 264.

39　Sanders(*Paul and Palestinian Judaism*, 514, 543, 552)는 바울이 참여적이고 전가적인 용어를 사용했기 때문에 바울의 종교관이 언약적 율법주의의 일종은 아니라고 본다. 그러나 M. D. Hooker(*From Adam to Christ* [Cambridge: CUP, 1990], 155-64)와 같은 학자들은 바울과 언약적 율법주의 간에 상관관계가 있다고 본다. 이에 대한 반응으로는 다음을 보라. Peter T. O'Brien, "Was Paul a Covenantal Nomist?," in *Justification and Variegated Nomism*, vol. 2, *The Paradoxes of Paul*, ed. D. A. Carson, P. T. O'Brien, and M. Seifrid (Grand Rapids, MI: Baker Academic, 2004), 249-96.

"머무르는 것"보다 오히려 하나님이 사람들을 부르신 새로운 존재와 소명 안에서 "앞으로 나아가는 것"에 대해 생각했을 가능성이 있기 때문이다.[40]

바울과 자민족중심주의 유대교

또 일단의 관점에서는 바울이 유대인 동족을 비난한 것은 그들이 토라를 이용해서 민족적 우월감을 강화하고 하나님의 구원의 계획에서 이방인을 배제하려고 했기 때문이었다고 주장한다. 쟁점이 되는 문제는 종교적 의미에서의 자기의(self-righteousness)가 아니라 민족적 차원에서의 의다.[41] 더 급진적인 관점에서는 바울이 결코 유대교 내에서 유대인에게 해당되는 구원의 방법에 맞서 도전한 적이 없으며, 언약의 효력과 이스라엘의 선택에 대하여 의문을 제기한 적도 없다고 주장한다. 이러한 입장은 두 가지 면모를 지니는데, 하나는 바울이 이스라엘을 위한 "특별한 길"(Sonderweg)을 가정한다는 점이고, 또 하나는 이스라엘의 과오로 인해 하나님의 구원이 이방인에게 이르렀다는 사실을 부인하는 것이나.[42] 존 개거(John Gager)에 따르면 이스라엘의 실패와 "그리스도를 이스라엘의 구원자로 받아들이는 것은 아무

---

40   다음을 보라. Ben Witherington III, *Grace in Galatia: A Commentary on Paul's Letter to the Galatians* (Grand Rapids, MI: Eerdmans, 1998), 99.

41   예를 들어, 다음을 보라. James D. G. Dunn, *The Theology of Paul the Apostle* (Edinburgh: T&T Clark, 1997), 119.

42   예를 들어, 다음을 보라. Klaus Haacker, "Das Evangelium Gottes und die Erwahlung Israels: Zum Beitrag des Romerbriefs zur Erneuerung des Verhaltnisses zwischen Christen und Juden," *TBei* 13 (1982): 70-71; Lloyd Gaston, *Paul and the Torah* (Vancouver: University of British Columbia Press, 1987); John Gager, *Reinventing Paul* (Oxford: OUP, 2000); Stanley K. Stowers, *A Rereading of Romans: Justice, Jews, Gentiles* (New Haven: Yale University Press, 1994); Eung Chun Park, *Either Jew or Gentile: Paul's Unfolding Theology of Inclusivity* (Louisville, KY: Westminster John Knox, 2003); Pamela Eisenbaum, *Paul Was Not a Christian: The Original Message of a Misunderstood Apostle* (New York: HarperCollins, 2009), 216-39.

상관이 없다. 이스라엘이 놓친 것은 토라의 목적이 이방인과 관련됨을 이해하지 못한 점이다."[43] 구체적으로 로마서 11:25-27에서도 "이스라엘의 회심에 대한 언급은 없고 오로지 하나님에 의한 이스라엘의 구원만을 언급하고 있다."[44]

하지만 유대교가 이방인을 구원에서 배제한 것만이 바울이 유대교에 가한 비판의 전부라고 볼 수는 없다. 물론 바울은 이방인이 그리스도인이 되기 위해서는 유대교로 개종해야 한다고 주장하는 자민족중심주의적 토라 해석을 실제로 거부하기도 했고(갈 2:11-15; 롬 3:21-31), 자신의 이방인 선교를 유대인들이 방해한 사실에 대해서도 언급한 적이 있다(살전 2:15). 학자들은 바울의 보편주의 대 유대교의 특수주의라는 개념을 가볍게 취급하는 경향이 있기는 하지만, 보다 적절하게 말하자면 바울은 유대인과 이방인 간의 사회종교적 연대가 민족적인 것이 아닌 새롭게 창안해낸 것이어야 한다고 믿었다.[45] 복음으로 말미암아 유대교의 세계관을 재해석할 수 있는 내러티브가 제공되었고, 이방인을 이방인으로서 유대교 회중 안에 포함시키는 등 연속적이면서도 새로운 내러티브가 가능하게 되었다. 어쨌든 간에 유대교에 대한 바울의 비판은 사회적 범위 내지 입문 의식의 차원을 훨씬 넘어선다. 바울은 하나님이 이방인의 하나님이기도 하다는 것을 배우는 데 굳이 십자가란 말이 필요치 않았다. 열방을 향한 하나님의 관심은 창세기부터 스가랴서까지 구약 전체에 걸쳐 나타나 있고, 제2성전기 유대교 문헌에서도 그 당시 등장하고 있던 다양한 형태의 보편주의를 통해 확인

---

43 Gager, *Reinventing Paul*, 135.

44 Bernhard Mayer, *Unter Gott Heilsratschluss: Pradestinationaussagen bei Paulus* (Wurzburg: Echter, 1974), 290: "이것은 이스라엘의 회심에 관한 것이 아니고 구원에 관한 진술이다.."

45 다음을 보라. Eisenbaum, *Paul Was Not a Christian*, 108: 유대 민족(*ethnos*)의 일원임을 결정하는 것은 단지 "가족 관계만"이 아니라 "행동 원리에 대한 합의"도 포함된다.

된다.[46] 더욱이 고대 유대교를 자민족중심적이라든가 배타적이라고 칭하는 것이 과연 어느 정도까지 타당한가? 유대인들은 실제로 이방인 개종자들을 유대교 공동체에 받아들였으며, 실제로 필론이나 요세푸스나 랍비들도 이러한 사례에 대해 분명하게 언급하고 있지 않은가![47] 게다가 기독교 역시 어떤 면에서는 유대교만큼이나 배타적이지 않은가? 가령 이교도와의 통혼을 금하고, 성적 부도덕을 감찰하고, 배교자를 추방하며, 이교도와의 모임을 회피하는 등, 주변의 문화적 가치를 거부하는 당파적 관점을 드러내지 않았던가?[48]

바울은 궁극적으로 보다 근본적인 쟁점, 즉 유대교가 토라와 언약으로도 해결할 수 없는 인류의 문제가 무엇인지를 다룬다.[49] 바울에게 있어서 답

---

46 다음을 보라. Ronald Feldmeier, Ulrich Heckel, and Martin Hengel, eds., *Die Heiden*:
Juden, Christen und das Problem des Fremden (WUNT 70; Tübingen: Mohr Siebeck,
1994); Terence Donaldson, *Judaism and the Gentiles: Jewish Patterns of Universalism (to
135 CE)* (Waco, TX: Baylor University Press, 2007); David C. Sim and James S. McLaren,
eds., *Attitudes to Gentiles in Ancient Judaism and Early Christianity* (LNTS 499; London:
Bloomsbury, 2014).

47 다음을 보라. Michael F. Bird, *Crossing Over Sea and Land: Jewish Proselytizing Activity in
the Second Temple Period* (Peabody, MA: Hendrickson, 2009).

48 Watson, *Paul, Judaism, and the Gentiles,* 53, 232; N. A. Dahl, "The One God of Jews and
Gentiles (Rom. 3:29-30)," in *Studies in Paul* (Minneapolis: Augsburg, 1977), 191; E. P.
Sanders, *Paul, the Law, and the Jewish People* (Minneapolis: Fortress, 1983), 160; idem,
"Jewish Associations with Gentiles and Galatians 2:11-14," in *The Conversation Continues:
Studies in Paul and John in Honor of J. Louis Martyn*, ed. Robert T. Fortna and Beverly R.
Gaventa (Nashville: Abingdon, 1990), 181; Anders Runesson, "Particularistic Judaism and
Universalistic Christianity? Some Critical Remarks on Terminology and Theology," *ST* 54
(2000): 55-75.

49 Bruce Longenecker, *The Triumph of Abraham's God: The Transformation of Identity in Ga-
latians* (Nashville: Abingdon, 1998), 120-21; Mark A. Seifrid, *Christ, Our Righteousness:
Paul's Theology of Justification* (NSBT 9; Downers Grove, IL: InterVarsity, 2000), 19-21;
Graham Stanton, "The Law of Moses and the Law of Christ," in *Paul and the Mosaic Law*,
ed. James D. G. Dunn (Grand Rapids, MI: Eerdmans, 2001), 103-4; Seyoon Kim, *Paul and
the New Perspective: Second Thoughts on the Origin of Paul's Gospel* (Grand Rapids, MI:
Eerdmans, 2002), 55-56; Westerholm, *Perspectives Old and New on Paul*, 367-68; idem,

은 악이라는 우주론적인 문제이며, 이는 인간의 타락과 죽음이라는 바로 인간론적인 문제, 즉 모든 인류가 아담의 후손으로서 공유하는 상태를 말한다.[50] 유대인들에게도 복음이 필요한 이유는 그들도 악의 세력에 속박된 세계에 속하기 때문이다. 말하자면, 이스라엘 역시 아담 안에 있는 것이다! 이러한 이유로 바울은 복음이 먼저는 유대인에게요, 그다음으로는 이방인에게라고 말할 수 있었다(롬 1:16). 이 점은 그가 유대인에 대한 계속적인 선교를 당연시했던 것(롬 10:14-21; 11:14; 고전 9:20; 갈 2:9)과, 현재 남은 자들인 유대 그리스도인의 존재를 기뻐했던 이유에 대해서도 설명이 되는데, 그들의 존재는 이방인 그리스도인과도 연결되어 있었던 것이다(롬 9:27-29; 11:1-10). 바울이 보기에 정죄(롬 3:22-23)나 칭의(롬 10:12)의 문제에 있어서 유대인과 이방인 간에 διαστολή("차별")가 없었다. 왜냐하면 모두에게 예수 그리스도를 믿는 믿음이 필요하기 때문이었다.[51]

특별한 길(Sonderweg)과 관련해서. 그 관점이 포스트모더니즘이나 다원주의를 지지하는 이들, 또는 유대인 대학살 이후의 학파들에게는 호소력이 있는지 모르지만, 그것이 바울이 실제로 생각한 바는 아닌 것 같다.[52] 바

"Paul's Anthropological 'Pessimism' in Its Jewish Context," 77-78.

50   N. T. Wright, *Paul and the Faithfulness of God* (COQG 4; London, SPCK, 2014), 547-50, 747-72.

51   Caroline Johnson Hodge (*If Sons, Then Heirs: A Study of Kinship and Ethnicity in the Letters of Paul* [Oxford: OUP, 2007], 141)는 롬 10:12에서 "하나님의 **차별 없음에 관한 한** *Ioudaios* 와 그리스인 간에는 차이가 없다"고 가정한다(강조는 원저자의 것임). 이와 반대로 필자는 하나님의 차별 없음이란 차이 없음에 대한 조건이 아니라 전제임을 말하고 싶다. 하나님은 차별이 없으시므로 궁극적으로 유대인이나 이방인이나 그리스도를 믿는 믿음 이외에 다른 특권적 지위가 존재하지 않는다.

52   Segal(*Paul the Convert*, 281)은 바울이 문화적 다원론을 옹호하고 있다는 입장을 펼치려고 했겠지만, 바울 자신이 필경 그렇지 않았다는 점을 확신하는 입장으로 남아 있다. Wright(*Paul and the Faithfulness of God*, 1175)는 *Sonderweg*의 관점에서 보면, "유대인은 선한 유대인이 됨으로써 구원받고, 이방인은 그리스도인이 됨으로써 구원받는" 격이 된다고 신랄하게 비판한다.

울은 메시아와는 별개로 이스라엘을 위한 특별한 길을 구상하지는 않았지만, 메시아가 재림할 때에 이스라엘 민족이 구속되기를 고대하였으며, 로마서 11장에서 드러나듯이 하나님의 종말적 계획 가운데 유대 민족을 위한 "특별한 자리"(*Sonderplatz*)를 실제로 예견하였다.[53]

요약

앞선 연구에서 우리는 먼저 바울이 토라의 규정이 은혜 및 긍휼과 대립되기 때문에 유대교의 율법주의로부터 해방되는 것을 자유로 간주했다고 보는 일부 학자들의 관점을 살펴보았다. 또한 어떤 학자들은 바울이 사실상 유대교와 그 구원의 작동 방식을 이해하지 못했다고 생각하는데, 그 이유는 바울이 왜곡되어 있던 디아스포라 유대교만을 알고 있었든지, 아니면 그가 유대교의 신앙과 실천을 완전히 잘못 표현했기 때문이라는 것이다. 또 다른 학자들은 유대교에 대한 바울의 비판이 이방인을 하나님의 백성에서 그릇되게 배제하는 유대교의 자민족중심주의에 가해진 것이리고 본다. 어떤 학자들은 좀 더 나아가 교회는 이스라엘이 이방인을 위해 배정한 자리 중에 남은 자리이며, 이스라엘은 그 고유한 언약적 경륜에 따른 보호 아래 구원받는다고 간주한다. 하지만 다른 학자들은 바울이 유대교의 권역 안에 남아 있었지만 자신이 지닌 그리스도 중심적 신앙을 핵심으로 삼아 유대교 신앙

---

53 다음의 비평도 보라. Reidar Hvalvik, "A 'Sonderweg' for Israel: A Critical Examination of a Current Interpretation of Romans 11:25–27," *JSNT* 38 (1990): 87–107; Terence L. Donaldson, "Jewish Christianity, Israel's Stumbling, and the *Sonderweg* Reading of Paul," *JSNT* 29 (2006): 27–54. 덧붙이자면 "급진적인 바울" 해석자들은 대체주의적 관점을 피하려고 하지만, 이방인의 빛이 되어야 하는 이스라엘의 역할을 바울 공동체가 대체하게 함으로써 여러 면에서 일종의 대체주의를 함축하는 셈이다. 다음을 보라. Bruce Longenecker, "On Israel's God and God's Israel: Assessing Supersessionism in Paul," *JTS* 58 (2007): 26–44.

을 창조적으로 구성하는 일을 진행하였다고 본다. 바울은 교회의 한 분파에 속해 있었는데, 이들은 유대교 내의 회복 운동으로부터 유대교와는 별개의 분파적 공동체로의 전환을 시작하였고 이방인 회심자들이 유대교의 개종주의로부터 자유롭게 되는 것을 신학적으로 정당화하였다. 어쨌건 바울이 일반적으로는 그의 유대인 동족들과, 특정하게는 당시의 유대 그리스도인들과 여전히 어느 정도의 긴장 관계에 있었다는 점은 모두 인정한다. 현대에 들어서 그러한 긴장 관계에 대한 해석은 율법주의, 대체주의, 자민족중심주의 등과 같은 다양한 개념을 둘러싸고 전개되는 것으로 보이며, 이러한 긴장 관계는 바울이 유대교 밖에 있는가 아니면 아직도 유대교 안에 있는가에 따라 각기 다르게 이해될 수 있다.

이스라엘이 처한 문제	율법주의 (nomism)	대체주의 (supersessionism)	자민족중심주의 (ethnocentrism)
유대교에 반대 하는 바울	바울은 유대교에 반하는 형태로 전개되었던 토라 대 복음이라는 대립 구도를 품고 있었다.	바울은 기독교가 하나님의 백성으로서 이스라엘을 대체한다고 생각했다.	바울은 유대교와 분리된 기독교 공동체를 세웠고, 이를 사회종교적으로 유대교에 근접시키려는 시도에 저항했다.
유대교 안에 있는 바울	유대인과 유대 그리스도인들 가운데 율법주의적 태도에 대한 바울의 비판에 동조하는 이들이 적지 않을 것이다. 율법주의는 유대인과 이방인이 함께 하는 교제 가운데 이방인을 받아들일 경우에만 발생한다.	바울은 유대 그리스도인과 이방인 그리스도인들이 이스라엘의 남은 자들로서, 영원한 선민인 이스라엘 내에서 특별한 지위를 차지한다고 보았다.	바울은 예수의 부활 안에서 종말이 이미 시작되었고, 예수로 인해 이방인에게 실제로 유대인이 되지 않고도 이스라엘로 편입되는 길이 열렸으므로, 따라서 이스라엘은 이 사실을 받아들여야만 한다고 믿었다.

이러한 관점들은 대부분 바울이 예수 그리스도 안에 있는 구원에 대해 표명하는 방식과 그가 유대인 동족이 믿는 구원의 범위와 수단에 대해 인식하는 것 사이에 일종의 불연속성이 있음을 함축한다. 논란이 되는 부분은 그러한 불연속성이 어느 정도인가 하는 문제와, 그러한 불연속성이 바울을 통상적 유대교로부터 완전히 단절시킬 정도인가 하는 것이다.

나의 개인적인 견해는 바울의 경력 중에서 어느 부분에 주목하는지와 구체적으로 어떤 쟁점을 분석하는지에 따라서 바울이 유대교에 "반대"하는 것으로 보일 수도 있고, 유대교 "내부"에 속하는 것으로 보일 수도 있다는 것이다. 바울이 벌였던 논쟁 대다수가 일반적으로 할라카 논의에 병행될 수 있다는 점에서 바울은 유대교 내부에 속한다고 할 수 있으며, 그가 벌인 논쟁은 디아스포라 내에서 유대인들 간에 벌어졌던 할라카 논의와 유사한 경우가 종종 있었다. (바울은 이방인과 관련해서 음식 및 할례를 두고 논쟁했던 최초의 유대인은 아니었다!) 게다가 바울이 구사한 수사법은 종파 간에 적대적인 논쟁이 벌어졌던 제2성전기 유대교의 분파적 맥락에 들어맞을 뿐 아니라, 바울 자신도 결코 새로운 종교 단체를 세우려고 의도한 적은 없었다. 하지만 바울은 매우 급진적인 의미에서 유대교에 반대했다고 볼 수 있는데, 왜냐하면 바울은 유대인들이 거의 가려고 하지 않은 곳으로 기꺼이 가고자 했던 것으로 보이며, 그것은 다름 아니라, 이방인을 "하나님의 이스라엘"에 속한 일원으로 받아들임으로써 이스라엘이 선택받았다는 것의 통용가치를 평가절하한 것을 말한다. 또한 레위기 18:5에 대한 해석과, 비관적 인간론, 쉐마 **속에** 예수의 이름을 삽입한 것, 토라-죄-죽음이라는 삼중의 연쇄관계를 만들어낸 것 등은 당시 유대인들이 보기에 "유대교 내"의 논쟁으로 받아들이기에는 너무 지나친 것이었다. 찰스 프리먼(Charles Freeman)은 바울은 한 종교에서 다른 종교로 개종한 것이 아니라, 전통적 유대교의 경계를 넘어 모험을 감행한 것이라고 말한다. 그는 "바울은 신학적으로 전인미답의 영역에 서 있었고, 전통적 유대교와 당시에 예루살렘에서 부상하던 유대 기독교와 바울 자신의 가르침을 구별하는 경계선도 분명하게 규정할 수 없는 상황이었다"고 진술한다.[54]

어쨌든 바울이 지닌 모순성이 부각되는 것은 전적으로 바울을 유대교의 구원론 도식 중 어느 것과 비교하는가에 달려 있다고 하겠는데, 바울도 분명 그러한 도식 중 몇 가지는 알고 있었던 것으로 보인다. 로마서 1:18-32에 나오는 우상숭배 및 이교도의 부도덕함에 대한 비판은 필론과 지혜서 및 집회서에서 제시하는 "윤리적 일신론"(ethical monotheism)을 반영한다.[55] 하지만 벤 시라(Ben Sira, 집회서의 저자)나 지혜서의 저자와는 달리, 바울은 우상숭배에 빠져 허우적대는 이방인의 어리석음에 대한 하나님의 최종적인 해결책이 토라라고 보지는 않는다. 또한 필론과 달리 덕성을 추구하고 일신론을 지지함으로써 하늘 예루살렘을 향해 나아갈 정도로 깨우친 철학자들이 존재한다고 보지도 않는다. 바울이 보기에 고귀한 현자도, 이교도 성자도 있을 수 없다. 도리어 그리스인이나 야만인이나 할 것 없이 모든 사람은 죄의 오염과 타락과 정죄 가운데 사로잡혀 있기에 메시아를 통한 하나님의 구속이 절실히 필요하다. 또한 바울은 은혜가 언약 안에 내포되어 있고 순종이라는 감사의 반응을 통해 선택받은 지위를 유지할 수 있다고 하는 "언약적 율법주의"(covenantal nomism)에 대해 분명히 알고 있다. 그러나 그가 반대한 것은 언약적 은혜가 언약적 순종의 상황에서만 작용한다는 주장이었는데, 왜냐하면 이러한 순종이야말로 유대인에게 부족했던 것이

---

54 Charles Freeman, *A New History of Early Christianity* (New Haven: Yale University Press, 2009), 50.

55 다음을 보라. Jacob Neusner, *The Emergence of Judaism* (Louisville: Westminster John Knox, 2004), 74-75. Neusner는 윤리적 일신론의 네 가지 원리를 열거한다. (1) 창조, 계획으로서의 토라, (2) 완벽한 창조와 정의, (3) 하나님의 의지와 인간의 의지 간의 갈등, (4) 완벽함의 회복. 또한 다음을 보라. Donaldson, *Judaism and the Gentiles*, 493-98.

기 때문이다(롬 2-3장; 9-10장). 바울은 "자민족중심주의적 율법주의"에 대해 신랄한 비판을 가하는데(갈 2:1-3:29; 롬 3:27-31; 빌 3:1-9), 이에 따르면 그리스도는 단지 시내산 언약에 추가된 것으로서 토라가 가진 구원의 기능을 대신하는 것이 아니라 그것을 보충할 따름이다. 이러한 견해는 사실상 새 포도주를 낡은 부대에 담는 격이며 구원이 배타적으로 유대교 체제 내에만 있음을 상정한다. 바울이 강경하게 반대했던 것은, 복음이란 그리스인도 유대인이 됨으로써 구원받을 수 있다는 식의 기쁜 소식이라는 견해다. 바울은 또한 그리스도와 토라를 통해서 지혜와 권능과 영광에 이르는 수단을 인식하게 된다고 보는 고린도에서 발생한 "지혜론적 율법주의(sapiential nomism)"(고전 1:10-3:23; 고후 3장)에 대해서도 대응한다. 끝으로 바울은 구원을 토라의 준수와 더불어 그리스 철학의 언어를 빌려 표현된 천상으로의 신비적 상승을 통해 도달가능한 것으로 보는 "묵시적 신비주의"에 대해서도 반대한다(골 2장).[56]

바울이 알고 있던 유대교 내의 다양한 구원론 도식에 대한 그의 비판적 입장을 이해하기 위해시라면, 우리는 바울 논증의 신학적 구성만이 아니라 그와 그의 회심자들이 처했던 특수한 사회종교적 위상을 파악하는 것이 필요하다. 그럴 때에만 우리는 유대교와 관련하여 바울의 구원론을 제대로 자리매김할 수 있을 것이다.

---

56 다음을 보라. Michael F. Bird, *Colossians and Philemon* (NCCS; Eugene, OR: Cascade, 1999), 15-26.

바울의 정체성과 바울 공동체의 사회종교적 위상

바울은 회심/소명을 통해 유대교 내에서 바리새파로부터 메시아파로 이동한다(이들은 머지않아 유대교의 비주류가 된다). 그렇지만 내가 보기에, 바울은 적어도 50년대가 되면 유대 **민족**(Judean *ethnos*)의 사회종교적 기풍을 자신의 정체성과 신앙의 가장 핵심적인 요소로 여기지 않게된다. 갈라디아서 1:13-14에서 바울은 "내가 이전에 유대교에 있을 때에 행한 일을 너희가 들었거니와[ἐμὴν ἀναστροφήν ποτε ἐν τῷ Ἰουδαϊσμῷ] 하나님의 교회를 심히 박해하여 멸하고 내가 내 동족 중 여러 연갑자보다 유대교를 지나치게 믿어 내 조상의 전통에 대하여 더욱 열심이 있었으나"라고 적고 있다. "유대교"는 바울이 다른 사람들보다 지나치게 믿을 정도로 뛰어났던 분야이며, 이러한 종류의 유대교란 특정 전통에 지나친 열심과 집착을 보인다는 견지에서 정의할 수 있다. 그렇다면 필시 "유대교"는 일반적인 조상의 관습과 바리새적 형태의 종교적 정결에 대한 종파적 추구가 결합한 것을 뜻한다. (어쩌면 "유대 광신주의"와 같은 구어적 표현이 이 종파적 추구에 함축된 의미를 포착해준다고 하겠다.)[57]

그렇지만 문제의 핵심은 그리스도 안(ἐν Χριστῷ)에 있는 바울의 현재 삶과 유대교 안(ἐν Ἰουδαϊσμῷ)에 있던 바울의 과거 삶의 방식이 어떻게 다른가 하는 것이다. 바울은 그의 과거 유대교 안에서의 삶과 현재 그리스도 안에서의 삶 간에 전기(傳記)적 단절이나 신학적인 거리가 있음을 분명하

---

57 "유대교"가 "유대교화 운동"으로서 가진 종파적 성격에 관한 연구로는 다음을 보라. Matthew V. Novenson, "Paul's Former Occupation in Ioudaismos," in *Galatians and Christian Theology: Justification, the Gospel, and Ethics in Paul's Letter*, ed. M. W. Elliott, S. J. Hafemann, and N. T. Wright (Grand Rapids, MI: Baker Academic, 2014), 24-39.

게 상정한다.[58] 바울이 유대교와 명백히 단절했음을 수없이 암시하고 있음에도 불구하고, 바울은 그 밖의 경우에 있어 자신이 이스라엘인이자 히브리인임을 밝히기를 그치지 않았다(롬 11:1; 고후 11:22; 빌 3:5). 이러한 진술들을 감안할 경우, 바울의 정체성이나[59] 이 문제와 관련된 고대 그리스도인 및 유대인의 정체성이라는 주제는[60] 극도로 복잡한 문제라고 할 수 있다.

아래에서 나는 바울의 정체성에 대한 바울 자신의 인식과 유대교와 관련한 바울 공동체의 사회종교적 위상에 대해서 분석할 것이다. 바울의 정

---

58   다음을 보라. Georg Strecker, *Theology of the New Testament*, trans. M. E. Boring (Louisville: Westminster John Knox, 2000), 21–22; Thomas R. Schreiner, *Paul, Apostle of God's Glory in Christ: A Pauline Theology* (Downers Grove, IL: InterVarsity, 2001), 45; Giorgio Jossa, *Jews or Christians?* (WUNT 202; Tübingen: Mohr Siebeck, 2006), 12, 95–102; Watson, *Paul, Judaism, and the Gentiles*, 96–99; E. P. Sanders, "Paul's Jewishness," in *Paul's Jewish Matrix*, ed. T. G. Casey and J. Taylor (Rome: Gregorian & Biblical Press, 2011), 64—all to be contrasted with Nanos, "Paul and Judaism," 141–44.

59   다음을 보라. K.-W. Niebuhr, *Heidenapostel aus Israel: Die judische Identitat des Paulus nach ihrer Darstellung in seinen Briefen* (WUNT 62; Tübingen: Mohr Siebeck, 1992); Daniel Boyarin, *A Radical Jew: Paul and the Politics of Identity* (Berkeley: University of California Press, 1994); James D. G. Dunn, "Who Did Paul Think He Was? A Study of Jewish Christian Identity," *NTS* 45 (1999): 174–93; Jorg Frey, "Paul's Jewish Identity," in *Jewish Identity in the Greco-Roman World*, ed. J. Frey, D. R. Schwartz, and S. Gripentrog (AGJU 71; Leiden: Brill, 2007), 285–321; Caroline Johnson Hodge, "Apostle to the Gentiles: Constructions of Paul's Identity," *BI* 13 (2005): 270–88; William S. Campbell, "Religion, Identity, and Ethnicity: The Contribution of Paul the Apostle," *Journal of Beliefs and Values* 29 (2008): 139–50; idem, *Paul and the Creation of Christian Identity* (London: T&T Clark, 2006).

60   예를 들어, 다음을 보라. E. P. Sanders et al., eds., *Jewish and Christian Self-Definition*, vol. 2, *Aspects of Judaism in the Graeco-Roman Period* (London: SCM, 1981); W. C. van Unnik, *Das Selbstverstandnis der judischen Diaspora in der hellenistisch-romischen Zeit* (Leiden: Brill, 1993); Shaye J. D. Cohen, *The Beginnings of Jewishness: Boundaries, Varieties, Uncertainties* (Berkeley: University of California Press, 1999); Jorg Frey, Daniel R. Schwartz, and Stephanie Gripentrog, eds., *Jewish Identity in the Greco-Roman World* (AGJU 71; Leiden: Brill, 2007); Judith Lieu, *Christian Identity in the Jewish and Graeco-Roman World* (Oxford: OUP, 2004); Bengst Holmberg, *Exploring Early Christian Identity* (Tübingen: Mohr Siebeck, 2008).

체성, 기독론과 언약, 교회와 회당이라는 소제목하에 바울 서신에서 유대적 환경과의 연속성 내지 불연속성을 암시하는 몇 가지 측면들을 살펴볼 것이다.

바울의 정체성

디아스포라 유대인에서 시작해서 팔레스타인 바리새인을 거쳐 결국 예수 그리스도를 이방인에게 전하는 유대인 기독교 사도에 이르기까지 바울의 전기(傳記)가 보여주는 것은 개인적 정체성에 있어서의 격변이다. 그렇다면 과연 그는 누구였는가? 바울은 서신서에서 자신은 동시대의 유대인들과 같은 유대인일 뿐이며 이스라엘이라는 민족적 혈통에 속한다고 표현한다. 바울이 안디옥 사건에서 게바를 꾸짖는 말 중에 "우리는 본래 유대인이요, 이방 죄인이 아니로되"라고 언급한 부분은 바울과 게바가 그리스도를 믿는 이방인 신도가 아니라 유대인 그리스도인임을 분명히 나타내준다(갈 2:15). 빌립보서에서 바울은 "나는 팔일 만에 할례를 받고 이스라엘 족속이요, 베냐민 지파요, 히브리인 중의 히브리인이요, 율법으로는 바리새인이요"라는 유명한 진술을 한다(빌 3:5).

심지어 바울은 히브리인이자 이스라엘인이며 아브라함의 후손으로서 자신의 혈통이 고린도를 방문한 "지극히 크다는 사도들"에 못지않다고 단언한다(고후 11:22). 로마서에서 그는 이스라엘이 "나의 형제 곧 골육의 친척"(롬 9:3)이라고 하며, 자신에 대해서는 "나도 이스라엘인이요, 아브라함의 씨에서 난 자요, 베냐민 지파"(롬 11:1)라고 말한다. 바울이 가진 사고의 틀, 가령 유일신이라는 특수한 관념, 중보자적인 인물에 대한 그의 관점, 사후 세계에 대한 견해, 그가 경전이라고 여기는 문서와 그에 대한 해석, 하나님의 통치 및 선교 전략, 우상숭배와 이교의 성적 타락에 대한 그의 비난,

그의 경건성과 복음 등은 모두 그리스-로마 세계 속에 자리잡은 유대교에 그 뿌리를 두고 있다. 심지어 그는 여러 차례 회당의 치리에도 복종했던 것으로 보인다(고후 11:24). 그는 여전히 팔레스타인 유대교의 권역 안에 남아 있던 예루살렘 교회와 우호적인 관계를 유지하려고 노력했고(갈 2:1-10; 롬 15:25-31; 고전 16:1-3), 이방인인 교회가 대부분 반유대적 성향을 나타낼 때에도 구속사 안에서 유대인과 이방인을 공동 운명체로 보는 노선에 따라 질책을 가하기도 했다(롬 1:16; 11:1-32; 15:8-9). 따라서 바울은 자신의 혈통과 신앙의 기원을 이스라엘과 유대교를 통해 파악했고, 예루살렘 교회 및 디아스포라 유대교 공동체와 더불어 우호적인 관계를 유지하려고 애썼으며, 그 자신의 사고 세계는 유대교의 문헌과 전통에 확고하게 뿌리 내리고 있었다. 더욱이 다메섹 사건 이후에도 그는 유대 민족과 계속해서 특별한 유대 관계를 유지하고 있었는데, 이는 그의 종말론적 기대(롬 11:25-32), 이스라엘의 구원을 위한 기도(롬 10:1), 그들을 대신해서 스스로 그리스도에게서 끊어지기를 바랄 정도의 절실한 심적 고통(롬 9:3) 등을 통해 드러난다. 그럼에도 불구하고 회심으로 인해 새로운 관점을 깃게 된 이래로 바울이 지닌 사고의 내용이 상당 부분 재편되었기 때문에, 이제 바울의 고착화된 생각 중 몇몇은 당시의 유대인들과 확연히 어긋나게 되었다.

바울이 그리스도인이 되면서 그전에 가졌던 바리새적인 생각을 신학적으로 교정한 좋은 실례로 할례에 대한 그의 견해를 들 수 있다. 바울은 그리스도를 믿게 된 이방인 회심자들에게 더 이상 할례를 요구하지 않았다. 할례는 유대인 남성들을 구별해주는 표식으로서, 통상적으로 남성 개종자들이 이스라엘 사회에 편입하는 의식이었고, 모세 율법에서 명하고 있는 것이기도 했다(레 12:3).[61] 그러나 바울은 유대교 신자(즉 "하나님을 경외하는 자")의

---

61   다음을 보라. Bird, *Crossing Over Sea and Land*, 17-43.

범주를 해체하고, 할례 받지 않은 사람을 기독교 회중의 완전하고 동등한 일원으로 받아들였을 뿐 아니라, 유대 그리스도인과 이방 그리스도인이 혼합된 상황 속으로 그들을 받아들일 것을 요구했다(갈 2:1-14). 이 경우 바울은 모세 언약(갈 2:11-21)을 이방인 회심자들을 위한 메시아적 성령론으로 대체한 셈이다(갈 4:6-7; 롬 8:14-17). 바울은 구원에 있어서 할례의 무효성을 강하게 역설한다(갈 5:2, 6; 롬 4:11; 고전 7:19. 참조. 행 15:1, 5).[62] 그는 심지어 하나님의 백성이 되는 자격은 할례에 있지 않으며, 오히려 메시아를 믿는 믿음 및 그것과 더불어 일어나는 성령에 의한 내적 변화에 있다고 주장한다(롬 2:25-29; 8:9-17; 갈 3:26-29; 6:15; 빌 3:3). 할례 받지 않은 자들도 순종하면 그것이 "할례"로 "여겨진다"(λογίζομαι)(롬 2:26. 참조. 빌 3:3; 고전 7:19). 로마서 2:28-29에서 바울은 Ἰουδαῖος("유대인")는 φανερός("표면적") 인 것이 아니라 κρυπτός("이면적")인 것이라고 분명하게 재정의하면서, 그러한 명칭의 재정의 가운데 할례 받지 않은 자들(즉 이스라엘의 혈통에 포함되지 않을 뿐 아니라, 이스라엘의 언약적 정체성의 주요 상징을 소유하지도 않은 않은 자들)도 포함시켜야 함을 암시한다. 바울이 할례와 유대 혈통에 따른 특권을 부인하는 것은 아니지만, 하나님에 대해 불순종하거나 하나님의 아들을 거부하는 마당에 그러한 특권은 아무런 도움이 되지 않는다(롬 2:25; 3:1-20; 9:1-29). 바울이 할례와 이방인에 대해 보다 수정주의적인 기타 접근법(예를 들어, Josephus, *Ant.* 20.34-42에 나오는 아나니아, 또는 Philo, *Migr.* 89-94에 등장하는 알레고리 해석자들)과 구별되었던 점은 다음의 세 가지다. 이는 (1) 예수의

---

62 바울은 갈라디아서에서 반어법을 교묘하게 사용하여, 갈라디아에 들어온 교사들이 바울이 평소 할례에 대해 설교했지만 변덕스럽고 편의주의적인 주장으로 할례에 대한 의무를 생략함으로써 잘못된 정보를 전했다고 주장하지만(갈 1:10, 5:11), 실제로 율법 전체를 준행해야할 의무를 생략하면서 변덕스럽고 거짓말을 하고 있는 자들은 다름아닌 이들 교사들임을 밝힌다(갈 5:3, 6:13).

죽음, 부활, 승천에 의해 실현된 하나님의 계시적 구속이 지닌 구원론적 독특성(갈 2:21; 롬 8:3), (2) 할례 받지 않은 자들에게도 성령이 부어진 것에 대한 경험(갈 3:2-5, 14; 4:6; 롬 8:4-17), (3) 구속사의 순서에 있어 아브라함에게 주어진 약속이 모세 언약보다 앞선다는 것(갈 3:6-14, 29; 롬 4:10-11)[63] 등이다.

이러한 유대교 신앙에 대한 재편이 [바울에게 있어] 완전한 단절을 의미하지는 않았는데, 왜냐하면 바울은 기독교 공동체가 여전히 이스라엘의 거룩한 역사와 연속되어 있다고 믿었기 때문이다. "이스라엘"과 "이스라엘 사람"이라는 명칭은 (족장들에게 먼저 선포되었고 예수 그리스도 안에 나타난 하나님의 행위라는 경륜을 통해 성취된) 하나님의 목적과 연속되어 있음을 나타내기 때문에, 그것은 바울에게도 명백히 긍정적인 의미를 띠고 있었다.[64] 이러한 용어들은 하나님이 이스라엘을 선택한 목적과 관련되어 있지만, 그럼에도 그것들은 민족적 범주를 초월하는 방식으로 사용된다. 예를 들어 "하나님의 이스라엘"(갈 6:16)이라는 바울의 말은 "하나님을 관상하는 이스라엘"이라는 필론의 말과 유사한데, 알렉산드리아의 유대인 철학지기 보기에 이 말은 민족적인 것이 아닌 철학적 범주를 의미했다(Philo, *Migr.* 113-14; *Conf.* 56; *Her.* 78).[65] 바울은 이스라엘의 족장들과 이스라엘 역사를 유대인과 이방

---

63 Terence Donaldson, *Paul and the Gentiles: Remapping the Apostle's Conviction World* (Minneapolis: Fortress, 1997), 215-48.

64 다음을 보라. James D. G. Dunn (*The Parting of the Ways: Between Christianity and Judaism and Their Significance for the Character of Christianity* [London: SCM, 1990], 148-49): "바울은 자신이 자라온 환경인 **유대교**(Judaism)와 의절했을지 모르지만(갈 1:13-14), 이는 **이스라엘인**(Israelite)이라는 자의식에서 그렇게 한 것이다. 즉 그는 이스라엘의 선택에 대한 당시 대다수 이스라엘 동족이 지지하던 편협한 특수주의 내지 민족적 의미에 따른 해석에 맞서 그 진정한 특징을 유지하고 진작하려 했다"(강조는 원저자의 것임).

65 다음을 보라. Ellen Birnbaum, *The Place of Judaism in Philo's Thought: Israel, Jews, and Proselytes* (Providence, RI: Brown University Press, 1996), 11-12.

인으로 구성된 그리스도인들에게 속한 계보이자 이야기라고 간주한다(롬 4:1; 고전 10:1). 바울이 마음속에 그리고 있는 구원은 유대인 신자들과 이방인 신자들로 구성된, 그리스도를 중심으로 모인 회복된 이스라엘을 위한 것이며(롬 9:4-8. 참조. 롬 3:30; 4:10-12; 엡 2:11-22), 또한 종말론적 미래에 있어서는 이스라엘 민족 전체 내지 일부를 위한 것이기도 하다(롬 11:26, 32).[66]

　　이러한 신학적 변화에 더하여, 자신의 정체성에 대한 바울의 해명은 유대적 정체성을 구성하는 핵심 요소로부터 멀어지는 방향으로 나아간다. 굳이 먼저 말하자면, 나는 바울이 스스로 유대 혈통임을 분명히 밝히면서, 또한 자신이 이스라엘의 삶의 방식과 성경 및 소망에 헌신되어 있다는 인상을 피력한다고 본다. 나는 바울의 개인적 처신을 규정하는 가장 기본적인 정황은 바로 토라의 준수였을 것이라고 추정한다. 그도 그럴 것이 바울은 토라의 준수에 있어 유대 그리스도인들을 실족케 할 만한 행위를 결코 한 적이 없으며, 심지어 이방인들에게도 우상숭배와 성적 부도덕을 피하고 유일신 신앙에 충실해야 한다고 생각하는 유대인들의 관심에 대해 특별히 신경 쓸 것을 당부하기도 했다. 고대 시대에 유대인들은 과연 누구였는가 하는 질문은 꽤나 복잡한 문제다. 하지만 유대교를 민족성 내지 공통된 관습이라는 견지에서 정의한다면, 바울이 예수 그리스도 안에서 실현된 하나님의 구원 사건이라는 견지에서 민족성을 상대화하고 공통된 관습을 무효화한 것은 분명한 사실이다. 게다가 유대교에서 그렇듯이, 민족성을 종교 문화의 견지에서 정의한다면, 바울이 유대교를 종교로서 비판한 것은 바울 자신의 생물학적 혈통 내지 기존의 종교적 성향 내에 균열이 있었음을 의미한다고 볼

66　필자는 친교의 평등성(equality of fellowship)이라는 이 개념이 이방인 그리스도인이 실제로 이스라엘의 일원이 되지 않고도 이스라엘의 동반자가 된다는 일부 학자들(예를 들어, Mark Nanos, Caroline Johnson Hodge) 사이에 자리잡고 있는 견해를 일축한다고 생각한다.

수 있다.[67] 자신의 정체성에 대한 바울의 해석에서 드러나는 몇 가지 특징을 통해 알 수 있는 것은 그리스도 안(ἐν Χριστῷ)에 있음으로 인해 그의 유대인 혈통이 부정되는 것은 아니지만, 전자가 후자를 초월할 뿐 아니라 그리스도 와 성령에 의해 주어진 새로운 정체성에 비추어 후자를 상대화하기도 한다 는 것이다. 그러한 새로운 정체성은 그가 속한 이스라엘의 계보와 연속되어 있으나, 또한 어떤 면에서는 그것과 의식적으로 구별된다.

예를 들어 빌립보서 3:7-8에서 바울은 자신이 혈통에 따라 물려받은 유대인의 특권을 그리스도에 **비할** 때 "해"(ζημία)와 "배설물"(σκύβαλον)로 여길 수 있다고 말한다. 고린도전서 9:20-23에서는 바울이 유대인과 같이 "되는 것"(γίνομαι), 즉 유대인처럼 사는 것을 "율법 없는 자"(ἄνομος)가 되 거나 "약한 자"(ἀσθενής)가 되는 것과 같이 복음을 전하는 선교적 사명을 위 한 일종의 타협으로 여겼음이 분명하다.[68] 갈라디아서 3:28에 나오는 교훈

---

67 Love L. Sechrest, *A Former Jew: Paul and the Dialectics of Race* (LNTS 410; London: Continuum, 2009), 105-9.

68 다음을 보라. Richard Hays (*First Corinthians* [Interpretation; Louisville: Westminster John Knox, 1997], 153): "바울은 사실 유대인이므로 이러한 표현은 자신이 그리스도 안에 서…모든 문화적 소속을 초월하는 입장에 있다는 주장을 얼마나 급진적으로 이해했었는지 를 보여준다."; Wolfgang Schrage (*Der erste Brief an die Korinther* [Neukirchen-Vluyn: Neukirchener Verlag, 1991-99], 2:340): "바울은 단순한 의미로 유대인 또는 이방인이 된 것이 아니고, 유대인과 같이 그리고 이방인과 같이 되었다. 다시 말해 그들과 비슷하게 되 었다는 뜻이다. 바울은 그들과 직접 교제했고, 특별한 방법으로 그들과 연대했다. 이 사실은 ᾿Ιουδαίοις ὡς ᾿Ιουδαῖος'에서 입증된다. 그렇지 않다면 태생적 유대인이었던 바울(비교. 갈 2:15, ἡμεῖς φύσει ᾿Ιουδαῖοι)이 어떻게 유대인이 될 수 있겠는가? 이어지는 두 가지 예와 비 슷하게 'μὴ ὢν ᾿Ιουδαῖος'가 빠져 있는 것은 우연이 아니다. 그러나 그도 어떤 방식에서 더 이 상 자기존재가 아닌 존재가 될 수는 없지 않은가? 사실 그렇다. 그리스도 안에는 유대도 없 고 이방인도 없기 때문에(갈 3:28, 비교. 12:13), 바울은 태생적 유대인이지만 더 이상 순전 한 유대인으로서 존재하지 않으며, 유대인을 얻기 위해 유대인이 될 뿐이다." Dunn ("Who Did Paul Think He Was?," 182): "바울은 '유대인'을 자신의 주어진 정체성이나 자신의 인격 과 분리될 수 없는 정체성으로 인정하지 않는 것처럼 말한다.…대신에 '유대인'이라는 용어 는 취할 수도 버릴 수도 있는 거의 일종의 역할처럼 취급되고 있다." Wright (*Paul and the Faithfulness of God*, 1435-36): "바울은 우리가 전문 용어로 소위 새 '정체성'이라고 부르는

에서는 "οὐκ...οὐδέ" 구문을 사용하여, 유대인/그리스인, 종/자유인, 남자/여자를 짝짓고 있는데, 이는 각 명칭이 나타내는 존재론적·문화적 실재를 부정하려는 것이 아니라(가령 신자가 된다고 해서 갑자기 그리스말을 하는 자유민 남성이기를 그치는 것은 아니다), 그리스도 예수 안에(ἐν Χριστῷ Ἰησοῦ) 있음으로 정의되는 초월적 정체성으로 변화되는 것임을 명시하는 것이다. 다양한 정체성이 함께 결합되어 사회종교적으로 혼종적인(hybrid) 정체성을 만들어낸다.[69] 여기서 부정되는 것은 이러한 명칭들이 차별과 우월성을 강화하는 매개의 역할을 한다는 점이다. 갈라디아서 3:28-29(또한 갈 2:19-21; 5:6;

것을 자신이 소유하고 있다고 생각했다. 이 단어의 의미는 상당히 가변적이지만 이보다 더 나은 말을 생각해내기 어렵다. 이 정체성 안에서 '율법 아래' 있는 '유대인'이라는 이전의 '정체성'은 철저히 바뀌었다고 말해도 과장이 아니다. 이전의 정체성은 그가 누구이며 무엇을 할 수 있고 없는지를 더 이상 규정하지 못하게 되었다." Nanos("Paul and Judaism," 139)는 이와 대조적으로 다음과 같이 말한다. "바울은 할라카적 행위의 변화가 아니라 **수사적 전략**을 표현하고 있다.…'와 같이 된다'는 말은 각자가 가지 '전제로부터의 논증'을 의미한다" 그러나 필자는 Nanos가 단지 법적 이중성을 철학적 이중성으로 대치하고 있는 것은 아닌지 의심스럽다. (다음을 보라. Schrage [Der erste Brief, 342]: "그러나 20b는 20a의 동의어 반복이 아니고, 단순한 수사학적 반복에 그치는 것도 아니다. 오히려 그것은 설명과 의미의 증가다. 율법이 유대인을 유대인으로 만들고 'ὑπὸ νόμου'의 존재가 바울에게 유대인을 그리스도인들로부터 구분하라는 것이라는 점에서 그것은 설명이며, 바울이 율법을 지키는 자들을 얻기 위해 자신도 율법을 준수할 것을 선언한다는 점에서 그것은 의미의 증가라고 할 수 있다. 이것이 얼마나 특이한 일이고 자명한 일이 전혀 아닌가 하는 것은 'μὴ ὢν αὐτὸς ὑπὸ νόμου'이라는 양보 부사구문이 보여준다. 더 이상 토라를 통해 구성되거나 결정되지 않는다.") 더군다나 고전 9:20-23은 단지 율법 없는 자들의 기준에 적용하는 것이 아니다. 왜냐하면 바울은 자신의 행동이 반율법주의라는 잠재적 비난을 불러올 수 있음을 잘 알고 있었기에, 일시적으로 자신을 무법한 자들과 동일시하면서도, 여전히 그리스도의 법에 제약 받고 있음을 호소하기 때문이다.

69 이와 유사한 주장으로 다음을 보라. Sze-kar Wan ("Does Diaspora Identity Imply Some Sort of Universality? An Asian American Reading of Galatians," in Interpreting beyond Borders, ed. F. F. Segovia [Sheffield: Sheffield Academic, 2000], 126): "이 새로운 '백성'은 민족적·문화적 차이점들을 지움으로써가 아니라 **이 차이점들을 결합하여 일종의 혼종적 존재를 만들어냄**으로써 이루진다"(강조는 원저자의 것임). Joshua Garroway (Paul's Gentile-Jews: Neither Jew nor Gentile, but Both [New York: Palgrave MacMillan, 2012])는 바울은 "그리스도인"과 같은 제3의 범주를 갖고 있지 않았기 때문에, 그 대신 "이방인-유대인"이라는 혼종적 정체성을 창조해냈다고 주장한다.

6:15; 고전 7:18-19; 12:13; 골 3:11)에서 강조하는 바는 인간의 다양한 정체성
이 말소되어야 한다는 것이 아니라, 여러 정체성이 그리스도와 새 창조라
는 특징을 지닌 단일한 초월적 정체성으로 **포괄**되고 **변화**되어야 한다는 것
이다. 하지만 이러한 새로운 실체가 현실화되기 위해서는 차별과 지위의 수
단이었던 기존의 정체성들이 지닌 가치가 부정되고 말소될 뿐 아니라 차별
을 초래하는 그 능력도 약화되어야 한다.[70] 바울의 유대적 특성(Jewishness)
은 유지되지만, 그것은 그리스도 안이라는 정체성 아래 포섭되고 종속된다.
이러한 문구를 사람을 유대인과 그리스인과 하나님의 교회로 구분하는 바
울의 발언(고전 10:32)이나 "우리"를 유대인이나 그리스인과 구별하여 언급
하는 대목(롬 9:24; 고전 1:18-24)과 결부시켜 생각할 때, 바울이 그리스도인
을 제3의 족속(τρίτον γένος, tertium genus)으로 여겼다는 결론을 피하기 힘들
것이다.[71] 바울 서신에 나타난 민족성 및 민족에 대한 연구를 토대로, 러브

---

70 Bird, *Colossians and Philemon*, 102-6. 다음의 논의를 보라. Mark D. Nanos, *The Irony of
Galatians: Paul's Letter in First-Century Context* (Minneapolis: Fortress, 2002), 99; Mark
Seifrid, "For the Jew First: Paul's Nota Bene for His Gentile Readers," in *To the Jew First:
The Case for Jewish Evangelism in Scripture and History* (Grand Rapids, MI: Kregel, 2008),
26-27, 37; Pauline Nigh Hogan, *"No Longer Male and Female": Interpreting Galatians
3:28 in Early Christianity* (LNTS 380; London: T&T Clark, 2008). 필자는 특별히 바울이
단순히 여러 정체성으로 구성된 기존의 체계 내에서 정체성을 재배치하고 있었다고 보는
Hodge(*If Sons, Then Heirs*, 126-31)의 주장이 특히 의아하고 미심쩍다. 이러한 견해는 바울
이 반대하는 것들을 붙들고 고민하지 않기 때문이다.

71 다음을 보라. Clement of Alexandria, *Strom.* 6.5.41.6; Aristides, *Apol.* 2.2. E. P.
Sanders(*Paul, the Law, and the Jewish People*, 178)는 다음과 같이 말한다. "바울 스스로의
의식적 의도와 반대되는 실천적 행위가 입증하듯이 교회에 대한 바울의 본질적인 정의는 그
것이 제3의 개체라는 것이었다. 이는 교회가 유대인과 그리스인 양자로 구성되는 것만이 아
니라, 중요한 면에서 유대인의 것도 그리스인의 것도 아니기 때문이기도 했다." Sanders는 다
른 곳에서("Paul's Jewishness," 66) 다음과 같이 덧붙인다. "그 용어는 바울이 셋으로 분할된
세계에서 살았다는 **사회적 사실**을 반영한다. 즉 유대인, 이교도 그리고 그리스도에 속한 자
들이 있었는데, 이 중 일부는 유대교 출신이었고 속했고 일부는 이교도 출신이었다." Wright
(*Paul and the Faithfulness of God*, 1443-49 [esp. 1448])는 제3의 민족이라는 개념은 본
질상 바울적인 것이며, 그 특징에 맞게 유대적 방식으로 교회를 파악한 것으로 본다. Segal

세크레스트는 다음과 같이 진술한다.

민족 및 민족성에 대한 시대착오적 개념정의를 고수하면서 바울이 자신을 여전히 유대인으로 간주했다고 보는 학자들의 견해와는 달리, 바울의 자기 정체성을 보여주는 본문을 고대 유대인의 인종관을 배경으로 해석할 경우, 그것은 바울이 자신을 비록 유대인으로 태어났지만 이제 더는 유대인이 아닌 이스라엘인으로 파악했음을 시사한다. 그리스도 사건을 바라보는 바울의 관점과 그 사건에 대한 반응으로 인해 하나님에 대한 그의 관계, 동족에 대한 그의 관계, 그리고 그와 근본적으로 다른 '타자'와 교류하는 방식이 묵시적으로 변경되었다. 다시 말해서, 바울 및 그와 함께 한 유대인 출신과 이방인 출신의 그리스

(*Paul the Convert*, 263): "바울이 원치 않던 것, 맞서 싸우던 것이 결국 일어나고야 말았다. 바로 교회가 새로운 제3의 개체가 된 것이다." David J. Rudolph (*A Jew to the Jews*, 33-35)는 제3의 민족이라는 유비를 논박하려고 하지만, 그러한 논박은 고전 12:2에 나오는 바울의 분명한 발언(여기서 바울은 신자들을 과거의 이방인이라고 부른다)을 부인할 때만 가능하다. Magnus Zetterholm ("Paul within Judaism: The State of the Questions," in *Paul within Judaism*, ed. M. D. Nanos and M. Zetterholm [Minneapolis: Fortress, 2015], 47-51)는 바울의 교회를 일종의 "제3의 민족"으로 파악하는 것은 유대인이나 이방인이나 율법을 완전히 포기해야 함을 요한다고 생각하는데, 이는 잘못된 것이며, 필자는 이에 반대한다. 흥미롭게도 Garroway (*Paul's Gentile Jews*, 8)는 바울이 유대인이지만 유대인이 아니고, 이방인이지만 이방인이 아닌 자신의 교인들을 설명함에 있어 일관된 방식을 갖고 있지 않았다고 생각한다. 이러한 의견은 *Encyclopedia Britannica*에 실린 "Paul"이라는 항목에서 E. P. Sanders가 주장하는 내용과도 일치한다. "더욱이 바울이 회심시킨 사람들은 유대인이 되지 않았으므로, 그들은 일반적으로 보기에 **아무것도** 아니었다. 유대인도 아니었고 이교도도 아니었다"(강조는 원저자의 것임). Garroway는 다음과 같이 추측한다. "연구자들이 회고적 방식으로 '그리스도인'이라는 용어를 도입함으로써 바울에게 *tertium quid*(제3의 존재)를 제공할 경우, 그들은 바울의 담론에서 미결해된 부분을 해결하게 된다. 반면에 '이방인-유대인'이라는 잘못된 용어는 바울이 자신의 교인들이 지닌 정체성을 일관되고 논리적인 용어로 설명할 수 없었던 그의 한계를 **해결하는** 대신에 오히려 그것을 **반영한다**"(강조는 원저자의 것임). 물론 "이방인-유대인"이 모든 의도와 목적에 있어 새로운 개체이고, "이방인"이나 "유대인"과도 다른 "제3의 민족"이라고 한다면, 그리고 그것이 정말로 혼종적 민족 범주로서, 이 새로운 정체성을 가리키는 "그리스도인"이라는 이름을 발명하는 기초가 된다면, "이름 따위야 아무래도 상관없다"고 하겠다.

도인들은 새로운 민족적 실체에 속한 일원이 되었던 것이다.[72]

그러므로 우리는 마르쿠스 바르트와 같은 질문을 할 수 있다. 바울은 "유대인으로서 선한 삶을 살았는가? 다시 말해서, 그는 다른 이들의 권리를 위해 투쟁했는가?"[73] 어쩌면 바울 스스로는 그렇다고 말했을 수도 있다. 그러나 내가 보기에 그를 배도자나 분파주의자로 여겼을 유대인들이나 유대 그리스도인들 모두가 바울의 생각에 동의했는지 의심스럽다.[74] 자신의 정체성에 대한 바울의 해석은 역설적이게도 한편으로는 자신이 이스라엘의 혈통임을 인정하면서도 다른 한편으로는 자신의 유대적 특성을 상대화하기 때문에, 유대교를 믿는 많은 이들은 바울이 굳이 말하자면 유대교의 유산을 거저 팔아버린 것은 아닌지 의아하게 여겼을 것이다.

---

72 Sechrest, *A Former Jew*, 164.

73 Markus Barth, "Der gute Jude Paulus," in *Richte unsere Fusse auf den Weg des Friedens*, ed. A. Baudis, D. Clausert, V. Schliski, and B. Wegener (FS Helmut Gollwitzer; Munich: Christian Kaiser, 1979), 132 ("Sein Leben war eines guten Juden Leben: ein Kampf fur das Recht des Nachsten"). Nanos ("Paul and Judaism," 124)가 묘사하는 바울 학계의 합의는 바울이 "스스로를 '좋은 유대인'으로 생각했을지 몰라도, 다른 유대인들은 그렇게 생각하지 않았다"는 것이다.

74 바울이 회당에서 징벌 받은 것(고후 11:24), 그의 선교가 유대인의 훼방에 시달린 것(살전 2:16), 예루살렘에서 유대인의 손아귀에서 벗어나길 기도한 것(롬 15:31), 반율법주의라고 고발당한 것(롬 3:8, 행 21:21), 유대 그리스도인들이 보여준 적대감(갈 6:17, 빌 1:17) 등은 바울이 다른 사람이 볼 때에도 "좋은 유대인"으로 간주되었다는 주장을 하기에 좋은 예시는 아니다. 그렇다고는 해도, 바울을 지지하는 유대 그리스도인들이 있었던 것은 사실이므로, 유대인이라고 해서 누구나 다 바울을 적대시한 것은 아니라고 추정하는 것도 무방하다(예를 들어, 행 28:17-24). 다음을 보라. John M. G. Barclay, "Paul among Diaspora Jews: Anomaly or Apostate?," *JSNT 60* (1995): 89-120; Stanley E. Porter, "Was Paul a Good Jew? Fundamental Issues in a Current Debate," in *Christian-Jewish Relations through the Centuries*, ed. S. E. Porter and B. W. R. Pearson (JSNTSup 192; Sheffield: Sheffield Academic, 2000), 148-74; J. Ross Wagner, *Heralds of the Good News: Isaiah and Paul "in Concert" in the Letter to the Romans* (Leiden: Brill, 2003), 4; Michael F. Bird and Preston M. Sprinkle, "Jewish Interpretation of Paul in the Last Thirty Years," *CBR 6* (2008): 355-56.

그렇다면 바울이 더 이상 유대교에 속하지 않는다고 할 수 있는가? 이에 대해서도 어느 한 편으로 단정하여 말하기가 무척 어렵다. 일단 바울이 유대교와는 거의 단절했다고 보는 하르나크(Harnack)의 견해에 대해 주의해야 한다. 바울이 메시아 사상을 빌미로 삼아 유대교를 보편적 시각과 도덕적 윤리관을 지닌 일종의 일신론적 이교철학으로 바꾸려고 했던 것은 아니었다. 만일 그랬다면, 바울이 디모데에게 할례를 행하려 한 것(행 16:3), 동료의 나실인 서원에 대한 비용을 냈던 것(행 21:23-26), 토라를 변호한 것(롬 7:1-25), 양심이 약한 자들을 옹호한 것(롬 14:1-15:1; 고전 8:7-13), 토라를 지지한 것(갈 3:21; 롬 3:31) 등을 이해하기 어렵다. 바울은 고대 유대교의 상징적 체계에 매우 정통하기 때문에, 유대교의 특정 관습이나 신학적 기본 전제를 인정하면서도, 유대 메시아 사상에 비추어 특정 신념을 재해석하고 그 우선 순위를 재조정하기도 한다.[75] 다른 한편으로 바울을 매우 경건한 유대교 신자로 묘사함으로써 랍비들마저 바울에 반대하는 목소리를 내지 못했을 것이라고 상상하게 하는 그러한 해석에 대해서도 주의해야 한다. 바울 서신과 사도행전을 보면 알 수 있듯이, 바울은 유대인 공동체에서 선교를 할 때마다 어떤 식으로든 논쟁과 분란과 폭력을 초래했다. 대체 그 이유가 무엇이었을까? 필시 기독론과 종말론과 정체성의 변화 등을 융합한 바울 특유의 신학이 통상적인 유대교의 울타리를 넘어 파열로 치닫게 했기 때문일 것이다. 게다가 바울이 유대교를 "바리새적 유대교"로 일관되게 규정하면서, 이것이 그 근본에서 복음과 상충된다고 간주한 사실도 추가해야만 하겠다(갈 1:13-14; 빌 3:6-8).[76] 바울은 유대인 동포가 신봉하던 유대교에서 풍

---

75 Gabriele Boccaccini(*Roots of Rabbinic Judaism: An Intellectual History, from Ezekiel to Daniel* [Grand Rapids, MI: Eerdmans, 2002], 35)는 유대교를 "일신교적인 야웨 신앙"이라고 정의한다면, 기독교는 "한 번도 유대교가 아닌 적이 없었다"고 주장한다.

76 이 경우에 있어 바울은 요세푸스와 일치된 견해를 보인다. 요세푸스 역시 바리새주의를 유

성한 보화뿐 아니라 반복되는 실패로 점철된 비극적 이야기도 발견했던 것이다.

민족적 정체성이란 사적 영역에서 생겨나서 공적 차원에서 입증된다는 점을 상기하자. 바울은 이스라엘인이라는 정체성을 이해하는 모델을 메시아 예수를 중심으로 설정하면서 거기에 이방인을 포함시키는 것도 아브라함 언약에 따른 당연한 귀결로 이해했다. 바울은 자신이 생각하는 이스라엘적 정체성이 유대인이나 유대 그리스도인들의 중상모략으로 반대에 봉착하게 되자, 이스라엘이 된다는 것이 무슨 의미인지에 대한 당시 유대교의 해석에 대해 거침없이 비판할 수 있었다. 집단적 정체성은 정체된 것이 아니라 사회문화적 환경과 협상하는 중에 지속적으로 변화한다. 바울이 봉착한 문제는 협상의 여지가 없을 것 같은, 유대교의 생활방식에 속한, 상징 및 주제들을 자신의 메시아 신앙으로 수용하기 위해 애써 협상하려 했다는 데 있었다. 바울의 자기이해, 선교, 신학 및 실천은 유대적 세계관을 반영하는 것으로서, 우리가 그것을 가리켜 "초기 기독교"라고 부르는 것이 당연하다고 하겠지만, 그것에 따른 새로운 생활방식은 많은 이들이 보기에 신실한 유대인의 생활방식에 대한 통념적 규범으로부터 벗어난 것으로 간주되었다. 바울은 그리스도에 대한 믿음이 유대인 동족들과의 분립을 초래한다는 것을 알고 있었기에, 그 책임을 곧바로 자신의 메시아 신앙이 아닌 그들의 유대교 신앙 탓으로 돌렸다.[77]

대인 대중이 지닌 전형적인 태도였다고 간주한다(*Ant.* 13.288, 297-98; 18.15). Roland Deines("The Pharisees between 'Judaisms' and Common Judaism,'" in *Justification and Variegated Nomism*, vol. 1, *The Complexities of Second Temple Judaism*, ed. D. A. Carson, P. T. O'Brien, and M. A. Seifrid [Grand Rapids, MI: Baker Academic, 2001], 503)는 바리새주의를 "팔레스타인 유대교 내에서 근본주의적이며 가장 영향력 있는 종교 운동"이라고 칭한다. Dunn("Who Did Paul Think He Was?," 185)은 바울이 유대교를 할례와 음식법에 관한 마카비파의 견해를 지나치게 추종하는 것으로 보았다고 생각한다.

77 본 문단은 다음의 논문에서 착상을 얻었다. James C. Miller, "Paul and His Ethnicity: Re-

연극에 비유하자면, 바울과 그의 유대인 동족들은 동일한 대본을 가진 동료 배우들과 같다고 하겠다. 문제는 극작가의 아들이 카메오로 출연하는 장면을 빠뜨림으로써 그들이 연극의 마지막 막에 해당하는 공연을 완전히 망쳐버린 것이다. 이에 배역진은 어느 열성 극작가 한 명을 뽑아 감독을 맡겼는데, 이 사람은 기존 배역진의 절반을 공연에서 제외해버리고 대본에 없는 대사를 추가했다. 배역진은 대본을 공연하는 것보다 대본을 소유하고 있다는 사실에 의지하고 있었다. 아마도 배우 협회의 회원 자격이 있다고 해서 그것이 작가의 비판적인 논평에서 자동적으로 벗어나게 해주지 않는다는 사실을 모르고 있었던 것 같다. 게다가 배우들 가운데 몇 사람이 이야기했듯이 작가가 마음만 먹으면 언제라도 무대에 개입할 수 있다는 사실도 믿지 않았던 것 같다.

연극 무대로부터 역사의 현실로 돌아와보면, 논란의 핵심은 메시아의 강림 이후 하나님의 백성이 된다는 것이 무슨 의미인지를 두고 벌어진 근본적인 의견 차이에 있었다. 그리스도를 믿지 않는 유대인들이 보기에는 세상이 완전히 구속되지는 않았으므로 메시아가 강림했다는 사실을 반박할 수 있었고, 따라서 무엇이든 간에 유대교의 신념을 재구성하겠다는 명분은 정당화될 수 없었다. 한편, 유대 그리스도인들은 메시아가 오셨다는 사실에는 동의할 수 있었지만, 메시아의 강림에 비추어서 토라와 이스라엘과 이방인에 대한 자신들의 신념을 어떻게 구성할 것인가에 대해 동의하지 않았다. 여기에 바로 문제의 핵심이 있다. 메시아와 유대교라는 문제, 즉 십자가에서 죽고 부활하신 주님이 유대인의 상징과 기풍과 민족성과 어떻게 관련되는가 하는 문제가 초기 기독교의 해석자들을 당혹하게 했던 것이다. 논쟁

framing the Categories," in *Paul as Missionary: Identity, Activity, Theology, and Practice*, ed. T. J. Burke and B. S. Rosner (LNTS 420; London: T&T Clark, 2011), 37–50 (esp. 49–50).

의 초점은 하나님이 주신 토라라는 방편과 그리스도가 서로 어떻게 관련되는가 하는 문제였다. 율법에 비추어 메시아를 해석할 것인가, 아니면 메시아에 비추어 율법을 해석할 것인가?[78] 바울은 바로 이 문제를 두고 여러 논쟁에서 고심을 거듭한다. 이에 따라 대두되는 또 다른 문제는 무엇이 우선권을 가지는가 하는 것이다. 기독론인가 언약인가? 나는 이 문제가 바울과 그의 유대 그리스도인 대적자들 간에 일차적 쟁점으로 부상하였다고 주장한다.

기독론과 언약

바울에게는 이스라엘의 시내산 언약의 맥락에서 영위하는 토라 중심의 생활 방식이 아브라함에게 주어진 약속의 성취라는 새로운(갱신된) 언약의 맥락에서 살아가는 그리스도 중심의 생활 방식으로 전환되었던 것 같다. 역설적이게도 바울은 예수 운동과 이스라엘의 옛 신앙 간의 실질적 연관성을 입증하려고 분투했고, 이는 주로 성경의 인용을 통해 이루어졌다. 하지만 그는 또한 이방인 회심자들을 유대교 회당으로부터 분리시키고, 일부 유대 그리스도인들이 그들에게 억지로 부과하려고 했던 특정한 토라 준수 의무로부터 이들을 자유롭게 하는 데 이념적 정당성을 제공하고자 했다. 시내산 언약과 새 언약 간에 연속되거나 불연속되는 요소들이 정확히 무엇이고 또 그것이 얼마나 많은지가 논란이 되는 문제이기는 하지만, 나는 여기서 바울 서신 가운데 이 주제에 관련된 두 개의 핵심 본문에 집중하려고 한다. 그것은 바로 고린도후서 3:6-13과 로마서 9:30-10:6로서, 이 두 본문은 바울의

---

78 J. Louis Martyn, *Galatians: A New Translation, with Introduction and Commentary* (AB; New York: Doubleday, 1997), 124.

언약 사상을 떠받치는 거대구조를 보여준다.[79]

　고린도후서 3장에서 바울은 옛 언약보다 새 언약의 직분이 우월함을 언급하는 "인유적(引喩的) 설교"[80]를 통해 자신의 사도직을 변호하고 있다. 고린도에서는 갈라디아서에서처럼 유대교로의 개종을 주장하는 유대 그리스도인들의 문제는 아니었지만, 유대 그리스도인들이 고린도에 침입한 상황은 바울로 하여금 자신과 고린도에 침입한 자들의 사역의 형태 사이에 거리를 두는 노력을 지속하게 한다. 고린도후서 3:6에서 바울은 자신이나 다른 사람들이나 모두 새 언약의 일꾼이 되기에 부족함이 없다고 단언하면서, 새 언약은 "조문"(γράμμα)[81]이 아니라 "영"(πνεῦμα)으로 정의된다고 말한다. 그는 곧바로 이어서 "율법 조문은 죽이는 것이요 영은 살리는 것"(τὸ γὰρ γράμμα ἀποκτέννει, τὸ δὲ πνεῦμα ζῳοποιεῖ)이라는 설명을 덧붙이고 있다. 이어지는 3:7-11의 논증에서는 소개념에서 대개념으로의 비교 논법(qal wāhomer; a minori ad maius)을 사용해 출애굽기 32-34장에 나오는 이미지를 설명하면서, 만약 정죄와 비난을 가져온 직분(시내산 언약)이 영광이 있었다면, 영을 남겨주고 의를 부여하는 직분(새 언약)은 영광이 더욱 넘치지 않겠느냐는 취지의 말을 한다. 옛 직분의 영광이 새 직분에 비해 열등하다는 점은 3:10-11의 송영풍의 구절에서 특히 강조된다. 바울은 예전에 영광되었

79　Barth("Der gute Jude Paulus," 113)는 이 두 본문을 인용하면서, 누구든지 이 본문을 이용해서 바울이 율법/언약을 구시대의 유물로서 취소되거나, 무효화되거나, 대체되었음을 암시한다고 본다면, 그는 "유대인과 율법을 싸잡아 경멸하고 비난하는 셈이다"("verachtet und verurteilt mit dem Gesetz die Juden")라고 주장한다. 그리고 이어서, 만약에 그러한 해석이 맞다면 "하나님의 약속은 물론이거니와 옛 언약이나 구약은 쓸모 없어지는 셈이다"("mit dem Alten Bund und Testament fallen dann auch die Gottesverheissungen dahin betreffend Nachkommenschaft")라고 첨언한다.

80　Richard B. Hays, Echoes of Scripture in the Letters of Paul (New Haven: Yale University Press, 1989), 132.

81　3절에 "돌판"을 언급하는 것을 감안할 때, 여기서 γράμμα란 십계명을 가리키는 것으로 보인다.

던 것이 이제 새 영광과 비교하면 전혀 영광될 것이 없다고 단언한다. 모세 얼굴의 영광은 사라지는 성질이 있기에(7절), 결국 모세의 직분은 다른 것으로 대체된다(11절). 바울의 추론에 의하면 모세 얼굴의 영광이 퇴색된다는 사실은 모세 율법이 일시적 성격을 지니고 있음을 암시하는 것이며, 이 율법은 한층 더 영광이 넘치는 영원한 것으로 대체되었다. 따라서 모세 영광이 퇴색될 수밖에 없다는 사실은 모세 언약 자체의 한계성과 무효성을 암시하는 것이다.[82]

3:13-14에서도 동일한 논증 양식을 취하여 옛 언약의 일시성과 잉여성을 강조한다. 바울은 모세가 이스라엘 사람들로 하여금 "장차 없어질 것의 결국"(εἰς τὸ τέλος τοῦ καταργουμένου)을 주목하지 못하게 하기 위해 수건으로 얼굴을 가렸다고 말하면서, 이스라엘 사람들이 감춰져 있고 이미 사라져가는 무엇인가에 매료되어 있었음을 나타낸다. 실제로 이스라엘의 잘못은 이미 사라져버린 직분을 상징하는 모세의 얼굴에 마음이 사로잡혀 있었다는 것이다. 14절에서 바울은 이 유비를 당시에 적용하여, 이스라엘의 마음이 완고하다는 말을, 모세의 얼굴을 덮었던 바로 그 수건이 이스라엘을 덮고 있으므로 그들이 옛 언약을 읽을 때 그 일시적 성격을 이해하지 못함을 의미한다고 주장한다. 그 수건은 언제든지 그리스도를 통해 주께로 돌아가면 벗겨질 것이다(3:14-16). 고린도후서 3:6-18의 행간에 숨겨진 진짜 의미는 모세의 "영광"이 퇴색하고/사라지는 것은 바로 옛 언약에 따른 직분과 토라의 조문에 매인 통치가 끝났다는 것이다. 고린도후서 3:6-18에 대한 이러한 분석을 통해서 드러나는 바울과 유대교에 대한 몇 가지 핵심적인 함의는 다음과 같이 정리할 수 있다.

---

82 Scott J. Hafemann, *Paul, Moses, and the History of Israel: The Letter/Spirit Contrast and the Argument from Scripture in 2 Corinthians 3* (WUNT 81; Tübingen: Mohr Siebeck, 1995), 329-30.

첫째로, 이 구절의 사회·수사적 기능은 바울 자신이 처한 사회적 정황과 연결되어야 한다. 추천서를 들고 고린도에 침입해 들어온 지극히 크다는 사도들(고후 11:5, 12:11)은 모두 율법 조문의 죽이는 직분을 행하는 자들이다. 그런데 이들은 유대교로의 개종을 주장하던 갈라디아에 있는 바울의 대적자들과는 달리 한층 더 현학적이고 궤변적인 담론을 구사했던 것이 분명하다.[83] 그럼에도 바울은 이러한 상황에 굴하지 않고 각각 유대인 공동체와 기독교 공동체를 반영하는 옛 언약과 새 언약을 극명하게 대조시킴으로써 자신을 그들의 직분에 반대되는 예표로서 내세울 뿐 아니라, 이로써 이방인 그리스도인들을 시내산 언약의 굴레 속으로 끌어들이려는 자들에게서 떼어놓는다. 지극히 크다는 사도들을 거부하기 위해서 바울은 새 언약이 옛 언약을 어떻게 대체하는지에 대한 패러다임을 구축해야 할 필요가 있었고, 이로써 기독교 공동체가 유대교 회당으로부터 분립하는 것에 대한 이념적 정당성을 확보해야만 했다.[84]

둘째로, 바울은 "옛 언약"의 부정적인 구원론적 효과와 "새 언약"의 긍정적인 구원론적 효과를 단언한다. "조문"(토라)은 죽이는 것이므로, 옛 언약은 죽음 내지 정죄와 결부된다. 반대로 영에 의한 새 직분은 의와 생명을 가져온다. 새 언약에 따른 영광은 또한 다음의 몇 가지 사항에서 옛 언약의 영광을 능가한다. 첫째, 의로운 자들이 종말에 하나님의 영광에 참여할 것이라는 소망이 구약 시대 이후 유대교 안에 널리 퍼져 있었는데, 바울은 그러한 소망이 새 언약의 도래로 인해 실현되었다고 여긴다.[85] 둘째, 모

83　다음의 논의를 보라. N. H. Taylor, "Apostolic Identity and the Conflicts in Corinth and Galatia," in *Paul and His Opponents*, ed. S. E. Porter (PAST 2; Leiden: Brill, 2005), 115-22.

84　Watson, *Paul, Judaism, and the Gentiles*, 156-59.

85　Peter Stuhlmacher, "Erwägungen zum ontologischen Charakter der καινὴ κτίσις bei Paulus," *EvTh* 27 (1967): 1-35.

두 변화되어 영광에 참여할 것이라는 소망이 주님과 성령으로 인해 전해졌는데, 이는 새 언약이 새 창조를 가져왔음을 보여준다(고후 3:18). 스프링클은 바울이 말하는 대비를 다음과 같은 적절한 말로 요약한다. "율법은 옛 언약 안에서 생명을 부여하되 순종을 조건으로 하지만, 영은 신적인 사역자로서 언약의 축복이 되는 생명을 주도적으로 내려준다.[86] 이러한 이유에서, 바울은 "수건을 그 얼굴에 쓴 모세와 같은"(고후 3:13) 직분이 아니라, 소망, 생명, 자유, 의, 변화, 영광과 연결된 다른 종류의 직분을 행하는 것이다(고후 3:17-18).[87]

셋째로, 바울은 새 언약의 도래와 더불어 옛 언약이 갱신되었음을 함의한다. τέλος(고후 3:13)와 καταργέω(3:7, 11, 13, 14)라는 단어의 정확한 의미와 용법에 대해서는 여러 이견이 존재한다. 하지만 분명한 것은 바울은 옛 언약을 새 언약에 견주어서 상대적으로 영광이 되지 못하고 일시적이며 무효한 것으로 간주한다는 점이다. 고린도후서 3:6-14의 초점은 결국 두 언약 간의 불연속성을 밝히는 데 있다. "옛 언약"이 14절에 가서야 등장함에도 불구하고 이미 6절에서 새 언약과 옛 언약 간의 대립적 관련성이 전제되어 있다고 보는 오트프리드 호피우스(Otfried Hofius)의 주장은 타당성이 있다.[88] 새 언약은 하나님의 종말론적 행위로서, 예수 그리스도 안에서 시행되고, 성령을 통해 매개되며, 사도적 사역자들에 의해 현실화된다.

넷째로, 바울의 언약 신학의 논리에는 율법 아래 있는 유대인들의 지위가 비참하다는 점이 함축되어 있다. 3:14-15에서는 회당에서 율법이 낭독될 때마다 모세의 원 청중이 갖고 있던 문제가 계속해서 악화된다고 말

---

86 Sprinkle, *Paul and Judaism Revisited*, 101.

87 Hafemann, *Paul*, 352-53.

88 Otfried Hofius, "Gesetz und Evangelium nach 2. Korinther 3," in *Paulusstudien* (WUNT 51; Tübingen: Mohr Siebeck, 1994), 75.

한다. 프랜시스 왓슨(Francis Watson)의 말을 인용하자면, "그곳에서 안식일마다 모세의 글을 읽고 듣지만, 그 수건 아래 가려진 표면에 영광이 떠났음을 깨닫지 못하고 있다."[89] 게다가 비유의 수건이 그들의 마음을 가려서 바로 그들의 코 앞에 놓인 말씀을 깨닫지 못하게 한다. 그러므로 회당에 속한 자들은 주께로 돌아와서 그리스도께서 그들의 수건을 벗기도록 해야 한다. 그렇게 할 때, 성령이 내려주시는 자유에 참여하며, 변화를 일으키는 새 창조의 영광(수건으로 가릴 이유가 전혀 없는 영광) 안으로 들어가게 될 것이다(3:17-18). 14절에서 수건을 벗기는 Χριστός는 아마도 16절의 κύριος와 동일한 존재일 것이며, 이는 주께로 돌아가는(ἐπιστρέφω) 것이 본질적으로 그리스도를 향한 회심임을 의미한다(참조. 고후 4:3-4).[90] 다시 말해서, 이스라엘의 심령이 해방되어 영광스러운 변화에 이르게 되는 것은 메시아 예수를 향한 회심을 통해 일어난다.

바울의 언약 신학을 살펴볼 수 있는 또 다른 중요한 문서는 로마서다. 바울이 이방인이 대다수를 이루고 있는 교회에 이 서신을 보낸 이유는 장차 스페인 선교를 위한 후원을 얻고, 로마에 있는 이방인 교회의 지지를 확보한 채로 예루살렘을 방문하며, 그가 반율법주의자 내지 반이스라엘주의자라는 주장에 맞서 스스로를 변호하고, 아울러 민족적 혈통 내지 할라카 문제를 둘러싸고 분열을 겪는다고 의심을 살 만한 일단의 회중에 대해 예방 차원의 목회적 돌봄을 주기 위한 것이었다.

로마서 9:30-10:6이 핵심 구절인데, 여기서 바울은 이스라엘이 의를 얻지 못하였으나 이방인이 의를 얻게 되게 된 이유를 설명한다. 그는 주로 변증적 주제에 집중하는데, 즉 하나님의 신실하심에도 불구하고, 왜 이

---

89   Watson, *Paul, Judaism, and the Gentiles*, 159.

90   참조. Richard H. Bell, *The Irrevocable Call of God* (WUNT 184; Tübingen: Mohr Siebeck, 2005), 238-43.

스라엘은 다른 민족도 아닌 그들 자신의 메시아를 믿지 못했는지에 관한 것이다. 바울은 하나님의 신실하심이 진정 신실한 것인지, 또한 하나님의 의가 결국에는 이스라엘의 완고함을 극복하고 승리할 것인지에 대한 의문을 해소하기 위해 이스라엘의 불신앙이라는 문제를 반드시 다뤄야만 했다.

한 가지 주목할 것은 9:30-33에 표현된 생각이 본질적으로 10:1-6에서 재차 언급되고 있다는 사실이다.[91] 서로 병행되는 구절은 다음과 같다.

A	9:30 그런즉 우리가 무슨 말을 하리요. 이방인들이	10:1-2 형제들아, 내 마음에 원하는 바와 하나님께 구하는 바는 이스라엘을 위함이니 곧 그들로 구원을 받게 함이라. 내가 증언하노니 그들이 하나님께 열심이 있으나 올바른 지식을 따른 것이 아니니라.
B	의를 따르지 아니하였으나 의를 얻었으니 곧 믿음에서 난 의요	3 하나님의 의를 모르고 자기 의를 세우려고 힘써
C	31 의의 법을 따라간 이스라엘은 율법에 이르지 못하였으니	하나님의 의에 복종하지 아니하였느니라.
D	32 어찌 그러하냐 이는 그들이 믿음을 의지하지 않고 행위를 의지함이라.	4 그리스도는 모든 믿는 자에게 의를 이루기 위하여 율법의 마침이 되시니라.
E	부딪칠 돌에 부딪혔느니라. 33 기록된 바 보라 "내가 걸림돌과 거치는 바위를 시온에 두노니 그를 믿는 자는 부끄러움을 당하지 아니하리라 함과 같으니라."	5-6 모세가 기록하되 "율법으로 말미암는 의를 행하는 사람은 그 의로 살리라" 하였거니와, 믿음으로 말미암는 의는 이같이 말하되 "네 마음에 누가 하늘에 올라가겠느냐 하지 말라" 하니 올라가겠느냐 함은 그리스도를 모셔 내리려는 것이요.

A. 하나님의 의에 대한 이방인의 반응(9:30)과 이스라엘의 반응(10:1-2)이 병치되어 있다.

---

91   Tobin, *Paul's Rhetoric in Its Contexts*, 309-11, 341-42.

B. 두 가지가 대조를 이룬다. 첫째는 의를 구하지 않았던 이방인과 의를 실제로 구했던 이스라엘이며, 둘째는 믿음으로 난 의를 얻은 이방인과 자기 의를 세우려고 힘쓴 이스라엘이다(9:30; 10:3).

C. 이스라엘은 그 노력에도 불구하고 율법으로부터 의를 얻지 못하였고(9:31), 그리하여 하나님의 의에도 복종하지 않았다(10:3).

D. 바울이 전제하고 있는 것은 의는 믿음에서 난 것이지 행위에서 난 것이 아니라는 것인데(9:32), 그 이유는 의가 모든 믿는 자에게 이르게 하기 위하여 그리스도가 토라의 "마침"(τέλος)이 되었기 때문이다(10:4). 이 두 구절을 나란히 놓고 보면, "믿음을 의지하고"(ἐκ πίστεως)는 "메시아"(Χριστός)의 환유어로 보이며, "행위를 의지하는"(ἐξ ἔργων) 의는 νόμος("율법" 내지 "언약")의 마침과 더불어 종결되었다.

E. 이 주장은 성경 인용을 통하여 입증된다. 이스라엘의 걸려 넘어짐에 관해서는 이사야 8:14과 28:16을 융합하고 있고(9:32-33), 토라를 충족시킬 수 없는 인간의 무능함에 대해서는 레위기 18:5, 신명기 9:4, 30:12-14을 들어서, 하나님의 말씀이 지닌 구원의 능력과 대조한다(10:5-6).

그리스도의 경륜과 토라의 경륜 간의 불연속성은 로마서 전체를 관통하는 주제이며(3:21; 5:21; 6:14-15; 7:1-6), 두 경륜 간의 단절은 논의의 핵심이 되는 로마서 10:4의 본문에서 절정에 달한다. "그리스도는 모든 믿는 자에게 의를 이루기 위하여 율법/언약의 마침/목적/종결이 되시니라"(τέλος γὰρ νόμου Χριστὸς εἰς δικαιοσύνην παντὶ τῷ πιστεύοντι). 이스라엘이 그리스도에 대해 걸려 넘어진 것은 그리스도가 토라 자체의 **목적**이라는 사실과[92] 성경이 유대인과 이방인이 나아가야 할 의의 방향을 가리킨다는 사실을 이스라엘이 알지 못함을 의미한다. 율법 자체가 의의 원천이 될 수 없으므로, 의는 이스라엘의 전유물이 아니다. 오히려 의란 하나님의 의로서 그리스도 안에서 계시되었고 믿음에 의해 파악되며 만인을 위해 마련된 것이다. 하지만 그렇다고 해서 연속성이 완전히 배제되는 것은 아니다. 바울은 자신의 메시지가 구약성경(특히 신명기와 레위기의 말씀)을 따르고 있음을 보여주려고 애쓰고 있으며, 또한 10:3-4과 3:20-23을 나란히 놓고 보면 그리스도와 토라의 대조가 이스라엘의 거룩한 전승 가운데 이미 예고되어 있음이 충분히 입증되는 까닭이다. 토라는 그 **목적**이 달성되었으므로 더 이상 존재할 필요가 없고, 따라서 그 작용도 **종결**되었다고 결론 내릴 수 있다. 이어지는 바울의 논증에서 알 수 있듯이, 이 말은 구원이 모세 시대의 경륜에 해당하는 언약적 구조가 아닌, 그리스도에 관한 믿음의 말씀 가운데 자리하고 있음을 의미한다(롬 10:6-14).

사실 바울이 고린도후서 3:6-18과 로마서 9:30-10:6을 쓴 목적은 하나님의 옛 약속들과 열방 간의 접점이 모세 시대의 경륜이 아니라 그리스도에게 있음을 보여줌으로써 시내산 언약으로부터 이방인 회심자를 분리하는 것에 대한 이념적 정당성을 확보하기 위한 것이었다. 모세 시대의 경륜은 필요하고도 선한 것이었지만, 그것은 결국 이스라엘과 열방을 모두 구원으로 인도하게 될 사건을 예비하는 것이었다. 그런데 만약 대부분의 이스라

---

92 바울의 어법에서 τέλος는 보통 마침(고전 15:24), 점진적 종결(고전 10:11), 목적이나 결과(롬 6:21, 22, 고후 11:15, 빌 3:19)를 의미하거나, 또는 부사적으로 사용되기도 한다(살전 2:16, 고전 1:8, 고후 3:13). 하지만 놀랍게도 롬 10:4은 육상경기 이미지로 가득한 맥락(9:30-33)에 자리하고 있으므로 "목적"이라고 번역하는 것이 맥락상 가장 적절하다고 하겠다.

엘 사람들이 하나님의 백성은 예수를 믿는 유대인과 이방인으로 이루어
진다는 바울의 견해를 받아들이지 않는다면, 그때는 어떻게 해야 하는가?
바울의 이러한 메시지가 디아스포라 회당에서 절반 내지 미미한 성공만을
거둔다면, 그때는 어디로 가야 하는가?

교회와 회당

바울이 그리스도/토라 대조법을 정교화하는 동시에 이에 수반하여 이방인
그리스도인을 이방인 그대로 인정하게 된 것은 특정한 사회적 입지에 따
른 것이다. 바울의 선교 경력은 다음과 같은 시기로 대별되는데, 우선은 다
메섹/아라비아에서 유대인을 대상으로 한 초기 선교(갈 1:17; 5:11), 그다음
으로는 안디옥 교회와 연계된 기간 동안 여러 디아스포라 회당에서 유대
인 및 이방인을 대상으로 한 선교(갈 1:21), 그리고 이방인에 주력한 후기 에
게해 연안 선교(살전 1:10)를 들 수 있다. 더욱이 이방인에 대한 할례와 유
대법 준수를 둘러싼 바울의 논쟁은 모두 이방인의 할라카 준수 여부를 놓
고 벌어진 디아스포라 유대교 내부의 논쟁이라는 맥락 안에 자리매김 할 수
있다. 그렇지만 바울은 머지않아 유대교와 구별된 그리스도인 회중을 세워
나가기 시작했고, 유대교 회당에 가입한 적이 없는 사람들을 받아들였던 것
같다. 웨인 믹스(Wayne Meeks)는 "사회적으로 보면 바울이 세운 단체들은
결코 유대교의 분파라고 할 수 없었다. 이들 단체는 유대교의 결사체가 설
립되어 있던 여러 도시에서 이러한 유대인들의 모임과는 별개로 독립적인
생활을 영위했고, 여러 증거 자료에 따르면 이들과 유대인들과 상호 교제는
거의 없었거나 또는 전무했던 것으로 보인다"고 진술한다.[93] 나는 유대인

---

93   Wayne Meeks, "Breaking Away: Three New Testament Pictures of Christianity's Separation

과 그리스도인들이 어느정도 상호 교제를 나누었는가에 대해서 믹스의 의견에 전적으로 찬성하지는 않는데, 그 이유는 갈라디아, 고린도, 빌립보, 데살로니가, 에베소 등 각 지역의 상황에 따라 훨씬 더 역동적이고 다양한 교제가 있었다고 보기 때문이다. 그렇지만 그리스도인들이 유대인들의 사교 중심지로부터 떨어져 있었다는 그의 핵심적인 논지는 상당한 타당성을 갖고 있다고 하겠다. 바울은 대개 유대교 회당의 영향권 안에서 자신의 사역을 시작했지만, 핍박으로 쫓겨났건 자발적으로 떠났건 간에, 결국은 자신의 추종자들을 회당에서 이끌어냄으로써 이들의 모임이 지역 회당의 한 지부가 되지 않도록 했다.[94] 이러한 행동으로 인해 유대인, 과거에 유대인과의 교제 경험이 어느 정도 있던 이방인, 과거에 유대인과의 교제 경험이 전무한 이방인 등으로 구성된 소규모의 가정 교회 공동체가 탄생하게 되었다.

이러한 사회종교적 장소는 탄력성을 띠고 있었다고 하겠는데, 이를 탈-회당 혹은 유사 회당의 위상으로 보는 것이 가장 적절할 것이다. 따라서 바울의 교회론은 실제로 소종파운동의 한 형태로서, 유대인 및 유대교에 대한 **사회종교적 분리와 신학적 재구성**을 혼합한 형태 위에 세워진 것이다. 바울은 이방인 그리스도인과 유대 그리스도인 및 비그리스도인 유대인들 간에 우호적인 관계를 맺고자 했는데, 왜냐하면 바울은 이들이 폴리스의 사회

---

from Jewish Communities," in *"To See Ourselves as Others See Us": Christians, Jews, and "Others" in Late Antiquity*, ed. J. Neusner and E. S. Frerich (Chico, CA: Scholars, 1985), 106; 다음을 보라. John M. G. Barclay, *Jews in the Mediterranean Diaspora: From Alexander to Trajan (323 BCE-117 CE)* (Berkeley: University of California Press, 1996), 386: "사회적 현실에 있어 바울의 교회는 회당과 구별되었고 교회의 다수를 이루고 있던 이방인 교인들이 유대인 공동체와 연결되어 있지는 않았다."

94 이 말이 유대 그리스도인과 이방 그리스도인이 함께 또는 각자 유대인 공동체와의 교류를 완전히 중단했다거나 유대교 회당이나 기도 모임에 참석하기를 그만 두었다는 뜻은 아니다. 가정 교회에 참석해서 음식을 나누고 가르침을 받고 예배를 드렸다고 해서 다른 경우에 유대교 모임에 참석했을 가능성이 배제되는 것은 아니다.

종교적 영역을 공유하고 있을 뿐 아니라, 동일한 종교 유산을 공유하고 있음을 잘 알고 있었기 때문이었다. 그렇다고 해도 유대인과 이방인을 "가르던 벽"이 그리스도 안에서 무너졌다는 것이 바울이 확신하던 주요 신념이었다면, 당연히 바울은 그러한 연합이 번성할 수 있는 사회적 영역을 마련하는 데 헌신했을 것이고, 또한 자신의 사도적 치리 하에 있는 여러 교회가지닌 민족적 다양성을 보존하기 위해 자신의 주장을 변호하는 이념을 마련하는 데도 매진했을 것이다. 그러한 입장은 이방인을 단지 객이 아니라동등한 자로 여기는 생각을 보호하고, 이방인에게 토라의 짐을 지우는 것이 아니라 이방인의 정체성에 부합하는 적절한 도덕률을 주장했음을 의미했다. 바울이 보기에, 대부분의 회당에서 이방인을 이렇게 보호하기란 불가능했다. 따라서 갈라디아서와 로마서 일부에 나타난 이념적 기조에는 유대교의 사회적 구조로부터의 분리를 정당화하는 종교 지도자의 육성이 담겨있다고 하겠다.[95] 마찬가지로 바울이 **우회적 비난**(deviant labelling)을 구사하는 방식도 토라를 유대인의 정체성과 구원의 결정적 요소로 여기면서 유대교의 개종자들을 율법의 보호 아래로 인도하려는 자들과 관련된다 (빌 3:2; 갈 5:12). 또한 바울이 이스라엘의 거룩한 전승을 **재해석**하는 방식도 하나님의 선택을 유대 민족적 혈통이 아닌 다른 경로를 통한 것으로 파악하면서, 율법으로의 회귀가 아니라 그리스도 안에 나타난 하나님과의 화해를 상정한다(예를 들어, 고후 3:6-18; 갈 3:10-29; 4:22-31; 롬 4:1-25; 9:1-29).

그다음으로, 바울은 유대교 내의 갱신 운동이 유대교의 변방에 자리한소종파의 설립으로 전환되는 경로를 보여준다.[96] 이 공동체는 유대교에 대

---

95   Watson, *Paul, Judaism, and the Gentiles*, 51-56.

96   Martin Hengel(*Paul between Damascus and Antioch*, 200)에 따르면, 이러한 사회적 분리는
      바울의 회심이 있기 전에 안디옥 교회에서 이미 일어났고 "이러한 새롭고 열정적인 메시지
      는 장기적으로는 회당 공동체와의 분리를 일으킬 수밖에 없었다. 이는 그러한 종말론적 공동

120   혁신적 신학자 바울

립되는 것이 아니라 사회적·신학적 의미에서 유사 유대교에 해당한다. 바울은 자신의 공동체를 의도적으로 유대교 자체로부터 떼어내는 것이 아니라 유대교 지도자들의 영향력과 권위에서 벗어나 의도적으로 변방으로 옮겨가도록 한다. 그렇지만 이들 공동체는 여전히 사회적으로는 다양한 차원에서 유대인 공동체와 얽혀 있었다. 기독교와 유대교의 "결별"(parting of the ways)은 복잡한 사안이었으며 수세기에 걸쳐 다양한 지리적 장소와 상이한 사회역사적 상황에 따라 그 양상이 다르게 나타났다. 그럼에도 불구하고 바울이 무심결에 그러한 결별에 이바지했다는 결론은 불가피하다.[97]

결론: 유대교로부터 예수로의 구원

이 장에서는 유대교의 구원론에 대한 바울의 인식을 둘러싼 학계 내 여러 주장들과, 바울의 구원론적 신념이 유대교와 어느 정도의 연속성을 지니고 있는지를 개략적으로 살펴보았다. 바울이 당시 유대인 및 유대 그리스도인

체는 역시 사회적·종교적 기능을 하고 있던 기존의 종교 공동체가 받아들이기 힘들었기 때문이었다. 또한 긴장이 점점 악화되어 정치적 불안이 조성되어가던 상황에 있었다는 점도 무시할 수 없다." 필자는 가정 교회가 결국 안디옥의 회당과 결별했을 것이라고 보지만, 이것이 절대적이고 완전한 형태의 분리였다고는 생각하지 않는다. 일부 교인들은 필시 두 공동체 사이를 오고갔을 것이다.

97 다음을 보라. Barclay(*Jews in the Mediterranean Diaspora*, 395): "그리하여, 아주 부지불식 간에 바울은 기독교와 유대교의 운명적 분리를 조장하게 되었다." Frey ("Paul's Jewish Identity," 321): "바울은 유대 그리스도인과 이방인 그리스도인 간의 연합을 위해 불철주야로 수고했으나, 그가 실제로는 수적 증가를 보이던 이방인 교회와 유대 기독교가 추후에 분리되도록 하는 데 이바지하였을 것이다."

들이 이방인의 구원에 대해 생각하는 방식에 대해 어느 정도 대립되는 쟁점을 갖고 있었다는 것은 바울 연구자들 모두가 인정하는 바다. 여기서는 이러한 갈등을 알아보기 위해 바울과 바울 공동체가 유대교와 관련하여 점하고 있던 사회종교적 위상을 탐구하였다. 첫째로, 우리는 바울이 이스라엘인의 요소를 명백히 지니고 있으므로 바울 자신의 정체성은 태생적으로 유대교와 이어져 있지만, 바울의 유대인다움(Jewishness)은 "그리스도 안"에 있음에 의해 초월되고 포용되며, 또한 바리새적 유대교와 대립된다는 점을 살펴보았다. 둘째로, 고린도후서 3:6-18과 로마서 9:30-10:6으로 미루어볼 때, 분명한 사실은 바울이 그리스도 시대와 토라/모세 시대 간의 불연속성을 강조함으로써 이방인 회심자들이 그들이 속한 회중에서도 이방인다움을 지키는 것에 대한 이념적 정당성을 마련하려고 했다는 점이다. 하지만 이러한 불연속성은 한정된 것일 뿐 결코 절대적인 것은 아닌데, 이는 바울이 그리스도를 믿는 믿음을 유대교의 성서적 유산에 대한 대안이 아니라 그 연장으로 보았기 때문이다. 셋째로, 바울 공동체는 결국 회당 제도와 결별했다. 비록 바울 자신이 이따금씩 유대인에 대한 전도 활동에 가담했고, 유대 그리스도인과의 연합을 추구했던 것으로 보이지만, 결국 그가 세운 이방인 기독교 공동체는 회당으로부터 의도적으로 독립하게 된다.

그러면 "바울의 유대교"에서의 구원을 두고 어떤 결론을 내릴 수 있을까? 우선 바울은 구원의 유래라는 측면에서 긍정적인 의미로 구원이 유대교**로부터** 나온다고 가르친다. 왜냐하면 그리스도 자신이 이스라엘에서부터 나왔고 또한 이스라엘에게 왔기 때문이다(특히 롬 9:4-5; 15:7-8을 보라). 바울의 언어를 보면, 이방인들은 유대교의 감람나무에 접붙임 되었으므로, 족장들에게 주어졌던 약속을 받을 수 있는데, 이는 오직 메시아가 할례에 복종하였기 때문에 가능하다(롬 11:17-24; 15:8-9). 구원은 언제나 이스라엘을 "위해서"도 열려 있을 것이다. 이는 메시아 시대가 이스라엘이 받은 언약의 효력으로부터 현재적 유효성을 얻기 때문이다. 하지만 구원의 방편을 두고, 바울과 당시 유대인 및 유대 그리스도인들 간에 갈등이 있었다는 사실을 부인할 수는 없다. 바울은 유대교의 여러 구원론적 도식, 이를테면 "윤리적 일신론"(롬 1:18-32), "언약적 율법주의"(롬 2-3; 9-11), "자민족중심적 율법주의"(갈라디아서), "지혜론적 율법주의"(고전 1:10-3:23), "묵시적 신비주의"(골로새서) 등에 대해서 알고 있었다. 이 모든 구원론과는 달리 구원은 대조적 의미에서 유대교로부터 나오는데 그 이유는 다음과 같다. (1) 토라는 인류가 처한 아담적 곤경 즉 하나님과 분리된 상태를 해결하기는커녕 악화시킨다. 그러므로 기능이 정지되어 사망에 이르게 하는 토라를 이방인 회심자들에게 강요해서는 안 된다. (2) 지도자들을 비롯하여 이스라엘인 대다수는 복음의 메시지에 격렬히 반대하였다. (3) 율법은 그 일시적이고 민족중심적인 성격으로 인해 구원을 열방에 확산시키려는 하나님의 목적을 달성하는 기제가 되기에 부족하다.

나는 이러한 대조법을 지나치게 적용한 나머지 유대교와 이스라엘 및 그리스도 안에서의 구원의 완성을 말하는 바울의 내러티브 안에 등장하는 토라의 구속사적 역할을 공동화해서는 안 된다는 점을 강조하고 싶다. 바울은 이스라엘의 종말론적 소망이 성취되었음을 선언함으로써 구원의 복음을 선포한다. 하지만 바울의 핵심 주장은 단지 유대인들 자신은 모세 시대의 종교하에 계속 머물러 있으면서, 이방인이 그리스도를 믿는 것은 허용해야 한다거나, 또는 그저 종말론적 시기가 단지 전환되었을 뿐이고 이를 이스라엘이 아직 따라잡지 못하고 있다는 것이 아니었다. 문제는 훨씬 더 복잡하다. 말하자면 유대인이나 이방인 모두에게 종말이 도래했으며, 그것도 토라가 아닌 그리스도 안에서 도래한 것이다. 더욱이 구속사 안에서 토라의 기능을 메시아 신앙의 관점에서 회고할 때 토라는 억압적이고 무효하며 일시적인 것으로 여겨진다. 스프링클에 의하면 "바울의 구원론은 유대교 신앙의 범위 안에 있는데," 이는 그것이 예언자적인 회복의 종말론에 뿌리박고 있기 때문이다. 그렇지만 "바울은 다메섹 도상의 경험으로 인해 구속사를 재해석하게 되었으며, 이는 메시아의 죽음과 부활을 통해 종말론적 구원을 현재화함에 있어 하나님의 역학과 인간의 역학 간에 치환이 일어났음"을 가리키며, 그 결과 "바울의 구원론에서 가장 독특한 요소(이는 분명히 그의 바리새적인 심기를 불편하게 했을 뿐 아니라 그의 귀에 계속해서 이상하게 들렸을 것이다)가 생겨나게 되었는데, 그것은 바로 희생적 죽음, 육체의 부활, 보좌에의 좌정, 그리고 부활하신 메시아가 개개인에게 베푸시는 내주하심과 중보기도와 사랑의 역사로서, 이는 하나님께서 결단코 의롭게 하기로 작정하신 악인들, 곧 예수의 대적자들 안에서 또 그들을 위해서 부활하신 메시아가 성취하는 일이다."[98]

끝으로 샌더스가 예전에 했던 다음과 같은 유명한 발언을 살펴보자. "요컨대 바울이 유대교의 오류라고 여긴 것은 그것이 기독교가 아니라는 점이었다."[99] 로이드 개스턴(Lloyd Gaston)도 이와 비슷한 말을 했다. "바울이 다른 유대인들의 오류라고 간주한 것은 그들이 자신이 체험한 다메섹의 계시를 공유하지 않는다는 점이었다."[100] 최근 들어서 마크 나노스는 이를 비꼬아 말했다. "바울이 바울 사상의 오류라고 여길 만한 것은 그것이 유대교가 아니라는 점이 될 것이다."[101] 그러나 나는 다음과 같이 말하고 싶다. 바울이 유대교의 오류라고 여긴 것은 그것이 하나님의 의의 계시와, 세상을 화목케 하는 수단과, 창조세계의 회복을 위해, 메시아가 아닌 토라에 의뢰한 점이다. 하지만 토라는 기껏해야 무엇이 죄인지 알게 하는 범례를 지니

---

98   Sprinkle, *Paul and Judaism Revisited*, 243–47, 249.

99   Sanders, *Paul and Palestinian Judaism*, 552.

100 Gaston, *Paul and Torah*, 140.

101 Nanos, "Paul and Judaism," 159.

고 있을 뿐이며, 최악의 경우 악이 횡행하는 현 시대에 육에 대한 죄의 지배를 더욱 강화시켰다. 토라가 그 일시적 성격이나 유대 민족에게만 적용되는 제한성 때문에, 또는 육신의 연약함 때문에 하지 못했던 바를 하나님은 행하셨는데, 인간의 모양을 한 하나님의 아들을 보내셔서 십자가 위에서 죄의 저주를 담당하게 하시고, 또한 그를 부활하게 하시어 새로운 백성의 의로움을 입증하셨다. 이들은 하나님께서 족장들에게 약속하신 대로, 유대인과 이방인으로 구성되며, 이 회복된 백성은 영화롭게 재창조된 창조세계 가운데 거하게 될 것이다. 결과적으로 바울에게 있어서 구원은 유대교로부터 오지만, 이는 바리새파와 같은 열혈 유대교를 말하는 것이 아니다. 오히려 구원은 이스라엘의 신앙 가운데 드러나고, 예수 그리스도의 이야기에서 절정에 도달한다.[102]

---

102 본 문단이 현재와 같은 형태로 대폭 수정된 것은 필자가 로마서 주해를 저술한 것과, Wright 의 *Paul and the Faithfulness of God*을 두 번이나 정독한 것에 따른 영향이 크다고 하겠다.

제2장

바울은 이방인의 사도이자
유대인의 사도인가?

사도 바울은 기독교 예술에서 소재로 삼는 흔한 주제 중의 하나로서 성화상과 모자이크와 조각물과 회화 등에 셀 수 없이 등장한다. 카라바조의 "성바울의 회심"(1600/1601)이나 "다메섹 도상에서의 성 바울의 회심"(1601) 등과 같은 예술 작품은 다메섹 도상에서 바울에게 나타난 그리스도의 현현 사건에 초점을 맞추고 있다. 그 밖에 바울은 렘브란트의 "사도 성 바울"(1657)에서 머리가 하얗게 샌 노인이 책상에 앉아 글쓰기에 열중하는 모습으로 표현되기도 했다. 현대 도서의 겉표지에 등장하는 바울의 모습 중에서 가장 인기 있는 것은 단연코 라파엘로 산치오의 작품인 "바울의 아테네 설교"(1515-16)라고 할 수 있다. 이 작품이 유명한 이유는 다름 아니라 사람들이 가장 많이 기억하는 바울의 모습을 재현하고 있기 때문이다. 즉 바울은 이방인의 사도로서 이방인들에게 설교하고 있다. 사도행전 17:22-34에 등장하는 아레오바고의 바울은 박식한 기독교 웅변가가 아테네의 그리스인들에게 복음을 선포하는 모습으로 묘사된다. 하지만 실제로 누가의 내러티브를 살펴보면 바울은 아테네에서 그의 사역을 시작할 때 에피쿠로스나 스토아 철학자들(17:18) 중에서가 아니라 지역 회당에서 유대인이나 하나님을 예배하던 이방인들(17:16)과 함께 있다. 누가는 이러한 사건을 바울의 아레오바고 설교를 위한 배경으로 다루기 때문에 이에 대해 자세히 언급하지는 않지만, 이렇듯 유대인을 대상으로 한 바울의 아테네 사역을 무시할 수 없는 이유는 그것이 바울을 이방인의 사도이자 **또한** 유대인의 사도로 묘사하는 누가의 전반적인 문학적 서술에 부합하기 때문이다.

지금껏 기독교 예술에서 이방인의 사도로서 바울의 이미지가 작가의 상상력을 지배해온 것은 사실이지만, 바울 서신이나 사도행전을 읽어보면 유대인의 사도로서 바울의 이미지가 완전히 사라진 것도 아니다. 시칠리아 몬레알레 대성당(Duomo Monreale)에 있는 "다메섹 회당에서 유대인들에게 설교하는 성 바울"(1180년경)은 비잔틴 양식의 모자이크화로서, 바울의 사역에서 잊힌 단면, 즉 바울이 그의 동족인 유대인들에게 설교하는 모습으로도 기억되었다는 사실을 상기시킨다. 이 작품은 바울의 다메섹 사역에 대한 누가의 이야기(행 9:20-25)에서 영감을 받은 것이 분명하다. 그런데 사도행전 안에서 이 사건은 별개의 고립된 사례가 아니다. 유대인들에게 설교하는 바울의 모습은 누가의 바울 이야기에서 전형이 되고 있다. 곧 바울은 "자기의 관례대로"(행 17:2) 새로운 지역에 들어가면 회당을 찾아가 유대인과 그리스인에게 설교를 함으로써 전도사역을 개시했던 것이다. 어떤 이들은 바울 스스로가 서신에서 자신이 이방인의 사도요 유대인의 사도가 아니라고 말했다는 점(롬 11:13; 15:16; 갈 1:16; 2:2)을 들어 반대할 수도 있다. 또한 바울의 청중 대부분이 과거 이교도였다는 점(갈 4:8; 고전 12:2; 살전 1:9)이나 예루살렘 회의에서 바울과 베드로 간에 사역권의 경계가 지어진 점(갈 2:7-9)을 근거로 들어 반박할 수도 있다.[1] 그런데 테르툴리아누스(Tertullian)가 예루살렘 회의에 대해 요약한 내용은 조금 다르다. 그에 따르면 "그런 다음에 그들은 마침내 맨처음 증언자들과 협의하고, 신앙 규범에 대해 그들과 합의한 후에, 친교의 악수를 하고, 그때부터 복음 선포 사역을 분담하여, 그들은 유대들에게로, 성 바울은 유대인과 이방인에게로 가기로 하였다."[2] 물론 테르툴리아누스가 "신앙 규범"(rule of faith)이라고 언급한 것은 시대착오적이고, 또한 그가 예루살렘 회의 당시 명백한 마찰이 있었던 점을 어물쩍 넘어가는 것도 사실이다. 그렇지만 나는 테르툴리아누스의 발언을 그저 갈라디아서 2:1-10과 사도행전에 등장하는 바울에 대한 보도를 조화시킨 것 정도로 일축하고 싶지는 않다. 사실 바울을 때로 유대인의 전도자로 그리고 있는 누가의 이야기는 바울의 진정성 있는 서신들과 무리 없이 어울릴 수

---

1   다음을 보라. E. P. Sanders, *Paul, the Law, and the Jewish People* (Minneapolis: Fortress, 1983), 179-90.

2   Tertullian, *Adv. Marc.* 4.2.

있다. 나는 바울의 사고 속에 자리잡은 유대인의 위상이 그의 사역이 전개되는 동안 변천을 겪기는 했어도 계속 유지되었음을 보여주는 믿을 만한 근거를 제시하게 되기를 바란다.

위와 같은 논제는 저항에 부딪칠 수도 있다고 본다. 왜냐하면 고대에서나 현대에서나 유대인 전도라는 개념은 최근의 누가나 바울 연구자들에게는 당혹스러운 주제이기 때문이다.[3] 그럼에도 불구하고 바울이 실제로 이방인의 사도이기는 하지만 사역의 초기 국면에는 유대인 공동체 전도 사역이 포함되었을 뿐 아니라, 심지어 바울이 이방인 사역으로 전환한 후에도 기회가 있을 때마다 유대인과 복음을 나누는 일을 지속했다는 것을 이번 장의 논제로 삼고자 한다. 나는 이를 위해 먼저 (1) "이방인"(ἔθνος, 복수형은 ἔθνη), "그리스인"(Ἕλλην), "무할례자/할례자"(ἀκροβυστία/περιτομή), "무법자"(ἄνομος)와 같은 용어들이 민족성 내지 문화적 정체성에 관한 연구의 맥락에서 보면 상당히 유연한 성격을 지니고 있었음을 증명할 것이다. 그리고 (2) 바울의 전도 활동이 진행되면서 청중의 구성이 바뀌었음을 보여주는 문헌상의 증거를 바

---

3 가령 Robert Tannehill은 유대인 선교가 "사도행전을 마친 다음에도 계속되었다고 가정하는" 누가의 견해를 소개하면서, 다음과 같은 단서를 덧붙인다. "내가 이렇게 강조한다고 해서 현재 기독교가 유대인을 대상으로 진행하는 선교에 대한 내 개인적 의견을 사도행전이 반영하는 것은 아니라는 점을 독자들에게 주지시키고자 한다. 내 생각에는 아무래도 사도행전이 쓰인 이후 수세기의 역사로 미루어볼 때 하나님의 언약적 신실함과 유대인에 대한 약속이 예수를 메시아로 받아들이는 것에 좌우되지 않는다는 점을 그리스도인들이 알아야 할 것 같다. 나 자신은 기독교가 유대인을 대상으로 진행하는 복음 전도를 지지하지는 않는다"(*The Narrative Unity of Luke-Acts: A Literary Interpretation* [2 vols., Minneapolis: Fortress, 1990], 3; idem, *The Shape of Luke's Story: Essays on Luke-Acts* [Eugene, OR: Cascade, 2005], 143-44, 253). 마찬가지로 E. P. Sanders(*Paul, the Law, and the Jewish People*, 197)도 다음과 같이 말한다. "(바울은) 구원의 유일한 길을 예수 그리스도라고 여겼다. 만일 현대 그리스도인들이 이와 똑같이 생각해야 하고 개종하지 않은 유대인들은 하나님과 분리된 것으로 간주되어야 한다면, 또한 만일 어떤 단체에서 그러한 제안을 표결에 부친다면, 나는 반대표를 던질 것이고 계속해서 그럴 생각이다. 나의 현재 생각은 아마 바울도 반대표를 던지지 않을까 하는 쪽으로 기울고 있다."

울 서신과 사도행전을 통해 제시할 것이다. 나는 이러한 노력을 통해 바울의 **이방인** 사도직 가운데 **유대인**의 자리도 있었다는 사실이 조명되기를 바란다.

유대인과 이방인을 가리키는 민족적 사회적 명칭들

그리스도를 믿지 않는 비유대인을 지칭하는 명칭에 대한 연구는 지루한 것이지만 바울의 이방인(ἔθνη) 사도직이 지닌 의미를 밝히는 데 반드시 필요한 사전 작업이다. 바울이 이방인, 그리스인, 이교도, 무할례자의 사도라고 한다면, 이들은 정확히 누구이고, 이들은 어떤 면에서 유대인과 구별되는가? 나는 이방인을 지칭하는 이들 용어 중 일부가 통상 알려진 것보다 유연한 의미를 가지며, 단순한 민족적·부족적 귀속성을 넘어 사회종교적인 함의를 내포하고 있다고 본다. 이를 입증하기 위해 바울 서신에서 그리스도를 믿지 않는 비유대인을 일컫던 표준적인 용어들을 살펴볼 것이다.

이방인(ἔθνη)

ἔθνη는 바울이 그리스도를 믿지 않는 비유대인들을 칭할 때 즐겨 쓰던 용어다. 현대어 번역에서 ἔθνη는 "이방인"(민족적 용어)이나 "열방"(지역적 용어) 또는 "이교도"(종교적 용어)로 다양하게 표현된다. 배경 설명을 하자면 "이방인"(Gentile)이나 "이교도"(pagan)를 가리키는 영어 어휘는 특히 유대교적이거나 기독교화된 민족지학의 형태를 반영한다. 고대의 비유대인은 스스로를 "이방인"이나 "이교도"로 부르지 않았으며, 그러한 종교적이거나

민족적인 명칭보다는 로마인·그리스인·페니키아인·시리아인·프리기아인·갈라디아인 등 부족 내지 도시국가의 명칭을 사용해서 자신들의 정체성을 표현했다. "열방"(nations)이라는 용어조차도 중립적이지는 않은데, 이는 우리가 보통 생각하는 열방의 의미가 대부분 18-20세기에 일어난 국민국가의 형성에서 비롯되었기 때문이다. 어떤 그리스어 사전에서는 ἔθνος가 "혈연, 문화, 공통의 전통에 의해 결합된 일단의 사람들"을 지칭한다고 한다.[4] 유대 전통에서 이 용어는(구약의 용어로는 גוים, 출 34:24; 레 18:24. 참조. 2 Macc 8:9; Wis 10:15) 주로 이스라엘의 하나님을 예배하지 않는 외국인들을 가리킨다. 이러한 언어적 배경은 확실히 바울도 공유하고 있는데, 그는 ἔθνη를 유대인과는 구별되는 것으로 이해한다(롬 3:29; 9:24; 11:13-15; 15:8-10; 고전 1:23; 갈 2:15; 살전 2:16). 바울은 분명히 "그리스인"이나 "야만인"을 각각 ἔθνη에 해당하는 하위 범주로 간주한다(롬 1:13-14). 바울은 까다롭고 복잡한 상호텍스트적 논증을 통해 ἔθνη를 아브라함의 가족으로 불러모으는 것이 언제나 하나님의 목표였다고 단언한다(롬 4:17-18; 15:8-12; 갈 3:6-14). 심지어 어떤 경우에는 ἔθνη가 이스라엘보다 앞서서(대신해서가 아니다!) 구원을 받았다고 표현한다(롬 9:30; 10:19; 11:11-13, 25-26). 비유대인 그리스도인들과 ἔθνη의 관계는 양면적이다. 이들이 ἔθνη와는 확연히 구별되지만(롬 16:4; 갈 2:12), 이제 그들은 ἔθνη의 풍조와 구별되어 살도록 부름 받았기 때문이다(고전 5:1; 12:2; 살전 4:5; 엡 4:17).

하지만 여전히 흥미로운 점은 바울이 로마서 15:15-20에서 τὰ ἔθνη를 향한 자신의 사도직의 범위를 설명할 때 이를 민족지학적 용어가 아닌 지리적 견지에서 정의한다는 사실이다. 이방인을 하나님께 제물로 드리는 바울

---

4   BDAG, 276. 유대인을 특정한 ἔθνος로 이해하는 견해에 대해서는 다음을 보라. 눅 7:5; 23:2; 요 11:48; 50-52, 18:35; 행 10:22; 24:2, 10, 17; 26:4.

의 제사장적 직분(롬 15:16)은 예루살렘에서 시작되었다. 로마서 15:19에서는 "표적과 기사의 능력으로 성령의 능력으로 이루어졌으며 그리하여 내가 예루살렘으로부터 두루 행하여 일루리곤까지 그리스도의 복음을 편만하게 전하였노라"고 말한다. 필시 바울이 예루살렘에서 지낸 시간은 그의 초기 사역을 반영하는 것이 틀림없다. 여기에는 그리스어권에 속한 유대인들에게 간단히 복음을 전하던 일이 포함될 뿐 아니라(갈 1:18-19; 행 9:26-29), 예루살렘에서의 증언, 로마 여행, 스페인 선교 여행(롬 15:18-24) 등과 같은 그의 다양한 선교 활동과 유기적 통일성을 이루고 있다. 사실 바울이 스페인으로 가고자 했다는 것은 그가 이사야 66:19-20의 영향을 받았음을 의미할 수 있다. 그는 다시스와 스페인이 같은 곳이라고 가정하고, 이사야서에서 말하는 이스라엘의 망명 시대의 종결과 새 창조의 시작을 알리기 위한 일환으로, ἔθνη 가운데 **유대인과 이방인에게** 하나님의 영광을 선포하고자 하는 대망을 밝혔던 것이다(롬 15:22-25, 28).[5] 바울은 그리스도의 복음을 전하기 위해 ἔθνη가 거주하는 여러 지역으로 파송되었는데, 그에게 청중의 민족적·부족적 구성이 그다지 중요했던 것 같지는 않다. 어쩌면 ἔθνη의 주요 특성은 "누구인가"가 아니라 "어디인가"일 수 있다.

바울 사도직의 지리적 지평에 대한 주장은 로마서 1:5, 13을 통해서 뒷받침될 수 있다. 5절에서 바울은 예수 그리스도를 다음과 같이 설명한다. "그로 말미암아 우리가 은혜와 사도의 직분을 받아 그의 이름을 위하여 모든 이방인 중에서(ἐν πᾶσιν τοῖς ἔθνεσιν) 믿어 순종하게 하나니"(유사한 구절로는 갈 2:2의 ἐν τοῖς ἔθνεσιν). 문제는 (1) 여기서 ἔθνη를 "이방인"(유대인 제외)과 "열방"(디아스포라 유대인 포함) 중 어떤 말로 번역해야 하는지와, (2) 여격(與

---

5   다음을 보라. Rainer Riesner, *Paul's Early Period: Chronology, Mission Strategy, Theology*, trans. Doug Stott (Grand Rapids, MI: Eerdmans, 1998), 245-53, 305-6.

格) 전치사구인 ἐν πᾶσιν τοῖς ἔθνεσιν이 목적을 나타내는지("모든 이방인/열방에게") 아니면 처소를 나타내는지("모든 이방인/열방 중에")의 여부다. 대부분의 번역에서 처소의 의미를 채택하고 있음에도 불구하고(예를 들어, NRSV, NIV, NJB, ESV), 사실상 거의 모든 주석가들은 바울의 사도직이 단순히 민족적 "이방인"보다는 지리적 의미를 가리키는 "열방"을 향해 있다는 생각에 반대한다.[6]

하지만 "열방 중에"가 바울의 선교적 틀이라고 정당화할 수 없는 이유가 무엇이란 말인가? 로마서 15:15-20에서도 분명 바울은 ἔθνη를 비유대인들 개개인이 아니라 지역으로 보고 있다. 왜냐하면 바울은 동방에서 자신의 선교를 "마치는" 것은 그곳의 모든 지역에서 복음을 전하고 나서야 가능하다고 말하고 있을 뿐이며, 이 말을 각각의 이방인을 모두 회심시킨다는 뜻으로 사용하고 있지 않기 때문이다.[7] 더욱이 로마서 1:13에서 바울은 자

---

6   예를 들어, 다음을 보라. James D. G. Dunn (*Romans 1-8* [WBC, Dallas: Word, 1988], 18): "(τὰ) ἔθνη는 확실히 (유대인을 포함한 '열방'이 아니라) '이방인'을 의미한다." Robert Jewett (*Romans* [Hermeneia, Minneapolis: Fortress, 2007], 111): "이것['열방'의 의미]은 '이방인'을 위한 사도로 부르심을 받은 것에 대한 바울의 설명(갈1:16, 2:8)에 비추어볼 때, 또한 그때까지 유대인 정착촌이 전무했던 스페인으로의 선교라는 서신 작성의 목적에 비추어볼 때 거의 가능성이 없다." 이에 대비되는 견해로는 다음을 보라. Don B. Garlington (*"The Obedience of Faith": A Pauline Phrase in Historical Context* [WUNT 2.38; Tübingen: Mohr Siebeck, 1991], 234)은 ἔθνεσιν이 "유대인"을 포함한다고 본다. 또한 James M. Scott (*Paul and the Nations: The Old Testament and Jewish Background on Paul's Mission to the Nations, with Special Reference to the Destination of Galatians* [WUNT 84, Tübingen: Mohr Siebeck, 1995], esp. 27-61)은 "이방인"보다는 "열방"에 중점을 두면서, 바울이 창 10장과 대상 1:1-2:2에 나오는 "열방 목록"에서 영향을 받았다고 제시한다. Ksenija Magda ("Unity as a Prerequisite for a Christian Mission: A Missional Reading of Rom 15:1-12," *Kairos* 2 [2008]: 47)는 다음과 같이 말한다. "바울이 그 단어를 중립적이고 보편적으로 사용했다고 보는 편이 훨씬 더 타당하다. 즉 대부분의 경우에 그 의미 속에는 유대인이 포함되어야 한다"(다음의 것도 참고하라. idem, *Paul's Territoriality and Mission Strategy: Searching for the Geographical Awareness Paradigm behind Romans* [WUNT 2.266, Tübingen: Mohr Siebeck, 2009]).

7   다음을 보라. Donaldson, *Paul*, 361n15; Johannes Munck, *Paul and the Salvation of Man-*

기가 아직 로마에 가본 일이 없음을 애석해하면서 그곳에 가려고 하는 이유가 "너희 중에서도 다른 이방인 중에서와(ἐν τοῖς λοιποῖς ἔθνεσιν) 같이 열매를 맺게 하려 함이로되"라고 밝히고 있다. 여기서 바울이 말하려는 것이 로마 교회가 이방인 그리스도인으로만 구성되어 있다거나 자신이 과거에 이방인들에게만 복음을 전했다는 점이 아님은 분명하다. 바울은 로마에 있는 유대인과 이방인 모두에게서 열매를 맺는 것에 관심이 있었고, 로마 교회 전체와 협력하고 싶어했다.[8] 나는 디아스포라 유대인을 이러한 바울의 사도적 사명에 포함시키는 것이 신빙성 없는 주장이 아님을 덧붙이고자 한다. 그 이유는 다음과 같다.

- 로마서 1:16에 의하면 복음은 "먼저 유대인에게"다.
- 로마서 9:24-29과 11:1-10에 의하면 바울은 유대인 신자들 중의 남은 자들에 대해 알고 있었다.
- 로마서 10:12-21에는 유대인 선교가 지속될 것이 암시되어 있다.
- 로마서 10:1과 11:26-32에는 이스라엘의 구원에 대한 소망이 점증적 방식으로 표현되어 있다.
- 로마서 16:1-16에는 바울의 동료인 유대인 그리스도인들의 명단이 제시되어 있다.
- 로마서는 자신의 복음에 대한 유대인들의 반대를 공공연히 누그러뜨리기 위한 바울의 가열찬 노력으로 가득하다.(예를 들어, 3:7-8; 6:1-3; 7:1-25; 9:1-5; 10:1-3).

---

kind (London: SCM, 1959), 52-55.

8   Rick Strelan, *Paul, Artemis, and the Jews in Ephesus* (Berlin: Walter de Gruyter, 1996), 304-5.

더욱이 누가는 야고보가 바울에게 "네가 이방/열방에 있는[ἐν τοῖς ἔθνεσιν] 모든 유대인을 가르치되 모세를 배반하고"(행 21:21)라고 하면서 유대인들이 바울에게 분노한 까닭을 알리는 것으로 소개하고 있다. 로마서 1:5, 13과 사도행전 21:19은 어구의 사용에 있어서 그 유사성을 현저하게 드러낸다. 누가의 보도가 얼마나 변증적으로 고안된 것이건 간에 누가는 지리상 비유대인 지역에서 벌어진 바울의 선교 활동에 유대인 청중도 포함되었다고 단언한다(행 13:43; 14:1; 17:4, 11-12; 18:4; 19:10, 17).[9]

요컨대 바울 사도직의 지정학적 틀에 대한 앞의 분석이 타당하고, 또한 로마서 1:5, 13과 사도행전 21:19에서 말하는 ἔθνη가 유대 너머의 지역을 가리키는 것이 확실하다면, ἔθνη의 사도인 바울은 이스라엘의 하나님이 예수 그리스도를 통해서 **열방 중에** 그리스인과 야만인과 유대인을 위한 구원을 계시하셨음을 모든 사람들에게 알리고 그들을 설득하는 것을 자신의 선교 사역으로 이해하고 있었다고 할 수 있다. 브루스 말리나(Bruce Malina)나 존 필치(John Pilch)처럼 바울이 스스로를 ἔθνη의 디아스포라 유대인에게 파송된 예언자로 여겼다고 한다면 그것은 과장이겠지만, 그렇다고 해서 샌더스의 주장처럼 바울 및 여타 사도들에게 디아스포라 유대인을 위한 특별한 구상이 전혀 없었다고 보는 것도 마찬가지로 옳지 않다고 하겠다.[10]

---

9   야고보는 바울에 대한 유대인의 거짓 고발에 대해 언급하는 것처럼 보인다. 특히 "네가 이방에 있는 모든 유대인을 가르치되 모세를 배반하고 아들들에게 할례를 행하지 말고 또 관습을 지키지 말라 한다 함을 그들이 들었도다"라는 말은 서신서나 사도행전에서 드러나는 바울과는 맞지 않는 주장이다. 하지만 명백한 사실은 누가가 보도한 야고보의 발언에 관한 진위 여부와 상관 없이 바울이 유대인들을 "가르치고" "율법"이나 "할례"에 대해서 논쟁의 소지가 있는 견해를 갖고 있었음은 역사적 사실이며, 따라서 바울의 사역에 대한 유대인의 의구심 역시 역사적 사실이라고 할 수 있다.

10   Bruce J. Malina and John J. Pilch, *Social-Science Commentary on the Letters of Paul* (Minneapolis: Fortress, 2006), 1-25; Sanders, *Paul, the Law, and the Jewish People*, 189.

그리스인(Ἕλλην)

Ἕλλην("그리스인", 복수형은 Ἕλληνες)은 보통 그리스의 문화와 교육과 종교의 영향을 받은 사람을 지칭하며(예를 들어, 3Macc 3:8; 4Macc 18:20; 행 21:28),[11] 어떤 경우에는 특별히 유대인과 구별됨을 의미한다(예를 들어, 2Macc 4:36; 11:2; 행 14:1; 16:1, 3; 18:4; 19:10, 17; 20:21). 유대인/그리스인 간의 대조는 동방 지역에서 셀레우코스 및 마카비 왕조 시대에 유대인 집단과 그리스화된 집단 간에 발생한 문화적 분리에서 기인한다. 그러나 이는 또한 세계를 그리스인과 야만인으로 분류한 그 유명한 구분법을 유대교식으로 적용한 것이기도 한다. 필론은 그리스인 대 야만인이라는 사회정치적 구분에 대해서 알고 있지만 이 구분법에서 유대인들의 자리는 불분명한데, 이는 이들이 이러한 극명한 양분법에서 벗어나 있기 때문이다(*Cher.* 91; *Ios.* 56; *Legat.* 8, 83, 292). 필론이 보기에 유대인은 지리적으로는 야만인이지만 철학적으로는 그리스인이다.[12] 물론 일부 저자들은 Ἑλληνικός/βαρβαρικός/Ἰουδαῖος("그리스인/야만인/유대인")으로 구성된 삼분할적 범주를 선호한다.[13] 바울 서신에서 바울은 유대인과 대조되는 개념으로 대부분의 경우에 Ἕλληνες를 사용하지만(고전 1:22; 롬 1:16; 2:9-10; 3:9; 10:12; 고전 1:22, 24; 10:32; 12:13; 갈 3:28), 그는 또한 그리스인/야만인/유대인이라는 구분법에 대해서도 알고 있다(롬 1:14, 16; 골 3:11).[14]

---

11 Herodotus(*Hist.* 8.144.2)는 "그리스인다움"(Greekness)의 구성 요소를 공통된 목표, 혈연, 공통된 언어, 공동의 신전 및 공통된 관습이라고 규정한다.

12 Eric Gruen, *Diaspora: Jews amidst Greeks and Romans* (Cambridge, MA: Harvard University Press, 2002), 227.

13 다음을 보라. Martin Hengel, *Jews, Greeks, and Barbarians*, trans. J. Bowden (Philadelphia: Fortress, 1980).

14 기독교에서 이러한 구분법을 사용하는 것에 관해서는 바울을 참조하라. 그는 고린도교인들에게 "유대인에게나 헬라인에게나 하나님의 교회에나 거치는 자가 되지 말고"(고전 10:32)라고 쓰고 있다. Aristides는 "우상숭배자, 유대인, 그리스도인"을 언급하는 것에서 알 수 있

그렇지만 어떤 경우에는 "유대인"과 "그리스인" 간에 절대적인 구분이 어려울 때도 있다.[15] 신약 전체애 걸쳐 Ἕλληνες는 유대교와 일말의 연계가 있는 비유대계 그리스인(요 12:20; 행 14:1)을 의미할 수도 있고, 디아스포라 유대인(요 7:35; 행 9:29)을 의미할 수도 있다. 디모데는 모친이 유대인이어서(유대인의 정체성은 모계를 통해 승계되었다. 행 16:1-3) 굳이 말하자면 유대인이라고 할 수 있지만, 그럼에도 불구하고 할례 받지 않은 Ἕλλην에 속했다. 헬라 도시에서는 문화적 적응과 동화의 정도가 다양했다. 헬레니즘이 유대 관습에 반드시 적대적이었던 것은 아니었고, 오히려 유대 문화를 새로운 방식으로 표현하도록 했다. 그러다 보니 일부 유대인들은 당시 유대인 동족들이 보기에 히브리인이라기보다는 헬라파사람(Hellenist)에 더 가깝게 인식되기도 했다(예를 들어, 2Macc 4:12-13; 3Macc 1:3; Josephus, *Ant.* 12.240; Philo, *Migr.* 89-93). 어쨌든 많은 유대인들이 체육관, 극장 및 경기장에 드나들고, 이교도와 혼인하고, 그리스 신들의 이름으로 맹세하는가 하면, 주술용 파피루스 종이를 사용하기도 했고, 심지어 어떤 이들은 이방신들에게 제사를 드리기도 했다.[16] 사도행전에 나오는 Ἑλληνισταί("헬라파")는 대체로 예루살렘 교회에서 그리스어를 사용하는 유대인을 지칭하는 말이었을 것이다(행

듯이, 그리스도인을 "제3의 족속"이라고 파악한다(*Apol.* 2.2 [일부 사본은 "제4의 족속"으로 "야만인"을 추가한다]). *Kerygma Petrou* frag. 2(=Clement of Alexandria, *Strom.* 6.39.4, 41.2.6)에서는 "그리스인과 유대인의 방식은 낡았지만, 우리 그리스도인들은…제3의 족속으로서 새로운 방식으로 그를 예배한다"고 말한다. *The Epistle of Diognetus*(1.1)에서도 유사하게 유대인, 그리스인, 그리스도인이라는 삼분할의 분류법을 암시한다. 흥미롭게도 그리스의 비평가들은 그리스도인들도 "야만인"이라고 비난하기도 했다(Tatian, *Or. Graec.* 35; Origen, *Contra Celsus* 8.73-92).

15 특히 다음을 보라. Lucio Troiani, *Il perdono cristiano e altri studi sul cristianesimo delle origini* (Brescia: Paideia, 1999).

16 다음을 보라. Stephen G. Wilson, *Leaving the Fold: Apostates and Defectors in Antiquity* (Minneapolis: Fortress, 2004), 23-65; John M. G. Barclay, *Jews of the Mediterranean: From Alexander to Trajan* (Edinburgh: T&T Clark, 1996), 88-93.

6:1).[17] 바로 이들이 그리스어권에 속한 이방인에 대한 선교를 최초로 시작하였다(행 11:20).[18] 그러므로 이방인 선교는 공식적으로 유대계 **그리스인들**(Greeks)이 안디옥에서 이방인 **그리스인들**에게 복음을 전하면서부터 시작된 셈이다. 사실 사도행전에서는 "그리스인"이라는 명칭이 얼마나 유연하고 가변적인지가 드러나는데, 이는 그리스어를 사용하는 유대 그리스도인

---

17 초기 교회에서 "헬라파"가 누구를 지칭하는가에 대해 논란이 많았다. 이방인 기독교도, 유대교 개종자, 자유분방한 유대인, 디아스포라 유대인을 가리킨다는 주장들이 있었다. 그러나 헬라파는 필시 언어적으로는 그리스어를 사용하는 자들로 정의되며, 사회학적으로는 그리스어권에 속한 다른 유대인 공동체를 지향하는 자들이다. 히브리파 유대 그리스도인과 헬라파 유대인 그리스도인 간에는 예수 전승의 다채로운 적용 사례에 근거하여 신학적 다양성이 존재했다고 말할 수 있는데, 이는 최초 그리스도인들 사이에 존재했던 사회언어적 체계의 복잡성 때문이지 서로 상이한 종교사적(*religionsgeschichte*) 위치에 따라 상호파괴적인 신학의 분리가 발생했기 때문은 아니었다. 다음을 보라. T. W. Martin, "Hellenists," *ABD* 3:136; Martin Hengel, *Between Jesus and Paul* (London: SCM, 1983), 1–27; Craig Hill, *Hellenists and Hebrews: Reappraising Division within the Earliest Church* (Minneapolis: Fortress, 1994); Alexander J. M. Wedderburn, *A History of the First Christians* (London: T&T Clark, 2005), 41–58; Peter J. Russell, *Heterodoxy within Second-Temple Judaism and Sectarian Diversity within the Early Church: A Correlative Study* (Lewiston, NY: Edwin Mellen, 2008), 240–57.

18 Anna Maria Schwemer("Paulus in Antiochien," *BZ* 42 [1998]: 167 [유사한 견해로는, Hengel, *Between Jesus and Paul*, 8])는 P[74], ℵ[2], A, D* 를 따르고 있으며 Ἕλληνας를 선호한다. 그는 다음과 같이 말한다. "'Griechen'(Ἑλληνιστάς가 아닌 Ἕλληνας)이 NA[27]에 대비해보면 원래 형태에 더 가깝다." Ἑλληνιστάς의 등장은 혼란을 초래하는데, 사도행전 초반에서 이는 헬라파 유대인을 지칭하기 때문이다(6:1, 9:29). 그런데 11:19에서는 이를 Ἰουδαῖοι("유대인")와 대조시킨 것으로 보아 문맥상 분명히 이방인인 그리스인을 가리킨다. 아마도 분명 기록자가 Ἑλληνιστάς를 더 잘 알려진 Ἕλληνας로 바꾼 듯하며, 그 반대는 아닌 것 같다. Ἑλληνιστάς가 "그리스어를 사용하는 유대인"을 의미하기 때문에 부적절하다는 의견은 ἑλληνίζειν이 단순히 그리스어를 사용한다는 뜻이며 유대인과 이방인 모두에게 적용될 수 있다는 사실을 간과한 것이다. 또한 다음을 보라. F. F. Bruce, *The Acts of the Apostles: The Greek Text, with Introduction and Commentary* (Grand Rapids, MI: Eerdmans, 1951), 235–36; Bruce M. Metzger, *A Textual Commentary on the Greek New Testament* (2nd ed., Stuttgart: Deutsche Bibelgesellschaft, 1994), 340–42; C. K. Barrett, *Acts of the Apostles* (2 vols., ICC, Edinburgh: T&T Clark, 1994), 1:550–51. 그러므로 이 "그리스어를 사용하는 자들"은 그리스어를 사용하는 유대 그리스도인(행 6:1)이나 그리스어를 사용하는 유대인(행 6:9, 9:29)이 아니다. 오히려 그들은 그리스어를 사용하는 이방인으로서 분명 "Griechen um heidnische Sympathisanten"(Schwemer, "Paulus," 168)을 의미한다.

(6:1), 그리스어를 사용하는 유대인(9:29), 그리스어를 사용하는 이방인 유대교도(행 11:20; 14:1; 17:4, 12; 18:4; 21:38), 그리스어를 사용하는 비유대인 (16:1, 3; 19:10) 등을 모두 Ἕλλην이나 Ἑλληνιστής로 지칭할 수 있기 때문이다. 이렇듯 다양한 용법으로 미루어 Ἕλλην이라는 용어가 어느 정도 사회종교적 유연성을 지니고 있을 뿐 아니라 "유대인"과도 분리된 개념이 아님을 알 수 있다. 그러므로 Ἕλλην을 향한 바울의 복음선포에는(롬 1:16) **잠재적으로** (1) 그리스어를 사용하는 할례받지 않은 이방인(즉 "이교도"), (2) 그리스어를 사용하는 이방인 유대교도(즉 "하나님을 경외하는 자들"), 심지어 (3) 그리스어를 사용하는 디아스포라 유대인(즉 "헬라파 유대인") 등 다양한 청중들이 포함될 수 있다. 물론 "이교도"와 "하나님을 경외하는 자들"이 주로 바울의 선교 활동의 대상이었지만, 실제 그의 선교 활동을 보면 언어적·문화적·사회적·지리적으로 이 세 집단을 각각 따로 취급한 것은 아니었다. 바울은 세 부류의 그리스인들 모두에게 선교적 노력을 경주했을 것이다.

무할례자(ἀκροβυστία), **할례자**(περιτομή)

ἀκροβυστία("할례받지 않은")와 περιτομή("할례받은")라는 용어는 남성 생식기의 상태를 의미하며, περιτομή는 포피를 절개하거나 베어냈음을 뜻한다.[19] 두말할 것도 없이 할례는 아브라함 언약의 상징이자(창 17:9-14) 모세 언약에 대한 충성의 표지로서(레 12:3; 수 5:1-9) 유대인들에게는 상징적 의미를 지니고 있다.[20] 그리스-로마의 작가들에게는 이 관습이 야만적이고 불필요하며 심지어 로마답지 못하다는 이유로 비방거리가 될 수도 있

---

19   다음을 보라. Andreas Blaschke, *Beschneidung: Zeugnisse der Bible und verwandter Text* (TANZ 28; Tübingen: Francke, 1998).
20   다음을 보라. 출 4:24-26; Sir 44:20; Jub. 15.28; Philo, *QG* 3.51-52; *m.* Ned. 3.11; 행 7:8.

었다.[21] 마카비 시대에 들어와 할례는 헬레니즘에 대항하는 민족적 저항의 상징이자 유대인 남성을 식별하는 주요 표식이 되었다.[22]

할례가 유대적 정체성의 표지로서 어느 정도까지 결정적인 의미를 지니는지에 대해서는 유대인 공동체 내에서 다소 논란이 있었다. 우선 할례는 이집트인이나 시리아인과 같은 다른 집단에서도 행해졌기 때문에, 그것이 유대 남성의 특징이긴 했어도, 그들만의 고유한 관습은 아니었다.[23] 여성들의 유대인 신분은 모계 혈통이나 혼인을 통해 결정되었다. 하지만 여성 유대교인들에게는 할례 의식도 없었던 데다가, 유대인 남성과 혼인하지 않은 경우에는 그들이 공식적으로 유대 공동체의 일원이 된 정확한 시점이 언제인지에 대해 다소 모호한 상태에 처해 있었다.[24] 회당에 출입하면서 유대적 생활 방식의 요소를 받아들인 여성들을 신자와 개종자로 구분하는 기준은 대체로 유동적이었을 것이다.[25] 또 다른 경우, 모계 혈통으로는 유대인 (즉 유대인 모친과 비유대인 부친과 사이에서 태어난 경우)이지만 할례를 받지 않았다면 여전히 이례적인 신분에 해당되었는데, 바로 디모데의 경우가 그러했다(행 16:1-3).[26] 바울은 디모데에게 할례를 행했는데, 이는 유대인이 되기

---

21 Philo, *Spec.* 1.1-3; Tacitus, *Hist.* 5.5.2; Juvenal, *Sat.* 14.99 (Stern, *GLAJJ* 2, §301); Martial, *Epigr.* 7.30, 82; 11.94 (Stern, *GLAJJ* 1, §§240, 243, 245); Petronius, *Sat.* 68.4-8; 102.14; *Frag.* 37 (Stern, *GLAJJ* 1, §193, 194, 195); Suetonius, *Domitian* 12.2 (Stern, *GLAJJ* 2, §320).

22 1 Macc 1:48, 60; 2 Macc 6:10; Josephus, *Ag. Ap.* 1.171; *Ant.* 1.192-93, 214; Tacitus, *Hist.* 5.5.

23 Josephus, *Ant.* 8.262; *Ag. Ap.* 1.169-70; 2.140-43; Ep. Barn. 9.6.

24 다음을 보라. Shaye J. D. Cohen, *Why Aren't Jewish Women Circumcised? Gender and Covenant in Judaism* (Berkeley: University of California Press, 2005).

25 Michael F. Bird, *Crossing Over Sea and Land: Jewish Missionary Activity in the Second Temple Period* (Peabody, MA: Hendrickson, 2009), 42-43.

26 Shaye J. D. Cohen (*The Beginnings of Jewishness: Boundaries, Varieties, Uncertainties* [Berkeley: University of California Press, 1999], 268-340)은 모계 후손의 원리는 1세기에는 공식적으로 적용되지 않았음을 주목한다. 그러나 Gerd Lüdemann (*Early Christianity*

위해서가 아니라 그의 유대인 신분에 대한 논란을 잠재우기 위한 것이었다. 아울러 우리는 개종자들이 할례를 받아야 할 필요성에 대해 일부 지역에서는 논쟁이 벌어지기도 했다는 사실에 주목할 필요가 있다. 필론은 개종자가 되는 조건은 할례가 아니라 하나님에 대한 복종이라고 단언하는데, "왜냐하면 개종자란 자신의 무할례 상태 아니라 자신의 욕망과 감각적 쾌락 및 영혼의 기타 정념에 대해 할례를 행하는 자이기 때문이다"(*QE* 2.2). 필론은 또한 유대교의 의식법을 철저히 우의적으로 해석한 알렉산드리아의 유대인 교사들에 대해 알고 있다(*Migr.* 89-94). 아디아베네(Adiabene) 왕국의 이자테스(Izates) 왕이 유대교로 개종한 것에 대한 요세푸스의 보도를 보면 이자테스 왕이 할례를 받아야 하는지에 대한 문제를 두고 당시 유대인 교사인 아나니아스(Ananias)와 엘레아자르(Eleazar)은 서로 상반된 견해를 가졌던 것을 알게 된다(*Ant.* 20.34-48).[27] 일반적으로 할례는 디아스포라 공동체에서 남성이 유대교로 개종할 때 거쳐야 하는 입문의식과 같은 것으로 간주되었다(예를 들어, 에 8:17; Jdt 14:10; Josephus, *War* 2.454; Tacitus, *Hist.* 5.5.2; Petronius, *Sat.,* Frag. 37). 그렇지만 여러 가지 이유에서 이방인 객이나 신자들을 어쨌든 유대인과 동등하게 대우하려는 이들도 있었다.[28]

---

according to the Traditions in Acts: A Commentary, trans. J. Bowden [London: SCM, 1989], 175)은 그 원리가 당시 이미 유대 할라카의 일부였다는 점을 제시한다. Cohen은 디모데를 유대인으로 여기지 않지만(*Beginnings of Jewishness,* 363-77), 그가 조사한 학문적 결론이 모호하다는 사실은 디모데의 신분이 모호하다는 사실을 반영한다. 디모데를 유대인으로 볼 것인가 하는 문제는 결국 공동체의 합의에 달려 있으며, 따라서 당시에 유대인과 그리스인의 결혼에서 태어난 자손의 신분에 대해 합의가 없었음이 명백하다. 바로 그러한 이유로 인해 바울이 디모데에게 할례를 받도록 했던 것이다.

27   이자테스 왕의 "개종"에 대한 요세푸스의 보도가 지닌 중요성에 대해서는 다음을 보라. Mark Nanos, "The Question of Conceptualization: Qualifying Paul's Position on Circumcision in Dialogue with Josephus's Advisors to King Izates," in *Paul within Judaism: Restoring the First-Century Context to the Apostle,* ed. M. D. Nanos and M. Zetterholm (Minneapolis: Fortress, 2015), 105-52.

28   추가적인 논의에 대해서는 다음을 보라. Bird, *Crossing Over Sea and Land,* 24-43.

육신적 할례는 유대인의 민족적 예식 및 민족적 정체성과 총체적으로 묶여 있었지만, 특정한 종교적 가치와 동기를 일깨우기도 하였다. 할례는 일종의 **표지**로서 언약적 정체성, 야웨(YHWH) 및 선택과 구별됨에 대한 충성을 **나타냈다**. 그렇지만 어떤 집단에서는 할례의 표지와 그 의미를 분리해서 생각하는 경향도 있었다. 이러한 과정은, 외적 행위를 넘어서 계명을 내면화하라는 명령에서 알 수 있듯이(신 10:16; 30:6; 렘 4:4; 9.25-26; 겔 44:7), 히브리 성경에서 이미 진행 중이었고, 또한 많은 이들이 이스라엘 가운데 토라의 내적 회복이 일어나기를 고대하고 있었다(1QS 5.5; 참조. 1QpHab 11.13). 필론은 "윤리적 일신론"이 반드시 육신적 할례를 대체하는 것은 아니지만, 상대적으로 그것보다 더 중요하다고 여겼다(*Spec.* 1.304-6; *QE* 2.2; *QG* 3.46, 48). 바나바 서신(Ep. Barn. 9.1-9)에 나오는 "할례 받은 마음"이라는 주제에 대한 장문의 주석에서는 그리스도인들을 진정한 할례에 참여하는 자들로 설명하면서, 육신적 할례는 이미 사문화되었고 심지어 이스라엘만의 고유한 관습도 아니라고 폄하한다.

바울이 할례와 무할례에 대해 언급한 내용은 이렇듯 할례가 그리스도인의 정체성을 결정함에 있어 어느 정도 중요성을 지니고 있으면서도 할례가 그 본래의 예식적이고 민족적인 맥락에서부터 분리되어 있던 상황 속에서 이해되어야 한다. 바울은 분명히 할례의 민족적·언약적 차원을 인식하고 있었다(롬 3:1-2; 4:11-12; 15:8; 갈 2:7-9; 빌 3:5). 이를테면 그는 자신의 대화 상대를 "할례파"(οἱ ἐκ περιτομῆς)라고 칭했는데, 이들은 초기 교회 가운데 유대 그리스도인 파당에 속한 자들로서 이방인에 대한 바울의 가르침에 어느 정도 반대하던 자들이다(갈 2:12; 골 4:11; 딛 1:10). 바울은 또한 무할례자(ἀκροβυστία)와 할례자(περιτομή) 간의 대조에 대해서도 알고 있었다(롬 2:26-27, 30; 4:9-11; 고전 7:18-19; 갈 2:7; 5:6; 6:15; 엡 2:11). 바울은 다음과 같은 몇 가지 복잡한 논증을 통해서 자신이 얻은 이방인 회심자들에게 할례를 부과하려는 시도에 대응했다.

첫째로, 바울은 이방인 할례에 부여되어온 가치 및 효력을 이스라엘의 구속사에 대한 자신의 내러티브를 통해 축소한다. 갈라디아서 3-4장에서 바울은 할례가 토라와 불가분 연결되어 있을 뿐 아니라 율법은 위반자들 모두를 징벌하는 신명기의 저주에 묶여 있다고 간주했다. 아브라함이 보여준 모범적인 믿음이야말로 메시아 시대에 하나님이 이방인에게 요구하는 것이며, 나중에 시내산 언약으로 인해 토라가 주어졌어도 그것으로 인해 아브라함 언약은 소멸되지 않았던 것이다(특히 갈 3:23-39). 로마서 4장에서도 이와 유사하게 바울은 믿음에 의한 의를 골자로 하는 아브라함 언약이 할례자나 무할례자 모두를 위한 것이라고 주장했다(롬 4:9). 할례는 아브라함이 믿음으로 얻은 의를 인치는 것이지 의를 얻기 위한 수단이 아니었다(롬 4:10-11). 이런 식으로 보면, 아브라함은 이상적인 유대교 개종자를 보여주는 원형이라기보다는 하나님의 약속이 예수 그리스도 안에서 성취되었음을 믿는 전형적인 이방인인 것이다.

둘째로, 바울은 할례가 언약적 정체성을 얻게 하고 구원의 상태에 포함되도록 하는 효력을 갖고 있음을 부인한다. 이 말에 우리는 중요한 단서를 달아야 할 필요가 있는데, 그것은 바로 바울이 유대인과 그리스인이라는 두 정체성을 완전히 말소하지는 않는다는 점이다.[29] 갈라디아서 3:28-29의 "~이나/~이나"는 평등성에 민감한 현대주의자의 구미에 맞게 관념적인 양성주의나 평등주의 선언을 옹호하는 것이 아니다. 여기서는 동질성이 아니라 차별성을 지닌 연합을 명확히 강조하고 있기 때문이다(롬 10:12; 고전 12:13;

---

29 반대되는 견해에 대해서는 다음을 보라. Douglas A. Campbell, *The Quest for Paul's Gospel: A Suggested Strategy* (London: T&T Clark, 2005), 97, 101-2; Daniel Boyarin, *A Radical Jew: Paul and the Politics of Identity* (Berkeley: University of California Press, 1994), 19-23.

골 3:11도 보라).[30] 바울은 그리스도와 새 창조로 특징지어지는 초월적 단일 정체성의 하부에 다양한 하위 정체성(유대인, 남성, 할례자 등)이 **포함**되고 **변형**됨을 강조한다. 물론 그러한 상태는 차별과 지위의 수단이 되는 기존 정체성 자체의 가치가 상실되고 그 차별화의 능력이 약화될 때에만 현실화된다.[31] 그러한 경우에도 할례는 문화적 지평에서는 가치가 있을지 몰라도 종말에 안전을 보장하는 형태로 전환되거나 선민의 지위를 의미하지도 않는다.

셋째로, 가장 중요한 것은 할례가 아니라 성령으로 역사하는 순종이자 예수 그리스도 안에서 새 창조를 경험하는 것이며, 이것이 할례를 대체한다 (고전 7:19; 롬 2:25-29; 갈 5:6; 6:11-16).

넷째로, 바울은 "할례"를 하나님이 기뻐하시는 삶을 나타내는 전환 가능한 표지로 재정의한다. 그러한 이유로 인해 할례는 "마음에 할지니 영에 있고 율법 조문에 있지 아니한 것"(롬 2:29)이 된다. 바울에게 있어 할례는 민족적이기보다 윤리적인 것이 된다(참조. 골 2:11-13). 그러므로 무할례 대신에 순종이 있는 곳에 육신의 무할례는 할례로 "간주될"(λογίζομαι) 수 있다(롬 2:26). 극단적 의미에서는 그리스도 안에 나타난 하나님의 구원

---

30 David J. Rudolph, *A Jew to the Jews: Jewish Contours of Pauline Flexibility in 1 Corinthians 9* (WUNT 2.304, Tübingen: Mohr Siebeck, 2011), 30-33.

31 Michael F. Bird, *Colossians and Philemon* (NCCS, Eugene, OR: Cascade, 2009), 103-4. 또한 다음을 보라. Mark D. Nanos, *The Irony of Galatians: Paul's Letter in First-Century Context* (Minneapolis: Fortress, 2002), 99; Mark Seifrid, "For the Jew First: Paul's Nota Bene for His Gentile Readers," in *To the Jew First: The Case for Jewish Evangelism in Scripture and History* (Grand Rapids, MI: Kregel, 2008), 26-27, 37; Pauline Nigh Hogan, *"No Longer Male and Female": Interpreting Galatians 3:28 in Early Christianity* (LNTS 380, London: T&T Clark, 2008); Caroline Johnson Hodge, *If Sons, Then Heirs: A Study of Kinship and Ethnicity in the Letters of Paul* (Oxford: OUP, 2007), esp. 129; Pamela Eisenbaum, "Is Paul the Father of Misogyny and Antisemitism?," *Crosscurrents* 50, no. 4 (2000-2001): 515.

행위를 받아들이면서 복음에 합당한 삶을 사는 순종하는 이방인은 유대인보다 "할례"(즉, 하나님의 언약 백성임)를 주장할 만한 근거를 더 많이 갖고 있는 셈이다(롬 2:25-29; 빌 3:3). 바울은 할례가 지닌 언약적 특권을 충분히 인식하고 있지만(롬 3:1-4), 하나님의 은총을 나타내는 언약적 표지는 언약적 순종의 맥락에서만 유효하며, 이러한 순종을 이스라엘은 분명히 결여하고 있다고 주장한다(롬 2:25; 3:19-20).

바울은 할례 받지 않은 이방인을 내면적 할례자로, 할례 받은 유대인을 그 육적인 마음에서는 할례 받지 않은 자로 상정할 수도 있는 그러한 틀을 만들어낸다. 바울은 할례에 윤리적인 의미를 부여하는데, 이는 디아스포라 유대교에서는 익히 알려져 있던 것이다. 그러나 그는 더 나아가 할례가 민족적·예식적 측면에서 암시할 수도 있는 긍정적 함의마저도 비유대인을 위해 끊어낸다.[32] 그 결과 그리스도인의 정체성이 민족적 정체성을 초월하고 변형케 한다고 보는 바울의 견해를 확증하기 위해, 할례의 의미가 영적인 것으로 확장될 뿐 아니라 바울에 의해 근본적으로 전도되기에 이른다.

율법 없는 자(ἄνομος)

마지막으로 살펴볼 용어는 ἄνομος("율법 없는 자")다. 바울은 이 용어를 사용하여 데살로니가후서 2:8에서는 "불법한 자"(Lawless One)를 언급하고, 고린도전서 9:21에서는 자신이 스스로 "율법 없는 자"가 되어 "율법 없는 자"들을 얻고자 한다고 말한다. 고린도전서 9:20-21에 나오는 ἄνομος를 바울의 유대인 사역에 대한 발언과 병치할 경우 ἄνομος는 확실히 비유대인

---

32 필자는 롬 3:1에서 바울이 유대인이 하나님의 말씀과 약속을 받은 민족임을 나타내는 표시가 할례임을 인정하고 있다고 보는데, 하나님의 말씀과 약속은 하나님의 신실하심을 드러내고, 메시아의 죽음과 부활을 통해 나타난 하나님의 의에 대한 계시를 증거한다.

을 가리킨다(Wis 15:17; Sir 39:24). 이와 동시에 우리는 ἄνομος가 70역에서
는 훈계나 경고에서는 일반적으로 윤리적 성격을 띠었고(예를 들어, 시 24:3;
말 3:18, 21; 사 1:31; 53:12) 그 이후의 시기에서는 타락한 유대인을 노골적
으로 일컫던 용어였음에 주목할 필요가 있다(1 Macc 2:44; 3:5-6; 7:5; 9:58;
11:25; 14:14; 단 11:32; 12:10 [테오도티온역]). 극단적인 경우에는 ἄνομος("불법
의")를 παράνομος("불법을 행하는 자")라고 부를 수도 있었다. παράνομος는
헬레니즘을 주창했던 메넬라오스(Menelaus, 2Macc 13:7)뿐만 아니라 의인
야고보(Josephus, *Ant.* 20.200)에게도 붙여진 명칭이었다. 따라서 ἄνομος와
παράνομος 모두 유대교 내부의 논쟁에서 독설적인 비난의 의미를 지니고
있었다.[33]

　　지금까지의 논의는 비유대인을 지칭한다고 여겨지는 특정 용어들
(ἔθνος, Ἕλλην, ἀκροβυστία, ἄνομος)이 지닌 탄력성에 초점을 맞추었다. 이 용
어들은 대부분의 경우 비유대인을 지칭하지만, 이미 살펴본 바와 같이 예외
적인 경우도 있었다. 그렇지만 내가 다음과 같은 논리를 전개하려는 것은
아니다.

1. 바울은 ἔθνη의 사도다.

2. ἔθνη는 유대인을 포함할 수 있다.

3. 그러므로 바울은 유대인의 사도이기도 하다.

그보다는 언어의 유연성이 그리스-로마 사회에서 초기 유대교가 처했던
사회적·파당적 정황에 따른 복잡성에서 기인한다는 점을 시사하려는 것

33　다음을 보라. Michael F. Bird, "Jesus as Law-Breaker," in *Who Do My Opponents Say That
　　I Am? An Investigation of the Accusations against the Historical Jesus*, ed. S. McKnight and
　　J. B. Modica (LNTS 358, London: T&T Clark, 2008), 4-7.

이다. 유대인들은 ἔθνη라는 사회적 공간 내에서 일정 지분을 점유하고, 교류하며, 번성할 수 있었기 때문에, 비록 정도의 차이는 있지만 다수의 유대인들이 Ἑλληνισταί가 될 수 있었다. 따라서 논쟁적 상황에서는 περιτομή 같은 특권적 용어나 ἀκροβυστία나 ἄνομος같은 경멸적 용어 모두가 유대인과 이방인 모두에게 적용될 수 있었다. 이러한 상황을 감안한다면 바울의 청중이 지닌 정체성이 늘 깔끔하게 떨어지지는 않는다.

문제를 복잡하게 만드는 또 하나의 요인은 "민족성"이 복합적인 사안이라는 사실이다. 바울이 ἔθνη의 사도라는 말은 그가 비유대인에게 파송된 사도라는 의미다. 그렇지만 "유대인"이나 "비유대인"이란 말은 명확하고 측정 가능한 어떤 특정한 본질로 축소될 수 없다. 우리는 어쩌면 민족성을 인종과 부족과 영토가 혼합된 개념 정도로 간주하는 데 익숙해져 있기도 하지만, 사실 많은 경우 민족성은 일종의 사회적 구성물이다. 토머스 에릭슨(Thomas Eriksen)에 따르면, "민족성은 행위자들이 공유하는 사회적 관계의 한 측면으로서 이들은 자신들과 최소한의 정기적 교류를 갖는 타 집단의 일원과 자신들은 문화적으로 구별된다고 간주한다. 그러므로 민족성이란 은유적·허구적 혈연 관계로 특징지어지는 (타자와의 대조 위에 구축된) 일종의 사회적 정체성이다."[34] 다수의 유대인 공동체들은 바로 이러한 허구적 혈연 관계를 이방인 객과 개종자들에게 확장했던 것이다. 수많은 유대 그리스도인들 내지 일부 유대인들이 바울에게 반대했던 이유는 바울이 이방인의 할례를 그리스도교 회중의 완전한 일원이 되는 조건으로 인정하지 않음으로써 이 허구의 혈연 관계로부터 모든 허구성을 박탈했다는 사실이다. 다시 말해서, 이방인 그리스도인들이 유대 그리스도인들에 대해 지니는 관계는

---

34 Thomas Hylland Eriksen, *Ethnicity and Nationalism: Anthropological Perspectives* (2nd ed.; London: Pluto, 2002), 12.

유대인이 다른 유대인에 대해 지니는 관계와 동일한 것이었다. 반면에 바울은 "내부자들"을 두 부류(추종자/개종자 대 유대인)로 보지 않았다. 그가 알고 있는 것은 오로지 "그리스도 안"에 있는 자들뿐이었다. 그러한 까닭에, 유대인의 정체성이 지닌 언약적·민족적 표지와는 전혀 상관없이, 유대인의 정체성에 따른 특권을 비유대인에게 확장함으로써 이스라엘이 부여받은 선택의 가치를 폄하하는 것으로 인식되었다. 바울이 그렇게 할 수 있었던 이유는 민족적 정체성에 종교적 의미를 부여하기 시작했기 때문이다.

민족적 정체성이 종교화되었던 선례가 없었던 것은 아니다. 하스모네안 왕조 이후 시대에 Ἰουδαῖος의 의미가 "유대인"에서 "유대교인"으로 바뀐 것도 그 한 예이다.[35] 이자벨라 샌드웰(Isabella Sandwell)은 고대 시대의 종교적 정체성이란 측면에서 요안네스 크리소스토모스(John Chrysostom)와 리바니오스(Libanius)를 대조한다. 그는 크리소스토모스의 설교에서는 뚜렷한 종교적 정체성 및 명칭이 중요했던 반면에, 리바니오스는 특정한 신들을 향한 헌신을 시민적·정치적·문화적 의무로부터 분리했던 것에 주목한다.[36] 드니즈 킴버 뷰엘(Denise Kimber Buell)은 더 나아가 고대 세계에서는 종교와 민족성이 결합되는 것이 흔한 일이었음을 지적한다. "초기 그리스도인들은 흔히 종교성과 민족성/인종이 서로를 구성하는(mutually constituting) 것으로 설명하며, 그 당시 사람들처럼 민족성/인종을 고정적인 동시에 유동적인 것으로 취급한다."[37] 회심주의자들이 흔히 하는 말에 따르면, 이러

---

35 Love L. Sechrest(*A Former Jew: Paul and the Dialectics of Race* [LNTS 410; London: T&T Clark, 2009], 61-109)는 민족지학적이고 인종적인 정체성, 특히 유대인의 정체성에 관한 고대의 이야기에서 종교의 역할을 강조한다. 그는 "여기서 연구한 바에 의하면 유대인들에게 유대적 정체성의 핵심 기준은 **아브라함과 이삭과 야곱의 하나님을 토라가 정한 바에 따라 예배하는 것**"(강조는 원저자의 것임)이라고 논평한다(앞의 책, 105).

36 Isabella Sandwell, *Religious Identity in Late Antiquity: Greeks, Jews, and Christians in Antioch* (New York: CUP, 2007).

37 Denise Kimber Buell, *Why This New Race: Ethnic Reasoning in Early Christianity* (New

한 현실은 다음을 의미했다. 즉 "그리스도인의 성격을 획득할 수 있는 '본질'(고정된 내용)로 해석함으로써, 초기 그리스도인들은 회심을 민족성의 변화이자 진정한 정체성의 회복이라고 정의할 수 있었다. 또한 이러한 변화가 모든 사람에게 가능하다고 제시함으로써 이 민족적·인종적 변화를 보편화하였다."[38] 이러한 발전이 뜻하는 중요한 의미는 바울이 복음을 통해서 ἔθνη에 Ἰουδαῖοι가 지닌 사회종교적 자산을 부여했던 것과 동일한 방식으로, 그 다음에는 Ἰουδαῖοι의 불순종을 이유로 그들을 ἔθνη라는 종교적 범주 가운데 자리매김한다는 점이다(특히 롬 2:1-3:20에서 그러하며, 롬 9-11장의 경우에는 훨씬 더 미묘한 의미를 띠고 있다). 주를 믿는 자들 "외"의 사람들(즉 믿지 않는 유대인과 이방인) 중에 바울은 이방인에게 일차적으로 주목하지만(갈 2:7-9; 살전 1:9; 2:15), 그의 사도적 소명의 최종 목표는 이방인과 유대인 모두를 "하나님의 이스라엘"(갈 6:16)로 변화시키는 것이었으며, 또한 이방인을 접붙임하여 이스라엘을 질투나게 함으로써 "온 이스라엘이 구원"(롬 11:26)에 이르도록 하는 것이었다.

요약하자면, 바울은 후기 사역에서 자신을 비유대인, 곧 이방인, 그리스인, 야만인, 율법 없는 자, 무할례자를 위한 사도라고 소개한다. 그렇지만 나는 유대인도 경우에 따라서는 ἔθνος, Ἕλλην, ἀκροβυστία, ἄνομος라는 명칭과 동일시될 수 있었음을 지적하고자 한다(다음의 그림을 보라). 유대교라는 이름으로 알려진 사회종교적 연계망에 속한 유대인들도 여전히 ἔθνη 가운데 거주했고, 지정학적으로 말해서 그들도 흔히 ἔθνη의 일부로 간주되었다. 헬레니즘 문화의 영향을 받은 유대인들은 그러한 문화적 동화에 대한 저항으로부터 심지어 배교에까지 걸쳐 있는 광범위한 스펙트럼 위에 자리

York: Columbia University Press, 2005), 36.

38 Buell, *Why This New Race*, 138

해 있었기 때문에, 어떤 의미에서는 그들도 Ἕλληνες였다고 할 수 있다. 그러므로 "이스라엘인과 비이스라엘인 간의 문화적 경계는 대개 뚜렷하지 않았는데, 이는 흔히 생각하는 것보다 다양성이 컸음을 시사한다."[39] 게다가 할례가 유대인 남성임을 구별해주는 표식이기는 했지만, 출생의 환경이나 입교 의식에 대한 견해의 차이로 인해 할례 받지 않은 이례적인 유대인들이나 개종자들도 일부 존재했었다. 그리고 분명한 사실은 민족적 정체성이란 부분적으로는 물려받는 것이기도 하지만, 동시에 사회적 구성의 산물이기도 하다는 점이다. 그에 따라 민족적 정체성에 종교적 의미를 부여하는 것이 가능했다. 그러므로 바울은 유대인이 **이방인처럼** 여겨질 수도 있고, 이방인이 **유대인처럼** 간주될 수 있는 그러한 종교적 틀을 창출했다고 하겠다

그렇다고 해서 내가 고대 시대에 유대인과 이방인 간의 구분선이 존재했음을 부정하는 것은 아니다. 종교적 활동에 따른 본질주의적 정체성 정의에 의해서든(예를 들어, 이방인은 우상을 숭배하지만 유대인은 토라를 따른다든지, 또는 다른 관점에서 로마인은 신들을 숭배하지만 유대인 무신론자들은 신들을 무시한다든지), 사회적 소속과 경계에 의해서든(예를 들어, 유대인은 이곳에 살면서 이러한 일을 하는 반면에, 이방인은 저곳에 살면서 저러한 일을 한다), 어쨌건 유대인과 비유대인 간의 구분은 있었다.[40] 나의 논점은 각종 명칭들은 그 의미가 탄력적이었기 때문에 때로는 내부자들에게 경멸의 칭호를 붙여서 그들을 배제하기도 했고(당신은 스스로 유대인이라고 부르지만, 실은 무법한 그리스인이다!), 때로는 외부자들에게 존중의 칭호를 부여해서 그들을 허구적 관계 속에 포함

---

39 Malina and Pilch, *Social-Science Commentary on the Letters of Paul*, 15.

40 "유대교"를 공통된 신앙과 관습의 체계로 정의하려고 한다고 해서 그것을 반드시 "본질화"(essentializing)라고 비판할 수는 없다. 도리어 그것은 유대인을 하나의 사회적 실체로서 구별 가능하게 하는 일련의 특징을 발견하려는 시도의 일환일 뿐이다. 다음을 보라. E. P. Sanders, "Common Judaism Explored," in *Common Judaism: Explorations in Second-Temple Judaism*, ed. W. O. McCready and A. Reinhartz (Minneapolis: Fortress, 2008), 21-23.

하기도 했다(당신은 이방인임에도 불구하고 하나님을 아는 내면적인 유대인 내지 이스라엘의 일원이다!). 우리는 바울이 그리스도를 믿지 않는 비유대인을 위한 자신의 사역에 대해 서술한 내용을 검토할 때 이러한 언어적 불명료성과 사회적 모호성을 반드시 인식해야만 한다.

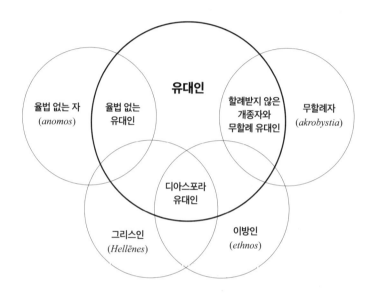

바울의 사도직에 있어 유대인 전도

이번 연구에서 주장하고자 하는 바는 바울이 ἔθνη의 사도임에도 불구하고 여전히 디아스포라 유대 공동체의 권역 안에서 간헐적으로 전도 활동에 가담했다는 점이다. 그에 덧붙여, 나는 바울 사역의 주요 대상이 그의 전도 활동이 진행됨에 바뀌었다는 점도 주장하고자 한다. 바울의 초기 선교 사역은 항상 그랬던 것은 아니지만 일차적으로 팔레스타인과 아라비아 지역의 그리스어를 사용하는 유대인을 대상으로 삼아 전개되었던 것이 분명하지만, 결국 이방인 중심 사역으로 방향이 전환되었다. 이 가정이 타당하다면, 그다음에는 바울이 정확히 언제 이방인을 위한 사역을 위임받았는지에 관한 질문이 제기된다. 바울 서신과 사도행전의 증거는 애매하다. (본 장의 말미에 추가된 부록 2를 보라.) 갈라디아서 1:15-16에서 바울은 자신이 하나님에게 "택정"을 받고, "그의 아들을 이방에 전하기 위하여[ἵνα]" 하나님께로부터 아들에 대한 계시를 받았다고 말한다. 전통적인 해석에서 이 진술은 바울이 회심 당시에 이방인을 위한 사도로서 위임을 받았다고 해석된다.[41] 하

---

41   다음을 보라. Jerome Murphy-O'Connor (*Paul: A Critical Life* [Oxford: OUP, 1997], 80): "그의 소명은 유대 민족에 속하지 않은 자들에게 복음을 전하는 바로 그것이었다. 갈라디아서 1:11-12와 1:15-16는 모두 바울의 이방인 선교가 나중에 발전된 것이거나, 그저 예루살렘에 있던 헬라파가 시작했던 사역이 단지 연장된 정도가 아니었음을 분명히 말한다. 이러한 명백한 사실은 굳이 강조할 필요가 없는데도 사실상 이에 대한 논란이 있어왔다"; Martin Hengel and Anna Maria Schwemer (*Paul between Damascus and Antioch,* trans. J. Bowden [London: SCM, 1997], 97): "바울의 '이방인' 선교는 다메섹 도상에서 '예수 그리스도에 관한 계시'와 그가 받은 복음을 그들에게 전하라는 사명에 따른 직접적 결과인 것으로 보인다"; Terence L. Donaldson (*Paul and the Gentiles: Remapping the Apostle's Convictional World* [Minneapolis: Fortress, 1997], 271): "바울이 이방인 선교에 대하여 확신을 갖게 된 것은 다메섹 체험에 따른 직접적 결과다. 바울의 이러한 확신에 앞서서 그가 유대인에게만 전도했거나 '그리스도에 덧붙여 율법'을 설교했거나 하는 사전 단계가 있었다고 믿을 만한 확고한 근거는 없다"; James D. G. Dunn (*Beginning from Jerusalem,* [CITM 2; Grand Rapids, MI: Eerdmans, 2009], 354): "그는 자신을 처음이자 가장 주도적인 '이방인의 사도'로 여겼으며, 바울 자신에 관한 한, 그러한 인식은 그의 위임 사건 자체에서 비롯된 것이었다"; Seyoon Kim (*Paul and the New Perspective* [Grand Rapids, MI: Eerdmans, 2002], 104): "이러한 긴급성을 감안할 때, 바울이 수년이 지나서 다메섹 체험을 해석하기 시작했다거나, 갈라디아서 1:15-17은 변증적·수사적·패러다임적 목적을 위해 다메섹 체험에 대한 나중의 해석만을 보여준다는 견해는 불리할 수 밖에 없다"; Riesner (*Paul's Early Period,* 235): "틀림없는 사실은 바울이 갈라디아서를 작성할 당시에, 그는 다메섹 도상에서 있었던 부활하신 예수의 현현 사건 속에 이미 그에게 주신 이방인 선교 사명이 포함되어 있었음을 확신하고 있었다는 점이다." Riesner (*Paul's Early Period,* 236-41)는 계속해서 다음의 내용을 시사한다. (1) 바울이 자신의 소명을 설명하기 위해서 반영한 예언적 본문(예를 들어, 사 49:1=갈 1:15; 사 52:15=롬 15:20-21; 사 49:8=고후 6:2)은 이방인의 구원에 대해 언급한 이사야서에 근거한

지만 바울은 그리스도의 현현을 체험하던 순간에 부활한 예수가 이방인에게 복음을 전하라고 그에게 지시하셨다는 식으로 명시적으로 말하고 있지는 않다. 단지 이방인 선교가 그가 받은 계시의 목적이었다고 말할 뿐이다. 여기서 ἵνα는 그런대로 뜻이 통하므로 바울의 소명에서 이러한 측면(이방 선교)이 나중에 가서야 그에게 분명하게 다가왔음을 의미한다고 하겠다.[42] 사도행전에서는 이러한 점이 한층 더 불투명하다. 바울의 회심 이야기를 전하는 첫 번째 보도에서, 바울의 장래 사역에 대한 정보는 바울이 아니라 아나니아에게 주어지며, 그의 사역에는 "이방인과 임금들과 이스라엘 자손들"이 포함된다고 말한다(행 9:15). 바울과 바나바는 안디옥 교회에서 "따로 세워져서"(행 13:2) 선교 여행을 떠나면서 주로 구브로의 회당과 갈라디아 남부 지역(행 13:1-14:28)에 집중하지만, 이 여행은 이방인들 가운데 얻은 결과에 대해 보고하고 기뻐하는 것으로 끝난다(행 14:27). 바울의 회심이야기에 대한 누가의 두 번째 보도에서는 이방인에게 가라는 하나님의 지시가 예루살렘 성전에서 받았던 계시 가운데 임한다(행 22:21). 그리고 세 번째 보도에서, 누가가 선하는 바울은 자신이 그리스도의 현현을 체험한 사건 가운데 이스라엘 백성과 이방인에게 가서 그들 앞에서 증언하라고 하신 명령이 포함된다고 설명한다(행 26:16-17). 바울이 **언제** 선교의 부르심을 받았고

다(행 13:47; 26:16-18을 보라). (2) 다메섹에 관한 유대교 및 유대 기독교 전승에 비추어볼 때, 바울이 소명을 받을 당시 메시아의 빛이 비춘 점으로 인해 그는 이방인의 종말론적 추수 때가 시작되었다고 믿게 되었을 것이다. 이러한 생각은 확실히 흥미롭긴 하지만 정황적일 뿐 결정적인 증거는 별로 없다.

42 다음을 보라. Theodor Zahn, *Der Brief des Paulus an die Galater* (KNT; Leipzig: Deichert, 1907), 63-68; Martin Hengel, *Acts and the History of Earliest Christianity*, trans. J. Bowden (Philadelphia: Fortress, 1979), 88; Alexander J. M. Wedderburn, *A History of the First Christians* (London: T&T Clark, 2005), 85, Francis Watson, *Paul, Judaism, and the Gentiles: Beyond the New Perspective* (2nd ed., Grand Rapids, MI: Eerdmans, 2007), 59-60, 70-71, 73, 79.

누구에게 복음을 전하라고 지시받았는지에 관한 한 사도행전은 모호하기로 정평이 나 있다. 바울의 이방인 선교의 기원에 대하여 바울의 애매함과 누가의 모호함을 고려할 때, 바울 사역의 전체 윤곽을 예루살렘 회의 이전과 이후라는 두 단계로 나누어 살펴보는 것이 유익할 것이다. 이 각각의 시기에 바울이 누구를 대상으로 사역했는지를 조사해보면, 바울이 이방인 선교를 위한 부르심을 언제 받았는지, 또는 그러한 소명을 언제 의식하게 되었는지에 관한 실마리를 얻게 될 지도 모른다. 그리고 이를 통해 바울의 사도직에서 유대인이 어떤 자리를 차지하고 있는지에 관해 보다 많은 정보를 얻게 될 것이다.

바울의 초기 사역에서의 유대인 전도

바울의 회심과 예루살렘 회의 사이의 시기에 대한 자료는 매우 희소한 실정이지만, 그래도 조사할 만한 자료가 얼마간 존재한다. 갈라디아서 1:17에서 바울은 회심/소명 이후에 "나보다 먼저 사도 된 자들을 만나려고 예루살렘으로 가지 아니하고 아라비아로 갔다가 다시 다메섹으로 돌아갔노라"고 이야기한다. 바울이 아라비아에서 무엇을 했는지는 바울 연대기에서 가장 혼란스러운 문제에 해당한다. 아라비아(Ἀραβία)는 메소포타미아의 서쪽 지역, 즉 시리아의 남부와 동부를 가리키며 시내반도까지 뻗어 있다.[43] 바울이 데가볼리 북부의 도시들과 남쪽으로는 페트라에 이르기까지 다메섹과 바빌론 사이에 위치했던 그리스풍의 도시들 가운데 여러 곳에 체류했을 가능성이 있다. 그러나 바울이 다메섹과 관련하여 아라비아를 언급한 것

---

43 다음을 보라. BDAG, 127-28, Murphy-O'Connor, *Paul*, 81-84, Hengel and Schwemer, *Paul between Damascus and Antioch*, 120-26.

은 그가 어쩌면 다메섹 바로 남쪽에 위치한 나바테아 왕국을 방문했음을 의미한다고 하겠다. 그렇기 때문에 그는 아레다 왕(King Aretas)의 눈에 띄게 된 것이다(고후 11:32). 바울이 아라비아에 얼마 동안 있었는지, 갈라디아서 1:18에서 언급한 "삼 년" 중 얼마나 있었는지, 거기서 무엇을 했는지, 휴식이었는지 공부였는지[44] 선교였는지에 대해서 알 길이 없다. 만일 선교였다면 대상은 누구였는가? 이방의 아랍인들인가?[45] 유대인과 민족적 연계를 지

---

44 다음을 보라. J. B. Lightfoot, *Saint Paul's Epistle to the Galatians* (London: Macmillan, 1982), 87-90; Harald Riesenfeld, *The Gospel Tradition* (Oxford: Blackwell, 1970), 17-18; Richard N. Longenecker, *Galatians* (WBC; Dallas, TX: Word, 1990), 34; Nicholas H. Taylor, *Paul, Antioch, and Jerusalem: A Study in Relationships and Authority in Earliest Christianity* (JSNTSup 66; Sheffield: JSOT Press, 1992), 73; Riesner, *Paul's Early Period*, 259-60; Wedderburn, *First Christians*, 87.

45 다음을 보라. F. F. Bruce (*Paul: Apostle of the Free Spirit* [Carlisle, UK: Paternoster, 1980], 81): "바울 자신의 이야기로 미루어 보아 그의 아라비아 방문이 이방인에게 그리스도를 전하는 그의 소명과 상당히 밀접하게 연관되어 있음을 알 수 있다"; Murphy-O'Connor (*Paul*, 81-82): "바울이 다메섹으로 돌아간 것으로 볼 때 나바테아인들의 이목을 끌고 그들에게 분노를 일으킬 만한 어떤 일을 벌였음이 틀림없다.…바울이 회심자를 얻으려 했었다는 설명 외에 다른 이유를 찾기 힘들다. 바울의 회심 이후 처음 활동을 보면 그가 자신의 회심을 이교도들에게 복음을 전하는 사명을 위임 받은 것으로 이해하고 있었다는 사실을 확인할 수 있다"; Wayne A. Meeks (*The First Urban Christians: The Social World of the Apostle Paul* [New Haven: Yale University Press, 1983]): "분명한 사실은 바울이 이렇듯 공개적인 적대감을 초래한 것은 그가 사막에서 명상을 했거나 촌락들을 돌아다녔기 때문이 아니라, 페트라, 게라사, 필라델피아, 보스라 등 번창했던 헬레니즘 풍의 도시에서 복음을 전했기 때문이었다"; Martin Hengel ("The Stance of the Apostle Paul toward the Law in the Unknown Years between Damascus and Antioch," in *Justification and Variegated Nomism*, vol. 2, *The Paradoxes of Paul* [Grand Rapids, MI: Baker Academic, 2004], 89): "'왜 아라비아인가?'라는 질문에 대한 답은 간단하다. **이스라엘의 자손으로서 '아라비아인'은 혈통적으로나 지리적으로 '이방인' 중에 이스라엘과 가장 가까운 친족이었다. 이들도 아브라함의 자손이었기 때문이다.** 에서의 자손인 에돔인들도 히르카누스 치세에 이미 유대인이 되었으므로, 더 이상 '이방인'이 아니었다"(강조는 원저자의 것임). Paul Barnett (*Jesus and the Rise of Early Christianity: A History of New Testament Times* [Downers Grove, IL: InterVarsity, 1999], 255): "사울이 다메섹에서 했던 것처럼 나바테아의 회당에서도 유대인들에게 전도했다고 합리적으로 추론할 수 있지만…아레다 왕이 사울에게 품었던 적대감을 감안할 때 나바테아 주민들에게도 전도했다고 추정할 수 있다." Eckhard J. Schnabel(*Early Christian Mission*, vol. 1, *Jesus and the Twelve*; vol. 2, *Paul and the Early Church* [Downers Grove, IL: IVP Academic, 2004],

닌 나바테아인들(즉 이스마엘인들)인가? 아니면 그 지역에 거주하던 유대인들인가?[46] 이러한 질문들에 대한 확실한 답은 없다. 우리는 단지 바울이 다메섹으로 돌아간 것과 그 지역의 통치자인 아레다 왕이 그를 체포하려 했으므로 그것을 피해 재빨리 그 곳을 벗어나야 했던 것과, 그때가 대략 기원후 37년경이라는 사실만을 알고 있다. 그러한 소동이 있었다는 사실은 바울이 다메섹과 아라비아에서 벌인 활동이 선동적이었거나 논란 거리가 되었음을 의미할 수 있다. 그렇다면 그의 활동은 십중팔구 전도 사역이었을 것이다(갈 1:17; 고후 11:32-33).[47] 이런 식의 추측은 그가 다메섹에서 지내는 동안 제자들과 함께 머물면서 회당에서 예수가 메시아이자 하나님의 아들임을 전파했다는 사도행전 속 바울의 이야기가 진실임을 부분적으로나마 입증해준다(행 9:19b-25).[48] 그 당시 다메섹 도성에 유대인이 밀집해 있던 상황을 감안하면, 바울이 그러한 활동을 했을 소지는 다분하다.[49]

2:1037): "나바테아의 관헌들이 개입했다는 사실은 바울이 전도 대상을 유대인에 국한하지 않고 나바테아 이교도에게까지 확대했었음을 시사한다." Riesner(*Paul's Early Period*, 260)의 판단은 좀 더 신중한데, 그는 바울이 아라비아에 "은둔해서" 살면서, "유대 그리스도인 집단과 함께 거류하는 것"이 가능했는지, 혹시라도 "나바테아 영토 내에 거주하는 유대인들 중에서 실제로 사역을 했는지"에 대해서 의문을 갖는다.

46 나바테아의 유대인에 대해서는 다음을 보라. David Graf, "Nabateans," *ABD* 4:972-73; Hengel and Schwemer, *Paul between Damascus and Antioch*, 112-13.

47 또한 알고 있어야 것은 로마의 두 속국인 유대와 나바테아 간의 긴장 상태가 바울이 선교 사역을 즉시 접어야 할 이유가 될 수도 있다는 점이다(다음을 보라. Josephus, *Ant*. 18.109-26).

48 누가는 바울의 다메섹 초기와 후기 활동을 압축하면서 아라비아에 있었던 시기에 대한 언급을 생략한 것 같다. 바울이 다메섹에서 전도 사역을 하다가 그곳에서 탈출했던 사건은 바울의 아라비아 체류 시기 다음에 일어났고, 이후에 그의 여정은 예루살렘으로 이어졌다(고후 11:32-33; 갈 1:17-18; 행 9:24-26).

49 Murphy-O'Connor(*Paul*, 85)는 바울이 다메섹에서 유대인에게 전도한 것에 대한 누가의 보도(행 9:20-23)를 편파적으로 거부한다. "바울이 이방인을 위한 자신의 선교 사명을 확신하고 있었다는 사실과 부합하지 않는다"는 것이 그 이유다. 하지만 여러 유대인 저자들(예를 들어, Josephus, *Ant*. 5.86)에 따르면 다메섹은 이스라엘 땅(Eretz Israel)의 일부였다. "다메섹 땅"은 쿰란 공동체에게 종말론적 의미를 지니고 있었고(CD 6.5, 19; 8.21; 19.34; 20.12), 민 24:17에서 예언된 메시아 별은 다메섹 근방에서 출현한다고 여겨졌다(CD 7.14-18). 요

바울은 아라비아/다메섹에서 얼마의 시간을 보낸 다음 예루살렘을 잠시 방문했고, 그 즉시 예루살렘을 떠나 시리아와 길리기아 지역으로 들어갔다(갈 1:18, 21; 참조. 행 9:26, 30). 게바와 야고보를 방문한 것 외에 바울은 예루살렘에서 무엇을 했는가? 이에 대한 대답은 "그다지 주목받지 못한 진술"[50]이 담긴 로마서 15:19에서 그 실마리를 찾을 수 있다. 그 구절에서 바울은 "예루살렘으로부터 두루 행하여 일루리곤까지" 복음을 편만하게 전했다고 말한다. 의미심장하게도 바울은 다메섹이나 안디옥이 아니라 예루살렘을 사도적 선교의 시작점으로 파악하고 있다. 주석가들은 이방인의 사도인 바울이 어떻게 해서 자신의 복음 선포의 기원을 예루살렘에 두고 있는지 줄곧 의아하게 생각했다. 그러므로 이들은 예루살렘**에서부터** 복음을 선포했다는 바울의 언급이 사실이 아닌 것으로 치부하려고 온갖 창조적인 방법을 쓰곤 했다. 어떤 학자들은 바울이 예루살렘을 언급하기는 하지만, 그가 실제로 말하려는 것은 다메섹과 아라비아 지역이라고 주장한다.[51] 또

세푸스에 따르면(*War* 2.561; 7.368), 비록 숫자가 부풀려지기는 했지만 기원후 66년 경에 1만 8,000명의 유대인들이 다메섹의 경기장에서 학살당했다고 한다. 그러므로 유대 그리스도인들에게 다메섹은 선교에 적합하고 풍성한 결실을 맺을 수 있는 곳이었다. 다음을 주목하라. Hengel과 Schwemer는 바울이 "다메섹 회당에서 메시아를 선포한 것"이 "역사적 사실"이었다고 간주한다(*Paul between Damascus and Antioch*, 50). 해당 사건들의 재구성을 위해서는 Schnabel, *Early Christian Mission*, 2:1032를 보라. 누가에게 바울을 새로운 스데반, 곧 유대인 동족들에게 복음을 전하는 헬라파 설교자로 그려내고 싶은 내러티브적 동기가 있을 수 있고, 또한 누가가 바울의 사역이 먼저는 유대인을 향했다가 **그다음에** 이방인에게로 옮겨갔다고 일관되게 강조하기는 하지만, 누가가 이러한 서술 경향과 내러티브 구조를 갖고 있다고 해서, 그것 때문에 바울이 다메섹에서 메시아를 선포한 이야기를 꾸며냈다는 것은 어불성설이다. 다메섹 이야기에는 사회적 리얼리즘의 요소가 가득하며, 바울이 자신의 서신에서 자신의 유대인 사역에 대해 암시한 내용과도 일치한다. 그리고 누가 자신이 바울을 누구보다 뛰어난 이방인의 사도로 높이고 있는 것과 상충된다.

50 Hengel, *Acts*, 87.
51 Barnett(*Jesus and the Rise of Early Christianity*, 248)은 바울이 "예루살렘"을 말하면서 다메섹과 아라비아를 염두에 두고 있었다고 본다. 하지만 "이스라엘 땅"(אֶרֶץ יִשְׂרָאֵל)은 "예루살렘"보다는 유대와 시리아를 포함한 광활한 지역을 가리킨다고 보는 것이 훨씬 더 개연성이 있다.

는 어떤 이들은 예루살렘이 언급된 이유는 그곳이 이스라엘이 드리는 예배의 진원지이자 이방인들의 종말론적 순례를 위한 최종 목적지이기 때문이라고 설명하기도 한다(예를 들어, 사 2:2-4; 미 4:1-4; 슥 8:20-23).[52] 또는 어떤 이들은 그 구절이 단지 과장된 진술이라고 말하기도 하고,[53] 또는 그리스도 운동이 시작된 곳이 예루살렘이기 때문이라고 풀이하기도 한다.[54] 또는 어떤 이들은 바울이 성전에서 환상 중에 이방인에게 가라는 지시를 받은 곳이 바로 예루살렘이기 때문이라고 말하기도 한다(행 22:17-21).[55] 보다 개연성 있는 설명은 바울이 로마서 15:19에서 사실 그대로 이전에 비록 짧은 기간이었지만 자신이 예루살렘에서 행했던 전도 사역에 대해 문자적으로나 지리적으로 말하고 있다고 보는 것이다.[56] 바울의 예루살렘 선교 사역이 유대 그리스도인들을 대상으로 한 것이 아닌 것은 바울이 고백한 것처럼 그 당시에 유대 지역의 교회들이 그를 얼굴로는 알지 못했기 때문이다(갈 1:22-23). 또한 예루살렘에는 명절을 제외하면 보통 때에 이방인들이 대규모로 운집하는 경우도 없었다. 훨씬 더 개연성 있는 사실은 사도행전 9:26-29에서 말하는 것처럼 바울이 예수를 메시아로 선포한 대상은 예루살렘에 있는 유대인 중 그리스어를 사용하는 사람들이었다고 보는 것이다.[57] 갈라

---

52   Bruce, *Paul*, 322. 여기서 분명한 문제점은 바울의 사역이 구심적이 아니라 원심적이라는 것과 그것이 열방의 시온을 향한 종말론적 순례에 앞서서 행해졌다는 점이다(다음을 보라. Bird, *Jesus and the Origins of the Gentile Mission*, 162-68). 게다가 예루살렘이 지닌 지리 신학적 의미가 중요했다면, 바울은 어쩌면 사도적 여행의 종점을 일루리곤처럼 로마 제국의 외곽 지역이 아니라 신학적으로 더 중요한 지점으로 지정했을 것이다. 에베소, 고린도, 심지어 아덴과 같은 곳이 동방 지역에서 이방인 세계를 대표하는 도시로서 더 적합했다.

53   Sanders, *Paul, the Law, and the Jewish People*, 186-87.

54   F. F. Bruce, *Romans* (TNTC; rev. ed.; Leicester: InterVarsity, 1985), 247; C. E. B. Cranfield, *Epistle to the Romans* (2 vols.; ICC; Edinburgh: T&T Clark, 1975-79), 2:760-61. 그러나 여기서 논의하는 주제는 기독교 운동 전반이 아니라 바울 사역의 기원에 관한 것이다.

55   Riesner, *Paul's Early Period*, 263.

56   다음을 보라. Hengel, *Acts*, 87; Moo, *Romans*, 894.

57   다음을 보라. Schnabel, *Early Christian Mission*, 2:1045-46.

디아서 1:21과 사도행전 9:30이 대체로 한 목소리로 보도하는 것처럼, 그후에 바울은 시리아와 길리기아로 여행을 떠나 그곳에서 동일한 선교 사역을 펼쳤다.[58] 전반적으로 갈라디아서 1:17-23과 사도행전 9:19-30에 나오는 자료들은 아라비아와 다메섹과 예루살렘에서 진행된 바울의 초기 사역이 유대인을 향한 것이었음을 보여준다. 그 점은 누가가 사도행전 26:20에서 설명하는 내용과 정확하게 들어맞는다. 누가는 "먼저 다메섹과 예루살렘에 있는 사람과 유대 온 땅과 **이방인에게까지**[καὶ τοῖς ἔθνεσιν] 회개하고 하나님께로 돌아와서 회개에 합당한 일을 하라 전하므로"라고 적고 있다. 누가는 바울이 그리스도의 현현 사건을 겪었던 그 즉시로 이방인에게 복음을 전하라는 명령을 받았다고 설명하는 맥락에서도(행 26:16-18), 여전히 바울의 사도직에서 이방인의 요소가 부각되는 것은 다메섹과 예루살렘에서의 사역 다음에 이어진 활동으로 간주한다. 누가는 바울이 이방인 가운데서 거둔 업적을 극찬하는 중에도 바울의 초기 사역이 다메섹과 예루살렘에 있던 유대인들에게 맞춰져 있었다는 사실을 잘 알고 있었다.[59]

바울 자신의 설명과 누가의 보도는 바울이 예루살렘을 떠나 시리아와 길리기아로 갔다는 사실에 대해 서로 일치한다(갈 1:21. 행 9:30에 따르면, 가이사랴를 경유하여 다소로). 바울이 자신의 고향으로 돌아간 것은(행 9:11; 21:39; 22:3) 가족과 동포들이 있는 곳에서 이 새로운 예수 운동을 토착화하려는 시도의 일환이었을지도 모른다. 중요한 것은 바울의 활동이 시리아/길리기아에 국한되었다는 말이 없다는 사실이다. 바울은 단지 선교 사역의 시작

---

58 Gerd Lüdemann, *Paul, Apostle to the Gentiles: Studies in Chronology* (Philadelphia: Fortress, 1984), 59-60.

59 행 26:20에서 누가가 πρῶτος를 사용한 것은 초기 기독교의 구속사적 계획 안에 복음이 "먼저" 유대인을 위한 것임이 전제되어 있었다는 사실을 반영할 수 있다(막 7:27; 롬 1:16; 2:9-10; 3:2).

지점만을 암시할 뿐이다.[60] 에른스트 행헨(Ernst Haenchen)도 누가의 탓으로 돌렸듯이 바울이 고향 다소에서 한동안 조용히 지내기만 했다는 주장이 꼭 맞다고 볼 수는 없다.[61] 바울의 활동에 대한 구체적인 증거는 데살로니가전서(약 51년경)에 가서야 나오지만, 시리아/길리기아에서 행했던 바울의 초기 사역이 이전에 다메섹과 아라비아와 예루살렘에서 펼쳤던 활동과 다르다고 주장할 근거는 없다. 다소와 시리아의 안디옥에도 유대인이 상당수 거주했기 때문이다.

이 시기에 관하여 누가는 바나바가 바울을 수소문하여 안디옥으로 데려왔다고 보도한다(행 11:25-26). 그 원인이 된 상황은 안디옥에서 이방인 신도가 "폭발적으로 증가"했기 때문이다. 스데반의 죽음에 따른 여파로 예루살렘에서 헬라파가 쫓겨남에 따라 안디옥의 유대교 회당 안팎에 그리스도인들의 모임이 세워지게 되었다. 분명히 누가는 안디옥에서 헬라파에게 일어난 이야기를 사도행전의 시간 순서에서 나중에 일어난 일로 돌려버리고, 대신 바울의 회심(행 9:1-30)이나 베드로를 통해 고넬료에게 일어난 "이방인의 오순절" 사건(행 10:1-11:18)을 시간 순서상 먼저 다루고 있다. 사건의 순서를 재배치했다는 주장이 타당한 이유는 사도행전 9:1-11:18 때문에 사도행전 6:1에서 시작되어 이어져 오던 헬라파 선교의 시초에 관한 이야기가 중단된 것처럼 보이기 때문이다. 누가가 이렇게 하는 이유는 이방인 선교에 대한 사도적 선례가 있었음을 보여주기 위한 것이지만, 사실 비유대인들이 예수 운동에 포함된 과정은 대체로 누가가 묘사하는 것보다 더 단편

---

60 다음을 보라. John Knox, *Chapters in a Life of Paul* (rev. ed.; Macon, GA: Mercer University Press, 1987), 59; Lüdemann, *Paul*, 61; Jewett, *Dating*, 82-83; Hengel and Schwemer, *Paul between Damascus and Antioch*, 151-61; Riesner, *Paul's Early Period*, 264-68; Murphy-O'Connor, *Paul*, 95; Schnabel, *Early Christian Mission*, 2:1046-48.

61 Ernst Haenchen, *Acts of the Apostles: A Commentary* (Oxford: Blackwell, 1971), 333.

적이고 산발적이며 통제받지 않던 상황이었던 것으로 보인다.[62]

유대인만을 대상으로 한 선교로부터 유대인과 이방인 모두를 대상으로 한 선교로 이행한 것은 하나의 단일한 사건이 아니라 일종의 과정으로서 예루살렘에서 이미 선행하는 사건들이 있었고(유대교 개종자 니골라, 행 6:5), 헬라파 그리스도인들은 그러한 선례를 본떴으며(빌립, 행 8:4-40), 그것과 병행하는 유사한 사건들이 발생하기도 했다(베드로와 고넬료, 행 10).[63] 안디옥에서는 참으로 독특한 일이 일어났다. 그곳에서 그리스어권에 속한 유대 그리스도인들이 이방인에게 유대교로의 개종을 요구하지 않고도 그들을 완전하고 동등한 일원으로서 자신들의 무리 가운데 통합했던 것 같다(행 11:26). 이방인에게 할례 의무를 면제하는 것은 디아스포라에서 전혀 생소한 일이 아니었다(참고. Josephus, *Ant.* 20.40-42). 그러나 그렇다고 해서 안디옥 교회가 별안간 율법과 복음은 정반대라고 주장하는 극단적 루터파가 되어 고유한 유대적 생활 방식을 따르지 않게 된 것은 아니었다. 안디옥 교회가 달랐던 점은 이미 유대 공동체와 연계되어 있던 그리스어권 이방인들에게 한 마음으로 손을 내밀어, 입회를 위한 자격 요건으로 할례의 의무를 면제하고, 이방인과의 식탁 교제에 참여한 것이다. 이렇게 규율을 완화하게 된 동기에 대해 다음과 같이 추정할 수 있다. (1) 예수 전승을 통해 예수가 비유대인을 만났고, 죄인들과 식탁 교제를 나누었던 일화나 할라카의 정결 규정과 관련하여 언약적 의에 대한 예수의 가르침이 전해졌기 때문이다. (2) 비유대인에게도 성령이 부어지는 현상이 가시적으로 나타났기 때문이다. (3) 마지막 때에 이방인에 대한 종말론적 추수를 언급하는 성경의 주요 본문들

---

62   Bird, *Jesus and the Origins of the Gentile Mission*, 5-6; Schnabel, *Early Christian Mission*, 1:672; Riesner, *Paul's Early Period*, 108; Wedderburn, *First Christians*, 60, 68-69, 71-72.

63   Hengel, *Acts*, 79-80; Riesner, *Paul's Early Period*, 109-10; Schnabel, *Early Christian Mission*, 1:1071.

에 대한 해석이 이루어졌기 때문이다. 게다가 사도행전 11:26에 등장하는 χριστιανοί("그리스도인")라는 명칭은 누가의 시대착오가 아니라 아마도 안디옥의 회당 안팎에 존재하던 유대 메시아 집단과 그들의 이방인 추종자들을 지칭하기 위해서 지역 관리들이 만들어낸 용어임이 분명하다.[64] 어쨌든 헬라파는 기독교 메시지를 그리스-로마 세계에 전하는 "바늘귀"와 같은 통로가 되었던 것이다.[65] 바나바가 바울을 안디옥에 데려온 것은 아마도 비유대인들이 섞인 혼합민족적 환경에서 사역하기에 바울보다 적합한 인물이 없었고, 때마침 그에게 선교 사명을 감당할 열정적인 믿음이 있었기 때문일 것이다.

헬라파 유대 그리스도인들은 바나바와 바울을 구브로와 소아시아 남부 지역에 선교사로 파송함으로써(행 13:1-3) 광범위한 지중해 지역을 향한 계획적인 선교 사역을 시작한 첫 사람들이었다(행 13-14).[66] 갈라디아서 1:21은 바울의 첫 번째 예루살렘 방문과 두 번째 방문 사이의 시기를 다루고 있으며, "첫 선교 여행"이 바로 이때 있었음을 시사해주는데, 그 이유는 밤빌리아, 비시디아, 리고니아가 모두 길리기아에 접해 있기 때문이다.[67] 이 시기에 관해서는 누가의 기록에 전적으로 의존할 수밖에 없는데, 바울의 모습은 처음에는 유대인 중에서 사역하다가 점차 이방인을 향해 한 걸음을 내딛는 모습으로 그려진다. 구브로의 살라미에 도착해서 "그들"은 유대인 회

---

64 다음을 보라. 행 26:28; 벧전 4:16; Tacitus, *Ann.* 15.44; Suetonius, *Nero* 16; Pliny, *Ep.* 10.96.1-5; Josephus, *Ant.* 18.64; Ignatius, *Rom.* 3.2. χριστιανοί라는 명칭의 진정성에 관해서는 다음을 보라. Lüdemann, *Early Christianity*, 138-39; Riesner, *Paul's Early Period*, 111-14.

65 Hengel, *Between Jesus and Paul*, 26-27, 53-54.

66 다음을 보라. Schnabel, *Early Christian Mission*, 2:1073-1124; Dunn, *Beginning from Jerusalem*, 417-38.

67 Hengel and Schwemer, *Paul between Damascus and Antioch*, 261; Dunn, *Beginning from Jerusalem*, 371.

당에서 하나님의 말씀을 선포했고, 그런 다음에 바보에 이르러 유대인 마술사인 엘루마/바예수와 조우했으며, 총독 서기오 바울 앞에 (일부러 찾아 간 것이 아니라) 불려 나가게 되었는데, 총독은 그 후에 신자가 되었다(행 13:4-12).

비시디아 안디옥에서 바울과 바나바가 한 회당에 들어갔을 때 "권할 말"을 해달라는 요청을 받게 되었다. 바울은 이스라엘 사람들과 하나님을 경외하는 이방인들에게 설교하면서(행 13:16, 26) 유대교 언약의 역사라는 전제에 입각하여 예수의 생애에 대해 이야기하고, 그의 죽음과 부활에 대한 사도적 해석을 전개하였다(행 13:16-41). 누가는 수많은 유대인과 신실한 유대교 개종자들이 바울과 바나바를 "따랐다"고 분명하게 보도한다(행 13:43). 그다음 안식일의 모임은 "시기가 가득한" 유대인들 때문에 제대로 진행될 수 없었다. 바울과 바나바는 이사야 49:6을 인용하면서 그들의 그러한 완고함 때문에 자신들은 이방인을 향하여 메시지를 전할 것이라는 취지의 발언으로 응수한다. 이방인들은 이 소식을 듣고 기뻐하지만, 유대인들은 경건한 귀부인들과 유력자들에게 바울과 바나바를 쫓아내리고 선동한다(행 13:44-52). 이런 식으로 비시디아 안디옥의 일화는 누가 신학의 패러다임을 드러낸다. 바울의 설교는 언약의 역사를 이야기한다는 점에서 사도행전 7장에 나오는 스데반의 설교와 어느 정도 유사하다(그렇지만 사도행전에 실린 바울의 설교는 바울에 관한 진정성 있는 전승과 확실한 접점을 지닌다).[68] 처음에는 소수의 유대인 지지자들과 하나님을 경외하는 자들 및 유대교 개종자들이 바울의 메시지를 적극적으로 수용하다가, 그다음에 유대인의 반감이 뒤따르고, 로마인들과 공모하여 박해를 가하는 식의 이야기 패턴이 바울의 선교 여행 내내 반복해서 일어난다. 또한 이사야 49:6의 주제도 누가/행전에

---

68   다음을 보라. Dunn, *Beginning from Jerusalem*, 438.

스며들어 있는데, 그 취지는 이방의 "빛"으로 오신 예수의 역할이 바울의 사역을 통해 지속된다는 것이다.[69]

역설적인 것은 바울과 바나바가 이방인에게로 향했음에도(행 13:46)[70] 바로 다음 장소인 이고니온에서도 유대인 회당에서부터 시작하는 사역의 패턴을 이어간다는 점이다. 여기에서도 그들은 "유대인과 그리스인"(행 14:1)에게 전도하였고, 이전과 유사하게 반대와 박해가 반복된다(행 14:2-7). 루스드라에서의 바울과 바나바에 대한 보도는 특이하다. 그들은 곧바로 회당으로 들어가지 않는다. 대신에 한 남자를 치유한 일과 복음을 선포한 것 때문에 유대인이 충동질한 소동을 초래했고, 그 때문에 바로 더베로 간 다음 다시 되돌아온다(행 14:8-21). 누가는 바울과 바나바가 더베와 버가에서 벌인 사역에 대해서는 기록하지 않은 채, 그들이 안디옥으로 돌아갔다고 서둘러 마무리하는데, 안디옥에서 그들이 행한 보고는 유대인에 대해서가 아니라 "하나님이 함께 행하신 모든 일과 이방인들에게 믿음의 문을 여신 것"(행 14:27)에 집중되어 있다.

---

69 Michael F. Bird, "'Light to the Nations' (Isaiah 42:6 and 49:6): Intertextuality and Mission Theology in the Early Church," *RTR* 65 (2006): 127-28.

70 이 이방인에게 "향했다"는 구절에 관해서 말하자면, 바울은 추후 고린도에서도 유사한 논증을 펴면서 믿지 못하는 유대인을 비난하고 자신은 그들 대신 이방인에게 집중할 것을 선언한다(행 18:6). 하지만 그 이후 바울은 다시 에베소에서도 회당으로 향한다(행 18:19-20; 19:8-10). 로마에 도착한 후에는 앞장서서 유대인 지도자들을 불러 자신의 메시지를 전한다(행 28:17-28). 로마에서 바울의 메시지를 믿는 유대인과 믿지 못하는 유대인들 간에 불화가 발생한 후에 바울은 다시 한번 이방인에게 "향하게" 된다. 그러한 경험으로 인해 바울은 사 6:6-10을 인용하면서 유대인들이 가진 완고한 마음에 대해서 이야기하고, 하나님의 구원은 들을 귀가 있는 이방인에게 임할 것임을 선언한다(행 28:26-29). 그렇지만 바울은 로마에서의 가택 구금 시기에도 "자기에게 오는 사람을 다" 영접했고, 아무런 방해 없이 하나님 나라를 선포했다. 그러므로 전반적으로 보면 누가의 보도에서 바울이 이방인에게 "향한" 것은 (행 13:46; 18:6; 28:28-29) 일시적이고 국지적인 것이었을 뿐 결코 최종적인 것이 아니었던 것 같다. 그는 유대 민족을 향한 선교를 결정적이고 완전하게 포기한 적은 없었고, 이러한 사실이 주요 대목마다(행 9:15; 20:21; 26:17, 20) 유대인과 이방인을 대상으로 한 바울의 사역을 요약하면서 강조되고 있다.

안디옥에서 출발한 바울의 선교 이야기에서는 누가의 신학적 창의성이 두드러진다. 즉 누가는 사건의 배열을 통해서 복음에 대한 유대인의 반대와 성령이 주도하는 선교의 본질 및 이방인의 사도로서 바울의 역할이 부상한 것을 강조한다. 그렇다고 해도, 누가가 배열한 사건 순서는 그 자신이 창작해낸 것이 아니었다. 우리가 누가의 출처를 재구성할 수 없고, 그가 자료를 편집한 방식을 밝혀낼 수도 없지만, 누가는 안디옥에 기반을 둔 바울의 선교 행적에 관한 전승 자료들(어떤 점에서는 바울 서신과의 부분적인 교차 비교가 가능하다)에 대한 보도를 전해주고 있는 것 같다. 꽤 신뢰할 만한 사실은 바울과 바나바의 선교 활동이 어떤 도시건 간에 회당에서 시작되었다는 점이다. 그리고 회당과 연계되어 있던 이방인들이 복음의 메시지를 받을 수 있는 옥토라는 사실이 점차 명백하게 되었다.

예루살렘 회의와 안디옥 사건

이방인도 예수 운동에 참여할 수 있다는 견해에 대해서는 결코 이견이 없었던 것 같다. 유일한 논란이라면 이방인이 교회에 들어오는 조건과 입교 이후 그들이 유대 그리스도인들과 교제하는 것에 대한 기준에 관한 것이었다. 갈라디아서 2:4-5와 사도행전 15:1-2은 바울이 예루살렘을 두 번째 방문한 이유가 안디옥 교회에 이방인의 수가 많아지게 되자 "자유"(갈 2:4) 및 "할례"(행 5:1, 5)와 관련하여 의견 충돌이 발생했기 때문이라는 점에 대해 견해의 일치를 보여준다. 갈라디아서 2:1-10/사도행전 15장에서는 예루살렘 회의가 이방인 신도를 개종 의식(즉 할례를 통한 개종)으로부터 풀어줌으로써 이 문제를 해결했고, 무할례자를 위한 바울 선교의 정당성을 인정했다고 설명한다. 그런데 해결은커녕 예측도 못한 사안이 있었는데, 그것은 바로 이방인 그리스도인들과 유대 그리스도인들이 동일한 사회적 공간을 점유하는 경우에 양자 간의 교제 방식에 관한 것이었다. 이러한 점을 예상치 못한 탓에 갈라디아서 2:11-14에 서술된 것과 같이 안디옥에서 사건이 일어나게 되었다(참고. 행 15:35-41/18:22-23?).[71]

안디옥 사건은 초기 교회의 분수령이 된 사건이었다. 이 사건으로 인해 바울은 안디옥 교회와 결별하고 이후 주로 이방인 회심자들에게 집중하게 되었으며, 이방인이 대부분을 차지하던 그의 모임은 유대인 공동체와 사회적으로 분리되었다. 베드로(게바)는 안디옥에 왔을 때 처음에는 이방인 그리스도인들과 함께 먹다가 "야고보에서 온 어떤 이들"이 도착하자 "할례자들"을 두려워하여 물러가서 스스로를 구별하였다. 안디옥 사건은 다양하게 해석되어 왔는데, 나의 해석은 다음과 같다. 이를테면, 40년대에 유대 지역에서는 민족주의적 열망이 들끓고 있었고, 이로 인해 야고보는 대표단을 안디옥으로 파견하여 그곳에 있는 유대인들에게 할례 받지 않은 이방인과의 과도한 교제를 삼가라는 권고를 할 수밖에 없었다. 권고에 따르게 되면 예루살렘에 있는 유대 그리스도인들은 유대인 집단으로부터의 박해를 피할 수 있는 상황이었다.[72] 이밖에 고려할 것은 안디옥에서 그리스도인들 간의

---

71 그 사건에 따라 일어난 일에 대해서는 다음을 보라. Michael F. Bird, *The Saving Righteousness of God: Studies on Paul, Justification, and the New Perspective* (PBM; Milton Keynes, UK: Paternoster, 2006), 119-36.

72 반이방인 정서에 대해서는 살전 2:15-16을 보라. 갈 6:12에 묘사된 그리스도인들에 대한 박해는 유대 지역 바깥에서 그리스도인들이 비유대인과 어울린다는 보고로 인한 것일 수 있다. 이렇듯 유대 민족주의가 불타오르게 한 요인은 칼리굴라 황제가 예루살렘 성전에 자신의 동상을 세우려고 했던 어처구니없는 실수에서 비롯되었다. 헤롯 아그리파 왕이 인근의 여러 지역을 연합 왕국으로 통치하면서(41-44년) 강력한 동방 왕국에 대한 일종의 기대가 생겨났을 수 있다. 그러나 그의 후임 총독들은 대개 무능하거나 가혹했다. 쿠스피우스 파두스(44-46년)는 대제사장의 예복을 다시 로마의 통제하에 두려 했고, 드다(Theudas)의 소요를 진압했다(Josephus, *Ant.* 20.6, 97-99; 행 5:36). 변절한 유대인인 티베리우스 알렉산데르(46-48년)는 갈릴리인 유다의 아들들을 십자가형에 처했다(*Ant.* 20.102). 그다음 시기에는 성전에서의 폭동, 도적들의 증가, 시카리(Sicarii)의 봉기와 같은 여러 사건들이 빈발하였다(Josephus, *War* 2.223-38; *Ant.* 20.105-24, 208).

교제가 이미 안디옥 지역의 유대교 회당과 별개로 이루어지고 있었는지의 여부다. 이 혼합민족적인 기독교 집단들은 분명히 유대인 내부의 한 실체였고, 광범위한 유대인 사회에 속한 작은 지부로서 기능하고 있었을 것이다. 그렇게 본다면 아직도 할례가 구원적·사회적 기능을 갖고 있다고 믿으면서 유대적 생활 방식에 충실한 유대 그리스도인 및 유대인 비기독교도로 구성된 "할례자들"이 존재했다는 사실이 설명된다. 안디옥에 존재했던 이들 "할례자" 집단은 아주 버젓이 비유대인들과 더불어 밥을 먹는 유대인들을 보고 경각심을 갖지 않을 수 없었던 것이다.

바울이 게바에 대해 보인 반응은 유대 그리스도인들이 연합보다 정결을 우선시하면서 "할례 받지 않은 경우 동등자로 대우하지만 교류는 하지 않는다"는 견해를 제시한 것에 대한 비판인 셈이다.[73] 바울은 이러한 입장이 안디옥 교회와 그 자교회들이 지지하는 대의를 물타기한 것에 지나지 않는다고 보고, 베드로와 바나바뿐 아니라 안디옥 교회와도 결별하게 된다. (만일 바울이 논쟁에서 이겼다면, 갈 2장에서 그런 내용을 언급했었을 것이다.) 바울은 옛 안디옥 학파에 속해 있었기에, 구원받기 위한 자격이나 안전한 성찬 교제의 조건을 갖추기 위하여 이방인에게 유대인이 되어야 함을 강요하지 않는 방식으로 자신의 사역을 계속하기로 결심한다. 그는 그후로도 자신의 사도적 활동 내내 이방인 회심자들의 평등한 권리를 확보하기 위해 헌신하였고, 심지어 연보 모금을 통해 예루살렘 교회와 친교의 가교를 놓으려고 시도하는 중에도 이러한 노력은 지속되었다.

---

73 Ben Witherington III, *Grace in Galatia: A Commentary on Paul's Letter to the Galatians* (Grand Rapids, MI: Eerdmans, 1998), 158.

바울의 에게해 선교 기간 동안의 유대인 전도

바울은 에게해 선교 기간 동안 기원후 약 50년과 52년에 걸쳐서 빌립보와 데살로니가와 고린도에 교회를 설립하였다.[74] 이 시기 동안 데살로니가 전후서를 작성하였고, 고린도 교인들과 몇 차례 서신을 주고 받았다. 예루살렘 회의와 안디옥 사건 이후에, 51년부터 57년에 걸쳐 바울과 그 동역자들은 갈라디아, 빌립보, 빌레몬, 골로새, 에베소, 로마의 교인들에게 편지를 썼다. 이 후기 서신들을 살펴보면, 바울이 이방인이 대다수인 교회들을 회당으로부터 분리하여 유대인들의 반발이나 예루살렘 교회와 다양하게 얽혀 있던 유대 그리스도인들의 간섭으로부터 벗어나려고 했음을 알 수 있다. 바울은 예수 그리스도를 선포하는 소명을 늘 지니고 있었고 그의 이러한 소명에는 일종의 독립성이 항상 개입되어 있었지만, 사역 후반에 가서야 이방인이 그의 선교 사역에서 우선적 대상이 되었다. 어쨌든 간에, 이 후기 서신들에서도 여전히 바울이 유대인 집단과 교류한 흔적과 유대인 전도와 관련된 그의 몇 가지 발언을 찾아볼 수 있다.

고린도 전후서에는 바울이 전도 차원에서 유대인들과 교류했음을 암시하는 몇 가지 단서가 있다. 고린도전서 1:18-2:5에서 말하는 십자가의 어리석음에 대한 논증에서는 십자가가 유대인들에게 거리낌이 되었음을 인정하면서도, 한편 그러한 메시지를 통해서 유대인들도 그리스도 안에서 하나님의 능력과 지혜를 얻으라고 촉구한다(고전 1:22-24). 고린도전서 9장에서 바울은 자신의 사도적 사역에 대한 담화를 전개하면서, 자신은 유대인과 이방인에게 복음을 전하기 위해 모든 것을 한다고 주장한다

---

74 바울은 유대인이 로마에서 축출되었던 때(49년)와 멀지 않은 시기에 고린도에 있었다(행 18:2). 바울은 그곳에서 갈리오를 만나게 되는데(행 18:14-17), 비문에 따르면 갈리오는 51년에 고린도에 부임한다.

유대인들에게 내가 유대인과 같이 된 것은 유대인들을 얻고자 함이요, 율법 아래에 있는 자들에게는 내가 율법 아래에 있지 아니하나 율법 아래에 있는 자 같이 된 것은 율법 아래에 있는 자들을 얻고자 함이요, 율법 없는 자에게는 내가 하나님께는 율법 없는 자가 아니요 도리어 그리스도의 율법 아래에 있는 자이나 율법 없는 자와 같이 된 것은 율법 없는 자들을 얻고자 함이라. 약한 자들에게 내가 약한 자와 같이 된 것은 약한 자들을 얻고자 함이요, 내가 여러 사람에게 여러 모습이 된 것은 아무쪼록 몇 사람이라도 구원하고자 함이니(고전 9:20-22).

바울의 선교는 그 범위에 있어 포괄적이며, 이 점은 그가 유대인("율법 아래에 있는 자")과 이방인("율법 없는 자") 및 유대교를 추종하는 이방인("약한 자")과 같은 이들을 긴급히 구원하고자 하는 데서 드러난다. 이를 위해서 바울은 수사적 전략과 사회적 행동을 채택하게 되는데, 이는 결국 복음을 전하기 위해 유대인이나 이방인이 "되는 것"과 다름이 없는 셈이지만, 그럼에도 바울 자신은 이러한 변화를 그리스도 안에 있음으로 규정되는 자기 자신의 정체성에 대한 타협이라고 여기는 것 같다. 여하튼 민족적 소속이든 토라에 대한 준수 여부이든, 크게 상관하지 않은 채로, 바울은 "모든 사람"을 구원받아야 할 대상으로 여긴다. 샌더스가 여기서 바울의 언어가 "과장법"이라고 일축한 것은 고린도전·후서를 둘러싼 여러 증거를 전체적으로 고려할 때 섣부른 해석이라고 하겠다.[75] 프랜시스 왓슨의 해석이 훨씬 더 적절하다. 그에 따르면 "바울의 사역은 ἄνομοι라고 불리는 비유대인의 세계만이 아니라 유대인들과 유대교적 관례를 추종하는 자들에게도 확장된다. 이것이 사도행전에 나타난 선교 활동의 유형에 부합하는 가장 개연성 있는 견해라

---

75   Sanders, *Paul, the Law, and the Jewish People*, 186-89.

고 할 수 있다. 사도행전의 묘사가 비역사적이라고 하더라도, 바울이 늘 이 방인에게만 전도하고 유대인을 자신의 직접적인 선교 대상으로 여긴 적이 **전혀** 없었다면, 고린도전서 9장과 같은 내용을 적었을 리가 없다."[76] 바울이 자신과 마찬가지로 유대인들도 그리스도께 회심하여 성령에 의해 변화되어야 한다고 믿었다는 것을 굳이 부인할 이유가 없다. 이방인은 우상숭배와 부정함을 버려야 하고, 유대인은 자신들을 이방인에게서 분리하는 관습을 버려야 한다. 그들은 서로 별개인 두 종파가 아니라 바울의 지도하에 함께 예배하고 더불어 살아가는 단일한 공동체로 모여야 할 것이다. 앨런 시걸(Alan Segal)은 바울의 대망에 비추어 이것이 의미하는 바를 적실하게 표현해준다. 그에 따르면 "연합을 향한 바울의 소명을 진지하게 고려한다면, 그가 원했던 것은 단지 이방인만의 사도가 되는 것이 아님을 알 수 있다. 그는 모든 교회의 사도가 되기를 원했다. 그의 비전 속에는 유대인과 이방인이 모두 함께하는 새로운 공동체에 대한 소망이 있었기 때문이다."[77]

　고린도후서에서도 이와 유사한 몇 가지 단편을 찾아볼 수 있다. 지극히 높다는 사도들이 찾아와서 율법에 관한 가르침도 아닌 궤변을 늘어놓았지만, 바울은 자신의 고유한 사도적 권위를 군건히 하고자 고린도후서

76　Watson, *Paul, Judaism, and the Gentiles*, 73(강조는 원저자의 것임). 다음의 논평에도 주목하라. Karl Olav Sandnes ("A Missionary Strategy in 1 Corinthians 9.19-23?," in *Paul as Missionary: Identity, Activity, Theology, and Practice*, ed. T. J. Burke and B. S. Rosner [LNTS 420; London: T&T Clark, 2011], 141): "사도행전을 숙고하면 할수록, 고전 9장도 점점 더 '현실'이 된다. 세 가지 기본적인 면에서 사도행전은 고전 9장이 함축하는 바를 확증해준다. 첫째로, 바울은 정기적으로 회당에서 연설한다. 그는 유대교의 오순절을 축하하기 위해 예루살렘으로 가서(행 20:16), 디모데에게 할례를 행한다. 둘째로, 그는 아고라에서 대화를 나눈다. 그는 이교도 시인들의 말이 적혀 있는 곳에서 설득력 있게 그리스적인 방식에 맞춰 설교한다. 셋째로, 사도행전은 흔히 격언에서 하는 말처럼 삶에 내재하는 어려움을 증언한다. 바울은 즉각적으로 회당에서 어려움에 봉착한다. 아덴에서는 조롱을 당한다. 그곳에서의 행동 때문에 우상숭배자라는 비난마저 듣게 된다."

77　Alan Segal, *Paul the Convert: The Apostolate and Apostasy of Saul the Pharisee* (New Haven: Yale University Press, 1990), 265.

3장에서 옛 언약과 새 언약을 병치시키는 방식으로 설명한다. 바울은 유대인들이 옛 언약을 읽을 때 모세의 영광이 떠났다는 사실을 깨닫지 못하고 있다는 사실을 개탄한다. 그들의 마음을 덮고 있는 수건은 주께로 "돌아가면"(ἐπιστρέφω) 그리스도 안에서 "벗겨진다"(καταργέω)(고후 3:15-16). 그 마음이 수건으로 덮여 있는 자들에 대한 언급은 고린도후서 4:3-4에 나오는 바울의 진술, 이를테면 "만일 우리의 복음이 가리었으면 망하는 자들에게 가리어진 것이라. 그중에 이 세상의 신이 믿지 아니하는 자들의 마음을 혼미하게 하여 그리스도의 영광의 복음의 광채가 비치지 못하게 함이니 그리스도는 하나님의 형상이니라"라는 말씀과 조화를 이루어야 한다. 바울은 유대인들을 망하는 자들(ἀπόλλυμι)이자 믿지 아니하는 자들(ἄπιστοι)이며 따라서 구원이 필요한 자들로 분류하고 있다. 마지막으로 고린도후서 11:24에서 바울은 유대인으로부터 서른아홉 대의 매를 맞았다고 주장한다. 이는 그가 회당의 규율에 기꺼이 복종했고 그의 활동으로 인해 엄격한 처벌을 초래한 무언가를 분명히 하고 있었음을 의미한다. 바울이 이러한 처벌을 기꺼이 받겠다고 결심한 것이 전도 때문인지, 어떤 사회적 내지 법률적 이유 때문인지 우리로서는 알 수 없지만, 한 가지 분명한 것은 그가 어느 때든지 유대교 회당의 권역을 떠나지 않았다는 사실이다.

로마서에는 바울의 복음이 유대인과 관련 있음을 보여주는 추가적 자료가 들어 있다.[78] "이 복음은 모든 믿는 자에게 구원을 주시는 하나님의 능력이 됨이라. 먼저는 유대인에게요 그리고 헬라인에게로다"라는 로마서

---

78 다음을 보라. Leander E. Keck, "The Jewish Paul among the Gentiles: Two Portraits," in *Early Christianity and Classical Culture: Comparative Studies in Honor of Abraham J. Malherbe*, ed. J. T. Fitzgerald, T. H. Olbricht, and L. M. White (NovTSup 110; Leiden: Brill, 2003), 461-81; James C. Miller, "The Jewish Context of Paul's Gentile Mission," *TynB* 58 (2007): 101-15.

1:16의 **명제**는 단지 복음이 유대인을 거쳐서 이방인에게 오게 된 것에 대한 구속사적 도식만을 나타내는 것이 아니라, 바울의 실제 선교 관행이 지역 회당의 유대인에서부터 시작되었던 사실을 그대로 반영한다. 로마서에 나오는 통렬한 비난의 말들도 현실의 유대인들과 벌였던 논쟁에서 실제로 주고받은 말이었을 가능성이 있다(예를 들어, 롬 2:1-3:9; 6:1-3; 7:1-25; 9:1-5; 10:1-3).

아브라함에 관한 바울의 미드라쉬적 논증의 정점은 예수 그리스도 안에서 일어나는 구원 사건이 유대인과 이방인 모두를 포괄한다는 것이다. "그러므로 상속자가 되는 그것이 은혜에 속하기 위하여 믿음으로 되나니 이는 그 약속을 그 모든 후손에게 굳게 하려 하심이라. 율법에 속한 자에게뿐만 아니라 아브라함의 믿음에 속한 자에게도 그러하니 아브라함은 우리 모든 사람의 조상이라"(롬 4:16). 확실히 바울은 장차 올 이스라엘의 종말론적 구원을 예견하고 있지만(롬 10:1; 11:12, 26), 그렇다고 해서 그들의 구원을 시간이 지나면 해결될 일로 내버려두지는 않는다. 그는 이스라엘이 복음의 메시지를 거부했음에도 불구하고 하나님은 여전히 유대인과 이방인을 구원으로 부르셨고(롬 9:24), 이들이야말로 바로 하나님의 신실한 백성 중 남은 자들이라고 믿는다(롬 9:25-29; 11:1-6). 유대인과 이방인 간에는 차별이 없으며 주의 이름을 부르는 자는 누구든지 구원을 받을 것이다(롬 10:12-13). 실로 로마서 10:14-21은 이스라엘의 완고함에도 불구하고 그들에 대한 선교가 계속됨을 전제하는 것으로 보인다. 이스라엘의 "실패"는 이방인이 복음의 메시지에 반응할 기회를 허용했다는 점에서 긍정적인 결과를 낳았으며, 바울은 이방인의 구원이 이스라엘을 시기하게 하여 그들이 마음을 신속히 바꾸게 되기를 희망하고 있다(롬 11:13-15). 이 시기(jealousy)라는 동기에 관해서 리처드 벨(Richard Bell)이 한 말에 주목해보자. 그에 따르면, "바울 신학은 유대 민족을 향한 선교를 **요청한다**. 이스라엘을 시기하게 하는 것은 선교를 위한 하나의 전조가 될 수는 있을지언정 그 자체가 선교를 대체할 수는 없다. 복음은 선포되어야 한다. 왜냐하면 하나님의 화목케 하는 말씀인 복음만이 한 사람을 그리스도인으로 만들 수 있기 때문이다(롬 10:17)."[79] 게다가 로마서 16:1-16에 나오는 명단은 주로 유대인들 가운데서 사역하던 선교사나 사도들을 지칭하는 것일 수 있다. 바울은 그 사람들을 알고 있을 뿐 아니라, 그들의 노고를 칭찬하면서, 자신은 그들과는 독립적으로 사역하지만 그들과 협력하기도 하는 것으로 보고 있다. 바울은 자신이 직접 로마에 있는 이방인들에게 편지를 쓰지만, 로마에 있는 유대 그리스도인들과 우호적인 관계를 유지하는 데 신경을 쓰고 있었으며, 이들은 ἔθνη 가운데 교회의 하나로 연결된 관계망을 세우고자 하는 바울의 포괄적 전망 안에 포함되어 있었다.

사도행전에서는 특유의 그림을 제시하고 있지만, 그럼에도 이것은 바울이 후기 에게해 선교 기간 동안 유대인과 이방인 가운데서 사역하는 것에 관한 바울 서신의 자료들과 본질적으로 일치한다. 빌립보에서 바울의 사역은 유대인의 "기도처"에서 시작하는데, 그는 그곳에서 "하나님을 경외히는 자"인 루디아(Lydia)를 만난다(행 16:11-15). 데살로니가와 베뢰아와 아덴에서의 바울의 사역은 모두 회당에서 시작되었다(행 17:1-5, 10-12, 16-17). 아덴에 관한 보도는 상당히 흥미롭다. 바울은 회당에서 유대인 및 하나님을 경외하는 자들과 함께 있다가, 아고라와 아레오바고에서는 이교인들과 함께 있는데, 거기가 바로 우리의 예상하는 사역 형태를 보여주는 대목

---

[79] Richard H. Bell, *Provoked to Jealousy: The Origin and Purpose of the Jealousy Motif in Romans 9-11* (WUNT 2.63; Tübingen: Mohr Siebeck, 1994), 354-55 (강조는 원저자의 것임). 유사한 논증으로는 다음을 보라. N. T. Wright ("Romans," in *NIB*, ed. L. E. Keck [12 vols.; Nashville: Abingdon, 2002], 10:697): "유대인이 더 이상 메시아의 가족으로 환영 받지 못한다고 생각한다면…[그것이야말로] 바울이 보기에 반유대주의의 극치였을 것이다."

이다(행 17:17-19). 고린도에서 보여준 바울의 행동도 마찬가지로 현실적이고 실용적이다. 그곳에서 바울은 회당에 있는 유대인과 그리스인에게 설교하였다. 그러다 반발이 생기자, 그는 회심자들을 이끌고 다른 곳으로 가야 했다(행 18:4-8). 에베소에서 체류하는 동안에도, 바울은 회당에 출석하여 유대인과 변론했고(행 18:19-21), 나중에 에베소로 다시 돌아온 뒤에도 회당에서 계속 사역하다가, 반발에 봉착하게 되자 추종자들을 데리고 서원으로 간 다음 그곳에서 유대인과 이방인을 위한 사역을 이어갔다(행 19:8-20). 누가의 보도 속에 나오는, 바울이 에베소 장로들 앞에서 자신의 사역에 대해 요약해서 진술한 내용은 "유대인과 헬라인들에게 하나님께 대한 회개와 우리 주 예수 그리스도께 대한 믿음을 증언한 것"(행 20:21)이다. 이 모든 사실은 "누가가 **어떤 경우에도** 이방인을 대상으로 한 바울의 선교를 별개의 것으로 그려내지 **않으며**, 만약에 그렇다고 한다면 그것은 바울의 사역 말미에 가서나 있을 법한 일"[80]이라는 점을 보여준다.

주석가들은 바울의 사역이 적어도 처음에는 회당에서 시작되었다고 묘사하는 누가의 보도가 얼마나 개연성 있고 또 역사적으로 타당한가를 질문해왔다.[81] 만약에 바울이 얻은 회심자 중의 상당수가 "우상을 버리고 하나님께로 돌아온"(살전 1:9) 자들로서 과거에 이교도였던(갈 4:8; 고전 12:2)것이 맞다면, 그들 중 대다수가 유대인 거류지에 위치한 회당에 출입했던 적이 전혀 없었을 것이다. 어떤 학자들은 바울이 전도 사역의 근거지로서 회당을 이용하지 않았고, 대신 천막 제조 활동을 통해서 비유대인과 접촉하고, 가르침과 식사 및 기도 모임을 위해 후원자의 가정이나 임대한 공간,

---

80 Watson, *Paul, Judaism, and the Gentiles*, 70(강조는 원저자의 것임).
81 Sanders(*Paul, the Law, and the Jewish People*, 181)에 따르면, 바울이 회당에서 설교 활동을 시작했다는 누가의 서술은 "불확실하거나 의심스러운 것" 둘 중의 하나다.

또는 셋방을 만남의 장소로 삼았다고 주장한다.[82] 제롬 머피오코너(Jerome Murphy-O'Connor)의 주장은 일리가 있다. 그에 따르면, "바울의 사역이 특히 하나님을 경외하는 자들에게 확대되면서 유대인의 반감이 커졌고, 따라서 회당에서 설교하는 것이 점차 불가능하게 되었다. 가령 바울이 입을 열자마자 이를 제지하는 외침이 여기저기서 날아들었다."[83] 이 말의 의미는 어떤 경우에는 그의 작업장이 전도 활동의 주된 현장이 되었을 수도 있다는 것이다. 샌더스는 더 나아가 "바울이 회심시킨 사람들이 회당에 출입했음을 암시하는 내용은 전혀 없다"[84]고까지 말한다.

그러나 나는 이에 동의하지 않는다. 전체적으로 보아 바울이 회당에서 사역을 시작했다는 것을 의심할 이유가 없다. 왜냐하면 그것이 초기 교회에 하나님을 경외하는 자들이 다수를 점하고 있던 이유나, 바울이 이방인이 대다수를 이루고 있던 교회에 편지를 쓸 때에도 음식과 교제와 할례 등의 쟁점을 두고 끊임없이 논쟁을 벌여야 했던 이유를 설명해주기 때문이다. 마찬가지로 바울의 성경 해석을 살펴보면 청중들도 유대교 경전을 해석하는 회당의 방식을 다양한 방식으로 알고 있었다는 사실을 드러낸다. 더욱이 사회학적인 관점에서 보자면, 회심 사건은 보통 사회적 관계망을 통해서 이루어지기 때문에, 이방인이나 하나님을 경외하는 자들의 회심 역시 유대인들과 교류가 있던 회당과 같은 공동체에서 일어났을 것이다.[85] 바울은 동역자

---

82   예를 들어, 다음을 보라. Ronald Hock, *The Social Context of Paul's Ministry: Tentmaking and Apostleship* (Philadelphia: Fortress, 1980); S. K. Stowers, "Social Status, Public Speaking, and Private Teaching: The Circumstances of Paul's Preaching Activity," *NovT* 26 (1984): 68-73; Lüdemann, *Early Christianity*, 159, 185; Segal, *Paul the Convert*, 271; J. Louis Martyn, *Galatians* (AYB; New Haven: Yale University Press, 1997), 213-16.

83   Murphy-O'Connor, *Paul*, 263.

84   E. P. Sanders, "Paul's Jewishness," in *Paul's Jewish Matrix*, ed. T. G. Casey and J. Taylor (Rome: Gregorian & Biblical Press, 2011), 66.

85   다음을 보라. James G. Crossley, *Why Christianity Happened: A Sociohistorical Account of*

들과 더불어 지중해 동부 지역의 주요 도심지들에서 전도활동을 진행했는데, 이들 장소는 유대인들의 관계망이 가장 활발한 곳이었다. 그렇다면 바울의 동역자들이 대부분 유대인이었다는 것과, 그가 유대교의 할라카 문제와 성경 해석에 그토록 많은 힘을 쏟았다는 점이나, 그가 그리스-로마의 만신전으로 대표되는 이교와 그 종교정치에 대해 여전히 얼마간의 반감을 갖고 있을 수도 있다는 점 등은 그다지 놀라운 일이 아니다. 바울은 유대인과 로마인과 그리스인 가운데서 사역하고 있었기 때문이다. 바울의 메시지는 특히 디아스포라 유대인들에게 호소력 있게 다가왔을 것이다. 왜냐하면 그 메시지에 의하면 유대인들은 일신론, 토라 준수, 선택 사상, 언약, 종말론, 우상 배격과 같은 유대교의 핵심적 종교 자산을 유지하면서도, 자신들이 속한 주변 환경에 대한 문화적 동화의 정도를 자유롭게 정할 수 있었기 때문인데, 이는 참으로 매력적인 대안이었을 것이다.[86]

그렇다면 바울이 그의 전도 사역을 회당에서 시작하였다가, 이따금씩 유대인 및 하나님을 경외하는 자들로 이루어진 소수의 무리를 데리고 다른 장소로 떠날 수밖에 없었다고 보는 것이 가장 그럴 듯하다. 그리고 이것이 사도행전에 묘사된 사태에 부합한다. 로버트 주이트(Robert Jewett)에 따르면, "사도행전에 변증적 관심이 들어 있음을 감안하더라도, 바울은 가능하면 지역 회당에서 선교 활동을 시작하였다가, 소동이 발생하거나 후원자가 확보될 경우 독립된 활동 장소로 옮겨갔을 것이라고 추정하는 것이 현실적

Christian Origins (26–50 CE) (Louisville: Westminster John Knox, 2006), 157–61. Crossley는 회당에 매료되었던 이방인에 대한 누가의 보도가 지닌 정확성에 대해 회의적인데, 이러한 회의는 그다지 정당한 것 같지 않다.

86   Rodney Stark, *Cites of God* (San Francisco: HarperSanFrancisco, 2006), 119–39. Malina와 Pilch의 견해(*Letters of Paul*, 1–25)와는 달리, 바울이 비이스라엘인 중에 거주하는 이스라엘인에게 파송된 이스라엘의 예언자였다는 주장에는 동의하기 어렵다.

이라는 주장에 대해 학자들 간에 광범위한 의견일치가 존재한다."[87] 그러므로 "'이방인'에게로 가는 길은 회당을 통해서 열렸다"[88]고 말할 수 있다.

요약

초기 교회에서 진행된 "선교활동" 가운데 유대인이든 이방인이든 어느 한 편으로부터 완전히 떨어진 채로 전개된 것은 찾아볼 수 없다. 할례자들의 사도인 베드로도 안디옥에서 이방인들과 친밀한 교제를 나누었고, (그가 만일에 고린도를 방문했다면) 아마 고린도에서도 마찬가지였을 것이다. 갈라디아에서 유대교로의 개종을 주장했던 자들은 유대 그리스도인들로서 바울이 얻은 이방인 회심자들에게 토라의 보호 아래로 끌고 들어가려고 했었다. 바울이 자신이 세운 이방인 회중을 지역 회당에서부터 분리하기 위한 이념적 정당성을 확보하려고 분투하는 동시에 유대 그리스도인과 이방인 그리스도인 간의 연합을 권고하기도 했다는 사실은 역설적이다. 초기 교회에는 "이방인 선교"나 "유대인 선교"와 같은 개념이 없었고, 대신 수많은 선교 사역들이 서로 맞물려 진행되는 가운데, 복음전도자들은 유대 지역의 유대인, 디아스포라 유대인, 하나님을 경외하는 자들, 그리스인들 가운데서 사역하였고, 이들 사이에는 이방인의 토라 준수 정도나 유대인 신자와 비유대

---

87 Jewett, *Romans*, 75; 또한 다음을 보라. Segal, *Paul the Convert*, 269-71.

88 Hengel and Schwemer, *Paul between Damascus and Antioch*, 107; 유사한 논증으로 다음을 보라. James D. G. Dunn, *The Parting of the Ways: Between Christianity and Judaism and Their Significance for the Character of Christianity* (London: SCM, 1991), 125-26; Segal, *Paul the Convert*, 269-70; Christopher Rowland, *Christian Origins* (London: SPCK, 1985), 216-17; Schnabel, *Early Christian Mission*, 2:1300-1301; Miller, "Jewish Context," 101-15; Reidar Hvalvik, "Paul as a Jewish Believer—according to the Book of Acts," in *Jewish Believers in Jesus: The Early Centuries*, ed. O. Skarsaune and R. Hvalvik (Peabody, MA: Hendrickson, 2007), 123-35.

인 신자 간의 교제 방식에 대해 서로 다른 견해들이 충돌하고 있었다. 갈라디아서 2:9에서 바울과 게바 간에 "할례자"에 대한 사역과 "무할례자"에 대한 사역을 나눈 것은 절대적인 것이 아니었고, 그것이 의미하는 것은 엄격한 경계라기보다는 중요도에 관한 것이었다. 이 두 집단을 명확히 분리하기란 현실적으로 불가능한 일이었을 것이기 때문이다.[89] 그러므로 바울의 선교 사역은 그 성숙기라고 할 수 있는 50년대에 들어서도 유대인 공동체를 위한 선교 활동에서 분리될 수는 없었다. 더욱이 앞서 바울의 선교 사역이 전개된 양상을 살펴보면, (1) 30년대 중·후반에 다메섹과 아라비아와 예루살렘에서 진행된 초기 유대인 선교에는 이방인도 일부 포함되었다는 것과, (2) 안디옥에서 헬라파 유대 그리스도인들과 더불어 시작한 유대인과 이방인이 혼합된 선교는 37년부터 50년 어간에 시리아와 구브로와 소아시아 남부의 유대교 회당을 중심으로 전개되었다. (3) 이방인이 압도적 다수를 차지한 선교는 50년대에 안디옥 교회로부터 독립함으로써 이루어졌다. 바울의 후기 선교 사역이 이방인에게 집중된 것은 유대인 선교가 실패한 것에 대한 대응이 아니었다. 오히려 바울은 안디옥 교회와 결별하면서 유대인과 이방인 간의 구분을 최소화할 수 있는 영역으로 옮기거나, 스페인과 같이 유대인들의 영향력을 찾아보기 힘든 새로운 지역으로 옮겨가려고 시도했기 때문이었다.

---

89 예를 들어, 다음을 보라. Rowland, *Christian Origins*, 217; Ferdinand Hahn, *Mission in the New Testament* (SBT 37; London: SCM, 1965), 81; Günther Bornkamm, *Paul*, trans. D. M. G. Stalker (London: Hodder & Stoughton, 1971), 39-40.

결론

마르틴 헹엘(Martin Hengel)에 의하면, "초기 교회에서 이방인 선교와 유대인 선교를 명확히 구분하는 것은 절대 불가능했다."[90] 나는 앞에서 제시한 증거에 비추어볼 때 이 주장이 정당하다고 생각한다. 바울의 회심 사건에는 예수를 하나님의 아들, 메시아, 하나님의 형상, 영광의 주로 선포하라는 부르심이 포함되어 있었다. 우리가 말할 수 있는 것은 선교적 사명이 처음부터 그의 회심 경험에 연결되어 있었다는 점이다. 그렇지만 아시아와 에게해 지역에서 바울의 선교 활동이 거둔 성과와 또한 실패를 통해, 바울은 자신의 사도적 소명이 비유대인을 향한 것임을 분명히 깨닫게 되었다. 그에 대한 증거를 다음과 같이 요약할 수 있다.

첫째, 바울이 비유대인을 식별하기 위하여 사용했던 주요 용어인 ἔθνος, Ἕλλην, ἀκροβυστία, ἄνομος는 가변적이고 유연한 명칭으로서, 상황에 따라 그중에 유대인을 포함할 수 있었다. 이러한 결론은 여러 종파가 난무하던 상황에서는 이 명칭들이 유동적인 성격을 띠고 있었으며, 어떤 고대 작가들은 이러한 민족적 명칭에 종교적 의미를 부여하는 경향도 있었다는 사실로 뒷받침된다.

둘째, 유대인은 바울의 초기 선교 사역과 후기 선교 사역을 통틀어서 중요한 자리를 차지하고 있었다.

1. 바울이 언제 이방인 선교를 향한 부르심을 받았는지에 관해 자료들은 무척이나 모호할 뿐이다. 그렇지만 바울 서신과 사도행전을 결합

---

90   Martin Hengel, *The Four Gospels and the One Gospel of Jesus Christ*, 154.

해보면, 바울이 다메섹과 아라비아와 예루살렘에 있는 동안 전적으로는 아니었을지라도 우선적으로 유대인에게 설교했음을 밝혀주는 탄탄한 증거가 드러난다.

2. 바울은 안디옥 교회와 연계하여 시리아와 구브로와 소아시아에 있는 이방인을 대상으로 한 보다 조직화된 선교 활동을 전개하기 시작했는데, 그 시작점은 항상 유대인 회당 공동체였다.

3. 안디옥 교회가 식탁 교제를 위한 기본조건으로 유대교로의 개종이라는 범례를 채택해야 한다는 예루살렘 교회의 압력에 굴복하게 된 결과, 바울은 다른 이들로부터 분립하였고, "옛 안디옥 학파"의 입장을 고수하게 되었다. 이에 따라 바울은 그 이후로 이방인 회심자들에게 보다 집중하게 되었으며, 그들을 유대인의 영향권에서부터 사회적으로 분리함으로써 할례를 통해 유대교로 개종해야 하는 압력에 내몰리지 않도록 조치하고자 했다.

4. 바울의 선교 사역이 후기 단계에 이르러 이방 선교를 향한 소명이 완숙한 형태를 갖추게 되었을 때에도, 바울은 여전히 유대인을 자기 선교 활동의 대상으로 보았다(고전 9:20-23; 고후 3:14-15; 4:3-6). 그는 유대인들에게 계속해서 복음을 전해야 한다고 믿었고(롬 10:14-21), 교회는 "부르심 받아" "믿는" 유대인과 이방인으로 구성된다고 생각했다(고전 1:24; 롬 1:16; 9:24; 10:12-13).

셋째, 바울의 선교 사역이 보통 유대교 회당에서 시작하는 것으로 묘사하는 내용은 역사적 진정성이 있으며 사회적 개연성도 지니고 있다.

끝으로, 나는 내가 주장하는 바와 주장하지 않는 바를 확실히 구분해서 말하고자 한다. 나는 베드로가 할례자의 사도인 것과 동일한 방식으로 바울이 유대인의 사도였음을 주장하는 것은 아니다. 내가 주장하는 것은 바울의 아시아와 에게해 선교 기간 동안 유대인이 ἔθνη **중에서** 차지한 위치 때문에, 또한 디아스포라 지역에서 유대교 회당 공동체로부터 시작하는 바울의 활동 방식 때문에, 유대인이 바울의 사도직 안에 포함되어 있었다는 점이다. 이 점은 모두 어쩌면 바울이 열방을 다니며 유대인과 이방인에게 복음을 전하라는 명령을 담고 있는 이사야 66:19-20에 제시된 선교의 대본을 따르려고 의도한 데서 비롯되었던 것 같다. 어쨌든 그리스도 예수를 ἔθνη에 선포하는 바울의 소명은 유대인들 가운데서 진행된 모종의 선교활동을 배제하고서는 그 자체를 제대로 이해할 수도 없고 심지어 그 존립도 불가능했을 것이다. 선교의 문이 이방인들에게 열렸던 것은 사실이지만, 그렇다고 해서 그 문이 유대인들에게 닫힌 적도 없었다. 바울의 선교 경력에 있어서 특이한 면은, 그가 이방인 회심자들을 유대교 개종주의로부터 보호하려는 와중에도, 그의 유대인 동족에게 그리스도를 선포하기를 그친 적이 없었고, 유대 기독교 공동체와 우호적인 관계를 유지하기 위해 끈질기게 노력했다는 사실이다. 따라서 나는 누가와 초기 교회가 바울을 이방인의 사도만이 아니라 **유대인의** 사도로서도 그려낸 것이 기본적으로 틀리지 않았다고 결론 내린다.

부록 1.
열방/이방인, 그리스인, 무할례자/율법 없는 자의 사도인 바울

열방/이방인

내가 이방인인 너희에게 말하노라 내가 이방인의 사도인 만큼…(롬 11:13).

그러나 내가 너희로 다시 생각나게 하려고 하나님께서 내게 주신 은혜로 말미암아 더욱 담대히 대략 너희에게 썼노니 이 은혜는 곧 나로 이방인을 위하여 그리스도 예수의 일꾼이 되어 하나님의 복음의 제사장 직분을 하게 하사 이방인을 제물로 드리는 것이 성령 안에서 거룩하게 되어 받으실 만하게 하려 하심이라(롬 15:15-16).

그리스도께서 이방인들을 순종하게 하기 위하여 나를 통하여 역사하신 것 외에는 내가 감히 말하지 아니하노라(롬 15:18).

우리는 십자가에 못 박힌 그리스도를 전하니 유대인에게는 거리끼는 것이요 이방인에게는 미련한 것이로되(고전 1:23).

나를 부르신 이가…그의 아들을 이방에 전하기 위하여 그를 내 속에 나타내시기를…(갈 1:15-16).

내가 이방 가운데서 전파하는 복음을 …그들에게 제시하되(갈 2:2).

바울의 저작성에 대해 논란이 있는 바울 서신도 참조하라.

"그리스도 예수의 일로 이방인을 위하여 갇힌 자"(엡 3:1), "나에게 이 은혜를 주신 것은 측량할 수 없는 그리스도의 풍성함을 이방인에게 전하게 하시고"(엡 3:8), "내가 전파하는 자와 사도로 세움을 입은 것은…믿음과 진리 안에서 내가 이방인의 스승이 되었노라"(딤전 2:7).

그리스도인

내가 복음을 부끄러워하지 아니하노니 이 복음은 모든 믿는 자에게 구원을 주시는 하나님의 능력이 됨이라. 먼저는 유대인에게요 그리고 헬라인에게로다(롬 1:16).

오직 부르심을 받은 자들에게는 유대인이나 헬라인이나 그리스도는 하나님의 능력이요 하나님의 지혜니라(고전 1:24).

무할례자/율법 없는 자

도리어 그들은 내가 무할례자에게 복음 전함을 맡은 것이 베드로가 할례자에게 맡음과 같은 것을 보았고 베드로에게 역사하사 그를 할례자의 사도로 삼으신 이가 또한 내게 역사하사 나를 이방인의 사도로 삼으셨느니라. 또 기둥 같이 여기는 야고보와 게바와 요한도 내게 주신 은혜를 알므로 나와 바나바에게 친교의 악수를 하였으니 우리는 이방인에게로, 그들은 할례자에게로 가게 하려 함이라(갈 2:7-9).

율법 없는 자에게는 내가…율법 없는 자와 같이 된 것은(고전 9:21).

부록 2.
바울이 이방인 선교에 대해 받은 계시에 대한 신약의 보도

1. 다음의 구절에서 바울의 회심은 암시되어 있으나, 그가 그리스도 현현을 체험했던 당시에 부르심을 받았는지 또는 나중에 가서야 자신이 받은 소명의 실체를 분별하게 되었는지는 불명확하다.

갈라디아 1:15-18

[15]그러나 내 어머니의 태로부터 나를 택정하시고 그의 은혜로 나를 부르신이가 [16]**그의 아들을 이방에 전하기 위하여** 그를 내 속에 나타내시기를 기뻐하셨을 때에 내가 곧 혈육과 의논하지 아니하고 [17]또 나보다 먼저 사도 된 자들을 만나려고 예루살렘으로 가지 아니하고 아라비아로 갔다가 다시 다메섹으로 돌아갔노라. [18]그 후 삼 년 만에 내가 게바를 방문하려고 예루살렘에 올라가서 그와 함께 십오 일을 머무는 동안

2. 바울의 그리스도 현현 체험 직후 다메섹에서 아나니아를 통해 주어진 계시에 대하여

사도행전 9:3-6, 13-16

[3]사울이 길을 가다가 다메섹에 가까이 이르더니 홀연히 하늘로부터 빛이 그를 둘러 비추는지라. [4]땅에 엎드러져 들으매 소리가 있어 이르시되 "사울아, 사울아, 네가 어찌하여 나를 박해하느냐?" 하시거늘 [5]대답하되 "주여, 누구시니이까?" 이르시되 "나는 네가 박해하는 예수라. [6]너는 일어나 시내로 들어가라. 네가 행할 것을 네게 이를 자가 있느니라" 하시니".

¹³아나니아가 대답하되 "주여, 이 사람에 대하여 내가 여러 사람에게 듣사온 즉 그가 예루살렘에서 주의 성도에게 적지 않은 해를 끼쳤다 하더니 ¹⁴여기서도 주의 이름을 부르는 모든 사람을 결박할 권한을 대제사장들에게서 받았나이다" 하거늘, ¹⁵주께서 이르시되 **"가라! 이 사람은 내 이름을 이방인과 임금들과 이스라엘 자손들에게 전하기 위하여 택한 나의 그릇이라."** ¹⁶그가 내 이름을 위하여 얼마나 고난을 받아야 할 것을 내가 그에게 보이리라 하시니.

3. 바울의 회심 이후 최초 예루살렘 방문시에 성전에서 주어진 계시에 대하여

사도행전 22:17-21

¹⁷후에 내가 예루살렘으로 돌아와서 성전에서 기도할 때에 황홀한 중에 ¹⁸보매 주께서 내게 말씀하시되 "속히 예루살렘에서 나가라. 그들은 네가 내게 대하여 증언하는 말을 듣지 아니하리라" 하시거늘 ¹⁹내가 말하기를 "주님, 내가 주를 믿는 사람들을 가두고 또 각 회당에서 때리고 ²⁰또 주의 증인 스데반이 피를 흘릴 때에 내가 곁에 서서 찬성하고 그 죽이는 사람들의 옷을 지킨 줄 그들도 아나이다." ²¹나더러 또 이르시되 **"떠나가라. 내가 너를 멀리 이방인에게로 보내리라"** 하셨느니라.

4. 다메섹 도상에서 바울에게 나타난 그리스도 현현에 대하여

행 26:12-18

¹²그 일로 대제사장들의 권한과 위임을 받고 다메섹으로 갔나이다 ¹³왕이여, 정오가 되어 길에서 보니 하늘로부터 해보다 더 밝은 빛이 나와 내 동행들을 둘러 비추는지라. ¹⁴우리가 다 땅에 엎드러지매 내가 소리를 들으니 히브리 말로 이르되 "사울아, 사울아, 네가 어찌하여 나를 박해하느냐? 가시채를 뒷발질

하기가 네게 고생이니라." [15]내가 대답하되 "주님, 누구시니이까?" 주께서 이르시되 "나는 네가 박해하는 예수라. [16]일어나 너의 발로 서라. 내가 네게 나타난 것은 곧 네가 나를 본 일과 장차 내가 네게 나타날 일에 너로 종과 증인을 삼으려 함이니, [17]이스라엘과 이방인들에게서 내가 너를 구원하여 그들에게 보내어 [18]그 눈을 뜨게 하여 어둠에서 빛으로, 사탄의 권세에서 하나님께로 돌아오게 하고 죄 사함과 나를 믿어 거룩하게 된 무리 가운데서 기업을 얻게 하리라" 하더이다.

제3장

침공 이야기: 갈라디아서에 대한
묵시적·구속사적 재해석

20세기 중반 이후 수많은 학자들이 바울 서신에 대한 묵시적 해석을 발전 시켰다. 에른스트 케제만(Ernst Käsemann), J. C. 베커(J. C. Beker), 리앤더 E. 켁(Leander E. Keck), 마리온 L. 소어즈(Marion L. Soards), J. 루이스 마틴 (J. Louis Martyn), 마티너스 드보어(Martinus de Boer), 더글러스 캠벨(Douglas Campbell) 등이 대표적인 학자들이다.[1] 이 해석에 따르면 바울의 복음은 하나님이 우주를 해방시키기 위해 침공하는 이야기로서, 결정적으로 예수 그리스도의 신실함과 죽음과 부활 안에 계시되고, 십자가에 달린 예수의 육체라는 바로 그 현장에서 악의 권세에 맞선 우주적 전쟁을 수행한다. 그 결

---

1   Ernst Käsemann, "The Beginnings of Christian Theology," 108-37; "On the Subject of Primitive Christian Apocalyptic," 138-67; "'The Righteousness of God' in Paul," 168-82, in *New Testament Questions of Today*, trans. W. J. Montague (London: SCM, 1969); J. C. Beker, *Paul the Apostle: The Triumph of God in Life and Thought* (Philadelphia: Fortress, 1980); idem, *Paul's Apocalyptic Gospel: The Coming Triumph of God* (Philadelphia: Fortress, 1982); idem, *The Triumph of God: The Essence of Paul's Thought* (Minneapolis: Fortress, 1990); Leander Keck, "Paul and Apocalyptic Theology," *Int* 28 (1984): 229-41; Marion L. Soards, "Paul: Apostle and Apocalyptic Visionary," *BTB* 16 (1986): 148-50; J. Louis Martyn, "Apocalyptic Antinomies in Paul's Letter to the Galatians," *NTS* 31 (1985): 410-24, repr. in *Theological Issues in the Letters of Paul* (Nashville: Abingdon, 1997), 111-23; idem, "Events in Galatia: Modified Covenantal Nomism versus God's Invasion of the Cosmos in the Singular Gospel," in *Pauline Theology*, vol. 1, *Thessalonians, Philippians, Galatians, Philemon*, ed. J. M. Bassler (Minneapolis: Fortress, 1985), 160-79; idem, *Galatians: A New Translation, with Introduction and Commentary* (AB; New York: Doubleday, 1997); idem, "The Apocalyptic Gospel in Galatians," *Int* 54 (2000): 246-66; Douglas A. Campbell, *The Quest for Paul's Gospel: A Suggested Strategy* (London: T&T Clark, 2005), 56-68; idem, *The Deliverance of God: An Apocalyptic Rereading of Justification in Paul* (Grand Rapids, MI: Eerdmans, 2009), esp. 188-92; Martinus C. de Boer, "Paul and Apocalyptic Eschatology," in *Encyclopedia of Apocalypticism*, vol. 1, *The Origins of Apocalypticism in Judaism and Christianity*, ed. J. J. Collins (New York: T&T Clark, 1998), 345-83; idem, "Paul, Theologian of God's Apocalypse," *Int* 56 (2002): 21-33; idem, "Paul and Jewish Apocalyptic Eschatology," in *Apocalyptic and the New Testament: Essays in Honor of J. Louis Martyn*, ed. J. Marcus and M. L. Soards (JSNTSup 24; Sheffield: Sheffield Academic, 2003), 169-90; idem, *Galatians: A Commentary* (NTL; Louisville, KY: Westminster John Knox, 2011).

과는 그리스도의 사역과 성령의 선물을 통해 전혀 새로운 체제, 곧 새 창
조가 도래하는 것이다. 그렇지만 한 가지 남은 문제가 불거지는데, 그것은
바로 이러한 "묵시적" 바울이 바울의 "구속사(救贖史)"와 어떻게 관련되
는가 하는 것이다. 여기서 바울의 구속사란 예수 그리스도 안에서 일어난
하나님의 구원을 이스라엘의 거룩한 역사 속에서 전개되는 하나님의 구원
사역이라는 보다 광범위한 이야기 가운데 자리매김하고, 더 나아가 이방인
을 하나님의 백성안에 포용하는 것으로 이어진다.[2]

---

2   유의해야 할 것은 영어 단어인 "apocalyptic"은 형용사로서 일종의 종말론 내지 세계관을 의
    미하지만, 독일어의 Apokalyptic과는 달리 일반적으로 실명사로 간주해서는 안 된다. P. D.
    Hanson("Apocalypticism," in *IDBSup*, ed. K. Crim [Nashville: Abingdon, 1976], 29-30)이
    apocalypse(문학 장르), apocalyptic eschatology(종교적 세계관), apocalypticism(사회적 운
    동)을 구별한 것은 잘 알려져 있다. 용어의 정의에 대한 문제는 다음을 보라. T. F. Glasson,
    "What Is Apocalyptic?," *NTS* 27 (1980): 98-105; Keck, "Paul and Apocalyptic Theology,"
    230-33; H. Moore, "The Problem of Apocalyptic as Evidenced in Recent Discussion," *IBS*
    8 (1986): 76-91; idem, "Paul and Apocalyptic," *IBS* 9 (1987): 35-46; Robert L. Webb,
    "'Apocalyptic': Observations on a Slippery Term," *JNES* 49 (1990): 115-26; Scott M. Lew-
    is, *"So That God May Be All in All": The Apocalyptic Message of 1 Corinthians 15, 12-
    34* (Rome: Gregorian University Press, 1998), 52-123; R. E. Sturm, "Defining the Word
    'Apocalyptic': A Problem in Biblical Criticism," in *Apocalyptic and the New Testament: Es-
    says in Honor of J. Louis Martyn*, ed. J. Marcus and M. L. Soards (JSNTSup 24; Sheffield:
    Sheffield Academic, 2003), 17-48; Jörg Frey, "Zur Bedeutung der Qumrantexte für das
    Verständnis der Apokalyptik im Früh-judentum und im Urchristentum," in *Apokalyptik und
    Qumran*, ed. Jörg Frey and Michael Becker (Einblicke 6, Paderborn: Bonifatius, 2007), 11-
    62. R. Barry Matlock(*Unveiling the Apocalyptic Paul: Paul's Interpreters and the Rhetoric
    of Criticism* [JSNTSup 127, Sheffield: Sheffield Academic, 1996])는 "apocalyptic"이 혼돈
    에 가깝게 사용된 점과 바울 학계에서 신학적으로 어떻게 차용되었는지에 주목한다. N. T.
    Wright(*Paul and His Recent Interpreters* [London: SPCK, 2015], 141)의 견해에 따르면, 대
    체로 형용사 "apocalyptic"은 "모호하고 일반적이며 실체가 없는 형용사로 환원되어 단지 사
    적이거나 개인적인 관련성보다는 '우주적' 어감을 지닌 모호한 분위기를 나타내는 문장에 쓰
    인다." 바울 연구와 관련된 "구속사"에 관해서는 다음을 보라. Robert W. Yarbrough, "Paul
    and Salvation History," in *Justification and Variegated Nomism*, vol. 2, *The Paradoxes of
    Paul*, ed. D. A. Carson, P. T. O'Brien, and M. A. Seifrid (Grand Rapids, MI: Baker Aca-
    demic, 2004), 297-342; idem, "Salvation History (*Heilsgeschichte*) and Paul," in *Studies in
    the Pauline Epistle*, ed. M. S. Harmon and J. E. Smith (FS Douglas J. Moo; Grand Rapids,
    MI: Zondervan, 2014), 181-98; James Kelhoffer, "The Struggle to Define *Heilsgeschichte*:

이 문제는 1970년대에 크리스터 스텐달(Krister Stendahl)과 에른스트 케제만(Ernst Käsemann) 사이에, 바울 신학 안에서 일반적으로는 구속사가, 구체적으로는 이스라엘이 차지한 위상을 둘러싸고 벌어진 학문적 논쟁을 통해 상당히 활발하게 논의되었다. 스텐달은 구속사, 즉 이스라엘과 이방인 간에 얽혀 있는 운명이 바울 신학의 핵심이며, 믿음에 의한 칭의는 이방인을 교회에 포함하기 위한 바울의 변증적 논제에 지나지 않는다고 주장했다.[3] 이에 대응하여, 케제만은 바울 서신에서 그리스도의 재림(parousia)에 대한 바울의 기대에서 주로 엿보이는 "묵시 신학의 유물"[4]을 밝혀냈다.[5] 이

Paul on the Origins of the Christian Tradition," *BR* 48 (2003): 66-67; repr. in *Concepts of "Gospel" and Legitimacy in Early Christianity* (WUNT 324; Tübingen: Mohr Siebeck, 2014), 97-120. Robin Scroggs("Salvation History: The Theological Structure of Paul's Thought [1 Thessalonians, Philippians, and Galatians]," in *Pauline Theology*, vol. 1, *Thessalonians, Philippians, Galatians, Philemon*, ed. J. M. Bassler [Minneapolis: Fortress, 1991], 215)는 바울의 구속사를 다음과 같이 정의한다. "바울은 진행 중인 한 이야기에 자신이 속해 있음을 의식하고 있는데, 이 이야기에서는 주 행위자인 하나님이 궁극적인 목적을 갖고 한 민족과 관계 맺으신다."

3 Krister Stendahl, "The Apostle Paul and the Introspective Conscience of the West," *HTR* 56 (1963): 199-215; repr. in *Paul among Jews and Gentiles* (London: SCM, 1976), 78-96; Ernst Käsemann, "Justification and Salvation History in the Epistle to the Romans," in *Perspectives on Paul* (London: SCM, 1971), 60-78. 해당 논쟁에 대한 소논문으로는 다음을 보라. N. T. Wright, "The Paul of History and the Apostle of Faith," *TynB* 29 (1978): 61-99. 그리고 특히 Stendahl에 대해서는 다음을 보라. Campbell, *Deliverance of God*, 172-76.

4 Käsemann, "Primitive Christian Apocalyptic," 131.

5 "묵시"(apocalyptic)의 구성요건에 대해서 Käsemann은 다음과 같이 말한다. "내가 원시 기독교 묵시에 대해서 이야기하는 것은 임박한 재림에 대한 기대를 규명하려는 것이다." 또한 "원시 부활 케리그마"가 지닌 "묵시적 맥락"을 구성하는 것은 "예수가 하늘 인자로서 재림하는 것이 실로 원 제자들의 부활 현현 체험에서 유래하는 중심 소망이자, 그 자체가 그들 특유의 부활 신앙을 이루는 요소"라는 믿음이다("Primitive Christian Apocalyptic," 109n1, 114 and 127, 134). 그 외에도 Käsemann은 다음과 같이 말한다. "요한계시록과 공관복음에 따르면 원시 기독교 묵시의 핵심은 하나님과 그리스도가 종말의 인자로서 하늘의 보좌에 오르는 것이다. 이는 하나님의 의로움을 입증하는 사건이며⋯이 세상 위에서 또한 이 세상에 대해 펼쳐진 하나님의 정의가 비록 재림 때에 가서야 보편적으로 계시될지라도 더 이상 먼 미래의 일만은 아니다.⋯[신약 묵시의] 중심 동력은 사실상 왕위에 등극하게 될 인자가 현현할 것에 대한 소망이었다"("Beginnings of Christian Theology," 105, 107).

묵시 신학은 케제만의 바울 해석에서 중심이 되었는데, 그에 따르면 "묵시는 모든 기독교 신학의 어머니였고," "묵시야말로 바울의 신학과 실천을 추동하는 동력"이었다.[6]

케제만은 바울 신학의 지평을 형성한다는 점에서 구속사의 정당성을 수용하였다. 이는 구속사가 창조에서부터 아브라함 언약과 이스라엘의 선택을 거쳐 완성에 이르기까지 존재하는 우주적 세력권을 분할·구획하는 시공간적 경계를 제공하는 까닭이다. 그러나 바울은 역사의 지속적인 흐름이라든가 진화적 힘에 의한 진보에는 관심을 갖지 않았는데, 이는 인류가 두 영역, 곧 아담과 그리스도, 사망과 생명, 죄와 구원, 율법과 복음 간의 변증법적 투쟁에 사로잡혀 있기 때문이다. 진정한 구속사는 이러한 긴장과 더불어 살아가는 투쟁의 이야기이며, 이 점은 하나님의 종말론적 구원의 능력이 계시되었다는 사실에 비추어볼 때도 마찬가지다.[7] 따라서 태초의 창조에서부터 그리스도의 재림에 이르기까지 존재하는 하나님의 약속의 역사가 바울 신학의 내용은 아니다. 대신에 바울 신학의 핵심은 그리스도를 통해서 세상에 침공하여 인류로 하여금 생명과 사망, 해방과 노예상태의 역설을 직면케 하시는 하나님의 종말론적 능력인 것이다.[8] 더욱이 케제만은 구속사를 바울 신학의 중심으로 삼은 것은 칭의의 토대인 십자가 신학(*theologia crucis*)에 대한 타협이며, 나치 독일의 사례에서 보듯이, 승리주의 경향의 정치적 종말론을 지지하는 데 동원되는 역사 철학으로 전락하기 마련이라

---

6   Käsemann, "Beginnings of Christian Theology," 102; idem, "Primitive Christian Apocalyptic," 137; idem, *Romans*, 136.

7   Käsemann, "Justification and Salvation History," 64, 66–68.

8   N. T. Wright("A New Perspective on Käsemann? Apocalyptic, Covenant, and the Righteousness of God," in *Studies in the Pauline Epistles*, ed. M. S. Harmon and J. E. Smith [FS Douglas J. Moo; Grand Rapids, MI: Zondervan, 2014], 243–58)는 Käsemann이 여전히 언약을 하나님의 구원하시는 의의 배경으로 간주한다는 점을 제시하려고 한다.

고 보았다.[9] 이러한 관점에서 케제만이 자신의 논지를 구축함에 있어 의식적으로 참고한 것은 알베르트 슈바이처(Albert Schweitzer)와 칼 바르트(Karl Barth)의 주장인데, 이들은 각각 자기 나름의 방식으로 예수의 가르침 속에서 "철저한 종말론"을 찾아내었을 뿐 아니라 그것을 신약 해석의 핵심 원리로 삼아야 한다고 주장하였다.[10]

　J. C. 베커(J. C. Beker)는 대체로 케제만의 주장을 따랐는데, 바울의 묵시 사상이 메시아의 재림에 대한 기대에 속한다고 보면서도, 전자를 후자 가운데 단순히 자리매김하지 않고, 예수의 메시아적 죽음과 부활이 지닌 의미 가운데 두었다. 따라서 그는 "바울 복음의 응집된 중심은 그리스도 사건에 대한 그의 묵시적 해석에 의해 구축되었다"고 말한다.[11] 베커는 교회를 "적대적인 세상 속에 있는 새 창조의 선봉대로서, 동트는 하나님의 새 세상을 위한 교두보를 이 세상에 마련하고, 창조계에 대한 하나님의 주권이 가시적으로 드러나고, 죽은 자들의 부활이 실현되는 날을 갈망하는" 존재로 보고 있다.[12] 베커는 또한 하나님의 묵시적 승리가 기독론, 곧 사실상의 그리스도 일원론(Christomonism)으로 전락될 수 있는 위험을 예리히게 인식하고 있었다. 그렇게 된다면 복음의 미래적 차원은 박탈되고, 이스라엘에게 주어진 약속은 영적인 것으로 치부되고 말 것이기 때문이다.[13] 베커는 바울

9　특히 Käsemann의 다음 논문을 보라. "The Beginnings of Christian Theology," "On the Subject of Primitive Christian Apocalyptic," "'The Righteousness of God' in Paul." 특히 Käsemann의 저작에 대한 다음의 설명과 평가에 주목하라. Matlock, *Unveiling the Apocalyptic Paul*, 186-246; Campbell, *Deliverance of God*, 189; Wright, *Paul and His Recent Interpreters*, 145-50.

10　Käsemann의 "Primitive Christian Apocalyptic," 109n2, 113에 들어 있는 Schweitzer와 Barth에 관한 진술에 주목하라.

11　Beker, *Paul the Apostle*, 135.

12　Beker, *Apocalyptic Gospel*, 108-9.

13　Beker, *Paul the Apostle*, 355.

의 묵시 사상이 토대로 삼고 있는 예언적 약속이라는 교량이 소멸되는 일이 없도록 주의를 기울였다.[14]

J. 루이스 마틴(J. Louis Martyn)도 케제만이나 베커를 따라서 바울을 묵시적 좌표 상에 두었지만, 또한 묵시적 도식을 구속사의 개념 전체와 확연히 대비되는 것으로 설정하였다.[15] 심지어 마틴은 "바울이 **사생결단의 투쟁**을 벌였던 신학자들[갈라디아에 침입한 자들]이 자신들의 고유한 관점[곧 구속사]을 갖추게 된 것은 바울에게 힘입은 바가 크다"고 불평하기까지 한다.[16] 마틴에 따르면 바울이 할례나 무할례와 같은 대립적 개념을 부정한 것은(갈 3:28; 고전 7:1) "이율배반"(antinomy)의 원리를 적용한 것인데, 이는 우주가 그 구조를 지탱하는 데 없어서는 안 될 이항 대립체들의 배열로 구성된다고 보는 고대의 관점을 가리킨다. 마틴의 추정에 따르면, 바울은 이러한 이항 대립적 구조가 그리스도의 십자가 죽음에 의해 정복됨으로써 사라졌다고 주장한다는 것이다. 다시 말해서, 이를 통해 우주적 종교 질서가 사망에 처해졌고, 과거의 양극성은 그리스도 안에서의 새로운 연합으로 대체되었다는 뜻이다. 그 이후에 새로운 양극성이 출현하는데, 이를테

---

14 특히 다음을 보라. Beker, *Paul the Apostle*, 314.

15 필자는 Käsemann이나 Becker가 그들의 뒤를 잇는 학자들보다 구속사적 입장에 더 호의적이었다는 사실에 주목할 가치가 있다고 생각한다. Campbell(*Quest*, 38n16)은 Käsemann이 구속사적 모형을 묵시적 방향으로 접근시킴으로써 이를 변경하려고 했다고 본다. Martyn("Events in Galatia," 172n27; idem, *Theological Issues*, 176-81)은 Beker가 "*Heilsgeschichte*(구속사)에 두드러진 역할"을 부여하면서도, "묵시에 대해 탄복할 만한 집중"을 보였다고 생각한다. Matlock(*Unveiling the Apocalyptic Paul*, 302)은 Becker를 "어떤 면에서 Cullmann[즉, 구속사]을 바라보며 상당히 누그러진 Käsemann과 같은 인물"로 본다. Bruce L. Longenecker(*The Triumph of Abraham's God: The Transformation of Identity in Galatians* [Edinburgh: T&T Clark, 1998], 9)는 Becker의 저술에서 어떻게 "바울의 묵시적 세계관이 하나님과 하나님의 백성인 이스라엘 사이의 언약적 관계를 전제하고 있는지"에 주목하면서, "장차 있게 될 하나님의 승리는 이스라엘에 대한 하나님의 언약적 신실함이 입증되는 날이 될 것"이라고 말한다.

16 Martyn, *Galatians*, 347(강조는 원저자의 것임).

면 옛 시대와 장차 올 시대 간의 양극성에는 성령 대 육신, 그리스도 대 율법으로 구성되는 새로운 이율배반이 더해진다.[17] 마틴은 구속사라고 하는 것을 갈라디아에 침입한 "교사들"이 도입한 것으로 보는데, 이들은 이방인 신자들에게 율법 준수를 통해서 하나님께 나아갈(move) 수 있다고 가르쳤다. 반대로 바울은 하나님이 그리스도를 보내심으로 우주를 움직이셨다(has moved)고, 즉 우주를 침공하셨다고 말한다. 바울이 말하는 복음은 복음적이고 우주적이며 역사를 창조해내는 기독론으로서, 율법의 준수와 그리스도의 신실한 죽음 간에 이율배반을 설정한다. 바울에게 있어, 구속사와 복음 간의 단순 비례관계는 존재하지 않는다. 그 이유는 (1) 바울이 율법을 아브라함 언약의 범위에서 제거하면서, 율법을 그 고유한 내러티브적 맥락에서 떼어놓기 때문이다. 또한 (2) 그리스도 안에 있는 자들이 아브라함의 자손 된 신분을 얻지만, 이는 하나님의 자녀가 되는 권리에 비하면 부차적이다. (3) 바울은 아브라함 언약이 단수명사인 "씨"(곧 그리스도)에게 주어졌다고 언급함으로써 이스라엘의 언약 역사를 건너뛰고 있으며, 아브라함 언약을 일종의 "언약적 가현설"(covenantal docctism)로 취급한다. 아울러 (4) 그리스도의 오심은 이스라엘 언약의 회복이 아니라 우주의 사멸을 초래하므로, 바울은 하나님의 우주적 구속에 있어 이스라엘에 아무런 역할도 부여하지 않는다. 다시 말해서, 이스라엘 역사 가운데 복음을 위한 준비(*praeparatio evangelica*) 같은 것은 없다. 그리스도는 이스라엘의 구속사라는 맥락 속으로 오신 것이 아니라 이스라엘이 율법 아래 놓인 굴종의 시대 속으로 들어오신 것이기 때문이다. 마틴은 다음과 같이 말한다. "실로 갈라디아서를 **통틀어서** 바울은 아브라함으로부터 시작하는 단선적 역사를 제

---

17   Martyn, *Theological Issues*, 111-23, 161-75; idem, *Galatians*, 570-74; idem, "Apocalyptic Gospel in Galatians," 254-59.

시하기는커녕 그러한 견해에 반대한다. 갈라디아에 침입한 교사들이 판치는 마당에 복음의 유일성에 대한 바울의 끈질긴 주장은 반**구속사적**(anti-*heilsgeschichte*) 경향을 띨 수밖에 없었다."[18]

최근 들어 더글러스 캠벨(Douglas Campbell)은 구속사는 사실 구원론이 아니라 특정한 구원론적 관점에서 바라본 역사 이야기에 지나지 않는다고 강조하면서 구속사적 접근법을 한층 더 강하게 비판하였다. 그는 자신은 구속사적 관심을 수용하고 싶지만 구속사로 인해 바울의 기독교적 경험보다는 유대적 배경이 불가피하게 강조되고 있고, 구속사가 이스라엘에 대한 대체주의적 견해로 쉽사리 전락할 우려가 있다고 주장한다.[19] 그 대신에 정작

---

18 Martyn, "Events in Galatians," 160-79(176에서 인용, 강조는 원저자의 것임); idem, *Theological Issues*, 168-70; idem, *Galatians*, 302-6, 343-52. 유사한 논증으로는 다음을 보라. Beverly Roberts Gaventa, "The Singularity of the Gospel: A Reading of Galatians," in *Pauline Theology*, vol. 1, *Thessalonians, Philippians, Galatians, Philemon*, ed. J. M. Bassler (Minneapolis: Fortress, 1985), 147-59. John M. G. Barclay("Paul's Story: Theology as Testimony," in *Narrative Dynamics in Paul: A Critical Assessment*, ed. B. W. Longenecker [Louisville: Westminster John Knox, 2002], 154-55)는 Käsemann의 방식을 따라, 이스라엘의 역사와 바울 자신의 이야기가 "은혜로 형성된 이야기"로 인해 재구성되었고, 이 이야기는 불경건한 자들에 대한 하나님의 칭의를 말한다고 본다. "다시 말해서, '칭의'와 '구속사'를 서로에 맞서 경합을 시킬 수는 없다. 불경건한 자들에 대한 칭의, 죽은 자들에게 주어지는 생명의 선물, 절망에 처한 자들에게 주어지는 소망(즉 은혜)이 바로 '구속사'를 구성하는 것이고, 이러한 요건들 외에 다른 것으로는 구속사를 설명할 길이 없다." 그런데 Barclay는 다음과 같이 덧붙인다. 바울은 "인류의 연속성이라는 역사적 과정에서 선형적인 흔적을 추적하지는 않는다. 실제로 불경건한 자들에 대한 칭의는 역설이나 놀라움, 그리고 인간적 연계의 단절을 통해서 진행하기 때문이다. 바울이 자신의 생애 가운데 인간에게 가시적인 연속성 대신에 그 단절을 발견한 것과 똑같이, '나'라는 존재가 하나님의 대리자(곧 그리스도)로 말미암아 압도되었을 때, 그는 하나님의 신실함이라는 연결 고리 외에 현재와 아브라함을 이어줄 만한 그 어떤 연결선도 찾을 수 없었다.

19 Campbell(Quest, 37-38)은 구속사적 접근법은 "역사적 이스라엘을 하나님에 의해 선택되고, 특권을 부여받은 신성한 국가 내지 민족으로 높이는 경향이 있다. 다름 아닌 이러한 종류의 변수가 SH[구속사] 모형에서 유대인에 의한 준비 단계를 주장하는 것이다." Campbell이 구속사 모형이 이스라엘을 복음을 위한 일종의 매개체로, 그다음에는 복음을 거부한 악한으로 만들어 놓는다고 진정으로 우려하기는 했지만, 그의 접근법 자체는 이스라엘이 선택된 민족이라는 성경의 주장을 명시적으로 부인하는 것이다. Campbell은 이후 구속사에 대해 좀 더

필요한 것은 바울의 세계관이 공간과 시간을 양분하는 시대구분에 대해 어떻게 기술하고 있는지, 기독론적 구원론 안에 종결과 회복을 어떻게 통합하는지에 대한 이야기다. 연속적 계기들을 만들어내는 것은 성령이지, 이스라엘의 이야기가 아니다.[20]

다른 쪽에서는 N. T. 라이트(N. T. Wright), 제임스 D. G. 던(James D. G. Dunn), 브루스 롱네커(Bruce Longenecker), 벤 위더링턴(Ben Witherington), 리처드 헤이스(Richard Hays)와 같은 학자들이 바울 신학에서 묵시적 요소와 구속사적("언약적"이란 용어로 대체할 수 있다) 요소 간의 통일성을 증명하려고 했다. 이들은 바울 신학이 바울의 묵시적 세계관과 반대로 작용하기보다 그것과 결합된 방식으로 내러티브화된 성격에 주목하면서 논지를 이끌어간다[21] 그러므로 이들 학자들은 바울에 대한 묵시적 해석과 언약적 해석 간

긍정적인 입장을 취하여(*Quest*, 133) 다음과 같이 말한다. "백성과 역사와 성경에 걸쳐 있는, 기독교와 기독교 이전 유대교 간의 기본적인 **연속성**은 기독교의 표준적이고 타협할 수 없는 특징이다. 그러한 연속성은 기독교의 태동 때부터 기독교의 기본적 구성물을 이루어왔다. 마르키온주의는 도를 넘었다. **일부** 연속성은 이정되어야 하기 때문이다. 하지만 단지 인정하는 것만으로는 충분치 않다. 왜냐하면 실제 역사에서는 상당한 **불연속성**이 존재하기 때문이다" (강조는 원저자의 것임).

20 Campbell, *Quest*, 4, 27, 36-38, 62, 64, 67; idem, *Deliverance of God*, 188-92.

21 예를 들어, 다음을 보라. James D. G. Dunn, "How New Was Paul's Gospel? The Problem of Continuity and Discontinuity," in *Gospel in Paul: Studies on Corinthians, Galatians, and Romans*, ed. L. Anne Jervis and Peter Richardson (FS R. N. Longenecker; JSNTSup Sheffield: Sheffield Academic, 1994), 367-88; repr. in *The New Perspective on Paul* (rev. ed., Grand Rapids, MI: Eerdmans, 2008), 247-64(이하의 인용문들은 모두 *New Perspective on Paul*에서 가져온 것임); Bruce L. Longenecker, *The Triumph of Abraham's God: The Transformation of Identity in Galatians* (Edinburgh: T&T Clark, 1998); Ben Witherington III, *Paul's Narrative Thought World: The Tapestry of Tragedy and Triumph* (Louisville: Westminster John Knox, 1994); N. T. Wright, *The Climax of the Covenant: Christ and the Law in Pauline Theology* (Edinburgh: T&T Clark, 1991); idem, *Paul: In Fresh Perspective* (Minneapolis: Fortress, 2005), 40-58; idem, *Paul and the Faithfulness of God* (COQG 4; London: SPCK, 2013), 특히 39-40, 1071-73, 1512-13; idem, *Paul and His Recent Interpreters* (London: SPCK, 2014), 135-218; idem, *The Paul Debate* (Waco, TX: Baylor University Press, 2015), 45-64; Richard Hays, *Echoes of Scripture in the Letters of Paul* (New

에 이분법은 존재하지 않는다고 주장한다. 다음은 라이트의 주장을 상세히 인용한 것이다.

나는 바울이 "묵시적" 신학자라는 주장에 반대하는 것이 아니다. 내가 반대하는 것은 그 말을 어떤 신학적 입장을 암시하기 위해 사용하거나, 또는 신학적 입장들을 당혹스러울 정도로 나열해 놓고서, 수많은 실제 "묵시들"에 따라 바울이 실제로 언급했던 몇몇 발언들을 억지로 무시하는 식으로 그 용어를 사용하는 것이다. 나 역시 바울을 제2성전기 유대 사회라는 역사적으로 기술 가능한 "묵시적" 틀 안에서 바라보며, 바울의 경우 이러한 틀이 메시아와 성령을 중심으로 재해석되었다고 본다. 나 역시 바울 복음의 핵심은 유일하신 하나님이 예수 안에서 극적이고 결정적으로 역사하심으로, "권세들"의 통치를 전복하고 인간과 세상을 그들의 손아귀에서 해방하신 이야기에 관한 메시지라고 본다. 나 역시 바울이 볼 때 세상의 진정한 고통 자체가 복음에서 계시되었고, 이러한 고통으로 인해 인간이나 심지어 하나님이 주신 토라의 축복을 받은 유대인조차도 근본적으로 자기 스스로 구원을 주도할 수 없으므로 하나님의 은혜라는 무상의 선물에 전적으로 의존할 수밖에 없다는 식으로 계시되었음을 강조하는 바이다. 나 역시 바울이 "장차 올 시대"가 예수의 죽음과 부활로 이미 시작되었고, 그것이 로마서 8장과 고린도전서 15장에서 이야기하는 사건들로 인해 완성되리라고 믿었음을 역설하는 바다. 나 역시 이 모든 것이 바울에게 일종의 새로운 인식 방식(고후 5:16-17과 갈 4:9과 같은 구절에서 드러나

Haven: Yale University Press, 1989); idem, "Crucified with Christ: A Synthesis of the Theology of 1 and 2 Thessalonians, Philemon, Philippians, and Galatians," in *Pauline Theology*, vol. 1, *Thessalonians, Philippians, Galatians, Philemon*, ed. J. M. Bassler (Minneapolis: Fortress, 1985), 227-46; idem, *The Faith of Jesus Christ: The Narrative Substructure of Galatians 3:1-4:11* (2nd ed.; Grand Rapids, MI: Eerdmans, 2002), 특히 제2판의 서론(pp. xxi-lii); idem, "Is Paul's Gospel Narratable?," *JSNT* 27 (2004): 217-39.

듯이)을 초래하였고, 이 방식을 조금만 확장하면 "묵시적 인식론"이라는 적절한 이름으로 부를 수 있음을 주장하는 바다. 그러나 이 모든 논점들을 모아놓는다고 해서 그것이 여태껏 많은 이들이 생각하던 식으로 작용하지는 않는다. 이 "묵시적" 관점은 "죄"나 속죄나 용서가 지닌 중요성을 제거하지 않으며 도리어 그것을 수용한다. 이 "묵시적" 관점은 이스라엘의 장구하고 어두운 역사를 배제하는 것이 아니라 도리어 그 중요성을 기대하게 만들며, 보이지 않는 곳에서 역사하는 하나님의 목적이 내재적이거나 점진적인 발전이 아니라 창조주 하나님이 가진 주권의 일환으로 작용하고 있으며, 최후의 순간에 심판과 자비를 가져올 것이라는 사실 또한 기대하게 한다. 이 "묵시적" 관점은 언약이라고 하는 넓은 맥락을 배제하는 것이 아니라 실제로 그것을 끈질기게 붙잡는다. 아브라함과 맺은 언약을 하나님은 마침내 성취하셨으며, 이 언약을 메시아를 중심으로 재정의하셨기에, 메시아를 통해 그 약속들은 전 세계로 확대되었다. 이러한 하나님의 언약적 신실함은 토라와는 별개이지만 토라와 예언자들에 의해 증거되었다.[22]

이번 장에서 내가 하고자 하는 것은 이러한 주장들에 비추어 바울에 대한 마틴의 묵시적 해석을 살펴보는 것인데, 마틴은 자신의 해석이 묵시적 관점을 대변한다고 주장하지만, 나는 그러한 주장을 갈라디아서에 대한 새로운 독법을 통해 검토할 것이다. 내가 주장하려는 것은 구속사와 묵시적 관

---

22 Wright, *Paul and His Recent Interpreters*, 217-18. 이 논점에 대해 Wright에게 응수한 다음의 주장을 보라. Martinus C. de Boer, "N. T. Wright's Great Story and Its Relationship to Paul's Gospel," *JSPL* 4 (2014): 49-57; Jörg Frey, "Demythologizing Apocalyptic? On N. T. Wright's 'Paul, Apocalyptic Interpretation, and the Constraints of Construction,'" in *God and the Faithfulness of Paul: A Critical Examination of the Pauline Theology of N. T. Wright*, ed. M. F. Bird, C. Heilig, and J. T. Hewitt (Tübingen: Mohr Siebeck, 2015), 334-76; 또한 John M. G. Barclay, "Review," *SJT* 68 (2015): 235-43.

점 간에 이분법은 불필요하다는 것이다. 한편으로 보면, 갈라디아서에 나타난 바울의 신학적 교향곡에 묵시적 화음이 울리지 않을 수 없다.[23] 그 화음들은 전 악장을 통해 반복되는 악상 속에서 힘차게 울려 퍼지는데, 이를테면 데살로니가전서를 거쳐 로마서에 이르기까지 나타나는 두 시대, 공간적이고 윤리적인 이원론, 결정론, 천사의 활동, 인류학적 비관주의, 우주적 격변, 광범위한 배교에 대한 예견, 하늘로의 상승 등의 주제를 꼽을 수 있다.[24] 반면에, 바울의 묵시 사상이 이스라엘의 성서가 들려주는 이야기나 그에 따른 언약적 약속들과 충돌하는 불협화음을 내는 것은 아니다. 복음에 선포된 하나님의 침공 행위는 바울이 자신의 신학적 담론에서 자주 거론하는 언약-성취라는 도식 안에 여전히 자리잡고 있다. 우리가 바울의 묵시적 신학을 유대교 성경의 메타내러티브로부터 분리시켜야 할 필요는 없다. 그러므로 결국 나는 바울의 사상에서 또 하나의 특이한 면, 즉 바울 복음이 이스라엘 이야기에 대한 당대의 내러티브를 단호히 인정하는 동시에 그것을 급진적으로 재구성하는 면을 보여줄 수 있기를 바란다.

---

23 Campbell(*Quest*, 62)은 묵시적 접근법을 "상징적 관현악곡"이자 "오페라"라고 부른다.

24 특히 다음을 보라. Frey, "Demythologizing Apocalyptic?," 365-67. 갈라디아서의 묵시적 표현 및 동기를 모아 놓은 목록을 위해서는 다음을 보라. Martyn, *Galatians*, 97-104. 또한 다음을 보라. Richard B. Hays, "Apocalyptic *Poiēsis* in Galatians: Paternity, Passion, and Participation," in *Galatians and Christian Theology: Justification, the Gospel, and Ethics in Paul's Letter*, ed. M. W. Elliott, S. J. Hafemann, N. T. Wright, and J. Frederick (Grand Rapids, MI: Baker Academic, 2014), 206-9. Robert G. Hall, "Arguing Like an Apocalypse: Galatians and an Ancient *Topos* outside the Greco-Roman Rhetorical Tradition," *NTS* 42 (1996): 434-53. 여기서는 갈라디아서에서 다양하게 나타나는 정형화된 묵시적 표현들을 파악하고 있다. 예를 들어 바울이 하나님의 영감을 받았음을 주장한 점, 의로움과 악함의 영역을 드러낸 점, 의로움의 영역을 고수할 것을 촉구하는 점, 자신의 관점을 취할 것을 독자들에게 권하고 있는 점 등은 모두 묵시적 수사법을 담고 있는 표현들이다.

묵시적 바울에게 있어서 "묵시"의 문제

첫 번째 과업은 바울 해석에서 수많은 해석자들이 사용하고 있는 "묵시적"이란 말을 어떻게 이해하고 있는지 살펴보는 것이다.[25] 일단 바울에 대한 묵시적 해석은 바울을 유대교의 묵시에 견주어서 그 맥락에 충실하게 읽어내는 것이기보다는 일종의 신학적 시위 내지 바르트적인 신학적 투사에 더 가깝다.[26] 바울 복음에서 새로움 내지 심지어 침공의 모티프를 찾아낸 것은 상당히 타당하지만, 정확한 관점을 지지한다고 해서 그것이 제2성전기에 존재하는 실제 본문들을 반영하는 것 같지는 않다.[27]

---

25 Martyn(*Galatians*, 96n47)은 "나는 '묵시'라는 용어를 문학 장르가 아니라 신학 사상의 한 유형을 나타내기 위해 사용한다"고 말한다.

26 Martyn의 Barth 해석에 대한 Barth 학파 내의 평가에 대해서는 다음을 보라. Bruce McCormack, "Can We Still Speak of Justification by Faith? An In-House Debate with Apocalyptic Readings of Paul," in *Galatians and Christian Theology: Justification, the Gospel, and Ethics in Paul's Letter*, ed. M. W. Elliott, S. J. Hafemann, N. T. Wright, and J. Frederick (Grand Rapids, MI: Baker Academic, 2014), 158-84. McCormack은 Barth(한때는)와 Martyn이 똑같은 문제를 갖고 있었다고 생각한다. 즉 "하나님의 역사하심을 인간의 행위와 관련하여 설명할 길이 없고, 그러므로 어떻게 해서 한 사람의 죽음이 죄, 죽음, 사단의 세력에 대한 승리를 가져오는 하나님이 승리가 되는지 설명할 수 없는"(179) 문제를 갖고 있었다고 본다. Edwin Christian van Driel("Christ in Paul's Narrative: Salvation History, Apocalyptic Invasion, and Supralapsarian Theology," in *Galatians and Christian Theology*, ed. M. W. Elliott et al. [Grand Rapids, MI: Baker Academic, 2014], 230-38)은 "언약적" 또는 "묵시적" 모형은 그리스도의 출현을 일종의 플랜B로 전락시킨다는 점에서 모두 기독론적으로 결함이 있다고 본다. 게다가 Douglas Campbell(*Deliverance of God*, xxiv-xxvii)의 저작은 Torrance적 또는 삼위일체적 관점으로 해석된 Barth 신학임을 인정해야 한다! Campbell에 관해서는 Wright, *Paul and His Recent Interpreters*, 187-215를 보라. 공정히 평가해서, Martinus de Boer의 경우에는 Martyn으로부터 Barth적 정신을 두 배로 물려 받았을지 모르는데, 이는 갈라디아서의 *pistis*가 그리스도 자신의 신실하심을 나타낸다는 주장을 끈질기게 펼쳤던 사실에서 추측할 수 있다(de Boer, *Galatians*, 148-50, 192-93). 하지만 칭찬할 만한 점은 de Boer가 바울을 해석하는 데 있어 유대교 묵시와 비교하는 노력을 진정으로 기울인다는 점이다.

27 Wright, *Paul and the Faithfulness of God*, 781.

칼 바르트는 이스라엘의 이야기를 바울의 묵시적 복음으로부터 떼어 놓는 데 있어 최초의 견인차 역할을 하였다. 그는 자신의 로마서 주석에서 상당히 거침없고 신랄한 반역사(antihistory)를 옹호했다. 그 후 『교회교의학』(Church Dogmatics)에서 바르트는 믿는 자들이 예수의 구속사 속으로 들어가는 것이지, 이스라엘의 언약 역사 속으로 들어가는 것이 아니라고 암시적으로 주장했다.[28] 바르트는 종교와 계시 간의 이원론을 설정하는데, 이는 "종교의 폐지로서의 하나님의 계시(The Revelation of God as the Abolition of Religion)"라고 명명된 그의 강령에서 가장 분명하게 드러난다.[29] 바르트에게 있어 현대 신학의 오류는 그것이 계시의 종교가 되지 못하고 오히려 종교의 계시로 변질되었다는 것이다. 그러한 헛걸음으로 인해 교회는 그 자신의 종교적 독특성, 즉 예수 그리스도의 주권을 상실할 위험에 처하게 되었다.[30] 이와 유사한 관점을 케제만의 신학적 주석에서도 발견할 수 있는데, 그는 이스라엘을 그저 종교적 인간을 대변하는 살아 있는 예시 정도로 격하시켰다. 그 결과 바울은 모든 사람의 내면에 숨겨진 채로 존재하는 유대인, 곧 그리스도의 주권이라는 선물을 붙잡는 것이 아니라 각자의 종교를 고수하는 경향을 공격하는 인물로 이해된다.[31]

---

28 예를 들어, 다음을 보라. Karl Barth, *CD*, ed. G. W. Bromiley and T. F. Torrance; trans. G. W. Bromiley et al. (4 vols.; Edinburgh: T&T Clark, 1975; 『교회 교의학』, 대한 기독교 서회 역간, 2003-2017), 4/4:1-30. 바울 연구에 관한 Barth 및 "묵시" 학파의 입장에 대해서는 다음을 보라. Douglas K. Harink, *Paul among the Postliberals: Pauline Theology beyond Christendom and Modernity* (Grand Rapids, MI: Brazos, 2003); idem, "Paul and Israel: An Apocalyptic Reading," *Pro Ecclesia* 16 (2007): 359-80; Benjamin Myers, "From Faithfulness to Faith in the Theology of Karl Barth," in *The Faith of Jesus Christ: Exegetical, Biblical, and Theological Studies*, ed. M. F. Bird and P. M. Sprinkle (Milton Keynes, UK: Paternoster, 2009), 291-308.

29 Barth, *CD* 1/2:280-361.

30 Barth, *CD* 1/2:284, 294.

31 Käsemann, "The Righteousness of God in Paul," 178-81; idem, "Paul and Israel," 183-87.

마틴은 기본적으로 바르트와 케제만을 결합한 혼합적 접근법에 베커의 주장을 일부 더해서, 바울은 유대교로의 개종을 권유하던 반대파의 종교, 다시 말해 토라와 언약으로 대표되는 이스라엘의 종교보다 우위에 있고 또한 그것에 대립된다고 주장한다. 마틴이 소개하는 바울은 "언약 신학자가 아니다."[32] 이 부분이 (일단 그 말하는 방식에 있어) 매우 흥미로운데, 마틴의 설명에 따르면, 하나님의 약속이 아브라함에게 주어졌지만, 그것은 이스라엘을 건너뛰고 아브라함의 씨인 그리스도를 향해 나아간다. 율법 시대에는 아브라함의 씨가 없었다. 바울은 이방인을 이스라엘에 편입하려고 하는 갈라디아의 침입자들을 논박하다 보니 이러한 입장에까지 이르게 된 것인데, 이들에 대한 대응으로 바울은 시내산 언약이 하나님께서 한 민족을 선택하신 역사임을 부인한다. 바울은 로마서에서 그러한 충격적인 견해를 철회하기는 하지만, 갈라디아서 자체에서는 하나님이 그 옛날 이스라엘 민족을 선택하셨음을 믿어야 할 이유를 독자들에게 전혀 제시하지도 않는다.[33] 여기서 마틴의 주장은 논란의 소지가 있는데, 왜냐하면 이스라엘과 그 언약의 역사가 과연 구원과 관련되는지에 대한 문제가 걸려 있기 때문이다.[34]

내게 곧바로 떠오르는 질문은 이스라엘의 선택에 관한 그러한 견해가 설령 옳다고 해도, 그것은 묵시가 아니라 기독론에 관한 것으로 보는 것이 최선이다. 시내산 언약이나 율법의 수여가 하나님께서 이스라엘을 선택하신 목적에 해당하지 않는다고 보는 견해를 어떻게 유대 묵시 문학이나 이러한 문헌의 배후에 있는 공동체적 실천과 어우러지게 배치할 수 있는지 잘

---

32   Martyn, "Events in Galatia," 179.
33   Martyn, "Events in Galatia," 172; idem, *Galatians*, 349-52; idem, *Theological Issues*, 161-75.
34   혹은 Longenecker(*Triumph of Abraham's God*, 89)의 질문처럼, "그리스도 안에서 하나님의 묵시적 활동과 관련하여 이스라엘의 역사와 민족에 대해 바울은 갈라디아서에서 어떤 견해를 취하고 있었는가?

상상이 되지 않는다. 묵시 문헌은 인간의 고통과 그에 대한 신적 해결을 다루는 것이 아니라, 이스라엘이 처한 곤경과 하나님의 언약에 따른 해답을 다룬다고 보는 것이 보다 적절하다.[35] 유대교와 기독교의 묵시서들에서 이스라엘이 처한 문제는 반추되고 그에 대한 해결책도 다시 제시된다. 그러나 이스라엘에 대한 선택은 결코 철회된 적이 없으며, 그 주제는 철회되기보다는 이교도들의 통치와 배교자들에 맞서 오히려 강화되고 있다. 내가 알기로는, 선견자들 중의 아무도 이스라엘의 선택을 부인하지 않는다. 그러나 과연 누가 실제로 진정하고도 정당하게 이스라엘 중에 속하는가? 아무래도 그것은 또 다른 문제였다. 더욱이 이스라엘이 하나님의 계획에서 중심을 차지하고 있기에, 묵시 문학은 대체로 '이스라엘 없이는 구원도 없다'(extra Israel nulla salus)는 원리에 준하는 견해를 제시하는 것으로 보인다. 그 이유는 묵시 문학이 고도로 상호텍스트적이기 때문인데, 말하자면 이스라엘의 이야기가 되풀이되면서 그 이야기가 본래부터 구원의 드라마에 본질적 요소라는 생각에 이르게 되는 것이다. 묵시서를 기록한 선견자들은 이스라엘의 성서적 희망이 극적이고 우주적인 성취에 도달할 것임을 다양하거나 기묘한 방식으로라도 상상하는 식으로 이스라엘의 전승을 되풀이하고 재해석할 수 있다고 확신했다. 예언자의 환상을 재해석하고 성경의 예표를 재적용하는 것이 묵시적 전승이 지닌 끈질긴 힘이었으므로, 이러한 전승을 통해 이스라엘이 사회정치적 대재앙을 뚫고 마침내 새로운 세상으로 안전하게 들어갈 것을 고대하는 참신한 상상이 전개되었다.[36]

묵시를 일반적으로 분류하면 신비주의와 미드라쉬의 중간쯤에 해당하는데, 이는 묵시가 이스라엘의 경험과 기대 및 종교문학을 창조적으로 숙고

---

35 Wright, *Paul and His Recent Interpreters*, 162-63.
36 Gerhard von Rad, *Theologie des Alten Testaments* (2 vols., Munich: Kaiser, 1961), 2:321: "대체로 그 묵시가의 영적 성취는 '해석'이라는 개념으로 충분히 설명할 수 있을 것이다."

하면서 그러한 바탕 위에 미래의 구원을 상상하는 까닭이다. D. S. 러셀(D. S. Russell)이 보기에, 유대 묵시 문학의 핵심은 이스라엘의 장구한 역사가 마침내 정점에 다다를 때 어떤 모양이 될지를 상상하는 것이다. 그에 따르면, "각 책마다 하나님이 약속하신 모든 일이 확실히 일어날 것이라는 열정적이고 확신에 찬 설렘으로 가득하다. 하나님의 종인 예언자들에 의해 이스라엘에게 주어진 약속은 의미와 현실성이 있을 수밖에 없으며 이는 궁극적으로 성취될 것이다. 이 약속들은 하나님이 그의 백성을 구원하실 것이고 그들을 이방 나라들 가운데 크게 하실 것이라고 선언한다.…하나님은 그 백성의 억울함을 단번에 영원히 신원해주실 것이고, 모든 시대 동안 품어왔던 하나님의 목적과 계획을 완성으로 이끌어가실 것이다."[37] 유대교의 묵시서들은 "종말"에 대해 무척이나 관심이 있지만, 그에 못지않게 "시작"에 대해서도 관심이 있다. 묵시서들은 구속사의 진정한 시작을 태고적 창조의 순간에까지 역추적하고 있으며, 거기서 인간 역사의 마지막에 일어날 일들의 성격과 시점에 대한 암시를 찾는다.[38] 여러 면에서 묵시서의 관심사는 신적 정의, 즉 악한 제국들과 신실한 이스라엘을 핍박하는 이교도들을 물리치는 하나님의 승리에 관한 것이다.[39] 역사를 시대 별로 구분하는 것은 묵시 문학의 전형적인 특징인데, 이러한 묵시적 틀에 맞추어 역사를 배치하고, 또한 어떻게 과거가 많은 이들이 전혀 예상치 못했던 미래를 예비하는지를 보여줌으로써, 하나님의 신실한 백성들이 현재에 겪고 있는 어둡고 음울한 사태에

---

37 D. S. Russell, *The Method and Message of Jewish Apocalyptic* (OTL; Philadelphia: Westminster, 1976), 18.

38 예를 들어, 다음을 보라. Jub. 1.26-29; 4 Ezra 3.1-36; 14.1-17.

39 이와 유사한 논증으로는 다음을 보라. John Anthony Dunne, "Suffering and Covenantal Hope in Galatians: A Critique of the 'Apocalyptic Reading' and Its Proponents," *SJT* 68 (2015): 1-14. Dunne은 Martyn과 de Boer가 갈라디아서에 등장하는 고통과 박해의 주제가 어떻게 묵시 문학과 공명하는지를 파악하지 못한다고 지적한다.

대한 신학적 해답을 구한다.[40] 요르크 프라이(Jörg Frey)에 따르면, "묵시적

40 Ethelbert Stauffer(*New Testament Theology*, trans. J. Marsh [London: SCM, 1955], 19)에
    의하면, 유대 묵시 문학에서는 "구속사가 인간사를 푸는 실마리가 되고, 이와 마찬가지로 인
    간사는 우주사를 푸는 실마리가 된다. 그러므로 구속사는 하늘과 땅과 별과 짐승을 아우르
    는, 한 마디로 표현해서 '보편사'인 것이다. 하지만 보편사는 갈등의 온갖 흔적을 지니고 있다.
    이 역사의 중심 주제는 하나님의 도성(*civitas dei*)과 사탄의 도성(*civitas diabolic*) 간의 극적
    충돌이며, 이러한 주제는 태고의 시대부터 종말까지 관통하고 있다." Dunn("How New Was
    Paul's Gospel?," 260)은 다음과 같이 논평한다. "요점은 당연히 그러한 유대인들이 묵시적
    관점을 수용하면서도 구속사적 관점을 포기하지 않았다는 점이다. 그들은 자신들이 이스라
    엘인으로서 지켜온 유산을 부정하지 않았다. 오히려 묵시 그 자체는 과거와 미래가 모두 하
    나님의 소유로서 그 둘 간의 연속성을 재확인하는 방법이었다. 자신들의 관점을 묵시로 표현
    하는 집단은 분명히 소외와 극심한 위협에 처해 있다고 느낄 것이다. 즉 자신들이 악한 세력
    의 먹잇감되고 있다고 본 것이다. 묵시적 관점은 현시대에 대해서 이원론적 비관주의의 성격
    을 띠는데, 이는 그 자체로 그러한 집단이 처해 있는 압력을 표현하는 것이었다. 그러나 묵시
    적 관점의 바탕에는 묵시론자들이나 이들이 대변하던 이들의 주장이 깔려 있는데, 그것은 바
    로 **그들 자신 안에** 과거로부터 미래까지 이어지는 하나님의 구원의 목적이 지닌 연속성을 구
    현하는 것이었다.…요컨대, 묵시적 관점이란 신실한 자들이 박해를 당하며 언약과 약속을 유
    지할 다른 방법이 없을 때 구속사의 연속성을 확인하는 방법이었다"(강조는 원저자의 것임).
    Keck("Paul and Apocalyptic Theology," 233)의 주장에 따르면, 유대교의 묵시 신학은 "급
    진 신학"으로서, 언약 신학으로부터 생겨나서 신정론의 문제를 취급하게 된 것이다. Row-
    land(*Open Heaven*, 30, 38)는 묵시적 종말론이 "하나님의 언약이라는 관점에서" 벗어나지
    않았고, "역사 속에서 하나님의 목적이 완성될 것을 강조하는 미래적 관점"을 제시한다는 점
    에 주목한다. Longenecker(*Triumph of Israel's God*, 9)는 "하나님이 궁극적으로 이스라엘을
    위해 모든 것을 바로잡을 것이라는 기대가 널리 퍼져 있었고, 또 흔했다. 이는 예언적·묵시적
    자료와 여러 유대 종파들의 자료에도 잘 나타나 있다"고 논평한다. David Starling(*Not My
    People*: *Gentiles as Exiles in Pauline Hermeneutics* [BZNW 184, Berlin: Walter de Gruyter,
    2011], 209)에 따르면, "바울 서신에서 구속사와 묵시와의 관계를 이해하는 첫 단계는 양자
    간의 이분법이란 사람이 만들어낸 것에 불과하다는 사실을 인정하는 것이다. 묵시는 그 자
    체로 일종의 구속사다. 제2성전기 유대교 문학에서 묵시는 현재의 어둠이 너무 짙어서 계시
    와 구원에 있어 하나님의 새로운 개입이 없이는 하나님의 목적이 인식되지도, 성취되지도 않
    을 때, 구속사가 취하는 특정한 형태다." 또한 Frey("Demythologizing Apocalyptic, 367-68)
    는 묵시적 본문들에서 나타나는 연속성과 비연속성 간의 긴장에 주목한다. 그에 따르면, "묵
    시적 본문이 (명시적 또는 내재적으로) 창조주이자 하늘에 계신 왕의 능력을 표현함으로써만,
    또한 창조주에 대한 신뢰나 최소한 모든 범법자와 대적에 맞서 창조 질서를 방어할 수 있는
    그의 능력에 대한 신뢰를 강화해주는 과거의 경험을 언급함으로써만 하나님의 새로운 구원
    적 개입에 대한 소망을 나타낼 수 있었음은 사실이다. 하지만 더불어 고려해야 할 것은, 언약
    과 선택을 알고 있는 상황에서도 외부의 적들, 심지어는 사악한 이스라엘인으로부터 고통당
    하는 상황이 악화되고 세상의 불의와 타락에 대한 인식이 너무나 극심해져서 단순한 회복에
    대한 소망만으로는 충분치 못함으로 인해, 한층 더 급진적이고 전례없는 개입을 꿈꾸게 되

사고는 기본적으로 하나님의 신실하심과 하나님이 여전히 통치하심을 믿는 믿음에도 불구하고, 새로운 구원 행위를 고대하게 하는 긴장상태를 체험하는 것에서 생겨나는 반응이다. 그것은 현세의 타락에 대한 통찰이 깊어질수록, 그에 비례하여 정화되고, 갱신되고, 심지어 '새롭게' 창조된 세상을 기대한다."[41]

더욱이 묵시 문학 전반에 스며들어 있는 "계시된 역사"라는 주제는 (과거·현재·미래에 걸친) 현세적 사건들을 가져와서 비밀의 상징주의로 겹겹이 둘러싸인 사회정치적 우주관의 파노라마 속에 집어넣는다. 이러한 상징적 세계관에 따르면 과거와 현재의 사건들 배후에 하늘나라의 현실이 드리워져 있으며, 이러한 초월적 현실에 대한 통찰은 오직 특별한 은총을 받은 소수에게만 허락된다.[42] 여기서 말하는 "새로운" 것이란 대다수의 사람들에게는 감춰진 현실을 다른 세상으로 여행을 다녀옴으로써 인식하게 되는 능력인데, 그런 의미에서 그것은 인식론적인 것일 뿐, 새로운 계시의 내용보다 앞선 것들과 완전히 단절된다는 뜻에서 새로움을 말하는 것은 아니다.[43] 두

었다는 것이다." 특히 다음의 논문이 중요하다. Loren T. Stuckenbruck, "Overlapping Ages at Qumran and 'Apocalyptic' in Pauline Theology," in *The Dead Sea Scrolls and Pauline Literature*, ed. Jean-Sebastien Rey (STDJ 102; Leiden: Brill, 2013), 309-26; idem, "Posturing 'Apocalyptic' in Pauline Theology: How Much Contrast with Jewish Tradition?," in *The Myth of Rebellious Angels: Studies in Second Temple Judaism and New Testament Texts* (WUNT 335, Tübingen: Mohr Siebeck, 2014), 240-56. Stuckenbruck는 유대적 사고에서 시간에 대한 이해가 매우 복잡했고, 제2성전기 작가들이 흔히 추측하는 것보다 시대 간의 연속성을 더 많이 상정했다는 점을 제시한다(Stuckenbruck의 저작을 알려준 Jason Maston에게 개인적으로 감사를 표한다).

41 Frey, "Demythologizing Apocalyptic?," 371.

42 Robert G. Hall, *Revealed History: Techniques for Ancient Jewish and Christian Historiography* (JSPSup 6; Sheffield: Sheffield Academic, 1991), 246-48.

43 여기서 필자는 인식론이 우선성을 지닌다는 의견에 대해 Martyn도 동의할 것이라고 생각한다. 그의 이 논문을 보라. "Epistemology at the Turn of the Ages: 2 Corinthians 5:16," in *Christian History and Interpretation: Studies Presented to John Knox*, ed. William R. Farmer et al. (Cambridge: CUP, 1967), 269-87; repr. in *Theological Issues*, 89-110.

가지 예를 들자면, 희년서(Jubilees)와 에스라4서(4 Ezra)는 묵시 문학 장르에 속하지만 둘 다 이스라엘의 역사 이야기를 되풀이하면서 그 이야기를 악의 세력에 대한 하나님의 승리라는 우주적 역사 속에 위치시킨다.[44] 묵시서를 제대로 이해하자면, 그것은 하나님의 백성을 위한 구원의 목적이 정점에 달한 것일 뿐, 완전히 새로운 시작이라고 볼 수 없으며, 과거에 대한 절연은 더더욱 아니다.[45]

바울 신학을 연구하는 어떤 분야든 묵시적 종말론은 그 핵심 요소임에 틀림없고, 어쩌면 바울 신학을 바라보는 일차적인 신학적 관점이라고 할 것이다.[46] 바울은 전반적으로 묵시적 특징을 분명히 보여주고 있으며, 이 점은 특히 갈라디아서에서 두드러진다. 이는 그가 구원 사건을 포로 상태에 있는 인류를 은혜로써 해방시키시는 하나님의 능력이 개입하는 것으로 보기 때문이다. 그러나 묵시적 종말론이 종말론적 이원론이나 우주적 드라마로 전락되어서는 안 되고, 또한 하나님이 과거에 그 백성을 다뤄오신 일과의 연속성 및 연결성이 부정되어야 할 필요도 없다. 게다가 "묵시"라는 외피에

---

44 희년서(Jubilees)는 에덴에서 시내산까지의 여정을 기술한 일종의 "다시 쓴 성경"으로서, 수많은 묵시적 주제가 행간마다 들어 있다. 에스라4서는 이스라엘 이야기의 절정에 해당하는, 로마에 대한 하나님과 메시아의 승리를 대망하는 묵시서다. Dunn("How New Was Paul's Gospel?," 260)은 쿰란 문서에서 유사한 유형을 발견하는데, 여기서는 언약의 당사자인 새 언약의 백성으로서 진정한 이스라엘을 강조한다(예를 들어, 1QS 8.4-9). 또한 이들은 악한 영의 위협에 계속해서 시달리고 있으나(예를 들어, 1QS 3.13-4.26), 또한 빛의 자녀들과 어둠의 자녀들 간의 최후 결전을 준비하고 있기도 하다(1QM).

45 James D. G. Dunn, *Beginning from Jerusalem* (CITM 2; Grand Rapids, MI: Eerdmans, 2009), 745n402. 그 밖에도 Dunn("EK ΠΙΣΤΕΩΣ: A Key to the Meaning of ΠΙΣΤΙΣ ΧΡΙΣΤΟΥ," in *The Word Leaps the Gap*, ed. J. R. Wagner, C. K. Rowe, and A. K. Grieb [FS R. Hays; Grand Rapids, MI: Eerdmans, 2008], 354)은 다음과 같이 말한다. "바울은 하나님의 구원 목적의 달성을 이해하기 위한 타당하고 중요한 방법으로서 연속성을 가진 이야기들과 묵시적 단절을 동시에 포착할 수 있었고, 실제로도 그렇게 했다."

46 Edgar Krentz, "Through a Lens: Theology and Fidelity in 2 Thessalonians," in *Pauline Theology*, vol. 1, Thessalonians, Philippians, Galatians, Philemon, ed. J. M. Bassler (Minneapolis: Fortress, 1985), 52.

호소함으로써 바울 신학의 이야기들을 해체하고 바울과 이스라엘에 대한 성서적 내러티브 간에 절대적 단절을 부여하는 것은 범주상의 오류다. 그 이유는 바울이 유대교의 전승으로부터 물려받은 묵시 사상이 고도로 구속사적이었기 때문이다—물론 바울 자신의 접근법이 이스라엘이 지닌 여타의 묵시적 기대들이나 여타의 종교적 역사서술과 확연히 달랐다는 점은 인정해야 할 것이다.[47] 가벤타(Beverly Roberts Gaventa)에 따르면, 바울이 반복해서 구약을 언급하는 것은 "이 서신의 신학에 관해 적절히 진술하기 위해서는 연속성 및 비연속성의 요소들에 주의를 기울여야 한다"는 것을 말해 준다.[48] 바울은 그리스도의 계시에 비추어 이스라엘의 이야기가 지닌 의미를 부정하는 것이 아니라 오히려 그것을 회고하면서 수정하고 있다. 헤이스의 논평에 따르면, "그리스도를 통한 하나님의 '묵시적' 행위는 단지 창조와 언약을 분쇄하거나 말살하려는 것이 아니다. 도리어 그것은 성령의 인도하에, 십자가와 부활에 비추어 창조와 언약을 해석학적으로 재구성한다."[49]

그렇다면 바울에 대한 마틴의 묵시적이고 바르트적인 신학 작업은 이스라엘의 역사와 바울의 그리스도 사건 간의 단절을 지나치게 과장하면서 묵시적 동기라는 얇은 베일을 입고 나타난 것이라고 하겠다. 이스라엘의 구속사를 구원 사건으로부터 떼어놓으려는 시도는 묵시 문학적 전형에 어울리지 않을 뿐만 아니라, 전혀 묵시 문학답지 못한 것이다. 묵시 문학은 이

---

47 Dunn(*Beginning from Jerusalem*, 744-45n402)이 주목한 바에 따르면, Martyn은 "바울이 하나님의 구원 목적을 하나의 역사적 과정으로 어느 정도 간주했는지에 대해서 정당한 해석을 내리지 못했다. 즉 아브라함이 씨의 조상이며 율법이 그리스도 이전에도 일정한 역할을 부여받았던 점, 그리스도가 '때가 찰 때'에 오신다는 점, 상속자들이 소수자(=종들)로부터 다수자(성령의 선물로 성장한다는 점 등을 간과했다." 유대교의(아울러 바울의!) 관점에서 볼 때, 묵시는 하나님의 백성을 위한 하나님의 구원 목적이 절정에 달한 것일 뿐, 새로운 시작을 의미하는 것이 아니다."

48 Gaventa, "Singularity of the Gospel," 159(강조는 원저자의 것임).

49 Hays, "Apocalyptic Poiēsis in Galatians," 205.

스라엘의 언약 이야기와 희망을 인정하고 있기 때문이다. 던의 다음과 같은 주장은 타당하다. "요컨대 기독교 이전의 유대교 내에서 두 가지 관점[구속사와 묵시]을 어느 정도 통합한 것을 볼 때, 두 관점을 상호 배타적인 것으로 보는 경향은 그저 바울을 잘못 읽은 것이 아닌가 하는 생각이 든다. 이는 바울 해석의 전문가라는 사람들이 바울이 자신의 복음을 구성하고 선포했던 역사적 맥락을 제대로 보지 못하고 놓쳐버린 셈이다."[50] 이러한 결론을 감안할 때, 우리는 이른바 바울에 대한 묵시적 해석이라는 것에 대해 도리어 부정적인 판단을 내릴 수밖에 없다. 즉 바울에 대한 그러한 해석은 보통 묵시라고 불려지는 문학이 지닌 기본 성격과 공명하지 않는다.[51] 이와 대조적으로 다수의 주석가들이 시사하듯이, 묵시적 세계관 및 구속사적 내러티브가 유대교 묵시 문학에서 서로 밀접하게 연결되어 있는 것처럼, 바울에게서도 그 둘은 서로 긴밀하게 결합되어 있는 것으로 보인다.[52]

---

50 Dunn, "How New Was Paul's Gospel?," 262.

51 Campbell(*Quest*, 62)은 묵시적 접근법에 대해 다음과 같이 말한다. "각 개념적 요소는 사실상 유대교를 구성하는 잘 알려진 소재로서 바울과 거의 동시대에 속한 자료들에서도 나타난다. **그러나 그 요소들을 이렇듯 특정한 구원 이야기로 배열해낸 것은 전례가 없던 일이고, 또 심지어 그럴 수밖에 없었다. 왜냐하면 그 중심에는 예수에 관한 기독교의 이야기와 연관된 성령론이 자리하고 있었기 때문이다**"라고 말한다(강조는 덧붙여진 것임). 이 말은 묵시적 읽기란 묵시 문학의 주요 주제들을 취사선택한 것 위에 구축된 신학적 구조물이며 그다음으로 바울에게 임의적인 방식을 따라 적용되었음을 허심탄회하게 고백하는 것이다.

52 다음을 보라. Wright (*Paul*, 54): "바울에게 '묵시', 즉 감춰진 진실의 갑작스럽고, 극적이고, 충격적인 공개이자 아무것도 모르는 어두운 세계에 돌연 비추인 찬란한 하늘나라의 빛이란 결국 예전부터 변함없이 하나님이 계획하셨던 것이었다. 바울 사상에 계속해서 창조적인 면을 부여하는 긴장 중의 주된 양상 중 하나는 하나님이 실제로 발생한 일을 계획하셨다는 사실과 가장 경건한 이스라엘 사람조차 그러한 일이 일어날 것이라고는 꿈에도 생각하지 못했다는 사실 간의 충돌이다. 바울의 언약 신화를 역사적 완성을 향한 굴곡 없고 꾸준한 발전으로 해석해서는 안 된다. 하지만 그렇다고 해서 예수 이전에 일어난 일은 준비 단계로서도 아무 가치가 없다는 일종의 '묵시적' 해석을 제시해서도 안 된다. 예수의 죽음과 부활이라는 메시아 사건에서 바울은 언약이 마침내 성취되었다는 사실과, 그 사건으로 인해 이전에도 그리고 앞으로도 다시 없을 거대하고 극적인 개입이 세계사의 진행 속에 행해졌다는 사실을 모두 믿었다. 그리고 이러한 긴장의 중심에는 메시아의 십자가가 서 있는데, 이는 오래도록 고

갈라디아서 1장: 바울의 묵시적 복음이 들려주는 이야기

갈라디아서는 커다란 열정을 갖고 기록된 서신인데, 그 속에는 이방인 그리스도인들이 할례를 받아야 한다고 주장하는 유대 그리스도인들의 의도에

대해왔던 것이 성취된 것이며, 모든 인간의 자만심에 일침을 가한 것이다. 이러한 진실의 양 측면을 붙들지 않는다면, 바울에게 있어서 결정적으로 중요했던 무언가를 놓치는 셈이 된다."; Roy E. Ciampa and Brian S. Rosner(*The First Letter to the Corinthians* [PNTC; Grand Rapids, MI: Eerdmans, 2010], 10): "바울에게 구속사적 관점과 묵시적 관점은 각각 미해결의 긴장 속에 대치하는, 서로 화해할 수 없는 견해가 아니었다. 오히려 바울은 두 관점이 그의 사상 속에서 한데 모아져서, 이스라엘이라는 특정한 나라의 역사가 예수 그리스도를 통한 전 세계의 구원 속에서 그 완성에 이르게 되었다고 생각했다. 구속사와 묵시적 주제의 수렴은 두 개의 '버팀목'이라 할 수 있는 롬 1:1-5과 16:25-27 사이에 위치한 내용에서 가장 명백히 드러난다. 육신으로는 다윗의 자손이나 죽은 자들 가운데 부활하셔서 거룩의 영으로는 하나님의 아들이라고 선언된 예수 그리스도의 복음은 우주적으로 중대한 의미를 지닌다. 이 '비밀'(mystery)은 오랜 시간 비밀로 간직되어왔지만 이제는 계시되었고, 예언적 글(곧 이스라엘의 역사서)을 통해서 모든 열방에 알려졌으며, 세상과 그 권세자들에게도 선포되어야 한다. 이것은 종말론적 견지에서 '구원을 주시는 하나님의 능력'이다. 유대인인 바울은 자신을 이러한 임무를 수행하기 위한 사명을 예수로부터 위임받은 전령(herald)으로 여겼다. 바울은 하나님의 아들에게 특별한 계시를 받고 이방인에게 복음을 선포하기 위해 파송되었다 (갈 1:11, 16). 그는 하나님의 종말론적 선교의 두 '척후병' 중 한 명으로, 베드로가 유대인에게 복음 전하는 사명을 맡은 것처럼 그는 이방인에게 복음 전하는 사명을 맡았다(갈 2:7)." James D. G. Dunn (*The Theology of Paul the Apostle* [Edinburgh: T&T Clark, 1998], 726): "이러한 묵시적 관점이자 이러한 종말론적 전환이 바울 신학의 중요한 특성을 상당 부분 차지한다. 이는 과거와의 단절이라기보다 과거와 현재의 관계 및 현재와 미래의 관계에 있어서의 변화다." 또한 다음을 보라. N. T. Wright, "Gospel and Theology in Galatians," in *Gospel in Paul: Studies on Corinthians, Galatians, and Romans for Richard N. Longenecker*, ed. L. Ann Jervis and P. Richardson (JSNTSup 108; Sheffield: Sheffield Academic, 1994), 237-38; idem, *Paul and the Faithfulness of God*, 1512; Mark L. Y. Chan, *Christology from within and Ahead: Hermeneutics, Contingency, and the Quest for Transcontextual Criteria in Christology* (Leiden: Brill, 2001), 291; Thomas R. Schreiner, *New Testament Theology: Magnifying God in Christ* (Grand Rapids, MI: Baker Academic, 2008), 98n11; Jason C. Meyer, *The End of the Law: Mosaic Covenant in Pauline Theology* (NACSBT; Nashville: Broadman & Holman, 2009), 3-5; Dunn, *Beginning from Jerusalem*, 547-48, 744-45n402, and Michael J. Gorman, *Reading Paul* (Eugene, OR: Cascade, 2008), 57-77.

굴복하지 않도록 갈라디아 교인들을 설득하기 위해서 질책하는 내용이 주를 이루고 있다. 이러한 목표를 위해, 바울은 자신의 사도직에 대한 갖은 비난에 맞서 스스로를 변호하는 가운데 개종주의자들이 내세우는 율법적 복음에 대항하여 "복음의 진리"를 수호하기 위해 다툰다. 이를 위해 그는 십자가에서 죽으신 메시아를 통한 구원만이 종말론적 유일성을 갖고 있음을 강조한다(갈 1:6; 5:2-4; 6:12-13).

바울 신학에서 흔히 드러나는 여러 묵시적 모티프들이 갈라디아서에서 나타나지는 않지만(예컨대, 천사장의 부름, 나팔소리, 예수의 재림에 대한 언급, 모든 이들의 부활에 관한 주제 등을 찾아볼 수 없다),[53] 베커의 주장과는 반대로, 바울은 갈라디아서에서 "복음과 관련된 묵시적 주제"를 배제하지 않는다.[54] 갈라디아서에서 바울의 묵시 사상은 주의 재림에 대한 기대 가운데 표명되기보다는, 예수의 죽음을 우주의 죽음으로 보는 그의 독특한 해석, 부활하신 주를 만난 그 자신의 체험 그리고 새 창조가 시작되었다는 언급에서 드러난다. 드보어의 말마따나, "예수 그리스도 안에 나타난 하나님의 종말론적 구원 활동 전체는 처음부터 끝까지 묵시적이다. 이 종말론적 활동은 심지어 하나님이 시작하셔서 마침내 재림 때에 결말을 지으실 우주적 드라마를 내포하고 있다."[55] 나는 분명히 갈라디아서에 미래적 종말론이 현존하고 있음을 부인하지 않지만(갈 4:26; 5:5, 21; 6:7-8), 차라리 이것을 현재에 대한 미래의 묵시적 침공이라고 부르고 싶다.[56]

---

53 Martyn, "Apocalyptic Gospel in Galatians," 252.
54 Beker, *Paul the Apostle*, x and 58; Hays, *Faith of Jesus Christ*, 226. Beker가 자신의 주장을 철회한 것은 xxxviii-xxxix를 보라.
55 De Boer, "Paul," 33.
56 갈라디아서에 나타난 미래적 종말론에 관해서는 특별히 다음을 보라. Yon-Gyong Kwon, *Eschatology in Galatians* (WUNT 183; Tübingen: Mohr Siebeck, 2004). 권연경이 몇 군데에서, 특히 갈 3장에 대한 그의 해석에서 지나친 주장을 하고 있지만, 그의 연구는 갈라디아서에 나타난 바울의 종말론이 거의 전부 실현되었다고 여기는 이들의 주장을 바로잡는 데 적

수신자들에게 전하는 안부 인사에서 바울은 하나님 아버지를 가리켜 "그[예수 그리스도]를 죽은 자 가운데서 살리신"(갈 1:1)이라고 칭하고, 예수 그리스도에 대해서는 "하나님 곧 우리 아버지의 뜻을 따라 이 악한 세대에서 우리를 건지시려고 우리 죄를 대속하기 위하여 자기 몸을 주셨으니 영광이 그에게 세세토록 있을지어다"(갈 1:4-5)라고 표현한다.[57] 여기서 바울은 그의 신학을 구성하는 데 있어서 대단히 중요한, 구속사 대 묵시라는 논쟁과 명백히 관련된 주제들을 지나가듯이 언급한다.

첫째로, 이스라엘의 거룩한 역사와 바울 복음 간의 연속성을 강화하기 위해서 하나님이 이스라엘의 구원과 그리스도 부활에서 동일하게 역사하신 것으로 파악하고 있다. 바울이 하나님을 "주 예수를 죽은 자 가운데서 살리신" 분으로 파악하는 것은[58] 구약에서 이스라엘의 주를 "애굽에서 인도하여 내신 하나님"으로 기술하는 것과[59] 병행한다. 마틴은 바울이 하나님이 예수 그리스도를 다시 살리신 행위를 통해, 즉 부활을 "하나님 자신의 정체성을 드러내는 제1의 표지"[60]로 삼으심으로써 하나님 자신을 알리셨음을 믿었다고 말하는데 이는 타당한 주장이다. 우리가 여기시 유일하게 놓치지 말아야 할 미묘한 강조점이 있다면, 그것은 이 하나님이 아브라함과 모세의 하나님과 동일하다는 점이다. 출애굽의 하나님은 예수의 부활을 통해 새로운 출애굽을 가져왔으며, 이는 하나님이 그 백성에게 약속하시고 오랫동안 기다려온 목표로서, 이스라엘의 거룩한 전승을 통해 입증된 것이다. 더 간

합하다.

57 필자는 갈라디아서와 로마서가 모두 계시와 구원, 분노, 악한 세대, 비밀 그리고 새 창조에 관한 묵시적 모티프라는 공통 요소에 의해 함께 묶일 수 있다는 점에 주목할 필요가 있다고 본다(갈 1:4; 6:15; 롬 1:3-4, 16-18; 16:25-26).

58 다음을 보라. 행 2:24, 32; 4:10; 5:30; 10:40; 13:30; 롬 4:25; 7:4; 8:34; 10:9; 고전 6:14; 15:15; 엡 1:20; 히 13:20; 벧전 1:21.

59 예를 들어, 다음을 보라. 출 20:2; 29:46.

60 Martyn, *Galatians*, 85.

단히 말해서, 하나님께는 아들이 계시고 그 하나님이 또한 죽은 자들을 일으키시는데, 이 유일하신 하나님이 바로 이스라엘의 하나님인 것이다.[61]

둘째로, 부활은 이스라엘에게 주어진 하나님의 약속에 속한 하나님의 생명을 가지고 현재의 질서에 침공하는 하나님의 행위다. 부활은 사망을 패배시키는 위대한 묵시적 행위로서, 역사의 종말에 일어나도록 예정되어 있지만[62] 하나님의 아들을 다시 살림으로써 그보다 앞서 현재에 침공해온 사건이다.[63] 다시 말해서 수많은 이스라엘 사람들이 하나님께서 모든 이스라엘을 위해 **역사의 종말에 가서야** 행하실 것이라고 믿었던 바로 그 일을 예수를 위해 **역사의 한가운데서** 행하신 것이다.[64] 사실 예수의 부활은 이스라엘 이야기의 축소판이라고 할 수 있는데, 왜냐하면 부활은 이스라엘의 정치적 회복에 대한 은유이므로, 이스라엘이 받은 선택은 선택받은 아들의 부활을 통해 생생하고 가시적으로 확인되기 때문이다.[65] 예수는 이스라엘을 **위해** 부활하고 이스라엘**로서** 부활한다. 예수는 이스라엘 언약의 역사에 등장하는 씨요, 아들이요, 주권자로서 하나님의 구원을 실현하고, 그럼으로써 소외, 타락, 저주, 사망, 포로됨이 더 이상 새 창조에 영향을 끼칠 수 없도록 한다. 마틴과 캠벨은 여기서 예수의 부활로 이스라엘의 선택이 확증된다

---

61 Wright(*Paul Debate*, 57)는 이와 유사한 논평을 한다. "결국 우리가 말하는 하나님은 어떤 '하나님'인가? '하나님이 세상을 침공했다'는 등의 말을 할 때 이와 같은 질문을 즉각 제기하지 않을 수 없다. 그냥 아무 '하나님'인가? 바울에게 있어 그것은 물론 이스라엘의 하나님, 세상의 창조주를 의미했다."

62 마지막 날의 이스라엘 또는 "의로운 자들"의 부활에 대해서는 다음을 보라. 단 12:1-2; 2Macc 7; 4Q521 2.11; 1 En. 92.3-4; Pss. Sol. 3.12; T. Jud. 25.1; Josephus, *Ag. Ap.* 2.218; 마. 22:28 // 막 12:23 // 눅 20:33; 눅 14:14; 요 5:29; 11:24; 행 23:6; 히 11:35, 그리고 특히 바울의 경우 고전 15:51-58; 빌 3:10-11; 살전 4:16-17.

63 다음을 보라. 고전 15:20-23; 골 1:18; 계 1:5.

64 Tom Wright, *What Saint Paul Really Said* (Oxford: Lion, 1997), 36; 『톰 라이트 바울의 복음을 말하다』(에클레시아북스 역간, 2018).

65 다음을 보라. 겔 37장; 호 6:2; 사 26:19.

는 사실에 당연히 동의할 것이다. 단 조건이 있는데, 예수의 부활이 이스라엘의 선택을 확증할 수 있는 이유는 다만 그것이 하나님께서 그 언약 당사자인 이스라엘을 향해 지니신 신실하심을 드러내기 때문이다. 예수의 부활 안에서 하나님은 이스라엘을 위해 약속하신 일, 즉 그들을 사망에서 생명으로 옮기는 역사를 앞서 행하신 것이다. 이러한 관점에서 볼 때, 초기 기독교 저자들이 예수의 부활을 이스라엘 언약 역사의 정점이자 예언적 소망의 성취를 향한 하나의 위대한 도약으로 믿었던 이유가 설명된다.[66] 이렇게 보면, 예수의 부활은 사망을 결정적으로 폐하는 하나님의 사역과 이스라엘에 대한 하나님의 언약적 신실함을 함께 묶어주는 묵시적 행위이며, 이는 부활한 이스라엘을 통해 부활한 세상을 창조하기 위한 것이다.

셋째로, 갈라디아서에서 바울이 제시하는 종말론적 이원론은 시대들 간의 불연속성을 강조하지만, 그것이 이스라엘의 이야기로부터 완전한 단절을 의미하는 것은 아니다. 우선, 예수의 속죄적 죽음이 가져온 구원의 정확한 시점은 대부분의 주석가들이 알고 있는 것보다 실제로 훨씬 더 모호하다. 바울은 "이 악한 세대에서 우리를 건지시려고 우리 죄를 대속하기 위하여 자기 몸을 주셨으니"(갈 1:4)라고 쓰면서 예수의 죽음이 우주적 세력으로부터 구속을 가져올 것을 선포한다. 예수가 우리를/우리의 죄를 위해 "자기 몸을 주신" 것은 바울 서신 전체에 걸쳐 되풀이되어 나타나는 주제다.[67] 이러한 어구가 놓인 문맥을 살펴보면 바울이 예수의 죽음을 희생적이고 구속적인 견지에서 이해하고 있음이 드러난다.[68] 갈라디아서에서

---

66 예를 들어, 다음을 보라. 행 13:32-33; 고전 15:4; 고후 1:19; 히 13:20.

67 예를 들어, 다음을 보라. 갈 2:20, 3:13; 롬 3:22-24; 5:8; 고전 15:3; 고후 5:14; 엡 5:2; 딛 2:14.

68 특별히 다음을 보라. 롬 3:25; 8:3; 고전 5:6; 엡 5:3; 딤전 2:6. Martyn(*Galatians*, 97, 101, 272; idem, *Theological Issues*, 148)은 그리스도의 죽음이 죄의 용서를 보장하는 것이 아니라, 보다 적절히 표현하자면, 초인적 세력에게서 인간을 구원한다고 주장한다. 여기서 주된

는 보다 직접적으로, 예수의 속죄적 죽음이 최고의 목표라고 할 수 있는
이 악한 세대에서(ἐκ τοῦ αἰῶνος τοῦ ἐνεστῶτος πονηροῦ) 우리를 건지시려고
(ἐξαιρέω) 하는 목적(ὅπως)을 위해 의도되었다는 점에서 일종의 묵시적 사
건이다.[69] 은하 간을 넘나드는 위대한 신학자 옵티머스 프라임(애니메이션 및
영화 트랜스포머의 주인공으로, 기계 생명체들인 오토봇의 리더—옮긴이)은 "희생이
없이는 승리도 없다"고 말한다. 예수의 속죄적 죽음은 약자를 유린하는 현
세대의 권세로부터의 구속을 위한 기반이자 조건이다. 결국에 악한 세대와
그 모든 세력은 승리하신 어린양(Agnus Victor)에 의해 정복될 것이다.[70] 하
지만 나는 이러한 "구속"의 시간적 좌표가 마틴이 인식하는 것보다 훨씬 모
호하다는 점을 서둘러 지적하고자 한다.[71] 먼저 동사 ἐξέληται를 다시 부정
과거 명사형 분사(aorist substantive participle)인 δόντος와 연관 짓는다면, 확
실히 구원은 예수의 자기희생적 행위와 더불어 종결된 것이다. 즉 예수의
죽음은 극적인 구원을 이루었으며, 이는 묵시적 구원 활동이자 현재의 악한
세대로부터 탈취한 것이다. 다른 한편, 가정법 부정과거(aorist subjunctive)인
ἐξέληται은 그 양상에서는 완료상(aspectivally perfective)이라는 것과(즉 행
위를 외부의 관점에서 바라봄), 가정법이 문법적으로 함축하는 사건의 예상 상

문제점은 이러한 신적 전쟁의 모형이 갈 3:13에서 발견되는 속죄 신학 및 더 전반적인 차원
의 바울 서신과 어울리지 않는다는 것이다. 또한 이러한 주장을 하는 사람들이 예수의 죽음
이 실제로 어떻게 종의 상태에서 벗어나 구원을 성취하는지에 대해 모호한 입장을 취한다는
사실은 익히 알려진 바다. 이러한 주장에 대한 반응으로는 다음을 보라. Simon Gathercole,
Defending Substitution: An Essay on Atonement in Paul (Grand Rapids, MI: Brazos, 2015),
42-54, 110.

69 여기서 전치사 ἐκ는 어떤 것으로부터 분리 내지 떨어져 나감을 의미한다(BDAG, 295을 보
라).

70 다음을 보라. Henri Blocher, "*Agnus Victor*: The Atonement as Victory and Vicarious Pun-
ishment," in *What Does It Mean to Be Saved?*, ed. J. G. Stackhouse (Grand Rapids, MI:
Baker Academic, 2002), 67-91.

71 Martyn, *Galatians*, 90.

태는 현재일 수도 미래일 수도 있음을 기억할 필요가 있다.[72] 더욱이 직설법 미래(future indicative)와 가정법 부정과거는 흔히 서로 바꿔가면서 사용할 수 있고,[73] 종속절을 지배하는 접속사인 ὅπως는 실제로 미래의 결과를 나타내기도 한다. 그러므로 바울의 말은 예수가 우리 죄를 대속하기 위해 자신을 주셨는데, 이는 **언젠가 우리가**(one day we might) 현재의 악한 세대로부터 마침내 자유롭게 되게 하려는 것이었다는 의미일 수 있다.[74] 실제로 그러한 견해는 매력적인 면이 있는데, 왜냐하면 이는 하나님 백성의 승리가 다분히 미래에 일어날 일로 남아 있는 고린도전서 15장이나 로마서 8장의 내용과 일치하며, 갈라디아서도 이와 별반 다르지 않을 것이기 때문이다.[75] 두 가지 의미를 모두 취해서 추론하건대, 예수의 죽음은 실로 악한 세력들에 대한 현재의 승리이지만(고전 15:54-57; 골 2:15), 바울의 생각을 더 많이 고려해 보면, 여기서의 강조점이 단연코 종말 시의 최종적 승리를 지향하고 있다고

---

72 Stanley E. Porter, *Idioms of the Greek New Testament* (2nd ed., Sheffield: Sheffield Academic, 1994), 56 57.

73 Constantine R. Campbell, *Verbal Aspect and Non-indicative Verbs: Further Soundings in the Greek of the New Testament* (SBG, New York: Peter Lang, 2008), 57-60.

74 권연경(*Eschatology in Galatians*, 156-57)도 갈 1:4이 정말로 명백히 실현된 종말론인가에 대해 이와 유사한 우려를 표명한다. 그는 Hans Dieter Betz(*Galatians* [Hermeneia, Philadelphia: Fortress, 1979], 42)의 의견을 따라서, 믿는 자들이 악한 세대 **가운데서** 구원되는 것이지 악한 세대 자체가 바뀌는 것은 아니라고 본다. 그리스도의 구속적 죽음은 육과 성령이 다름 아닌 악한 세대 내에서 지속적인 전투를 벌이게 됨을 의미한다. 이와 유사하게 Sigurd Grindheim("Not Salvation History, but Salvation Territory: The Main Subject Matter of Galatians," *NTS* 59 [2013]: 94)은 ἐνίστημι가 시간적(즉 현시대)인지 아니면 공간적(현 장소)인지가 모호하다는 점을 지적한다. 그에 따르면 "갈 1:4에서 두 가지 가능성을 제기할 수 있는데, 그것들이 반드시 상호 배타적이지는 않다. 예수는 우리를 현재의 악한 세대에서 구원하셨거나, 혹은 예수는 여기 악한 세상에서 우리를 구원하셨다. 어느 쪽 번역이든지 간에 바울의 언어에는 새 창조가 이 세상에 뚫고 들어왔다는 확신이 있다(6:15). 예수 그리스도와 그의 부활을 통해서 하나님은 이 세상에 아주 결정적으로 개입하셨고, 예수 그리스도를 믿는 자들은 이러한 종말론적 현실에 참여하게 된다. 이 새로운 현실은 새로운 시간, 즉 새 시대이자 새 장소, 곧 새로운 공간적 차원이라는 해석이 모두 가능하다."

75 다음을 보라. Kwon, *Eschatology in Galatians*, 220-21.

결론지을 수 있다(롬 16:20; 빌 3:20; 살전 1:10).[76]

어쨌든 "이 악한 세대"를 언급하고 있으므로, 갈라디아서에서도 실질적인 묵시적 모티프, 다시 말해 종말론적 이원론을 찾아낼 수 있다.[77] 여러 묵시서들의 핵심은 악한 세대가 종말에 이르고 새 세대가 도래한다는 것이었고, 이는 역사의 모든 시대를 옛 시대(현재)나 새 지평(미래) 중 하나에 속하는 것으로 정의할 수 있다는 뜻이었다.[78] 다니엘 2장과 7장의 환상에 이와 유사한 도식이 내재해 있고, 이는 예수 전승에서도 입증된다(마 12:32; 막 10:30; 눅 20:34-35). 현재의 악한 세대에서는 하나님의 권위가 참칭되고, 그의 영광이 부인되며, 피조물들의 반역이 전체 창조계로 확대되고, 불법이 판치며, 하나님의 백성들은 구원을 고대한다. 바울에게 있어서 이러한 시기는 본래 내재해온 악이 판치는 때이고(고전 1:20; 2:6, 8; 고후 4:4; 엡 5:16), 누가는 이 시기를 "이방인의 때"(눅 21:24)이자 "어둠의 권세"(눅 22:53)라고 표현하고 있으며, 쿰란 문서는 "악의 때"(CD 6.10, 14; 12.23; 15.7; 1QpHab. 5.7)라고 기술한다.[79] 바울은 "오는 세상"(에베소서가 바울의 진정성 있는 서신이라고 가정한다면 유일하게 엡 1:21에만 등장한다)에 대해서는 거의 언급하지 않지만 "이 세대"(롬 12:2; 고전 2:6; 3:18; 고후 4:4)에 대해서는 자주 이야기한다.

---

76 이 점에 있어서 승리주의에 대한 Käsemann의 경고는 매우 적절하다("Primitive Christian Apocalyptic," 132-37). 또한 J. R. Daniel Kirk(*Unlocking Romans: Resurrection and the Justification of God* [Grand Rapids, MI: Eerdmans, 2008], 213)의 주장에 유의하라. 그는 시대의 구속이 아직 완전히 이르지 않았다는 관찰에서 생겨난 "묵시적 겸손의 해석학"을 언급한다.

77 Paul Vielhauer("Apocalyptic in Early Christianity," in *New Testament Apocrypha*, ed. W. Schneemelcher, trans. R. McL. Wilson [Louisville: Westminster John Knox, 1992], 542-69)에 의하면 종말론적 이원론은 묵시 신앙의 핵심 요소다. 이에 대비되는 견해로는 다음을 보라. Wright, *Paul and His Recent Interpreters*, 139-40, 157-58.

78 예를 들어, 다음을 보라. 4 Ezra 6.9; 7.12-13, 50, 113; 8.1; 2 Bar. 14.13; 15.8; 44.11-15; 83.4-9; 1 En. 71.15.

79 James D. G. Dunn, *The Epistle to the Galatians* (BNTC; London: A&C Black, 1993), 36; idem, "How New Was Paul's Gospel?," 254.

이것이 함축하는 바는 "오는 세상"은 틀림없이 "하나님 나라"(롬 14:17; 고전 4:20; 6:9-10; 15:20; 갈 5:21; 엡 5:5; 살전 2:12; 살후 1:5)가 미래에 도래하는 것과 동일시할 수 있다는 말이다. 묵시 문학에서 새 시대는 흔히 마지막 심판이 있은 후에 우주의 대재앙과 함께 도래하며, 새 시대란 대체로 본질적으로 옛 창조 질서가 변화되고 회복된 상태를 의미한다. 이것은 확실히 바울이 "새 창조"(갈 6:15; 고후 5:17)라고 언급하는 것과 유사하며, 이로써 바울이 분명히 두 단계의 종말론(two-stage eschatology)을 갖고 있음을 입증해 준다.

하지만 바울은 어떤 중요한 측면에서 이러한 이원론적 도식으로부터 벗어나 있다. 다른 묵시서들과는 달리 하나님은 이미 예수의 부활을 통해 옛 시대 가운데 새 시대를 시작하셨다. 창조계를 해방하기 위한 우주적 전쟁이 진행 중이고, 이는 현재의 세상 질서에 맞서 저항하는 자세를 취할 것을 요청한다(롬 12:2; 고전 2:6-8; 10:11;, 빌 2:15-16). 자, 그렇다면 우리가 "이 악한 세대"를 "율법의 저주"(갈 3:10, 13), "초등학문"(elemental powers)에 "종 노릇함"(갈 4:3, 5, 8-9), 시내산 "언약"에 종노릇함(갈 4:21-31), "할례"에 종노릇함(갈 5:1-3) 등과 같은 개념에 견주어서 생각한다면, 율법과 시내산 언약이 이 악한 세대(믿는 자들은 이미 여기서 해방되어 있다)에 속한다고 추론하는 것이 당연하다. 왜냐하면 율법과 죄와 죽음은 서로 연쇄적으로 연결되어 있기 때문이다(고전 15:56; 롬 5:12-21; 7:7-25; 8:2-3). 이러한 결론에 따르면 하나님이 그리스도를 통해 이룩한 구속 사건은 계속적인 내러티브라기보다는 본질적으로 한 시점에 일어난 일임을 시사한다. 이는 이스라엘의 율법과 언약이 악한 세대를 구성하는 불가결한 요소일 뿐 아니라, 갈라디아 교인들도 여전히 그로부터 구원되는 경험을 해야 할 필요가 있는 까닭이다.

하지만 이러한 해석에 장애 요소가 있는데, 로마서 1-11장[80]과 같은 바울 서신의 단락만이 아니라 심지어 갈라디아서 자체의 논증도 여기에 해당

---

80 다음을 보라. Dunn (*Beginning from Jerusalem*, 548n113): "묵시록적 논지가 주로 갈라디아서를 근거로 삼았음은 주목할 만하다. 로마서에서 그것을 논증하기가 훨씬 더 어렵기 때문이다." Wright(*Paul and His Recent Interpreters*, 184)는 어떻게 "이 '갈라디아서'의 바울이 로마서의 바울로 변할 수 있었는지" 의아해한다. 그러나 로마서에서 묵시적 관점을 찾아내려는 시도가 있는데, 이에 관한 간략한 자료로는 다음을 보라. Martyn, *Theological Issues*, 172-75; Campbell, Deliverance of God, 519-832; 중도적 입장으로는 Keck, *Romans*, 특히 32-37; 더 종합적인 것으로는 Beverly Gaventa가 작업 중인 NTL 시리즈 로마서 주석을 기대하고 있다. 로마서의 구속사적 해석에 대한 반대는 다음을 보라. Charles Cousar, "Continuity and Discontinuity: Reflections on Romans 5-8 (in Conversation with Frank Thielman)," in *Pauline Theology*, vol. 3, *Romans*, ed. D. M. Hay and E. E. Johnson (Minneapolis: Fortress, 1995), 196-210. Cousar는 주로 다음에 반대한다. Frank Thielman, "The Story of Israel and the Theology of Romans 5-8," in *Pauline Theology*, vol. 3, *Romans*, ed. D. M. Hay and E. E. Johnson (Minneapolis: Fortress, 1995), 169-95. 보다 균형 잡힌 간략한 요약을 제공하는 것들로는 다음을 보라. Edward Adams, "Paul's Story of God and Creation," in *Narrative Dynamics in Paul: An Assessment*, ed. B. W. Longenecker (Louisville: Westminster John Knox, 2002), 37-39; Beker, *Paul the Apostle*, 59-93. 이상하게도 Bruce L. Longenecker("Sharing in Their Spiriapoctual Blessings? The Stories of Israel in Galatians and Romans," in *Narrative Dynamics in Paul: A Critical Assessment*, ed. B. W. Longenecker [Louisville: Westminster John Knox, 2002], 58-84 [특히 67-82])는 로마서와 갈라디아서가 하나님이 이스라엘을 택하셔서 하나님 자신과 관계를 맺게 하셨다는 "언약적 선형성"을 공유한다고 본다. 그러나 로마서는 이스라엘에 대한 하나님의 선택적 은혜에 참여하는 이방인과의 "유기적 선형성"도 담고 있는데, 이러한 내용은 갈라디아서에는 찾아볼 수 없다. Longenecker의 주장에 관해 답변하자면, (1) 로마서와 갈라디아서는 그 수사법이 서로 다르며, 또한 반응적 차이가 있다. 즉 갈라디아서는 갈라디아에 침입한 자들이 아브라함과 모세를 병합하려는 것에 대해 바울이 맞선 상황에서 나온 것이며(고로 불연속성을 강조한다), 이후 로마서에서는 반율법적이고 반이스라엘적이라는 비난에 대한 반응에서 나온 것이다(고로 연속성을 강조한다). (2) 갈라디아서는 "유기적 선형성"에 대한 풍부한 근거를 제시한다. 이는 의로움, 성령, 자녀 됨, 유업 등이 모두 하나님이 그의 백성에게 주신 축복을 가리키는 이스라엘의 상징으로서 예수 그리스도를 믿음으로 말미암아 이방인들에게도 부여되기 때문이다. 이스라엘 족장인 아브라함의 가족 안에 "자녀"로서 입양되는 것과 아브라함의 씨인 "메시아"와 연합하는 것이 우리가 이해할 수 있는 "유기적"이란 말의 의미다. Longenecker의 주장과는 반대로, "하나님의 이스라엘"이란 말은 하나님과 특별한 관계에 있음을 표현하기 위한 "언어적" 변덕이 아니라, 실제의 이스라엘을 선택하는 은혜에 연합됨을 나타낸다. (3) 바울이 이방인도 할례를 받아야 한다는 취지의 유기적 선형성이라는 특정 관념에 대해서는 반대했을지라도, 그렇다고 해서 그가 그러한 유기적 통일성에 모두 반대했다는 사실로 귀결되지는 않는다.

한다. 앞으로 살펴보겠지만, 갈라디아서의 전체적인 틀에서 보면 복음은 먼저 아브라함에게 선포되었고(갈 3:8), 이는 이스라엘의 역사에서 언약 이전에 해당한다. 시내산 언약은 아브라함 언약을 무효화하거나 그것과 상충하는 것이 아니었다(갈 3:17-23).

- 율법은 메시아가 올 때까지 하나님의 백성을 이끄는 안내자의 역할을 하였으며, 이에 더하여 그들을 메시아에게로 인도하는 목적이 있었다(갈 3:24-25).
- 정하신 때가 되자 하나님은 그 아들을 이스라엘에 보내시어, 유대인 여자에게서 태어나게 하셨고, 그는 유대인으로서 율법에 순종하며 살았다(갈 4:4-5).
- 복음은 아브라함의 자손이 되는 축복을 가져다준다(갈 3:29-4:7).
- 율법은 성령이 인도하시는 사랑의 계명 안에서 성취된다(갈 5:13-16).
- 그리스도인은 여전히 그리스도의 법에 매여 있다(갈 6:2).
- 아울러 이 모든 것은 하나님의 이스라엘을 위해 평강과 긍휼을 비는 축복의 선언에서 설성에 달한다(6:16).

하나님의 은혜가 그리스도를 통해 세상을 침공함으로써 율법의 성격은 궁극적인 것이 아니라 일시적인 것에 불과함이 폭로된다. 즉 이 은혜의 사건이 보여주는 것은 율법이 죄의 수단으로 전락했다는 것과, 하나님이 율법이 아니라 그리스도를 통해 구원하기로 작정하셨다는 것이다. 그렇다고 해도 이스라엘의 언약의 역사는 전체적으로 여전히 구속의 언약 안에 있음이 확인된다 왜냐하면 약속된 "씨"인 "메시아"는 이스라엘을 통해서, 또한 이스라엘에게 오기 때문이다.

넷째로, 바울은 자신이 전하는 복음이 "예수 그리스도의 묵시"(ἀποκαλύψεως Ἰησοῦ Χριστοῦ)에 그 기원을 두고 있으며 또한 "하나님의 뜻"(τὸ θέλημα τοῦ θεοῦ)과도 연결되어 있다고 이야기한다.

바울은 자신이 전하는 복음이 다른 사람에게서 배운 것이며 예루살렘 교회로부터 전해 받은 것이라는 주장에 맞서 스스로를 변호한다. 그는 "형제들아, 내가 너희에게 알게 하노니 내가 전한 복음은 사람의 뜻을 따라 된 것이 아니니라. 이는 내가 사람에게서 받은 것도 아니요 배운 것도 아니요 오직 예수 그리스도의 계시로 말미암은 것이라"(갈 1:11-12)라고 쓰고 있다. 바울은 하나님이 "그의 아들을 내 속에 나타내시기를"(ἀποκαλύψαι τὸν υἱὸν αὐτοῦ ἐν ἐμοί) 기뻐하셨을 때에, 유대교에서 열성적으로 살았던 자신의 과거 삶의 방식이 극적으로 단절되게 되었다고 기술하면서, 그 자신에 대한 전기에 추가적인 내용을 덧붙이고 있다. 바울의 복음과 사도적 소명은 극적이고도 과감한 방식으로 하나님이 그 아들을 그에게 나타내신 것에 기인한다. 여기서 바울은 자신만의 단어인 "나타내심"(apocalypsed)을 사용하여, 자신이 십자가에 달려 죽으시고 부활하신 아들을 통해 새 창조를 이루시려는 하나님의 뜻을 밝히는 묵시적 드라마에 사로잡혀 끌려 들어갔다고 표현한다. 자신의 체험을 "묵시"(apocalypse)라는 용어로 기술한다는 것은 그것이 하늘의 권위를 업고 있으며 종말론적 의미를 띠고 있음을 강조하는 것이다.[81] 케제만의 다음과 같은 주장은 전적으로 타당한데, 즉 바울의 사도적 의식은 그의 묵시적 소명에 근거할 때만 이해 가능하다는 것이다.[82] 이러한 결론은 묵시적 해석이 지닌 타당성을 직접적으로 지지하는 것으로 비쳐지기도 한다. 다만 이러한 결론은 바울 복음의 기원(여기서 바울은 자신이 체험한 기독론적 독특성을 계속해서 이어지는 구속사의 맥락 안에 자리매김한다)을 고려함으로써 그 미묘한 차이를 놓치지 않아야 한다.

---

81   Dunn, *Galatians*, 53.
82   Käsemann, "Primitive Christian Apocalyptic," 131.

바울이 그의 복음의 기원을 추적하는 방식을 통해 바울 복음 가운데 이스라엘의 거룩한 역사와 연속되는 요소들이 깊이 각인된다. 우선, 바울이 그의 복음을 하나님으로부터 직접 받았는지(갈 1:11-12), 아니면 초기 기독교의 전승으로 받았는지(고전 15:3)에 대해 명백한 긴장이 존재한다. 내 개인적 생각으로 바울은 그의 복음이 예루살렘 교회의 것과 실질적으로 다르다고 생각지는 않았던 것 같다(갈 2:16과 고전 15:11에서 사용된 "우리"에 주목하라). 단지 이 복음이 자신에게 예수 그리스도가 누구인지를 계시해주었고, 아울러 복음이 이방인에게 전해져야 한다고 생각했던 것 같다. 그리고 이것이 그가 말하는 "계시"의 핵심이었다.[83] 중요한 사실은 하나님이 이방인을 아브라함의 가족으로 불러 모으기 위한 역사를 이미 시작하셨으며, 그 역사는 다름 아닌 이스라엘의 왕이자 종말론적 지도자인 메시아를 통해 일어났다는 점이다. 이렇게 본다면, 바울이 받은 계시의 핵심은 구속사에 대한 거부가 아니라 메시아를 통해 이방인을 받아들임으로써 이들을 구속사에 포함시키는 것이었다.

더욱이 갈라디아서 1:4에서 하나님의 묵시적 구속은 "하나님의 뜻에 따라"($\kappa\alpha\tau\grave{\alpha}\ \tau\grave{o}\ \theta\acute{\epsilon}\lambda\eta\mu\alpha\ \tau o\hat{u}\ \theta\epsilon o\hat{u}$)되는 것으로 나타나 있다는 사실을 서둘러 지적하고자 한다. 하나님의 뜻이란 우주의 구원자가 되고자 하는 하나님의 고립된 자기 결단이 아니다. 그보다는 바울이 성경을 통해 알고 있던 하나님의 뜻, 즉 이스라엘을 향한 하나님의 사랑과 이스라엘에게 주어진 하나

---

83 Dunn, *Beginning from Jerusalem*, 354. De Boer(Galatians, 83-84)는 갈 1:11-12과 고전 15:1-5 간에는 쟁점이 다르다고 생각한다. 고전 15장은 부활이 처음부터 사도적 설교에 흔한 주제임을 확인하는 한편, 갈 1장은 할례에서 시작해서 이방인이 율법을 준수할 의무가 있는지에 관한 문제를 언급한다. Richard B. Hays("Letter to the Galatians," in *NIB*, ed. L. E. Keck [Nashville: Abingdon, 2000], 11:211)는 갈라디아서가 바울의 복음이 인간적 기원을 갖고 있다는 비난에 대해 논박하는 반면, 고린도전서는 복음의 메시지가 애초에 그들에게 전해졌을 때 사용된 특정한 용어들을 회고한다.

님의 율법에서 계시된 뜻의 연장선에서 보아야 할 것이다. 연속성과 관련된 추가적 증거는 바울이 바울 복음의 진실성에 대하여 논증하는 방식에서 찾아볼 수 있다. 이를 위해서 그는 근원적으로 바울 복음을 성서적 유형에 따라 구성하고 있으며, 그런 취지로 창세기 15:6과 하박국 2:4을 자주 인용한다(갈 3:6-14). 게다가 갈라디아 교인들이 직접 겪은 이야기도 이러한 복음에 타당성을 부여하는데, 이는 믿음을 향한 그들 자신의 순례를 통해, 하나님의 구속과 회복의 역사를 메시아 안에서 경험할 뿐 아니라, 그 결과 성령을 받아 아브라함의 자녀가 된다는 사실을 알게 되기 때문이다(갈 3:1-5, 29; 5:1-7). 그러므로 복음에 관한 바울의 간증은 이스라엘의 메시아라는 주제에 초점을 맞추고 있다고 하겠다. 복음은 하나님의 뜻에 따라 된 것이고, 이스라엘의 성경에 뿌리 박고 있으며, 아브라함의 언약에 이방인들을 불러들임으로써 갈라디아인들을 구속하는 결과를 낳는다. 제임스 켈호퍼(James Kelhoffer)는 이것이 의미하는 바를 적절히 요약해준다. 그에 따르면 "구속사(Heilsgeschichte)의 한 요소, 예컨대 그리스도 사건(어떻게 해석되든지 간에)에 관한 논쟁은 이전에 있었던 것(고대 이스라엘과 유대교 성경)이나 이후에 있을 것(사도적 권위와 바울 교회의 기원들)과 분리하여 생각할 수 없다."[84]

앞 단락에 근거하여 볼 때, 그리스도 사건을 이스라엘의 구속사로부터 분리하는 식으로 강조하는 이야기는 배격하는 것이 정당하다고 하겠다. 따라서 나는 바울의 복음을 "역사를 새롭게 갈아엎는 기독론"으로 이해하면서 그것을 율법에 대립시키는 마틴의 해석은 기껏해야 반쪽짜리 진실일 뿐이라고 결론짓는다.[85] 바울은 실제로 그리스도의 복음이 이 세상에서 행한 일과 하고 있는 일에 초점을 맞춘다. 베벌리 가벤타가 주장하는 것처

84　Kelhoffer, "The Struggle to Define *Heilsgeschichte*," 119.
85　Martyn, "Events in Galatia," 164-66.

럼, 바울 자신이 바로 복음의 역사(work)를 보여주는 범례다.[86] 어쩌면 바울은 신자들이 예수의 역사에 연합해 들어가는 것을 마음속에 그리고 있었다고 말하는 것이 더 적절할 것이다.[87] 예수는 믿는 자들의 칭의가 일어나는 현장이자(갈 2:17), 그들의 초월적 정체성이 출현하는 근원이다(갈 2:19-20; 3:28). 하지만 복음의 독특성으로 인해 율법과 관계된 모든 것이 부정적으로 여겨지는 것은 아니다. 예수는 율법 아래 있는 자들을 구원하시려고 율법 아래에 태어나셨고, 믿음으로 아브라함의 자녀가 되는 것에 대한 율법의 약속이 율법의 영역 밖에 있는 자들에게까지 확대되도록 하였다(갈 4:4-6). 하지만 마틴의 주장과는 반대로 이러한 상황은 모든 인류가 겪는 상태가 아니라 특별히 유대인들에 해당하는 상황이다. 어쨌든 하나님이 그리스도 안에서 행하신 일에 따른 유익이 모든 인류를 위한 보편적 의미를 띠게 되는 것은 하나님이 먼저 유대 민족에게 행하신 일의 결과로서만 주어진다.[88] 복음에 선포된 메시아의 도래에 따라 율법은 예비적·잠정적인 것이 되고, 율법에 선포된 대로, 하나님이 이방인을 아브라함의 가족으로 불러 모으시는 때를 기대하게 된다. 예수는 이방인 신자들을 이스라엘의 선민으로 불러 모으는 일에 지렛대 역할을 하며, 다가오는 종말을 향해 그들을 이끌고 나아간다. 바울에게 있어 예수는 새 언약을 가져오는 새로움이지만, 또한 두 시대를 잇는 연결점이기도 하다.[89] 더 생생한 표현을 사용하자면, 바울은 약간의 오케스트라 반주가 가미된 언약적 율법주의의 곡조에 맞추어 행진하는 것이 아니다(이 말은 구속사를 주장하는 사람들에 대한 마틴의 비유와 유사하다). 그

---

86 Beverly Roberts Gaventa, "Galatians 1 and 2: Autobiography as Paradigm," *NovT* 28 (1986): 310-26.

87 나는 이것이 Barth적 주제임을 주목한다. 다음을 보라. *CD* 4/4.1-30.

88 Bruce Longenecker, "Salvation History in Galatians and the Making of Pauline Discourse," *JSPL* 2 (2012): 74.

89 Dunn, "How New Was Paul's Gospel?," 261.

렇다고 해서 바울이 복음을 펠릭스 멘델스존의 협주곡 연주에 끼어들어 이 목을 빼앗아가는 록 오페라와 같은 것(마틴의 주장은 이것에 가깝다)으로 간주하는 것도 아니다.[90] 대신에 우리는 이렇게 상상하는 것이 더 낫겠다. 즉 바울 복음은 하나님의 극적인 행위로서, 이스라엘의 율법과 언약이라는 서곡을 통해 그 존재를 드러냈지만, 그럼에도 불구하고 구속사에 이방인을 포함시키는 충격적인 화음으로 변주를 주면서 특이한 기독론적 모티프로 전환함으로써 청중에게 놀라움을 선사한다.[91] 구속사와 묵시 간의 변증법은 바울이 "하나님은 항상 놀랍고 예기치 않은 방식으로 행하실 것이라고 말씀하시고, 또 바로 그렇게 행하셨다"는 취지로 이야기하는 것을 볼 때 해소된다.[92] 핵심은 바울이 받은 예수 그리스도에 대한 "계시"가 이스라엘의 언약적 약속 및 그 구속사를 거부하는 것으로서 성립하지는 않는다는 것이다.

지금까지의 논의를 종합해보면, 갈라디아서의 서두에 해당하는 1:1-4에 나오는 인사와 갈라디아서 1:11-17에 나오는 사도적 소명에 대한 전기적 내러티브에서 바울은 묵시적 틀에 따라 신학화 작업을 진행하면서, 예수의 죽음을 통해 역사하는 하나님의 구속 행위를 이 세상을 침공하여 그 가운데서 죄와 사망에 붙잡혀 있는 백성을 구속하는 하나님의 능력으로 그

---

90   물론 멘델스존은 유대 혈통에 속한 오스트리아인으로서, 루터교에서 세례를 받았다!

91   Wright(*The Paul Debate*, 56)는 하이든을 예로 든다. 즉 "바울에게 있어 예수의 죽음과 부활로 이루어지는 메시아 사건과 재림(*parousia*) 때에 펼쳐질 궁극적인 미래의 결말은 하이든의 '놀람 교향곡'이 느린 음조로 진행되다가 몇 마디가 지나면 놀라운 불협 화음을 만들어내는 것에 가깝다. 하이든의 기교는 처음에는 만찬을 즐기다 온 청중들을 부드럽게 달래서 선잠이 들게 하다가 그다음에는 소스라치게 놀라게 하는데, 그러한 와중에 보다 섬세한 일이 진행되고 있다. 화음이 **급작스럽게 커지면서** 앞 소절들의 디미누엔도(점점 여리게 연주하라는 지시어—옮긴이)를 방해한다. 그 화음은 가차없이 디미누엔도에 '침입'해서 앞 소절들이 진행되면서 은연중 갖게 된 예상을 뒤엎어버린다. 하지만 화음 자체는 선행하는 **화성적 반복진행**에 적절히 속해 있다. 그 기법은 앞의 화음을 요약하고, 앞으로 올 것을 예비한다(강조는 원저자의 것임).

92   Wright, *Paul and the Faithfulness of God*, 1071-72.

려내고 있다. 케제만의 돌발적인 발언처럼, 이는 이 세상을 몸소 수복하려는 하나님의 행위이며, 또는 라이트의 인상적인 진술처럼, 세상을 바로잡으려는 하나님의 계획이기도 하다.[93] 그 아들을 파송하는 것은 극적인 행위이며, 그 결과 이스라엘의 토라가 이스라엘의 구속과 불가분하게 연결되어 있다고 주장하면서 서로 경쟁하던 신학 이론들을 사실상 해체시켜버린다. 그럼에도 불구하고 하나님의 구속의 능력이 이렇게 급진적이고 돌발적으로 나타난 것은 스타카토와 같은 단발적 행위가 아니라 이스라엘 형성과 직결된 내러티브에 해당한다. 이 내러티브는 다름 아니라 포로기 때부터 많은 유대인들이 이야기하고, 기대하고, 기록하고, 기도하며 상상해왔던, 하나님께서 머지않아 계시하실 것이라는 하나님의 언약적 신실하심에 관한 이야기였다.

묵시적 성격을 띤 바울 복음은 갈라디아서 1:1-4에 나타난 것과 같은 이스라엘의 거룩한 이야기에 뿌리 박고 있으며, 거기서 바울이 강조하는 요점은 다음과 같다. (1) 복음의 하나님은 다른 누구도 아닌 바로 이스라엘의 하나님이다.[94] (2) 예수 그리스도의 부활은 하나님의 권능이 죽음을 이기고 승리할 것에 대한 유대인들의 소망이 선취적으로 실현된 것을 대표한다. (3) 바울의 종말론적 이원론이 언약을 완전히 부인한다고 할 수 없는데, 이는 시내산 언약과 그 율법이 상대화되기는 하지만 거부된 것은 아니기 때문이다. 실로 그리스도 사건이야말로 성경에서 약속한 것을 그대로 성취한다. (4) 바울이 받은 예수 그리스도에 대한 계시는 전적으로 새로운 것이 아

---

93   Käsemann, "The 'Righteousness of God' in Paul," 182; N. T. Wright는 여러 곳에서 이러한 견해를 주장하는데, 특히 다음에서 신랄한 주장을 하고 있다. N. T. Wright, *Surprised by Hope* (San Francisco: HarperOne, 2008), 72, 93, 121, 137, 145, 179, 215-16.

94   필자는 Martyn도 다음과 같은 논점에 동의할 것으로 본다. 즉 "바울은 하나님의 백성을 율법주의적으로 이해하는 거짓 교사들의 견해를 허용하지 않을 것이다. 이러한 견해는 결국 자신을 이스라엘의 하나님 내지 이스라엘 자체로부터 떨어뜨려 놓을 것이다"(*Galatians*, 574).

니다. 왜냐하면 그 주요 교차점이 이스라엘의 구속사에, 또 무엇보다도 하나님의 뜻 안에 안전하게 자리잡고 있기 때문이다. 그러므로 바울의 이야기에 나오는 예수 안에서 행하신 하나님의 극적인 구속 행위는 이스라엘에게 미치는 것임은 물론이고 또한 이스라엘을 통해서 주어진 것이다. 이는 이스라엘의 구속사가 마치 프리즘과도 같아서 그것을 통해 하나님의 구원의 빛이 비침으로써 세상을 자신의 손아귀에 단단하게 움켜쥔 어둠의 세력을 흩어버리기 때문이다.

갈라디아서 2:15-21: 칭의는 묵시적인 동시에 언약적이다

갈라디아서의 신학적 핵심은 "칭의" 전승에 대한 바울의 해설이 들어 있는 2:15-21이다. 이 부분에 앞서서 예루살렘 회의(2:1-10)와 안디옥에서 바울과 게바가 충돌한 사건(2:11-14)에 대한 바울의 이야기가 자리잡고 있는데, 이는 갈라디아에 침입한 자들에 대한 바울의 대응을 이방인의 토라 준수 문제를 두고 안디옥과 예루살렘의 교회가 내린 결정이라는 큰 맥락 속에서 보게끔 하기 위한 것이다. 갈라디아서 2:15-21의 중요성에 대해서 묵시 학파에 속한 사람들은 때때로 그릇된 이분법을 강요하려는 것처럼 보인다. 예컨대 믿음에 의한 칭의는 유대교 개종자가 되는 단계를 거치지 않고도 이방인을 유대 그리스도인 회중 가운데 포함하기 위한 바울의 변증적 논리인가, **아니면** 칭의는 악과 죄 및 하나님의 백성을 압제하는 세력으로부터 해방과 관련된 우주적 구속을 말하는가를 묻는 식으로 두 가지 질문을 대조시키는 것을 말한다. 나는 그러한 이분법은 불필요하다고 주장하는데, 왜냐하면 두 명제 모두 진실이기 때문이다. 물론 바울이 무엇에 강세를 두는가를 두고 논쟁을 벌일 수는 있을 것이다. 다음의 이어지는 부분에서 나는 갈라디아서 2:15-21에 나오는 칭의에 대한 바울의 다소 강경한 발언이 바울 신학이 지닌 내러티브적 성격을 부각시킴과 동시에 그 신학에 들어 있는 묵시적인 결도 마찬가지로 인정하고 있다고 주장할 것이다. 또한 칭의 신학이 배경으로 삼고 있는 사회적 맥락과 그 묵시적 성격에 대해서도 어느 정도 상세하게 설명할 것이며, 그리스도와 토라 간의 대비에 대한 내 자신의 개요를 제시할 것이다.

사회적 경계인가, 우주적 충돌인가?

마틴과 가벤타는 갈라디아에 침입한 "교사들"이 이방인으로서 이스라엘 백성의 완전한 일원이 되기 위해 필요한 조건에 대해 관심을 갖고 있었다는 점에 주목한다. 이러한 교사들과는 달리 바울은 집단의 경계나 입교 의식이 아니라 복음의 독특성과 하나님께서 새 창조를 시작하기 위해 이 세상에 전투적으로 침입하시는 것에 초점을 맞추고 있다. 바울은 그 교사들처럼 이방인으로 하여금 죄악의 상태로부터 아브라함의 자손이 되는 복된 상태로 전환할 수 있도록 하는 어느 특정한 노선에 따른 움직임에 관심을 갖지 않았으며, 단지 이방인의 입교를 위한 기제를 둘러싼 논쟁만을 붙들고 씨름하지도 않았다. 마틴과 가벤타의 설명에 따르면, 바울의 관심을 지배하는 틀은 오히려 그리스도와 우주 간에 계속되는 전쟁이다. 따라서 논란의 대상으로 부상하고 있던 그리스도와 율법 간의 대립이라는 주제는 그리스도와 권세들 간의 우주적 대결이라는 보다 포괄적인 전제에 의해 지배된다는 것

이다.[95]

이러한 해석이 지닌 문제는 바로 갈라디아서 2장에 나오는 바울의 신학적 논증에는 우주적 적대자에 관한 이야기가 빠져 있다는 점이다. 그 대신에 바울의 논증은 이방인이 그리스도인들의 친교에 받아들여질 수 있는 조건에 관한 특정한 사회적 현실을 반영하는 것처럼 보인다.[96] 어떤 "거짓 형제들"이 안디옥 교회에 들어와서 이방인이 할례에 대해 누리는 자유의 문제를 두고 동요를 일으켰을 때에 바울은 복음의 진리 편에 서 있었다(갈 2:4-5). 그 문제는 바울과 바나바가 이방인을 위한 진정한 사도적 전도자로 인정받고, 또 디도가 할례를 받을 의무가 없다고 결정되었던 예루살렘의 사도회의에서 해결되었다. 하지만 이방인이 할례를 받을 필요가 없다고 예루살렘 회의에서 결정한 것을 베드로가 안디옥에서 번복하고 말았을 때, 바울은 복음을 위해 다시 한번 분투해야 했다(갈 2:14). 안디옥에서 베드로의 행동은 이방인이 공동체의 동등한 일원이 되어 식탁 교제에서 함께 어울릴 수 있지만, 그러기 위해서는 먼저 할례를 통해서 유대인(즉 유대교 개종자)이 되어야 한다는 단서 조항이 부가되는 것을 의미했다.

사실 바울의 대답은 이방인이 그리스도인이 되기 위해서 유대인이 될 필요는 없다는 것이었다. 갈라디아서 2장을 사도행전 15장 및 로마서 3-4장과 함께 공관적으로 읽는다면, 입교 의식과 회원자격이라는 문제를 피해갈 수 없다. 바울은 수차례 단정적인 발언을 통해서, 하나님을 경외하는 자들 내지 유대교 신봉자들이라는 범주를 돌연히 해체한다. 이들은 집단

---

95   Gaventa, "Singularity of the Gospel," 147-49; Martyn, "Events in Galatia," 164-65; idem, *Theological Issues*, 168-71; idem, *Galatians*, 272-73, 348n189.

96   Harink(*Paul among the Postliberals*, 16-17)는 사회역사적 접근법을 지양하는 그러한 움직임을 묵시적 해석이 지닌 강점으로 본다. 즉 "하나님의 행위를 강조하는 것은 대개 '새 관점'이 사회역사적인 면에 확고하게 초점을 두고 그에 수반하여 인간 행위자나 인간 공동체의 작용을 강조하는 것에 대한 중요한 교정 수단이 된다."

에 "붙어" 있는 일원이기는 하지만 그 집단 "안에" 완전히 들어오지는 않은 자들이었다. 복음이 의미하는 바는 그리스도 안에 있는 이들은 모두 하나의 몸에 속해 있다는 것이다(갈 3:26-28). 비유대인을 어떻게 그리스도인의 교제 공간 및 예배 공간에 통합할 것인가 하는 문제는 초기 교회에서만 나타난 특유의 현상은 아니었다. 필론과 요세푸스 및 랍비 문학에서도 개종자들을 유대 공동체로 통합할 필요성과 그 수단에 대해 유대인 지도자들 사이에 다양한 관점이 존재했음을 보여주는 방대한 자료를 찾아볼 수 있다.[97] 외부인에 대한 집단의 경계와 그들을 받아들이는 입교 의식을 둘러싸고 벌어진 사회적 갈등으로 인해 바울은 유대 기독교의 복음 및 자신의 사도직에 대한 신적 권위를 옹호함으로써 갈라디아 교인들을 재복음화하기 위한 논증을 구상하기에 이르렀다.

바울은 두말할 것도 없이 새 창조의 도래로 인해 이제 율법을 일시적이고 구원의 효력이 없는 것으로 이해하는 수정된 해석이 불가피하다고 생각하면서, 궁극적으로 칭의에 대한 그의 해석을 통해 사회적 목적, 다시 말해서 믿는 자들이 예수 그리스도의 새 창조 안에서 누리는 자유와 연합을 보호하려는 목적을 지향하고 있었다.[98]

---

97   다음을 보라. Michael F. Bird, *Crossing Over Sea and Land*: *Jewish Proselytizing Activity in the Second Temple Period* (Peabody, MA: Hendrickson, 2009); 보다 일반적으로 신약에 나타난 회심을 살펴보려면 다음을 보라. Beverly Roberts Gaventa, *From Darkness to Light*: *Aspects of Conversion in the New Testament* (Philadelphia: Fortress, 1986).

98   G. Walter Hansen, "A Paradigm of the Apocalypse," in *Gospel in Paul: Studies on Corinthians, Galatians, and Romans*, ed. L. A. Jervis and P. Richardson (JSNTSup 108; Sheffield: Sheffield Academic, 1994), 209.

칭의인가 교정인가?

갈라디아서 2:15-21에 들어 있는 바울의 논증을 도식화하면, 갈라디아서 2:15에서 시작된 베드로에 대한 바울의 대응은 갈라디아인들에게 율법의 행위와는 관계없는 믿음에 의한 칭의를 주장한 바울의 최초로 주요한 신학적 논증에 병합된다. 바울은 유대 기독교도인들이 공유하던 전승, 즉 한 사람이 의롭게 되는 것은 율법의 행위로써가 아니라 그리스도 안에 있는 믿음으로 말미암는다는 신념에 호소했다. 율법에서 온 어떤 것이라도, 이에 더해 어떠한 의무 조항을 추가하는 것은 그리스도를 믿는 믿음이라는 유일한 요건을 희석하는 하는 것일 뿐 아니라, 하나님께서 예수를 믿는 자들을 받아들이신다는 복음의 핵심 주장을 부정하는 것이기도 하다. 바울은 대체로 자신의 경험에 비추어 발언하면서, 그리스도 안에서 의롭게 되기를 구하다 보니, 자신이나 베드로 같은 유대 그리스도인들이 이방인 가운데서 이방인처럼 살아감으로써 율법의 영역 밖에서 생활하게 될 수도 있다고 단언한다. 하지만 그렇다고 해서 이 말이 그리스도가 유대인을 율법 없는 이방 죄인이 되도록 장려한다는 뜻은 아니다. 도리어 자신들을 (죄인들과) 분리하는 수단이나 (죄로부터) 의를 얻기 위한 방식으로 율법을 다시 세우려고 하는 자들은 그리스도를 믿는 믿음을 통해서만 구원받는다는 복음의 핵심 메시지를 거부함으로써 스스로 범법자임을 입증하는 셈이다. 다시 말해서, 율법을 기독교 공동체의 토대로 삼아 다시 세우려고 시도하는 것은 이미 완성된 그리스도의 역사를 거슬러 범죄하는 것이다. 왜냐하면 그러한 시도는 한 백성을 의롭게 하고 그들을 형성함에 있어 십자가로서는 불충분함을 함축하기 때문이다. 그러므로 바울은 죄/죄인을 다루기 위해 율법으로 물러서는 것은 그리스도 안에서 명백히 나타난 하나님의 은혜를 무시하는 것이라고 단언한다. 그러한 시도가 유독 더 부적절한 이유는 의가 율법을 통해 오지 않는다는 사실에 토대하여 그리스도의 십자가 죽음이 의도되었기 때문이다.[99] 그러한 시도 대신에 필요한 것은 죽음과 부활을 체험하는 것이다. 그리스도와 더불어 십자가에 못박힘으로써, 바울은 자신이 율법에 대하여 죽었고, 그때부터 하나님에 대하여 살고 있다고 말한다. 분명한 것은 그리스도가 신자들로 하여금 율법 안에서 의를 포착하도록 재촉하지 않는다는 것이다. 도리어 그리스도와 더불어 죽음으로써 그리스도가 **그들 안에 살고** 또한 그리스도가 **그들을 살리도록** 해야 한다. 유일한 생명은 하나님의 아들이 지닌 신실함에서 찾을 수 있다. 그는 바울을 사랑해서 바울을 위해 자기 자신을 내어주신 분이다. 만약에 그것이 진리가 아니라면, 예수의 죽음은 아무 소용이 없는 것이다.[100]

갈라디아서 2:15-21에 나오는 δικαιόω의 의미가 묵시 학파에게 대단히 중요한 것임이 드러난다. 이들은 전통적인 용어인 "칭의"(justification) 대신에 "교정"(rectification)이라는 번역을 채택하는데, 그 이유는 바로 바울의 담론이 지닌 묵시적 성격 때문이다. 드보어는 유대 묵시서인 에녹1서 1-36장과 바룩2서를 조사한 후 묵시적 종말론에 속한 두 개의 변별되는 유형을 파악했다고 주장한다. 한 유형에서는 구원이 우주적 드라마로 펼쳐지면서 그 가운데 하나님이 악한 세력에 속박된 우주를 구속하시는 것으로 나타난다. 다른 유형에서는 구원과 정죄가 인간의 결정에 달려 있다. 첫 번째 도식에 해당하는 우주적 묵시 종말론에서는 인간이 적대적인 세력의 속박으로부터 해방되는 것을 상정한다. 두 번째 도식인 법정적 묵시 종말론에서

---

99 Ben Witherington III, *Grace in Galatia: A Commentary on Paul's Letter to the Galatians* (Grand Rapids, MI: Eerdmans, 1998), 185.

100 Michael F. Bird, "Progressive Reformed View," in *Justification: Five Views*, ed. J. K. Beilby and P. R. Eddy (Downers Grove, IL: IVP Academic, 2011), 135-36; 『칭의 논쟁』(새물결플러스 역간, 2015).

는 구원을 인간의 책임과 개인의 운명에 해당하는 문제라고 본다.[101] 묵시 사상을 연구하는 이들에 따르면 바울은 첫 번째 도식을 채택하고 있는데, 여기서 말하는 신적 교정이란 잘못 나간 것을 하나님이 몸소 바르게 함을 의미하며, 예수 그리스도를 통한 하나님의 구원 행위가 지닌 우주적이고 변혁적인 성격을 강조하므로, 이는 갈라디아에 침입한 자들이 내세우는 법정적·언약적 칭의론과 상반된다.[102]

한편에서 나는 이 "교정"이라는 언어가 바울이 자신의 신학 전반에 있어서 δικαιόω를 무슨 의미로 사용했는지 알아보는 창조적인 신학적 탐구로서의 가치가 있다고 본다. 바울이 δικαιόω에 대한 자신의 설명을 옹호하는 내용 중에는 적대적인 "권세"(갈 4:3)에서 풀려나는 것, 세상에 대해 십자가에 못박히는 것(갈 6:14), 새 창조에 참여하는 것(갈 6:15) 등이 실제로 포함되어 있다. 또한 로마서 1:16-17과 2:13-16 및 3:21-26과 8:32-34를 읽어보면 하나님의 구원 능력은 복음을 통해 묵시적으로 계시되어 최후 심판 때 하나님의 백성인 믿는 자들의 종말론적 신원과 우주적 부활에서 절정에 이른다. 게다가 이러한 교정 개념은 여러 묵시적 모티프와 태생적으로 연결

---

101 De Boer, "Paul and Apocalyptic Eschatology," 357-66; idem, "Paul and Jewish Apocalyptic Eschatology," 180-81.

102 Leader E. Keck, *Paul and His Letters* (Philadelphia: Fortress, 1979), 118-23; idem, *Romans* (Nashville: Abingdon, 2005); Alister E. McGrath, "Justification," in *DPL*, ed. G. F. Hawthorne, R. P. Martin, and D. G. Reid (Downers Grove, IL: InterVarsity, 1992), 518; Martyn, *Theological Issues*, 141-56; idem, *Galatians*, 249-75; Richard K. Moore, *Rectification ("Justification") in Paul, in Historical Perspective and in the English Bible: God's Gift of Right Relationship* (3 vols., Lewiston, NY: Edwin Mellen, 2002); Martinus C. de Boer, "Paul's Use and Interpretation of a Justification Tradition in Galatians 2.15-21," *JSNT* 28 (2005): 210-15; idem, *Galatians*, 34-35; Hays, "Galatians," 11:187, 195, 특히 238; 보다 최근의 것으로는 다음을 보라. David A. deSilva, *Transformation: The Heart of Paul's Gospel* (Bellingham, WA: Lexham, 2014). David A. Shaw, "Apocalyptic and Covenant: Perspectives on Paul or Antinomies at War?," *JSNT* 36 (2012): 162-63은 "법정적 개념과 바울을, 또한 이로써 법정적 개념과 하나님을 떼어놓기 위한 변증적 의도"를 찾아낸다.

되어 있는데, 이를테면 마지막 때의 심판과 정의, 이교 세계에 만연한 문제에 대한 해결, 죄에 대해서는 정죄하지만 통회하는 자에게는 하나님이 긍휼을 베푸심, 하나님 언약의 조문들이 견지됨, 범법자들의 사면 등을 그 주된 모티프로 꼽을 수 있다. 그러므로 칭의란 단순한 선언 이상의 것으로서, 세상의 모든 잘못된 것을 강력하게 바로잡는 하나님의 교정적 행위에 해당하는 것으로 이해해야 할 것이다. 다시 말해서, 칭의란 우주적 해방과 정의에 관한 것이다.[103]

하지만 그렇다고 해도 나는 이러한 명명법에 대해 몇 가지 사소한 염려를 품지 않을 수 없다. 첫째로, 어떤 사전도 δικαιόω나 δικαιοσύνη에 대해 "우주적" 하부 범주를 수록한 곳은 없다. 따라서 나는 우리가 주석에 임할 때 δικ-단어군의 어휘와 의미에 속박됨으로써, 이 말들에 지나친 신학적 무게를 실은 나머지 비논리적인 전체성 전이의 오류(특정한 때에 쓰이는 용례가 모든 경우에 적용될 수 있다고 가정하는 어휘적 오류—옮긴이)에 빠지지 않도록 하는 것이 더 현명하리라고 생각한다.

둘째로, 드보어 식으로 "유대교 묵시 사상에서 두 가지 '궤적'을 구별하는 것은 갈라디아서의 해석을 위해 반드시 필요하다." 하지만 이러한 구별법은 자칫 아킬레스건이 되기도 한다.[104] 그 이유는 드보어가 묵시서들을 우주적 대 법정적이라는 두 가지 유형으로 분류한 것을 헤핀 존스(Hefin Jones)가 뒤집어버리기 때문인데, 존스는 에녹1서와 바룩2서의 구원론적 유형을 약술한 후에, "드보어 식으로 두 가지 유형을 떼어놓은 것은 과장일 뿐아니라 어느 정도 왜곡을 포함하고 있으며, 그릇된 딜레마에 빠지게 한다"고 결론 내린다. 존스는 "두 가지 유형의 묵시서 모두가 법정적인 동시에 인

---

103   Hays, "Galatians," 11:237; Michael J. Gorman, "Justification and Justice in Paul, with Special Reference to the Corinthians," *JSPL* 1 (2011): 23-40.

104   Martyn, *Galatians*, 97n51.

간의 책임성도 주장한다"는 점을 그 근거로 제시한다.[105] 존스는 다음과 같이 의견을 개진한다.

인간이 악한 세력의 속박하에 있다고 보거나, 인간이 자신의 행위에 대해 책임이 있다고 보는, 두 가지 선택지를 극단적으로 대치시키다 보면 일종의 환원주의로 전락하는 것 같다. 이 두 묵시서들에 나타난 증거가 묵시적 스펙트럼의 양 극단을 대표한다고 하면, 그것은 다음과 같은 콜린스(Collins)의 견해를 확증해준다고 하겠다. 콜린스는 이렇게 말한다. "그렇지만 모든 묵시서는 초월적 종말론을 내포하므로 역사의 경계를 넘어선 곳에서 보복이 있기를 기대한다." 비록 일부 묵시서에서 일종의 자유의지적 신정론(free will theodicy)을 정립하려는 시도가 있는 것 같기는 하지만, 악의 세력이나 그에 대항한 하나님의 전쟁과 같은 우주론적 특징들이 나타난다고 해서 인간의 책임 의식을 약화시키는 것은 아니다. 드보어가 바울을 포함한 수많은 자료에서 두 가지 묵시 유형을 다 찾아낼 수 있었다는 사실로 미루어볼 때, 바울과 같은 당시 사람들은 인간적 책임과 초인간적 실재 모두에 유의미한 역할을 부여함에 있어 일부 현대인들이 생각하는 것만큼 불편함을 느끼지는 않았을 것이다.[106]

---

105 Hefin Jones, "Πίστις, Δικαιόω, and the Apocalyptic Paul: Assessing Key Aspects of the Apocalyptic Reading of Galatians" (PhD diss., Moore Theological College, 2015), 70. 유사한 논의로는 다음을 보라. Wright, *Paul and His Recent Interpreters*, 160-67. Frey("Demy-thologizing Apocalyptic," 354)도 같은 의견인 것으로 보인다. 즉 "de Boer의 연구는 유대 문헌에 대한 상세한 분석이라는 점에서 한 걸음 더 나아간 것이지만, 기본적으로 다른 곳에서 가져온 분류법에 기초해 있으며, 유대교 묵시 및 그 기본 특징에 대한 낡은 견해를 갖고 있다."

106 Jones, *Assessing Key Aspects of the Apocalyptic Reading*, 71-72 (다음에서 재인용함. Collins, *Apocalyptic Imagination*, 11). 또한 유사한 주장을 하고 있는 다음의 논문을 보라. Shaw, "Apocalyptic and Covenant?," 164-65.

더욱이 바울이 우주적 교정을 주장했다고 보고 그것을 그의 대적자들이 주장한 법정적 신학과 대치시키려는 시도는 실패하기 마련인데, 그 이유는 갈라디아서 2:15-21과 6:14-15에 비추어볼 때, "바울은 두 묵시서들과 마찬가지로 **법정적**이거나 **우주론적**인 두 가지 범주 모두에 정통하기 때문이다."[107]

셋째로, 나는 또한 "교정"이라는 묵시적 해석이 지나치게 그리스도 중심적이어서 사실상 그리스도 일원론이 되지 않을까 우려되기도 한다. 이 말은 예수 그리스도가 오시기 전이라면 우리는 과연 칭의가 되었는지, 하나님과의 바른 관계가 회복되었는지에 대해 의아해하는 상태로 있게 된다는 뜻이다.

나도 칭의에 대해 나름의 연구를 진행한 결과 다음과 같은 결론에 이르게 되었다. 칭의는 하나님께서 새 언약을 통해 새 신분을 얻은 새 민족을 창조하셔서 새 시대를 미리 맛보게 하시는 행위다. 이 경우 칭의는 법정적이고 묵시적이며 언약적인 동시에 변화의 능력을 지닌다.[108] 이 문장을 더 분석하자면, 먼저 칭의는 믿는 자들이 하나님의 용서를 받은 가족의 일원이라는 하나님의 평결로부터 유래하는 것이다. 그런데 최후 심판 때의 평결이 현재에 미리 선언되었는데, 그 평결의 내용은 일종의 무죄방면이다. 믿는 자들은 하나님 앞에서 의로우며 달리 "더 의로울" 수 없을 정도다. 이방인 신자들도 유대인과 더불어 완전하고 동등한 언약의 일원으로서 정당함을 얻게 되고, 하나님 백성의 일원이 된다. 게다가, 성령이 믿는 자들 안에서 일하면서 **하나님 앞에**(coram Deo)있는 그들의 신분을 **그리스도 안에**(en Christō) 있는 그들의 상태에 맞추어 형성해 가신다. 이제 기독론적 중심이

---

107 Jones, *Assessing Key Aspects of the Apocalyptic Reading*, 73.
108 다음을 보라. Bird, *Saving Righteousness*, 3-4; idem, "Progressive Reformed."

분명히 자리잡게 되는데 이는 정죄(십자가)와 신원(부활)이라는 하나님의 평결은 메시아의 신실함과 죽음과 부활에 연합하고 참여할 때에만 온전히 포착되는 까닭이다. 하지만 이 칭의의 행위는 전례 없는 새로운 것이 아니라, 창세기 15:6에서부터 이사야 53:11-12과 하박국 2:4에 거슬러 올라가는 성서적 유형에 부합하는 형태로 일어나는 것이다. 이 본문들은 바로 바울 복음이 성경의 유형에 부합함을 증명하기 위해 바울이 인용하거나 암시했던 것들이다. 더 나아가 칭의는 이스라엘의 선택 및 이방인을 받아들이기 위한 언약의 확대라는 계기를 전제로 하고 있다.

그리스도 대 율법?

묵시적 접근법의 중심을 차지하는 또 다른 측면은 율법과 그리스도 간에 매우 엄격한 대비를 상정하는 것이다.[109] 여기서 나는 유대교 개종주의자들이 "하나님의 그리스도에 비추어 율법을 보기보다는 율법에 비추어 그리스도를 보았다"고 한 마틴의 말이 정확하다고 생각한다.[110] 갈라디아에 침입한 자들은 메시아를 단지 율법에 부가된 것으로 간주했다. 묵시적 해석의 관점에서, 바울의 답변은 율법은 모든 인류를 종으로 삼고 저주할 뿐 아니라 심지어 폭군이기도 하므로, 믿는 자들은 그로부터 구속되어야 한다는 것이다(특히 갈 3:6-14; 4:3). 특별히 갈라디아서 2:15-21에서 바울은 믿는 자들의 칭의에는 하나님을 대적하는 세력으로부터의 구속이 포함되는데, 이러한 구속은 우리 자신의 믿음의 행위에 대해 하나님이 반응하심으로써 일어나는 것이 아니라, "예수 그리스도의 믿음"(πίστις Ἰησοῦ Χριστοῦ)을 통해서 일

---

109 Martyn, "Events in Galatia," 165-7; idem, *Theological Issues*, 149-54; idem, *Galatians*, 269-73.
110 Martyn, *Galatians*, 124.

어난다고 말한다. 예수의 신실함은 십자가 위에서 자기 자신을 내어준 희생적 죽음으로서, 하나님의 바르게 하시는 능력을 계시해주었다. 이 말은 대립의 요소를 믿음 대 행위라는 인간 행위의 두 가지 방식에서 찾을 것이 아니라 하나님의 행위(예수의 신실한 죽음) 대 인간의 행위(율법의 준수)에서 찾아야 함을 의미한다.[111] 그렇다고 해도 인간의 믿음이 전적으로 무시되는 것이 아니라, 도리어 그 역할이 유지된다는 점이 중요하다. 이는 사람이 의롭게 되는 것은 바로 그리스도의 신실함으로 말미암는 것이고(갈 2:16), 그리스도의 신실한 죽음이 믿음 자체를 끌어낼 수 있는 능력도 갖고 있음을(갈 2:20) 믿는 까닭이다.[112] 더욱이 "예수 그리스도의 신실함"으로 말미암는 칭의라는 도식을 앞세우는 것은 바울에 대한 구속사적이고 묵시적인 해석을 주장하는 이들이 공통적으로 내세울 만한 것이다.[113] 그렇다고는 해도, 나는 "예수 그리스도의 신실함"이라고 알려진 이 도식에 몇 가지 조건을 긴급히 부가해야 하며, 아울러 그리스도/율법 간의 대비도 다른 여러 사항을 고려하여 그 날카로움을 좀 무디게 할 필요가 있다고 생각한다.

첫째로, 예수 그리스도의 신실함에 관해서 이야기하자면, 이것은 현대 바울 해석에서 가장 난해한 주제에 해당하는 것으로, 그리스도의 신실함에 들어 있는 소유격 형태를 주격 소유격으로 읽는 것에 동의하는 그룹이나 반대하는 그룹 모두가 일리 있는 논거를 많이 갖고 있다.[114] 여기서 πίστις

---

111 Martyn, *Galatians*, 270-75; Campbell, *Quest*, 178-232; idem, *Deliverance of God*, 839-40; de Boer, *Galatians*, 148-50.

112 믿음에 관한 훌륭한 논의로는 다음을 보라. Martyn, *Galatians*, 276-77.

113 Hays, "Galatians," 11:239-40, 246-47; Wright, *Paul*, 47; idem, *Justification,* 117; Witherington, *Grace in Galatia*, 179-82; Longenecker, *Triumph of Abraham's God*, 95-111; 특히 다음을 보라. Ardel Caneday, "The Faithfulness of Jesus Christ as a Theme in Paul's Theology in Galatians," in *The Faith of Jesus Christ: Exegetical, Biblical, and Theological Studies*, ed. M. F. Bird and P. M. Sprinkle (Milton Keynes, UK: Paternoster, 2009), 184-205.

114 다음을 보라. Hays, Faith of Jesus Christ; 또한 다음의 논문집을 보라. Michael F. Bird and

제3장 • 침공 이야기: 갈라디아서에 대한 묵시적·구속사적 재해석 **241**

ʼΙησοῦ Χριστοῦ란 말은 "십자가의 죽음에서 구현된 그리스도의 신실함이며, 이 사건을 통해 하나님은 우리를 구원하기 위한 행동을 취하셨다"[115]에 상응하는 의미를 지닌다. 이 말을 주격 소유격으로 읽는 것은 여러 이유에서 훌륭한 해석으로 추천할 만하다. (1) 율법과 그리스도를 대조시키는 것은 갈라디아서를 지배하는 신학적 경향을 포착하고 있으며, 바울에게 있어 구원은 그리스도 안에 계신 하나님이라는 계시 이외의 그 어떤 것도 아니며 인간의 노력으로 얻을 수 있는 것이 아니라는 그의 주요한 주장을 정당하게 강조한다. (2) 갈라디아서 2:20에 나오는 말씀을 "내가 그리스도와 함께 십자가에 못 박혔나니 그런즉 이제는 내가 사는 것이 아니요 오직 내 안에 그리스도께서 사시는 것이라. 이제 내가 육체 가운데 사는 것은 나를 사랑하사 나를 위하여 자기 자신을 버리신 하나님의 아들의 신실함 때문에 사는 것이라(I live because of the faithfulness of the Son of God)"라고도 번역할 수 있다. 갈라디아서 2:19-20의 문장 전체가 자기 자신을 죽음에 넘기신 예수의 신실한 사랑의 행위에 참여한다는 맥락에서의 인간의 믿음을 설명한 것이라고 보면 그러한 번역은 타당하다. 그리스도의 역할은 이 문장의 첫 부분과 끝에서 모두 강조되고 있다. 바울은 "내가 그리스도와 함께 십자가에 못 박혔나니"라는 말로써 자기가 그리스도와 더불어 십자가를 지고 있음을 언급하는 것으로부터 시작한다. 그리고 말미에서는 십자가에 못박히신 아들을 "나를 사랑하사 나를 위하여 자기 자신을 버리신" 분으로 정의한다. 여기서 주요 행위자는 자신을 버리는 사랑의 행위로서 십자가에서 죽으신 이, 즉 십자가에 못박히신 메시아다. 덧붙여 말하자면, 바울이 두 쌍의 대조 어구를 설정하는 대상 중 하나는 인간 생명의 원천이며, 다른 하나는 자신

Preston M. Sprinkle, eds., *The Faith of Jesus Christ: Exegetical, Biblical, and Theological Studies* (Milton Keynes, UK: Paternoster, 2009).

115   Hays, "Galatians," 11:240.

의 죽음을 통해 믿는 자들에게 생명을 가져다주는 주체인 그리스도다.

믿는 자의 생명	그 생명의 원천
이제는 내가 사는 것이 아니요	오직 내 안에 그리스도께서 사시는 것이라
이제 내가 육체 가운데 사는 것은	하나님의 아들의 신실함 때문에 사는 것이라

다시 말해서, 믿는 자는 하나님의 아들이 지닌 부활의 생명과 신실함과 자기를 버리신 죽음으로 인해 사는 것이다. (3) 갈라디아서 3:23-25에서 바울은 "믿음이 온" 순간에 대해서 언급한다. 여기서 명사인 πίστις는 "그리스도"를 가리키는 환유어로서, "하나님이 그 아들을 보내사"(갈 4:4)에서 말하는 시점과 동일하다. 만약 갈라디아서 2:16("의롭게 되는 것은…예수 그리스도의 **신실함**으로 말미암는")을 갈라디아서 3:23-25("믿음"=그리스도)와 조화시킨다면, πίστις는 기독론적으로 이해하는 것이 당연하다.

나는 갈라디아서 2:20을 주격 소유격으로 읽는 것에는 동의하지만, 갈라디아서 2:16에서는 다음과 같은 다섯 가지 이유에서 그러한 해석이 온당치 못하다고 본다.

1. 바울은 그리스도를 동족어 동사인 πιστεύω의 주어로 삼은 적이 한 번도 없다. 만일 그리스도 자신의 신실함이 구체적인 고려의 대상이 된다면 아마 그런 경우를 기대해볼 수도 있을지도 모르겠다.
2. 의미론적 관점에서 볼 때, 소유격 수식어는 주요 용어를 제한하거나 정의하기는 해도 거기에 추가적 내용을 덧붙이지는 않는다. 그러므로 πίστεως Ἰησοῦ Χριστοῦ는 그리스도 자신의 믿음을 구체화한다

기보다 믿음의 적절한 범위를 예수 그리스도께 제한한다.[116]

3. 갈라디아서 2:16에서 πίστεως Ἰησοῦ Χριστοῦ 앞에 있는 전치사 διά
와 ἐκ는 하박국 2:4(LXX)에 나오는 ἐκ πίστεως를 따르는 형태라고
하겠으며, "의로움"의 조건으로서 인간의 믿음을 강조한다(갈 3:8,
24, 5:5).[117]

4. 갈라디아서 2:16에서 말하는 대로, 사람이 의롭게 되는 것은 πίστις
Ἰησοῦ Χριστοῦ("예수 그리스도의/를 믿음")으로 말미암으며 ἔργων
νόμου("율법의 행위")로 말미암음이 아니라는 논제는 그 절의 나머지
부분에서 인간의 믿음을 크게 강조하는 것에 비추어 설명된다. 그러
므로 ἐκ πίστεως Χριστοῦ으로 의롭게 된다는 것은 의롭게 되기 위
해 ἡμεῖς εἰς Χριστὸν Ἰησοῦν ἐπιστεύσαμεν("우리도 예수 그리스도를
믿나니")를 의미한다.

5. 갈라디아서 3:1-5에서 바울이 대비시키는 것은 그리스도 대 율법이
아니라, 갈라디아 교인들이 성령을 "율법의 행위"(ἔργων νόμου)라는
수단을 통해서 받았는지 혹은 "듣고 믿음"(ἀκοῆς πίστεως)을 통해 받
았는지에 대한 것이다. 여기서 행위와 믿음을 대조하는 것은 갈라디
아서 3:6-9에서 "믿고"(ἐπίστευσεν) 의롭게 된 아브라함의 모범을 통
해 한번 더 입증된다. 아브라함의 이야기는 하나님이 믿음으로 열방
을 의롭게 할 것이며, 믿음이 있는 자들은 믿음의 사람인 아브라함과

---

116 Stanley E. Porter and Andrew W. Pitts, "Πίστις with a Preposition and Genitive Modifier:
Lexical, Semantic, and Syntactic Considerations in the πίστις Χριστοῦ Discussion," in *The
Faith of Jesus Christ*, ed. M. F. Bird and P. M. Sprinkle (Milton Keynes, UK: Paternoster,
2009), 33-53 (esp. 51).

117 Francis Watson, "By Faith (of Christ): An Exegetical Dilemma and Its Scriptural Solution,"
in *The Faith of Jesus Christ*, ed. M. F. Bird and P. M. Sprinkle (Milton Keynes, UK: Pater-
noster, 2009), 147-63; 또한 Dunn, "EK ΠΙΣΤΕΩΣ," 357-66.

동일한 복을 받을 것임을 약속함으로써 복음을 앞서 보여준다. 여기서 믿음은 성령과 칭의와 자녀 됨과 복을 받기 위한 기제다.

나는 πίστις Χριστοῦ 논쟁에 대하여 보다 적절한 해답은 "그리스도를 믿는 믿음"과 "그리스도의 신실함" 중간 어디쯤에 있다고 보는 것이다. "그리스도를 믿는 믿음"이라는 전통적 입장이 풍부한 유산을 갖고 있고 안전하게 복음에 대한 인간적 반응을 요구할 수 있기는 하지만 궁극적으로는 만족스럽지 못한데, 그 이유는 이러한 해석에서는 바울이 그의 신학적 담론 속에 엮어놓은 참여주의적 주제를 포착하지 못하기 때문이다. 그러나 "그리스도의 신실함"이라는 입장은 신학적 새 술을 담은 부대로서 풍성함이 넘쳐나지만, 그리스어 문법에 대한 지나친 지식을 가진 우리 같은 사람들에게는 설득력이 없을 뿐 아니라 신학적으로도 과장된 해석으로 보인다.[118] 내 개인적인 해석으로는 바울이 πίστις Χριστοῦ에 대해서 말할 때, 그는 우리에게 예수의 신실함과 죽음 및 부활을 통해 하나님께서 이루신 묵시적 구원의 현실 전체를 믿는 인간의 믿음을 가리키고 있는 것이다.[119] 그러므로 πίστις

---

118 다음을 보라. Mark Reasoner (*Romans in Full Circle: A History of Interpretation* [Louisville: Westminster John Knox, 2005], 39): "결국 주격 소유격을 지지하는 최고의 논증은 그 신학적 유용성에 있는 것이지, 목적격 소유격이 지닌 어휘적·의미론적 어려움을 입증하는 것에 있는 것 같지는 않다."

119 다음을 보라. Charles Cosgrove, *The Cross and the Spirit: A Study in the Argument and Theology of Galatians* (Macon, GA: Mercer University Press, 1988), 56; Francis Watson, *Paul and the Hermeneutics of Faith* (London, T&T Clark, 2004), 75-76; idem, *Paul, Judaism, and the Gentiles: Beyond the New Perspective* (Grand Rapids, MI: Eerdmans, 2007), 255; Benjamin Schließer, *Abraham's Faith in Romans 4: Paul's Concept of Faith in Light of the History of Reception of Genesis 15:6* (WUNT 224; Tübingen: Mohr Siebeck, 2007), 262; Michael F. Bird, "What if Martin Luther Had Read the Dead Sea Scrolls? Historical Particularity and Theological Interpretation in Pauline Theology: Galatians as a Test Case," *JTI* 3 (2009): 119-21; 특히 방대한 참고 문헌으로는 다음을 보라. Preston M. Sprinkle, "Πίστις Χριστοῦ," in *The Faith of Jesus Christ*, ed. M. F. Bird and P. M. Sprinkle (Milton Keynes,

Χριστοῦ는 믿음에 대한 구속사적 표현을 가리키는 준말로서, 아브라함에게서 시작해서 이방인에게까지 미치는 것이며, 메시아이신 예수와 그의 죽음 및 부활 안에서 또 이를 통하여 계시하시는 하나님의 역사를 믿는 것이고, 여기에는 믿음에 의하여 그 역사를 적용하는 것과 성령으로 그 사건에 참여하는 것이 포함된다.

갈라디아서 2:16의 πίστις Χριστοῦ에 대한 이러한 결론은 갈라디아서 2:17-21에서 그리스도와 함께 율법에 대하여 죽음을 말하는 바울의 농밀한 진술들을 밝히는 데 유용하다. 바울은 전통적으로 유대인과 이방인을 갈라놓던 공동체의 경계로부터(2:1-14) 유대인 신자들과 이방인 신자들을 복음이라는 계시적 사건 안으로 통합하는 방향으로(2:15-21) 주저 없이 옮겨간다. 그는 유대교의 생활 방식은 이방인을 위한 길을 열어주지 못하지만, 율법 자체의 증언을 통해서 우리는 율법에 대하여 죽고 이로 인해 이방인도 새 시대에 동참하게 되었음을 강조한다(2:17-20). 바울은 그리스도의 죽음을 통해 율법의 경계를 넘어 하나님 아들의 부활의 삶으로 옮겨간 사람의 예증으로 자기 자신을 제시한다(2:19-20). 이러한 믿음은 예수 그리스도를 아브라함에게 주신 약속에 대한 언약적 성취의 표지로 받아들이면서 우리가 그 안에서 하나님으로 말미암아 행하고, 또한 하나님이 우리 안에서 행하시는 것을 의미한다. 바울은 이렇듯 믿음이라는 인간의 반응과 자기 자신을 주신 그리스도의 희생적 사랑의 행위를 함께 연결한다. 십자가에서 죽으신 아들의 신실함과 그리스도를 믿는 믿음을 구분하던 것은 믿는 자가 그리스도와 더불어 십자가를 지는 것에서 함께 용해되어 버린다. 샘 윌리엄스(Sam K. Williams)의 표현처럼, "나는 나를 사랑하신 하나님의 아들을 믿는

UK: Paternoster, 2009), 165-84.

믿음 안에 산다."[120] 예수 그리스도의 신실함에 뿌리박은 믿음 외에 다른 믿음이란 존재하지 않는다.[121] 믿음으로 말미암아 우리는 그리스도의 십자가의 죽음의 상태로 들어가며, 이는 믿는 자를 영원토록 변화시킨다.[122]

둘째로, 갈라디아서에 나타난 율법에 대한 바울의 핵심 사상은 갈라디아서 2:19a에 제시된 율법에 대한 바울의 흥미로운 진술에서 찾아볼 수 있다. "내가 율법으로 말미암아 율법에 대하여 죽었나니"(ἐγὼ γὰρ διὰ νόμου νόμῳ ἀπέθανον, ἵνα θεῷ ζήσω). "율법으로 말미암아"란 무슨 뜻이며, 어떻게 바울은 "율법에 대하여 죽을" 수 있었는가? 바울이 여기서 로마서 7:4에서 "너희도 그리스도의 몸으로 말미암아 율법에 대하여 죽임을 당하였으니 이는 다른 이 곧 죽은 자 가운데서 살아나신 이에게 속함으로"라고 말하는 것과 동일한 내용을 말하고 있다고 가정한다면 문제는 훨씬 쉽게 해결될 수

---

120 Sam K. Williams, "Against *Pistis Christou*," *CBQ* 49 (1987): 44; idem, *Galatians* (ANTC; Nashville: Abingdon, 1997), 67-70. Martyn(*Galatians*, 362)은 바울이 "그리스도의 오심과 그리스도의 영의 오심, 또한 그리스도의 믿음과 그리스도의 믿음에 의해 생겨난 믿음이 오는 것"에 대해 호환적으로 언급한다고 생각한다. 갈 2:20에 나오는 그리스도의 신실함에 대한 주장으로는 다음을 보라. Hays, *Faith of Jesus Christ*, 153-56, Campbell, *Deliverance of God*, 847-49; Michael J. Gorman, *Inhabiting the Cruciform God: Kenosis, Justification, and Theosis in Paul's Narrative Soteriology* (Grand Rapids, MI: Eerdmans, 2009), 63-72.

121 다음을 보라. Barth, *CD* 2/2:559: "내가 하나님의 아들의 믿음과 그분을 믿는 나의 믿음 안에 산다는 사실은 하나님의 아들인 그 분이 나를 위해서 먼저 믿었다는 사실에 근거한다.…내가 나의 믿음 안에서 따르는 그 한 사람에 의해서 위대한 믿음의 일이 이미 이루어졌다. 이는 내가 믿기도 전에 일어났고, 내가 더 이상 믿지 않는다고 해도 일어난 일이다. 그래서 그분은 항상 히 12:2의 말씀처럼 우리 믿음의 주요 온전하게 하시는 분이다.…그분의 믿음은 세상을 이기신 승리다." Martyn, *Galatians*, 259: "그리스도의 믿음은 그리스도와 함께 십자가에 못박힌 자가 살 수 있고, 또 실제로 살아가는 공간을 조성한다." Hays, "Galatians," 11:244: "바울이 지금 '육신 안에서'(곧 구체화된 역사적 실존 안에서) 사는 삶은 예수 그리스도의 신실함으로 인해 활성화되고 결정된다."

122 Dunn, *Galatians*, 144이나 Hays, "Galatians," 11:243-44와는 반대로, 과거분사 συνεσταύρωμαι는 과거의 사건이 지속적 영향을 갖는 것을 가리키지 않는다. 오히려 과거 시제 형태는 그 상(相)이나 동작양태(*aktionsart*)에 따른 상태를 나타내며, 그리스도와 함께 십자가에 못박힌 상태를 강조한다(Porter, *Idioms*, 21-22, 39-42).

있을 것이다. 로마서에서는 율법에 대한 죽음을 가능케 하는 기제가 바로 "그리스도의 몸"(즉 그의 십자가에 달리신 몸)이다. 하지만 갈라디아서 2:19a 에서 바울은 **율법으로 말미암아** 자신이 **율법에 대하여** 죽었다고 말하면서, 2:19b-20에서는 그것이 하나님에 대하여 살고 그리스도와 함께 십자가에 못박히는 것과 밀접하게 연결되어 있다고 말한다. 마틴, 헤이스, 드보어는 모두 "율법으로 말미암아"가 그리스도의 십자가 죽음에서 율법이 맡은 적 극적 역할을 의미한다고 주장한다. 즉 그리스도의 십자가 죽음에서 율법이 행한 역할로 인해 바울이 율법으로부터 분리되었다는 것이다.[123] 라이트에 게 갈라디아서 2:19은 바울 신학의 핵심 요소를 보여주는데, 그는 "율법에 대하여 죽었나니"가 율법에 대한 거부임에 틀림없으며 그 외에 "다른 의미 는 없다"[124]고 생각한다. 문제는 율법이 어떻게 적극적으로 그리스도의 죽 음을 획책하였는지를 설명하기가 난처하다는 점과 율법으로 말미암아 율 법에 대하여 죽은 자는 그리스도가 아니라 바울이라는 점이다.[125]

　　나는 여기서 두 가지 점에 주목한다. 첫째로, 전치사 어구인 "율법으로 말미암아"는 **율법의 수단에 의해서**나 또는 **율법이라는 도구를 통해서**라는 의미여야만 한다.[126] 이상하게 들리기는 하지만, 바울이 율법에 대하여 죽은 것은 율법이라는 수단에 의한 것이다! 둘째로, 율법이 도구가 되어서 율법

123　Martyn, *Galatians*, 257-59n142, 278; Hays, "Galatians," 11:243; de Boer, *Galatians*, 160.

124　Wright, *Paul and the Faithfulness of God*, 1430.

125　몇몇 학자들(Dunn, *Galatians*, 143; de Boer, *Galatians*, 160)은 이 문제를 율법에 대한 바울 의 열성적인 헌신(이로 인해 교회를 핍박하게 되었다)을 통해 설명한다. 하지만 유대 그리스 도인을 박해한 바울의 행위가 어떻게 그리스도께 대항한 율법의 행위가 되는가? 이는 지극 히 상징적인 의미에서나 가능한 일이다.

126　διὰ νόμου의 용례를 보라. 율법으로 말미암아 심판을 받는다(롬 2:12); 죄에 대한 지식은 율 법으로 말미암아 온다(롬 3:20); 아브라함 언약은 율법으로 말미암아 온 것이 아니다(롬 4:13); 죄는 율법으로 말미암아 역사했다(롬 7:5); 죄는 율법으로 말미암지 않고는 알려지지 않는다(롬 7:7).

에 대한 바울의 죽음과 그다음으로 그리스도 안에 있는 바울의 삶을 촉진하는 방식은 갈라디아서와 로마서의 다른 곳에서 바울이 율법에 관해 말한 내용과 조화되어야 한다. 갈라디아서 3:19-25는 전체적으로 사람들을 그리스도께 인도하며 믿음으로 의를 얻도록 하는 일시적이고 예비적인 교사로서 율법의 역할과 관련이 있다. 그리고 로마서에서 바울은 "하나님의 의"가 율법과 별도로 계시되었지만, 동시에 이것이 율법과 선지자에 의해서 증거되었다고도 말한다(롬 3:21). 이러한 모든 내용을 고려할 때, 바울이 "율법으로 말미암아 율법에 대하여 죽었느니라"라고 말한 것은 율법이 그리스도 안에서 그 자체의 절정을 예견하고 있다는 의미이고, 그리스도와 연합한 자들이 율법에 대해 죽는다는 것은 율법의 관할권에서 벗어나는 것이라고 추측할 수 있다. 율법은 하나님이 아브라함과 맺은 언약을 증거하며, 장차 그리스도 안에서 하나님의 약속이 성취될 것을 앞서 가리킨다. 그리스도와 함께 죽음으로써 바울 자신은 죽었고, 그럼으로써 율법의 지배에서 벗어나게 되었다. 바울의 말을 풀어 쓰자면, 바울은 "율법이 내게 내가 언젠가는 그것에서 벗어나서 그리스도께 매이게 될 것을 밀해준다"[127]는 취지로 말하는 것이다.

종합하자면 칭의를 하나님의 평결로 기술하는 바울의 진술은 분명한 묵시적 모티프를 담고 있으며, 이는 이스라엘 자신의 죄와 이스라엘을 둘러싼 죄의 세상으로부터 이스라엘이 최종적으로 신원될 것이라는 이스라엘 성경의 기저에 흐르는 내러티브로부터 나온 것이다. 하나님의 의롭게 하

---

[127] 이 다음으로 꼽을 수 있는 최고의 해석은 Longenecker(*Triumph of Abraham's God*, 111-13)의 것이다. 그는 바울이 언약의 외인들에게 죽음의 약속이 주어진 것에 대해 언급하고 있다고 본다. 이로써 바울은 사실상 언약의 외인들에게 율법을 선언함으로 말미암아 그가 율법을 준수할 의무에 대하여 죽었고, 따라서 그리스도와 함께 십자가에 못박힘으로써 언약의 생명을 누릴 수 있게 되었음을 말한다고 본다.

시는 평결이라는 이러한 묵시적 이미지가 이방인 그리스도인들을 유대교로의 개종을 위한 예비자로 취급하지 말아야 한다는 바울의 진술의 배후에 있는 구체적인 사회 현실을 드러낼 것을 끈질기게 요구한다는 점이 중요하다. δικαιόω와 δικαιοσύνη에 대한 바울의 설명을 보다 넓은 우주적 담론 가운데 자리매김하는 것도 가능하지만, 그것은 더 구체적으로 하나님 앞에서 얻게 되는 언약적 지위와 새로운 신분을 지시해준다. 갈라디아서 2:16의 πίστις Χριστοῦ를 "그리스도의 신실함"으로 이해하기보다, 그것이 어떻게 한 사람이 믿음을 통해 아브라함으로부터 이방인에 이르는 구원의 이야기에 참여하게 되는지를 가리키는 축약된 표현이라고 보는 것이 더 적절하다. 끝으로 "그리스도 안"에 있는 신자들은 율법의 관할권으로부터 벗어났지만, 그러한 행위 자체는 그리스도에 대한 율법의 예언적 증언을 통해 확인된다. 그리고 이러한 견해에 따르면 그리스도 대 율법이라는 대비가 어느 정도 완화된다.

갈라디아서 3-4장: 아브라함, 율법, 메시아

갈라디아서의 중심에 자리한 3-4장에서 바울은 개인적 체험, 성경, 구속사 및 율법 없는 복음이라는 신학 논리에 근거하여 서로 맞물린 일련의 논증을 구성한다.[128] 바울은 갈라디아 교인들이 할례를 주장하는 침입자들의 논리를 기꺼이 수용한 것에 대해 책망하기 위해, 메시아 시대를 사실상 모세 시

---

128 Dunn, *Galatians*, 151.

대의 연장으로 보는 침입자들의 주장을 반박한다. 바울은 그들의 논리를 허물기 위해 아브라함 시대와 모세 시대 간에 구속사적 단절이 있었음을 상정한다. 바울은 메시아 시대의 경륜이 단지 모세 시대의 경륜 위에 더해지거나 그것을 우회하는 것이 아니며, 아브라함에게서 메시아에 이르는 여정이 모세 시대의 선민이라는 운전자를 거쳐서 진행되는 것도 아님을 강력하게 역설한다. 그러한 의미에서 바울이 갈라디아서에서 불연속성을 강조하고 있다고 보는 베커와 마틴의 주장은 타당하다.[129] 그렇지만 나는 하나님이 "율법에 맞서는 투쟁"[130]에 돌입했다고 하는 마틴의 주장은 지나친 말이라고 생각한다. 바울은 아브라함 시대와 모세 시대와 메시아 시대 간의 경계를 허물어뜨려서 모든 경륜을 하나의 단순한 연속선으로 통합하는 것은 거부하겠지만, 한편으로 율법이 그 한계에도 불구하고 하나님이 이스라엘을 이방인의 구속을 위한 경로로서 다루시는 전체적인 이야기에서 여전히 필수적인 위상을 지닌다는 점에서 일종의 연속성을 인정한다. 이스라엘의 언약적 삶과 율법 체제는 범위와 기한과 목적에 있어 제한적이었지만, 메시아의 궁극적 계시를 위해서는 그 중요성을 잃지 않고 있있다. 메시아가 오셔서 열방에 축복을 베푸시는 것은 오직 이스라엘과 율법을 향하여, 또 그것들을 통해서만 가능한 것이다. 사실 성경에 개략적으로 제시된 하나님의 구원 계획에는 율법을 통한 정죄의 효과와 믿음의 약속이 모두 들어 있다.[131] 따라서 바울이 이스라엘과 메시아를 아브라함으로부터 이방인 신자에까지 이르는 연속선 상에서 통합한 것은 구속사의 본령을 명확히 드러낸 것이라고 하겠다.[132] 이러한 이해는 다음의 내용을 분석함으로써 분명해질 것이다.

---

129   Beker, *Paul the Apostle*, 49-56.
130   Martyn, *Theological Issues*, 155.
131   Beker, *Paul the Apostle*, 55.
132   Dunn, "How New Was Paul's Gospel?," 252.

(1) 바울은 율법을 구원의 약속에 대한 이야기로 묘사한다. (2) 바울은 율법을 비록 일시적이지만 하나님의 구원 행위를 예비하는 것으로 설명한다. (3) 율법의 과도기적 기능에는 부정적 측면에서 복종이 포함되기도 하지만, 긍정적 측면에서는 보호와 준비를 제공한다. (4) 율법이 지닌 저주/종노릇 및 구원의 약속 간의 긴장은 율법의 저주를 그리스도에 의해 생겨난 것으로 보는 바울의 견해에 의해 해소된다.

율법은 구원에 관한 이야기

바울은 정체성의 범위 및 구원의 원천이라는 측면에서 율법의 시대와 그리스도의 시대를 극명하게 대립시킨다. 바울이 "율법 행위에 속한 자들"(ὅσοι ἐξ ἔργων νόμου, 갈 3:10)과 "율법 아래"(ὑπὸ νόμον, 갈 3:23; 4:4-5, 21; 5:18) 있는 자들을 언급할 때 그것은 자신들의 정체성과 구원이 율법의 지속적인 준수에 달려 있다고 보는 사람들을 가리킨다. 이와 반대로, "믿음으로 말미암은 자들"(οἱ ἐκ πίστεως, 갈 3:7-9), 세례를 받고 "그리스도로"(ὅσοι εἰς Χριστόν, 갈 3:27) 옷 입은 자들은 그리스도를 믿는 믿음을 통해서 정체성과 구원을 얻은 이들을 지칭한다. 율법은 의로움이나 생명에 이르는 방편이 아니다 (갈 2:21; 3:11-12, 21). 도리어 율법은 이스라엘에게 했던 것과 마찬가지로, 그 권위에 복종하는 모든 자들에게 저주를 가져다주고 종 노릇을 하게 한다 (갈 3:10; 4:1-7, 24-25; 5:1-3).[133] 더욱이 바울은 "율법은 믿음에서 난 것이

---

133 Martyn(*Galatians*, 311, 327)의 주장과는 달리, 바울이 율법의 저주가 율법을 지키는 자들과 지키지 않는 자들 모두에게 임하게 된다고 보았다는 것은 사실이 아니다. 그 이유는 (1) 바울이 주장하는 바는 **만약에** 이방인이 할례를 받으면, **그럴 때** 그는 율법의 저주 아래 처하게 된다는 것이고(갈 5:3); (2) 바울은 다른 곳에서도 이방인이 양심을 근거로 하나님 앞에서 심판을 받을지언정 율법을 가진 자도, 율법의 심판에 처할 수 있는 자도 아니라는 것을 확인한다 (롬 2:12-16). Martyn은 토라의 특수한 명제를 모든 인간에게 보편적으로 적용하려는 뿌리

아니니"(ὁ δὲ νόμος οὐκ ἔστιν ἐκ πίστεως)라고 주장하는데, 이는 율법이 그리스도를 믿는 믿음의 시대에 은혜로 주어지는 생명을 가져다주지 못한다는 의미를 담고 있다(갈 3:12). 바울은 율법을 지키려는 이방인들의 노력을 심지어 그들이 과거에 신봉하던 이방 종교로 되돌아가는 것에 비유하기도 한다(갈 4:8-11).[134]

바울은 두 어머니, 두 자녀, 두 예루살렘, 두 언약이라는 상징을 통해, 시내산 언약을 종의 시대로 간주하며, 종 노릇하는 자들이 유업을 받은 자유로운 자녀들을 핍박하려 하는 것으로 본다(갈 4:21-31). 반면에 그리스도를 믿는 믿음이야말로 축복(3:8-9, 14)과 입양을 통한 자녀 됨(3:7, 26, 29)과 의(3:6, 8)와 성령의 선물(3:1-5, 14)을 얻게 하는 방편이다. 갈라디아서 3-4장은 율법의 준수가 아닌 그리스도를 믿는 믿음이 믿는 자들에게 아브라함의 약속을 실현한다고 설파하는 극적인 대목에서 절정에 달한다(갈 3:5, 9, 14, 18, 29; 4:6, 30-31). 이는 얼핏 보면 하나님이 율법에 맞선 투쟁에 들어섰다고 보는 묵시적 해석을 옹호하는 증거가 될 수 있다. 그러나 애석하게도 모든 것이 그렇게 단순 명료하지는 않다.[135]

깊은 경향을 갖고 있다(예를 들어, *Galatians*, 317). Martyn은 토라가 지닌 역사적이고 내러티브적인 맥락을 회피함으로써 인류의 문제에 대한 해결책을 그리스도에게서 구하는 데 집중하지만, 이러한 접근은 바울의 논증이 유대인과 이방인 간의 특수성과 차이점에 근거한다는 사실을 간과하는 것이다.

134 Martyn(*Galatians*, 410)은 다음과 같이 주장한다. "요컨대 이방인이 율법을 지키는 것은 이방인이 하나님을 모르고 있는 것이나 다름없다." 필자는 신 28:58-68에 나열된 저주 중 하나가 이스라엘이 이교 우상신의 종이 되는 것임을 지적하고자 한다. 그러한 경우라도, 바울이 절대적으로 율법을 이교 신앙과 동일시하는 것은 아니다. 도리어 그는 율법에 따른 저주의 결정, 곧 포로상태와 이방신에 대한 굴종을 지적하고 있는 것이며, 이것은 마치 이방인이 전에 이방 신들의 종이 되었던 것과 마찬가지인 것이다(다음을 보라. Justin Hardin, *Galatians and the Imperial Cult: A Critical Analysis of the First-Century Social Context of Paul's Letter* [WUNT 2.237; Tübingen: Mohr Siebeck, 2008], 136-37).

135 Martyn(*Galatians*, 325, 345, 350, 354, 356-57, 366-68, 372-73; 다음을 보라. Hans Hübner, *Law in Paul's Thought* [Edinburgh: T&T Clark, 1984], 24-36; de Boer, *Galatians*, 230;

바울은 이방인을 포함할 것을 염두에 두고서 이스라엘과 율법을 하나님의 아들의 오심을 위한 구속의 맥락으로 여전히 상정하고 있을 가능성이 있다. 먼저 바울은 율법이 아브라함의 부르심에서 복음을 예견했고 아브라함에게 미래의 복음을 선포하였다는 뜻에서 율법을 γραφή("성경")로 간주한다(갈 3:8). 이렇듯 율법과 성경을 동일시하는 것을 보면 바울이 구속사라는 하나님의 드라마에서 율법에 중요한 역할을 부여하고 있음을 알게 된다.[136] 율법은 이야기와 약속과 계명이 섞여 있는 것으로서, 그것이 순수한 법률 문서라는 함축을 피하기 위해서는 어쩌면 그것을 "토라"라고 부르는 것이 좋을 것이다. 이 구절("모든 이방인이 너[아브라함]로 말미암아 복을 받으리라"—옮긴이)을 인용함으로써, 바울은 하나님의 백성이 본래 율법 없는 공동체였으며 그러한 공동체가 이방인 그리스도인들에게서 궁극적으로 구

"천사들은 하나님과 아브라함 간의 *diathēkē*[언약]에 간섭하고 있었다. 그런데 이것은 하나님이 의도한 바가 아니었다")의 주장에 따르면, 바울은 천사들이 하나님의 부재 시에 율법을 부여했고, 하나님이 이 율법의 탄생에서 아무런 역할을 하지 않은 것으로 서술함으로써 율법과 하나님 사이의 간극을 확대하고 있다. Martyn은 "천사의 율법"에 대해서 언급하면서 율법과 율법의 저자가 "천사의 막간극"을 구성하며 율법은 "종의 신세를 초래하는 막간극"이라 주장한다(326, 342, 389). 그러나 이러한 견해는 다음의 세 가지 사항을 고려할 때 설득력이 떨어진다. (1) 율법을 하나님이 주셨음은 προσετέθη라는 단어로 암시되고 있는데, 이는 "하나님에 의하여 더하여졌다"는 뜻의 신적 수동태(divine passive)다(갈 3:19). (2) Martyn(-*Galatians*, 356)과는 달리 갈 3:19의 가장 분명한 의미는 διὰ ἀγγέλων을 "천사들에 의해서"가 아니라 "천사들을 통해서"라고 읽는 것이다. 왜냐하면 διά에 소유격을 더하면 "중간을 통해서"라는 특수한 장소적 의미의 "통해서"가 되기 때문이다. (διά의 장소적, 도구적, 원인적 용법 간의 차이에 대해서는 Porter, *Idioms*, 148-51을 보라.) Martyn의 시도는 모호한 문법적 가능성을 취하고 비밀스러운 마르키온주의가 기능하도록 함으로써 율법이 하나님으로부터 온 것이 아님을 말하는데, 이러한 해석은 바울의 견해가 아니며 바울이 다른 곳에서 율법에 대해 말하는 것과도 상충된다. (3) 갈 3장에서 제시하는 것은 **하나님이 주신** 약속과 **천사들이 준** 율법을 대비하려는 것이 아니다. 오히려 하나님이 **직접적으로** 아브라함에게 주신 약속과 천사와 모세를 통해 **간접적으로** 주신 율법을 대조하려는 것으로 보인다. 약속은 중재를 거치지 않은 채로 모든 사람에게 주신 축복인 반면에, 율법은 중재를 거쳐서 율법의 관할하에 있는 자들에게 주신 축복을 받기 위한 조건이다.

136 Hays, "Galatians," 11:268.

현될 것임을 토라가 공포하고 승인하고 있다고 단언한다.[137] 바울이 그렇게 하는 이유는 그가 복음을 단지 아브라함에게 주신 약속의 실행이라고 보기 때문인데, 이것은 이스라엘을 하나님의 상속자로 기술하는 토라 속에 들어 있는 약속이며, 또한 "모든" 열방을 위한 축복으로 이어질 약속인 것이다. 따라서 바울의 이방인 선교는 아브라함의 축복을 열방에 전해야 할 이스라엘의 사명을 성취한 것과 다름이 없다고 해도 과언이 아니다.[138] 아울러 복음이 이미 토라 속에서 약속되고 있으므로 율법과 그리스도 간의 엄격한 대립이 완화된다는 점을 주목할 필요가 있다. 결국 우리가 할 수 있는 최선의 일은 하나님과 토라 간에 싸움을 붙이기보다 차라리 "토라와 그 **계명**"에 맞서 "토라와 그 **약속**"을 강조하는 것이다.

게다가 바울은 율법이 약속과 "반대되는" 것이 아니라고 말하는데(갈 3:21), 이 말은 율법이 "약속을 폐지할 만큼 강력한" 것은 아니라는 의미 이상을 내포하고 있음이 분명하다.[139] 바울은 율법이 약속을 폐기하지 못하며(갈 3:17), 율법이 갈라디아서 3:22-25에서 서술하는 대로 그리스도와 칭의로 인도한다는 뜻에서 약속과 진정으로 일치한다는 점을 시사한다. 율법과 약속이 서로 다른 목적을 지향한다는 사실이 밝혀지고 나면, 그 둘이 서로 대립될 이유가 없게 된다. 더욱이 성경 곧 토라의 내러티브도 율법이 죄의 권세에 굴복한 것이 결국은 믿음으로 말미암아 약속을 받게 되는 일에 이바지하게 된 것을 보여주지 않는가![140] 또한 두 언약을 취급하는 바울의 우의법에서(갈 4:21-31) 아브라함으로부터 이방인에게로 주어지는 새 언약은 여

---

137 Richard Hays, *Echoes of Scripture in the Letters of Paul* (New Haven: Yale University Press, 1989), 105.

138 Dunn, *Galatians*, 165.

139 Martyn, *Galatians*, 326, 342.

140 다음을 보라. Jason Maston, "The Nature of Salvation History in Galatians," *JSPL* 2 (2012): 98-99.

전히 이삭과 야곱의 거룩한 계통을 통해서 전해진다. 이스라엘의 언약 역사 속에는 종 노릇과 자유라는 이중의 가능성이 있지만, 그럼에도 언약 역사는 믿음으로 인해 아브라함의 가족으로 입양되는 것이 여전히 이스라엘의 거룩한 역사를 통해 매개되므로, 이 단계를 건너 뛰고서 아브라함의 약속을 열방에 전달할 수는 없다고 증언한다.

전반적으로 보아 갈라디아서 3-4장은 성경의 인용이나 성경의 메시지에 대한 암시를 통해 나타난 바와 같이 특정한 토라 내러티브의 일종으로 분류할 수 있다.[141] 바울이 언급하는 아브라함의 믿음(창 15:6), 그가 받은 축복이 열방으로 이어지리라는 말씀(창 12:3), 단 한 사람의 자손에 대한 말씀(창 12:7), 두 아들의 탄생에 관한 기사(창 16장), 그의 약속된 후사로서 이삭의 역할에 관한 대목(창 21:10) 등은 모두 다음과 같은 사실을 강력히 적시한다. 즉 바울은 아브라함의 이야기 전체를 염두에 두고서, 개별 인용문이 하나로 연결된 이야기의 단편으로 기능하도록 구성하고 있으며, 그 전체 이야기를 통해 자신의 독자들에게 아브라함의 이야기를 재구성하여 들려주되, 특별히 그들이 처한 상황에 대한 적용가능성에 방점을 두고 있는 것이다.[142]

아브라함의 이야기는 그리스도에 대한 하나님의 계시에 비추어 토라에 대한 그리스도 지향적 해석(롬 10:4에서 알 수 있듯이, 그리스도를 이스라엘의 언약 역사에서 정점으로 삼는 해석)을 확립한다. 헤이즈는 그것을 다음과 같이 표현한다. "바울은 아브라함의 이야기를 택하여 그리스도의 이야기를 만들었

---

141 Campbell(*Quest*, 217-19)은 여기서 바울이 자신의 논증을 위해 성경을 이용한 것이 기독교와 유대교 간의 연속성을 논할 수 있는 기반을 제공한다는 점을 인정한다.

142 Carol Stockhausen, "2 Corinthians and the Principles of Pauline Exegesis," in *Paul and the Scriptures of Israel*, ed. C. A. Evans and J. A. Sanders (JSNTSup 83, Sheffield: Sheffield Academic, 1993), 149.

으며, 그 그리스도의 이야기는 나중에 그 내러티브적 논리를 깨닫고 나면 바로 아브라함의 이야기에 딱 맞게 이어지는 후속편임이 밝혀진다." 바울의 생각에 따르면, 누구나 율법에 제대로 귀 기울이기만 한다면 율법이 바울의 대적자들이 내세우는 주장이 아니라 바울 자신이 선포하는 내용을 지지한다는 사실을 알게 될 것이다. 이는 율법 자체 안에 아브라함에게 주신 약속으로부터 약속의 실체이신 그리스도께로 흘러가는 단일한 내러티브가 들어 있기 때문이다. 헤이즈의 말을 다시 인용하자면, "바울이 보기에 성경은 단지 예수가 메시아임을 증거하는 본문들을 모아 놓은 저장소가 아니라 한 편의 이야기이며, 그 이야기는 모든 열방을 축복하고 구원하고자 하는 하나님의 약속에 초점을 맞추고 있다.[143]

율법은 적대적이기보다 일시적인 것

바울 논증에서 중심을 차지하는 또 하나의 요소는 율법은 일시적인 것에 불과하다는 생각이다. 여러 유대교 저자들이 율법을 불변하고도 영원한 것으로 보았던 반면에,[144] 바울은 율법이 하나님이 작정한 기한 내에 제한되어 있다고 단언한다.[145] 이 점은 율법이 일시적임을 말하는 바울의 다음과 같은 진술에서 분명히 드러난다.

---

143 Hays, *Faith of Jesus Christ*, 226; idem, "Galatians," 190.

144 Wis 18:4; Josephus, *Ag. Ap.* 2.277; Philo, *Mos.* 2.14; Jub. 1.27; 2.23; 3.31; 6.17; 15.25.

145 바울이 메시아 시대에 율법의 소멸을 상정하는 유대교 소수파의 사상과 맥을 같이했을 가능성도 있다(1QS 9.11; CD 6.10-11; 12.23-13.1; 20.1; *b. Sanh.* 97a). 이에 대한 논의로는 다음을 보라. Albert Schweitzer, *Quest of the Historical Jesus* (New York: Macmillan, 1968), 187-92; H. J. Schoeps, *Paul* (Philadelphia: Westminster, 1961), 171-75; W. D. Davies, *Torah in the Messianic Age and/or the Age to Come* (Philadelphia: SBL, 1952); Peter Schäfer, "Die Torah der messianischen Zeit," *ZNW* 65 (1974): 27-42; Martyn, *Galatians*, 355n203.

하나님께서 미리 정하신 언약을 사백삼십 년 **후에**[μετά] 생긴 율법이 폐기하지 못하고(갈 3:17).

율법은…범법하므로 **더하여진**[προσετέθη] 것이라.…약속하신 자손이 오시기까지[ἄχρι] 있을 것이라(갈 3:19).

믿음이 오기 전에[πρὸ τοῦ δὲ ἐλθεῖν τὴν πίστιν] 우리는 율법 아래에 매인 바되고 계시될 믿음이 **오실 때까지**[εἰς τὴν μέλλουσαν] 갇혔느니라(갈 3:23).

율법이 우리를 그리스도가 오신 **때까지**[εἰς] 인도하는 초등교사가 되어(갈 3:24).

믿음이 온 후로는[ἐλθούσης δὲ τῆς πίστεως] 우리가 초등교사 아래에 **있지 아니하도다**[οὐκέτι…ἐσμέν](갈 3:25).

유업을 이을 자가…어렸을 **동안에는**[ἐφ᾽ ὅσον χρόνον] 종과 다름이 없어서(갈 4:1).

그 아버지가 정한 때**까지**[ἄχρι] 후견인과 청지기 아래에 있나니(갈 4:2).

이와 같이 우리도 어렸을 **때에**[ὅτε] 이 세상의 초등학문 아래에 있어서 종 노릇 하였더니(갈 4:3).

때가 차매[ὅτε]…(갈 4:4).

바울은 율법을 영속적인 법령으로 보는 대신에 시내산에서 천사를 통해 이스라엘에게 주어지던 때와 그리스도가 오실 때 사이로 그 기간이 제한된 것으로 기술한다.[146] 율법이 지닌 이러한 일시적 성격을 고려할 때 왜 율법이 생명을 수여하거나 의를 전가하지 못하는지, 왜 메시아가 반드시 오셔서 계시를 주셔야 하는지가 설명된다. 그러므로 마틴의 주장과는 반대로, 바울이 갈라디아에 침입한 자들과 다른 점은, 모세의 계명을 아브라함 시대에까지 시대착오적으로 역투영해서 그것을 이방인 구원을 위한 주요 기제로 삼는 것을 거부했다는 데에 있다.[147] 따라서 바울이 율법에 반대한 것은 우주적 이율배반에 근거한 것이 아니라, 율법이 구속사에서 제한적 자리를 갖도록 운명 지어져 있다는 점에 의거한다. 그러한 제한성이 전제되는 이유는 율법이 이스라엘에 부과하는 징벌적 효과 때문인데, 즉 이스라엘은 율법에 불순종함으로써 율법의 저주 아래 처하게 되었고, 그 결과 이스라엘은 일시적으로 율법에 복종하고 율법은 죄에 굴종하게 된 것이다.[148] 그렇다면 이스라엘의 역사 가운데 **구속사**(*heilsgeschichte*)라는 큰 틀 안에 **재앙**(*unheil*)의 시

---

146 추가적으로 다음을 보라. Longenecker, *Triumph of Abraham's God*, 117-19. D. A. Carson("Mystery and Fulfillment: Toward a More Comprehensive Paradigm of Paul's Understanding of the Old and the New," in *Justification and Variegated Nomism*, vol. 2, *The Paradoxes of Paul*, ed. D. A. Carson, P. T. O'Brien, and M. A. Seifrid [Grand Rapids, MI: Baker Academic, 2004], 427)은 다음과 같이 논평한다. "바로 이렇게 창세기를 본질적으로 구속사적으로 해석함으로써 바울은 시내산 언약을 일종의 막간극으로 취급하는 것에 근접하게 되었다." Longenecker("Sharing in Their Spiritual Blessings?," 67-68)는 나중에 "이스라엘이 율법을 받은 일은 구속사에 있어 주요 순간들인 아브라함에 대한 하나님의 언약과 아브라함의 유일한 씨인 예수 그리스도의 오심과의 사이에 있는 일종의 막간극에 불과한 것"이라고 언급한다.

147 아브라함의 율법 준수에 대해서는 다음을 보라. CD 3.2-3, Jub. 16.12-28; Sir 44:19-20; 2 Bar. 57.2.

148 Martyn은 율법의 두 가지 목소리라는 주제를 추가적으로 논하면서 율법이 약속임과 동시에 저주라는 쟁점을 붙들고 씨름한다(*Galatians*, 506-14).

기가 있는 셈이다.[149] 혹은 C. H. 도드(C. H. Dodd)가 추측하듯이, 구속사에는 에덴에서부터 묵시에 이르기까지, 곧 창세기에서부터 계시록에 이르기까지 "두 박자의 리듬", 즉 심판과 회복 또는 언약의 저주와 언약의 축복이라는 두 국면이 있다고 하겠다.[150] 이와 같이 바울은 율법을 아브라함의 축복을 열방에 전하는 도구로 여겼던 갈라디아에 침입한 자들의 구속사를 거부하고 자신의 고유한 구속사를 옹호하였는데, 과거를 회고할 때 율법은 저주이자 보호자이고, 징벌적이지만 약속을 보존하며, 제한적인 것이기는 하지만 여전히 기독론을 향해 있다고 여겼던 것이다.

율법은 감독자, 초등교사, 후견인

율법의 관할권이 일시적이란 말의 의미는 율법이 구원을 위한 일차적 기반도, 선택을 보장하는 영구적 울타리도 될 수 없다는 뜻이다. 율법이 지향하는 목적은 다른 것이다. 바울에 따르면, 율법이 하나님의 백성에게 부가된 이유는 율법 아래 있는 자들로 하여금 죄를 분별하고 억제하게 하기 위함이다(갈 3:19, 22; 롬 3:20; 4:15; 5:13, 20; 7:7).[151] 율법이 지닌 과도기적 기능에

---

149   Maston, "Salvation History in Galatians," 100-103.

150   C. H. Dodd, *The Bible Today* (Cambridge: CUP, 1946), 120; Kevin J. Vanhoozer, *The Drama of Doctrine: A Canonical-Linguistic Approach to Christian Theology* (Louisville: Westminster John Knox, 2005), 387.

151   Martyn은 율법의 저주하는 목소리는 하나님의 저주하는 목소리가 아니므로, "구속적 연속성"이 아니라 "약속의 효능과 율법의 무능"의 연속으로 해석해야 한다고 단언한다(*Galatians*, 326, 347n184). 하지만 그러한 논리는 바울이 반복적으로 말한 바와 같이 십자가가 하나님의 행위로서 예수를 죽음에 "넘겨주고" 심지어 십자가 위에서 죄를 달래고 정죄하기까지 했다는 사실에서 벗어난다(롬 3:24, 8:3). 더욱이 그리스도의 십자가가 처형이라는 저주는 신 21:23에 명시적으로 나타나 있듯이 하나님에 의한 저주다. 이 때문에 일부 형벌 대속(penal substitution) 이론이 예수가 저주를 받은 사실에 대한 가장 적절한 설명이 되는 것이다(Martyn, *Galatians*, 318n110에서도 이것을 인정한다. 다만 그는 그것을 *Christus Victor* 모티프에 적절히 연결한다). Maston("Nature of Salvation History in Galatians," 99)은 다음과 같이 단언

대해서는 갈라디아서 3:22-25과 4:1-3에서 여러 이미지를 통해 설명하고 있다.

1. 보호의 임무를 지닌 감독자: 성경은 모든 것을 죄 아래 가두었으므로(συγκλείω), 그 결과 율법의 감독하에 매이게(φρουρέω) 되고 갇히게(συγκλείω) 되었다(갈 3:23).

2. 교육의 책임을 진 초등교사: 율법은 우리의 초등교사(παιδαγωγός)가 되어 우리를 그리스도께로 인도한다(갈 3:24). 믿음이 온 후로는 우리가 더는 초등교사(παιδαγωγός) 아래에 있지 않다(갈 3:25).

3. 법적 후견인: 유업을 이을 자가 어렸을 동안에는 후견인(ἐπίτροποι)과 청지기(οἰκονόμοι) 아래에 있다(갈 4:2).[152]

감금의 이미지나 초등교사라는 말이 대개 엄격함을 의미했음을 감안할 때, "바울이 율법을 굳이 부정적인 관점에서 제시하려고 한다"는 드보어의 말처럼 위의 이미지들을 해석할 수도 있다.[153] 율법은 감금과 혹독한 훈육 및 종 노릇을 초래하며, 캠벨의 말마따나 "근본적으로 끔찍한 시나리오"를 만들어낸다.[154] 그렇지만 나는 이러한 감독이나 초등교사나 미성년의 이미지는 율법을 어떤 면에서 긍정적으로, 아니 어쩌면 유순하게 제시하려고 의도된 것임을 확신한다.

한다: "반구속사적" 해석은 이러한 잠정적 표지들을 설명하려고 고군분투한다."

152 갈 3:23-29과 4:1-7 간의 병행구절들에 관해서는 다음을 보라. Dunn, *Galatians*, 210.

153 De Boer, *Galatians*, 168

154 Campbell, *Quest*, 213. 하지만 다른 곳에서 Campbell(*Deliverance of God*, 884)은 율법에 대한 부정적인 기술은 그리스도와 비교하면서 과거를 회고할 때만 가능하며, 부정적 관점은 절대적인 것이 아니라 상대적인 것이라고 단언한다. Martyn(*Galatians*, 363)은 율법을 "눈에 띄게 불친절하고 꽉 막힌 감독관으로서 감옥의 간수와 거의 다를 바 없는 것"으로 본다.

첫째로, 감독자 아래 갇히는 이미지는 실제로는 율법을 죄를 억제하고 죄가 극도로 심각한 형태로 전이되는 것을 막는 방책으로 제시하기 위한 의도일 수 있다. 그러한 경우에 감금은 **징벌적**이기보다 **예방적**이라고 하겠다. 던은 이에 관한 적절한 이미지를 제시한다. 그리스도가 오시기 전에 이스라엘은 "죄가 다스리는 넓은 영역 내에 율법이 진을 치고 수비하던 성읍과도 같았다."[155] 로마서에서도 이와 유사하게 감금이 실제로는 긍정적 목적을 위한 것이라는 생각을 찾아볼 수 있다. 이와 관련하여 바울은 다음과 같이 말한다. "하나님이 모든 사람을 순종하지 아니하는 가운데 **가두어 두심** [συγκλείω]은 모든 사람에게 긍휼을 베풀려 **하심이로다**"(롬 11:32). 이 구절은 분명히 "율법[성경]이 모든 것을 죄 아래에 가두었으니 이는 예수 그리스도를 믿음으로 말미암는 약속을 믿는 자들에게 주려 **함이라**"(갈 3:22)라는 갈라디아서의 구절에 병행한다. 율법 아래의 일시적 감금은 유대인과 이방인을 그리스도를 믿는 믿음에 이르게 하려는 하나님의 구속사적 계획에서 긍정적인 목적에 이바지한다.

둘째로, 교사(즉 초등교사)가 엄격하다는 평판을 얻고 있는 것은 잘 알려진 사실이지만, 아동과 초등교사의 관계는 일방적이지 않았다.[156] 초등교사가 아동을 훈육하는 방식이 때때로 거칠었을 수도 있지만, 그 의도만큼은 선한 것이었다.[157] 또한 초등교사들은 피후견인의 대부가 될 수도 있었다. 알렉산드로스 대왕은 자신의 아버지인 마케도니아의 필리포스(Philip of Macedon)에게는 애정이 거의 없었던 반면에, 그의 초등교사인 리시마코스(Lysimachus)는 목숨을 걸고 보호하려고 했다.[158] 나는 흥미로운 내용이 새

---

155 Dunn, *Galatians*, 197.
156 초등교사에 대한 논의로는 다음을 보라. Witherington, *Grace in Galatia*, 263-67.
157 Campbell, *Deliverance of God*, 883.
158 Plutarch, *Alex*. 24.6.

겨진 추도 비문 하나를 목도한 적이 있는데, 이는 어느 초등교사가 황제와 약혼한 그의 피후견인을 위해 세운 것으로, 두 사람 간의 따뜻한 관계를 짐작케 한다. "후임 황제 클라우디우스가 그녀와 결혼하기로 했던 날 누가 죽었던가.⋯카밀루스의 여식이자 티베리우스 클라우디우스 네로 게르마니쿠스와 혼인한 메둘리나에게, 노예였다가 해방된, 그녀의 **초등교사** 아크라토스가 헌정하다."[159] 율법은 초등교사로서 하나님의 백성을 그리스도 **때까지** 인도할 뿐만 아니라 또한 그 백성을 **그리스도에게로**(εἰς Χριστόν) 인도하며, 이는 믿는 자들이 믿음으로 말미암아 의롭다 함을 얻게 **하기 위함**이다(갈 3:24).[160]

셋째로, 미성년자가 후견인과 청지기의 변덕에 예속될 수도 있으나, 이는 아버지의 임명에 따라 맡겨진 일이다. 그들을 임명한 것은 성인이 될 때까지 자녀를 인도하기 위한 것이고, 기간은 제한적일 뿐이다. 미성년 기간 동안에는 제재 가운데 복종해야 하지만, 이것은 궁극적으로는 미성년자 자

---

159 *CIL* 10:6561. 다음에서 인용함. Peter Balla, *The Child Parent Relationship in the New Testament and Its Environment* (WUNT 155, Tübingen: Mohr Siebeck, 2003), 43n10.

160 Martyn(*Galatians*, 363; 유사한 주장은 de Boer, *Galatians*, 240–41)은 전치사 εἰς 가 하나님이 율법의 시대 동안 염두에 두고 계셨던 목적을 의미한다고 설명한다. 하지만 이러한 견해는 바울이 실제로 말한 것, 즉 율법이 믿는 자를 가르쳐서 그리스도에게와 믿음에 의한 칭의로 인도한다는 진술을 직접적으로 무시하는 것이다. 하나님의 생각 속에 있었을 법한 다른 어떤 추상적 의도가 있을 수 없다. 하지만 다른 곳(*Galatians*, 366)에서 Martyn은 "성경/율법은 인류를 위한 하나님의 원대한 계획에서 능동적 역할을 담당한다. 그것은 인간과 하나님 사이에 유효한 관계를 위한 모든 방법을 차단하고, 하나님이 그리스도를 세상에 보내심으로 선택한 방법만을 가능케 한다"고 말한다. Hays("Galatians," 11:270)는 εἰς에 대한 공간적인 해석을 거부하는데, 이는 바울이 갈 3:23의 병행구절에서 율법의 일시적 성격을 강조하고, 또한 "율법의 진보적 교육 기능"을 옹호하지 않기 때문이라고 주장한다. 필자는 이러한 주장에 반대하는데, 왜냐하면 바울의 요점은 율법이 미성년 상태에 있는 이스라엘을 그리스도의 **때까지** 보호적 구금, 즉 훈육 상태에 머물러 있게 함으로써 사실상 백성들을 그리스도**에게로** 인도하는 셈이기 때문이다. 필자는 Carson("Mystery and Fulfillment," 427)의 주장에 오히려 찬동하는데, 그는 "율법의 가장 중요한 기능은 이스라엘을 **시대를 관통하여** 그리스도에게 데려오는 것이고, 또한 '율법 없는' 자들에게서 '율법'에 준하는 것이 발견되기만 한다면, 다른 이들도 그리스도께 데려오는 것"이라고 말한다(강조는 원저자의 것임).

신의 이익을 위해 반드시 필요한 일이다.

요약하자면, 율법은 **일시적으로** 이스라엘을 죄 아래 가두어서 그리스도가 오실 때까지 죄를 억제한다. 율법에게 부여된 감독자 역할은 이스라엘을 **일시적으로** 성장시키기 위해 아버지 하나님께서 임명하신 것이다. 그리고 율법은 마치 초등교사처럼 사람들을 그리스도께로 이끌어 믿음으로 말미암는 칭의에 이르게 한다.

이상의 논의로 미루어볼 때, 나는 바울의 논증이 그리스도 안에 나타난 하나님의 계시라는 관점을 중심으로 전개되는 구속사적 방식에 따라 구성되었으며, 이스라엘의 율법과 언약을 올바른 관점에서 조명한다고 생각한다. 그리스도의 구속 행위는 구원 이야기 가운데 율법의 역할을 드러내며, 이로써 율법을 회고적 관점에서 제대로 이해하기만 한다면, 그것은 이스라엘을 둘러 싸는 힘인 동시에 복음의 도래를 알리는 전령이 되기도 한다.[161] 그 결과, 이방인 그리스도인들은 이스라엘이 과거에 연금 상태에서 훈육받던 미성년 시절로 들어가려고 애쓸 필요가 없다. 왜냐하면 그리스도가 오셔서 그러한 옥죄임과 저주의 상태에서 사람들을 풀어주셨고 율법 자체가 약속한 바를 베풀어주셨기 때문이다.[162] 그러므로 바울은 율법이 하나님께 맞서는 일종의 우주적 전쟁 상태에 있기 때문에 율법에 반대하는 것이 아니라, 율법이 과거의 경륜에 속해 있기 때문에, 또한 생명을 수여하거나 의를 가져오지 못하기 때문에, 율법을 구원의 방편이나 정체성의 원천으로 사용하는 것에 대해 반대하는 것이다. 율법은 하나님의 구속적 목적을 거스르는 최대의 적수가 아니다. 그보다 하나님은 율법을 통해 이스라엘이 처한 상황을 밝히시고, 정작 더 중요하게는 죄에 묶인 인류의 보편적 상태

---

161 Hays, *Faith of Jesus Christ*, xxxvi.

162 이와 유사한 것으로는 다음을 보라. Campbell, *Deliverance of God*, 884-85.

를 조명하신다.[163]

율법은 종 노릇의 원인이자 구원의 약속

바울은 갈라디아에 침입한 자들의 가르침에 직접 맞서서 율법에 복종한다
고 해서 완전함에 이르지는 못하며, 이는 이스라엘의 경험에서 잘 드러나듯
이, 율법에 제대로 순종하는 자가 하나도 없기 때문이라고 주장한다. 더욱
심각한 일은 율법 아래 들어오게 되면 어쩔 수 없이 율법의 저주 아래에 놓
이게 된다는 점이다.[164] 그럼에도, 바울은 율법이 이 저주를 풀어줄 주역을

---

163 Hays, "Galatians," 11:269.

164 유대인들이 율법을 완벽하게 지킬 것으로 기대되지 않았다는 것은 이제는 학계에서 쉽게 접
할 수 있는 주장이다(다음을 보라. E. P. Sanders, *Paul and Palestinian Judaism: A Com-
parison of Patterns of Religion* [Philadelphia: Fortress, 1977], 483-84; Dunn, *Galatians,*
171; de Boer, *Galatians*, 200). 구약(창 6:9; 삼하 22:21-26; 단 6:22; 욥 1:1; 시 18:20-
26; 37:18; 119:1; 잠 11:5)과 바울 서신에서 보이는 하나님 앞에서 "의로운" 혹은 "온전한"
상태(빌 3.3-6)에 대한 주장은 법적 상태리기보다는 외도를 나타낸 것이다(2 Bar. 54.5).
Hays("Galatians," 11:257)는 율법에 대한 완전한 순종이 가능하다고 보는 유대인의 견해
를 "유대교를 참으로 우스꽝스럽게 희화화하는 것"이라고 불렀다. 하지만 (1) 유대 문학에
서는 완전한 경지에 오른 인물에 대한 예가 다수 있다. 예를 들어, Pr. Man. 8; 1 En. 81.4;
82.4; Jub. 5.10; 10.3; 23.10; 27.17 [다음의 논의를 보라. A. Andrew Das, *Paul, the Law, and
the Covenant* (Peabody, MA: Hendrickson, 2001), 12-44; idem, *Paul and the Jews* (LPS;
Peabody, MA: Hendrickson, 2003), 142-48]); (2) 그래도 갈 3:10-14의 논리에 가장 부합
하는 설명은 바울이 율법에 대한 완전한 순종을 갈라디아에 침입한 자들의 구상이 성립하기
위한 필요 조건으로 상정하고 있었다고 보는 것이다(다음을 보라. Das, *Paul, the Law, and
the Covenant*, 145-55; idem, *Paul and the Jews*, 36-42); (3) 이러한 해석은 갈라디아의 침
입자들이 "충만함"(갈 3:3)이나 "완전"(갈 5:16)을 성취하기 위해 율법 준수에 명백히 집중
하고 있다는 사실을 바울이 언급한 점으로 확증되며, 또한 바울은 갈라디아 교인들에게 할
례를 가르치기 위해 들어온 자들조차도 율법을 완벽히 준행하지 못한다는 점도 지적하고 있
다(갈 6:13); (4) 레 18:5이 바울에게는 "허망한 약속"일지도 모르지만(Hays, "Galatians,"
11:259-60), 그럼에도 불구하고 레 18:5은 유대교에 있어 "요 3:16"과 같은 것이었다고 하
겠다(Sprinkle, *Law and Life*, vii). 이는 여러 저자들이 율법을 행함과 그로 인해 생명을 얻
음과의 연관성을 강조하는 데서 드러난다(예를 들어, Bar 3:9; Pss. Sol. 14.2-3; Ps.-Philo,
Bib. Ant. 23.10). 어쩌면 갈라디아의 침입자들은 이방인이 이스라엘로 연합케 되는 기제로

미리 약속하고 있으며, 이방인도 아브라함의 가족으로 받아들여진 것을 믿는다. 그렇다면 바울은 어떻게 해서 율법이 저주이자 종 노릇임을 확인하는 동시에 그것을 아브라함의 약속을 실현하는 메시아에 대한 계시가 전개되는 방편적 맥락으로 이해할 수 있었는지를 설명해야 할 과제가 남아 있다.

이에 대한 해답 중 일부는 갈라디아서 3:10-14과 4:4-5에서 찾아볼 수 있다.[165] 두 구절은 모두 "구속"(ἐξαγοράζω), "[율법의] 저주 아래"(ὑπὸ κατάραν) 내지 "율법 아래"(ὑπὸ νόμον) 있음이라는 개념을 포함하며, 아울러 예수를 이스라엘의 구속자로 제시한다는 점에서 서로 연결되어 있다.

첫째로, 갈라디아서 3:13-14에 나오는 "우리"는 유대 그리스도인들로서, 율법 아래 살고 있고 따라서 그 저주 아래 있는 자들을 지칭하는 것이 분명하다.[166] 롱네커에 따르면, 바울이 논증을 이끌어가는 논리는 다음과 같다.

서, 또한 죄의 욕망을 제어하기 위한 수단으로서, 율법 준수를 위한 **그들 고유의 방식**을 철저히 따를 것을 주장했을 것이다. 또한 우리는 Wright(*Climax*, 147)와 James M. Scott("'For as Many as Are of Works of the Law Are under a Curse' [Galatians 3:10]," in *Paul and the Scriptures of Israel*, ed. C. A. Evans and J. A. Sanders [JSNTSup 83; Sheffield: Sheffield Academic, 1993], 187-221)의 주장처럼 문제의 "저주"가 이스라엘이 율법을 준행하지 못한 것에 대한 신명기적 징벌(신 27-37장)임을 인정할 수 있다. **하지만 누군가 어느 곳에서든 저주가 발효되게 하려고 율법을 지켰던 적은 없다.** 단지 저주의 위협 때문이거나, 이스라엘 민족의 삶의 방식이 저주로 끝났기 때문에 누군가 불순종했던 것도 아니다. 따라서 율법에 **의지하는 것**은 불가피하게 이스라엘의 불순종을 **반복하는 것**과 율법의 저주를 **받는 것**을 의미하게 된다. 바울 논증의 핵심은 **이스라엘**이 율법을 준행하지 못했고, 따라서 그 저주 아래 놓이게 되었다면, **이방인 각자도** 하나님 백성의 정체성과 구원을 얻기 위해 율법에 의지할 이유가 없다는 것이다(다음을 보라. Das, *Paul, the Law, and the Covenant*, 154; idem, *Paul and the Jews*, 37-38).

165 갈 3:13-14과 4:4-5의 배후에 있는 공통된 내러티브에 대해서는 다음을 보라. Hays, *Faith of Jesus Christ*, 95-118; idem, "Galatians," 11:284-86; Longenecker, *Triumph of Abraham's God*, 91-95.

166 다음을 보라. D. W. B. Robinson, "Distinction between Jewish and Gentile Believers in Galatians," *ABR* 13 (1965): 29-48; Linda L. Belleville, "'Under Law': Structural Analysis and the Pauline Concept of Law in Galatians 3.21-4.11," *JSNT* 26 (1986): 53-78; Hays, *Faith of Jesus Christ*, 128n19; idem, "Galatians," 11:262; Wright, *Climax*, 143; 참조. Campbell, *Deliverance of God*, 883. Campbell은 3:24-25이 "이교도 전체가 **아닌** 이스라엘에게만"(강

(1) 그리스도는 율법의 저주 아래 놓인 유대인의 상태를 몸소 짊어지셨다(갈 3:13b). (2) 그리스도가 율법의 저주로부터 이스라엘의 상태("우리")를 속량하신다(갈 3:13a). 그런데 이것은 (3) 새 시대가 동트고, 그 안에서 구원이 그리스도 안에 있는 모든 사람("우리")에게 미치게 하기 위함이다(갈 3:14).[167]

둘째로, 갈라디아서 4:4-5에서 다음과 같은 점을 찾아볼 수 있다. (1) "율법 아래" 있는 이스라엘의 상태는 하나님이 그 아들을 "보내신" 맥락이 된다. (2) 그 아들을 보내신 것은 율법 아래 있는 자들을 속량하기 위함이다. (3) 그러므로 이 변화된 이스라엘로 편입되는 사건은 이스라엘의 경계를 넘어 일어나게 된다.[168] 라이트는 여기서 삼중적 이미지가 작용하고 있음을 제대로 짚어낸다. 그에 따르면, 이것은 **출애굽** 사건으로서, 하나님이 선조들에게 한 약속을 기억하고 포로된 자들을 해방함으로써 다시 한번 그 백성을 구속하는 것이다. 이것은 또한 **묵시적** 사건으로서, "때가 차매" 오랫동안 고대해왔던, 이스라엘의 곤경에 대한 하나님의 해결책이 그 모습을 드러내는 것이다. 아울러 이것은 메시아적 사건으로서, 하나님이 "아들"을 "보냄"으로써 그 아들이 구원을 성취하고 실현하는 것이다.[169] 그리스도는 율법 아래 태어나서 율법의 저주를 담당하심으로써, 율법으로 말미암아 저주받은 자들을 속량하였다. 이 행위는 이스라엘의 구원을 가져오지만, 또

조는 원저자의 것임) 이야기하는 것이라고 본다. Martyn의 입장(*Galatians*, 334-36)은 대명사가 여러 번 변경된 것은 "수사적, 심리적, 또한 근본적으로는 신학적 언어 게임"을 나타낸다는 것인데, 이를 통해 바울은 갈라디아 교인들을 상대로 유대인과 이방인 간의 구분을 강화하는 것이 아닌 그것을 지우려는 게임을 벌이고 있다는 것이다. Martyn에 따르면 바울은 "과거의 유대인"으로서 "과거의 이방인"이었던 사람들을 대상으로 편지를 쓰고 있는 것이다. 하지만 문제는 바울이 여러 하부 정체성(유대인, 그리스인, 종, 자유인, 남자, 여자)을 완전히 지워버리는 대신, 그것들을 "그리스도 안"이라는 메타정체성 안에 포용한다는 점이다.

167 Longenecker, *Triumph of Abraham's God*, 93.

168 Longenecker, *Triumph of Abraham's God*, 92.

169 Wright, *Paul and the Faithfulness of God*, 878; idem, *Paul and His Recent Interpreters*, 178-80.

한 이방인의 종말론적 구원을 개시하기도 하는데, 출애굽기 4:22에 나오는 "이스라엘은 내 아들 장자라"는 말씀처럼 이스라엘의 자녀 된 권리가 이제 이방인에게도 허락되었다. 하나님은 새로운 출애굽을 위해서 메시아 아들을 보내고, 이로써 구속받은 이스라엘은 이방인이 이스라엘의 선택된 지위에 참여하도록 이어주는 통로가 된다. 아브라함에게 주어진 언약이 율법을 주심으로 인해 보류되고 이스라엘은 율법에 불순종함으로 저주받게 된 것처럼 보일는지 모르지만, 예수는 자신의 죽음을 통해 율법의 저주를 몸소 담당함으로써 이스라엘을 속량하고, 이방인에게도 아브라함의 가족에게 주어진 축복, 즉 이스라엘의 자녀 된 권리에 참여할 수 있는 길을 열어놓는다. 이 가족은 창세기와 하박국의 말씀처럼 믿음을 그 특징으로 한다.

율법을 저주와 약속으로 보는 이중성에 대한 추가적 설명을 갈라디아서 4:21-31에 나오는 우의적 해석에서 찾아볼 수 있다. 논란이 분분한 이 본문은 실제로 일종의 "해석학적 격투기"를 벌이고 있기에,[170] 여기서는 갈라디아에 침입한 자들이 주창하는 이스라엘의 언약 역사에 대한 해석을 반박하는데, 그렇게 할 수 있는 근거는 그러한 해석이 이방인 그리스도인들을 종 노릇하는 상태에 처하게 할 것이기 때문이다. 바울은 침입자들이 가장 선호하는 이스라엘의 조상들에 대한 본문을 들어서, 그들의 해석이 오류일 뿐 아니라 갈라디아 교인들에게도 해롭다는 점을 폭로한다. 바울의 논증을 차근히 풀어보면, 바울은 자신의 이방인 선교를 사라 및 사라가 약속(복음)에 따라 낳은 이방인 자녀들로 상징하면서, 이것을 하갈 및 육신(율법 준수)에 따라 태어난 자식들로 상징되는 침입자들의 선교에 대비시킨다. 따라서 갈라디아 교인들은 아브라함이 하갈과 이스마엘을 쫓아낸 것처럼 침입자들을 쫓아내야 한다. 바울의 우의적 주석은 토라의 참된 의미를 계시하

---

170 Hays, *Echoes of Scripture*, 112.

는 일종의 묵시적 환상과 같은 방식으로 작동한다.[171] 그 전체적인 내러티브도 친숙한 묵시적 주제를 기반으로 한다. 즉 하나님의 백성은 그들이 겪는 고난과 역경에도 불구하고 장차 종말론적으로 계시될 하늘 예루살렘의 자녀라는 것이다.[172] 이사야 54:1의 인용구는 이스라엘에 대한 하나님의 회복 사역을 바울의 독자들을 포함한 열방에 대한 포용과 연결시킴으로써 아브라함 언약이 지닌 종말론적 성격을 강조한다. 하지만 이와 동시에 바울은 율법이 율법 없는 이방인 선교를 지지한다는 점을 밝힘으로써 구속사적 논증을 펼치고 있다. 율법은 다음과 같은 사실을 적시한다. (1) 율법을 준수하는 이스라엘이 외세하에서 종 노릇하고 있다. (2) 종(유대 그리스도인)과 자유인(이방인 그리스도인)을 대비시키는 것은 토라에 이미 나타나 있다. (3) 두 계통의 대립은 "위에 있는 예루살렘"이 "지금 있는 예루살렘"의 궁극적 목표라는 사실로 인해 완화된다(갈 4:25-26). (4) 약속의 자녀들은 자유를 특징으로 하는데, 이 자유는 오직 그리스도만이 줄 수 있는 것이며 아브라함의 아들인 이삭이 예표하는 바이다.

한 가지 확실히 해야 할 것은 구속사가 바울의 논증에서 중추를 차지하고 있으며, 결코 그의 논증에 대해 대립각을 세우지 않는다는 사실이다. 이는 그리스도를 통한 하나님의 구속 행위가 먼저는 이스라엘에게 향하고, 이스라엘을 통해 역사하며, 그리고 난 후에라야 이방인에게로 향하는 까닭이다. 바울은 로마서 15:8-9에서도 동일한 논지를 주장하는데, 즉 그리스도는 하나님이 이스라엘의 조상들에게 주신 약속을 견고케 하기 위해서 이스라엘의 종이 되었다고 말한다. 율법이 약속을 상속받는 데 있어 불필요

---

171 Morna D. Hooker, "'Heirs of Abraham': The Gentiles' Role in Israel's Story; A Response to Bruce Longenecker," in *Narrative Dynamics in Paul: A Critical Assessment*, ed. B. W. Longenecker (Louisville: Westminster John Knox, 2002), 93.

172 Hays, "Galatians," 11:304.

하다는 단지 그 이유 때문에 율법이 하나님을 대적한다는 주장 내지 이스라엘의 역사가 사실상 배제되었다는 결론을 유추해낼 필요는 없다. 이스라엘은 늘 세상을 구속하려는 하나님의 묵시적 계획에 있어 언제나 필수불가결한 부분을 차지해왔다. 구원이 메시아 안에서 계시되었다는 사실은 구원이 독특하게 이스라엘적인 형태를 띠고 나타날 것임을 의미한다. 이 구원의 개념은 기독교에서 탄생한 것이 아니라 전형적인 유대교의 소망으로서, 예언서와 묵시 문헌에 들어 있을 뿐 아니라 심지어 예수 전승 내에서도 분명히 찾아볼 수 있는, 변화된 이스라엘이 세상을 변화시킬 것이라는 종말론적 약속인 것이다.[173] 이방인이 이제 메시아를 통해 이스라엘에게 연합되었다는 믿음은 하나님이 이스라엘을 통해서 이 세상에 무엇을 성취하고자 했는지를 말하는 바울의 이야기에서 핵심적인 부분을 차지한다. 브루스 롱네커는 이를 다음과 같은 고상한 말로 표현한다.

> 그리스도를 통해 구원을 이룸에 있어, 하나님은 이스라엘의 상황을 회피하지도, 무시하지도, 사소하거나 무관한 것으로 치부하지도 않으셨다. 도리어 이스라엘의 상황은 하나님의 변화가 처음부터 작용한 무대이며 여기서 시작해서 전세계적인 범위로 확대된다. 이스라엘이 처한 곤경을 포기하는 것이 아니라 오히려 그것을 바로 세우심은 새로운 세상의 출범을 위한 선결 조건으로 자리잡게 된다. 하나님은 이스라엘이 처한 고유한 상황 가운데 이미 역사하셨기에(예를 들어, 율법을 주심), 그것은 또한 하나님의 종말론적 주도권(예를 들어, 그 아들을 보내심)이 개시되는 현장이 되었으니, 이는 이스라엘의 상황을

---

173 해당 주제에 대한 연구로는 다음을 보라. T. W. Manson, *Only to the House of Israel? Jesus and the Non-Jews* (Philadelphia: Fortress, 1964); N. T. Wright, *New Testament and the People of God* (COQG 1; London: SPCK, 1992), 268; idem, *Jesus and the Victory of God* (COQG 2; London: SPCK, 1996), 306-8; Michael F. Bird, *Jesus and the Origins of the Gentile Mission* (LNTS 331; London: T&T Clark, 2006).

변화시키고 그 결과 새 시대를 출범시키기 위함이었다.[174]

종합하자면, 갈라디아서 3-4장에 제시된 바울의 논증은 구속사에 대한 거부가 아니라 도리어 그것을 전제로 삼고 있다. 율법은 불순종에 대한 저주의 위협만이 아니라 구원에 대한 약속도 담고 있다. 율법의 약점은 하나님의 목적에 대립하는 것이 아니라 그것이 지닌 시간적 한계성에 있다. 율법에 매인 상태를 나타내는 삼중적 이미지도 구원을 위한 준비와 관련된다. 끝으로 저주와 약속을 함께 포함하고 있는 율법의 이중성은 그리스도께서 율법의 저주를 담당하심으로써 그 이후로는 율법의 저주에서 자유로운 백성이 나타나게 되었다고 주장하는 바울의 사상에 의해 해소된다. 그리고 이것이 바로 율법이 그 본래 목적에 따라 의도한 바였다.

---

174 Longenecker, *Triumph of Abraham's God*, 94. 다음을 보라. Terrence L. Donaldson ("The 'Curse of the Law' and the Inclusion of the Gentiles: Galatians 3.13-14," *NTS* 32 [1986]: 102-3): "이 구속의 길은 율법의 영토(그리고 그 백성)를 거쳐간다. … 목적지에 도달하기 위해 율법이나 율법의 영역에 있는 자들을 우회하는 것은 불가능했다. 대신에 유대인과 이방인 모두를 위한 앞으로 나아가는 길을 내기 위해서는 이스라엘을 그 곤경에서 구해내는 것이 반드시 필요했다. … 바울에게는 율법이 출구가 막힌 옆길이 아니라 구속사의 경로 위에 곧게 난 통로였다." Justin Hardin (*Galatians and the Imperial Cult: A Critical Analysis of the First-Century Social Context of Paul's Letter* [WUNT 2.237; Tübingen: Mohr Siebeck, 2008], 154): "갈 4:1-7은 사실상 바울의 구속사적 개요 안에 들어 있는 강력한 묵시적 요소들을 포함하고 있다. 이는 바울에게는 묵시적 사고 대 구속사적 비전(율법[의 저주] 아래 있는 이스라엘의 곤경이 역전되는 것과 이방인이 하나님의 백성으로 포함되는 것)이라는 이분법이 애초에 존재하지 않았음을 시사한다. Martyn이 단언하듯이, 구속사는 하나님께서 그리스도를 통해 인간의 역사에 종말론적으로 침입할 때 시작되는 것이 아니다. 그리스도의 성육신은 오히려 세상에서의 하나님의 구원 활동의 최고봉(감히 말하자면 절정이라고 할까?)이었다."

갈라디아서 6장: 새 율법, 새 창조, 새 이스라엘

마지막으로, 갈라디아서 6장에 나오는 "그리스도의 법", "새 창조", "하나님의 이스라엘"이 이른바 묵시와 구속사 간의 이분법 문제와 어떻게 관련되는지 살펴보려고 한다.

바울은 권면 부분에 해당하는 갈라디아서 6:2에서 "너희가 짐을 서로 지라. 그리하여 **그리스도의 법을**(τὸν νόμον τοῦ Χριστοῦ) 성취하라"고 쓰고 있다. 이곳 외에 "그리스도의 법"에 대해서 언급하는 유일한 본문은 고린도전서 9:20-21인데, 여기서 바울은 자기가 율법 아래 있지 않다고 말하면서, 이는 자기가 율법 없는 자가 된 것이 아니라 "그리스도의 율법 아래에"(ἔννομος Χριστοῦ) 있는 것이라고 표현한다.[175] 즉 바울은 "그리스도의 법"을 모세의 율법에 대비시키면서, 이를 통해 그리스도의 본보기, 그리스도의 가르침, 성령 안에서의 삶을 나타낸다고 하겠다.[176] 하지만 우리가 기억해야 할 것은 예레미야와 에스겔이 말하는 언약의 갱신은 민족적 회복의 시대에 하나님의 법에 순종할 수 있는 새로운 능력과 관련된다는 점이다(예를 들어, 렘 31:33; 겔 16:61). 공관복음이나 유대 기독교의 전승을 살펴보면, 예수가 그를 따르는 자들에게 주는 권면에 많이 등장하는 율법에 대한 언급 가운데 어떤 계명은 강화되고 다른 계명은 완화되는 것을 볼 수 있는데, 이 점은 당시 유대교 회복 운동에서 흔히 나타나는 양상이다. 예수와 야고보와

---

175 여러 해석에 대한 최근의 연구로는 다음을 보라. Todd A. Wilson, "The Law of Christ and the Law of Moses: Reflections on a Recent Trend in Interpretation," *CBR* 5 (2006): 124-44; 다음의 추가 부분도 유용하다. de Boer, *Galatians*, 378-81.

176 다음을 보라. Michael F. Bird, *A Bird's-Eye View of Paul: The Man, His Mission, and His Message* (Nottingham: InterVarsity, 2008), 143-49.

바울은 모두 레위기 19:18이 율법의 본질을 나타낸다는 점에 동의한다(마 5:43; 19:19; 23:29; 롬 13:9; 갈 5:15; 약 2:8). 더욱이 바울이 열띤 어조와 때로는 논쟁적인 어투를 사용하면서 믿는 자들이 율법 아래에 있음을 부정함에도 불구하고, 율법은 로마서 13:9-10이나 고린도전서 9:9과 같은 바울의 윤리적 권면에서 여전히 중요한 자리를 차지하고 있다. 따라서 율법은 그리스도인의 구원을 구성하거나 그 삶의 방식을 결정하는 요인은 아니지만, 그리스도인의 처신을 위한 지혜의 한 형태로서 남아 있는 셈이다.[177] 그렇지만 그리스도인들은 "그리스도의 법" 아래에 있으므로, 율법은 바울의 윤리적 담론에 계속해서 등장한다.

덧붙여 말하자면, 새 시대에 대한 바울의 이야기는 이스라엘의 과거 언약에 해당하는 윤리적 범례 내지 유형과 완전히 단절될 정도로 동떨어진 이야기가 아니다. 갈라디아서 6:15에서 바울이 "새 창조"의 가치를 지지하면서 할례나 무할례의 가치를 부정한 것은 다음의 항목들과 병행한다. (1) 앞서 갈라디아서 5:6에서도 바울은 할례나 무할례의 중요성을 부정했는데, 이는 신성으로 중요한 것은 바로 "사랑으로써 역사하는 믿음"이기 때문이다. 이러한 생각은 곧바로 이어지는 갈라디아서 5:14에서는 이웃 사랑에 관한 레위기 19:18을 인용하여 표현되고 있다. (2) 또한 고린도전서 7:19에서 바울은 갈라디아서 6:15과 유사하게 "하나님의 계명을 지키라"는 최고의 명령에 비하면 할례나 무할례가 중요하지 않다고 말한다. 다시 말해서, 바울은 할례나 무할례가 새 창조에는 중요하지 않으나, 그럼에도 새 창조는 사랑을 통해 율법을 완성하고 하나님의 계명을 지킬 것을 요구한다고 말한다. 따라서 사랑의 계명으로서의 율법은 새 창조와 양립할 뿐 아니라 바

---

177 추가적으로 다음을 보라. Brian S. Rosner, "Paul and the Law: What He Does Not Say," *JSNT* 34 (2011): 405-19; idem, *Paul and the Law*.

울이 명령하는 것이기도 하다.

새 창조 안에서 율법의 어떤 부분은 폐기되고 다른 부분은 강화되는 측면이 있음을 감안할 때, "그리스도의 법"에는 모세 율법이 지녔던 윤리와 지혜의 기능이 포함될 공산이 크다. 이는 사랑의 행위가 모세 율법 전체를 완성하는 까닭이다(갈 5:13-14; 롬 13:8). 그리스도의 법은 그리스도의 삶과 가르침, 죽음과 부활이라는 시각을 통해 모세 율법을 해석한 것이다.[178] 바울은 갈라디아서에서 제시하는 윤리적 권면을 통해, 사랑으로 행하시고 성령으로 사셨던 예수의 본보기야말로 그리스도와 율법 간의 관계를 제대로 보여주는 틀이 된다고 주장함으로써 갈라디아에 침입한 자들의 교훈을 논박한다. 바울의 주장이 옳다면, 이방인 역시 실제로 율법 아래에 구속되어 살지 않으면서도 율법의 기준에 합당한 삶을 살 수 있는 도덕적 원천을 얻는 셈이다. 이렇듯 율법이 이방인 그리스도인들의 행동방식에 대해 참으로 적극적인 의미를 띠게 된다면, 율법이 하나님의 목적에 전적으로 반하는 것이라고 보기는 어려울 것이다. 왜냐하면 율법은 제거된 악(惡)이라기보다는 새 창조에 참여한 자들에게서 흘러 넘치는 사랑 안에서 "완성"되는 선(善)이기 때문이다.

계속해서 "새 창조"의 개념은 갈라디아서에 나타난 바울 신학의 묵시적 성격을 확연히 부각시켜준다. "할례나 무할례가 아무것도 아니로되 오직 새로 지으심을 받는 것만이 중요하니라"(갈 6:15)라는 바울의 말은 세상에 대한 하나님의 우주적 회복과 관련된 유대교의 묵시적 종말론 내에 확고히 서 있다(사 65:17-25; 겔 47:1-12; Jub. 4.26; 1 En. 72.1; 1QS 4.25; 1QH 11.1-

---

178 이에 준하는 주장으로는 다음을 보라. John M. G. Barclay, *Obeying the Truth: A Study of Paul's Ethics in Galatians* (Edinburgh: T&T Clark, 1988), 131-35; Hong, *Law in Galatians*, 176-83; Dunn, *Galatians*, 322-24; Longenecker, *Triumph of Abraham's God*, 85-87; Martyn, *Galatians*, 548-49; Hays, "Galatians," 11:322-323.

18; 13.5-12; 4 Ezra 7.75; 2 Bar. 32.6). 이 밖에 바울이 새 창조를 명시적으로 언급하는 대목은 고린도후서 5:17이 유일하다. 그러나 새 창조의 모티프는 갈라디아서의 여러 다른 진술 속에 암시되고 있는데, "이 악한 세대"(갈 1:4)로부터 구원을 언급하는 구절 가운데 내포되어 있고, 그리스도 안에 있음(여기서는 할례와 무할례가 더 이상 중요치 않다)으로 주어지는 변화의 능력에서도 감지된다(갈 3:28; 5:6; 참고. 골 2:13). 중요한 것은 바울에게 있어서 새 창조란 **무로부터의 창조**(*creatio ex nihilio*)가 아니라 **창조계의 갱신**(*creatura renovata*)에 더 가깝다는 것이다. 하나님은 지구를 헐어버리고 다시 짓는 것이 아니라 우주를 사망에서 건져 소생케 함으로써 회복시키신다. 바울은 단순하게 성경의 이야기를 이용하여 이사야서나 에스겔서에서 기술하듯이 이스라엘의 회복이 우주적 소생에서 절정에 이를 것을 말한다.[179] 이러한 까닭에, 묵시적 담론으로 가득한 고린도전서 15장이 "항상 주의 일에 더욱 힘쓰는 자들이 되라. 이는 너희 수고가 주 안에서 헛되지 않은 줄 앎이라"(고전 15:58)라는 권고로 마무리되는 것이다. 즉 새 창조란 그 과업의 선봉에 선 하나님의 백성에게 새로운 임무가 부여됨을 의미하기 때문이다. 이 말의 요지는 묵시적 바울을 옹호하는 학자들에게서 나타나는 창조와 새 창조를 강조하는 경향이 완전히 빗나간 것은 아니지만, 그럼에도 그것은 전체의 연쇄 가운데 필수적인 고리를 빠뜨리고 있는데, 그것은 다름 아닌 이스라엘이라는 고리다. 에덴이 일종의 우주적 성전이고 아담과 이스라엘이 그 성전을 지키는 제사장이라고 한다면, 인류와 이스라엘 간에 이렇듯 서로 얽혀 있는

---

179 Martyn(*Galatians*, 565 and 571)은 "근본적인 비타협적 새로움"을 생각하면서, 하나님이 "옛 우주를 고칠" 의도를 가진 것이 "그것을 대체하는" 과정 중에 있다고 생각한다. 이러한 견해를 다음의 입장과 대조하여 보라. Mark B. Stephens (*Annihilation or Renewal? The Meaning and Function of New Creation in the Book of Revelation* [WUNT 2.307, Tübingen: Mohr Siebeck, 2011])는 유대 종말론이 현 세대와 새 창조 간의 연속성과 불연속성의 혼재를 보여준다고 주장한다.

관계는 무효화되거나 훼손될 수 없다. 새 창조의 이야기는 새 이스라엘과 회복된 인류라는 프리즘을 통해서만 진행되어간다. 마틴은 이스라엘을 그리스도 안에 있는 하나님의 새로운 피조물로 간주하면서 이러한 핵심을 깊이 있게 파악한 것으로 보인다.[180]

이제 마지막으로 갈라디아서 6:16에서 바울이 개념적으로 새 이스라엘을 언급했다고 여겨지는 구절을 살펴볼 차례다. 바울은 자신의 서신을 마무리하면서, "무릇 이 규례를 행하는 자에게와 하나님의 이스라엘에게 평강과 긍휼이 있을지어다"라고 적고 있다. "하나님의 이스라엘"(τὸν Ἰσραὴλ τοῦ θεοῦ)의 정체가 무엇인가 하는 문제는 연구자들을 적잖이 당황하게 하는데, 특히 독선적 대체주의의 오점을 어떻게든 피하려고 하는 이들에게 난처함을 선사한다. 이 축복의 선언이 유대 그리스도인과 이방인 그리스도인을 대상으로 한 축복의 말일 수 있으며, 여기서 유대 그리스도인이란 바울의 가르침에 따라 사는 유대인일 수도 있고, 아니면 혈통적 이스라엘일 수도 있다. 이와 관련하여 다음의 몇 가지 요인을 고려해보자.

1. 누가 진짜 이스라엘인가에 대한 문제와 유대교 집단들 사이에서 누가 신실한 이스라엘인가를 둘러싸고 벌어진 논쟁은 제2성전기 종파주의에서 흔히 등장하는 단골 메뉴였다. 필론의 "하나님을 바라보는 이스라엘"과 쿰란 공동체가 말하는 "빛의 자녀들"은 영예로운 호칭으로서 이스라엘이라는 선택적 지위를 한층 더 작은 규모의 집단들에게 부여한다.

2. 로마서 2장과 9장을 살펴보면 바울이 "내면의 유대인" 내지 "이스라엘 안의 이스라엘"이 존재할 수 있다는 견해를 채택하는 것을 확실

---

180 Martyn, *Galatians*, 575-76.

히 알게 된다.

3. 다른 곳에서 바울은 "할례"와 "택하신"과 같이 보통 이스라엘을 기술하기 위해 사용되는 어휘를 그리스도인들을 지칭하기 위해 쓰고 있다(예를 들어, 빌 3:3; 롬 8:33).

4. 이스라엘이 언약에 따른 특권을 물려받았다는 사실(롬 9:1-5)과 결국에 "모든 이스라엘"이 구원될 것이라는 바울의 소망(롬 11:25-27)에도 불구하고, 바울은 그리스도를 믿는 믿음과 상관없이 이스라엘을 축복하려고 했던 것 같지는 않다. 왜냐하면 그리스도를 사랑하지 않는 자들은 저주 아래 있기 때문이다(고전 16:22).

5. 바울은 갈라디아서 전체를 할애하여 유대인과 이방인이 한 몸 안에서 연합할 것을 주장하고 있으므로, 그가 지금 서신의 말미에 이르러 새삼스럽게 유대인과 이방인을 갈라놓고 유대인에게만 "하나님의 이스라엘"이라는 특권적 칭호를 부여했을 가능성은 거의 없다.[181] "새 이스라엘"이나 "진정한 이스라엘"이라는 말은 2세기에 가서나 등장하지만, 교회가 이스라엘의 촛대를 넘겨받았다는 생각은 이미 자리잡고 있었다. 바울은 민족적 이스라엘이 여전히 존재한다는 사실을 알고 있고, 그들이 궁극적으로 구원받으리라는 소망을 간직하

---

181 Wright(*Paul and the Faithfulness of God*, 1143-44)의 주장에 따르면, "고귀하고도 상상력을 자극하는 말인 '이스라엘'은—비록 논쟁의 소지가 있기는 하지만—이제 메시아에 속한 **믿음의 가족 전체**를 나타낸다. 이들은 '사랑으로써 역사하는 믿음'(5:6)과 '새로 지으심을 받는 것'(6:15)에 의해 정의된다(강조는 원저자의 것임). 필자가 읽어본 것 중 이러한 입장을 지지하는 최고의 논증은 다음과 같다. Richard N. Longenecker, *Galatians* (WBC; Dallas: Word, 1990), 296-99; Gregory K. Beale, "Peace and Mercy upon the Israel of God: The Old Testament Background to Galatians 6,16b," *Bib* 80 (1999): 204-23; Andreas Köstenberger, "The Identity of the ΙΣΡΑΗΛ ΤΟΥ ΘΕΟΥ (Israel of God) in Galatians 6:16," *Faith and Mission* 19 (2001): 3-24. 하지만 "하나님의 이스라엘"이 현실의 이스라엘임을 주장하는 가장 응집력 있는 논증은 다음과 같다. Susan G. Eastman, "Israel and the Mercy of God: A Re-reading of Galatians 6.16 and Romans 9-11," *NTS* 56 (2010): 367-95.

고 있었다(롬 11장의 요지). 하지만 바울은 유대인과 이방인으로 구성된 교회가 메시아 시대에 이스라엘을 대표한다고 보았음이 분명하다. 이 교회의 구성원들이 이스라엘의 역할을 자임하는 한편 육신적 이스라엘에 속한 나머지 사람들도 메시아 신앙을 받아들여 그 안에서 성장하기를 기대하고 있었다.

묵시 학파의 바울 해석은 바울과 이스라엘에 관한 문제에 있어 좀 더 검증이 필요하다. 묵시 학파에 속한 이들이 스스로는 대체주의를 지양한다고 주장하면서, 바울을 "종교"와 대립 관계에 놓음으로써 이스라엘의 선민으로서의 지위와 그 종교사를 부정하지 않을 수 없게 되는 것은 비극적 역설이라고 하겠다. 마틴은 갈라디아서 3장에 나오는 바울의 논증에서 언약적약속이 아브라함과 그리스도라는 두 인물에게만 집중되어 있다고 본다. 마틴에 따르면, 인류가 단수로 표현된 아브라함의 씨, 즉 그리스도와 연합할때에만 복수로 표현된 아브라함의 자손들이 존재하게 된다고 보는 것이 바울의 핵심 주장이라는 것이다. 이 구절만 놓고 보면, 그리스도가 오기 이전에는 아브라함의 자녀가 한 사람도 없었다고 추론할 수도 있겠다. 그렇다면 감히 주장컨대 갈라디아서 3:16은 구속사를 불가능하게 한다고 하겠다. 왜냐하면 구원은 일정 시점에 단 한 번만 일어나는 사건이지 선형적으로 이어지는 점진적 과정이 아닌, 다시 말해서 구원은 이스라엘을 배제한 채로 일어나는 것이기 때문이다. 마틴은 울리히 루츠(Ulrich Luz)의 주장을 따라 하나님이 말씀하신 언약적 약속은 단수 형태로 표현된 씨인 그리스도가 도래할 때까지 가현(假現)적 상태로 존재했다고 주장한다. 바울은 율법의 시대에는 아브라함의 씨라고 할 만한 것이 없었음을 암시한다는 말이다.[182] 브

---

182 Martyn *Galatians*, 340, 345-47, 350-51.

루스 롱네커조차 (바나바가 안디옥에서 게바로 인해 길을 잃었던 것처럼) 마틴의 주장에 휘말려 길을 잃은 나머지, 갈라디아서 3:16-19에 나오는 씨에 대한 유비는 "아브라함과 그리스도가 서로 밀접하게 연결됨에 따라 이스라엘의 율법 체제 및 그 구성원들이 전적으로 배제되고" 있음을 의미한다고 말한다.[183] 그는 마틴보다 한 걸음 더 나아가, 그리스도인들은 이스라엘이라는 용어가 자리한 전통적인 내러티브적 맥락과는 상관 없이 단지 "언어적 의미"에서만 하나님의 이스라엘이므로, 그리스도인이란 말은 이교의 세상 속에서 하나님과 특별한 관계를 누리는 자들을 지칭할 뿐이라고 추측한다.[184]

이러한 해석은 지양되어야 한다. 우리가 앞에서 살펴보았듯이 갈라디아서 3:11-14, 16에서 제시된 불연속성은 갈라디아서 3:19-25에서 열거하는 연속성을 고려하는 가운데 수용되어야만 한다. 리처드 헤이스는 마틴의 갈라디아서 해석에 들어 있는 이스라엘에 대한 마틴의 이해가 함축하는 것이 무엇인지를 묻는 어려운 질문을 제기한다. "마틴은 자신의 갈라디아서 해석이 결국에는 반유대주의적이고 대체주의적인 기독교 신학으로 불가피하게 귀결된다는 것에 대해 실제로 반박할 수 있는가?…그는 갈라디아서의 논쟁이 유대인을 향한 것이 아니라 바울의 대적자인 유대 그리스도인 전도자들을 겨냥한다는 점을 인상 깊게 보여주고 있으며, 따라서 갈라디아서가 '반유대주의적 텍스트'가 아니라고 주장한다.…그럼에도 불구하고, 갈라디아서에 나타난 율법에 대한 독설적인 발언과 (마틴의 해석에 따르면) 이스라엘의 선택을 근본적으로 부정하는 대목은 율법의 준수를 근간으로 하는 유대 민족의 지속적 존재를 논할 여지를 조금도 남겨두지 않는 것 같다."[185]

---

183 Longenecker, "Sharing in Their Spiritual Blessings?," 67.
184 Longenecker, "Sharing in Their Spiritual Blessings?," 71, 74.
185 Richard B. Hays, review of J. Louis Martyn, *Galatians*, *RBL* 3 (2001): 63-64.

"씨"에 대한 유비에서, 그리스도는 약속된 씨로서 유일한 관심의 대상이 되기보다는 아브라함의 약속을 다른 사람들과 공유하도록 하는 방편이다.[186] 게다가 아브라함의 씨를 언급한 이유는 약속이 이스라엘을 비껴간다는 점을 시사하려는 것이 아니라, 구원이 이스라엘의 **율법**(nomos)을 통하기보다는 이스라엘의 **그리스도**(Christos)를 통해서 전해진다는 점을 말하려는 것이다. 모나 후커(Morna Hooker)는 다음의 사항을 지적한다. "로마서 4장에서 아브라함의 씨는 아브라함의 믿음에 참여하는 모든 이들과 동일시된다. 하지만 갈라디아서 3:16-19에서 씨는 의도적으로 다른 씨를 배제한 채로 오직 그리스도만을 지칭한다. 두 본문 간의 연결 고리가 되는 것이 갈라디아서 3:26-29인데, 여기서는 누구든지 아브라함의 씨인 그리스도 '안'에 있으면 아브라함의 씨가 된다고 한다. 갈라디아서에서 말하는 아브라함과 연결되는 길이 아브라함의 씨에 연합하는 것임을 감안한다면, 갈라디아서와 로마서는 흔히 생각하는 것보다 강력한 연결점을 갖게 된다. 아브라함의 씨에 포함된다는 말을 이스라엘의 이야기를 구원에서 배제한다는 뜻으로 이해할 수는 없다.[187]

다소 두서 없는 생각을 덧붙이자면, 묵시 학파의 해석은 이스라엘이라는 주제에 관련될 경우 그 문제가 훨씬 더 심각하다고 하겠다. 로마서 9-11장은 묵시 학파에게 분명한 도전을 제기하는데, 이는 그 단락이 이스라엘이 지닌 언약적 지위를 아주 명쾌하게 인정하기 때문이다. 마틴은 바울이 앞에서 이스라엘의 선택에 대해 부인했던 바를 로마서에서는 철회하고 있다고 말하는 선에서 만족한다.[188] 신학적으로 더 정교한 것은 캠벨

---

186 Beker, *Paul the Apostle*, 50.
187 Hooker, "Heirs of Abraham," 90, 95.
188 Martyn, *Galatians*, 351. Longenecker("Salvation History in Galatians," 83-87)는 바울이 자신의 사도적 사역 전반에 걸쳐 확대된 언약 모델(구속사)을 발전시키고 있으며, 그 기초가

의 입장인데, 그는 바르트를 연상시키는 발언을 통해, 이스라엘의 선택은 사실상 예수 안에서 전역사를 획득한다고 말한다.[189] 그러한 입장은 로마서 9-11장에 대한 더글러스 해링크(Douglas Harink)의 신학적 해석으로 이어 진다.[190] 해링크는 대체주의에 있는 독소를 비난하지만 곧이어 다음과 같이 주장한다. 즉 바울에게 있어 "이스라엘의 역사는 예수 그리스도 안에 있는 하나님의 묵시(apokalypsis theou)로 통합된다(그러므로 구원된다). 말하자면, 이스라엘의 역사는 그리스도와 함께 십자가에 못박히고 부활하는 한에 있어서 그 진리 안에 보존되는 것이다."[191] 이스라엘과 유대교를 철저히 기독 론적인 방법으로 해석하는 것과, 그리스도가 오시기 전에 하나님이 이스라 엘에게 주신 세상에서의 역할을 부인하는 것은 서로 별개의 문제다. 후자의 입장을 지지하는 해석자들이 보기에, 이스라엘의 율법이나 그 선택에 관계 된 어떤 것도 그리스도의 계시라는 전적으로 새로운 하나님의 창조 행위를 위해 기여하거나 예비하는 바가 없다. 따라서 당연히 이것을 두고 대체주 의라고 할 수 없는데, 그 이유는 해링크를 비롯한 이들이 보기에 처음부터 대체할 만한 가치가 있는 것이 사실상 하나도 없었기 때문이다. 베커의 비 평은 여전히 신랄하다. 그에 따르면 신정통주의는 묵시적 종말론을 기독론 으로 용해시켜버린 후에, 기독론을 단지 하나님의 궁극적인 계시의 말씀으 로 정의한다.[192] 내가 보기에 묵시 학파의 해석은 대체주의가 되지 않으려는 필사적인 노력에도 불구하고 본질적으로 지나친 대체주의의 성향을 띠는 것 같다. 그 이유는 이들의 해석에서 이스라엘의 선택이나 이스라엘의 역사

된 것은 그가 50-57년 어간에 벌였던 여러 논쟁이었다고 본다.

189 Campbell, *Quest*, 143n8.

190 Douglas Harink, "Paul and Israel: An Apocalyptic Reading," *Pro Ecclesia* 16 (2007): 359-80.

191 Harink, "Paul and Israel," 368n18.

192 Beker, *Paul the Apostle*, 139, 142.

와 관련된 아무런 구속적 요소도 찾아볼 수 없기 때문이다.

결론

에른스트 케제만은 "바울은 그리스도인이 되었을 때조차도 묵시론자이기를 그만둔 적이 없다"라는 유명한 말을 남겼다.[193] 나는 이 말을 다음과 같이 바꾸려고 한다. "바울이 그리스도를 믿게 되었을 때에도 그는 유대교 묵시사상에 굳건히 뿌리박고 있었으며, 하나님이 복음을 갖고 침공해 오심을 통해 이스라엘의 역사에 대망의 절정을 불러오셨고, 이 절정의 사건을 통해 하나님은 세상이 다시 하나님을 향하게 하신다고 믿고 있었다." 내가 볼 때, 갈라디아서는 예수 그리스도의 묵시적 계시를 통한 이스라엘 구속사의 완성을 논한 것으로, 이는 이방인을 아브라함의 가족으로 받아들이기 위함이다. 이러한 주장은 논쟁의 여지가 있다. 왜냐하면 최근에 갈라디아서 연구자들 가운데 바울이 이스라엘의 선택이나 율법에 구속적 요소가 있었다고 보았는지에 관한 문제가 주요 쟁점이 되고 있기 때문이다. 나는 바울이 갈라디아에 침입한 자들이 내세우는 구속사에 대한 특정한 이야기를 거부하는 것만큼이나 구속사를 위로부터 직접 개입하는 수직적인 묵시적 종말론으로 대체하는 것이 아님을 논증했다. 침입자들이 내세우는 이야기는 아브라함 시대와 모세 시대와 메시아 시대의 경륜을 단 하나의 획일화된 시대로 병합하고 있는데, 거기에 이방인을 포함하기는 하지만 그것은 메시아적

---

193 Käsemann "'The Righteousness of God' in Paul," 181.

인 빛깔만 그럴싸하게 입힌, 실제로는 유대교 개종주의를 연장한 것에 지나지 않는다. 이와 달리 바울은 복음 전승, 은사 체험, 성경 해석 등으로 직조한 살아 있는 양탄자와 같은 신학적 가르침을 제시하고, 이를 통해 성경의 여러 하부 이야기들을 하나님이 아브라함에게 주신 토라 속의 약속이 메시아를 통해 이방인 신자들에게도 유효하게 된다는 단일한 내러티브 가운데 통합해내는 다채로운 색감의 몽타주를 그려낸다. 우리가 율법을 삽입된 막간극과 같은 것으로 보든 예비적인 것으로 보든 간에, 그것이 하나님의 구속 사역에 있어 중추는 아니며, 그렇다고 해서 하나님이 세우신 질서로서 율법의 의의가 말소되는 것도 아니다. 왜냐하면 율법은 예수 그리스도 안에서 그 고유한 정점에 도달하기 때문이다.

첫째로, 바울의 묵시적 복음은 본래 그의 종말론과 기독론이 유대교적 맥락에 속해 있으므로 필연적으로 구속사적 성격을 띨 수밖에 없다. 바울이 자신의 신학을 전개하는 바탕이 되는 묵시적 틀은 이방인에게 복음을 전하는 바울의 묵시적 사명 속에 뿌리내린 확고한 종말론적·우주론적·윤리적 이원론에 의해 입증된다. 이스라엘의 역사 가운데 어떤 단절이 발생하든 간에, 바울은 다른 유대교 선견자들과 마찬가지로 이스라엘을 향한 하나님의 신실하심을 보여주는 사건을 여전히 마음에 그리고 있었다. 그러나 이러한 구속 사건의 결과로, 이스라엘의 토라와 이스라엘의 선택된 지위는 메시아를 중심으로 혁신적으로 재구성되어야 했다. 게다가 그리스도를 십자가에서 죽으시고 부활하신 이로 증거하는 바울의 간증을 통해 알 수 있듯이, 바울은 이스라엘이 이 구속사건을 이해하기 위해 반드시 거쳐야 하는, 저주받아 죽고 부활하는 일을 그리스도가 몸소 겪었다고 보았다. 그리스도는 자신 안에서 이스라엘을 변화시키고, 믿음을 통해서 자기와 연합한 모든 이들을 하나의 새로운 이스라엘로 통합해낸다. 이는 유대인과 이방인으로 이루어진, 성령을 받아 모신, 하나님의 한 세계적 가족으로 입양된 새로운 인류다.

창조계의 구속은 언약 백성을 구속하신 사건 안에서 이미 시작되었다. 따라서 예수 그리스도의 계시는 이스라엘을 향한 하나님의 언약적 신실하심의 요소와, 죄와 사망의 권세로부터의 건짐을 받는 우주적 구속을 서로 모순됨 없이 하나의 결산서 상에 결합시킨다. 하나님의 아들을 세상에 보내심은 실로 세상을 침공하는 극적인 사건임에는 틀림없지만, 그것은 이스라엘의 언약사 가운데 이미 공표되고 실행된 하나님의 뜻에 일치하여 일어난 것임이 드러난다. 예수의 구속사에 들어가는 것은 이스라엘의 구속사에 들어가는 것이며, 예수의 역사는 이스라엘의 구속사에 불가분하게 속해 있다.

둘째로, 칭의 전승에 대한 바울의 해설은 성경에 입각하여 그리스도를 믿는 믿음과 아브라함의 언약 간에 일치성이 있음을 보여준다. 갈라디아에 침입한 자들이나 바울 모두 유대 그리스도인인 까닭에, 이방인 그리스도인을 다루는 문제 앞에서 유대인이 주축이 된 운동 안에 그들을 어떻게 받아들이고 통합할지를 정해야 하는 어려운 결정을 피해갈 수 없었다. 바울에게 있어서 해답은 믿음에 의한 칭의였으며, 이는 이방인이 할례 없이도 이방인 그대로 교회에 받아들여지는 것을 의미했다. 바울은 과거의 구원 역사를 되돌아봄으로써 자신의 이러한 주장을 합리화하는 근거를 성경에서 도출하려고 했다. 바울의 구상에 따르면, 칭의는 예수 그리스도의 신실하심과 죽음과 부활을 통해 하나님이 행하신 묵시적 구원 사역에서 이루어진 것이며, 그것을 획득하게 하는 근거는 율법의 행위가 아니라 그리스도를 믿는 믿음이다. 그리스도 대 율법이라는 대조법은 주로 이스라엘을 구별하는 사회적 경계로서 율법의 역할에 적용됨과 동시에 율법이 구속사에서 잠정적이고 무익한, 제한적인 역할만을 지니고 있음을 보여준다.

셋째로, 바울은 갈라디아의 침입자들이 성경을 이용하여 주장하는 논증을 반박하기 위해 아브라함 시대와 모세 시대 간의 구분을 상정하지만, 그럼에도 불구하고 여전히 일종의 연속성을 놓지 않는다. 이 연속성의 측면에서 볼 때 이스라엘의 언약과 율법은 예수 그리스도의 계시를 위한 필수 불가결한 배경으로 작용한다. 바울은 율법이 하나님의 목적에 반한다고 강조하는 것이 아니라, 그것이 생명과 의에 관한 한 일시적이고 무능하다는 점을 주로 지적한다. 하지만 율법은 여전히 죄를 방지하기 위한 구금이자 사람들을 그리스도께로 인도하는 초등교사이며, 또한 아버지 하나님이 임명한 후견인으로서 긍정적인 역할을 맡고 있다. 더욱이 갈라디아서 3:13-14과 4:4-5이 보여주는 것은 율법이 그 저주에도 불구하고 나중에 구원을 이방인에게로 확장하려는 목적을 가지고, 예수가 오셔서 이스라엘을 구속하는 이야기 속에 포함된다는 사실이다. 예수는 율법 아래에 태어나서 율법의 저주를 담당할 뿐 아니라, 그의 오심으로 인해 열방을 구속하심으로써, 이스라엘의 과거와 이방인들을 포함한 이스라엘의 미래를 잇는 가교가 된다.

넷째로, 그리스도의 법, 새 창조, 하나님의 이스라엘에 대한 바울의 언급 속에는 연속성의 요소들이 풍부하게 나타난다. 모세의 율법은 기독론적 관점을 통해 표현될 때 이방인을 위해 재구성되고 재적용된다. 새 창조는 창조계의 갱신이라는 특징을 갖게 될 것인데, 이는 하나님의 새 세상이 옛 질서를 포용하면서 동시에 그것을 능가하기 때문이다. 새 창조 자체는 새 이스라엘, 즉 유대인과 그리스인으로 이루어진, 메시아 안에서 연합한 하나님의 회복된 백성과 더불어 시작된다. 이러한 주제들은 모두 새로움을 표현하지만, 동시에 이스라엘의 언약 역사로부터 유래하는 연속성의 요소들을 통합해낸다. 베커의 말처럼 "과거는 하나님의 약속이 거쳐온 발자취를 담고 있으며, 이러한 약속들은 버려지는 것이 아니라 새로운 것 속으로 합쳐진다."[194]

---

194 Beker, *Paul the Apostle*, 150.

이러한 모든 논의 가운데, 우리는 여전히 바울을 참으로 특이한 인물로 보이게 하는 바울 사상의 요소들을 본다. 바울이 성서 내러티브를 사용하거나 묵시적 세계관을 전개하는 방식을 살펴보면 그가 분명히 유대교적 틀에 확고히 머물고 있음을 알게 된다. 그러나 다른 유대교 사상가들이나 묵시적 선견자들과는 달리, 바울은 율법을 구원을 위한 필수적 조건이 아닌 구원의 예비적 조건으로 삼는다. 이스라엘의 역사는 메시아에게서 절정에 이르지만, 그 이야기는 이제 메시아적 내러티브를 중심으로 이스라엘의 사명과 경험과 소망이 재구성되는 방식으로 새롭게 전달된다. 바울은 지금이 어떠한 때인지, 현 시대에 이스라엘에 필요한 것이 무엇이고 또 이스라엘은 무엇을 해야 하는지, 또한 이방 민족들에게는 어떤 일이 일어날 것인지에 대해서 새로울 뿐 아니라 도발적이기조차 한 이야기를 주조해낸다. 이러한 질문에 대한 바울의 대답은 그와 동시대를 살던 많은 사람들의 심기를 거슬리게 했을 것이다. 바울이 우리에게 들려주는 이야기는 신화적 설화(이스라엘의 창조와 언약과 완성에 대한 거대 내러티브를 개작한 이야기), 신비적 체험(묵시적 계시와 성령 체험), 미드라쉬적 해석(성경을 기독론적으로 해석하여 그가 세운 교회들이 처한 상황에 적용함)을 혼합한 것인데, 이 모든 것은 예수의 메시아 이야기(복음)에 근거하고 있다. 간단히 말해서 바울은 이스라엘의 하나님과 이스라엘의 왕을 섬기는 종이며, 하나님이 이 세상을 침공하는 이야기를 상연하는 우주적 드라마 속에서 자기도 한 배역을 받아 연기하고 있다고 생각한다. 이 이야기 속에서 하나님은 이스라엘을 통해 세상에 팔을 내미시는데, 이는 그가 보내신 메시아를 통해서, 또한 성령을 선물로 주심을 통해서 세상을 구원하려는 것이다. 그리고 이 모든 이야기는 새 창조에 관한 계시에서 최고조에 달한다.

제4장

안디옥 사건(갈 2:11-14): 바울 신학의 시작

갈라디아서 2:11-14에서 이야기하는 안디옥 사건은 F. C. 바우어(F. C. Baur) 이래로 바울 비평에 있어서 아르키메데스의 받침점(관찰자가 탐구 주제를 총체적 관점에서 객관적으로 지각할 수 있는 유리한 가설적 지점—옮긴이)이 되어 왔다.[1] 이 짧은 내러티브는 갈라디아서 논증을 위한 전략 가운데 핵심이 되는 부분이며, 초기 교회의 갈등과 다양성을 입증하는 중요한 증거 자료다.[2] 또한 초기 교회를 들여다볼 수 있는 창구로서, 문제의 실체가 무엇이었고, 그 이유는 무엇이었으며, 누구의 잘못이었는지,[3] 그것이 바울 선교에 어떤 반향을 일으켰는지에 대한 질문을 제기하게끔 한다.[4]

---

[1] Peter Tomson, *Paul and the Jewish Law: Halakha in the Letters of the Apostle to the Gentiles* (Minneapolis: Fortress, 1990), 223.

[2] 관련된 해석사는 다음을 보라. Andreas Wechsler, *Geschichtsbild und Apostelstreit: Eine forschungsgeschichtliche und exegetische Studie uber antiochenischen Zwischenfall (Gal 2,11-14)* (BZNW 62, Berlin: Walter de Gruyter, 1991); Jack J. Gibson, *Peter between Jerusalem and Antioch* (WUNT 2.345; Tübingen: Mohr Siebeck, 2013), 1-15.

[3] 필자가 정말 흥미롭다고 생각한 것은 그 사건을 두고 누구에게 잘못이 있는지에 대해 학자들 간에 의견이 엇갈린다는 점이다. 예를 들어, C. J. den Heyer(*Paul: A Man of Two Worlds* [London: SCM, 2000], 94)는 베드로가 마 16:17-19에서 "반석"이라고 불리고 있긴 하지만, 안디옥에서 "그는 더 이상 반석이 아니었고, 혼란에 처한 공동체에서 권위 있는 지도력을 발휘할 수는 없음이 입증되었다"고 지적한다. 반대로 John Dominic Crossan과 Jonathan L. Reed(*Excavating Jesus: Beneath the Stones, behind the Texts* [San Francisco: HarperSanFrancisco, 2001], 41)는 바울을 두고 다음과 같이 말한다. "바울의 입장은…쉴 새 없이 변덕을 부리는 사람에 가까웠다. 바울과 이전에 합의한 바 있던 야고보, 베드로, 바나바와 같은 사람들이 모두 안디옥에서 옳았다. 안디옥에서는 바울이 틀렸다."

[4] 본 논문의 초기본은 다음과 같은 제목으로 출간되었다. "The Incident at Antioch (Gal. 2.11-14): The Beginnings of Paulinism," in *Earliest Christian History*, ed. Michael F. Bird and Jason Maston (WUNT 2.320; Tübingen: Mohr Siebeck, 2012), 329-61.

11 게바가 안디옥에 이르렀을 때에 책망 받을 일이 있기로 내가 그를 대면하여 책망하였노라. 12 야고보에게서 온 어떤 이들이 이르기 전에 게바가 이방인과 함께 먹다가 그들이 오매 그가 할례자들을 두려워하여 떠나 물러가매 13 남은 유대인들도 그와 같이 외식하므로 바나바도 그들의 외식에 유혹되었느니라. 14 그러므로 나는 그들이 복음의 진리를 따라 바르게 행하지 아니함을 보고 모든 자 앞에서 게바에게 이르되 "네가 유대인으로서 이방인을 따르고 유대인답게 살지 아니하면서 어찌하여 억지로 이방인을 유대인답게 살게 하려느냐" 하였노라.

11 Ὅτε δὲ ἦλθεν Κηφᾶς εἰς Ἀντιόχειαν, κατὰ πρόσωπον αὐτῷ ἀντέστην, ὅτι κατεγνωσμένος ἦν. 12 πρὸ τοῦ γὰρ ἐλθεῖν τινας ἀπὸ Ἰακώβου μετὰ τῶν ἐθνῶν συνήσθιεν· ὅτε δὲ ἦλθον, ὑπέστελλεν καὶ ἀφώριζεν ἑαυτόν φοβούμενος τοὺς ἐκ περιτομῆς. 13 καὶ συνυπεκρίθησαν αὐτῷ [καὶ] οἱ λοιποὶ Ἰουδαῖοι, ὥστε καὶ Βαρναβᾶς συναπήχθη αὐτῶν τῇ ὑποκρίσει. 14 ἀλλ᾽ ὅτε εἶδον ὅτι οὐκ ὀρθοποδοῦσιν πρὸς τὴν ἀλήθειαν τοῦ εὐαγγελίου, εἶπον τῷ Κηφᾷ ἔμπροσθεν πάντων· εἰ σὺ Ἰουδαῖος ὑπάρχων ἐθνικῶς καὶ οὐχὶ Ἰουδαϊκῶς ζῇς, πῶς τὰ ἔθνη ἀναγκάζεις ἰουδαΐζειν;

마르틴 헹엘이 이 주제에 기여한 바는 베드로에 대한 그의 연구에 나타나 있다. 헹엘은 안디옥 사건으로 인해 바울과 예루살렘 교회 간의 분열이 52/53년경까지 연장되었다고 본다.[5] 헹엘의 해석에 따르면, "야고보가 보낸 자들이 도착했을 때 베드로가 물러난 이유는 그 당시 이스라엘 땅(Eretz Israel) 밖에 위치한 선교 공동체들과 예루살렘 교회 자체 간에 연합 관계가 깨어질 위험에 처해 있었는데, 이를 유지하기 위한 타협이었을 가능성이 농후하다"는 것이다.[6] 베드로와 바나바를 비롯해서 안디옥에 있는 다른 유대 그리스도인들이 반드시 이방인들에게 할례법과 정결법을 도입하기를 원했던 것은 아닐 수도 있다. 그들의 주된 관심사는 오히려 안디옥에 있는 유대 그리스도인들이 율법을 대하는 태도에 대한 평판이었다. 헹엘의 견해에 따

---

5   Martin Hengel, *Der unterschatzte Petrus: Zwei Studien* (Tübingen: Mohr Siebeck, 2007), 92-106; ET: *Saint Peter: The Underestimated Apostle*, trans. Thomas Trapp (Grand Rapids, MI: Eerdmans, 2010), 57-65.

6   Hengel, *Saint Peter*, 65.

르면, 바울은 베드로의 분리적 행동의 여파로 이방인 그리스도인들에게 할례와 정결법 및 음식법에 관한 유대 법규를 준수할 것을 요구할 수 있다는 점이 깊이 염려되었다. 또한 바울은 "율법의 행위"가 이방인에게 구원과 관련해서 일정한 의미를 띠게 될 것을 걱정했다. 나는 안디옥 사건에 대한 헹엘의 해석이 전반적으로 타당하다고 본다. 이번 장의 목표는 안디옥 사건에 관련된 세부 내용을 심도 있게 연구하고, 바울 신학, 즉 하나님, 메시아, 토라 및 이방인의 구원과 관련한 바울 사상의 본질이 형성되는 데 그 사건이 기여한 바가 무엇이었는지 밝히는 것이다.

안디옥에 거주하던 유대인과 그리스도인

안디옥에 거주하는 유대인의 역사나 안디옥에 그리스도인들이 오게 된 경위에 대해서는 다른 문헌에서 적절한 자료를 찾을 수 있다.[7] 그러나 안디옥

---

7   다음을 보라. Wayne A. Meeks and Robert L. Wilken, *Jews and Christians in Antioch in the First Four Centuries of the Common Era* (Missoula, MT: Scholars, 1978); Richard N. Longenecker, *Galatians* (WBC, Dallas: Word, 1990), 65-71; Frank Kolb, "Antiochia in der fruhen Kaiserzeit," in Geschichte—Tradition—Reflexion, ed. H. Cancik, H. Lichtenberger, and P. Schafer (FS M. Hengel, Tübingen: Mohr Siebeck, 1996), 2:97-118; Martin Hengel and Anna Maria Schwemer, *Paul between Damascus and Antioch: The Unknown Years* (Louisville: Westminster John Knox, 1997), 178-204; Anna Maria Schwemer, "Paulus in Antiochien," BZ 42 (1998): 162-66; Markus Bockmuehl, *Jewish Law in Gentile Churches: Halakhah and the Beginning of Christian Public Ethics* (Grand Rapids, MI: Baker Academic, 2000), 51-61; Michael F. Bird, *The Saving Righteousness of God: Studies on Paul, Justification, and the New Perspective* (PBM; Milton Keynes, UK: Paternoster, 2006), 120-22; Magnus Zetterholm, *The Formation of Christianity in Antioch: A Social-Scientific Approach to the Separation between Judaism and Christianity* (London: Routledge, 2003),

교회가 유대교 회당과 이미 어느 정도 결별했었다는 헹엘의 주장과는 달리, 나는 상황이 한층 더 유동적이었다는 것, 특히 그리스도인들의 모임과 유대교 회당에 속한 사람들이 서로 중복되는 상황이 일정 기간 지속되었다는 것을 시사하고자 한다.[8] 바로 이렇게 사회적 공간이 겹치는 상황과 서로 상충되는 관점들로 인해 갈라디아서 2:11-14과 같은 문제가 발생하게 되었다.

바울이 안디옥에 머무르는 동안에(37-48년경) 그리스도를 믿는 유대인들과 이방인들은 자신들의 고유한 정체성, 예배, 공동 식사 및 선교 사역을 형성해가는 중이었지만, 다소 느슨한 형태로 안디옥 유대교의 영향권 내에 여전히 머물러 있었다. 여러 특징들도 이러한 현실을 보여주고 있다.

첫째로, 안디옥 교회의 초기 선교는 그 초창기부터 대체로 회당 중심이었다. 사도행전 11:19-26은 헬라파 유대 그리스도인들이 안디옥에 있는 이방인 그리스인들에게 복음을 전하는 모습을 보여준다. 복음을 듣고 믿게된 그리스인들은 필시 대부분 유대교를 따르던 부류들("하나님을 경외하는 자들")이나 유대교 회심자들("유대교 개종자들")이었을 것이다. 그리스인 신자들이 증가했던 점으로 미루어볼 때(행 11:21, 24) 이들을 가르치고 "주 예수"에게 헌신케 하려는 목적으로, 또한 식사 교제를 위해서 이들을 위한 별도의 모임을 가졌던 것이 분명하다. 하지만 적어도 초창기에 있어 이러한 모임은 유대교 회당 모임을 대체한 것이기보다는 그것을 보충하는 성격을 띠었다. 하지만 일정 기간이 지나자 예수를 믿는 유대인이나 이방인들은 마침내 수리아 지역 관리들로부터 "그리스도인"(Χριστιανοί)이라는 명칭을 얻게되었던 것 같다. 이는 십자가형을 당한 카리스마적인 유대인 지도자에 대한

18-52.

8   다음을 보라. Thomas A. Robinson, *Ignatius of Antioch and the Parting of the Ways* (Peabody, MA: Hendrickson, 2009), 72-88.

그들의 믿음이 대중의 관심을 끌게 되었기 때문이다(행 11:26).[9] 바울 서신과 사도행전에서 나타난 다른 여러 사건들로 미루어 보건대, 안디옥에서 유대인 공동체들 가운데 일어난 논란은 예수를 메시아로 믿는 믿음의 정당성 문제, 이방인 신도를 확보하기 위한 경쟁, 유대 그리스도인들이 이방인을 신앙의 형제로 받아들이는 형태나 그 정도를 둘러싼 의견 분열 등으로 인해 일어났다고 추론하는 것이 합리적이다. 이러한 상황은 유대교 지도자들에게 유대 그리스도인들에 대한 적대감과 심지어 민족적으로 혼합된 "그리스도인"의 모임에 대한 의심마저 유발했을 수 있다. 하지만 사도행전 11:19-26의 어디에도 유대교 회당에서 그리스도인들이 축출되었다던가 유대교와 기독교 간에 결별이 일어났다고 언급하지는 않는다.[10] 예루살렘에서 일어난 박해가 신자들을 따라가서 안디옥에까지 이어졌다는 증거도 없다. 실제로 안디옥은 수많은 유대 종파들을 비롯하여, 유대교 신학이나 관습에 대한 헌신도에 있어서 다양한 수준 차이를 보이던 이방인 "유대교 개종자들"을 수용할 만큼 폭넓은 다양성을 지닌 도시였다.[11]

둘째로, 바울과 바나바의 선교 사역은 안디옥에서 시작해서 구브로, 밤빌리아, 길리기아 등지로 이어졌는데(갈 1:21; 행 13-14), 이 여정은 예외 없이 해당 지역의 회당이나 유대인 모임을 중심으로 시작되었다. 이 선교 여행 기간 중 유대교 회당에 접근한 것은 안디옥 교회가 파송한 선교사들이

---

9   다음을 보라. Justin Taylor, "Why Were the Disciples First Called 'Christians' at Antioch? (Acts 11:26)," RB (1994): 75-94.

10 다음을 보라. Meeks and Wilken (*Jews and Christians in Antioch*, 178): "게다가 만약 그러한 분리가 실제로 70년경에 일어났다고 하더라도 유대 그리스도인과 이방인 그리스도인 간에, 혹은 유대인과 그리스도인 간에 분리가 일어났다는 의미는 아니다. 7세기에 들어서 그리스도인 지도자들이 마침내 유대인들을 그 도시에서 쫓아내는 데 성공하기까지 안디옥에서 기독교에 대한 유대교의 영향력은 실제로 지속되었다."

11 다음을 보라. Josephus, *War* 2.463; 7.45; 행 6:5, "유대교에 입교했던 안디옥 사람 니골라"(Nicolas of Antioch, a proselyte.)

평소 안디옥 회당에 참여했던 정황의 연장 선상에 있는 셈이다. 더 특정하게 이방인에게 집중하게 된 바울의 후기 선교조차도 외부 후원자가 나타날 때까지는 회당에서 사역을 시작했었다. 헹엘의 표현에 따르면 "'이방인'을 향한 길은 회당을 거쳐 이어졌다."[12]

셋째로, 갈라디아서 2:4-5과 사도행전 15:1-5에는 안디옥 교회가 초창기에 이방인에게 할례를 요구하지 않았다는 사실이 확실히 드러난다. 하지만 이러한 개방적 태도를 채택했다고 해서 그것이 유대교로부터 즉각적이고 필연적으로 결별했음을 나타내는 것은 아니었다.[13] 이 때를 전후한 시기에(44-46년경) 아나니아라는 어느 유대 상인이 아디아베네의 왕 이자테스(Izates)를 설득하여 유대교로 개종시켰다(Josephus, Ant. 20.35). 그런데 그 후에 이자테스가 "확실한 유대인"이 되기 위해 할례를 받으려고 하자, 그는 왕에게 그 관례를 따르지 말라고 설득하였는데, 이는 그가 이자테스의 백성들이 유대교인이 된 인물을 왕으로 섬기지 않을 것임을 잘 알고 있었기 때문일 것이다. 아나니아는 이자테스에게 "유대인의 전통에 대한 열심이 할례를 받는 것보다 훨씬 낫다"고 말했다고 한다(Josephus, Ant. 20.41). 이자테스의 경우 할례 의식을 생략한 것이 정치적 필요라는 이례적인 이유를 적

---

12   Hengel and Schwemer, *Paul between Damascus and Antioch*, 107; 유사한 논증으로 다음을 보라. James D. G. Dunn, *The Parting of the Ways: Between Christianity and Judaism and Their Significance for the Character of Christianity* (London: SCM, 1991), 125-26; Christopher Rowland, *Christian Origins* (London: SPCK, 1985), 216-17; Eckhard J. Schnabel, *Early Christian Mission*, vol. 1, *Jesus and the Twelve,* vol. 2, *Paul and the Early Church* (Downers Grove, IL: IVP Academic, 2004), 2:1300-1301; James C. Miller, "The Jewish Context of Paul's Gentile Mission," *TynB* 58 (2007): 101-15; Reidar Hvalvik, "Paul as a Jewish Believer—according to the Book of Acts," in *Jewish Believers in Jesus: The Early Centuries*, ed. O. Skarsaune and R. Hvalvik (Peabody, MA: Hendrickson, 2007), 123-35.

13   유대교 개종에 있어서 할례의 필요성에 관한 논쟁과 관행에 대해서는 다음을 보라. Michael F. Bird, *Crossing Over Sea and Land: Jewish Missionary Activity in the Second Temple Period* (Peabody, MA: Hendrickson, 2009), 24-43.

용한 사례가 되기는 했지만, 요세푸스의 이야기가 전제하는 것은 당시 남성 유대교 개종자가 할례를 받는 것이 일반적 관행이었다는 것이다. 그 후 얼마쯤 지나 엘레아자르라는 바리새인이 할례야말로 가장 중요한 문제라는 논리로 이자테스를 설득하여 할례를 받게 한다.[14] 그런데 이 사건을 통해 알 수 있는 것은 유대교로 개종한 자들 중에 할례를 받지 않는 경우가 실제로 존재했다는 사실이다. 이 사례에 필론에게서 나온 자료들을 추가하자면, 거기서도 개종자들이 할례를 받아야 하는 필요성에 대해 상당히 모호한 진술을 하는 것 같다(Philo, *QE* 2.2; *Migr.* 92). 아울러 비극작가 에스겔(*Exag.* 152-92)도 출애굽기 12:48에서 분명히 할례를 명하고 있음에도 불구하고 할례를 유월절 절기행사에 참여할 수 있는 조건으로 삼지 않는다.[15]

안디옥에 있는 헬라파 유대 그리스도인들에게 독특한 점은 아마도 이방인 그리스도인들에게 할례를 행하지 않는 것에 대한 그들의 신학적 근거였다고 하겠다. 바울은 갈라디아서, 골로새서,[16] 로마서에서 이방인들에게 할례를 행하지 않는 것에 대한 신학적 근거를 제시하였다. 이는 이스라엘 성서에 대한 특정한 해석을 기반으로 하는데, 가령 모세 언약보다 아브라함 언약이 우위에 있음을 인정하고, 이방인의 구원에 관한 이사야의 환상을 적용하며, 토라를 죄와 사망에 연결시키고, 구원받고 하나님 백성의 일원이 되는 조건으로 예수의 죽음과 부활만이 절대적 유일성을 지니고 있음을 천명하는 것이다. 그런데 "믿음으로 말미암는 의"는 아주 초창기의 유대 기독교 신조인 것으로 보인다. 그 이유는 바울이 자신이나 베드로와 같은 유대

---

14 Josephus, *Ant.* 20.17-50.

15 유대교 개종자들이 유월절에 참여하기 전에 의무적으로 며칠을 기다려야 했는지에 대해서는 *m. Pesaḥ.* 8.8을 보라.

16 바울 문헌으로서 골로새서가 지닌 진정성에 대해서는 다음을 보라. Michael F. Bird, *Colossians and Philemon* (NCCS; Eugene, OR: Cascade, 2009), 4-9.

그리스도인들을 믿음으로 말미암는 의의 전통을 수호하는 자로 간주하였기 때문이다(갈 2:15-16: "우리는 본래 유대인이요 이방 죄인이 아니로되 사람이 의롭게 되는 것은 율법의 행위로 말미암음이 아니요 오직 예수 그리스도를 믿음으로 말미암는 줄 알므로"). 어쩌면 헬라파 유대 그리스도인들의 신학적 혁신은 이러한 문구에 표현된 논리를 밀고 나가서 이방인을 메시아 시대에 회복된 이스라엘의 일원으로 받아들이기 위해 할례를 행하는 것이 옳다고 보는 기존의 관행을 부정한 것이라고 하겠다. 이들이 이방인의 무할례를 주장한 또 다른 이유는 이방인의 종말론적 순례가 이미 시작되었고, 그러한 순례를 통해 이방인이 먼저 유대교 개종자가 되지 않고도 이방인으로서 하나님을 예배하게 될 것이라는 믿음에 근거하였을 것이다(예를 들어, 사 2:2-4; 66:18-21; 미 4:1-4; 슥 8:20-23).[17] 이러한 혁신은 새 시대의 도래로 인해 지금까지 토라가 유대인과 이방인에게 지녔던 중요성에 변화가 초래될 것이라는 신념에서 나온 것이었을 수 있다. 혹은 사도행전에 따르면, 성령이 이방인에게 부어지는 것을 목격한 것이 결정적으로 작용했기 때문일 수 있다. 우리는 안디옥에서 이방인에 대한 할례의 요구가 배제된 이유를 명확히 알 수는 없다. 다만 우리가 말할 수 있는 것은 이방인에 대한 무할례를 지지하는 그리스도인들의 논증이 메시아론이나 성령 체험을 근거로 한다는 점에서 독특한 면이 있기는 하지만, 이방인이 할례를 받을 필요가 없다고 보는 견해 자체가 유대교 내에서 전례가 없는 일은 아니었다는 사실이다.

넷째로, 안디옥 사건 이후 안디옥의 역사를 살펴보면, 로마 시대로부터

---

17   다음을 보라. Michael F. Bird, *Jesus and the Origins of the Gentile Mission* (LNTS, London: T&T Clark, 2007), 26-38; Terence Donaldson, "Proselytes or 'Righteous Gentiles'? The Status of Gentiles in Eschatological Pilgrimage Patterns of Thought," *JSP* 7 (1990): 3-27; Paula Fredriksen, "Judaism, the Circumcision of Gentiles, and Apocalyptic Hope: Another Look at Galatians 1 and 2," *JTS* 42 (1991): 532-64; Zetterholm, *Antioch*, 134-49.

아랍이 그 지역을 정복한 때까지 기독교 공동체와 유대 공동체 간의 관계가 지속되었다는 증거가 있다.[18] 2세기 초에 이그나티오스는 할례받지 않은 자로부터 유대교를 배우는 위험성에 대해 경고했을 뿐만 아니라(*Phld.* 6.1) "기독교가 있는 곳에 유대교가 존재할 수 없다"(*Magn.* 10.3)고 단언하기까지 했다. 이러한 발언들은 모두 안디옥에서 유대인과 그리스도인 간에 신학적으로나 사회적으로 상호 침투가 과도했던 것에 대한 반응이었음이 분명하다.[19] 에우세비오스는 2세기 말 경에 쓰인 안디옥의 세라피온(Serapion of Antioch)의 편지에 등장하는 돔누스(Domnus)라는 사람을 언급하는데, 그는 박해 기간에 유대교식 예배를 좇아서 기독교 신앙을 저버렸다고 한다 (Eusebius, *Hist. Eccl.* 6.12.1). 분명한 것은 회심이라는 면에서 보면 유대교에서부터 기독교로의 일방적인 이동만 있었던 것이 아니라, 그 길을 통한 양방향의 소통도 있었다는 사실이다! 심지어 4세기 들어서도, 요안네스 크리소스토모스(John Chrysostom)가 안디옥에서 장로(presbyter)로 섬기는 동안 『유대인을 반박함』(*Adversus Judaeos*: 386-87년)이라는 제목의 설교집에서 유대인 및 유대교를 추종하는 그리스도인늘에 대해 신랄한 비난을 퍼붓는 일이 있었는데, 그 이유는 분명히 그리스도인들이 유대교의 의식이나 모임에 참여하는 것을 그가 경멸했기 때문일 것이다.[20] 2세기초 이그나티오스의 활동 시기가 되면, "유대인"과 "그리스도인"이라는 두 공동체를 별개로 인식할 정도가 되었지만, 그래도 두 집단 간의 절대적인 경계는 결코 존재하

---

18 다음을 보라. Meeks and Wilken, *Jews and Christians in Antioch, Isabella Sandwell, Religious Identity in Late Antiquity: Greeks, Jews, and Christians in Antioch* (Cambridge: CUP, 2007).

19 다음을 보라. Thomas A. Robinson, *Ignatius of Antioch and the Parting of the Ways* (Peabody, MA: Hendrickson, 2009).

20 다음을 보라. Robert L. Wilken, *John Chrysostom and the Jews: Rhetoric and Reality in the Late Fourth Century* (Eugene, OR: Wipf & Stock, 2004); Wendy Mayer and Pauline Allen, *John Chrysostom* (New York: Routledge, 2000), 148-66.

지 않았다.

따라서 기원후 40년대에 안디옥 지역에서 그리스도인과 유대인 간에 "결별"이 있었다는 증거는 찾아볼 수 없다.[21] 그렇다면 우리가 안디옥 교회에 대하여 추측할 수 있는 그림은 교회가 그 도시에 존재하는 유대 공동체의 삶과 철저히 얽혀 있는 것이다. 하지만 잠재적인 분열의 여지는 존재했음이 분명하다. 이는 이방인 신도들을 얻기 위한 경쟁, 십자가에 죽으시고 부활하신 메시아를 믿는 믿음과 같이 논란의 여지가 있는 신념, 종말이 완전히 실현되지 않은 것을 둘러싼 논란, 메시아를 중심으로 한 성경 해석의 확대, 예수에 대한 일종의 제의적 공경, 이방인의 부정(不淨)함에 대한 관심의 약화, 이방인의 토라 준수를 부르짖는 열의가 약해진 것 등을 감안할 때 그렇게 추정하는 것이 타당하다.

안디옥의 문제는 무엇이었는가?

안디옥에서 일어난 언쟁의 원인은 게바(시몬 베드로)를 비롯하여 바나바를 포함한 일단의 유대 그리스도인들이 이방인 그리스도인들과의 식탁 교제에서 물러난 것이었다. 문제는 (1) 왜 게바가 이러한 행동을 했으며, (2) 바

---

21 필자는 이그나티오스 때 가서 각각 별개의 자기 정체성, 신학, 공동체가 발달하고 있었던 것으로 보아 유대인과 그리스도인 간에 "결별"이 일어났다고 보는 것이 타당하다고 생각하지만, 그러한 결별이 절대적인 분리, 단절, 적대감이어야 한다는 견해에는 동의하지 않는다. 실제로 결별이 일어났음에도 불구하고 여전히 서로 간에 신학적 중복이 있었을 수 있고, 광범위한 사회종교적 상호작용을 경험했을 수도, 적대적인 태도와 우호적 태도가 교차했을 수도 있다.

울의 입장에서 그렇게 반대해야 할 이유는 무엇이었는가 하는 것이다. 이러한 문제는 내가 이 장에서 연구할 사안인데, 그것을 하기 전에, 우선 안디옥 사건의 핵심 맥락과 등장 인물 및 사건의 국면들을 파악하는 것이 필요하다.

주요 등장 인물

안디옥 사건이 발발하게 된 배경으로서 이 사건이 일어날 즈음에 바울과 바나바와 베드로 및 야고보의 삶에 일어났던 일들을 살펴볼 필요가 있다.

바울은 대략 34년경에 있었던 회심 직후 다메섹과 아라비아에서 대체로 유대인을 대상으로 한 전도 사역 기간을 가졌고, 또한 한 차례 예루살렘을 방문해서 유대인들에게 설교를 하기도 했다(갈 1:17-19; 고후 11:32; 롬 15:19; 행 9:19-29; 26:16-18). 그런 다음 자신의 고향인 길리기아의 다소에서 잠시 시간을 보낸 후에(갈 1:21; 행 9:30) 바나바가 와서 바울을 안디옥으로 데려갔다(갈 1:21; 행 11:25-26). 바나바가 바울을 찾았던 이유는 아마도 바울이 그리스어를 할 줄 아는 유대인으로서 그리스인과 세련된 수준에서 소통할 수 있는 재능이 있었을 뿐 아니라, 또한 많은 유대인들 사이에서 인기가 있던 바리새파의 전통에도 정통했기 때문이었을 것이다. 이 시점에 바울의 사역은 유대인 중심으로부터 유대인과 이방인이 혼합된 청중 중심의 사역으로 전환되었다. 바울의 회심 체험으로 인해서 부활하신 주님이 주신 권위가 그에게 부어졌고, 이 말은 그에게 있어 하나님의 구원이 역사하는 장소가 토라로부터 그리스도께로 옮겨가게 되었음을 의미했다. 그리고 이것은 토라에 대한 안디옥 교회의 입장과도 공명하는 것이었다. 안디옥 교회가 구브로, 길리기아, 밤빌리아에서 행한 선교를 통해 바울은 이방인 회심자들을 끌어 모으는 데 성공했고, 이로써 그 집단 내에서 주도적인 지도

자로 부상하게 되었던 것 같다(행 13-14). 그런데 유대 지역에서 몇몇 사람들이 안디옥으로 들어와서 이방인의 할례를 주장한 것이(갈 2:3-5; 행 15:1-5, 24) 발단이 되어 예루살렘 회의가 열리게 된다(행 15장; 갈 2:1-10). 바울의 관점에서 볼 때, 이 회의는 성공이었는데, 그 이유는 디도가 할례 의무를 이행할 필요가 없게 되었고, 자신의 사도직이 타당함을 인정받았으며, 무할례자들을 향한 바울 복음의 내용도 확인받았기 때문이었다. 예루살렘 회의의 결정이 역사적 사실이라면, 비록 잠정적인 절충이었다고 해도 우상과 목매어 죽인 짐승의 피, 음행에 대한 최소한의 절제를 명시함으로써 이방인을 위한 일종의 "지침"이 합의된 것으로 볼 수 있다(행 15:20-29).

구브로 출신의 레위인이며 예루살렘에 거주하던 요셉이란 사람은 사도들에게 바나바라는 이름으로 알려져 있었는데, 그는 자신의 사촌인 요한 마가와 더불어 그리스어권 유대 그리스도인들과 아람어권 유대 기독교도들 사이에서 중요한 가교 역할을 하고 있었다. 그는 예루살렘 교회의 일원이었지만(행 4:36), 그가 가진 디아스포라 유대인의 유산 덕분에 안디옥 교회가 그리스인들을 받아들이게 되었을 때 그 교회의 방문자로 위촉 되는 데 있어 최적의 인물이었다(행 11:22-24). 바나바는 새롭게 회심한 다소의 바울과 사도들 간에 중재자 역할을 한 적이 있고(행 9:27), 그 후 안디옥 교회에 있을 때 사역을 위해 바울을 선발하였다(행 11:25). 바울은 자기 외에 바나바도 사도라고 간주한 적이 있는 것으로 보인다(고전 9:6). 바나바는 "거짓 형제들"의 침입에 반대하기 위해 예루살렘의 기둥 같은 사도들에게 파견된 안디옥 대표단의 일원이기도 했다(갈 2:1; 행 15:1-2, 24). 그는 바울과 더불어 사도들과 친교의 악수를 나누기도 했다(갈 2:9; 행 15:25). 누가는 바울과 바나바 간에 요한 마가를 두고 결별하게 된 사건을 보도하는데(행 15:36-39), 이 사건은 안디옥 사건(갈 2:11-14)과 거의 같은 시기에 일어났을 가능성이 매우 높다. 우리가 가진 자료를 보면, 바나바는 중재적 역할을 하는 인물로 나타나는데, 안디옥 교회에서는 예언자이자 목회자로 섬겼으며, 그의 출신지인 구브로에서는 교회들을 설립한 선교사이기도 하였다. 갈라디아서에서 바울은 "자기의 동역자가 변절한 것에 대한 슬픔과 당혹감을"[22] 표현하고 있다.

　　베드로는 예수를 따르던 이들 가운데 지도급 제자로서, 부활하신 예수의 현현을 목격했으며(눅 24:34; 고전 15:5), 세베대의 아들 요한과 예수의 형제 야고보와 더불어 기둥 같은 사도들 중 한 명이기도 했다(갈 2:9). 사도행전 1-5장에 따르면, 베드로는 예루살렘 교회의 대표자이자 유대인 동족에게 복음을 전했던 설교자로서 열정적으로 활동했는데, 이 점에 있어 사도행전의 보도를 의심할 이유는 없다. 베드로는 사마리아와(행 8:14-25) 욥바를(행 10:5) 방문한 후 가이사랴에서 고넬료와 접촉할 즈음에 이방인에 관한 계시를 직접 받았다고 한다. 베드로가 욥바에 있을 때 이방인의 정결 문제와 관련된 환상을 체험하였다. 그리고 나서 그는 이방인의 집에 들어감으로써 유대교의 할라카를 어기게 되었다. 그곳에 모인 사람들에게 복음을 선포한 후에, 하나님의 영이 이방인에게 임하는 것을 목격하고, 베드로는 이방인에게 세례 베푸는 것에 동의하였다(행 10:1-48). 이 사건에 대해서 예루살렘에 보고하자, "할례 받은 신자들"은 그가 무할례자들과 함께 먹었다고 비난하였다(행 11:1-3). 베드로가 자신을 변호하면서 이방인도 "같은 성령"을 받았으므로 하나님이 그들 가운데 역사하심을 막는 것은 전혀 합당하지 않다고 주장하였다(행 11:17-18). 그 후 예루살렘 회의와 관련해서, 사도행전은 베드로의 연설을 보도하면서, 이방인 신자들에게 토라를 강요하지 않는 안디옥 교회의 입장을 베드로가 옹호한 사실을 기록하고 있다(행 15:7-11).[23] 이 연설은 베드로가 사도행전 10장에서 이방인을 향한 전향적인 자세

22　Richard Bauckham, "Barnabas in Galatians," *JSNT* 2 (1979): 67.

23　베드로의 진술 중 "하나님이 이방인들로 내 입에서 복음의 말씀을 들어 믿게 하시려고 오래 전부터 너희 가운데서 나를 택하시고"(행 15:7)와 "너희가 어찌하여 하나님을 시험하여 우리

로 고넬료를 대했던 것과 일치하며, 바울이 갈라디아서 2:7-9에서 요약하는 베드로의 입장(이방인에게 복음을 전하는 바울의 사도직을 받아들이면서 이방인에게 토라의 준수를 요구하지 않음)과도 부합한다. 사도회의의 결과 거짓 형제들은 비난을 받았고, 안디옥 교회의 대표단은 이방인 회심자들이 율법이나 할례로부터의 자유함을 보장받고서 복귀하게 되었다. 그 후 일년이 채 지나기 전, 베드로가 안디옥에 오게 되었는데, 그 이유를 알 수는 없다. 아마도 박해가 다시 가해지자 이를 피하려고 왔을 수도 있고, 어쩌면 수리아 지역의 유대인을 위한 선교 사역의 일환으로 방문했을 수도 있다. 우리가 아는 것은 베드로가 안디옥에 머무는 동안 이방인 그리스도인들과 식탁 교제를 나눴다는 사실이다. 요약하자면, 초기 교회의 첫 20여 년간 베드로의 경력은 처음엔 열 두 제자 중 수제자였다가, 요한 및 야고보와 더불어 예루살렘 교회의 세 기둥 가운데 한 명으로 바뀌었고, 그다음에는 할례자를 위한 순회 사도의 역할을 맡았던 것이다.

예수의 형제인 야고보의 회심에 대한 상세한 내용은 알려져 있지 않다. 단지 바울이 그를 예수의 부활을 실제로 목격한 사람으로 여기고 있다는 사실만 알 수 있다(고전 15:7). 야고보가 초기 교회에서 명망을 누리고 있었다는 사실이 처음 나타나는 것은 사도행전에서 베드로가 "야고보와 형제들"에게 자신이 감옥에서 탈출한 정황을 알리고자 했던 사실을 간결하게 기술하는 대목이다(행 12:17). 이는 야고보가 예루살렘 교회 내에서 유력한 위치를 갖고 있었음을 적시해준다. 예루살렘 회의에서 야고보는 베드로의 증언을 인정하고, 다윗 왕조가 회복되면 거기에 이방인도 들어올 것을 말씀하는 아모스 9:11을 언급함으로써 베드로의 입장을 지지한다. 이방인을 주

조상과 우리도 능히 메지 못하던 멍에를 제자들의 목에 두려느냐"(행 15:10)는 이방인과 토라로부터의 자유와 관련된 안디옥 교회의 입장을 베드로가 지지한다는 점을 나타내려고 누가가 윤색한 부분이다.

께로 돌이키는 것은 모세 율법이 널리 유포됨에 따른 결과다. 사실 야고보는 할례 없이 이방인을 포함하는 것과 더불어 모세 율법의 효력이 지속될 것이라는 두 가지 입장 모두를 인정한다. 이방인에게 요구된 것은 우상숭배와 피와 음행에 관한 기본적 법조항만을 지키는 것이었다(행 15:13-29; 21:25). 사도행전 15:16-18이 아모스 9:11-12을 인용하면서 히브리어 성경이 아닌 70인역을 반영하는 것이 사실일 수도 있지만, 그렇다고 해서 그것이 야고보가 공표한 내용의 진위를 의심할 만한 확실한 근거가 되지는 않는다. 리처드 보컴(Richard Bauckham)의 다음과 같은 진술은 타당하다. "사도행전 15:16-18[아모스 9:11]의 본문을 작성한 유대 그리스도인 해석자는 종말론적 성전을 문자적 의미의 건물이 아닌, 유대인과 이방인 모두로 구성된 종말론적인 하나님의 백성으로 이해했다."[24] 나중에 사도행전에서, 바울이 예루살렘으로 돌아왔을 때, 야고보는 바울에게 가해지는 반율법주의자라는 혐의와 관련해서 바울에게 조언하면서, 바울에게 그가 "율법을 지켜 행하는" 것을 나타내기 위해 나실인의 서원을 행하라고 간청한다(행 21:18-24). 더구나 그 시기 스음에 예루살렘과 인접한 지역에서는 유대 그리스도인들이 이방인과 접촉하면서 토라의 준수를 왜곡함으로써 불법을 행한다는 인식이 있는 터였다. 분명히 그러한 사태로 인해 유대 지역에서 로마 통치의 공백 기간 중인 62년경에 야고보와 그의 동료들이 대제사장 아나니아(Ananias the Younger)에 의해 처형당하게 되었을 것이다(Josephus, *Ant.* 20.200). 예루살렘 교회에서 야고보의 지도력은 헬라파와 유대파 간의 연합을 추구하기 위한 균형 잡힌 행동에서 돋보이며, 또한 기독교도인이 이방인과 어울리며 유대교의 중요한 의식을 행하지 않고 있다는 혐의가 퍼져 있

---

24 Richard Bauckham, "James and the Gentiles (Acts 15:13-21)," in *History, Literature, and Society in the Book of Acts*, ed. B. Witherington III (Cambridge: CUP, 1996), 164.

는 가운데 유대 지역 그리스도인들의 안전을 지키고자 애쓴 것에서 두드러진다.

"야고보에게서 온 어떤 이들"은 안디옥 사건에서 주요 배역을 맡고 있다. 이 야고보가 보낸 대표단이 그전에 안디옥에 와서 분란를 일으켰던 유대 그리스도인들과 어떤 관계였는지는 정확히 알 수 없다. 바울은 후자를 "거짓 형제들"이라고 불렀다(갈 2:4-5). 또한 누가에 의하면 이들은 이방인도 할례를 받아야 한다고 주장하던 "어떤 사람들"이었으며, 예루살렘 교회는 이들이 "우리의 지시도 없이" 행한다고 여겼다(행 15:1, 24). 바로 그들이 벌인 소동으로 인해 예루살렘 회의가 열렸고, 우리가 알기로 그들은 논쟁에서 졌다. 나는 야고보가 보낸 대표단이 "거짓 형제들"과 같은 자들이라고 보지는 않는데, 왜냐하면 "거짓 형제들"은 예루살렘 교회의 허가를 받지 않았던 반면에 "야고보에게서 온 어떤 이들"은 공식적으로 인가를 받고 야고보로부터 파송된 사절들이었기 때문이다. 안디옥의 "거짓 형제들"과 이후 갈라디아에 침입한 자들은 바울이 회심시킨 이방인들을 목표로 삼았던 반면에, 야고보에게서 온 사람들은 단지 유대 그리스도인들의 처신에 대해서만 관심이 있었다. 야고보가 보낸 대표단이 안디옥에 온 이유는 어디에서도 찾아볼 수 없다. 단지 추측할 수 있는 것은 그러한 방문이 일반적인 것이었든지, 아니면 베드로에게 메시지를 전달하는 것과 같은 실제적인 목적이 있었을 수 있다. 야고보가 보낸 대표단은 율법 준수를 판단하기 위한 바리새적 감찰을 하러 왔다기보다는 진지한 간청을 하기 위해 온 사절단이었을 수 있다.[25] 하지만 야고보의 대표단은 율법을 보다 중시하는 안디옥의 유대 그리스도인들과 공감하고 있었을지도 모르는데, 그 이유는 곧 밝혀질 것이다. 분명한 것은 그들이 베드로로 하여금 할례자들을 두려워하도록 촉발함으

---

25   Bockmuehl, *Jewish Law*, 71.

로써 이후에 발생하게 된 사건들의 촉매제를 제공했고, 따라서 베드로가 이방인 신자들과의 식탁 교제에서 물러나게 한 실질적 원인이 되었다는 사실이다.

야고보에게서 온 사람들이 실제로 얼마나 정확하게 야고보를 대표해서 말하고 행동했는지에 대해 논란이 있어왔다. 바울과 베드로와 야고보 간에 일치가 견고했다고 보는 변증적 논리에서는 흔히 이 사절단이 자기들의 임무를 넘어서 유대인과 이방인 간의 교제 관계에 간섭했고, 야고보도 이들의 행위를 승인하지 않았었을 것이라고 제시한다.[26] 하지만 이에 대한 근거는 없다. 실제로 우리가 알 수 있는 것은 단지 그들이 야고보에게서 왔다는 사실뿐이며, 따라서 그들이 야고보의 권위를 업고 야고보의 입장에서 행동했다고 생각하지 못할 하등의 이유가 없다. 바울은 그들을 "소위 야고보에게서 왔다고 하는 자들"(οἱ λεγόμενοι ἀπὸ Ἰακώβου)이라든가 "야고보에게서 온 것처럼 보이는" 자들(οἱ δοκοῦντες ἀπὸ Ἰακώβου εἶναι)이라고 부르지 않는다. 바울은 그들에게 "야고보가 정말로 당신들에게 그렇게 말하라고 했는가?"라고 묻지도 않는다. 바울은 그들이 전적으로 야고보의 권위에 힘입어 왔다는 사실을 충분히 인식하고 있었다. 바로 이들이 안디옥 교회의 분열을 촉발시켰던 것이다.

"할례자들"(τοὺς ἐκ περιτομῆς)의 정체와 관련하여 나는 그들이 안디옥의 유대 그리스도인 열성분자였다는 나의 예전의 견해를 수정했다.[27] 지금

---

26 예를 들어, 다음을 보라. C. K. Barrett, *A Critical and Exegetical Commentary on the Book of Acts* (2 vols., ICC; Edinburgh: T&T Clark, 1994-98), 2:741; Don Garlington, *An Exposition of Galatians: A Reading from the New Perspective* (3rd ed.; Eugene, OR: Wipf & Stock, 2007), 126.

27 Bird, *Saving Righteousness*, 125-26. J. Louis Martyn (*Galatians: A New Translation, with Introduction and Commentary* [AB; New York: Doubleday, 1997], 238-39)은 이 단어가 이방 선교에 관심이 있던 초기 교회의 신자들 가운데 최소한 부분적으로 율법을 준행하고 있었던 어떤 부류를 지칭한다고 본다. 그는 이들을 "유대 그리스도인"보다는 "기독교도 유대

의 견해로는 그 명칭 가운데, 전부는 아니라고 해도, 안디옥의 비그리스도인 유대인도 포함될 것이라고 보는데, 이는 περιτομή가 바울 서신에서 흔히 유대인을 나타내는 생생한 표현으로 사용되기 때문이다(롬 3:30; 4:12; 15:8; 빌 3:3; 골 3:11; 4:11). 물론 누가가 이방인의 할례를 지지하는 유대 그리스도인을 지칭하기 위해 oi ἐκ περιτομῆς를 두 차례나 사용하고 있다는 사실에 대한 설명이 반드시 있어야 함을 인정한다(행 10:45; 11:2; Eusebius, *Hist. Eccl.* 4.5.3-4). 게다가 이방인의 할례를 신봉하고, 율법 없는 복음이라는 바울의 견해에 대해 계속해서 적대적이었던 유대 그리스도인들이 2세기까지도 존재했었다.[28] 하지만 갈라디아서 2장 전체에 걸쳐서 바울은 베드로나 바나바와 같은 유대 그리스도인들과 "할례자들"(περιτομή), 즉 믿지 않는 유대인을 구분하고 있는 것으로 보인다(갈 2:9). 베드로가 "할례자"들을 두려워하게 되었다고 나오는데, 베드로가 자신을 "할례자들"을 위한 사도로 인정하면서, 자신의 사도적 관할하에 있는 자들을 두려워했을 리가 만무하다(갈 2:8). 반면에 베드로가 자신들의 사회적 공간이 이방인들로 인해 더럽혀지고 있다고 생각하는 유대인 열성분자들을 두려워한 것이었다면, 그것은 말이 되지 않겠는가![29]

40년대 중반까지 안디옥에서 기독교와 유대교 간의 결별이 일어나지 않았다고 한다면, 토라를 중시하는 유대 그리스도인들이 안디옥의 비기독교도 유대인들과 가까운 관계를 유지했을 것은 당연하며, 이들은 또한 토라를 경시하는 유대 그리스도인들이 이방인들과 뻔뻔하게 교제하면서 이방

인"으로 부르는 것을 선호한다. Gibson(*Peter*, 252)의 주장이 좀 더 타당하다. "갈 2:7-9의 맥락에서는 περιτομή를 비기독교도 유대인을 지칭하는 말로 사용하는데, 이러한 맥락이 갈 2:12에 나오는 단어를 설명하는 데 더 적절하다."

28   행 15:1, 5; 갈 5:2-12; 6:12-15; Justin, *Dial. Trypho* 47; Eusebius, *Hist. Eccl.* 3.4.2.

29   Zetterholm(*Formation of Christianity in Antioch*)은 안디옥의 유대인들에게 보수와 자유의 경향이 혼재되어 있었다고 주장한다.

인의 할례에 대한 요구를 거부하는 것에 대해 적대감을 품었을 것이 분명하다.[30] 할례자(ἐκ περιτομῆς)로 파악되는 부류에는 비기독교도 유대인과 일부 유대 그리스도인이 섞여 있었으며, 이들은 다른 유대 그리스도인들이 안디옥 교회의 회합에서 이방인 신자들과 함께 예배하고 더불어 식사를 하는 것에 대해—이것이 비록 유대교 규정식(kosher)이었다 하더라도—반감을 공유하고 있었다. 결국 안디옥 사건은 순수하게 기독교 내에서만 일어난 논쟁이 아니라 안디옥의 유대인들이 처한 사회종교적 맥락에 속한 것으로서 집단의 경계, 입교 의식, 문화적 적응의 적정 한계와 직결된 사건이었다. 래리 허타도(Larry Hurtado)는 다음과 같이 말한다.

> 이방인 회심자들이 완전한 개종 의식(이를 테면 남성의 할례)을 치러야 한다고 주장하던 유대 그리스도인들은 토라의 준수가 모두에게 해당하는 의무사항이라는 데서 조금이라도 물러서면 토라의 준수가 누구에게나 필요하지는 않다는 견해를 지지하는 것으로 비춰질 것을 두려워했을 수 있다. 말하자면, 디아스포라 유대인 공동체의 다른 경향들에 맞서 토라의 준수를 통해 연대성을 유지하려고 했던 (유대 그리스도인들을 포함한) 디아스포라 유대인들은, 이방인을 기독교 집단에 받아들이는 것에 대한 바울의 입장이 필론이 비판했던 토라 준수에 대한 일종의 알레고리화를 은연 중에 지지하는 것으로 여겼을 수 있다. 다시 말해서, 바울이 회심시킨 이방인들은 디아스포라 유대인 공동체 내의 집안 싸움에 끼어들어서 의도치 않게 그 다툼을 악화시키는 것으로 간주되었을 수 있다. 이러한 추론이 정확하다면, 이방인을 완전한 기독교 공동체의

---

30 E. P. Sanders("Jewish Association with Gentiles," 186; 다음을 보라. Hays, "Galatians," 11:232; Douglas J. Moo, *Galatians* [BECNT; Grand Rapids, MI: Baker Academic, 2014], 142, 148)는 이방인과 너무 과도하게 교제한 나머지 우상과 접촉하거나 음식법을 어기는 현상이 있었을 수도 있다고 본다. 바울이 이방인과 노골적으로 어울렸다면 바울의 선교는 그 공적을 인정받지 못했을 것이다.

일원으로 받아들이는 것을 둘러싸고 벌어진 논란의 쟁점은 단지 이방인의 회심에 관한 조건이 아니라 디아스포라 유대인이 비유대적 환경에서 자신들의 삶을 적응시킴에 있어 어디까지 허용할 수 있는가 하는 문제였다고 하겠다.[31]

안디옥 사건을 둘러싼 맥락

안디옥 사건을 연구하기 위해서는 초기 교회가 형성된 맥락과 해당 시기의 교회 역사에 영향을 준 몇 가지 요인들을 고려해야만 한다. 다음의 요인을 살펴보자.

1. 예루살렘 교회는 메시아라고 주장했다가 십자가형을 당한 예수에 대한 믿음 때문에 유대인 동족들의 감시와 반감의 대상이 되어 있었다. 박해로 인해 스데반과 세베대의 아들 야고보와 의인 야고보 등이 순교를 당했다는 사실은 예루살렘 교회의 실천과 설교와 선교 사역이 얼마나 선동적으로 비쳐졌는지를 잘 보여준다. 바울은 유대 지역 교회들에 대한 유대인의 박해에 대해 알고 있었고, 이방인에게 복음을 전할 때 유대인들로부터 방해가 있었음을 구체적으로 언급하기도 했다(살전 2:14-16; 갈 6:12).

2. 30년대 후반부터 40년대 후반까지의 기간 동안 팔레스타인은 동요의 시기를 겪었다. 이 기간 동안 헤롯 안티파스는 무기를 비축한 죄목으로 갈리아 지역에 유배당한다.[32] 도적들의 약탈 행위가 늘어났

---

31 Larry Hurtado, "Does Philo Help Explain Early Christianity?," in *Philo und das Neue Testament: Wechselseitig Wahrnehmungen*, ed. R. Deines and K.-W. Niebuhr (WUNT 172; Tübingen: Mohr Siebeck, 2004), 85-86.

32 Josephus, *Ant.* 18.240-52; *War* 2.181-83.

고 민족주의적 열정은 커졌다.[33] 그러다가 칼리굴라가 예루살렘 성전에 자신의 동상을 세우려는 시도를 벌이자 로마 제국 전역에 걸쳐 유대인들의 분노가 촉발되었다.[34] 비잔티움의 연대기 작가인 말라라스(Malalas)는 39-40년경 안디옥에서 일어난 반유대주의 폭동에 대해서 보도하고 있다.[35] 헤롯 아그리파 1세가 44년에 돌연사하면서[36] 그 후 연달아 재임한 로마 총독들의 무능함이나 무지나 부패로 인해 주민들과의 갈등을 야기되었고, 그 결과 반란과 봉기가 끊이지 않았다.[37] 안디옥 사건이 일어날 무렵에(46-48년경) 유대교 배교자이자 로마 총독인 티베리우스 율리우스 알렉산데르는 갈릴리 사람 유다의 아들과 손자들을 십자가형에 처했다.[38] 또한 안디옥 사건 직전에는 유월절에 예루살렘에서 큰 폭동이 일어나 수천 명의 유대인이 사망하기도 했다(49년 경).[39]

3. 바리새주의는 이스라엘의 갱신 운동 중 하나로서, 제사장의 규례를 일반 백성에게 적용하여 민족적 회복을 앞당기려고 하였다. 바리새주의는 또한 일종의 "만찬 클럽"으로서 정결을 위한 올바른 할라카법과 식탁 교제의 기준을 개발하고 유포하는 데도 관심이 있었다. 사도행전에 따르면, 수많은 바리새인들이 예수 운동에 가담했고(행

---

33 Craig A. Evans, "Revolutionary Movements, Jewish," in *DNTB*, ed. S. E. Porter and C. A. Evans (Downers Grove, IL: InterVarsity, 2000), 936-47.

34 Philo, *Flacc.* 45; *Legat.* 184-338; Josephus, *War* 2.184-203; *Ant.* 18.261-309; Tacitus, *Hist.* 5.9.

35 John Malalas, *Chron.* 10.315. 필론에 따르면, 거의 같은 시기에 알렉산드리아에서도 폭동이 일어났다. (*Flacc.* 41-55; *Legat.* 132-37).

36 Josephus, *Ant.* 19.345-50; 행 12:20-23.

37 예를 들어, 다음을 보라. Josephus, *Ant.* 20.6, 97-99, 105-24; *War* 2.223-38.

38 Josephus, *Ant.* 20.102.

39 Josephus, *Ant.* 20.112; *War* 2.224-27.

23:6; 26:5; 빌 3:5), 이에 따라 정결과 음식과 교제에 관한 바리새적 전
통을 들여왔었음에 틀림없다(행 15:5).[40]

4. 이방인 신자들을 할례의 의무 없이 받아들이자는 주장은 헬라파 유
   대 그리스도인들이 옹호했고, 그다음에 베드로도 이들과는 별도로
   이 주장에 찬동했다.[41] 그러한 견해는 결코 만장일치에 따른 것이 아
   니었기에 예루살렘 교회에 적지 않은 분열을 조장하게 되었다.

5. 베드로의 사역과 운동은 유대, 사마리아 및 이방 지역을 오가며 진행
   되었는데, 이들 지역에서의 활동으로 인해 어떤 이들은 베드로가 율
   법에 충실한지에 대해 의문을 품게 되었다.

6. 바울이 안디옥에 오게 되면서 안디옥 교회에 신학적 사변이 주입되
   었다. 그런데 바울은 안디옥 교회가 파송한 이방인 선교의 지도자로
   부상하게 되었고, 이방인과 할례에 관한 안디옥 교회의 입장을 최전
   선에서 수호하는 자로 자리잡게 되었다.

7. 안디옥 교회와 안디옥 교회에서 설립한 구브로, 길리기아, 밤빌리아
   의 교회들에 이방인 신자가 증가함에 따라 예루살렘 교회 내의 바리

---

40 다음을 보라. L. Ann Jervis, "Peter in the Middle: Galatians 2:11-21," in Text and Artifact in
    the Religions of Mediterranean Antiquity, ed. M. R. Desjardins and S. G. Wilson (FS Peter
    Richardson; Waterloo, ON, Wilfrid Laurier University Press, 2000), 45-62; E. P. Sanders
    "Jewish Associations with Gentiles and Galatians 2:11-14," in The Conversation Continues:
    Studies in Paul and John, ed. R. T. Fortna and B. R. Gaventa (FS J. L. Martyn; Nashville:
    Abingdon, 1990), 185-86.

41 누가가 안디옥에서의 헬라파의 비약적 선교에 대한 이야기(행 11:19-21)를 사도행전에
    서 나중에 제시하는 이유는 분명 바울의 회심(행 9:1-30)과 베드로에 의한 고넬료의 회심
    (행10:1-11:18)을 앞에 배치하려고 했기 때문이다. 이러한 설명이 타당한 이유는 행 9:1-
    11:18이 6:1에서 시작된 헬라파 선교에 대한 이야기를 중단시키고 있으며, 중단된 이야기는
    11:19-30에서 다시 시작되어 마무리되고 있기 때문이다. 누가가 이렇게 중간에 이야기를 삽
    입한 이유는 아마도 이방인에 대한 비약적 선교에 있어 베드로의 공을 인정하여 이방 선교에
    사도적 전례가 있음을 환기시키려 했기 때문일 것이고, 또한 바울을 고넬료 이야기보다 먼저
    소개하려고 했기 때문일 것이다.

새적 분파는 그러한 현상이 교회 전체의 기조에 무슨 의미를 지니는 지에 대해 경각심을 갖게 되었다. 이러한 사실은 왜 예루살렘 교회에 속한 일단의 무리들이 유대 그리스도인이 이방인과 함께 식사하는 것과 이방인의 개종을 위한 할례의 필요성을 무시하는 것에 대해 적극적인 반대를 표명하게 되었는지 그 이유를 설명해준다. 그들은 대담하게 앞장서서 안디옥 교회의 일에까지 간섭하려고 하였다(갈 2:4-5; 행 15:1).

8. 예루살렘 회의는 이방인에게 할례를 요구하지 않은 채로 단지 우상에 바친 음식과 목매어 죽인 짐승의 피와 음행을 멀리하는 의무를 이방인에게 부과하는 정도로 그들을 교회 안에 받아들이는 것에 대한 정당성을 성경에서 찾아냄으로써 절충적인 타협을 거두었다. 바울의 복음과 그의 사도직이 예루살렘의 기둥들로부터 인정을 받기는 했지만, 그 대신 그들은 바울이 할례자들에게 선교를 할 경우에는 율법의 지위를 존중할 것을 기대했다. 하지만 예루살렘 회의는 의도치 않게 두 가지 신학이 병존하도록 허용한 셈이었다. 한편에서는 이방인이 할례 받지 않고도 회복된 이스라엘 안에서 동등한 자격을 지니며,[42] 성결함은 성령께서 이루시는 것이라고 보는 신학이 생겨났고, 다른 편에서는 할례 받지 않은 이방인은 회복된 이스라엘의 남은 자들 중에 객일 뿐이며, 성결함은 여전히 토라의 준수를 통해 정의된다고 보는 신학이 자리잡고 있었다.[43] 예루살렘 회의의 결정은 특

---

42 Shaye J. D. Cohen(*The Beginnings of Jewishness* [Berkeley: University of California Press, 1999], 219-21)은 유대인과 이방인이 유대교 공동체 내에서 동등한 자격을 갖고 있었음에 대한 아무런 증거가 없다는 것에 주목한다.

43 다음을 보라. Bruce D. Chilton, "The Brother of Jesus and the Interpretation of Scripture," in *The Use of Sacred Books in the Ancient World,* ed. L. V. Rutgers, P. W. van der Horst, H. W. Havelaar, and L. Teugels (CBET 22; Leuven: Peeters, 1998), 37-40.

히 공동 식사와 관련해서 유대 그리스도인과 이방인 그리스도인이
통합되는 것보다는 나란히 병존하는 환경을 가정하고 있었다. 예루
살렘 회의는 이후 출현하게 될 민족 혼합적인 식탁 교제에서 어떠한
율법적 기준이 지켜져야 하는지 규정하지 못했던 것이다.⁴⁴

9. 어느 때부터인가 야고보가 예루살렘의 "장로들" 가운데 연장자로서
의 권위를 갖고 부상하는 것을 보게 된다. 야고보는 바울과 바나바를
한편으로 하고, 또한 보수적 유대 그리스도인들을 한편으로 하는 그
중간에 서 있었다. 그는 안디옥의 교회들이 누리는 자유를 허용하면
서도, 한편으로는 이스라엘과 성전과 율법에 대해 충분한 충성심을
보이지 않는다는 이유로 예루살렘의 열성파 유대인들이 가하는 비
판을 간신히 모면하고 있었다.

---

44 다음을 보라. Donald Robinson, "The Circumcision of Titus, and Paul's 'Liberty,'" *AusBR*
12 (1964): 27; Tomson, *Paul and the Jewish Law*, 227; C. K. Barrett, "Paul: Councils and
Controversies," in *Conflicts and Challenges in Early Christianity*, ed. D. A. Hagner (Har-
risburg, PA: TPI, 1999), 54; Vincent M. Smiles, *The Gospel and the Law in Galatia: Paul's
Response to Jewish-Christian Separatism and the Threat of Galatian Apostasy* (Colle-
geville, MN: Liturgical, 1998), 89; Ben Witherington III, *Grace in Galatia: A Commentary
on Paul's Letter to the Galatians* (Grand Rapids, MI: Eerdmans, 1998), 153; Bockmuehl,
Jewish Law, 82; Richard Bauckham, "James and the Jerusalem Church," in *The Book of
Acts in Its Palestinian Setting*, ed. R. Bauckham (Grand Rapids, MI: Eerdmans, 1995), 464;
Richard B. Hays, "The Letter to the Galatians," in *NIB*, ed. L. E. Keck (12 vols.; Nashville:
Abingdon, 2000), 11:232; Francis Watson, *Paul, Judaism, and the Gentiles: Beyond the
New Perspective* (Grand Rapids, MI: Eerdmans, 2007), 106; James D. G. Dunn, *Jesus,
Paul, and the Law: Studies in Mark and Galatians* (London: SPCK, 1990), 155-56; idem,
The Epistle to the Galatians (BNTC; Peabody, MA: Hendrickson, 1993), 122; idem, *Begin-
ning from Jerusalem* (CITM 2; Grand Rapids, MI: Eerdmans, 2009), 478-80; Hengel, *Saint
Peter*, 57. 상반된 주장으로는 다음을 보라. Philip F. Esler, *Galatians* (NTR; London: Rou-
tledge, 1998), 133-36. Esler는 예루살렘 회의가 식사 교제에 관한 지침도 틀림없이 최종 결
정에 포함시켰을 것이라고 본다. Michelle Slee, *The Church in Antioch in the First Century:
Communion and Conflict* (LNTS; London: T&T Clark, 2003), 42-47는 야고보가 식탁 교제
에 관한 사안에 있어 자신의 생각을 바꾸게 되었다고 생각한다.

왜 베드로는 식사 교제에서 물러났는가?

베드로는 안디옥에서 "야고보에게서 온 어떤 이들이 이르기 전에"(갈 2:12) 공동 식사에서 물러났다.[45] 이들의 등장은 베드로에게 "할례자들"(갈 2:12) 에 대한 두려움을 촉발하였고, 이에 따라 베드로는 거기서 물러나게 되었

---

[45] 갈 2:12에서 본문 상의 이독(variants) 두 가지를 반드시 언급해야 하겠다. 첫째로 부정 대명사 τινας("어떤 이들")가 널리 입증되어 있긴 하지만, P[46]에서는 τινα("어떤 이")라고 나온다. Donald Robinson("Circumcision," 40-41)은 τινα가 남성형이라기 보다는 중성 복수형임을 시사한다. 그렇다면 중성 복수형 τινα는 야고보로부터 온 사절들이라기 보다는 야고보에게서 유래한 예루살렘 회의 결정이 공포됨(행 15:19)을 의미할 수도 있다. 둘째로 NA[27]와 UBS[4]는 ἦλθον("그들이 왔다")이라는 독법을 채택하는데, 이는 A, C, D², H, ψ, 1739 등과 불가타, 시리아역본, 콥트역본 등을 통해 입증된다. 하지만 ἦλθεν("그가 왔다")라는 다른 독법에 대한 매우 강력한 외적 증거가 P[46], ℵ, B, D*, F, G, 33, pc, b, d, g 등에서 발견된다. 만약 ἦλθεν라는 해석을 받아들여 야고보에게서 온 자들이 아닌 베드로를 동사의 주어로 간주한다면, 이는 안디옥 사건의 연대기와 상황 모두에 영향을 미치게 된다. 베드로가 안디옥에 온 **다음에** 야고보에게서 온 어떤 이들이 온(ἦλθον) 것이 아니라, 야고보에게서 온 어떤 이들이 안디옥에 이미 도착한 **다음에** 베드로가 온(ἦλθεν) 것이 되며, 또한 바울이 베드로를 꾸짖은 시점도 그가 도착한 후 얼마간의 시간이 흐르고 나서가 아니라 도착한 직후로 의미가 변하게 된다. 따라서 Robinson의 해석("Circumcision," 41)에서 바울이 베드로와 충돌한 시점은 베드로가 안디옥에 도착한 직후이며, 이 시점은 나중에 등장하는 야고보의 사절단이 베드로에게 입장 전환을 강요한 것을 두고 바울이 반응한 때가 아니라, 베드로가 예루살렘의 결정을 안디옥의 상황에 적용하려고 했던 때이다. Metzger에 따르면 τινα와 ἦλθεν이라는 두 이독은 함께 나타난다(*A Textual Commentary on the Greek New Testament* [2nd ed., Stuttgart: Deutsche Bibelgesellschaft, 1994], 523-24). Metzger는 이독인 τινα를 "기원후의 실수"로 돌리고 있으며 또 다른 이독인 ἦλθεν는 기원후가 11절의 ὅτε δὲ ἦλθεν를 모방했거나 -εν로 끝나는 구절에서 유사한 음운을 부주의하게 적었기 때문이라고 본다. 필자는 ἦλθεν의 타당성에 대해 대체로 관대한 편이다. Metzger의 표현처럼 "적절하고 통상적으로 신뢰할 만한 증인들"에 의해서 그것이 입증되어야만 고려의 여지가 있다고 하겠다. 그러나 11-12절부터 동사 ἦλθεν과 συνήσθιεν의 끝이 문체적으로 반복되고 있을 가능성은 있다. 2:12의 앞부분에 있는 시간 표현인 πρὸ τοῦ γὰρ ἐλθεῖν τινας("어떤 이들이 오기 전에")는 베드로가 안디옥에서 식탁 교제를 나눈 것이 야고보의 사절단이 도착하기 이전에 일어났음을 말해주는 것으로 보인다. 또한 다음을 보라. F. F. Bruce, *The Epistle to the Galatians* (NIGTC; Grand Rapids, MI: Eerdmans, 1982), 129-30. 보다 신중한 접근으로는 다음을 보라. Stephen C. Carlson, *The Text of Galatians* (WUNT 2.385; Tübingen: Mohr Siebeck, 2015), 121-23.

고, 바나바를 비롯한 다른 이들도 베드로에게 동조하였다. 이들이 생각하기에 베드로의 처신에서 흠잡을 만한 것이 무엇이었는지에 대해서는 언급되어 있지 않다. 이에 대해 몇 가지 의견이 제시되었는데, 가령 이러한 공동식사에 제공된 음식이 유대교의 음식 규정에 맞지 않았다거나,[46] 혹은 음식이 할라카에 비춰볼 때 부정했다고도 하고,[47] 그 밖에 다른 이유들도 있었다고 본다.[48] 하지만 나는 음식 자체가 문제가 아니라 음식을 같이 나누어 먹는 사람들이 문제였다고 본다.

---

46 예를 들어, 다음을 보라. E. P. Sanders, *Paul, the Law, and the Jewish People* (Minneapolis: Fortress, 1983), 20, 100-101; Traugott Holtz, "Der antiochenische Zwischenfall (Galater 2.11-14)," *NTS* 32 (1986): 344-61; Walter Schmithals, *The Theology of the First Christians* (Louisville: Westminster John Knox, 1997), 117; Martyn, *Galatians*, 232, 239, 244-45; Witherington, *Grace in Galatia*, 153n199; Smiles, *Gospel and the Law in Galatia*, 87; Barrett, "Paul," 54; Gordon D. Fee, *Galatians* (PC; Blandford Forum, UK: Deo, 2007), 78-80; Don Garlington, *An Exposition of Galatians: A Reading from the New Perspective* (3rd ed., Eugene, OR: Wipf & Stock, 2007), 125.

47 다음을 보라. James D. G. Dunn, "The Incident at Antioch (Gal. 2:11-18)," *JSNT* 18 (1983): 3-57, repr. in *Jesus, Paul, and the Law*, 129-81 (esp. 138-42, 154-58), repr. in *The Galatians Debate: Contemporary Issues in Rhetorical and Historical Interpretation*, ed. M. D. Nanos (Peabody, MA: Hendrickson, 2002), 199-234; idem, *Galatians*, 121-24; idem, *The New Perspective on Paul* (2nd ed., Grand Rapids, MI: Eerdmans, 2007), 27-28, 31-34, 36-41; idem, *Beginning from Jerusalem*, 470-82; Frank J. Matera, *Galatians* (SP; Collegeville, MN: Liturgical, 2007), 89.

48 Markus Bockmuehl(*Jewish Law*, 61-70)은 지리가 안디옥 사건에서 중요한 역할을 하고 있다고 보는 흥미로운 관점을 제시한다. 즉 안디옥이 이스라엘 땅 안에 위치해 있었고, 따라서 일부 유대 그리스도인들은 자신들이 할라카에 헌신하고 있다고 생각했는데, 이에 따라 자신들이 여전히 이스라엘의 신성한 공간 안에 있기 때문에 이방인들과의 접촉이 부적절하다고 보았다(또한 다음을 보라. Holtz, "Antiochenische Zwischenfall," 354-55. Holtz는 야고보가 이스라엘 땅에 사는 거류 외국인에게 기대되는 율법을 이방인들이 준행하기를 기대했다고 주장한다). 지정학적 차원은 유용한 면이 있는데, 특히 시리아 지역을 왕국이 회복될 때 회복된 이스라엘이 망명을 끝내고 돌아오는 관문으로 본다면 더욱 그러하다. 그러나 문제는 이스라엘 땅 안에서 유대인이 거류 외국인과 함께 교제하고 먹는 것에 대해 토라 안에도 다수의 조항이 있다는 점이다. 그러므로 수정된 지정학적 마인드맵에 의거하더라도 유대인과 이방인과 서로 분리되어야 할 의무가 반드시 요구되는 것은 아니다.

많은 유대인들은 이방인이 만든 음식을 탐탁지 않게 여기고 있었다.[49] 일부 집단에서는 이방인의 음식을 먹지 않는 것이 언약에 대한 충성의 상징이 되었다.[50] 요세푸스는 에세네파에서 축출된 사람들이 부정하다고 여겨지는 음식을 먹지 않음으로 인해 굶어 죽은 일에 대해서 기술한 바 있다.[51] 레위기 11:1-23과 신명기 14:3-21의 음식법에 따르면 신실한 유대인은 "부정한"(ἀκάθαρτος) 혹은 "속된"(κοινός) 음식을 먹지 말아야 한다고 규정한다.[52] 따라서 디아스포라 유대인은 의식상 정결한 음식을 수입했었다.[53] 대부분의 경우에 음식법과 할례 예식이 디아스포라 사회에서 면밀하게 지켜진 것으로 보인다. 유대교의 독특한 식사 규정 중 특히 돼지고기를 금하는 관습은 널리 알려져 있었고, 이방인 작가들은 이를 조롱하기까지 했다. 유베날리스(Juvenal)는 다음과 같이 기록한다. "그들은 그들의 조상이 금했던 돼지고기를 먹는 것과 인육을 먹는 것이 서로 다르다는 것을 생각하지 못한다."[54] 이러한 점에 비추어볼 때 샌더스의 다음과 같은 지적은 타당하다.

팔레스타인의 여러 경건한 집단들에게 일종의 특별한 음식법이 있었고 모든 율법을 엄격하게 해석했다는 사실과, 레위기 11장의 음식법이 팔레스타인

---

49 다양한 이유에서 이방인의 음식은 부정한 것으로 간주될 수 있었다(겔 4:13; 호 9:3-4). 예를 들어, 음식이 우상에 접촉하여 오염되었거나(출 34:15; 고전 10:28), 부정한 동물에게서 온 것이거나(레 11:1-20), 부적절하게 마련되었다는 이유(출 23:19) 등을 들 수 있다.

50 단 1:8-16; Tob 1:10-11; Jdt 10:5; 12:1-2; Add Esth 14:17; 1 Macc 1:62-63; 2 Macc 5:27; 11:31; 3 Macc 3:4; 4 Macc 5:1-38; 6:16-22; 8:2, 12, 29; 13:2; Ep. Arist. 142; Josephus, *Life* 13-16; Philo, *Flacc.* 95-96; Jos. and Asen. 7.1.

51 Josephus, *War* 2.143.

52 1 Macc 1:47, 62; 막 7:2, 5, 18; 롬 14:14; 계 21:27; Josephus, *Ant.* 11.346, 또한 행 10:14, 28; 11:8에 등장하는 연어(連語)인 ἀκάθαρτος와 κοινός를 주목하라.

53 Josephus, *Ant.* 14.261; Philo, *Spec.* 2.25-36; 4.105, 110, 114.

54 Juvenal, *Sat.* 14.98-99; 참조. Philo, *Leg.* 361; Plutarch, *Quaest. Conv.* 4.5.

보다 지키기 힘들었던 디아스포라에서도 지켜졌다는 사실을 모두 고려하면, 성경의 음식법이 대체로 유대 팔레스타인 전역에 걸쳐서 매우 철저하게 지켜졌다고 결론 내릴 수밖에 없다. 팔레스타인은 물론 디아스포라 유대인의 일상적 관습에서 음식법은 안식일 준수와 더불어 유대교의 핵심적이고 결정적인 측면으로 부각되었다.[55]

또 어떤 유대인들은 이에서 더 나아가 이방인은 우상과 접촉했으므로 부정함이 옮을 수 있다는 우려 때문에 이방인과 함께 음식 나누는 것을 거부함으로써, 음식과 정결법에 대한 쟁점을 할라카적 논의의 수준으로 높이기까지 하였다. 희년서의 저자는 다음과 같이 권고한다. "이방인에게서 스스로를 구별하고 그들과 함께 먹지 말며 그들과 같은 행동을 하지 말라. 그리고 그들과 사귀지 말라."[56] 사도행전에 따르면 팔레스타인의 어떤 유대인들은 유대인이 이방인의 집에 들어가서 그곳의 거주자들과 함께 먹는 것을 불법이라고 여겼는데, 이러한 견해는 예루살렘 교회에서도 지속되었다.[57] 쿰란 문서에서는 공동체의 일원이 이방인에게서 음식을 받는 것을 엄격하게 금하고 있다.[58] 타키투스는 평상시에 경멸하던 대로 유대인에 대해 다음과 같이 적고 있다. "그들은 식사 때 따로 앉는다."[59] 미쉬나에 있는 몇몇 구절에서는 이방인과 그들이 사는 구역이 부정하다고 가정하고 있다.[60]

    그런데 비유대인과 음식을 나누는 것에 대한 거부가 만장일치의 획일적인 형태로 나타났다고 말할 수는 없다. 많은 유대인들이 반드시 자신들

---

55   Sanders, *Jewish Law*, 27.

56   Jub. 22.16; 참조. Josephus, *Ant.* 13.245; Ep. Arist. 142.

57   행 10:28; 11:1-3.

58   4Q394 frags. 3-7.

59   Tacitus, *Hist.* 5.5.2; 참조. Diodorus, *Bib. Hist.* 34.1.1-2; Philostratus, *Vit. Ap.* 33.

60   *m.* Mak. 2.3; *m.* 'Ohal. 18.7.

의 종교적 신념과 타협하지 않고서도 여전히 그리스-로마 세계의 사회적 구성에 참여할 수 있다고 믿었다. 유대인들은 특정한 조건하에 이방인들과 더불어 식사를 했었다.[61] 미쉬나의 아보다 자라('Abodah Zarah: 우상숭배)편은 이방인과 교제하는 상황을 가정하고 그러한 교제를 위한 타당한 맥락을 정의하려고 했다.[62] 게다가 개종자들은 유대교 공동체에 난데없이 갑자기 등장한 것이 아니라 오랜 기간의 사귐과 교제를 통해 끌리게 된 것이었으며, 특히 고대 사회에서는 교제를 위해 음식을 함께 먹는 것이 반드시 필요했다. 따라서 테사 라작(Tessa Rajak)은 다음과 같이 수정된 결론을 내린다. "특별한 음식법으로 인해 다른 사람들로부터 불가피하게 떨어져서 먹어야 하는 것은 아니었다.···그렇게 해야 할 사회적 이유가 있다면 어떤 유형의 배치라도 가능했다."[63]

마커스 보크뮐(Markus Bockmuehl)은 이방인과의 식탁 교제와 관련하여 토라를 준수하는 유대인들에게도 가능한 주요 선택 사항을 열거한다.

1. 이방인과의 모든 식사교제를 거부하고, 이방인의 집에 들어가는 것도 거부한다.
2. 이방인을 집에 초대하여 유대식 음식을 만들어준다.

---

61 Tob 1:11; 단 1:3-17; Jdt 10:5; 12:17-19; Ep. Arist. 172-86; Josephus, *Ag. Ap.* 2.174, 282; *War* 2.461-63; Jos. and Asen. 20.8; 참조. Sanders, "Jewish Association with Gentiles," 170-88; Dunn, *Jesus, Paul, and the Law*, 137-48; Alan Segal, *Paul the Convert: The Apostolate and Apostasy of Saul the Pharisee* (New Haven: Yale University Press, 1990), 230-33; Tomson, *Paul and the Jewish Law*, 230-36; Bockmuehl, *Jewish Law*, 56-61; Zetterholm, *Antioch*, 151-56.

62 다음을 보라. *m.* 'Abod. Zar. 4.6; 5.5; *m.* Ber. 7.1.

63 Tessa Rajak, "The Jewish Community and Its Boundaries," in *The Jews among Pagans and Christians in the Roman Empire*, ed. J. Lieu, J. North, and T. Rajak (London: Routledge, 1992), 18.

3. 음식을 직접 만들어서 이방인의 집에 가져간다.

4. 음식이 토라에서 금하는 것도 아니고 우상숭배로 인해 오염되지도 않았다는 명시적 내지 암묵적 이해에 근거하여 이방인과 더불어 식사한다.

보크뮐은 2-4의 선택이 모두 빵과 포도주를 사용하여 성만찬의 식사를 나누는 것과 양립 가능하다는 것에 주목한다.[64] 문제는 신약학자들이 유대교의 음식법과 관련하여 흑백논리를 가정한다는 점에 있다. 그러나 사실 팔레스타인과 디아스포라에서는 음식과 교제 및 이방인에 관한 문제에서 다양한 의견과 관습이 존재했다. 안디옥 사건을 이러한 율법적 이분법에서 벗어나 융통성 있게 바라본다면, 그 공동 식사를 그 성격상 여전히 유대교적인 것으로 상정할 수 있을 것이다.[65]

중요한 것은 야고보의 대표단이 행동 교정을 요구하며 압박한 대상이 이방인이 아니라 베드로였다는 사실이다. 갈라디아에 침입한 자들과 다르게 안디옥을 방문한 "야고보에게서 온 어떤 이들"은 토라와 관련한 이방인의 상태에 대해서는 직접적으로 관심을 갖지 않았다. 도리어 그들은 외형적으로는 이방인과의 교제라는 사회종교적 상황에서 유대 그리스도인

---

64 Bockmuehl, *Jewish Law*, 57-59. 이러한 식사가 지닌 "성만찬적" 성격에 대해서는 다음을 보라. Dieter Lührmann, "Abendmahlsgemeinschaft? Gal. 2:11ff," in *Kirche*, ed. D. Lührmann and G. Strecker (FS G. Bornkamm; Tübingen: Mohr Siebeck, 1980), 271-86; Heinrich Schlier, *Der Brief an die Galater* (KEK 7; Göttingen: Vandenhoeck & Ruprecht, 1989), 83-84; Robert Jewett, "Gospel and Commensality: Social and Theological Implications of Galatians 2:14," in *Gospel in Paul: Studies on Corinthians, Galatians, and Romans for Richard N. Longenecker*, ed. L. A. Jervis and P. Richardson (Sheffield: Sheffield Academic, 1994), 248; Hengel, *Saint Peter*, 59.

65 Bockmuehl, *Jewish Law*, 60; Mark D. Nanos, "What Was at Stake in Peter's 'Eating with Gentiles' at Antioch?," in *The Galatians Debate: Contemporary Issues in Rhetorical and Historical Interpretation*, ed. M. D. Nanos (Peabody, MA: Hendrickson, 2002), 295.

의 대표단, 특히 베드로의 처신과 경건에 관심이 있었다. 이방인이 "유대교 화"(이 말의 의미에 대해서는 아래에서 살펴볼 것이다)하도록 강요받았다는 것은 베드로가 식탁 교제에서 물러난 것을 두고 내린 바울의 추론이었지 야고보 측에서 개입했던 목적은 아니었다.[66] 그들의 목표는 이방인 신자들의 행동 이 아니라 베드로의 행동을 교정하는 것이었다. 다시 말해서, 야고보가 보 낸 대표단은 신성한 공간과 민족적 순결함에 대한 특정한 견해를 유대 그리 스도인 모두를 위한, 심지어 디아스포라에 속한 이들에게까지 적용되는 규 범으로 주장하려고 했던 것이다.[67]

앞의 질문을 반복하자면, 야고보의 대표단("야고보에게서 온 어떤 이들") 과 안디옥 지역의 유대인들("할례자들")에게 쟁점으로 부상했던 사안이 식 탁 교제의 상황에서 유대 그리스도인들과 이방인 그리스도인들 간에 허용 가능한 접근의 문제였다고 한다면, 그들은 정확히 무엇 때문에 반대했던 것 인가? 그들은 안디옥 교회의 유대 그리스도인들이 공동 식사에 이방인을 받아들임으로써 유대교 음식법을 전혀 지키지 않거나 또는 엄격하게 지키 지 않은 것에 대해 반대한 것인가? 아니면 유대인과 이방인이 너무 가까워 진 나머지 유대 그리스도인들에 대한 평판이 나빠진 것이 문제가 되었던 것 인가? 우리가 선택할 수 있는 답은 여러 가지다!

학자적 지혜를 발휘해서 추측하자면, 바울은 이방인들 가운데 있을 때 는 유대교 음식법을 지키지 않았고, 유대 그리스도인들도 똑같이 할 것을 기대했는데, 베드로와 바나바의 경우에는 바울의 기대대로 했던 것이다.[68]

---

66   다음을 보라. Stephen A. Cummins, *Paul and the Crucified Christ in Antioch: Maccabean Martyrdom and Galatians 1 and 2* (SNTSMS 114; Cambridge: CUP, 2007), 168-69; Bockmuehl, *Jewish Law*, 73; Gibson, *Peter*, 260.

67   Ronald Charles, *Paul and the Politics of Diaspora* (Minneapolis: Fortress, 2014), 142-43.

68   예를 들어, 다음을 보라. E. P. Sanders, *Paul, the Law, and the Jewish People* (Minneapolis: Fortress, 1983), 100-101, 177, 185.

그렇지만 몇 가지 주목해야 할 것이 있다. 첫째로, 바울이 이방인 교회들에게 우상에게 바친 음식이 거리끼게 하는 것이면 이를 삼가라고 권고했을 때 그는 사도적 결정을 지킬 것을 기꺼이 명했던 것이다. 이는 바울과 고린도 교인들에게 음식은 음식일 뿐이고 우상 역시 아무것도 아니라는 인식이 있었음에도 적용되었던 것이다(고전 8-10장). 둘째로, 바울은 로마의 이방인 신자들에게 "연약한 형제들"의 신념을 존중할 것을 촉구했는데, 이들 가운데는 분명 음식 및 음료 문제와 관련해서 유대 그리스도인들이 포함되어 있었을 것이다. 이는 민감한 양심을 가진 자들을 교회 일치의 차원에서 관용한다는 취지를 보여주기 위한 분명한 조치였다(롬 14:1-23). 셋째로, 이방인에 대해 토라를 배제한 바울의 선교는 율법을 준수하는 베드로의 유대인 선교를 존중하는 것에 토대를 둔 것이었고(갈 2:8-9), 이는 예루살렘 협약에 따른 것이기도 했다. 바울이 유대교의 음식법을 완전히 버렸고, 베드로나 바나바나 안디옥 교회의 유대인들과 같은 유대 그리스도인들도 이방인과 교제할 때 자신과 똑같이 하기를 유도했다면, 사도적 결정을 위반한 사람은 다름 아니라 바울인 셈이다. 그렇다면 이 말은 바울이 유대인들에게 모세의 율법을 멀리하라고 가르친다는 소문이 사실이라는 의미이고, 야고보에게서 온 사람들이 그저 바울에게 해명을 요구했던 것이 된다(행 15:20; 21:21).[69]

나는 바울이 베드로를 두고 그가 "이방인을 따르고 유대인답게 살지 않는다"고 조롱하는 말이 토라를 버렸거나 엄격하게 지키지 않는다는 의미는 아니라고 본다. 식사 교제 시의 음식이 부정했다거나 단지 최소의 공통 분모인 노아 시대의 법(Noachide)에 준하는 음식이었다고 말하는 본문은 없다. 바울이 이방인과의 식탁 교제에 관해 처음에는 베드로가 유대 관습을 버렸다고 나무라다가, 그 후에는 자신의 입장을 철회한다고 볼 수 없다. 사

---

69   Tomson, *Paul and the Jewish Law*, 227-28.

실 부정함과 우상숭배에 대해 유대인들이 갖는 혐오감에 비추어볼 때, 안디옥의 식사는 상당히 민감한 문제였다. 그 까닭은 아직도 선교 사역의 주요 대상이었던 다른 유대인들이 사회적으로 근접해 있었고(그래서 베드로도 안디옥에 오게 된 것이었다), 또 하나의 이유는 안디옥이 예루살렘과 지리적으로 근접해 있었기 때문이다. 그러나 음식이 유대교 규정식이 아니었다거나, 또는 이방인의 집에 들어가는 것이 쟁점이었다고 하더라도, 그러한 문제는 식단이나 장소를 바꾼다면 쉽게 해결할 수 있는 것이었다. 굳이 표나게 물러나거나 이방인들로부터 떨어지지 않아도 될 일이었던 것이다. 이러한 종류의 문제를 해결하기 위해 반드시 유대인을 이방인으로부터 떨어지게 할 필요도 없었을 것이다. 하지만 야고보에게서 온 이들은 유대 음식법에 대한 보다 엄격한 준수를 촉구한 것이 아니라 훨씬 급진적인 무언가를 주장했다. 즉 유대 그리스도인들이 민족적으로 혼합된 식탁 교제에서 완전히 물러날 것을 촉구했던 것이다.

연합의 대의를 위해 이방인에게 유대 음식법을 지키도록 한다고 해서, 그것이 안디옥에서 이방인이나 바울, 베드로, 심지어 야고보에게까지 별 문제가 되지 않았을 것인데, 거기에는 다음과 같은 몇 가지 이유가 있다. 첫째로, 이방인 그리스도인들은 아직도 소수였던 것이 분명하다. 이방인들은 유대 그리스도인들이 보기에 객이었으므로 공동 식사 때 유대 음식법의 규정을 따를 의무가 있었다. 더군다나 이 이방인 회심자들이 이전에 하나님을 경외하는 자들이나 유대교 개종자들이었다가 기독교에 귀의했을 경우라면, 이들은 분명히 음식에 대한 유대교의 조심스러운 태도에 꽤 익숙했을 것이다. 유대 그리스도인들이 그들의 특별 식단을 먹을 수 있도록 식단을 변경해 달라고 요청한다거나, 따로 음식을 마련해서 식사를 하는 것 등은 어

럽지 않게 수용할 수 있는 일이었고, 연합의 표현으로 간주될 수도 있었다.[70]

둘째로, 예루살렘 회의에서 이방인의 토라 준수에 관한 문제가 최종적으로 매듭지어진 것이다. 이방인이 토라를 준수할 필요는 없다고 결정되었지만 음식에 대해서는 한 가지 제한이 추가되었다. 유대 그리스도인 중의 특정 분파를 달래기 위해, 야고보는 이방인이 몇 가지 계명을 지키도록 하는 현실적인 타협안을 강구해내었으며, 이는 이방인이 우상숭배를 멀리한다는 점을 확인하고, 그럼으로써 유대인의 양심에 거리낌이 없도록 하기 위한 것이었다(행 15:20, 29).[71] 그런데 우리는 사도적 결정의 내용이나 야고보의 사절단이 지닌 관심이 실제로는 음식 자체에 관한 것이 아니었음을 고려할 필요가 있다. 사도적 결정은 우상숭배에 대해 이방인이 지켜야 할 최소한의 행동 기준에 관한 것이었고, 야고보의 사절단은 박해의 압력에 대응하여 유대인으로서 언약적 삶의 방식을 충실하게 유지하는 것에 관심이 있었다. 사도적 결정은 이방인이 할례를 받을 필요가 없다고 전제했는데, 이는 안디옥 교회 측이 거둔 주요한 승리였다. 사도적 결정에 포함된 음식 규정은 가벼운 수준의 양보를 요구한 것일 뿐, 무거운 짐을 부과한 것이라고 할 수 없다. 더욱이 그 정도의 규례는 이미 지켜지고 있었으므로, 사도적 결정은 기존의 상황을 확증함으로써 그것이 더는 완화되지 않도록 하기 위한 것일 뿐, 안디옥 교회에 새로운 음식 규정을 부과하려는 아니었다. 그렇다면 베드로가 오기 전이나 후에 상관없이, 안디옥 교회에 사도적 결정이 공포되었다고 해서 그것 때문에 식탁 교제가 중단되지는 않았을 것이다.[72]

---

70 이와 유사한 논증으로는 다음을 보라. Gibson, *Peter*, 246-47.

71 노아 시대의 법을 준용할 의무를 부과하는 결정에 대해서는 다음을 보라. Justin Taylor, "The Jerusalem Decrees (Acts 15:20, 29 and 21:25) and the Incident at Antioch (Gal 2:11-14)," *NTS* 47 (2001): 372-80; Bockmuehl, *Jewish Law*, 145-73.

72 Bauckham, "James and the Jerusalem Church," 462-64. Slee(*Antioch*, 48-49)는 그 결정이 안디옥 사건에 대한 반응으로 공포되었다고 본다. Bruce(*Galatians*, 129-30)는 그 결정이

셋째로, 나는 바울이 열띤 논조로 베드로의 처신을 두고 "외식"이자 "복음의 진리를 따라 바르게 행하지 아니함"이라고 묘사한 것이 이방인에게 유대교 음식법을 따르도록 요구한 것 때문에 촉발되었다고 보지는 않는다. 로마서 14:1-15:7과 고린도전서 8:1-13에서 바울이 "강한" 자들(이방인 그리스도인이나 자신과 같은 유대 그리스도인)에게 음식에 관한 신념을 다른 이들의 유익을 위해서 행사할 것을 호소했다는 점을 잊지 말아야겠다. 이는 정결과 우상숭배에 대한 유대인의 양심이 여전히 존중받고 있던 가정 교회 안에서의 일치를 증진하기 위한 것이었다. 이방인이 자기들의 먹는 것으로 말미암아 유대 그리스도인들이 걸려 넘어지게 하는 일이 없어야 한다는, 동일한 원리가 안디옥 교회에도 적용이 되었을 수 있다(롬 14:15). 래리 허타도는 다음과 같이 말한다.

> 일부 유대인들은 어떠한 상황에서도 이방인과는 결코 음식을 함께 먹지 않는다는 태도를 고수했을 테지만, 헬레니즘 로마 시대에 수많은, 어쩌면 대부분의 경건한 유대인들에게, 일상의 식사를 이방인과 함께 하는 것이 극복하지 못할 문제는 아니었다. 이와 상반된 주장을 하는 학자들은 그저 상황을 잘못 알고 있는 것이다. 원칙적으로 식탁에 차려진 음식이 토라의 규정상 유대인에게 허용된 범위 내에 있는 것(예를 들어, 돼지고기를 금함)이라면, 또한 식사를 하다가 유대인이 어떤 신을 숭배하는 향연에 참여하게 되는 경우(예를 들어, 어떤 신에게 헌주를 올리거나 고기를 봉헌하는 것)가 아니라면, 큰 문제는 없었다. 둘째로, 사도행전(11:1-18)이나 갈라디아서(2:11-21)에 나타나듯이, 유대 그리스도인들이 이방인 그리스도인들과 함께 먹는 것을 꺼렸던 까닭은 음식 때문이 아니라 아직 완전히 개종하지 않은 이방인들과의 식사 교제를 피

유대 그리스도인과 이방인 그리스도인 간의 친교를 촉진하기 위해 공포되었다고 추정한다.

했기 때문이었다. 여기서 쟁점이 된 것은 "정결법"이 아니라 이방인을 이스라엘의 하나님께 완전히 완전히 귀의한 자로서 대하기 위해 요구되는 조건들 때문이었다.[73]

만일 그렇다면, 안디옥 사건은 바울이 음식법을 저버리고, 베드로와 바나바는 그 뒤를 잇고, 그 후에 베드로와 바나바가 유대교 규정식을 먹지 않았다는 이유로 야고보에게서 온 이들과 마찰을 겪게 되는 식의 이야기가 아니었다. 그렇다면 베드로와 바나바가 결과적으로 토라를 준수하는 유대적 생활방식으로 돌아갔으며 이방인과의 교제에서 물러남으로써 그들에게는 유대교 규정식을 먹으라고 강요했다는 식으로 사태가 전개될 것이다. 한결 더 그럴듯한 이야기는 문제의 핵심이 유대인과 이방인이 함께 식사를 하면서도 유대 그리스도인들이 유지해온 토라의 준수를 위태롭게 하지 않는 동시에, 이방인 그리스도인들이 누리는 율법에서의 자유를 타협하지 않는 것이 가능한가 하는 것이었다. 바울과 바나바와 베드로는 가능하다고 보았던 반면에, 야고보에게서 온 이들은 그렇지 않다고 보았다. 베드로와 바나바 및 안디옥 교회의 기타 유대 그리스도인들은 이 사안에 대해 굴복하였고 야고보 측이 제시한 할라카의 논리를 채택했다.[74] 바울은 이러한 조치가 예루살

---

73 Larry Hurtado, *Lord Jesus Christ: Devotion to Jesus in Earliest Christianity* (Grand Rapids, MI: Eerdmans, 2003; 『주 예수 그리스도』, 새물결플러스 역간, 2015), 162n18. 다음을 보라. T. L. Carter (*Paul and the Power of Sin: Redefining "Beyond the Pale"* [SNTSMS 115; Cambridge: CUP, 2002], 95): "현재의 증거만으로 안디옥 식탁 교제의 성격에 대해서 뚜렷한 결론을 내리기는 힘들다. 유대 음식법이 실제로 유대인의 고립주의를 강화했다는 Esler의 주장은 일리가 있지만, 그러한 사회적 경계선은 주변 이방 사회를 따라야 하는 압력으로 인해 침식될 가능성에 상시 노출되어 있었다. Zetterholm(*Antioch*, 159-60)은 안디옥에서의 공동 식사는 바울 신학이나 안디옥의 유대 그리스도인들의 신학과는 아무 관계가 없으며, 오히려 "그리스화된 일반적인 유대인들 사이에 지배적이었던 할라카의 안디옥적인 형태에 해당한다"고 주장한다.

74 Robinson, "Circumcision," 27; Tomson, *Paul and the Jewish Law*, 227; Bockmuehl, *Jewish*

렘 협약에 대한 배반이자, 자신의 사도적 권위에 대한 질책일 뿐 아니라, 복음의 진리 자체에 대한 모독이라고 보았다.[75]

이로써 문제는 음식이 아니라 음식을 먹는 자리에 동석했던 사람들, 즉 할례 받지 않은 이방인들에 대한 것이었다는 결론에 이르게 된다.[76] 공동 식사 교제로 인해 유대인과 이방인 간의 식탁 교제에 있어 허용 가능한 범위를 두고 할라카적인 논쟁이 촉발되었다. "야고보에게서 온 어떤 이들"이나 "할례자들"이 괘씸하게 생각했던 것은 이러한 공동 식사에 제공된 음식의 성격이 아니라 그러한 음식이 이방인이 정식 개종절차를 거치지 않고도 유대인과 동등하게 여겨진다는 의미를 암시한다는 점이었다.[77] 당면한 문제는 바울이 이방인과 함께 먹었다는 사실이 아니라 그가 이방인과 함께 먹는

Law, 82. 또한 다음을 보라. Dunn, Jesus, Paul, and the Law, 155-56; idem, Galatians, 122.

75 Charles(Paul and Politics of Diaspora, 161)는 보다 광범위한 문제가 개입되어 있었다고 본다. 예를 들어 "포용과 평등, 본토와 디아스포라, 중심과 주변, 원주민과 외부인, 디아스포라와 혼혈민족 신분, 같은 디아스포라 공간을 점유하고 있는 같은 집단 사람들 간의 연대와 갈등, 디아스포라 유대인이 비유대적 환경과 어느 정도까지 타협하며 살 수 있는지에 관한 문제를 둘러싼 연대와 길등" 등이다.

76 다음을 보라. Peter Richardson, "Pauline Inconsistency: 1 Corinthians 9:19-23 and Galatians 2:11-14," NTS 26 (1980): 351-55; Pierre-Antoine Bernheim, James, Brother of Jesus, trans. J. Bowden (London: SCM, 1997), 177; Esler, Galatians, 137; Bockmuehl, Jewish Law, 73; Jervis, "Peter in the Middle," 57; Hays, "Galatians," 11:232; Watson, Paul, Judaism, and the Gentiles, 64; Slee, Antioch, 46-47; Zetterholm, Antioch, 135-36; Moo, Galatians, 141-52.

77 다음을 보라. David Garland ("Paul's Defense of the Truth of the Gospel regarding Gentiles [Galatians 2:15-3:22]," RevExp 91 [1994]: 170-71): "안디옥에 교회 버스가 있었다고 가정한다면, 이방인은 항상 뒤쪽에 앉아야 했을 것이다. 교회 건물 안에는 이방인 식수대와 유대인 식수대가 따로 있었을 것이고, 이방인은 이방인을 위한 발코니 구역에 앉아야 했을 것이다. 교회의 여러 구역에 설치된 표지판에는 '유대인만 허용, 이방인은 불가'라는 경고문이 붙어 있었을 것이다. 주보의 로고에는 '구별됨. 그러나 그리스도 안에서 동등함'이라고 적혀 있었을 것이다. 하지만 실제로 이방인 그리스도인들에게 완전한 동등함을 부여하는 것은 적절치 않다고 간주되었을 것이다. 그러한 강압은 미묘하지만 실재하는 것이었다 이방인이 베드로나 다른 유대 그리스도인과 식사를 하고 싶다면, 이에 적합한 자격을 얻기 위해 무언가를 해야 했을 것이다. 유대인이 되거나, 할례에 승복하거나, 혹은 유대인의 식사 규정을 따라야 했을 것이다. 바울에게 있어 복음의 진실은 이러한 강압과 섞여서는 안 되는 것이었다."

방식, 즉 이방인을 마치 언약적으로 신실한 유대인인 것처럼 대한 것에 있었다.[78] 이는 예루살렘 회의에서 상상했던 장면은 아니었다. 예루살렘 회의는 할례 받지 않은 이방인들도 믿음을 가진 자들이라면 기꺼이 포용했던 것으로 보이지만, 그들이 개별 "교회"에 완전히 통합되는 경우는 아마도 감안하지 못했던 것 같다.[79] 예루살렘 회의는 유대인 선교와 이방인 선교가 각각 어느 정도 독립적이 될 것이라는 암묵적 가정하에, 유대인과 이방인이 함께하는 식탁 교제를 허용하는 조건들을 조금도 예견하지 못했다. 거부감을 일으켰던 문제는 이방인을 공동 식사에 동등한 일원으로 받아들이는 것이 이스라엘이 선민으로서 지니는 가치를 격하시키고 유대인에게 보장된 우월성이나 특권을 부정하는 것이 된다는 점이었다.[80] 바로 이러한 종류의 행위가 유대 열심당에게 불쾌감과 적대적 행동을 일으키는 빌미가 되거나, 유대 그리스도인들이 반율법주의자임을 입증하는 추가 증거를 그들에게 제공하는 경우가 되었을 것이다.

---

78   Nanos, "What Was at Stake," 283, 301. 다음을 보라. Moo, *Galatians*, 148.

79   Sanders(*Paul, the Law, and the Jewish People*, 177)에 주목하라. "유대 그리스도인이든 이방인 그리스도인이든 서로 함께 먹는다고 한다면 이러한 자리에 있는 사람은 유대인으로 살 것인지, 이방인으로 살 것인지 결정해야만 했을 것이다. 생각건대 바울은 예루살렘에 있을 때와 소아시아나 그리스에 있을 때, 각기 다르게 행동했을 것이다. 한 도시 내에서도 유대인 지역에서와 기타 지역에서 다른 행동을 취했을 것이다. 하지만 바울이 아무리 노련하다고 해도 다른 행동을 동시에 하는 어려웠을 것이다. 베드로도 마찬가지다. 안디옥에서 문제가 발생했을 때 베드로는 '유대인을 얻기 위해서' 유대인처럼 살기로 결정했다(나는 이것이 베드로의 동기였다고 본다. 그리고 바울은 이러한 그를 복음에 충실하지 않다고 비난했다[갈 2:11-14])." Moo(*Galatians*, 143)는 다음과 같이 주장한다. "예루살렘의 결정은 이방인 회심자들에게 요구되는 것이 무엇인지에 집중했다. 한편 안디옥에서는 유대인 회심자들이 이방인 회심자들과 어떻게 교제를 하는가에 관한 것이 문제가 되었다. 이 문제에서 분명히 베드로와 바울은 예루살렘의 결정에 근거하여 서로 다른 결론을 도출하였다. 어쩌면 베드로는 예루살렘의 합의가 그가 안디옥에서 목도하게 된 상황을 다루지 못한다고 생각했을 것이다."

80   이러한 관점은 야고보나 일반적인 유대 그리스도인보다는 팔레스타인 지역의 유대인들의 입장을 반영한다고 여겨진다. 그렇지만 그들은 박해를 피하기 위해서라도 적어도 당분간은 이러한 입장을 지지해야 한다고 생각했다.

안디옥과 "열심당" 가설

앞에서 진행했던 논증에 비추어볼 때, 야고보가 대표단을 안디옥으로 보낸 일이나 갈라디아에 들어온 선동자들이 토라에 대한 보다 엄격한 준수를 촉구하도록 부추긴 일의 배후에는 대체로 팔레스타인에 반(反)이방인적인 열정이 증가하면서 유대인 열심당의 핍박을 피하려는 의도가 있던 것 같다.[81] 로버트 주이트(Robert Jewett)에 따르면, "유대 지역의 유대 그리스도인들은 40년대 후반과 50년대 초반에 율법주의 운동에 동참하라는 열심당의 압력이 동료 그리스도인들에게 가해지던 상황에 자극받았다. 유대 그리스도인들의 목표는 율법 없는 이방인들과 교제한다는 혐의를 물리치는 것이었다. 그들은 이방인 그리스도인들에게 할례를 행한다면 열심당의 보복 행위를 저지할 수 있을 것이라고 확신했던 것 같다."[82]

그리스도인들에 대한 박해가 발생한 것으로 보아 그리스도인들은 열심당의 공격을 정면으로 받고 있었던 것이 분명하다. 박해의 이유는 필시 그리스도인이 "율법을 어기는 자"라는 인식 때문이었을 것이다. 이러한 비난은 예수의 사역(막 2:24; 3:4; 눅 13:14; 14:1-6)과 스데반과 연계된 헬라파(행 6:13-14)에게로 거슬러 올라가며, 이제 안디옥의 유대인과 이방인 간의 분열로 인해 악화되기에 이르렀다(Josephus, *Ant.* 20.200를 보라. 여기서 야고보 역

---

81 Robert Jewett, "The Agitators and the Galatian Congregation," *NTS* 17 (1971): 198-212; Dunn, *Jesus, Paul, and the Law,* 133-36; Bruce, *Galatians,* 130; Longenecker, *Galatians,* 74-75; Hengel and Schwemer, *Paul between Damascus and Antioch,* 244-51; Witherington, *Grace in Galatia,* 155-56; Bockmuehl, *Jewish Law,* 73-75; Hays, "Galatians," 11:232-33; Hengel, *Saint Peter,* 61-65; Charles, *Paul and Politics of Diaspora,* 148-49; Moo, *Galatians,* 148-49; D. A. Carson, "Mirror-Reading with Paul and against Paul: Galatians 2:11-14 as a Test Case," in *Studies in the Pauline Epistles,* ed. M. S. Harmon and J. E. Smith (FS Douglas Moo; Grand Rapids, MI: Zondervan, 2014), 108-12; Gibson, *Peter,* 262-75.

82 Jewett, "Agitators," 205.

시 율법을 어긴 자로 고발당한다). 마카비 혁명 당시, 일부 헬라파 유대인들이 이 방인들과 언약을 맺고 할례의 표식을 제거했다는 이유로 공격을 당했던 것에 주목할 필요가 있다(1 Macc 1:11-15). 어쩌면 안디옥의 그리스도인들 가운데 특히 헬라파 유대 그리스도인들도 이와 유사하게 언약이나 할례나 이방인에 관한 문제에서 타협했다는 이유로 비난을 받고, 그 결과 광신적 폭동에 노출되었을 것이다. 따라서 예루살렘 교회가 더 이상 박해받지 않도록 하기 위해, 야고보는 안디옥에 있는 베드로에게 이방인과 음식에 대해 좀 더 엄격한 태도를 취하라는 내용의 전갈을 보냈다. 더 이상의 박해를 막기 위해, 야고보는 안디옥의 유대 그리스도인들에게 이방인과의 접촉에 대해 보다 엄격한 할라카의 관점에서 토라의 준수를 시행할 것을 요구했던 것이다. 나는 이러한 조치가 유대인의 사회적 공간을 조성하여 유대인끼리의 친밀한 교제에는 기여했을 것이지만, 이방인과의 개방적인 교제에 반드시 부합하는 것은 아니었다고 본다. 물론 할례를 받았고 이방 거류민과 관계된 토라의 규례(예를 들어, 창 15:18; 출 23:31; 레 17-18; 민 13:21-22; 34:7-9; 신 1:7-8; 11:24; 수 1:4; 겔 47:15-17; 48:1)를 지키는 이방인은 예외였겠지만, 안디옥에 파견된 대표단은 이러한 조치가 의미하는 것이 식사 때 이방인과 접촉하지 않는 것이라고 추정했던 것이다.

따라서 유대 그리스도인들이 율법적으로 나태하다는 비난이나 이방인과 어울린다는 의혹을 면하려면 유대 그리스도인과 이방인 그리스도인 간의 교제에 모종의 제한이 가해져야만 했다. 답은 식탁 교제가 완전히 중단되든가, 이방인이 할례를 받든가 둘 중 하나였다. 베드로나 바나바와 같은 이들이 식탁 교제에서 물러난 것은 이러한 의미를 내포하고 있었다. 그들은 이방인에게 할례를 강요하지 않음으로써 예루살렘 협약을 지키고 있었지만, 이방인이 할례받지 않는 한 그들과의 교제는 포기하려고 하였다. 그들은 협약의 조문은 지켰지만, 바울이 보기에 그 협약을 성립시킨 정신은 위반했던 것이다.[83] 리처드 롱네커(Richard Longenecker)의 주장에 따르면, 베드로는 "압박에 쫓긴 나머지 전술적 실책을 범했다. 그의 신념은 적절했지만 압박에 시달려 정신을 차리지 못한 채 자신의 진정한 신념을 표출하지 못했고, 결국 스스로 옳다고 믿는 바에서 후퇴하게 되었다."[84]

진짜 문제: 이방인의 할례

갈라디아서 2:11-14과 갈라디아서의 전체적인 맥락에서 보면, 할례가 안디옥 사건의 기저에 있는 쟁점이라는 사실이 암묵적으로 전제되어 있다. 첫째로, 논란이 된 것 중 일부는 ἰουδαΐζειν("유대인답게 살게 하다")이라는 말의 의미에 관한 것이다. ἰουδαΐζειν은 일반적으로 유대인의 생활방식을 따르는 것에서부터, 유대 민족을 정치적으로 지지하거나, 유대교에 완전히 귀의하는 것에 이르기까지 그 의미가 다양했다.[85] 던은 갈라디아서 2:14에서 유대인답게 살게 한다는 말이 이방인에게 유대 식사 규정을 따르도록 하는 것을 나타낸다고 간주하고, 이를 뒷받침하는 수많은 병행 본문을 인용한다.[86] 문제는 "유대인답게 살게 하다"가 항상 할례를 수반하는 것이 아님에도 불구하고 던이 인용한 본문은 어떤 강제가 개입될 경우에는 이것이 언제나 할례와 연결되었음을 보여준다는 점이다. "유대인답게 살게 하다"가 유대인의 생활방식을 전반적으로 채택한다는 의미일 수 있지만, 유대인화의 결말은

---

83   다음을 보라. Garlington, *Galatians*, 124.

84   Longenecker, *Galatians*, 75. 반면에 Moo(*Galatians*, 143)는 베드로가 자신의 행위를 "보다 엄격한 유대 그리스도인들이 품은 염려에 대해 전술적으로 현명하게 적용한 것"으로 여겼다고 생각한다.

85   에 8:17; Josephus, *War* 2.454, 463; *Acts of Pilate* 2.1; Plutarch, *Cic.* 7.5-6; Ignatius, *Magn.* 10.3; Eusebius, *Praep. Ev.* 9.22.5; *Hist. Eccl.* 6.17.

86   Dunn, *Jesus, Paul, and the Law*, 149-50, 153-54; idem, *Beginning from Jerusalem*, 473-74 (esp. n. 258).

언제나 할례로 귀결되었다.[87] 우리가 가진 자료로부터 분명히 알 수 있는 것은 할례가 유대인화에 있어 넘어야 할 마지막 관문이었다는 사실이다. 억지로 할례를 강요했던 사례들이 잘 알려져 있을 뿐 아니라 그것이 이교 신앙 및 이교 왕국에 대해 이스라엘이 거둔 승리를 나타내는 가시적 표현 방식으로 제정되기도 했다.[88] 유대인답게 살도록 강제하는 것은 할례 받도록 강요하는 것을 의미할 수밖에 없는데, 그 이유는 ιουδαΐζειν이란 말이 대부분의 경우 할례가 강요되는 맥락에서 등장하기 때문이다. 따라서 안디옥 교회에서 쟁점이 된 사안이 이방인의 평등에 관한 것이었다면, "유대인답게 살게 하다"라는 말은 필시 할례라는 의식을 통해 유대교로 개종한다는 구체적인 의미를 나타냈을 것이다. 이러한 환경에서 이방인에게 "유대인답게 살도록" 강제하는 것은 그들에게 Ἰουδαῖοι("유대인")이 되도록 강요한다는 의미였다.[89]

둘째로, 억지로 이방인을 유대인답게 살도록(즉 할례를 받도록) 강제하는 상황은 안디옥에서 발생한 사건과 바울이 갈라디아서 2:1-10에서 이전에 "기둥" 같은 사도들과의 만남에 대해 보도하는 내용 및 갈라디아에서 발생한 상황과의 사이에 연결점을 제공한다. 갈라디아서 2:14에 나오는 "억지로…유대인답게 살게 하려느냐"(ἀναγκάζεις ἰουδαΐζειν)라는 어구는 그 언어 표현에 있어 갈라디아서 2:3과 6:12에 나오는 억지로 이방인에게 할례를 받게 한다는 말과 유사하다. 바울은 예루살렘 회의에 대해 이야기

---

87 요세푸스(*War* 2.454)는 Metilius라는 어느 로마인이 유대 반군에게 체포되자, "유대인답게 살 것이며 할례까지 받을 것"(μέχρι περιτομῆς ἰουδαΐσειν)을 제안했다고 전한다.

88 삼상 18:25-27; 에 8:17; Jdt 14:10; 1 Macc 2:46; Strabo, *Geog.* 16.2.34; Josephus, *Life* 112-13; 149-54; *Ant.* 13.257-58, 318-19, 397; 15.254-55; *War* 2.454.

89 Esler, *Galatians*, 137; Nanos, "What Was at Stake," 306-12; Moo, *Galatians*, 151; Caroline Johnson Hodge, *If Sons, Then Heirs: A Study of Kinship and Ethnicity in the Letters of Paul* (Oxford: OUP, 2007), 56.

하면서, 예루살렘의 기둥 같은 사도들이 디도에게 "억지로 할례를 받게 하지"(ἠναγκάσθη περιτμηθῆναι) 않았던 것을 상기하면서, 이러한 양보가 무심결에 철회된 것은 야고보측이 안디옥 교회에 교묘하게 개입했기 때문이라고 말한다. 마찬가지로 갈라디아서의 마지막 부분에서도, 바울은 침입해 들어온 자들이 유대 민족주의의 상징으로서 "억지로 너희에게 할례를 받게"(ἀναγκάζουσιν ὑμᾶς περιτέμνεσθαι) 하였다고 말한다(갈 6:12). 억지로 유대인답게 살게 하는 것(갈 2:14)과 할례를 받게 하는 것(갈 2:3, 6:12)은 서로 병행하는 동질적인 말이다. 따라서 억지로 할례를 받게 하는 것은 예루살렘 회의와 안디옥 사건과 침입자들이 갈라디아 교회에 일으킨 문제를 모두 연결하는 주제인 것이다.[90]

셋째로, 갈라디아서 2:14에서 바울이 베드로를 두고 ἐθνικῶς("이방인을 따르고")라고 표현했다고 해서 베드로가 음식법을 저버렸다든가, 예루살렘에서는 토라를 준수하는 유대인으로서 살다가 다른 곳에서는 토라를 지키지 않는 유대인으로서 살아가는 이중 생활을 했다고 볼 수는 없다.[91] 할례자를 위한 사도인 베드로가 팔레스타인과 디아스포라에서 유대인이 철저하게 따랐던 음식법을 준수하지 않는 것으로 알려졌다면 자신의 유대인 선교를 성공적으로 수행했을 것 같지 않다.[92] 또한 우리가 유념해야 할 것은 가이사랴에서 베드로가 환상을 받고 내린 결론은 모든 음식이 이제 그가 먹을 수 있을 정도로 깨끗하게 되었다는 것이 아니라 깨끗하지 않은 자는 아무도

---

90 다음을 보라. Betz, *Galatians*, 112; Tomson, *Paul and the Jewish Law*, 226; Barrett, "Paul," 54; Philip F. Esler, *The First Christians in Their Social Worlds: Social-Scientific Approaches to New Testament Interpretation* (London: Routledge, 1994), 58-62; Cummins, *Antioch*, 185; Zetterholm, *Antioch*, 135-36; Martinus C. de Boer, *Galatians: A Commentary* (NTL: Louisville: Westminster John Knox, 2011), 136-38.

91 Schlier, *Galaterbrief*, 86; Dunn, *Galatians*, 128.

92 다음을 보라. Richardson, "Pauline Inconsistency," 360-61. 그리고 베드로의 행동을 옹호하는 다음의 주장을 보라. Dunn, *Beginning from Jerusalem*, 481-82.

없다는 것이었다는 점이다. 그 환상은 하나님이 깨끗하게 하신 자들의 정결한 상태를 가리키는 비유였다(행 10:15; 34-35; 11:9, 12).

ἐθνικῶς는 베드로가 이방인의 부정함 때문에 그들에게서 떨어져야 하는 것에 관한 유대교 할라카를 따르지 않고, 대신 이방인 그리스도인들 곁에서 그들과 더불어 살기로 기꺼이 선택한 것을 가리키는 수사법적 조롱이라고 해석하는 것이 보다 적절하다.[93] 더욱이 ἐθνικῶς는 ἰουδαΐζειν("유대인답게 살게 하다")와 대조적으로 구별된다. 베드로가 "이방인답게 산다"고 했을 때, 이는 이방인에게 억지로 유대인의 생활 방식을 따르게 하거나 유대인이 되도록(유대인답게 살게 하도록) 강요한다는 말의 반대 의미가 된다. 따라서 베드로가 이방인답게 살았다는 말은 그가 이방인과 어울려 가까이 살면서 그들을 받아들이고 그들과 함께 먹으면서, 교제를 위해 이방인들에게 어떠한 제약도 부과하지 않았음을 의미한다.[94] 이방인들을 향한 이러한 포용적 태도는 베드로가 가이사랴에서 행한 사역과 이에 대해 예루살렘의 장로들 앞에서 변호한 일에 대한 누가의 보도(행 10-11장)를 통해 확인되며, 이방인을 할례 없이도 신자로 받아들이기로 결정한 예루살렘 협약에서 베드로가 취한 태도에 대한 바울의 보도(갈 2:6-9)를 통해서도 입증된다. 다시 말해서, 바울은 베드로에게 유대적 생활 방식 및 이방인을 억지로 유대인답게 살게 한다거나 개종하도록 강요하지 않는 메시아적 선교의 정신에 일관되게 행동할 것을 촉구했던 것이다.

넷째로, "할례자들"(τοὺς ἐκ περιτομῆς)이라고 불린 집단은 이방인의 할례를 주장했던 안디옥의 유대인들이라고 보아야 한다. 이들 안디옥의 유대인 파당은 그 지역의 유대 그리스도인들이 보여준 느슨한 생활 방식에 강력

---

93   Sanders, "Jewish Association with Gentiles," 186-87.
94   다음을 보라. Tomson, *Paul and the Jewish Law*, 230.

하게 반대하고 있었고, 베드로는 그들로부터 폭력적인 보복이 있을까 봐 두려워하였다. 안디옥에 비록 간헐적이긴 했으나 유대교로의 개종의 전통이 이미 확립되어 있던 상황을 감안하면, 이러한 설명은 일리가 있다고 하겠다 (Josephus, *War* 7.45; 행 6:5을 보라). οἱ ἐκ περιτομῆς라는 명칭은 사도행전에서 이방인 그리스도인들의 할례를 지지하는 유대 그리스도인들을 지칭하던 말이다(행 10:45; 11:2). 그러므로 우리의 예비적 결론에 포함시켜야 할 내용은 안디옥에 있던 반대파 중 한 무리가 "정결한 음식을 중시하는 파당"이 아니라 "할례당"이라고 불리던 자들이었다는 사실이다.[95]

요약하자면, 안디옥에서 유대 그리스도인과 이방인 그리스도인 간의 공동 식사를 가능케 한 전제는 율법이 아닌 메시아와 성령이 그들의 정체성과 연합을 결정하는 요인이라는 확신이었다. 야고보가 파견한 대표단은 유대 그리스도인과 이방인 그리스도인 간의 열린 교제의 현장을 목격하고서, 그것이 유대 그리스도인들에 대한 다른 유대인들의 인식에 끼치게 될 영향을 생각했다. 따라서 그들은 이방인이 완전히 유대인이 되지 않았다면, 즉 유대교로 개송해서 토라를 따르는 것이 아니라면, 유대 그리스도인들은 이들과의 교제를 그만 두어야 한다고 주장했던 것이다.[96] 마크 나노스는 다음과 같이 논평한다. "따라서 이 이방인들에 대한 개종주의를 지지하는 자들은 이러한 공동식사 의식을 핑계로 삼아 이 이방인들이 유대교 하부 집단의

---

95 다음을 보라. Martyn (*Galatians*, 234): "맥락 상 베드로가 '음식 먹는 모임'을 두려워했을 것이라는 추측을 해볼 수도 있겠다"; Nanos ("What Was at Stake," 303): "이 본문에서 바울이 음식 자체에 대해 언급한 적이 없다는 사실과 또한 베드로가 두려워한 자들을 '유대인의 식단에 찬성하는 자들'이나 '좀 더 엄격한 식단에 찬성하는 자들'이라거나, 또는 Dunn의 표현처럼 소위 '좀 더 엄격한 노아 시대 법에 따른 식단'에 찬성하는 자들로 파악하지 않았다는 사실을 유념할 필요가 있다."

96 다음을 보라. Esler, *First Christians*, 58-62; idem, *Galatians*, 137-38; Tomson, *Paul and the Jewish Law*, 227-30; Watson, *Paul, Judaism, and the Gentiles*, 107; de Boer, *Galatians*, 136; Moo, *Galatians*, 151.

완전하고 동등한 일원으로 인정받는 기회를 회피하는 것에 반대한 것이다. 그런데 이러한 식사 자리에서 이들 이방인들은 단지 이교도 객이 아니라 이미 동등한 일원으로 여겨졌던 것이다."[97] 보컴도 이와 유사한 주장을 한다. "야고보에게서 온 이들이 베드로에게 이방인과 함께 먹지 말라고 말했던 이유가 이들 이방인 그리스도인들이 단지 **이방인**이었기 때문이라면, 그들과의 공동식사가 가능하기 위해서는 그들이 유대인이 되는 것 외에 다른 방도가 없었을 것이다."[98] 따라서 베드로가 이방인들에게서 떨어진 것은 메시아적 공동체 내에서 이방인이 누리던 동등한 지위가 부정되었음을 나타내며, 이방인이 그러한 지위를 얻으려면 유대인답게 살아야(즉 할례를 받아야) 한다는 요구를 (암묵적으로나 명시적으로) 나타낸 것이었다.[99]

바울은 왜 게바의 행동에 반대했는가?

바울은 야고보의 현실정치와 베드로가 거기에 순응한 것에 대해 동의하지 않았던 것으로 보인다. 갈라디아서에서 바울은 이방인들에게 할례를 강요하려는 자들의 노력을 "그리스도의 십자가로 말미암은 박해를 면하려

---

97   Nanos, "What Was at Stake," 301 (강조는 원저자의 것임).

98   Richard Bauckham, "James, Peter, and the Gentiles," in *The Missions of James, Peter, and Paul: Tensions in Early Christianity*, ed. B. Chilton and C. Evans (Leiden: Brill, 2004), 126 (강조는 원저자의 것임).

99   다음을 보라. Zetterholm (*Antioch*, 162): "실제로, 공동체를 분리해야 한다는 명시적 요구가 이방인 기독교도들에게는 공식적으로 유대인이 되어야 한다는 **암묵적** 요구로서 즉시 작용하게 될 것이 분명했다"(강조는 원저자의 것임).

함"(갈 6:12)이라고 칭하면서 공공연히 비난했다. 바울은 누구든지 간에 자신의 살이 칼로 베임 당하는 것을 모면하려고 이방인 신자들의 포피를 이용하려는 자들이라면, 그들의 요구에 얽매이지 않으려고 했다. 바울은 유대인 열성파의 난폭한 폭력성을 아주 잘 알고 있었다. 그도 그럴 것이 바울 자신이 다메섹 도상의 그리스도 현현 사건 이전에 바로 이들 열성파에 속해 있었기 때문이다(갈 1:13-14, 23; 빌 3:6; 행 8:3; 9:1-2). 하지만 그는 폭력적인 반대 앞에 굴복하려 하지 않았으며, 만약에 바울의 간증이 믿을 만하다고 본다면, 그는 이방인들에게 복음을 선포하는 일을 위해서라면 자신의 안전이 동족으로부터 위협받는 것은 기꺼이 감내하고자 했다(갈 5:11; 고후 11:21-33). 베드로가 야고보의 정책에 굴복함에 따라 그 전에 안디옥에 왔던 "거짓 형제들"은 자신들의 방식을 밀고 나갈 수 있는 또 다른 수단을 얻은 셈이었다. 이방인이 누리던 할례로부터의 자유가 유대인과 이방인 간의 혼합 교제라는 맥락에서는 유지되지 않았다.

바울은 베드로를 "면전에서" 공공연히 책망했다고 하는데, 이는 유대인의 관용적 어투를 반영하는 표현이나(신 9:2; 민 27.17, 19, 21-22?; 수 1:5; 7:2 [LXX]). 베드로에 대해 바울이 보여준 반응의 골자, 즉 적어도 그가 갈라디아서에서 이야기하는 내용은 베드로가 그의 행동으로 인해 책망을 받았다(καταγινώσκω)는 것이다(어쩌면 κατεγνωσμένος란 말은 "하나님에 의해 책망 받았다"는 것을 의미하는 수동태일 수 있다). 또한 바울은 베드로가 거짓된 행동을 했으며 다른 이들도 그러한 외식(ὑπόκρισις, συνυποκρίνομαι)을 하게끔 유도했다고 비난했다. 베드로의 본심이 이와 다르다는 것이 알려진 마당에, 베드로가 보여준 그러한 행위는 공적 페르소나를 돋보이게 하기 위한 외식의 한 형태가 되고 말았다. 베드로를 고발하는 바울의 논리가 맞다면, 베드로는 자신의 외식적 행동을 통해 안디옥의 친이방인적인 유대 그리스도인의 역할을 맡은 것이 아니라 할례당에 속한 무리를 달래려고 하는 열성파 유대인의 역할을 하고 있는 셈이었다. 끝으로, 베드로와 그의 무리가 이방인의 할례 및 이방인으로부터의 분리에 관해서 열성파 유대인들의 "행보"(즉, 할라카)를 기꺼이 받아들인 것은 그들이 "복음의 진리를 향한 걸음"(οὐκ ὀρθοποδοῦσιν πρὸς τὴν ἀλήθειαν τοῦ εὐαγγελίου)을 걷고 있지 않음을 의미했다. 다시 말해서, 그들은 자신들의 행동을 통해 유대 열성파의 "행보"를 채택함으로써 "복음의 행보"를 짓밟았던 것이다. "복음의 진리"는 이방인에게 할례나 토라의 멍에를 감당하라고 요구하지 않고도 유대인과 이방인이 함께 식탁 교제를 나누던 이전의 안디옥 교회의 관습을 가리킨다.[100] 벤 위더링턴의 말마따나, "그들은 한 몸의 일치 대신에 유대교적 정결을 선택했다."[101] 한스 디터 베츠(Hans Dieter Betz)도 이와 비슷한 논평을 한다. "게바는 유대 그리스도인들의 유대인으로서 지닌 통합성을 지키려고 하다가 이방인 그리스도인들이 그리스도를 믿는 자로서 지니고 있던 통합성을 파괴해버렸다."[102] 이스라엘이 이교 세상에 대해 승리를 거두기 위해 분투하는 전장에서 이방인은 단지 장기판의 졸에 불과한 존재로 전락하고 만다.

---

100 Esler, *Galatians*, 131-32.

101 Witherington, *Grace in Galatia*, 158.

102 Betz, *Galatians*, 112.

결론: 바울 신학의 형성

요약하자면, "안디옥 사건"은 다음과 같이 정리할 수 있을 것이다. 베드로와 바나바와 바울이 활동하던 안디옥 교회는 유대 그리스도인과 이방인 그리스도인이 함께 예배하고 유대인의 규정식에 준하는 식사를 함께 나누어 먹으면서도, 안디옥의 유대인 공동체의 영향권 내지 적어도 그 주변에 여전히 자리잡고 있었다. 그러나 유대교 열성파의 부상으로 인해 야고보는 예루살렘에서 안디옥으로 대표단을 파견하여 베드로에게 이방인들로부터 떨어질 것을 촉구하게 되었다. 이방인이 할례를 받고 유대교 개종자가 되는 등 유대인화하지 않는 이상, 그들 안에 타고난 부정함이 내재하고 있다는 이유 때문이었다. 이것은 베드로와 바울이 이방인과 노골적으로 어울리는 것 때문에 비위가 상했던 안디옥의 "할례당"과 현지의 유대인들 그리고 이에 동조하던 소수의 유대 그리스도인들의 손을 들어준 셈이 되었다. 이들은 베드로에게 야고보가 보낸 사절단의 요구에 응하라고 입력을 가했고, 베드로는 마지못해 이를 수용하게 되었다. 바울은 이러한 실리적 움직임이 하나님께서 믿음에 근거하여 이방인을 이방인으로서 받아들이신다는 복음의 진리에 위배된다고 보았다. 그는 베드로에게 공개적으로 책임을 물었지만, 대다수는 베드로의 편을 들었던 것으로 보인다.

이 사건이 지닌 중요성에 대해서 헹엘은 다음과 같이 말한다. "갈라디아서 2:11에 나타난 파국에 대한 이야기는 깊은 상처가 생겼음을 보여주며, 이 상처는 그로부터 수년이 흐른 뒤에도 다 치유되지 못했다."[103] 나는 갈라디아서 2:11-14이 바울과 예루살렘 교회 간의 "결별"(parting in the ways)을

---

103 Hengel and Schwemer, *Paul between Damascus and Antioch*, 215.

나타낸다는 점을 시사하고자 한다. 만약 바울이 안디옥의 논쟁에서 승리하여 그곳에 있는 대다수 유대 그리스도인들의 지지를 얻게 되었다면, 추정하건대 그는 갈라디아서에서 그렇게 말했을 것이다.[104] 그러기는커녕, 바울은 자신이 설립하고 성장시키고 지켜냈던 바로 그 교회로부터 외인이 되고 말았다. 그는 선교 사역을 위한 다른 기지를 찾아야 했고, 그에게 남은 것은 이방인이 다수를 이루고 있던 갈라디아와 길리기아의 교회로부터 오는 후원이 전부였다. 시간이 흐르면서 그곳에 있는 기반도 취약함이 드러났고, 갈라디아에서는 그 기반을 일부 상실하게 되었을 수도 있다. 바울이 갈라디아서를 통해 그곳에 침입한 개종주의자들이 내세우는 율법적 복음의 악영향을 미리 차단하는 데 성공했음에도 불구하고 말이다.

나는 바울과 예루살렘 교회 간의 결별이 방식에 "대한"(of the ways) 결별이 아닌 방식 "내에서의"(in the ways) 결별이라고 이해하는데, 이 말은 분리가 그렇게 절대적이지 않았다는 뜻이다. 양측 사이에 진솔하지만 불편한 관계가 지속되었던 것 같다. 바울에게 진짜 적은 거짓 형제들이었는데, 이들은 안디옥 교회에 분열을 조장하였고, 유대인이 할례 받지 않은 이방인과 교제하는 것은 예루살렘의 박해를 심화시킬 것이라는 두려움을 이용하여 예루살렘 교회로부터 할례에 관한 자신들의 견해를 지지하도록 양보를 얻어내는 길을 찾아내게 되었다. 갈라디아에 들어온 자들은 이러한 파당에 속해 있을 가능성이 크지만, 갈라디아서를 통해 확실하게 말할 수 있는 것은 이들이 결코 예루살렘 교회로부터 승인 받은 적이 없다는 사실이다. 바울이 예루살렘 교회에 대해 지속적이지만 신중한 관계를 유지했다는 점은 다음과 같은 사실을 통해 입증된다. 즉 바울은 바나바와 베드로의 사역을 인

---

104 Bruce, *Galatians*, 134; Holtz, "Der Antiochenische Zwischenfall," 124; Longenecker, *Galatians*, 79; Hill, *Hellenists and Hebrews*, 126; Watson, *Paul, Judaism, and the Gentiles*, 56; Dunn, *Beginning from Jerusalem*, 489-94.

정했으며(고전 1:12; 9:6), 자신이 예루살렘 교회와 동일한 복음을 공유한다고 확언했고(고전 15:1-8), 박해 상황에 있는 유대 지역의 교회들에 대해 지속적인 연대감을 나타냈으며(살전 2:15-16), 깊은 상처를 남긴 그 사건 이후에도 52년 경에 안디옥을 최소한 한 번은 방문했다(행 18:22). 또한 그가 에베소에 체류했다고 추정되는 시기에 요한 마가와 화해했으며(몬 1:24; 골 4:11), 관계 개선에 대한 진심 어린 화해의 표시로 예루살렘의 가난한 성도들을 위해 연보를 모금하기도 했다(고전 16:1-7; 롬 15:25-28). 바울이 예루살렘에 가기를 두려워한 것은 무엇보다도 비기독교도 유대인들 때문이었는데(롬 15:31), 사도행전 21:20-25에 나타난 바울의 예루살렘 방문 시에 야고보가 보인 반응은 상당히 현실적이다. 즉 야고보는 바울의 이방인 사역을 인정하였으며, 그에게 반율법주의자라는 평판을 직시할 것을 촉구했고, 이방인들에게 최소한의 규례를 지키도록 요구한 사도적 결정의 내용을 재확인했던 것이다.

바울은 결국엔 다메섹 도상에서 받은 계시에 진실하고자 노력하면서, 예루살렘 회의에서 합의된 원칙을 확고히 지키려고 분투하였다. 헹엘이 말했듯이, "이제 와서 예루살렘 공동체가 이전의 태도와는 달리 '이방인들'의 할례를 요구한다면, 바울이 자신의 소명, 즉 다메섹 이후 '이방인'에게 선포했던 복음은 전부 부질없는 것이 되고 말 것이었다. 이는 만약 그리스도께서 죽은 자들 가운데서 다시 살아나지 않으셨다면, 그가 전파하는 말씀과 그 말씀에서 난 믿음이 '헛것'이 되는 것과 마찬가지인 까닭이다(고전 15:14). 바울에게 있어 이방인 기독교 교회가 홀로 '정통적'임을 주장하는 것, 즉 그리스도의 몸인 교회를 나누는 것은 생각도 할 수 없는 일이었다."[105] 예루살렘 교회가 열성파 유대인들의 정치적 압력에 명백히 굴복

---

105 Hengel and Schwemer, *Paul between Damascus and Antioch*, 208.

제4장 • 안디옥 사건(갈 2:11-14): 바울 신학의 시작   **339**

하기 전에 바울은 그리스도와 토라와 이방인에 대한 "옛 안디옥"의 입장을 옹호하는 활동을 지속하고 있었다. 야고보와 베드로는 (이방인들이 식탁 교제에 참여하려고 하지 않는 한) 자기들도 이방인의 할례를 강력히 옹호하지 않는다는 점에서 자신들의 입장이 정당성을 지니고 있으며, 또한 유대 지역의 불안한 정치적 기류를 감안할 때 그러한 입장이 반드시 필요한 것이라고 보았다(그런 입장이 이미 필요하게 된 상황이었다).

안디옥 사건은 바울이 유대인과 이방인의 구원을 위한 유일무이한 최고의 방편으로서 예수 그리스도의 복음에 불굴의 의지로 헌신했음을 보여준다. 그는 "동등하지만 서로 떨어져 지낸다"든가 "일단 수용하지만 할례를 받으면 수용가능성이 늘어난다"는 식의 타협을 수용할 수 없었다. 이러한 불굴의 자세는 갈라디아서에서도 동일하게 표명되었는데, 이방인 그리스도인들이 유대교 개종주의로부터 자유로워야 한다는 바울의 주장은 그 서신에서 가장 논쟁적인 논증과 더불어 가장 농밀한 수사적 어법을 통해 표현되었다. 로마서가 변증적 동기와 더불어 적절한 균형감을 지닌 채로, 그의 생애 말년에 기록된 바울 사상의 원숙한 정수를 나타낸다고 한다면, 갈라디아서는 바울 사상의 가장 거칠고도 급진적인 면모를 보여준다고 하겠다.

안디옥 사건에서 우리는 바울 신학이 처음 공개적으로 표현된 형태를 마주하게 되는데, 이는 이방인의 구원과 그들의 동등한 지위가 문제로 부상함에 따라 그리스도와 토라를 선명하게 대립시킨 것으로 보인다. 하나님의 구원이 역사하는 장소가 이렇듯 토라에서 그리스도로 근본적으로 전환한 것은 바울이 겪었던 다메섹 도상의 체험에서 배태되었고, 안디옥에서 공개적으로 선보였으며, 갈라디아서에서 급진적인 인습 타파주의자의 분노와 더불어 터져나오게 되었고, 고린도후서 3장에서 임상적 적용을 거쳐, 로마서에 이르러 원숙하고 명철한 형태를 갖추게 되었다. 그러다 마침내 2세기에 들어 원정통주의(proto-orthodoxy)와 마르키온주의(Marcionism)라는 두 가지 대립된 신학형태를 낳게 되었는데, 양측 모두 그 기원을 바울 신학에서 찾고 있다. 이러한 바울 신학의 골자를 마르틴 헹엘은 다음과 같이 적절하게 포착하고 있다.

그[바울]에게 있어, 다메섹 도상에서 부활하신 분을 만났던 체험은 그로 하여금 구원론적 대안의 형태가 율법이냐 그리스도냐라는 질문과 대면하게끔 하였다. 당시 유대교에서는 다채로운 형태로 토라가 구원의 본질임을 표현하였고, 토라를 종교적 은유의 근본이라고 할 수 있는 "생명"과 동일시하기도 했다.…이전에 바울이 토라와 나사렛 예수를 대립적으로 이해함으로써 박해자가 될 수밖에 없었던 만큼, 이제 그리스도와 토라의 관계는 반드시 해결해야 할 근본적인 쟁점이 될 수밖에 없었으며, 그 가운데 이전의 대립 관계가 전도된 것이 곧 분명해졌다. 즉 부활하신 그분이 바로 믿는 자들에게 생명(ζωή)이 되신다(고후 4:11-12; 참조. 2:16).[106]

나는 헹엘이 바울 사상의 근간에 접근해서 바울을 논란의 대상이 되게 한 토라에 대한 바울의 급진적 태도를 잘 보여주었다고 생각한다. 하지만 이러한 그리스도와 율법 간의 대립관계에는 몇 가지 단서를 달아야 하는데, 왜냐하면 내가 생각하기에 이 대립관계가 의미하는 것은 여러 개신교 연구자들이 생각하는 것과 다르기 때문이다. 이것은 유대 그리스도인들이 토라를 준수하지 말아야 한다든지, 토라가 이방인 그리스도인들의 윤리적 삶과는 아무런 관계가 없다는 뜻이 아니다. 도리어 그리스도의 오심은 그의 죽음

---

106 Martin Hengel, "The Stance of the Apostle Paul toward the Law in the Unknown Years between Damascus and Antioch," in *Justification and Variegated Nomism*, vol. 2, *The Paradoxes of Paul*, ed. D. A. Carson, P. T. O'Brien, and M. A. Seifrid (Grand Rapids, MI: Baker Academic, 2004), 84.

과 부활로 말미암아 종말이 시작되었고 율법과 죄와 사망 간의 연계가 끊어졌음을 뜻한다. 그리스도는 율법의 정죄를 칭의로 바꾸시며, 율법의 저주를 몸소 감당함으로써 구속을 이루신다. 그리스도를 믿는 믿음은 율법이 증언하는 바이지만, 그리스도를 믿는 믿음은 믿는 자로 하여금 율법의 관할권을 벗어나게 한다. 그리스도는 모세 시대의 경륜을 존경함으로써 아브라함 언약에 따른 소망을 성취하신다. 그리스도는 이방인을 이스라엘 조상들의 상속자가 되게 함으로써 할례의 요구를 충족하신다. 이제 하나님 백성의 신분을 규정하고 그들을 구원하는 것은 그리스도이지 토라가 아니다.

바울이 지닌 특이성은 안디옥 사건에서 처음 나타났다. 그 사건의 와중에 바울은 히브리인 중의 히브리인임에도 불구하고 "하나님을 경외하는 자"라는 범주를 해체할 것을 주장했고, 그에 따른 당연한 결과로서, 그리스도의 교회 안에 두 계층의 구성원이 있다는 생각, 즉 토라를 대하는 태도에 입각하여 유대인과 이방인이 각각 두 개의 개별 교회로 모여야 한다는 생각에 동의하기를 거부하였다.[107] 이러한 특이성이 기초가 되어 기독교 사상에 있어 바울의 가장 유구한 공헌으로 기억될 만한 업적이 이루어졌고, 1세기 유대인이 갖기에는 어쩌면 가장 독특한 믿음, 즉 유대인과 이방인 모두 주 예수 그리스도를 믿는 믿음에 근거하여 언약의 하나님 앞에서 의로운 자로 설 수 있다는 믿음이 생겨나게 되었다.

---

107 다음을 보라. Segal (*Paul the Convert*, 265): "하나님을 경외하는 자라면 바울의 메시지를 기뻐하며 환영했을 것이다. 왜냐하면 그것이 지위의 모호성, 즉 더 이상 이방인은 아니지만 아직 유대인도 아니라는 이중적 소외감을 제거했기 때문이다. 이교도도 아니고 유대인도 아닌 신분에서 벗어난 하나님을 경외하는 자들은 무의미해 보이는 유대교로의 개종 의식을 거치지 않고도 진정으로 동등한 일원으로서 이방인 기독교 공동체에 들어갔던 것이다."

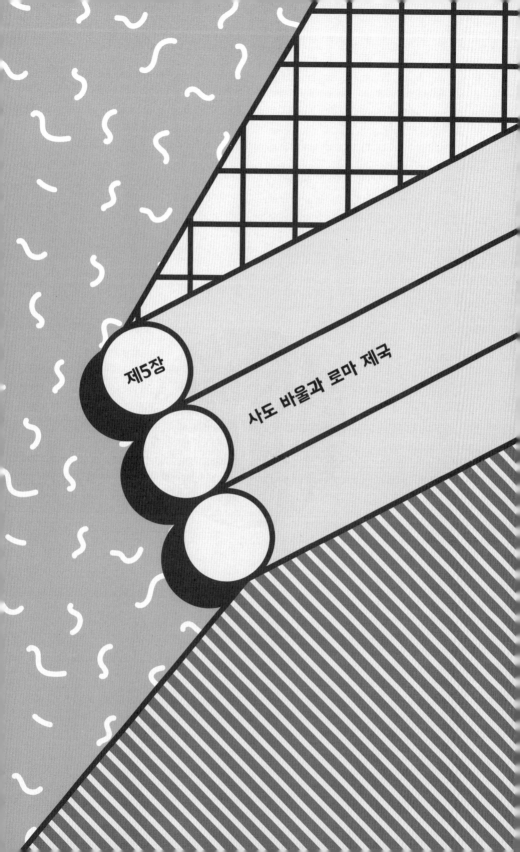

제5장

사도 바울과 로마 제국

바울도 대부분의 유대인들처럼 로마 제국이 유대 민족에게 가하는 사회·정치적이고 문화적인 도전을 헤치며 자신의 길을 늘 찾아 나아가야 했다.[1] 그러한 도전에는 여러 가지가 있었으며, 그중에는 그리스-로마 도시의 오염된 환경에 물들지 않도록 일정 수준의 정결함을 지키는 것도 포함되어 있었다. 예를 들어, 수많은 신전 및 가족 사당을 통해 다신교와 우상숭배가 편재했던 상황, 로마가 정치적·군사적 패권을 장악한 현실, 시민적 충성의 표시로 로마의 신들과 황제를 숭배해야 하는 문제, 유대인이 지닌 독특한 관습으로 인해 그들에게 가해지는 광범위한 편견 등을 들 수 있다. 이러한 도전은 지리적인 위치(팔레스타인, 소아시아, 그리스, 아프리카, 로마), 사회적 신분(로마 시민, 혈통, 후견 관계), 사회경제적 위상(엘리트, 상인, 수공업자, 자유민, 날품팔이, 노예) 등에 따라 다양한 방식으로 다가왔다. 이러한 도전에 대한 대응 역시 협조나 무관심에서 저항에 이르기까지 다양한 양상으로 나타났다.[2] 티베리우스 알렉산데르, 헤롯 대왕, 필론, 요세푸스, 쿰란 종파를 비교해보기만 해도 로마 제국 내 유대인의 종교적 헌신의 실천 정도가 매우 다양했음을 보게 된다. 이와 관련된 사례를 예로 늘자면, 유대인들은 예루살렘 성전에서 황제에게 제사를 드린 것이 아니라 황제를 위해서 제사를 드렸는데, 이는 고대 사회에서 흔히 볼 수 있는 태도로서,[3] 유대인들의 민감함을 고려

본 논문의 초기 형태는 보다 짧은 분량으로 다음과 같이 출판되었다. Michael F. Bird, " 'One Who Will Arise to Rule over the Nations': Paul's Letter to the Romans and the Roman Empire," in *Jesus Is Lord, Caesar Is Not*: *Evaluating Empire in New Testament Studies*, ed. S. McKnight and J. B. Modica (Downers Grove, IL: IVP Academic, 2013), 146-65. 다음과 같이 출판사의 허락을 받고 사용함(Used by permission of InterVarsity Press, P. O. Box 1400, Downers Grove, IL 60515, USA, www.ivpress.com).

[2] 다음을 보라. H.-G. Gradl, "Kaisertum und Kaiserkult: Ein Vergleich zwischen Philos Legatio ad Gaium und Offenbarugen des Johannes," *NTS* 56 (2010): 116-38.

[3] Simon R. F. Price, *Rituals and Power*: *The Roman Imperial Cult in Asia Minor* (New York: CUP, 1984), 209-14, 232-33. Ittai Gradel(*Emperor Worship and Roman Religion* [Oxford: OUP, 2002], 20-22)은 사제들의 단체인 아르발 형제단(the Arval brothers)이 제국의 기념일

한 것이면서도, 유대인들이 로마에 복속되어 있음을 나타낸 것이었다.[4]

이렇게 충성의 대상이 분열되어 있는 문화적 환경 속에서 바울은 어디에 위치하고 있었던가? 바울은 열성파였는가? 정치적 순응주의자였는가? 아니면 전혀 다른 부류였는가? 로마 제국에 대한 바울의 태도라는 문제는 최근 십여 년 동안 성서학계에서 많이 연구되어온 주제다.[5] 어떤 학자들은 바울이 정치적 급진주의자였다고 보고, 또 어떤 이들은 그가 로마의 정치 기구와 관련된 문제에 대해서는 다소 무관심했다고 추정한다. 이번 장에서 내가 주장하고자 하는 논지는 바울의 사상과 실천이 로마에 반대하는 투쟁적 행동주의를 반영하지는 않지만, 그럼에도 불구하고 바울이 그다지 세련된 형태는 아닐지라도 로마의 사회종교적 체제에 대한 비판에 관여한다

이나 승리를 축하하려고 일상적으로 제사를 드렸음을 보도한다. "아르발 형제단은 황제와 그 가문이 로마에서 공공 제식을 얼마나 재빠르게 장악했는지에 대해서 놀랍고도 상세한 증거를 제공해준다. 그러나 이러한 제식에서 직접적인 경배를 받았다거나 좀 더 전통적인 제식이나 축제를 대신했던 것은 아니었다"(22).

4 Josephus, *War* 2.409-10. 하지만 필론(*Leg.* 357)은 칼리굴라 황제가 당시의 제식이 마음에 들지 않는다고 말했음을 보도하고 있다.

5 바울과 로마 제국에 대한 연구로는 다음을 보라. Christian Strecker, "Taktiken der Aneignung: Politsche Implikationen der paulinischen Botschaft im Kontext der römischer imperialen Wirklichkeit," in *Das Neue Testament und politische Theorie: Interdisziplinäre Beiträge zur Zukunft des Politischen*, ed. E. Reinmuth (Stuttgart: Kohlhammer, 2001), 114-48, Wiard Popkes, "Zum Thema 'Anti-imperiale Deutung neutestamentlicher Schriften,'" *ThLZ* 127 (2002): 850-62; J. J. Meggitt, "Taking the Emperor's Clothes Seriously: The New Testament and the Roman Empire," in *The Quest for Wisdom: Essays in Honour of Philip Budd*, ed. C. E. Joynes (Cambridge: Orchard Academic Press, 2002), 143-69; Warren Carter, "Paul and the Roman Empire: Recent Perspectives," in *Paul Unbound: Other Perspectives on the Apostle*, ed. M. D. Given (Peabody, MA: Hendrickson, 2010), 7-26; idem, *The Roman Empire and the New Testament: An Essential Guide* (Nashville: Abingdon, 2006); P. J. J. Botha, "Assessing Representations of the Imperial Cult in New Testament Studies," *VerbEccl* 25 (2004): 14-25; Judith A. Diehl, "Empires and Epistles: Anti-Roman Rhetoric in the New Testament Epistles," *CBR* 10 (2012): 217-52; idem, "Anti-imperial Rhetoric in the New Testament," in *Jesus Is Lord, Caesar Is Not: Evaluating Empire in New Testament Studies*, ed. S. McKnight and J. B. Modica (Downers Grove, IL: IVP Academic, 2013), 38-81; 『가이사의 나라 예수의 나라』(IVP 역간, 2017).

는 것이다. 그 이유는 로마의 체제가 하나님 나라와 예수 그리스도의 주권이 궁극적으로 표방하는 것과 상충되기 때문이다. 이러한 주장을 입증하기 위해 바울의 로마서를 검토하는 방법을 활용할 것이다. 이를 통해 드러나는 바울의 특이한 면모는 그가 로마 시민임에도 불구하고 로마 제국이 이스라엘의 하나님이 통치하는 새로운 제국에 의해 극복될 것을 대망한다는 점이다.

반제국주의자 바울에 대한 논쟁을 자리매김하기

바울이 적어도 어느 정도는 반제국주의적 관점을 지니고 있었다는 논제에 대해 수긍하게 되는 데는 그럴 만한 이유가 있다.

첫째로, 바울 신학이 지닌 반제국주의적 성격을 대번에 보여주는 사례는 바울이 사용하는 언어 목록을 황제 숭배에 관한 언어 목록 및 그것이 사회정치적으로 표현된 사례와 비교해보면 찾을 수 있다.[6] 많은 이들이 지

---

6 중요한 것은 로마 제국의 국가 제의는 그 내용과 매체와 참가자에 있어서 다양했다는 점이다. 제국 제의의 숭배의 대상은 사망한 황제, 살아 있는 황제, 황제의 상속자 및 가족 등 다양했고, 로마의 여신이나 그 외 다른 신과 접목되어 있는 경우가 흔했다. 신앙의 표현은 연설, 시, 비문, 화폐 주조, 축제, 사당, 신전, 제물 등을 통해 이루어졌고, 일반 가정, 마을 사당, 모임과 단체, 공공 축제와 신전 등 다양한 장소에서 행해졌다. 제국 제의를 복수형으로 쓰는 문제에 관해서는 다음을 보라. Steven J. Friesen, "Normal Religion, or, Words Fail Us: A Response to Karl Galinsky's 'The Cult of the Roman Emperor: Uniter or Divider?,'" in *Rome and Religion: A Cross-Disciplinary Dialogue on the Imperial Cult*, ed. J. Brodd and J. L. Reed (Atlanta: SBL, 2011), 24. 제국 제의의 출현과 발전에 대한 적절한 자료로는 다음을 보라. Christoph Heilig, *Hidden Criticism? The Methodology and Plausibility of the Search for a Counter-Imperial Subtext in Paul* (WUNT 2.392; Tübingen: Mohr Siebeck, 2015), 73-78.

적하듯이 "복음"(εὐαγγέλιον), "주"(κύριος), "구원자"(σωτήρ), "하나님의 아들"(υἱὸςθεοῦ), "신실함"(πίστις), "강림"(παρουσία), "평화"(εἰρήνη) 등의 어휘는 기독교의 종교적 용어가 아니라 로마 제국의 정치와 선전 및 공식 종교의 배경을 이루는 언어적 요소에 해당한다.[7] 동전과 명문과 신전과 공공건물의 헌정사 등 다양한 매체를 통해 곳곳마다 황제의 권력을 선전하고 찬양하는 문구들이 넘쳐났다. 로마의 권력은 식민지 속주로 확산되었는데, 이에 대한 증거는 소아시아, 특히 앙카라, 아볼로니아, 비시디아 안디옥 등 세 곳에서 발견된 『아우구스투스의 업적록』(Res Gestae) 사본에서 찾을 수 있다.[8] 특히 황제의 이미지는 전 로마에 걸쳐 새겨져 있었으며, 은행, 노점, 목욕장, 경기장, 낙서, 상점, 시장, 선술집, 행렬, 현수막, 현관, 축전, 창문, 신전 등을 망라하고 있었다.[9] 로마시를 비롯한 모든 지역에서 도시의 생활은 문자 그대로 정치적 이미지로 가득 차 있었고, 이러한 이미지는 황제의 권력을 현시함과 동시에 지중해 지역에 거주하는 다양한 민족을 로마화하여 최고의 단일 제국이라고 하는 정치 체제하에 통합하기 위해 고안된 것이었다.[10] 바울의 언어에서도 복음, 그리스도의 주권, 구원 등을 가리키는 말이 제국의

---

7   다음의 유용한 도표를 참고하라. Michael J. Gorman, *Apostle of the Crucified Lord: A Theological Introduction to Paul and His Letters* (Grand Rapids, MI: Eerdmans, 2004), 108-9. 유사성에 관해서 다음의 저작이 일찍이 주목한 바 있다. Dieter Georgi, *Theocracy in Paul's Praxis and Theology*, trans. D. E. Green (Minneapolis: Fortress, 1991), 82.

8   David Nystrom, "We Have No King but Caesar: Roman Imperial Ideology and the Imperial Cult," in *Jesus Is Lord, Caesar Is Not: Evaluating Empire in New Testament Studies*, ed. S. McKnight and J. B. Modica (Downers Grove, IL: IVP Academic, 2013), 31.

9   Marcus Cornelius Fronto, *Ep.* 4.12.6.

10 Harry O. Maier, *Picturing Paul in Empire: Imperial Image, Text, and Persuasion in Colossians, Ephesians, and the Pastoral Epistles* (London: Bloomsbury, 2013), 2-3. 또한 다음을 보라. Paul Zanker, *The Power of Images in the Age of Augustus*, trans. A. Shapiro (Ann Arbor: University of Michigan Press, 1988). 아우구스투스에게 바쳐진 13개 이상의 제단이 아테네 남쪽에서 발견되었다. 다음을 보라. Anna Benjamin and Antony E. Bautischek, "Arae Augusti," *Hesperia* 28 (1959): 65-85.

용어에 병행하고 있다. 그러한 유사성이 뚜렷한 만큼 해리 O. 마이어(Harry O. Maier)는 다음과 같이 논평한다. "바울 서신은 제국의 언어와 상징 및 개념에 가장 심하게 젖어 있는 신약 본문으로 꼽을 수 있다."[11] 마찬가지로 크리스티안 슈트레커(Christian Strecker) 역시 "바울 서신과 그의 주장 전반에 걸쳐 수많은 개념들이 메시아를 표현하기 위해 제국의 정치·종교적 담론이나 그에 상응하는 행위 속에 들어 있는 여러 중요한 요소들을 차용하고 있음"[12]을 밝히고 있다.

이것이 의미하는 바에 관련해서, 아돌프 다이스만(Adolf Deissmann)이 밝혀낸 것은 "로마의 황제 숭배와 그리스도 숭배 간에 일종의 논증적 병행주의가 존재하며, 그것은 특히 70인역과 복음서를 비롯한 기독교의 보고(寶庫)에서 유래한 오래된 어휘들이 황제 숭배의 장엄함을 표현하기 위해 사용되던, 동일하거나 유사한 의미를 지닌 개념들과 우연히 서로 일치하는 데서 드러난다."[13] 하지만 다이스만이 보기에 제국의 언어와 바울의 어휘 간에 존재하는 이러한 병행어구들은 "의도성을 띤" 것임에도 불구하고 기껏해야 로마의 권력에 대한 "소리없는 항변" 정도에 지나지 않는 것이었다.[14] 빌헬름 부세(Wilhelm Bousset)는 "실제적인 언어적 유비"에도 불구하고 "예수를 주로 예배하는 것이" 황제 숭배에 대항하는 "의식적인 반대를 통해 발전되었다"고 보는 것은 잘못이라고 말한다.[15] 하지만 다른 연구

---

11   Maier, *Picturing Paul in Empire*, 6.
12   Strecker, "Taktiken der Aneignung," 161: "이른바 바울 서신들 안에는 황제 시대의 정치적·종교적 담론과 그 공연행위들에 속한 중요한 요소들을 메시아적 관점에서 수용하여 자기 것으로 만든 진술과 사상들이 실제로 많이 발견된다."
13   Adolf Deissmann, *Light from the Ancient East: The New Testament Illustrated by Recently Discovered Texts of the Graeco-Roman World,* trans. L. R. M. Strachan (2nd ed.; London: Hodder & Stoughton, 1927), 346.
14   Deissmann, *LAE*, 355.
15   Wilhelm Bousset, *Kyrios Christos: A History of the Belief in Christ from the Beginnings of*

자들에 따르면, 이러한 병행어구들은 황제 숭배를 약화시키기 위해 그 언어를 모방함으로써 로마 제국의 패권에 대한 고의적이고 도발적인 도전을 시도했음을 암시해준다.[16] 따라서 여러 학자들은 바울의 복음이 세상에 구원과 평화를 가져오는 하나님의 아들이자 주님인 예수를 선포하는 복음 가운데 제국의 수사법을 풍자적으로 차용함으로써 사회정치적 성격을 분명히 드러낼 뿐 아니라 제국에 대항하는 태도를 은연중 나타낼 수도 있다고 생각한다. 바울 서신은 반로마적 수사법을 암묵적으로 보여주는데, 이는 그의 담론 속에 표현되어 있다. 이 수사법은 그리스도를 [주님으로] 선포하는 것과 가이사(Caesar)를 [주군으로] 선언하는 것이 서로 충돌하게끔 몰아간다. 존 도미니크 크로산(John Dominic Crossan)과 조너선 L. 리드(Jonathan L. Reed)는 "예수를 하나님의 아들로 선포하는 것은 가이사가 최고의 칭호를 가지고 있음을 고의적으로 부인하는 행위였다"[17]고 단언한다. 그러한 언어적 유사성에 대해 많은 학자들은 그것이 상당히 대립적인 성격을 띠고 있다고 판단한다. 이에 대해 라이트는 다음과 같이 말한다. "그러므로 우리는 유사성을 나타내는 대목마다, 우리가 실제로 알고 있는 그것, 즉 바울에게 예수는 주님이지만 가이사는 주가 아니라는 선언이 들어 있다고 예상해야 한다."[18] 조지프 팬틴(Joseph Fantin)은 그리스-로마 세계와 바울 서신에 나타난 κύριος 언어에 대한 자신의 연구를 마무리하면서 다음과 같은 주장

   Christianity to Irenaeus, trans. J. E. Steely, ed. L. Hurtado (Waco, TX: Baylor University Press, 1970), 141.

16　Dieter Georgi ("God Turned Upside Down," in *Paul and Empire: Religion and Power in Roman Imperial Society*, ed. R. Horsley [Valley Forge, PA: TPI, 1997], 152): "로마서 독자들을 위해 바울이 선택한 용어가 황제 종교가 내세운 슬로건과 관련이 있다면, 바울 복음은 황제의 복음과 경쟁 관계에 있었다고 해석해야 한다."

17　John Dominic Crossan and Jonathan L. Reed, *In Search of Paul: How Jesus's Apostle Opposed Rome's Empire with God's Kingdom* (San Francisco: HarperSanFrancisco, 2004), 11.

18　N. T. Wright, *Paul: In Fresh Perspective* (Minneapolis: Fortress, 2009), 69.

을 한다. "κύριος가 지닌 관계적 성격과 최고의 주군을 지칭하는 배타적 성격을 감안할 때, 그리스도에게 해당 칭호를 사용하면서 거기에 독특한 수식어나 신앙고백적 문구나 찬양의 송가 등 노골적인 표현들을 덧붙이는 것으로 볼 때, 바울 서신의 원독자들은 그것을 기존의 최고 통치자에 대한 도전으로 여겼을 것이다."[19]

둘째로, 바울이 데살로니가에 머물고 있을 때 그 지역 유대인들이 바울이 회심시킨 이들을 지목하여 폭력적 소동을 일으켰다고 누가가 보도하는 대목에 유의할 필요가 있다. 유대인들은 다음과 같이 주장했다. "천하를 어지럽게 하던 이 사람들이 여기도 이르매 야손이 그들을 맞아 들였도다. 이 사람들이 다 가이사의 명을 거역하여 말하되 '다른 임금 곧 예수라 하는 이가 있다' 하더이다"(행 17:6-7). 누가의 이야기에 등장하는, 예수가 왕이라는 기독교의 선포는 가이사의 왕권에 대한 명백한 도전이었다. 이 점은 칼리굴라 황제가 다른 왕들이 존재한다는 생각을 용인하려 하지 않으려 했다고 수에토니우스(Suetonius)가 전하는 일화에서도 확인된다. "자신을 알현하러 온 어떤 왕들과 함께 만찬을 나누며 그들의 걸출한 혈통에 대해 담화를 나눈 직후에, 그는 '단 한 명의 군주, 한 명의 왕만 있게 하라' [εἷς κοίρανος ἔστω, εἷς βασιλεύς]고 외쳤다."[20] 바울의 무리와 연계되어 있던 한 사람이 예수에 대한 바울의 선포를 황제에게 부여된 배타적 권위와 양립할 수 없는 것으로 간주했다는 사실은 중요한 의미를 지닌다.[21]

---

19   Joseph D. Fantin, *Lord of the Entire World: Lord Jesus, a Challenge to Lord Caesar?* (NTM 31; Sheffield: Sheffield Phoenix, 2011), 266.

20   Suetonius, *Caligula* 22.

21   C. Kavin Rowe(*World Upside Down: Reading Acts in the Graeco-Roman Age* [Oxford: OUP, 2009], 99-102)는 예수가 황제에 대해 반란을 초래할 수도 있는 경쟁 관계에 있지 않았기 때문에, 행 17:6의 주장은 잘못된 것이지만, 기독교 선교가 다른 차원의 삶의 방식으로의 부르심을 수반하고, 이것이 세계를 뒤집어놓을 것이라는 의미에서는 그 주장이 맞다고 본다.

셋째로, 그리스도인들에 대한 로마인들의 태도를 살펴보면 그리스도에 대한 헌신과 로마의 종교, 특히 황제 숭배가 양립할 수 없음을 그들이 인식하고 있었던 것을 알 수 있다. 60년대 중반 네로 치하에서 박해받았던 베드로와 바울을 비롯한 그리스도인들은[22] 필경 종교적 거리낌 및 사회적 경쟁과 관련된 현지의 복합적인 요인들로 인해 자극되었을 것이다. 우리가 가진 자료에 의하면 황제 숭배에 참가하지 않았다고 해서 네로가 이것을 박해의 이유로 삼지 않은 것은 확실하다. 타키투스(Tacitus)의 역사서를 통해 실제로 알 수 있는 것은 그리스도인들은 "해로운 미신"과 같이 로마인들이 "혐오하는 것들" 때문에 경멸 받았다는 사실이다. 그들은 로마에까지 진출한 "흉측하고 수치스러운" 것들의 대표격으로 거론되었으며, "인류에 대한 증오"를 품고 있다는 이유로 조롱당했다.[23] 물론 로마에 들어온 여러 동방 종교들, 예컨대 유대교와 디오니소스 제의도 유사한 비판을 받았다.[24] 그렇다면 네로의 핍박은 왜 그리스도인들에게 집중되었던 것일까?

가장 개연성 있는 것은 그리스도인들이 국가적 반역죄를 범했기 때문에 선택되었다는 설명이다. 그리스도인들이 로마의 종교를 저버리고 비판함으로 인해 종교적으로 불경스러울 뿐 아니라 정치적으로도 불온하다고 인식되었다.[25] 로마가 다종교 사회이기는 했지만, 그렇다고 해서 외래 신앙

---

22 Eusebius, *Hist. Eccl.* 2.25.5-8.

23 Tacitus, *Ann.* 15.44.

24 다음의 두 자료를 비교하라. Livy, *Hist.* 39.8-19와 Tacitus, *Hist.* 5.5. 다음의 논의를 보라. Mikael Tellbe, *Paul between Synagogue and State: Christians, Jews, and Civic Authorities in 1 Thessalonians, Romans, and Philippians* (ConBNT 34; Stockholm: Almqvist & Wiksell, 2001), 26-35.

25 다음을 보라. Pliny, *Ep.* 10.96.2; *Mart. Pol.* 9.2; Tertullian, *Apol.* 24.1; 28.2. 플리니우스에게 보낸 트라야누스 황제의 답변에서는 그리스도인에 대해 "묻지도 말고 말하지도 말라"는 정책이 드러난다. 답변에는 하지만 그들을 색출했을 경우에는 "우리의 신들에게 경배함"으로써 자신들의 주장을 철회하지 않는다면 무조건 처벌을 받아야 한다고 나와 있다. 다음을 보라. John Granger Cook, *Roman Attitudes toward the Christians* (WUNT 261; Tübingen:

에 대해 늘 관용적이지는 않았다. 특히 그것이 방종과 무질서를 조장한다고 간주될 경우에는 더욱 그러했다.[26] 로마의 주민이 로마의 종교 대신에 예수에 대한 믿음을 고백하는 것 자체가 그들을 무신론 내지 인류에 대한 증오의 죄목으로 고발할 수 있는 빌미가 되었으며 조상의 관습(mos maiorum)을 거부하고 가이사의 위엄을 모독하는 대역죄(maiestas)를 범한 것으로 해석되었다. 지역에서 섬기는 신들을 무시한다든지, 도시에서 개최하는 제의

Mohr Siebeck, 2010), 89-92, 290-93. Barclay(*Pauline Churches*, 359-61)는 로마의 신들에게 경배하기를 거부한 것이 분쟁의 원인이었다는 점에 주목하고, 황제 숭배에 참여하지 않는 것은 그리스도인이 지닌 이른바 "무신론"의 한 단면일 뿐이었다고 여긴다. 필자가 지적하고 싶은 문제는 충성도를 검증하는 기준은 언제나 로마에 대한 제의나 카피톨리누스 언덕의 삼신(三神), 또는 아르테미스, 세라피스, 디아나 숭배와 같은 지역의 제의가 아니라 황제 숭배였다는 점이다. 따라서 황제 숭배가 꼭 바울이 비판한 우상숭배의 주요 형태는 아니었을지 모르지만, 그렇다고 하더라도 로마 관리들은 그리스도인들의 무신론을 밝혀내는 수단으로서 황제 숭배에 대한 충성도를 항상 고집했다. 이는 로마 종교 내에서나 로마 종교에 비판적인 사람들 사이에서 모두 황제 숭배가 지배적인 지위를 점하고 있었음을 함의한다. N. T. Wright(*Paul and the Faithfulness of God* [COQG 4; London: SPCK, 2013], 1313-14)에 따르면, "물론 그리스도인들이 일반 신들에 대한 경배를 거부한 것이 중대한 문제이긴 했지만, 황제에 대한 경우에는 특히 그 중대함이 더했다." Dorothea H. Bertschmann(*Bowing before Christ─Nodding to the State? Reading Paul Politically with Oliver O'Donovan and John Howard Yoder* [LNTS 502; London: T&T Clark, 2014], 88n39)도 이와 유사한 주장을 하면서 그리스도 대 가이사의 멋진 대립 구도를 상상하는 것은 잘못된 것이라는 Barclay의 주장을 받아들이지만, 다음과 같은 사실에도 주목한다. "하지만 정치 권력의 수장이 그의 그리스도인 백성에게 타협 행위를 저지르라고 명할 때, '그리스도가 주시다'라는 고백이 '가이사가 주시다'라는 주장에 대하여 얼마나 예리하고 논증적인 성격을 지니게 될지 쉽게 상상할 수 있다. 그러면 가이사는 스스로를 신성한 존재로 제시할 뿐만 아니라 사람들에게 삶의 방식을 명할 수 있는 궁극의 권한이 있음을 주장함으로써 하나님의 권력을 찬탈하는 셈이다."

26 키케로(*Leg.* 2.19)는 그의 이상적 국가에 대해서 "국가로부터 인정받지 않는다면, 새로운 신이건 외국의 신이건 간에 다른 신을 별도로 섬길 수 없다"고 말했다. 디오 카시우스(52.36.1-2)는 마이케나스가 어린 옥타비아누스 황제에게 한 다음과 같은 권고의 말을 기록하고 있다 "우리의 종교를 이상한 의식으로 왜곡하려는 자들을 증오하고 처벌해야 합니다. 이는 신들을 위한 것만이 아니요(이러한 신들을 경멸하는 자는 어떤 다른 신이라도 존중하지 않을 것이기 때문에), 그러한 사람들이 이전의 신 대신에 새로운 신들을 도입해서 많은 사람들이 외국의 관습을 받아들이도록 회유할 것이기 때문입니다. 이러한 관습에서 공모와 당파와 음모가 싹트는 것이고, 이는 제국에 전혀 이득이 되지 않습니다. 그러므로 그 누구도 무신론자나 마술사가 되게끔 방치하지 마십시오".

에, 특히 황제가 후원하는 행사에 불참하는 것은 무신론이라는 고발로 이어졌다. 이렇게 각종 종교 행사에 공경을 표하지 않는 것이 눈에 띄지 않은 채 넘어갈 수는 없었다. 왜냐하면 가족 사당에 나타나지 않는다든지, 길드의 종교 의식에 불참한다든지, 혹은 공공 축제에서 모습을 보이지 않는 것은 확연히 눈에 띄었기 때문이다.[27] 2세기 초반이 되면 "예수는 주"라고 고백하는 것은 그리스도인으로서 죽음의 위협 앞에서도 가이사에게 같은 칭호를 부여하거나 그의 이미지를 숭배하는 것이 불가능하다는 의미를 담고 있었음이 확실하다. 이 점은 플리니우스(Pliny)가 비두니아(Bithynia)의 그리스도인들을 박해한 것에 대한 보도나 폴리카르포스 감독(Bishop Polycarp)의 순교 이야기를 통해 잘 알려져 있다.[28] 마찬가지로 테르툴리아누스도 그리스도인들이 "무엇보다도 로마 종교에 대해 반역하고 있다는 비난"에 대해 어떻게 응수했는지를 기록하고 있다.[29] 이교도 비평가인 카이킬리우스(Caecilius)와 켈소스(Celsus)도 희생제물을 바치지 않거나 황제의 이미지에

---

27 이와 유사한 사실이 20년에 칼푸르니우스 피소(Calpurnius Piso)에 대한 기소를 입증하는 비문에 새겨져 있다. 기소의 이유는 다음과 같다. "또한 원로원의 의견으로는 신이신 아우구스투스 황제의 **신성**을 그(피소)가 범했는데, 이는 그가 황제의 기념물 및 황제가 신의 반열에 들기 전에 그에게 [헌정된] 초상화들에 마땅히 드려야 할 경의를 표하지 않았기 때문이다"(Michael Koortbojian, *The Divinization of Caesar and Augustus* [Cambridge: CUP, 2013], 156에서 인용함). 시민의 권리에 불참하는 것이 시민의 불충을 나타낸다는 점은 분명하다. 그러나 "신에게 잘못한 것은 신의 문제이다"라고 한 티베리우스의 유명한 발언을 감안하여 관용이 베풀어지는 경우도 있었다고 타키투스(*Ann*. 1.73)는 보도한다.

28 Pliny, *Ep*. 10.96.1-10; *Mart. Pol*. 8.1-12.2. 주지해야 할 점은 파피루스에서 발견되듯이 "X는 주이다"(예를 들어, "세라피스는 주이다")라고 말하는 것이 반드시 "가이사는 주가 아니다"라는 것을 의미하는 것은 아니다는 사실이다. 테르툴리아누스(*Apol*. 34.1)는 다음과 같이 말하기도 했다. "나로서는 황제에게 이 칭호[주]를 기꺼이 부여할 것이지만, 단 그 칭호가 통상적인 의미를 담고 있을 때, 그리고 하나님 대신 그를 주라고 부르도록 내가 억지로 강요받지 않을 때에만 그러한 경우가 성립된다." 논쟁이 일어나는 경우는 두 명의 주가 분명히 존재하여, 그 둘 간에 경쟁 구도가 형성되고, 그 둘 모두에게 최상의 지위와 무소불위의 권위가 부여될 때뿐이다.

29 Tertullian, *Apol*. 24.1; Pliny, *Ep*. 10.96-97.

존경을 표하지 않는다는 바로 그러한 죄목으로 그리스도인들을 고발하고 있다.[30]

앞에서 다루었던 증거 중 상당수가 2세기에 나온 것이지만, 그리스도 인들이 황제 숭배에 대해 보여준 반감은 필경 1세기로 거슬러 올라간다. 황 제 숭배를 무시하고 지나가기는 불가능했는데, 이는 그리스도가 활동하기 전에 헤롯 대왕이 아우구스투스를 위한 신전을 곳곳에 세워서 유대 지역 을 포위했고,[31] 바울이 활동하던 시대에는 칼리굴라와 네로 황제가 신으 로 공경받는 것에 유난히 집착했기 때문이다. 물론 황제 숭배가 로마 종교 의 한 측면에 불과했으며, 1세기의 여러 제의들과 병행하여 그 가운데 하나 로 얽혀 있던 것이 사실이다. 하지만 도널드 존스(Donald Jones)는 다음과 같 이 논평한다. 즉 "초기 기독교의 관점에서 볼 때, 로마 제국이 자행한 최악 의 과오는 바로 황제 숭배였다. 오로지 하나님께 드려야 할 공경을 사람에 게 돌릴 수는 없는 일이었다."[32] 초기 교회는 그리스도에게만 헌신했으므로, 황제 숭배를 수용할 수 없었다. 제국의 제의에 참여하기를 거부함으로써, 그리스도인들은 정치와 종교와 백성을 사회적 연결망 안에 묶어주던 끈을

---

30 Minucius Felix, *Octavius* 5-10; Origen, *Contra Celsus* 8.55-67.

31 팔레스타인에서 실시된 황제 숭배에 대해서는 다음을 보라. James S. McLaren, "Jews and the Imperial Cult: From Augustus to Domitian," *JSNT* 27 (2005): 257-78; idem, "Searching for Rome and the Imperial Cult in Galilee: Reassessing Galilee-Rome Relations (63 B. C.E to 70 C. E.)," in *Rome and Religion: A Cross-Disciplinary Dialogue on the Imperial Cult*, ed. J. Brodd and J. L. Reed (Atlanta: SBL, 2011), 111-36; Monika Bernett, "Der Kaiserkult in Judäa unter herodischer und römischer Herschaft: Zu Herausbildung und Herausfoderung neuer Konzepte Jüdischer Herrschaftslegitimation," in *Jewish Identity in the Greco-Roman World*, ed. J. Frey, D. R. Schwartz, and S. Gripentrog (AJEC 71; Leiden: Brill, 2007), 219-51; Werner Eck, ed., *Judäa—Syria Palästina: Ein Euseinandersetzung ein Provinz mit römischer Politik und Kultur* (TSAJ 340; Tübingen: Mohr Siebeck, 2014).

32 Donald L. Jones, "Christianity and the Roman Imperial Cult," in *ANRW* 2.23.2, ed. H. Temporini and W. Haase (Berlin: Walter de Gruyter, 1980), 1023; Tertullian, *Apol.* 27, *De Idol.* 15; Minucius Felix, *Oct.* 10.2.

끊어버리는 자들로 인식되었다.

이렇게 보면 그리스도인들이 박해를 받았던 이유는 다른 사람들이 반드시 필요하다고 간주하는 것(신들에 대한 경배)을 등한시하고, 자신들의 모임을 통해 사회 계층 간의 질서(권력과 특권의 위계 질서)를 깨뜨렸으며, 유대인 공동체들 가운데 논란과 충돌(평화에 대한 위협)을 조장했고, 많은 사람들이 숭앙하는 대상을(로마의 권력과 그것이 주는 유익)을 직접적으로 혐오한 것 때문이었다. 어떤 그리스도인들은 신들과 황제와 도시 엘리트들과 백성들로 이어진 관계망 속에 들어가기를 거부하였고. 이는 로마가 보기에 세상 가운데 인간이 마땅히 있어야 할 자리로부터 스스로 이탈한 셈이었다.[33] 따라서 네로가 동방에서 들어온 여러 미신적 신앙 중에서 그리스도인들을 희생양으로 선택한 것은 우연이 아니었다. 도리어 기독교 신앙이 지닌 비로마적 성격, 기독교의 담론이 시사하는 제국대항적(counterimperial) 성격, 그들의 회합이 지닌 반사회적 성격 등으로 인해 필시 그리스도인들은 로마 당국자들의 주목을 받게 되었던 것이다.

넷째로, 2세기 말에 나온 바울행전(Acts of Paul)에서 바울을 제국에 대항하는 행동가로 해석하고 있는 구체적인 증거를 찾아볼 수 있다. 이 가상의 이야기에서 네로 황제는 바울이 자신의 시종인 파트로클루스(Patroclus)를 죽음에서 부활하게 했다는 소식을 듣는다. 네로는 파트로클루스를 다정

---

33 Simon R. F. Price("Ritual and Power," in *Paul and Empire: Religion and Power in Roman Imperial Society*, ed. R. A. Horsley [Harrisburg, PA: TPI, 1997], 71)에 따르면, 황제 숭배 신앙은 "사회 구조를 형성하고 있던 권력망의 주요 부분"이었다. 또한 Barclay(*Pauline Churches*, 355-56)에 따르면, "신 아우구스투스 황제(와 로마)에 대한 경배는 황제의 명령이 다른 신들의 호의를 보장하고 중재할 수 있으며, 유일무이한 초인적 능력을 가진 로마 황제가 사회를 이롭게 할 수 있는 신적 권능을 부여받았다는 인정을 표현하는 것이었다.…'신들'에 대한 경배와 황제 가문을 숭배하는 것은 둘 중 하나를 선택할 수 있는 사항이 아니었다. 황제의 가문을 숭배했던 것은 모든 신들이 함께 주관하고 지지하고 있는 우주 질서 내에서 황제가 중심 역할을 맡고 있었기 때문이다."

히 맞아주지만 그가 새로운 신앙을 자신의 신하들에게도 퍼뜨린 것을 알고 격분한다.

> 네로는 들어와서 파트로클루스를 보자 소리쳤다. "파트로클루스, 살아 있는가?" 그가 대답했다. "살아 있습니다, 황제 폐하." 황제는 물었다. "자네를 살려낸 자가 누구인가?" 그 시종은 믿음의 확신 가운데 격앙되어 외쳤다. "그리스도 예수, 모든 세대의 왕이십니다." 황제는 크게 실망하여 물었다. "그가 모든 세대의 왕이 되고 모든 나라를 전멸시킬 자인가?" 파트로클루스는 대답했다. "네, 그분이 하늘 아래 있는 모든 나라를 전멸시키실 것이고, 오직 그분만이 영원히 살아 계실 것이며, 어떤 나라도 그분에게서 벗어날 수 없을 것입니다." 그러자 황제는 그의 얼굴을 때리며 소리쳤다. "파트로클루스, 자네도 그 왕을 위해 싸울 것인가?" 그가 대답했다. "네, 황제 폐하, 그분이 저를 죽은 자들 가운데서 살리셨으니 당연합니다." 그러자 평발을 가진 바르사바스 유스투스와 갑바도기아 사람 우리온과 갈라디아 출신의 페스투스 등 네로의 최측근들노 서들었나. "저희들도 모든 세대의 왕이신 그분을 위해 싸우겠습니다." 네로는 자신이 한때 사랑했던 이들을 고문한 뒤에, 이들을 투옥하고서 그 위대한 왕이라는 자의 군사들을 색출해낼 것을 명령하였다. 그리고 그는 그리스도인들과 그리스도의 군사들을 모두 찾아내서 처형하라는 포고령을 내렸다.[34]

이 문서는 2세기 말의 것이 확실함에도 불구하고 극화된 가상의 이야기를 넘어 시사하는 바가 있다. 바로 그리스도를 믿는 믿음과 가이사에 대한 충성이 절대 권위라는 관점에서 볼 때 상호 배타적인 것으로 간주되었고, 그리스도인들은 제국의 종교적·사회적 연결망에 잠재적 불안정을 초래하는

---

34   *Acts of Paul* 11.2, trans. M. R. James.

자들로 여겨졌다는 사실을 적시해주는 것으로 보인다.

하지만 바울 서신에서 반제국적 수사를 읽어내는 데는 몇 가지 문제가 남아 있다.[35] 첫째로, 바울 서신이 보여주는 것은 그가 정치적 행동주의에 사로잡힌 적이 거의 없으며, 정작 그의 초점은 유대인 신자와 이방인 신자 간에 조화로운 관계를 가진 교회를 세우는 일에 집중되어 있었다는 점이다. 사실상 바울 서신의 주된 관심사는 그리스도인들에게 교회 공동체 외부의 사람들과 평화롭게 지내라고 권고하는 것이다(롬 12:14-21; 고전 10:32-33). 그렇다고 바울이 반드시 정치에 무관심했다고 보기는 어렵지만, 바울은 분명 정치적 변화를 추구하는 행동가는 아니었다. 신약에 등장하는 하나님($\theta\varepsilon\acute{o}\varsigma$) 대 가이사($K\alpha\widetilde{\iota}\sigma\alpha\rho$)의 비율이 30:1인 것을 감안하면 이것은 그다지 놀라운 일도 아니다.[36]

둘째로, 또 다른 문제는 소위 이 반제국적 해석 중 상당수가 미국 공화당 출신 대통령들의 대외 및 경제 정책에 대한 풍자적 비판으로 보인다는 점이다. 그렇다면 로마 권력에 대한 바울의 비판을 학문적으로 재구성했다

---

35 다음의 비평을 보라. Christopher Bryan, *Render to Caesar: Jesus, the Early Church, and the Roman Superpower* (New York: OUP, 2005), 9-10, 91-93; A. Standhartinger, "Die paulinische Theologie im Spannungsfeld römisch-imperialer Machtpolitk: Eine neue Perspecktive auf Paulus, kritisch geprüft anhand des Philippersbriefs," in *Religion, Politik und Gewalt,* ed. F. Schweitzer (Gutersloh: Gutersloher Verlag, 2006), 364-82; Denny Burk, "Is Paul's Gospel Counterimperial? Evaluating the Prospects of the 'Fresh Perspective' for Evangelical Theology," *JETS* 51 (2008): 309-37; Seyoon Kim, *Christ and Caesar: The Gospel and the Roman Empire in the Writings of Paul and Luke* (Grand Rapids, MI: Eerdmans, 2008; 『그리스도와 가이사』 두란노 역간, 2019); Joel White, "Anti-imperial Subtexts in Paul: An Attempt at Building a Firmer Foundation," *Bib* 90 (2009): 305-33; Colin Miller, "The Imperial Cult in the Pauline Cities of Asia Minor and Greece," *CBQ* 72 (2010): 314-31; John M. G. Barclay, *Pauline Churches and Diaspora Jews* (WUNT 1.275; Tübingen: Mohr Siebeck, 2011), chs. 18-19. 다음의 논문집에 실린 대부분의 논문은 부정적인 의견을 나타낸다. Scot McKnight and Joseph B. Modica, eds., *Jesus Is Lord, Caesar Is Not: Evaluating Empire in New Testament Studies* (Downers Grove, IL: IVP Academic, 2013).

36 Dale C. Allison, *Resurrecting Jesus* (London: T&T Clark, 2005), 23.

는 것이 사실은 미국의 정책을 겨냥한 좌파 학자들의 암묵적 비판은 아닌지 의아하게 여길 수밖에 없다. 솔직히 말하자면, 그것에 대해 의문의 여지가 있을 수 없다. 이 점에 대해 리처드 호슬리(Richard Horsley)는 꽤나 허심탄회하게 이야기한다.[37] "제국"이라는 말은 패권적이고 독재적인 권력을 지칭하는 부정적 의미를 함축하는데,[38] 바울을 "제국"과 대항하는 위치에 놓음으로써 바울에게 기독교화된 체 게바라의 이미지를 투사하는 셈이다. 다시 말해서, 이러한 반제국적 바울은 아마 고대 정치보다는 현대 정치와 더욱 관련될 것이다.[39]

셋째로, 로마 제국에 대한 경험이나 그것에 대한 표현은 지중해 주변에 자리한 각 지역의 상황에 따라 각양각색으로 나타났음을 유념할 필요가 있다. 제국의 가시적 존재감은 유대의 촌락 지역, 소아시아의 그리스 도시, 그리스의 로마 식민 도시 및 로마시 자체에서 각각 다른 모습으로 나타났다.[40] 유대인 편에서도 로마를 대하는 관점이 비판 일변도로 흐르지 않았고, 각자가 처한 상황, 즉 시민권, 후견 관계, 사회적 지위 등에 따라 결정되

---

37 Richard Horsley, *Jesus and Empire: The Kingdom of God and the New World Order* (Minneapolis: Fortress, 2002), 1-14. Scot McKnight and Joseph B. Modica("Introduction," in *Jesus Is Lord, Caesar Is Not: Evaluating Empire in New Testament Studies*, ed. S. McKnight and J. B. Modica [Downers Grove, IL: IVP Academic, 2013], 19)는 "제국 비평은 학자 개인의 진보적, 좌파적, 네오마르크스주의적, 또는 기타의 정치적 성향을 지나치게 나타낸다"고 논평한다. 또한 다음을 보라. Barclay, *Pauline Churches*, 367.

38 필자는 John le Carré(영국의 첩보 소설가—옮긴이)의 소설 속 인물인 Connie Sachs가 기억난다. 그는 "'제국'이 불결한 단어가 되기 전의 시대"를 기억하고 있었다. 제2차 세계대전 후 영국이 "대영제국"에서 "영연방"으로 개칭한 것은 다름 아니라 옛 식민주의 시대의 의미에서 벗어나고 싶었기 때문이다. 게다가 필자가 지금 이 글을 쓰는 동안에도 필자의 아들은 "스타워즈: 제국의 역습"을 보고 있는데, 이 영화가 최근 몇 십 년 어간에 다른 어떤 미디어보다 "제국"에 대한 개념을 형성하는 데 큰 역할을 한 것은 분명하다.

39 다음을 보라. N. T. Wright, "A Fresh Perspective on Paul?," *BJRL* 83 (2001): 28. Wright도 유사한 비판을 하고 있다.

40 다음을 보라. Simon R. F. Price, "Response," in *Paul and the Roman Imperial Order*, ed. R. A. Horsley (Harrisburg, PA: TPI, 2004), 175-83.

었다. 필론과 요세푸스는 로마의 정치계에 깊이 관여했던 대표적인 지도
자들로서, 그 사회 내에서 유대인의 권익을 옹호하기도 했다. 또한 잊지 말
아야 할 것은 로마와 동맹을 주도적으로 맺은 쪽은 다름 아닌 유대인들이
었다는 사실이다. 즉 파르티아의 후원을 받고 있던 안티고누스(유대 하스
몬 왕조에 속한 통치자—옮긴이)를 패퇴시키도록 헤롯 대왕에게 도움을 준 주
체가 바로 로마인들이었다. 또한 티베리우스 황제의 사망 때문에 일이 곤란
해지기 전에 헤롯 안티파스에게 아레타스 4세(나바테아의 국왕으로서 안티파스
의 장인이었으며, 안티파스가 자신의 딸을 버리고 헤로디아와 결혼하자 이에 분개해 쳐
들어왔다—옮긴이)에 대한 복수를 감행하자고 제안했던 것도 로마였다.[41] 유
대 디아스포라 곳곳에 산재한 유대교 회당에서는 지역의 로마인 지도자들
이 유대인 회중에게 은택을 베푼 것을 칭송하는 명문들이 새겨진 것을 볼
수 있다.[42] 마찬가지로 그리스도인 집단도 사회적 계층에 따라 분화되어 있
었고 지리적으로도 다양하게 분포되어 있었으므로, 로마 당국과 반드시 부
정적인 관계를 맺기보다 오히려 양가적 태도를 지닌 경우가 많았다. 그리스
도인들은 대체로 로마 관리들과 직접적으로 접촉하는 경우가 드물었고, 오
히려 사도행전에 나오는 것처럼, 문제에 봉착했을 경우 로마 제국의 당국
자가 아니라 거주지의 회당이나 시 정부의 지도자들과 협의하는 것이 보통
이었다.[43] 이 점은 관리들이 상대할 수 있는 공인 종교를 명시한 공식적 목
록, 즉 이른바 렐리기오 리키타(religio licita)가 존재하지 않는다는 사실로도

---

41 다음을 보라. 1 Macc 8:1-29; 12:1-4; 14:24, 40; 15:16-24(마카비파가 로마와 동맹을 맺은
    사례); Josephus, *Ant.* 14.384-15.10; *War* 1.282-303(로마가 파르티아에 대항하는 헤롯을
    지지한 사례); Josephus, *Ant.* 18.111-26(헤롯 안디파스가 아레타스와 대립한 경우).
42 아프로디시아스의 명문이 대표적인 사례다.
43 Matthew V. Novenson, "What the Apostles Did Not See," in *Reactions to Empire: Sacred
    Texts in Their Socio-political Contexts,* ed. J. A. Dunne and D. Batovici (WUNT 2.372;
    Tübingen: Mohr Siebeck, 2014), 70.

뒷받침된다. 대신에 새로이 들어온 외래 종교에 대한 판결은 그것이 얼마나 오래된 것인지, 행여 사회적 불안을 유발할 가능성은 없는지, 또한 지역의 만신전에 새로운 신들을 추가하는 것에 관련된 기존의 기준 여부 등 여러 지역의 상황에 따라 좌우되었다.[44] 또한 매우 제한된 경우이긴 하지만, 다른 사례들을 살펴보면, "도시의 재무관"(롬 16:23)과 같은 공직을 담당한 저명한 로마인 가문이나(롬 16:10-11) 심지어 "가이사의 집"(빌 4:22)에 속한 그리스도인들은 제국의 모든 체제가 그들을 항시 고의적으로 억압한다고 생각하지는 않았을 수 있다. 로마 제국은 상대적으로 정의와 평화, 번영의 시기를 가져왔으며, 이는 로마의 영역 내에서 복음 전파와 그리스도인들의 이동을 용이하게 하였다. 로마 제국이 상대적으로 안정기를 구가했다는 점을 감안하면, 사도 시대와 속사도 시대의 그리스도인들이 황제를 위해 기도를 드린다거나 공공선을 위해 당국자에 대한 복종을 촉구하기도 했다는 사실이 그다지 놀라울 것도 없다.[45] 테르툴리아누스는 심지어 이렇게 말하기까지 한다. 즉 "가이사는 너희가 아니라 우리에게 속해 있다. 이는 우리가 믿는 하나님이 그를 지명한 까닭이다."[46] 따라서 "그리스도인은 그 누구도 내 적하지 않으며, 최소한 로마 황제의 적이 될 수는 없다. 그리스도인은 하나님이 황제를 임명했으므로 사랑하고 존중할 수밖에 없음을 알고 있기 때문이다. 더군다나 그리스도인은 황제의 안녕과 제국의 안녕을 간절히 필요로 한다. 세상이 존립하는 한 황제는 제국을 계속해서 통치할 것이고 로마도 계속될 것이기 때문이다"[47] 그렇다면 바울도 단지 제국의 권위에 저항하며 살았던 것이 아니라, 현명하게 그 속에서 자신의 길을 찾으면서 제국이

---

44 Jörg Rüpke, *Religion of the Romans*, trans. R. Gordon (Cambridge: Polity, 2007), 35.
45 딤전 2:1-2; 딛 3:1; 벧전 2:13-17; *1 Clem*. 61.1; *Mart. Pol*. 10.2; Tertullian, *Apol*. 30-32.
46 Tertullian, *Apol*. 33.1.
47 Tertullian, *Ad Scap*. 2.

주는 유익을 가급적 이용하기도 했으리라고 상상할 수 있다. 일례로 바울은 투옥을 피하기 위해 "가이사에게 상소"하기도 했던 것이다(행 25:11). 브루노 블루멘펠드(Bruno Blumenfeld) 역시 여러 학자들과 마찬가지로, 바울의 성공적인 선교 사역이 로마 제국에 달려 있었으므로, "그는 로마의 기존 정치 질서를 절대 어지럽히면 안 되었고, 더 중요한 점은 그가 그것을 바라지 않았다는 점이다"[48]라고 추론한다. 이렇게 본다면, "황제 숭배의 중요성을 과장하면서 그리스도와 가이사 간에 극단적인 선택을 상정하는"[49] 주장에 맞서 프라이스(Price)가 항변하는 것도 일리가 있다고 하겠다.

넷째로, "복음", "구원" 내지 예수의 주 되심(Jesus' lordship)에 대한 바울의 언어 중 상당수는 70인역의 어휘에서 유래한 것이지 로마의 사회종교적 언어로부터 직접 도입한 것은 아니다. 따라서 그것을 제국에 반대하기 위한 목적에서 나온 것으로 간주할 수는 없다.[50]

다섯째로, 어떤 식으로 세부 사항을 가공하든 간에 로마서 13:1-7은 바울의 신념이 그리스도인으로서 국가 권력에 복종하는 것이지 혁명을 일으키는 것이 아니었음을 분명히 보여준다. 여기서 바울이 말하는 것은 사회정치적 저항에 관한 대본이라기보다 정치적 정적주의, 곧 현상 유지를 긍정하는 것에 가까워 보인다. 그렇다고 해도, 바울이 그리스도인들을 겨냥한

---

48 Bruno Blomenfeld, *The Political Paul: Justice, Democracy, and Kingship in a Hellenistic Framework* (JSNTSup 210; London: T&T Clark, 2003), 289.

49 Price, *Rituals and Power*, 15.

50 Burk, "Gospel," 317; White, "Subtexts," 309-10. Peter Oakes(*Philippians: From People to Letter* [SNTSMS 110; Cambridge: CUP, 2001], 172)가 주장하듯이, 칠십인역의 언어와 로마 제국의 언어가 그 맥락이나 의미를 공유하는 경우도 불가능하지는 않았을 것이므로, 반드시 양자택일을 할 필요는 없다. Heilig(*Hidden Criticism?*, 145)도 다음과 같이 첨언한다. "많은 비평가들이 칠십인역의 배경을 선택한 후에 서둘러 로마의 전경은 거부해버린다. 우리는 어떤 용어에서 밝혀내야 할 사항이 과연 무엇인가를 항상 유념해야 할 필요가 있다. 용어의 **기원**인가 아니면 어법의 이면에 있는 **의도**인가?"(강조는 원저자의 것임).

네로의 학살이 임박한 것을 알았을 경우에도, 과연 똑같은 권고의 말을 써서 보냈을는지 의아해할 수 있다. 그러나 분명한 사실이 있는데, 로마서에서 국가에 대해 명시적으로 말하는 것이 하나 있다면 그것은 바로 그리스도인들이 통치권자들에게 복종해야 한다는 것이다.[51]

이제까지 제시된 증거 자료는 상당히 균형 잡혀 있는 것으로 보인다. 바울의 로마서를 면밀히 해석함으로써 이러한 난제가 해결될 것이라고 기대한다.

최근 학계의 바울, 로마서, 제국에 관한 논의

먼저 시작해야 할 주제는 바울과 로마서 및 로마 제국에 대한 최근의 연구 성과다. 로마 제국의 이데올로기에 내해 바울이 관심을 보이고 있었다는 사실을 로마서에서 몇 가지 측면으로 찾아볼 수 있다.

디터 게오르기(Dieter Georgi)는 바울의 종말론과 율리우스 클라우디우스 왕조의 정치 선전 간의 상충된 면을 부각시킴으로써 바울에 대한 반제국주의적 해석의 토대를 놓았다. 그는 몇 가지 대립되는 요소들을 강조했는데, 예를 들어 그리스도의 부활이 황제의 신격화와 대립될 뿐 아니라 그것을 능가한다는 점(롬 1:3-4), 그리스도가 원수(*princeps*)로서 그에게 원수되었던 죄인들과 연대한다는 점(롬 5:6-10), 은혜의 수여자로서 그리스도가

---

51 다음의 자료는 참고할 가치가 있다. S. Krauter, *Studien zu Röm 13,1-7: Paulus und der politische Diskurs der neronischen Zeit* (Tübingen: Mohr Siebeck, 2009); J. Botha, *Subject to Whose Authority? Multiple Readings of Romans 13* (Atlanta: Scholars, 1994).

아우구스투스와 네로 시대의 번영보다 걸출하게 뛰어나다는 점(롬 5:6-21) 등이다. 바울은 로마서에서 하나님을 그가 임명한 원수, 곧 예수 그리스도를 통하여 로마 제국의 예속된 군중과 주권적으로 연대를 맺는 분으로 묘사한다. 게오르기는 바울이 제국과 황제에 대해 은밀히 비판을 가하면서 "대안적인 사회적 유토피아"를 옹호하고 있었다고 결론을 맺는다.[52]

리처드 호슬리(Richard A. Horsley)는 바울에 대한 정치적 해석을 공론화하는 데 있어 지난 십 년 동안 그 누구보다도 크게 기여하였다.[53] 그의 관심은 저항에 대한 성서적 정당성을 재포착하고, 예수와 바울이 제국 권력에 대한 도전의 모델을 대표한다는 점을 입증하는 것이었다. 로마서에서 호슬리가 간파해낸 것은 바울이 로마 그리스도인들에게 그들의 묵시적 전쟁의 중심에는 로마의 우상숭배 의식을 통해 상징적으로 표상되는 후견 관계와 권력과 특권에 대항하는 투쟁이 자리잡고 있음을 설득하려고 했다는 것이다. 호슬리가 그려내는 바울은 로마인들에게 정부를 전복하고자 하는 반제국주의적 신념을 가진 지하 운동을 재정적으로 후원할 것을 부탁하는 셈이다.[54]

존 도미니크 크로산(John Dominic Crossan)과 조너선 L. 리드(Jonathan L. Reed)는 로마서에 나타난 바울은 하나님의 정의하에 보호받는 하나의 세계

---

52   Georgi, *Theocracy in Paul's Praxis and Theology*.

53   Richard A. Horsley and Neil Asher Silberman, *The Message and the Kingdom: How Jesus and Paul Ignited a Revolution and Transformed the Ancient World* (New York: Penguin Putnam, 1997); Richard A. Horsley, ed., *Paul and Empire: Religion and Power in Roman Imperial Society* (Harrisburg, PA: TPI, 1997); Horsley, ed., *Paul and Politics: Ekklesia, Imperium, Interpretation* (FS Krister Stendahl; Harrisburg, PA: TPI, 2000); Horsley, *Paul and the Roman Imperial Order* (Harrisburg, PA: TPI, 2004); Horsley, ed., *In the Shadow of Empire: Reclaiming the Bible as a History of Faithful Resistance* (Louisville: Westminster John Knox, 2008).

54   Horsley and Silberman, *Message and the Kingdom*, 189-90.

를 구상하고 있다고 본다. 바울은 "하나님의 의"를 제시하는데, 이는 하나님의 지상 통치가 하나님의 초월적 성품을 반영하는 가운데, 전지구적 차원에서 분배적 정의가 구현되는 것을 말한다. 바울 복음은 그리스도 안에서의 평등과 언약적 정의를 옹호하는 것으로서, 로마의 복음이라는 폭력적 제국주의와 상충된다.[55]

N. T. 라이트(N. T. Wright)는 아우구스투스를 필두로 한 로마 황제들이 혼란스러웠던 땅에 정의와 평화를 가져온 것으로 자신들을 치켜세우는 것에 대해 기술한다. 로마의 군사력은 새로운 세계 질서를 세웠고, 이를 통해 가이사는 퀴리오스(Kyrios), 즉 "주군"으로 추앙 받게 되었다.[56] 라이트는 아우구스투스가 만들어낸 유스티티아("정의") 여신에 대한 숭배와 로마서의 중심 주제인 하나님의 δικαιοσύνη ("의" 또는 "정의")에 대한 계시가 날카롭게 대조되고 있음에 주목한다. 로마서에서 바울은 "왕이신 예수"를 통해 하나님의 구속적 유스티티아(iustitia)가 계시된 것으로 파악하며, 이를 통해 로마 제국이 그 자신의 징벌적 군사 행동을 통해 신적 유스티티아를 예고하는 전조가 된다는 주장에 맞서 직접적인 도전장을 내민다. 라이트의 바울 해석에서 로마는 손을 보아야 할 사악한 권력에 해당한다. 라이트에 따르면, 바울은 "사람들에게 새로운 종교적 체험을 소개하는 순회 전도자"가 아니라 "왕을 섬기는 대사로서 이 새 왕에게 충성하는 백성으로 구성된 세포

---

55 Crossan and Reed, *In Search of Paul*, 290, 379-403.

56 N. T. Wright, "Paul's Gospel and Caesar's Empire," in *Paul and Politics: Ekklesia, Israel, Imperium, Interpretation: Essays in Honor of Krister Stendahl*, ed. R. A. Horsley (Harrisburg, PA: TPI, 2000), 160-83; idem, "A Fresh Perspective on Paul?," *BJRL* 83 (2001): 21-39; idem, "Paul and Caesar: A New Reading of Romans," in *A Royal Priesthood: The Use of the Bible Ethically and Politically*, ed. C. Bartholomew, J. Chaplin, R. Song, and A. Walters (Carlisle, UK: Paternoster, 2002), 173-93; idem, "Romans," in *NIB*, ed. L. E. Keck (12 vols.; Nashville: Abingdon, 2002), 10:404-5; idem, *Paul*, 59-79; idem, *Paul and the Faithfulness of God*, 1271-1319.

조직을 세우며, 그 왕의 이야기와 그 표상과 실천 강령에 따라 그들의 삶을 인도하고, 그 왕의 진리에 따라 그들의 정신을 형성하는 자였다. 이러한 활동은 로마 제국의 체제 전반을 전복하기 위한 제국대항적 성격을 지닌다고 간주될 수밖에 없을 것이다. 사실 바울도 자신의 활동이 그렇게 여겨지기를 바랐다는 증거가 여럿 있을 뿐 아니라, 자신의 사역이 결국 감옥에 수감되는 것으로 종결되었을 때에도, 바울이 그 상황을 자신이 제대로 해냈다는 표시로 받아들였다고 볼 만한 증거가 있다."[57]

에케하르트 W. 슈테게만(Ekkehard W. Steggemann)은 로마서에 나타난 바울 신학의 핵심은 예수 그리스도가 "하나님의 아들"이며 "주님"이심을 선포하는 것이라고 본다. 그러한 바울의 주장은 로마와 이스라엘의 하나님이라는, 두 상반된 종말론 간의 도전을 연출한다. 바울 복음이 믿는 자들에게 복음(euangelion)인 반면에, 로마에게는 반복음(dysangelion)이 되는데, 그 이유는 바울이 그리스도가 재림할 때 모든 권세가 사라질 것을 고대하기 때문이다. 게다가 하나님은 예수를 우주의 통치자로 지명했으므로, 로마 황제가 내세우는 이와 유사한 주장과 뚜렷이 대조된다. 제국의 신뢰(fides)를 가늠하는 표지, 즉 황제가 보여주는 신뢰성은 황제에 대한 충성으로 인해 강화되는데, 이것을 바울은 하나님의 신실하심과 그것이 예수 그리스도에 대한 인간의 신실함을 통해 강화된다는 개념으로 대체한다. 더욱이 하늘로 올라가서 통치하고 계시는 이는 가이사가 아니라 그리스도다.[58]

이언 로크(Ian Rock)는 49년에 유대인들을 로마에서 추방했던 클라우

---

57 Wright, "Paul's Gospel and Caesar's Empire," 161-62.
58 Ekkehard Stegemann, "Coexistence and Transformation: Reading the Politics of Identity in Romans in an Imperial Context," in *Reading Paul in Context: Explorations in Identity Formation*, ed. K. Ehrensperger and B. J. Tucker (FS W. S. Campbell; LNTS 428; London: T&T Clark, 2010), 2-23.

디우스 칙령의 여파로 로마서가 작성되었다고 본다. 그 당시 클라우디우스는 고대 로마 의식의 수호자로 자처하면서, 로마를 신이 창조한 군사 집단으로 소개하는 아이네이스 신화를 계속해서 선전하고 있었다. 로마서에서 바울은 아이네이스 신화에 대한 하위 문화적 답변을 제시하기 위해서, 다윗의 왕권, 하나님이 아브라함과 맺은 보편적 언약, 모세 율법이 지닌 우주적 성격, 이스라엘이 하나님의 선민으로서 겪었던 역사 등을 언급하는 것과 더불어 예수를 메시아이자 주로서 분명하게 나타낸다. 바울은 로마서의 요소마다 모세의 노래(신 32장)에 등장하는 모티프를 직접적으로 배치하고 있는데, 이에 따르면 로마는 하나님의 복수를 당하고 말 것이다. 결국 바울의 로마서는 클라우디우스의 사망(54년) 이후 망명 생활을 끝내고 돌아온 유대 그리스도인들을 부끄럽게 여기면서 배제하려고 했던 이방인 그리스도인들에 대한 비판이다. 바울에 의하면, 예수 그리스도를 시인하는 것은 하나님의 목적이라는 틀 안에서 이스라엘의 선택과 유대인의 우선됨을 인정할 것을 요청한다.[59]

스탠리 E. 포터(Stanley E. Porter)는 로마 제국 전역에 퍼져 있는 황제들의 업적을 칭송하는 다양한 공공 명문은 바울의 복음 사역을 위한 배경을 형성하는 것으로서 의미를 지닌다고 설명한다. 포터는 파울루스 파비우스 막시무스(Paulus Fabius Maximus)라는 사람이 제작한 명문이 제국의 거의 모든 지역에 편재했었고, 그가 이 명문을 통해 가이사의 출현이라는 기쁜 소식을 내용으로 하는 제국 복음을 알리는 전령 역할을 한 것에 주목한다. 이와 대조적으로 포터는 바울이 진정한 주님이신 예수 그리스도를 알리는 새

---

59 Ian E. Rock, "Another Reason for Romans—a Pastoral Response to Augustan Imperial Theology: Paul's Use of the Song of Moses in Romans 9-11 and 14-15," in *Reading Paul in Context: Explorations in Identity Formation*, ed. K. Ehrensperger and B. J. Tucker (FS W. S. Campbell; LNTS 428; London: T&T Clark, 2010), 74-89.

로운 명문을 새롭게 건립하는 자로서 자처하고 본다. 그는 로마서를 프리에네(Priene), 아파메아(Apemea), 코보토스(Kobotos), 마이오미아(Maiomia), 에우메네이아(Eumeneia) 등지에서 출토된 새 시대의 시작을 선언하는 명문과 비교하면서, 주 예수와 가이사 간에는 질서의 수립, 현세적 출생, 신적 은택, 숭배, 복종 등의 측면에서 뚜렷한 구별이 있음을 지적한다. 포터는 다음과 같이 논평한다. "따라서 로마서에서 바울은 처음부터 거의 마지막까지 로마의 제국주의에 맞서 예수 그리스도의 진정한 주 되심을 선언함과 동시에, 믿음의 순종 가운데 그를 따르려는 이들에게 예수의 주 되심에 관한 복음이 무엇을 가리키는지를 보여주려고 시도한다."[60]

로마서에 대한 정치적 해석을 가장 집중적으로 지지하는 사람은 닐 엘리어트(Neil Elliott)다.[61] 엘리어트는 로마서가 "로마 교인들 안에 자리잡고 있는 제국 이데올로기의 영향을 저지하려는 바울의 시도를 담은 책"이라고 주장하며, 그 이유는 부분적으로 로마의 문화적 엘리트들 가운데 자리잡고 있던 반유대주의적 성향이 로마 교인들에게도 스며들었기 때문이라고 본다.[62] 바울 선교의 핵심은 새로운 사회를 창조하는 것이었고, 이 사회는

---

60   Stanley E. Porter, "Paul Confronts Caesar with the Good News," in *Empire in the New Testament*, ed. S. E. Porter and C. L. Westfall (Eugene, OR: Cascade, 2011), 189.

61   Neil Elliott, *Liberating Paul: The Justice of God and the Politics of the Apostle* (2nd ed.; Minneapolis: Fortress, 2006); idem, "The Letter to the Romans," in *A Postcolonial Commentary on the New Testament Writings,* ed. F. F. Segovia and R. S. Sugirtharajah (New York: T&T Clark, 2007), 194-219; idem, *The Arrogance of Nations: Reading Romans in the Shadow of Empire* (Minneapolis: Fortress, 2008); idem, "'Blasphemed among the Nations': Pursuing an Anti-imperial 'Intertextuality' in Romans," in *As It Is Written: Studying Paul's Use of Scripture,* ed. S. E. Porter and C. D. Stanley (SBLSS 50; Leiden: Brill, 2008), 213-33; idem, "Paul's Political Christology: Samples from Romans," in *Reading Paul in Context: Explorations in Identity Formation,* ed. K. Ehrensperger and J. B. Tucker (FS W. S. Campbell; LNTS 428; London: T&T Clark, 2010), 39-51.

62   Elliott, *Arrogance of Nations,* 158.

로마가 자신의 식민지에 제시하는 미래상의 대척점에 위치했다.[63] 그는 심지어 로마서를 제국적 사고에 대항하는 "이데올로기적 인티파다"(intifada: 원래는 팔레스타인의 반이스라엘 저항운동을 의미함―옮긴이)라고 부르기까지 한다.[64]

제임스 해리슨(James Harrison)은 바울 복음이 율리우스 클라우디우스 왕조의 통치 이념과 이데올로기적 충돌을 빚는다고 생각한다. 로마서와 관련해서 그는 바울이 로마의 순환적 시간관, 아우구스투스 포룸(forum Augustum)이 대변하는 이데올로기, 공화정을 통한 영예의 추구, 통치자를 은혜와 승리를 주기 위해 신이 선택하여 세운 것으로 묘사하는 수사법, 통치자의 치세에 나타난 신적 섭리를 경축하는 관행, 통치자를 덕성(virtus)을 구현한 존재로 높이는 행위 등의 요소를 다루고 있다고 본다.[65] 해리슨은 "바울이 설립한 반제국적 은혜 공동체는 수욕을 당했으나 의로움을 인정 받게 된 은혜의 수여자에 대한 구원론적 순종을 통해 세워졌으므로, 권능과 은혜에 대한 근본적으로 상이한 내러티브를 수용함으로써 모든 열방 가운데 힘없고 소외된 자들에게 힘을 주고 그들을 변화시키게 된다. 바울은 수시적 전략을 통해 그리스도를 보편적 세계사와 유대교의 언약역사를 동시에 성취하신 분으로 묘사하며, 이는 로마가 '창시자' 내러티브를 통해 표명하는 통치 이데올로기를 해체하기 위한 것이다"[66]라고 주장한다.

로버트 주이트(Robert Jewett)는 그의 주해서에서 로마서는 "반제국주의적 서신"임을 주장하며, 그것을 "로마가 가진 탁월한 충성심과 정의 및 영

63   Elliott, "Apostle Paul and Empire," 108-9.
64   Elliott, *Liberating Paul*, 215.
65   James R. Harrison, *Paul and the Imperial Authorities at Thessalonica and Rome* (WUNT 273; Tübingen: Mohr Siebeck, 2011).
66   Harrison, *Paul and the Imperial Authorities*, 335.

예에 대한 공식적 선전에 대비되는 것"으로 소개한다. 바울은 이 서신에서 그 왕을 위해 일하는 "왕의 일꾼"으로 자처하고 있으며, 이 복음은 "전지구적 차원의 평화와 통합"을 위한 강령을 갖고 있다."[67]

데이비드 월리스(David Wallace)는 로마서에 제시된 바울의 복음이 베르길리우스의 『아이네이스』에 등장하는 주요 주제들에 대해 대립각을 세우고 있다고 단언한다. 『아이네이스』는 일종의 예언적 내용을 포함한 내러티브시로서, 그 안에 종교적 주제가 깊이 각인되어 있을 뿐 아니라. 아우구스투스를 "메시아적" 통치자로 소개하는 등 정치적 종말론으로 마무리된다. 월리스는 바울이 『아이네이스』와 유사한 유형을 따른다고 보며, 따라서 바울이 로마서에서 베르길리우스의 『아이네이스』에 나오는 여러 사회종교적 주제들에 대항하는 것으로 해석할 수 있다고 본다.[68]

반면에 고전 학자이자 아우구스투스 연구의 권위자인 칼 갈린스키(Karl Galinski)는 신약 학자들의 반제국적 바울 해석을 비판하면서 그것이 성립하기 위해 필요한 몇 가지 요건을 제시한다.[69] 그는 황제 숭배의 중요성과 관련해서 "성경 학자들이 신약의 역사적 맥락을 발견해낸 것을 기념비적 업적이라고 칭찬하면서" 축하해 마지 않는다.[70] 하지만 그는 다음과 같이 주요 논점 두 가지를 제시한다. (1) 황제 숭배가 기타 신들에 대한 제의와 얽혀 있다는 사실에 대해서 더 크게 인정할 필요가 있다. 아프로디시아

---

67   Robert Jewett, *Romans* (Hermeneia; Minneapolis: Fortress, 2007), 2, 49, 100-101.

68   David R. Wallace, *The Gospel of God: Romans as Paul's Aeneid* (Eugene, OR: Pickwick, 2008).

69   Karl Galinsky, "The Cult of the Roman Emperor: Uniter or Divider?," in *Rome and Religion: A Cross-Disciplinary Dialogue on the Imperial Cult*, ed. J. Brodd and J. L. Reed (Atlanta: SBL, 2011), 1-21; idem, "In the Shadow (or Not) of the Imperial Cult: A Cooperative Agenda," in *Rome and Religion: A Cross-Disciplinary Dialogue on the Imperial Cult*, ed. J. Brodd and J. L. Reed (Atlanta: SBL, 2011), 215-25.

70   Galinsky, "The Cult of the Roman Emperor," 1.

스와 에베소 등에 있는 황제의 신전들은 따로 세워져 주변의 종교적 환경을 압도했다. 반면에 다른 곳에 있는 황제 신전들은 눈에도 덜 띄었고 기존의 제의에 종속되어 있는 경우가 많았다. 어쨌든 갈린스키는 "황제 숭배를 초기 기독교가 때로 묵인해야 했던 문화적 내지 종교적 현상으로만 보아서도 안 되지만, 그것이 마치 압도적인 위세를 떨치고 있었던 것처럼 간주하는 것"[71]에 대해서도 경고한다. (2) 바울과 로마 제국 간에 나타나는 병행 언어와 관련해서, 갈린스키는 제국의 주장들과 데살로니가전서 5:3 ("평안과 안전")과 빌립보서 2:6 ("하나님과 동등함")과 같은 본문 간에 엿보이는 유사성에 주목한다. 하지만 그는 이러한 본문들이 로마의 이념에 대한 거부가 아니라 그것에 대한 일종의 모방에 더 가까운 것은 아닌지 의아해하면서, "그것들이 하나님의 통치 영역 안에서 더욱 완벽하게 구현될 것"이므로, 따라서 제국의 권세는 "하나님과 하늘나라에 의해 한층 더 완벽한 방식으로 극복되는 것"[72]이 아닌가 추정한다. 결국 갈린스키는 바울을 "반제국적" 인물로 파악하는 것이 "편리할" 수도 있겠지만, 사실은 그것이 "매우 서투르고 부정확함"을 경고하는 셈이다.[73]

존 바클레이(John Barclay)와 N. T. 라이트(N. T. Wright) 간에 벌어진 치

---

71 Galinsky, "The Cult of the Roman Emperor," 6.

72 Galinsky, "The Cult of the Roman Emperor," 13; idem, "In the Shadow of the Imperial Cult," 222. 또한 James Constantine Hanges("To Complicate Encounters: A Response to Karl Galinksy's 'The Cult of the Roman Emperor: Uniter or Divider?,'" in *Rome and Religion: A Cross-Disciplinary Dialogue on the Imperial Cult*, ed. J. Brodd and J. L. Reed [Atlanta: SBL, 2011], 35)도 병치가 반드시 반대에 해당하지는 않는다고 지적한다. 그러나 Heilig(*Hidden Criticism?*, 133-34, 136)의 다음과 같은 관찰은 타당하다. "로마 제국을 능가하는 나라는 **로마의** 관점에서는 반제국주의로밖에 보이지 않았을 것이다"(강조는 원저자의 것임). 그리고 보다 넓은 맥락에서 보면 잠재적 갈등은 "단순히 드러난 병치보다 훨씬 **더 컸을**" 가능성이 있다(강조는 원저자의 것임).

73 Galinsky, "In the Shadow of the Imperial Cult," 222.

열한 학문적 공방은 이 논제를 둘러싼 분열상을 여실히 보여준다.[74] 바클레이에 따르면, 황제 숭배는 단지 우상숭배와 악마적 세력이 세상 속에서 하나의 징후로 나타난 것에 지나지 않으며, 따라서 바울 자신도 그것에 대해 그다지 주의를 기울이지 않았다는 것이다. 헌신을 나타내는 어휘가 지닌 유사성에 관해서 바클레이는 이를 짐작케 하는 수사법상의 실마리가 주어지지 않는다면 그러한 언어적 중복이 반드시 경쟁적 관계를 함축하지는 않는다고 생각한다. 결론적으로 바클레이는 다음과 같이 추론한다.

> 바울 복음이 로마가 내세우는 제국 이념에 대해 전복적 성격을 띠는 것은 바로 로마의 주장을 그들의 방식을 차용하여 반대하는 것이 아니라, 로마가 내세우는 신적 섭리와 역사적 의의를 훨씬 더 장대한 드라마 속에 등장하는 또 하나의 개체에 불과한 것으로 축소해버리기 때문이다. 전자의 방식대로 로마 제국에 대해 반대하는 것은 그 주장 전부를 너무 진지하게 취급하는 것이 된다. 로마를 앞지르거나 로마를 능가한다고 말하지만, 로마를 능가하는 때조차도 로마가 전제하는 시각을 그대로 받아들이는 셈이 된다.…바울은 황제 숭배와 로마 제국에 관한 이념을 비교적 별 볼 일 없는 것으로 축소시키는 방식으로 세계를 바라봄으로써, 정치적 현실을 포함한 현실계를 보다 급진적으로 재구성한다.[75]

라이트는 바클레이의 주장에 대하여 다음과 같은 반응을 보이고 있다. 즉 바울은 유대적 역설을 살아내고 있었는데, 이는 그가 지닌 종말론에 의해

---

74 Barclay, *Pauline Churches*, 345-87; Wright, *Paul and the Faithfulness of God*, 1271-1330. Heilig(*Hidden Criticism?*, 114)에 따르면, Barclay와 Wright 간의 쟁점은 "하나님의 구속사적(*heilsgeschichtlichem*) 드라마에서 실제로 최전방에 있는 것은 무엇인가?" 하는 것이다.
75 Barclay, *Pauline Churches*, 386.

한층 더 강화된 것으로서, 이에 따르면 신자들은 권세에 복종하고 시민적 덕목을 실천하며 살고 있지만, 그럼에도 현 통치자의 치세가 끝나고 그가 하나님 앞에 셈을 바치게 될 때가 오기를 기다린다는 것이다. 따라서 "바울과 마찬가지로 유대교의 묵시적 전통에 깊이 젖어 있는 사람들이 로마를 '별 볼 일 없는' 존재로 보았을 리는 없다."[76] 로마 황제는 스스로에게 "신적" 지위를 부여하지만, 하나님의 통치에 비추어볼 때, 그것은 상대화된 여러 권세 중 하나에 불과할 수 있다. 그런데 이것으로 그치지 않고, 바울 복음이 뿌리를 내림에 따라 제국은 허를 찔리고 그 권세는 실추되어 그 정당성을 상실하게 되었다. 라이트는 바울이 로마도 결국엔 여러 "권세" 중 하나에 불과한 것으로 보았다는 점에 동의하지만, "그럼에도 불구하고 바울은 이러한 권세들이 바로 로마를 통해 모여들어서 로마 자체 안에서 가장 악한 짓을 자행하는 것으로 보았다"고 덧붙인다.[77]

제국에 대항하는 사도 바울을 찾아서

시작하기에 앞서, 로마서의 집필 목적과 제국대항적인 모티프를 찾아낼 수 있는 정밀한 방법에 대해 몇 가지 논평을 순서대로 정리해보았다. 첫째로, 바울은 로마 제국의 수도에 있는 일단의 가정 교회를 대상으로 로마서를 작성했지만, 그렇다고 제국을 주제로 삼아 논하지는 않는다. 나는 바울의 로

---

76   Wright, *Paul and the Faithfulness of God*, 1281.

77   Wright, *Paul and the Faithfulness of God*, 1311.

마서가 일종의 서신 형식의 논문으로서, 바울의 스페인 선교를 위한 후원을 확보하고, 로마 가정 교회 내의 분열을 치유하며, 예루살렘으로의 여정을 준비하는 중에 바울 복음에 대한 로마 교인들의 지지를 얻기 위한 목적과 관련이 있다고 본다.[78] 바울의 사상이 제국의 이데올로기에 해당하는 몇몇 측면을 모방하거나 그 주장을 반복하고 있다고 해도, 또한 어떤 지점에서는 제국에 대항하는 바울의 성향이 분명히 드러난다고 해도, 로마 제국은 기껏 해야 서신에 나타난 바울의 관심사 중 주변부에 해당할 뿐이다. 황제 숭배 는 매우 두드러진 현상이긴 하지만 결국은 바울이 비판하는 우상숭배 중 한 형태일 뿐이다.[79]

둘째로, 로마서의 제국대항적 모티프를 추적하기 위한 방법론과 관련 해서 병행어구 집착증(parallelomania)과 잠재적 반향(echoes) 그리고 숨겨둔 사본(hidden transcript)에 대해 짚고 넘어가야 할 것이 있다. 우선 나는 바울 이 그리스도에게 적용하는 존경의 언어를 파피루스와 명문에 등장하는 황 제에 대한 찬사와 비교하기만 해도 "병행어구 집착증"(parallelomania)[80]이라 는 비판에 쉽게 노출된다는 사실을 너무나 잘 알고 있다. 병행 본문이나 유 사 어휘를 끝없이 나열한다고 해서 그것이 바울의 의도를 드러내지는 않으 며, 로마서의 원독자들이 그 서신을 이해했던 방식에 상응하지도 않는다.

---

78 다음을 보라. Michael F. Bird, "Letter to the Romans," in *All Things to All Cultures: Paul among Jews, Greeks, and Romans*, ed. M. Harding and A. Knobbs (Grand Rapids, MI: Eerdmans, 2012), 190-92.

79 Harrison, *Paul and the Imperial Authorities*, 2. 또한 Fantin(*Lord of the Entire World*, 40, 43) 의 균형잡힌 진술을 보라. "바울과 정치(Paul and Politics)를 내세우는 조류는 바울의 메시지 가 **우선적으로** 반제국주의적이라고 주장하지만, 나는 그것이 메시지의 한 **단면**이며, 많은 (또 는 대부분의) 경우에 바울의 관심사가 아니었다고 본다.…나는 바울의 메시지가 **우선적으로** 반제국주의적이라는 주장을 거부한다. 반제국주의적 메시지는 전체 중의 일부에 불과하며, 바울 사상에서 유일하게 또는 필연적으로 가장 중요한 측면은 아니었다"(강조는 원저자의 것임).

80 Samuel Sandmel, "Parallelomania," *JBL* 81 (1962): 1-13.

그렇지만 이러한 한계를 이야기한다고 해서, 그것이 광범위한 문화적 영향(텍스트적이든 비텍스트적이든 간에)을 탐구함으로써 제국에 관한 논증을 비롯한 바울 담화의 특성을 부각시키는 데 내재한 가치를 부정하는 방향으로 나아가서는 안 될 것이다.[81] 용어를 공유한다고 해서 그것이 반드시 이데올로기적 논쟁을 촉발하는 것은 아니지만, 모방이 효과적인 조롱의 일종이며 복제가 대체를 암시할 수도 있는 것 또한 사실이다.

덧붙이자면, 나는 바울 서신에서 제국 텍스트의 "반향"(echo)을 찾아내야 하는지에 대해 확신이 서지 않는다. 내가 망설이는 이유는 제국의 권세는 텍스트가 아니라 문화였기 때문이다. 당연히 그 속에는 그 자체의 문학적 표현만이 아니라 신전과 조상과 이미지의 형태로 표현되는 (여느 텍스트보다 더 큰 목소리를 내는) 비언어적 소통방식도 포함되어 있었다. 어쨌든 황제를 칭송하기 위한 제전, 불법적 결사체 안에서 느껴지는 두려움의 문화, 승전 축하 행진, 정치적 거물들에게 돌리는 거짓 충성 등의 문화적 반향을 어떻게 찾아낼 수 있겠는가?[82] 바울과 그의 독자들이 제국의 권세를 어

---

81 다음의 유사한 비평들을 보라. Burk, "Is Paul's Gospel Counter-Imperial?," 315-22; Kim, *Christ and Caesar*, 28-30; Bryan, *Render to Caesar*, 90-91. 반제국주의적 성격을 주장하는 몇몇 학자들은 실제로 자신들을 향한 '병행어구 집착증'(parallelomania)이라는 비난에 대해서도 잘 알고 있다(예를 들어, N. T. Wright, "Paul's Gospel and Caesar's Empire,"162). 그러나 그들은 Harrison(*Paul and the Imperial Authorities*, 2)의 세밀한 논평에도 주목한다. 그에 따르면, "율리우스 클라우디우스 세계에 대한 세밀한 이해는 주석의 방식을 풍성하게 하는 데 기여할 수 있다." 특히 "지역적 증거"의 발굴과 관련해서 그렇다고 한다. 또한 그는 다음의 사실을 지적한다. "바울은 70인역과 제2성전기 유대교의 광범위한 흐름을 잘 알고 있었기에, 자신이 사용하고 있는 유대교의 구원론적이고 메시아적인 언어가 황제 숭배에 등장하는 유사한 모티프와 중복되는 것에 대해 어느 정도 생각해 보았음에 틀림없다. 자신이 그리스도의 통치에 대해 종말론적으로 이해하는 것을 율리우스 클라우디우스 왕조의 정치 선전으로부터 구별하려고 했다면 반드시 그렇게 했을 것이다"(*Paul and the Imperial Authorities*, 25).

82 추가로 다음을 보라. Heilig, *Hidden Criticism?*, 104-8(또한 159). 이 연구는 "제국 이데올로기의 기타 표현 방식들"에 초점을 맞추고 있으며, 황제 숭배를 불필요하게 희생제의에만 한정하는 연구(Miller, "Cult," 317)를 비판하고 있다.

떻게 경험했고 또 그것을 다루었는지를 이해하려면, 우리는 상호텍스트성 (intertextuality)을 넘어, 바울 서신의 맥락을 이루는 제국 전반의 사회·정치 적 현실(*Wirklichkeit*)을 더 폭넓게 탐구할 필요가 있다.[83] 다시 말해서, 이것 은 배경적 개연성을 탐구함으로써 바울 서신이 지닌 일관성이 점차 부각되 도록 하는 것이다. 상호텍스트적 반향은 단지 그러한 배경의 한 단면일 뿐 이다.

나는 항의의 형태들을 암호화한 "숨겨둔 사본"[84]이라는 개념이 한정 된 사례에 있어, 바울 서신을 연구하는 데 어느 정도 이점을 지닌다고 생각 한다(예를 들어, 롬 13:1-7).[85] 이 숨겨둔 사본이란 일부러 애매한 표현을 사용 하여 지배 엘리트를 음해하는 위장된 비판을 가리킨다.[86] 하지만 문제는 이 러한 숨겨둔 사본이 문학적 암호 안에 너무 훌륭히 감춰져 있어서 처음에는

---

83 필자는 "반향"이라는 개념은 신약 속 구약의 활용에 관한 Richard Hays의 저작(*Echoes of Scripture in the Letters of Paul* [New Haven: Yale University Press, 1989])에서 차용했는데, 이 개념은 다음에 제시된 학자들도 채택한 바 있다. Wright, *Paul*, 61-62; Elliott, *Arrogance of Nations*, 22. 다음의 연구는 주목할 만하다. Christoph Heilig("Methodological Consid-erations for the Search of Counter-Imperial 'Echoes' in Pauline Literature," in *Reactions to Empire: Sacred Texts in Their Socio-political Contexts*, ed. J. A. Dunne and D. Batovici [WUNT 2.372; Tübingen: Mohr Siebeck, 2014], 73-92; idem, *Hidden Criticism?*, 35-49) 는 반향의 방법론을 개선하기 위해 Bayes의 정리를 활용한다. 끝으로 필자는 Hays의 방법론 이 "이상적인 독자"라는 개념에 입각해 있음을 서둘러 덧붙이고자 한다. 이상적 독자란 최대 한의 접근성과 최고의 능력을 갖추고서 이러한 상호텍스트적 반향을 탐지해 내는 존재다. 연 구자는 상호텍스트적 반향을 스스로 발견해냈다고 생각하겠지만 실상은 그것을 만들어내기 위해 그러한 이상적 독자가 필요한지도 모른다. 사실 그러한 독자는 가공의 인물에 가깝고 실제의 원독자들과 관련이 있다고 할 수 없다.

84 James C. Scott, *Domination and the Arts of Resistance: Hidden Transcripts* (New Haven: Yale University Press, 1990); Richard A. Horsley, ed., *Hidden Transcripts and the Arts of Resistance: Applying the Work of James C. Scott to Jesus and Paul* (Atlanta: SBL, 2004). 특 히 다음의 요약을 보라. Carter, *Roman Empire*, 12-13.

85 Harrison, *Paul and the Imperial Authorities*, 32; Wright, *Paul and the Faithfulness of God*, 1315.

86 이 개념은 다음의 연구에서 적용되었다. Elliott, *Arrogance of Nations*, 27-40; Wright, *Paul*, 60.

그러한 것이 있는지조차 의심하게 된다는 것이다.[87] 일부 유대교 및 기독교 작가들이 암호화된 말을 사용해서 로마를 "바벨론"(벧전 5:13; 계 14:8; 16:19; 17:5; 18:2, 10, 21)이나 "깃딤"(1QM)이나 "독수리"(4 Ezra 11-12)라고 부르기도 하지만, 바울 서신에서는 그러한 암호화된 말을 찾아볼 수 없다.[88] 또한 잊지 말아야 할 것은 필론이나 요세푸스 같은 일부 유대인 작가들이 예루살렘에 황제 숭배를 억지로 강요하는 것을 두고 저항감이나 반감을 숨길 필요를 느끼지 않았다는 사실이다.[89] 실제로 바울도 그가 설립한 교회에 보내는 서신들 속에서 우상숭배와 세상 "군주들"에 대한 저항감을 감추지 않았던 것으로 보인다(고전 2:6-10; 8:5-8; 살전 1:9; 롬 1:23). 바울이 그렇게 노골적인 비판을 가할 수 있었던 것은 그가 쓰는 편지가 "내부자들" 사이에서 비공개적으로 회람될 것을 염두에 두고 있었기 때문이다. 제임스 스코트(James Scott)의 말마따나 동료 신자들에게 보내는 "비공식적" 의견(권력비판의 내용)이었으므로, 저항의 표현을 굳이 숨길 필요가 없었던 것이다.[90]

병행 본문을 열거하고, 문화적 반향을 추적하며, 숨겨둔 사본을 찾아내는 것에 대한 대안적 방법으로, 문학과 파피루스와 조상과 동전 및 명문과 같은 다양한 유물에 표현된 로마 제국의 이념(바울 서신은 로마와 기타 도시들을 규정하는 제국적 맥락에 이미 친숙한 독자들에게 바로 이러한 이념을 상기시켰을 것

---

87 유사한 연구로는 다음을 보라. Kim, *Christ and Caesar*, 32-33, 68; Harrison, *Paul and the Imperial Authorities*, 30-33.

88 Barclay, *Pauline Churches*, 380.

89 다음을 보라. Josephus, *Ant.* 18.256-309; *Ag. Ap.* 2.75; Philo, *Legat.* 118, 198, 218, 347-48. 로마 권력에 대한 로마의 "숨겨진" 비평들 중에서 타키투스가 칼가쿠스의 것으로 소개하는 연설(*Agricola* 30.3-31.2)을 보라. 추가로 다음을 보라. Barclay, *Pauline Churches*, 381.

90 Barclay, *Pauline Churches*, 381-83. 이에 대한 반응으로, Heilig(*Hidden Criticism?*, 64)는 바울은 자신의 서신이 회람되도록 장려했기 때문에, 그것이 사적 형태의 서신이지만 공적으로 검토될 것을 예상하면서 공적 담론의 규칙에 따라 작성되었다고 생각한다. 그러나 필자는 이러한 주장이 입증되기 힘들다고 생각한다.

이다)을 조사한다면, 우리는 더욱 확고한 기반을 확보하게 될 것이다. 그러므로 나는 상당한 반향이 있었을 것이라는 생각에 찬동한다. 그리고 그러한 반향을 염두에 두고서 텍스트와 동전과 명문 등을 제시했다면 독자들은 그것들이 지시하는 광범위한 숨은 생각과 영향들을 꽤나 친숙하게 받아들였을 것이라고 짐작할 수 있을 것이다.[91] 바울의 교회가 그러한 텍스트를 알았거나, 이 동전을 사용했거나, 그 명문을 보았다고 추정할 수는 없다. 우리는 단지 그러한 텍스트와 유물을 바울 서신의 수신자들의 세계를 형성했던 광범위한 문화적 영역에 연결하는 것에 만족해야 할 것이다. 결국 해석은 맥락에 관한 문제이기 때문이다. 그 맥락이 1세기 로마 제국이라면, 로마의 팔라티누스 언덕(황제의 궁전과 귀족의 거주지가 있던 로마의 중심지—옮긴이)에서부터 페트라의 아우구스투스 신전에 이르기까지, 또한 로마의 문학과 라레스(lares: 가정의 수호신들—옮긴이) 중에, 그리고 각종 이미지와 명문 위에, 제국의 이념은 이러한 매체를 통해 생산되어 끊임없이 대중의 뇌리에 각인되었다. 그러한 이미지와 텍스트가 바울 서신의 작성에 영향을 주었고, 또한 서신의 실제 수신자들에게도 반향을 가져왔을 것이라고 상상하는 것은 결코 무리가 아니다. 그러한 광범위한 배경적 증거가 자칫 과도하게 해석될 수도 있지만, 그렇다고 해서 그 가치를 과소 평가해서도 안 된다고 생각한다.[92] 바울을 비롯한 그리스도인들이 눈을 가리고 지중해 연안을 돌아다

---

91 Galinsky("The Cult of the Roman Emperor," 8)의 다음과 같은 주장에 주목하라. "나는 [황제] 숭배가 미친 영향을 주로 **반향**(resonance)이라는 견지에서 파악하려고 한다. 이는 하드파워가 아니라 소프트파워였다"(강조는 원저자의 것임). Heilig(*Hidden Criticism?*, 134, 157)는 적절한 예시를 제공한다. "만약에 '주'라는 용어가 불가피하게 야기할 수도 있는 반향을 사도 바울이 알고 있었다고 한다면, 그러한 발언의 기저에 있는 어의론적 구조를 다음과 같이 추론할 수 있을 것이다. '당신들은 가이사가 '주'라고 하는 주장을 알고 있을 것이지만, **사실 주는 예수님이십니다!**" 그리고 "우리는 지금 로마의 사상이 기독교 사상과 충돌하는 지점에서 울려 퍼지는 **반향**에 대해 다루고 있는 중이다"(강조는 원저자의 것임).

92 바울이 "가이사의 가정"(빌 4:22)이나 저명한 로마인의 가정(롬 16:10-11)에 속한 사람들을

넸다고 상상하지 않는 한, 제국의 모티프가 바울 서신의 배경이 되었을 가능성을 상정할 만한 이유가 충분하다.[93]

다음의 논의에서 나는 로마서에서 발췌한 일부 본문에 대한 간략한 해설을 제공할 것인데, 해당 본문을 로마 제국의 문화적 배경에 비추어 해석할 경우, 그것은 로마 제국을 대하는 바울의 자세에 대해 무언가를 시사해줄 것이다.

바울 대 로마: 로마서에 나타난 바울과 로마 제국

야웨 대 "신들", 로마서의 배경

이스라엘의 거룩한 전승 속에는 언제나 야웨 대 이교 신들 간의 대결이 명시적으로 드러나 있음을 주목할 필요가 있다. 이스라엘 백성과 이스라엘의 왕은 이교도 왕들의 위협에서 구원받기 위해 이스라엘의 하나님께 의뢰하였고, 한편 이교도 왕들은 자기들의 신들에게 승리를 구했다. 출애굽 사건은 바로 하나님이 이스라엘 백성을 파라오와 이집트의 신들에게서 구속한 이야기다(출 7-12장). 쉐마, 즉 이스라엘의 신앙을 요약한 기본적인 신앙고백은 우상숭배에 대한 공공연한 비난을 담고 있으며 이스라엘이 섬기는 한 분이신 참 하나님에 대한 확고부동한 헌신을 요청하고 있다(신 6:4-6). 갈

대상으로 로마서를 쓰고 있었던 것이라면, 그들이 로마 제국의 수사법에 익숙했으리라는 사실에는 의문의 여지가 없을 것이다.

93 다음을 보라. Deissmann, *LAE*, 340; Heilig, "Counter-Imperial 'Echoes' in Pauline Literature," 91; idem, *Hidden Criticism?*, 28-33, 158-59.

멜산에서 예언자 엘리야와와 바알의 예언자들이 대결했던 이야기에서 야웨가 압도적으로 우월함이 입증된다(왕상 18장). 이사야서에서는 우상숭배에 대한 조롱에 더하여 이방 나라들이 그 많은 신들과 더불어 무너질 것을 예언한다(예를 들어, 사 13-24; 44:9-20). 게다가 유대 묵시 문학은 바빌론과 페르시아와 그리스와 로마의 왕권을 압도하는 하나님의 종말론적 행위, 곧 하나님의 통치에 확고히 초점을 맞춘다(단 2장, 4장, 7장). 일부 유대교 작가들은 로마를 하나님의 백성이 최후에 마주하게 될 적으로 보기도 했다(예를 들어, 1QM; 1QpHab 2.10-13; 6.1-8; 4 Ezra 11.1-14). 좀 더 구체적으로 말하자면, 폼페이우스 장군이 예루살렘을 포위했던 기억이 결코 사그라지지 않았고,[94] 칼리굴라 황제가 성전에 자신의 동상을 세우려고 시도했던 사건은 제국 종교의 침략적이고 약탈적인 성격을 여실히 드러내 주었다.[95] 요세푸스는 유대에서 일어난 끊임없는 약탈 행위가 부분적으로는 반로마적 정서에서 촉발되었다는 사실에 주목했다.[96] 이스라엘의 종교는 침략한 제국이 지배자 숭배나 우상숭배를 강요하는 것에 맞서 반제국적 경향을 띠곤 했다.[97]

---

94 다음을 보라. Pss. Sol. 2.1-2; 8.19-21; 17.11-14.

95 Josephus, *Ant.* 18.261-309; 19.300-312; Philo, *Legat.*, esp. 188, 208, 238, 265, 292.

96 Josephus, *War* 2.264-65; *Ant.* 17.285.

97 다음을 보라. Norman K. Gottwald, "Early Israel as an Anti-imperial Community," in *Paul and Empire: Religion and Power in Roman Imperial Society*, ed. R. A. Horsley (Harrisburg, PA: TPI, 1997), 9-24; Bryan, *Render to Caesar*, 11-37; White, "Anti-imperial Subtexts in Paul," 316-26; Mark J. Boda, "Walking in the Light of Yahweh: Zion and the Empire," in *Empire in the New Testament*, ed. S. E. Porter and C. L. Westfall (Eugene, OR: Cascade, 2011), 54-89; Anthea E. Portier-Young, *Apocalypse against Empire: Theologies of Resistance in Early Judaism* (Grand Rapids, MI: Eerdmans, 2011); Andrew T. Abernethy et al., eds., *Isaiah and Imperial Context: The Book of Isaiah in the Times of Empire* (Eugene, OR: Pickwick, 2013); Amanda M. Davis Bledsoe, "Attitudes towards Seleucid Imperial Hegemony in the Book of Daniel," in *Reactions to Empire: Sacred Texts in Their Socio-Political Contexts*, ed. J. A. Dunne and D. Batovici (WUNT 2.372; Tübingen: Mohr Siebeck, 2014), 23-40.

그렇다면 강력한 신중심적·묵시적·메시아적 신학으로 무장한 바울과 같은 유대 그리스도인이 이와 유사한 세계관, 즉 이교 권세가 결국에는 몰락할 것이고 이스라엘의 하나님이 메시아를 통해 승리를 거둘 것을 믿는 세계관을 공유했다 하더라도 그다지 놀랄 필요는 없다.[98]

로마서 1:1-4

유대인 종교사회학자인 야코프 타우베스(Jacob Taubes)는 로마서의 머리말 중에 1:3-4에서 바울이 체제전복적이고 반가이사적인 모두(冒頭) 선언을 하고 있다고 본다. 타우베스는 다음과 같이 단언한다. "나는 이것이 전쟁을 선포하는 정치적 발언이라는 점을 강조하고 싶다. 서신의 첫머리에 다른 말도 아닌 이러한 어휘를 사용하고서 그것을 로마의 교인들에게 보내어 공개적으로 읽도록 했기 때문이다. 그 편지가 누구의 손에 떨어질는지 전혀 알수 없는 상황이었고, 검열관들도 그리 아둔하지는 않았을 것이다. 어쨌든 누군가 그 편지를 받아서 경건하고 조용하며 중립적인 어조로 그 편지를 읽기 시작했을 수 있었겠지만, 여기 로마서의 행간에서 그러한 암시는 조금도 찾아볼 수 없다. 그러므로 나의 논지는 이런 뜻에서 볼 때 로마서가 정치 신학, 곧 가이사를 향한 전쟁을 선포하는 **정치적** 선언이라는 것이다."[99] 나는

---

98 다음을 보라. White, "Subtexts," 325-33; Heilig, *Hidden Criticism?*, 114-19, 145; 또한 다음을 보라. Wright (*Paul and the Faithfulness of God*, 1281): "로마의 역사가 참된 이야기를 제공하며, 기독교 신앙은 로마의 기치 아래에 '허용된 종교'로서 안주하는 것에 만족하든지, 십자가에 달려 죽었다가 부활하신 메시아에서 절정을 이루는 이스라엘의 역사야말로 참된 이야기임을 인정해야 하므로, 로마의 역사는 제 아무리 광대한 신적 섭리 하에 있는 것으로 포장할지라도 실제로는 기껏해야 진리에 대한 왜곡된 흉내내기에 지나지 않는 것으로 보든지, 둘 중 하나를 선택해야 하는 것이다."

99 Jacob Taubes, *The Political Theology of Paul*, trans. D. Hollander (Stanford, CA: Stanford University Press, 2004), 16(강조는 원저자의 것임). 이러한 견해를 Bruno Blumenfeld(*The*

그의 의견에 동의한다. 우리가 이러한 긴장을 보지 못하는 이유는 그리스도의 주권을 정치적인 것으로 보지 못하기 때문이며, 황제 숭배가 지닌 종교적 차원을 간파하지 못하기 때문이다.[100] 그러므로 메시아를 세계의 통치자, 열방의 은인, 그의 백성을 대신한 대제사장으로서 소개하면서, 세상이 현재 떠받드는 지배자, 후원을 베푸는 보호자, 제국의 최고 사제에 맞서 그를 능가하는 인물로 묘사하는 한, 로마서 1:3-4은 정치적 의도를 띠고 있다고 볼 수밖에 없으며, 이 점을 지적한 타우베스의 주장은 타당하다고 하겠다.

바울은 서신의 관례적인 인사말을 "하나님의 복음"과 "메시아 예수"에 관련된 약간의 전통적 자료와 함께 엮어내는 것으로 로마서를 시작한다. 하나님의 복음은 하나님으로부터 온, 하나님에 대한 좋은 소식이다. 이 "복음"의 배경은 한편으로는 유대 세계 안에 놓여 있으므로 앞으로 도래할 야웨의 통치로 인해 이스라엘의 포로생활이 끝나게 되리라는 약속을 포함한다 (사 52:7; 61:1; Pss. Sol. 11.1). 하지만 다른 한편으로 이 복음은 정치적 승리에 관한 소식, 특히 황제의 승리와 즉위 소식과 관련된 그리스-로마의 맥락에도 들어맞는다. 일례로 프리에네에서 출토된 기원전 9년에 아시아의 속주들이 연합해서 제작한 새 시대의 시작을 알리는 명문에서는 아우구스투스의 탄생일을 "세상을 위한 좋은 소식[εὐαγγελία]의 시작"[101]이라고 칭하고 있다. 기원후 1세기의 것으로 추정되는 오로포스(Oropos)산의 암피아라오스(Amphiaraos) 사당에서 발견된 명문에서는 "로마의 승리를 알리는 좋

Political Paul, 292)와 대비하여 보라. Blumenfeld의 추론에 따르면, 로마서에서 바울이 사용한 논증은 제국의 통치 용어에서 너무나 많이 차용한 나머지 "로마서를 네로 황제의 5년간의 황금기(quinquennium aureum)를 축하하기 위해서 네로를 위한 기념 논문집(Festschrift)에 기고한 원고 같다고 상상하는 것이 가능할 정도다"(강조는 원저자의 것임).

100 John L. White, *The Apostle of God: Paul and the Promise of Abraham* (Peabody, MA: Hendrickson, 1999), 126.

101 *OGIS* 458.

은 소식[εὐαγγελία τῆς Ῥωμαίων νίκης]"을 언급하면서 "복음"이란 말을 제국의 정치적 수사법 안에 집어넣는다. 또 다른 명문에서는 아우구스투스의 아들이 토가를 걸치게 된 날(성년이 된 날)이 "그 도시를 위한 좋은 소식[εὐαγγελίσθη ἡ πόλις]"[102]이라고 전한다. 바울 당시에 작성된 현존하는 파피루스에서는 네로가 "인간의 세상을 위한 선한 신이며, 모든 선한 일의 시초 [Ἀγαθὸς Δαίμων τῆς οἰκουμένης ἀρχὴ ὤν τε πάντων ἀγαθῶν]"[103]임을 선언한다.

요세푸스는 베스파시아누스의 황제 즉위식에 관한 보도를 전하면서, "모든 도시가 그 좋은 소식[εὐαγγελία]을 축하하고 황제를 위해 제사를 드렸다"고 서술한다.[104] 그리고 나서 요세푸스는 "베스파시아누스가 알렉산드리아에 도착하자 그는 로마에서 보내온 좋은 소식[εὐαγγελία]을 받았고, 이제 그의 소유가 된 세계 곳곳에서 방문한 축하 사절단을 접견하였다"고 덧붙이고 있다.[105] 이것은 베스파시아누스가 정변을 통해 황제에 등극한 것이 단지 기쁜 소식 그 이상이었음을 뜻한다. 그것은 아우구스투스 시대로 거슬러 올라가는 일종의 정치적 송말론에 해당하는 것으로서, 격동의 시대가 지나고 타의 추종을 불허하는 정치적 지배자의 출현으로 인해 황금기가 이어진다는 것이다. 말하자면, 베스파시아누스의 즉위는 단지 우연이 아니라 네로의 자살 이후 세 황제(갈바, 오토, 비텔리우스)의 급격한 등장과 몰락이 반복되었던 파멸의 시기(68-69년: 네로의 자살에 이어서 갈바, 오토, 비텔리우스 등 3명의 황제가 부침을 반복했던 시기)로부터 로마 제국을 구원한 정치사회적 사건으로 간주되었던 것이다. 3세기 초반에 나온 이집트의 파피루스에는 저자가

---

102 *NDIEC* 3:12.
103 P.Oxy. 1021.
104 Josephus, *War* 4.618.
105 Josephus, *War* 4.656-57.

"황제[가이우스 율리우스 베루스 막시무스 아우구스투스]의 지명을 알리는 좋은 소식[εὐαγγελία]"을 듣고 기뻐하는 내용이 기록되어 있는데, 저자는 이 소식을 축하하기 위해 신들을 위한 순행식이 있어야 한다고 생각했다.[106] 여기서 우리가 즉시 말해야 할 것은 바울의 복음이 로마 황제들에 대한 칭송, 그들의 세계 통치, 대중들의 담론에 나타난 황제 숭배를 위해 통상적으로 사용되었던 언어를 매개로 전달되었다는 사실이다.[107]

바울의 메시아 신앙이 정치적인 것이 아니었다고 주장하는 학자들은 한결같이 바울의 어법에 나타난 Χριστός("메시아")라는 칭호에 들어 있는 유대적이고 정치적인 함의를 탈색해왔다. 하지만 압도적으로 많은 증거 자료는 이와 다른 방향을 지시하는데, 즉 메시아 신앙이 바울의 기독론에서 중추에 해당한다는 것이다(롬 9:5; 고전 10:4; 15:22; 고후 5:10; 11:2-3; 엡 1:10, 12, 20; 5:14; 빌 1:15, 17; 3:7).[108] 중요한 것은 유대교 전승에서 "메시아"는 왕권을 함축한다는 사실이다(삼하 7:14; 시 2:2, 7; 89:19-21, 26-27; Pss. Sol. 17.32). 라이트는 로마서 1:1을 "**왕이신** 예수의 종 바울은 사도로 부르심을 받아 하나님의 복음을 위하여 택정함을 입었으니"[109]라고 번역하기도 한다. 유대인의 메시아는 열방을 복속케 하는 승리의 왕이었고, 이는 로마의 교

---

106 Deissmann, *LAE* 367; *NDIEC* 3:12.

107 Ernst Käsemann(*Commentary on Romans*, trans. G. W. Bromiley [Grand Rapids, MI: Eerdmans, 1980], 7)은 "그리스도 숭배와 황제 숭배 간의 대립이 있었다고 해서, 그것이 원시 교회에서 [복음]의 형성에 작용했다고 전제되는 것과 같은 역할을 하지는 않았다"는 사실을 근거로 삼아 반대하고 있다.

108 바울의 메시아적 기독론에 관해서는 다음을 보라. Michael F. Bird, *Jesus Is the Christ: The Messianic Testimony of the Gospels* (Carlisle, UK: Paternoster, 2012), 15-22; Matthew V. Novenson, *Christ among the Messiahs: Christ Language in Paul and Messiah Language in Ancient Judaism* (New York: OUP, 2012); Wright, *Paul and the Faithfulness of God*, 815-911.

109 N. T. Wright, *The New Testament for Everyone* (London: SPCK, 2011), 337; 『모든 사람을 위한 하나님 나라 신약성경』(IVP 역간, 2017).

인들도 알고 있는 바였다. 타키투스는 이스라엘의 거룩한 전승에 들어 있는 예언의 한 대목을 전하는데, 그 내용은 "바로 이때가 되면 동방이 강력하게 부상할 것이고, 유대 출신의 통치자들이 세계 제국을 손에 넣게 될 것"에 관한 것이었다.[110] 수에토니우스는 "그때가 되면 유대 출신의 인물들이 세계를 다스리도록 운명지어져 있다는 오래된 믿음이 동방 전역에 퍼져나가게 된" 것에 대해 기록하고 있다.[111] 이러한 견해는 십중팔구 유대교의 메시아적 소망에 대해 유대인 작가들이 무심결에 언급한 이야기를 로마의 연대기 작가들이 듣고서 기록한 결과일 것이다.[112] 바울은 메시아적 통치자가 동방에서 온다는 성경의 소망과 예수를 동일시했고, 그 이야기를 로마의 교인들도 익히 잘 알고 있었다.

바울은 "그의 아들에 관하여 말하면 육신으로는 다윗의 혈통에서 나셨고 성결의 영으로는 죽은 자들 가운데서 부활하사 능력으로 하나님의 아들로 선포되셨으니"(롬 1:3-4)라는 말로 이 복음을 해설한다. 여기서 혈통이 정당성을 의미한다는 점을 기억해야 한다. 신성한 혈통, 오래된 뿌리를 지닌 도시의 연원, 고귀한 가문의 기원 등을 내세우는 것은 황제의 전기에서 흔히 볼 수 있는 요소들이다. 수에토니우스는 율리우스 카이사르를 베누스 여신의 후손으로 기록한다.[113] 베르길리우스는 아우구스투스가 로마의 창시자인 아이네아스의 후손이며, 아이네아스 자신은 베누스 여신의 자손이라고 이야기하고 있다.[114] 바울은 예수를 이스라엘의 적통 왕이 태어나게 될 혈통인 다윗 가문과 연결하면서, 부활로 말미암아 하나님의 아들로 선포되

110 Tacitus, *Hist.* 5.13.
111 Suetonius, *Vespasian* 4.5.
112 다음을 보라. Josephus, *War* 6.312-13; Philo, *Mos.* 1.290.
113 Suetonius, *Julius* 6.1.
114 Virgil, *Aeneid* 1.286-90.

었다고 말하는데, 이는 예수를 땅과 하늘에서 최고의 권위를 지닌 인간으로 칭송한다는 뜻이다.[115]

이러한 언어의 배후에는 신의 아들됨을 구성하는 두 요소가 대비되고 있다. 로마의 원로원이 율리우스 카이사르에게 신의 칭호를 부여한 이후, 옥타비우스는 입양의 형식을 통해 신성한 율리우스의 아들이 되었다. 옥타비우스(아우구스투스)의 치세기에 빌립보에서는 "아우구스투스, 신성한 율리우스에게 입양된 신의 아들"(Augustus Divi Filius Divo Iulio)이라는 문구와 함께, 율리우스 카이사르가 단 위에 있는 아우구스투스에게 관을 씌워주는 이미지가 새겨진 동전이 주조되었다.[116] 아우구스투스가 율리우스의 아들로 인지됨으로써 로마의 번영과 평화를 가져올 황금 시대가 개시되었음이 선언되었다. 베르길리우스는 아우구스투스에 대하여 다음과 같이 기록한다. "이는 그토록 오랫동안 오기로 약속되어 있던 그분, 신의 아들(divi genus)이신 아우구스투스 카이사르이시며, 황금 시대를 다시 여실 분이시다."[117] 페르가몬(버가모)의 어느 대리석 단에는 "카이사르 황제, 신의 아들이시며, 모든 땅과 바다의 신이자 주관자이신 아우구스투스"[118]라고 새겨져 있다. 바울과 좀 더 가까운 동시대의 것으로 추정되는 몇몇 명문에서는 네로를 "신성한 클라우디우스의 아들"이자 "신성한 아우구스투스의 아들"일 뿐 아니라 심지어 "신들 중 가장 위대하신 티베리우스 클라우디우스의 아들"[119]로 기술한다. 두말할 것도 없이 아우구스투스와 그의 뒤를 이은 황제들은

---

115 다음을 보라. Michael F. Bird, *Are You the One Who Is to Come? The Historical Jesus and the Messianic Question* (Grand Rapids, MI: Baker Academic, 2009), 31-62.

116 Lukas Bormann, *Philippi—Stadt und Christgemeinde zur Zeit des Paulus* (Leiden: Brill, 1995), 34-35.

117 Virgil, *Aeneid* 6.791-93.

118 Deissmann, *LAE*, 347.

119 Elliott, *Arrogance of Nations*, 71-72; Deissmann, *LAE*, 347.

자신들이 통치하던 지역을 자신들의 신성과 위업을 선전하기 위한 온갖 매체와 예술품으로 차고 넘치도록 채워놓았다.

첨언하자면, 예수를 "하나님의 아들"로 지칭하는 것은 그의 양부에 대한 신격화에서 비롯된 것이 아니며, 더군다나 그의 신성은 군사적 위업에 대한 명예상의 칭호로 주어진 것도, 사후의 신격화를 통해 부여된 것도 아니었다. 예수는 죽은 자들 가운데서 부활하심으로써 "하나님의 아들"이라 칭함을 받게 되었다. 이 점이 더욱더 중요한 이유는 로마 신화에서는 지하 세계로의 여행을 상상했던 반면에, 로마인들은 일반적으로 부활을 믿지 않았다는 사실 때문이다.[120] 일례로, 시인 호라티우스는 퀸틸리우스의 죽음을 애도하면서 "사람이라면 절대로 깨어날 수 없는 잠을 잔다"고 표현하고 있다.[121] 또한 부활이 정치적으로 위협적임을 감안할 수도 있는데, 이는 그것이 다니엘 12장, 마카베오2서 7장, 요한계시록 20장에 나와 있는 것처럼 제국의 지배에 저항하다가 죽임당한 이들의 신원, 승리, 환생에 관한 신화로 이어지는 까닭이다. 부활은 이교의 우상숭배와 권세에 항거하다가 학살당한 이들의 초자연적 귀환을 함의한다. 로크는 부활이 "로마의 권세가 최종 권력이 아니라는 사실을 적극적으로 입증하는 근거"가 된다고 단언하는데,[122] 이러한 주장이 일리가 있는 것은 부활이 인간 세상을 뒤집는 묵시적 격변, 권력의 근본적인 재편, 특권적 피라미드 체제의 전복, 독재자가 가진 궁극의 무기를 탈취하는 것을 함축하기 때문이다. 그리하여 수치스럽고 잔인하게 죽어간 이들은 다시 살아나 하나님의 영광 안에서 통치하게 된다.

---

120 N. T. Wright, *Resurrection of the Son of God* (COQG 3; London: SPCK, 2003), 32-84; 『하나님의 아들의 부활』(CH북스 역간, 2005).

121 Horace, *Odes* 1.24.

122 Ian E. Rock, *Paul's Letter to the Romans and Roman Imperialism: An Ideological Analysis of the Exordium (Romans 1:1-17)* (Eugene, OR: Pickwick, 2012), 118.

이러한 메시지가 지닌 의미에 대해 라이트는 다음과 같이 풀어내고 있다. "그러므로 예수의 복음을 가지고 로마에 와서, 다른 누군가가 이 세상의 권좌에 즉위한다고 선언하는 것은 성난 황소가 도사리고 있을지도 모를 투우장 안으로 붉은 망토를 걸친 채 걸어 들어가는 것이나 마찬가지였다."[123]

요약하자면, 우리는 로마서 1:3-4에서 신적 왕권을 받은 자에 관한 여러 상충되는 생각을 표현한 용어들이 하나로 밀도 있게 집약되어 있는 것을 보게 된다.[124] 라이트가 로마서 1:3-4은 "하나의 제왕적 선언문으로 다른 제왕적 선언문에 맞서려는 의도를 지니고 있었다"고 말할 때,[125] 그는 필시 무엇인가를 간파하고 있었을 것이다. 바울이 선포한 "복음"은 다윗의 혈통에서 난 기름부음 받은 유대인 왕에 관한 것이었다. 그 왕은 "하나님의 아들"이라는 칭호를 지녔고, 로마의 권세자들에 의해 왕을 사칭하는 자로 몰려 죽임을 당했으나, 이스라엘의 하나님이 그를 다시 살리셔서 주(Lord)로 세우셨다. 이러한 이야기가 충분히 공감을 일으켰을 만한 환경에서 읽혔다고 한다면, 이보다 더 큰 울림이 있는 이야기가 있을 수 없었을 것이다. 세상을 통치하는 자는 아우구스투스의 아들이 아니라 다윗의 아들인 것이다! 신의 아들은 율리우스 클라우디우스의 혈족이 아니라 예수인 것이다. 신적 왕권 및 신의 아들의 지위를 판정하는 문제에 있어, 바울이 마음에 품고 있던 단 한 명의 후보자는 "주 예수 메시아"(롬 1:7)이며, 그는 심지어 이 칭호에 있어서도 "황제 카이사르 아우구스투스"[126]의 대척점에 서 있다고 하겠다.

---

123 Wright, "Romans," 10:423.
124 John Pairman Brown("Divine Kingship, Civic Institutions, Imperial Rule," in *Israel and Hellas* [2 vols.; BZAW 231; Berlin: Walter de Gruyter, 1995], 2:83)은 다음과 같이 주장한다. "그리스도와 가이사 간의 대립은 그들이 오래된 신성한 왕권이 지닌 상반된 측면을 계승한다는 사실로부터 말미암은 것이었다."
125 Wright, "Paul's Gospel and Caesar's Empire," 168.
126 Earl J. Richard, *Jesus, One and Many: The Christological Concept of New Testament Authors* (Wilmington, DE: Glazier, 1988), 326; Novenson, *Christ among the Messiahs*, 94-97.

로마서 1:16-17

로마서의 핵심 논지에 해당하는 로마서 1:16-17에서 바울은 하나님의 의가 복음 안에 계시되었다고 선언한다. "내가 복음을 부끄러워하지 아니하노니 이 복음은 모든 믿는 자에게 구원을 주시는 하나님의 능력이 됨이라. 먼저는 유대인에게요 그리고 헬라인에게로다 복음에는 하나님의 의가 나타나서 믿음으로 믿음에 이르게 하나니 기록된 바 '오직 의인은 믿음으로 말미암아 살리라' 함과 같으니라."

"하나님의 의"는 하나님의 구원 행위를 통해 역사하고 구현되는 하나님의 의로운 성품이다. "구원"과 "의"가 서로 긴밀히 연관되어 있을 뿐 아니라 거기에 하나님의 언약적 신실하심 및 창조계 전체에 정의를 세우려는 하나님의 의지가 함의되어 있음을 감안한다면, 그 말씀은 일차적으로 이스라엘의 성경을 배경으로 한다고 할 수 있다(예를 들어, 사 51장; 시 98장). 하지만 바울의 독자/청중의 다수는 "의"(δικαιοσύνη/iustitia)가 황제의 가문에 대해 함축하는 의미에 대해서도 당연히 알고 있었다고 하겠다. 『아우구스투스의 업적록』에는 아우구스투스의 "사비와 정의"(ἐπείκειαν καὶ δικαιοσύνην/clementiae iustitiae)를 들어 그를 칭송하는 내용이 들어 있다.[127] 오비디우스(Ovid)는 유스티티아(정의)가 아우구스투스의 심장에 하나의 신으로 자리잡고 있었다고 이야기한다.[128] 티베리우스는 로마에 있는 동상을 유스티티아 아우구스타, 곧 정의를 대표하는 신에게 바쳤다.[129] 더 나아가 로마의 라틴어 사용자들은 정의(iustitia)를 공평(aequitas)의 관점에서 생각했을 수 있다. 로마 화폐에 새겨진 아이퀴타스(공평)의 이미지는 주로 한 여성이 오른손을 뻗어 저울을 들고 있는 모습이었다. 네로의 치세 제3년(56-

---

127 *Acts of Augustus* 34.

128 Ovid, *Pont.* 3.6.23-24.

129 Tellbe, *Paul between Synagogue and State*, 204.

57년경)부터 제작된 알렉산드리아의 어떤 동전의 한쪽 면에는 네로의 모습이, 다른 면에는 저울을 든 젊은 여성의 이미지와 더불어 그리스 문자로 δικαιοσύνη라는 각인이 있다. 로마의 주화나 제국의 선전에 친숙한 사람이라면 의의 개념을 공평·평등·공정과 같은 관련 어휘와 더불어 생각하면서, 이것을 황제를 신적 정의의 구현자이자 수여자로 보는 관념과 연관지었을 법하다. 이에 대한 대척점에서, 바울은 정확히 이와 동일한 하나님의 속성, 곧 정의와 공평을 강조하는데, 이는 유대인과 이방인 모두에게 공평하게 임하는 구원을 언급하는 것(롬 1:16), 하나님의 차별 없으심에 일관되게 집중하는 경향(롬 2-3장), 정죄나 칭의에 있어 유대인이나 이방인 간에 "차별"이 없고(롬 3:22; 10:12), 하나님은 모든 자에게 그 행한 대로 보응하심(롬 2:6; 12:19)을 언급하는 대목 등에서 드러난다. 그렇다면 하나님의 의는 모든 자에게 공정함과 공평함을 가져다줄 뿐 아니라 신실한 이들의 의로움을 증명해준다.[130]

복음에 계시된 하나님의 의는 또한 유대인과 이방인에게 "구원"을 가져온다. "구원"(sōtēria)의 의미는 위험에서 구출되고 구속되는 것을 뜻한다(롬 5:9-10; 10:9-13; 11:11, 14, 26; 13:11). 참으로 흥미로운 사실은 로마인들에게는 "로마 백성의 구원"(salus populi Romani)을 기리는 일종의 제의(cult)가 있었다는 점인데, 이는 한동안 소홀히 여겨졌다가 아우구스투스 황제 때 가서 복원되었다.[131] 구원은 황제가 국가의 원수(princeps: 동등자 중의 제일인자)이자 대제관(pontifex maximus)으로서의 의무를 수행하고, 백성과 신들 사이를 중재함으로써, 로마와 그 동맹국들 및 식민지에 축복과 혜택, 부

---

130 Frank Thielman, "God's Righteousness as God's Fairness in Romans 1:17: An Ancient Perspective on a Significant Phrase," *JETS* 54 (2011): 35-48 (esp. 41-44).

131 *Acts of Augustus* 19-21; Horace, *Odes* 3.6.1; Virgil, *Aeneid* 6.716; Ovid, *Fasti* 2.63; Suetonius, *Augustus* 30.

와 호의, 번영과 지원을 가져옴을 통해 얻어지는 것이었다. 호라티우스는 전형적인 찬사체의 산문시에서 아우구스투스를 로마의 수호자로 칭송하면서 다음과 같이 읊조린다. "황제가 무사하기만 하다면 그 누가 파르티아인들을 두려워하며, 그 누가 냉혹한 스키타이인들을, 그 누가 게르만 종족들을 짓밟은 무리들을 두려워하겠는가? 그 누가 사나운 스페인과의 전쟁을 염려하겠는가?"[132] 게다가 로마의 문헌에는 로마와 로마 황제가 세상에 가져온 "구원"을 찬양하는 내용이 종종 등장한다. 요세푸스는 베스파시아누스가 원수직에 등극하자마자 축하 사절단으로부터 "제국 전체가 이제 안전하게 되었고, 로마가 기대 이상의 구원을 얻게 되었다"는 칭송을 받았다고 기록하고 있다.[133] 디터 게오르기는 다음과 같이 추론한다. "가이사와 그의 제국이 구현하는 **소테리아**는 예수가 가져온 **소테리아**로부터 도전받고 있었다. 가이사의 **소테리아**처럼 신이신 예수의 **소테리아**도 온 세계에 미치는 것이었다."[134] 이는 너무 지나친 유추일 수도 있다. 사실 바울은 로마의 구원(*salus*)에 맞서 직접적으로 논쟁을 벌이지는 않았기 때문이다. 하지만 그가 전하는 구원의 복음은 죄와 사망으로부터 구원을 가져다줄 뿐 아니라, 로마의 구원보다도 질적으로 뛰어나므로, 황제 숭배나 정치적 유력자들이 제공해야 했던 구원과 자연스럽게 대비된다. 바울에게 있어 "정치적 권세나 군사적 힘이 아니라 복음을 통한 설득이 현재 세상에서 구원을 일으키는 방편인 것"은 확실한 사실이었다.[135]

하나님의 의를 계시하는 복음은 믿음과 신실함의 반응을 요구한다. 명사 **피스티스**(*pistis*)나 보다 넓은 맥락에서 바울이 인용하고 있는 하박국

---

132 Horace, *Odes* 4.5.

132 Horace, *Odes* 4.5.
133 Josephus, *War* 4.656-57.
134 Georgi, "God Turned Upside Down," 152.
135 Jewett, *Romans*, 141.

2:4이 신뢰와 신뢰성이라는 의미를 모두 함축할 수 있다. 여기에는 하나님을 믿는 믿음과 하나님을 향한 신실성이 포함된다. 이 복음적 "믿음"은 당연히 로마의 **피데스**(*fides*)에 대비된다. 피데스 여신은 충성과 신실을 상징하는 신으로서 로마의 황제들을 통해 작용한다고 알려져왔다. 황제는 그 조약과 신민들을 대하는 로마의 신실함을 구현하는 화신이었던 만큼 그가 다스리는 자들에게도 그 대가로 그에 상응하는 신실함을 요구했다. 『아우구스투스의 업적록』에는 로마에 복속된 자들이 "로마 백성 가운데 참된 믿음(*fides*/πίστις)이 있음을 발견했다"고 기록되어 있다.[136] 이집트의 로마 총독이었던 티베리우스 알렉산데르(배도한 유대인)는 "군대와 군중에게 베스파시아누스에 대한 충성을 맹세할 것"을 명했다.[137] 로마의 신민들이 가진 "믿음"이란 기껏해야 충성의 맹세와 노예 상태의 중간 정도에 해당하는 것이었다. 로마의 황제는 자신의 신민이 순종과 굴종을 보여주는 한, 그들에 대해 신의를 지켰다. 바울이 보기에, 믿음은 충성의 맹세가 아니라 백성을 자신에게로 부르시는 하나님을 믿는 것이고 그 하나님께 귀속하는 것이다(롬 9:25-26). 바울은 더 나아가 이교도 로마인들에게서 "충성도 사랑도 자비도"(롬 1:31) 찾아볼 수 없지만, 메시아를 보내신 하나님이 갖고 계신 것이 바로 이러한 성품이라고 말할 것이다(롬 5:8; 8:28-39; 9:15-18, 23; 11:30-32; 12:1; 15:9).

더욱이 바울이 로마서 1:21-23에서 신랄하게 비판하고 있는 우상숭배는 두말할 것도 없이 황제 숭배를 포함하였을 것이다. 황제 숭배는 독자적인 실체로 존재한 것이 아니라 보통 지중해 동부 지역에 걸쳐 지방의 신전이나 사당 내에 또는 그 옆에 어우러져 있었다. 그렇다면 바울이 종종 그리

---

136 *Acts of Augustus* 31-33.
137 Josephus, *War* 4.617.

스도를 수많은 군주와 신들을 섬기는 로마 시대의 흔한 다신교 신앙에 대응되는 대안적 "주"로 소개한 것도 놀라운 일이 아니다(고전 8:5-6, 10; 10:7, 14-22; 갈 4:8-10; 살전 1:9). 주를 십자가에 못박은 자들은 바로 "이 세대의 통치자들"이자 사악한 거짓 신들이었던 것이다(고전 2:8).

요약하자면, 우리는 로마서 1장에서 가이사의 가문 대 다윗의 가문이라는 두 개의 상충하는 통치권이 자연스럽게 병치된 것에 더하여, 두 개의 종말론도 살펴보았다. "로마는 신들이 도시와 나라와 문화를 세우고 거기에 **신의 아들**(*divi filius*: 아우구스투스를 가리킴—옮긴이)이 출현하여 평화와 정의와 세계 지배를 가져오는 내용을 담은 장구하고도 강력한 이야기를 제시한다. 바울은 하나님이 한 백성을 세우시고 그들의 숱한 실패와 비극적 역사에도 불구하고 마침내 그들 가운데 **하나님의 아들**(*theou huios*)이 직접 등장하여 평화와 정의를 가져오고 온 세상의 충성을 요구하는 내용을 담은 장구하고도 의미심장한 이야기를 들려준다."[138] 이것은 바울이 단지 정치적 선전에 **빗대어** 종교적 언어를 말하려는 것 이상이다. 여기에 동원된 병치의 언어는 두 복음 간의 **충돌**이자, 두 군주들 간의 대결에 가까운 것이다. 곧 로마의 군사적 승리에 대한 복음 대 주 예수 그리스도를 통한 구속에 관한 복음 간의 대립인 것이다.

로마서 2-4장

로마서에서 바울은 이방인을 향한 자신의 사도직을 위해 로마의 교인들로부터 후원을 갈망하면서, 그들 가운데 교두보를 마련하고자 분투한다. 그러므로 이 서신의 본론이 사회정치적 함의를 지닌 주제를 실제로 다루기는

---

138 Wright, *Paul and the Faithfulness of God*, 1281.

하지만, 그렇다고 해서 정치적 주제가 그 서신을 지배할 것을 기대하면 안 된다.

하나님의 "인자하심과 용납하심과 길이 참으심"(롬 2:4)에 대한 언급은 어쩌면 율리우스 카이사르로부터 네로에 이르는 황제들이 적들을 향해 베풀었던 관용(clementia)이라는 로마인의 특성을 반영한 것인지도 모른다. 그러한 관용은 순전히 동정심에서 유발된 것이 아니라 정치적 이점을 위한 것이었다. 그것은 결국 로마의 정치적 선전에 동원되었고, 로마의 원로원은 율리우스 카이사르의 정신을 신격화한 **클레멘티아**에 바치는 신전을 세울 것을 서약하기도 했다. 아울러 로마가 보여준 차별적인 관용은 하나님이 보여주신 무차별적인 관용에 대비된다(롬 11:32). 이스라엘의 하나님이 베푸는 자비는 열방으로 하여금 가이사의 관용을 위한 제사(이는 우상숭배로 전락하기 마련이다)를 드리는 대신에 하나님의 자비로 말미암아 하나님을 경배하도록 인도한다(롬 15:9).[139]

바울에게 있어 "율법의 행위"(롬 3:20, 27-28)는 토라를 통해 체계화된 유대적 생활방식을 의미한다. 바울은 유대교의 율법을 수행하고 이를 소유하는 것이 구원의 보증이 되지 못한다고 단언하는데, 이는 이스라엘의 율법이 죄의 문제를 해결하지 못했을 뿐 아니라, 하나님의 뜻은 언제나 민족적 이스라엘의 영역을 넘어 세계를 향해 나아가는 것인 까닭이다. 더욱이 로마인들 역시 자신들의 법적 전통에 대해 자부심을 갖고 있었다. 따라서 "율법의 행위"란 로마의 독자들이 보기에 로마법을 함의할 수도 있었다.[140] 이렇게 본다면, 바울은 어떤 법이든 구원의 방편이 된다거나 특권적인 문화적

---

139 다음을 보라. Melissa B. Dowling, *Clemency and Cruelty in the Roman World* (Ann Arbor: University of Michigan Press, 2006), esp. 26-28; Elliott, *Arrogance of Nations*, 87-119.

140 Crossan and Reed, *In Search of Paul*, 387-88; Jewett, *Romans*, 266; Elliott, *Arrogance of Nations*, 138-41.

정체성을 형성하는 매개가 된다고 보는 견해를 거부하고 있는 셈이다.

　로마서 4장에서 바울은 "아브라함이나 그 후손에게 **세상의 상속자가** 되리라고 하신 언약은 율법으로 말미암은 것이 아니요 오직 믿음의 의로 말미암은 것이니라"(롬 4:13)라고 적고 있다. 베르길리우스는 유피테르 신의 입을 빌려서 토가를 걸친 로마인이 "하늘의 상속자"이자 "세상의 주군들"임을 주장한다.[141] 반면에 바울이 여기서 반복하는 유대교의 이야기는 세상을 상속하고 축복할 이들은 이제 메시아를 중심으로 새롭게 규정된 아브라함의 가족이라는 것이다. 로마의 그리스도인들은 대부분 가난한 이들로서 별다른 유산을 갖지 못했기에, 그들을 위한 축복은 로마가 아니라 메시아의 나라로부터 오는 것이었다. 바울이 보기에, 베르길리우스와는 정반대로, 아이네아스의 자손(아우구스투스)이 아니라 아브라함의 자손(예수)이 바로 하나님이 택하셔서 이 세상에 평화와 정의로 대표되는 영원한 나라를 가져올 분이신 것이다.[142]

로마서 5장

로마서 5:1-11은 3:21-4:25과 5:12-8:39 사이에 위치한 전환부다. 이 짧은 단락은 아우구스투스 시대에 사용되었던 제국의 여러 선전 문구와 무척이나 자연스럽게 대비된다. 바울이 믿음으로 의롭게 된 자들은 "하나님과 화평을 누린다"고 언급하는 대목에서, 이 그리스도의 평화(Pax Christi)는 로마의 평화(Pax Romana)에 대비된다.[143] 팍스 로마나, 즉 "로마의 평화"는 로

141　Virgil, *Aeneid* 1.359.

142　Wallace, *Gospel of God*, 131, 163; Elliott, *Arrogance of Nations*, 136-38.

143　다음을 보라. Klaus Wengst, *Pax Romana and the Peace of Jesus Christ*, trans. J. Bowden (Philadelphia: Fortress, 1987); Georgi, "God Turned Upside Down," 154n17.

마가 최고의 번영을 누리던 기원전 27년부터 기원후 189년까지 걸쳐 있는 시기를 일컫기 위해 역사가들이 사용하는 말이다. 로마의 통치자들에게 평화는 하나의 덕목인 동시에 제국 전반에 걸친 전략적 목표였다. 평화는 내전의 종식과 외부의 국경을 성공적으로 통제하는 것을 의미했다. 평화(pax)와 제국(imperium), 곧 평화와 승리는 공생 관계에 있었다. 로마인들은 그들의 "평화"를 기념하기 위해 주화를 찍어냈다. 또한 로마를 지키는 평화의 여신 팍스(Pax)를 숭배하고, 아라 파키스(Ara Pacis: 아우구스투스의 평화를 기념하는 제단)를 건립하고, 특별히 프리에네의 명문과 『아우구스투스의 업적록』에 평화를 상징하는 인물의 업적을 새겨 넣었다. 역설적이게도 이 평화의 시기는 로마의 역사에서 유례없던 군사적 팽창의 시기였다. 베르길리우스에 따르면, 로마의 사명은 세계를 정복하여 "평화에 정의를 덧입히는 것"이었다.[144] 아우구스투스의 행적 가운데는 "승리를 통해 평화를 확보한 것"이 포함되어 있었다.[145] 타키투스는 칼레도니아 왕인 칼가쿠스의 입을 빌려서 로마인들에 대해 충격적인 비판을 쏟아 놓는다. 즉 "로마인들은 강도질, 학살, 약탈에 제국이라는 거짓 이름을 붙인다. 그리고 찾아온 고독을 평화라고 부른다."[146] 마이어는 여기에 나타난 대비에 주목하면서 다음과 같이 지적한다. 즉 "예수가 주는 평화는 폭력에 의해 얻어진 로마의 평화가 아니라, 자기를 내어주시는 하나님의 은혜에 근거한 평화다."[147] 데이비드 오들스코트(David Odell-Scott)는 이와 비슷한 감상을 표현한다. 즉 "로마의 화평케 하는 연합과 평화가 로마 군대의 힘으로 세상의 민족들을 복속시켜 얻어진 것과는 달리, 바울이 전하는 그리스도는 자신의 죽음을 통해 화평케

---

144 Virgil, *Aeneid* 6.851-53; *Acts of Augustus* 34.
145 *Acts of Augustus* 13.
146 Tacitus, *Agricola* 30.
147 Maier, *Picturing Paul in Empire*, 57.

하는 연합을 일으킨다."[148]

"그리스도께서 경건하지 않은 자를 위하여 죽으셨다"(롬 5:6)거나 "그리스도께서 우리를 위하여 죽으심"(롬 5:8)이라는 바울의 주장은 로마서 3:24-25 및 8:3에 비추어 예수의 죽음이 희생제사의 성격을 지녔다고 추정한다. 예수의 죽음이 주는 은택이 신자들에게 전가된다는 생각은 두말할 것도 없이 이스라엘의 희생제사와 이사야서의 이미지(예를 들어, 레 17:11; 사 53:5, 11-12)에서 온 다양한 전승만이 아니라 유대교의 순교 전승(2 Macc 7:32-38; 4 Macc 6:28-29; 17:21-22)에서 **유래하는** 것이다. 하지만 예수의 죽음은 왕이 자신의 백성들을 위해 목숨을 바치는 헬레니즘의 전승과도 **공명한다.**[149] 아울러 희생제사는 로마의 종교에서도 흔하게 나타나는데, 오비디우스에 따르면, 죽음과 희생제사와 종교는 로마의 건립에 핵심 역할을 담당했다.[150] 희생제사는 황제 숭배에서도 일상적으로 요구되었으며, 그 형태는 황제의 수호신에게 바치는 헌주에서부터 예루살렘 성전에서 황제를 대신하여 바치는 제사에 이르기까지 다양했다. 이러한 면에서 볼 때 아우구스투스는 매우 중요한 인물이다. 그는 아우구스투스의 **수호신**(*Lares Augusti*)에게 봉헌된 사당들을 주요 교차로마다 설치하고, 그곳에서 떡이나 향이나 제주 등 피 없는 제물을 바치도록 했던 것이다. 다시 말해서, 한때 마을의 공적 제의였던 것들이 이제 아우구스투스와 그 가문을 위한 사적 제의에 흡수된 셈이다. 아우구스투스 가족의 이미지와 동상이 너무나 흔하게 퍼져 있

148 David Odell-Scott, *Paul's Critique of Theocracy: A/theocracy in Corinthians and Galatians* (JSNTSup 250; London: T&T Clark, 2003), 161.

149 다음을 보라. David Seeley, *The Noble Death: Graeco-Roman Martyrology and Paul's Concept of Salvation* (JSNTSup 28; Sheffield: JSOT Press, 1990), 83-112; Christina Eschner, *Gestorben und hingegeben "für" die Sünder: Die griechische Konzepten des Unheil abwendenden Sterbens und deren paulinischen Aufnahme für die Deutung des Todes Jesu Christi* (2 vols.; WMANT 122; Berlin: Neukirchener Verlag, 2010), 1:274-360.

150 Ovid, *Fasti* 4.833-48.

어서 타키투스는 "아우구스투스의 숭배자"를 "모든 로마 가정에서" 찾아볼 수 있었다고 보도한다.[151] 이에 대해 조지 헤이만(George Heyman)은 다음과 같이 말한다.

제사의 관행을 통해 황제는 거의 모든 길목을 장악했다. 보통 제단에 분향하는 형태로 드려지는 이러한 제사는 본질적으로 종교적인 것이었으나, 제사에 관한 로마인들의 담론을 형성하면서 이를 통해 지배 군주의 물리적 출현 없이도 정치적 장악이 이루어지는 발판을 마련하였다. 아우구스투스와 세바스토이(황제 가문)에 대한 숭배는 그리스 속주에서도 기꺼이 받아들여졌는데, 이는 이 지역이 과거에 헬레니즘 군주들에게도 이와 유사한 "신에 준하는" 영예를 부여하는 것에 익숙했기 때문이다. 기원후 14년에 아우구스투스가 사망한 이후 그를 기념하여 로마의 모든 공식 연회에서는 아무 것도 섞지 않은 헌주가 바쳐졌다. 또한 스페인에서부터 갈리아와 북아프리카에 이르는 로마의 서부 지역에서는 누멘 아우구스티(아우구스투스의 "신성한 영")에 봉헌된 제단이 발견되기도 하였다.[152]

그런데 문제가 있었다. 그리스도인들은 로마의 종교나 황제가 아니라 그들을 구원한 유일한 희생제물이신 그리스도를 바라보았던 것이다. 그리스도야말로 다른 이들을 위해 자신의 생명을 내어놓은 이상적인 왕이다. 따라서 그의 백성들은 자신들의 삶을 "산 제사"로 삼아 이스라엘의 하나님에게 드

---

151 Tacitus, *Ann.* 1.73. 다음을 보라. Gradel, *Emperor Worship*, 198-212.

152 George Heyman, *The Power of Sacrifice: Roman and Christian Discourses in Conflict* (Washington, DC: Catholic University of American Press, 2007), 226-27. 또한 다음을 보라. Tellbe, *Paul between Synagogue and State*, 146: "따라서 아우구스투스는 가정의 신들과 더불어 경배를 받았고, 공적 혹은 사적인 연회에서의 이러한 신앙 형태가 황제와 그 가문에 대한 보다 공식적인 국가 제의의 기틀을 닦아 놓았다."

렸으며, 신격화된 인간에게 제물을 바치는 것을 신성모독으로 간주했다(롬 1:21-23; 살전 1:9). 헤이만에 따르면, 그들의 이러한 신념 역시 체제전복적인 것이었다.

로마와 초기 기독교 간의 적대감은 그리스도인들이 로마의 종교적·정치적 지배에 완전히 동화되기를 거부했기 때문에 발생했다. 희생제사에 대한 개념은 정치 권력과 사회적 정체성을 형성하는 일종의 수사적 표지로서 기능했다.⋯ 그리스도인들과 로마인들 간의 충돌은 일종의 담론을 둘러싸고 벌어진 충돌이었다. "제사"가 하나의 예식적 행위이든 수사적 도구이든 간에 정체성과 사회적 권력을 창출함으로써 한 집단을 결속시킬 수 있다면, 정체성이나 사회적 권력이 시험대에 오르게 될 경우 그것은 이데올로기적 무기나 종교적 무기로 동원될 수 있다. 간단히 말해서, 제사가 종교적이고 사회적인 권력을 표현하는 상징적 구심점이었기 때문에 그것이 사회 갈등을 피하는 피뢰침으로 기능했던 것은 지극히 당연한 일이다. 이렇듯 "하나님 나라"를 대망하는 그리스도인들의 기대감으로 인해 당연히 "가이사의 나라"는 신경을 곤두세울 수밖에 없었다. 이 말은 단지 초기 기독교의 수사적 어구에 세련되지 못한 정치적 동기를 부여하려는 것이 아니라, 제사를 비롯한 극히 예식화된 형태의 종교적 행위가 왜 그렇게도 격렬한 논쟁을 유발하게 되었는지를 밝혀 주는 근거를 제시하려는 것이다.[153]

게다가 로마서 5:12-21에 나타난 바울의 논증은 그가 다른 곳에서도 주장하는 바, 옛 아담 안에 있던 율법-죄-사망의 연쇄가 새 아담으로 말미암은 순종-의-생명의 연쇄에 의해 끊어진 것에 대해 설명한다(빌 2:5-11; 고전

---

153 Heyman, *The Power of Sacrifice*, 219, 222.

15:56). 율리우스 클라우디우스 왕조의 열전은 자기들의 연원이 로물루스를 거쳐 아이네아스에까지 거슬러 올라간다고 주장하는데, 그러한 주장이 그만 공허해진다.[154] 바울의 내러티브는 아담과 아브라함과 그리스도가 등장하는 전혀 다른 종류의 계보적 내러티브시를 제시함으로써 더 깊은 차원의 필요를 충족시킨다. 세상이 필요로 하는 것은 더 많은 제국이 아니고, 심지어 빵이나 서커스도 아니다. 누군가 나타나서 사망과 타락의 권세를 깨뜨려 줄 것을 원한다. 그런데 이 일을 하는 인물은 또 다른 아이네아스(아우구스투스를 말함—옮긴이)가 아니라 새로운 아담인 것이다. 바울에게 있어 이 새로운 아담은 바로 예수이며, 그는 모든 사람에게 평화와 의와 화해와 생명을 중개한다. 예수가 사망을 정복하고 영생을 선물로 주는 것은 제국 권력의 특징으로 종종 지목되어온 "자의적 폭력과 죽음의 문화"에 대비된다.[155] 황제는 결단코, 세네카가 네로를 두고 말했던 것과 같이, "열방의 생명과 죽음을 주재하는 자"가 아니다.[156] 부활하신 그리스도와 그를 따르는 자들은 사망을 다스리지만, 신격화된 통치자들은 여전히 아담의 시대에 속해 있고 사망에 예속되어 있으므로 그들의 권속들을 도울 수 없다(롬 5:17, 21; 6:9).[157] 이는 하나님께서 반역한 백성들을 그저 진압하는 대신에 메시아를 통해 그들과 동일시되기를 택하셨기 때문이다. 예수가 한 일은 단지 관용을 베풀어 칼을 칼집에 도로 넣는 것 이상이었다. 그는 부활의 생명으로 죽음을 정복했던 것이다. 주 예수 그리스도가 베푸는 차고 넘치는 은혜의 선물은 황

---

154 아우구스투스가 가진 "새로운 아이네아스"의 이미지에 대해서는 다음을 보라. Horace, *Carmen Saeculare* 41-46; Virgil, *Aeneid* 8.720-28; 또한 아우구스투스 포룸에 있는 평화의 제단(Ara Pacis)을 보라.

155 Harrison, *Paul and the Imperial Authorities*, 113-14.

156 Seneca, *Clem*. 1.19.8.

157 Harrison, *Paul and the Imperial Authorities*, 115.

제가 은총으로 하사하는 혜택을 능가한다.[158] 결국 바울에게 있어 예수는 로마의 원수(*princeps*)가 자처했던 인물, 곧 인류의 대표이자 화해자이자 통치자에 걸맞은 분이다.[159]

로마서 8-11장

바울은 또한 로마의 그리스도인들도 양자의 영을 받았으므로 하나님의 자녀이며, 따라서 "하나님의 **상속자**요 그리스도와 **함께 한 상속자**"(롬 8:17)라고 말한다. 그들이 받을 유산은 로마가 정복 전쟁에서 살아남은 퇴역 군인들에게 지급하는 땅과 같은 것이 아니라 새 창조를 통해 나타나는 하나님의 영광이다(롬 8:18-21). 로마 작가들이 황제의 통치를 번영, 대지의 생산력을 회복시키는 비옥함 및 자연의 풍요와 연관 짓는 데 반해,[160] 바울은 어려움을 겪고 있는 로마 교회에게 창조계의 회복이 임박했고, 로마 교회가 바로 그 상속자이며, 메시아 예수는 그 세계의 주인이 되심을 말하는 일종의 대항역사에 속한 이야기를 들려준다. 아우구스두스의 시대(*saeculum Augustum*)는 "악한 세대"에 속하며, 그 위에 이미 하나님의 나라가 임하고 있다. 아우구스투스의 황금 시대는 메시아 왕국으로 대체된 것이다.[161]

로마서 8장 후반부에서 바울은 "누가 정죄하리요? 죽으실 뿐 아니라 다시 살아나신 이는 그리스도 예수시니 그는 하나님 우편에 계신 자요, 우

---

158 James R. Harrison, "Paul, Eschatology, and the Augustan Age of Grace," *TynB* 40 (1999): 79-91.
159 Georgi, "God Turned Upside Down," 154.
160 Virgil, *Eclogues* 4.11-41; Horace, *Carmen Seculare* 29-32.
161 다음을 보라. Mark Forman, *The Politics of Promise* (SNTSMS 148; Cambridge: CUP, 2011); Robert Jewett, "The Corruption and Redemption of Creation: Reading Rom. 8:18-23 within the Imperial Context," in *Paul and the Roman Imperial Order*, ed. R. A. Horsley (Harrisburg, PA: TPI, 2004), 25-46; Wallace, *Gospel of God*, 158-60.

리를 위하여 간구하시는 자시니라"(롬 8:34)고 쓰고 있다. 그리스도가 하나님 우편에 앉아 계신다는 생각은 시편 110편을 암시하는 것이 분명하다. 그런데 참으로 흥미롭게도, 네 마리의 코끼리가 끄는 전차를 탄 신성한 아우구스투스의 오른편에 신격화된 클라우디우스 황제가 좌정하고 있는 모습이 새겨진 동전이 발견되었다. 해리슨은 다음과 같이 추론한다. "황제들이 다스리는 상징적 우주에는 신격화된 군주들(카이사르, 아우구스투스, 클라우디우스)과 신의 아들(네로)이 자리를 잡고서 백성들의 간청에 응하고 있는데, 예수는 이에 맞서 더욱 높은 차원에서, 부활하신 하나님의 아들로서 제국 안에 있는 그의 교회를 대신하여 권능 가운데 통치하고 있다."[162] 그렇다면 예수야말로 하늘 권력의 진정한 대리자이며, 흔히들 생각하는 황제가 아니라 바로 예수가 기도를 받을 분인 것이다.[163]

로마서 9-11장에서는 예수를 "만물 위에 계신 하나님"(ὁ ὢν ἐπὶ πάντων θεός, 9:5),[164] "주 예수"(κύριον Ἰησοῦν, 10:9), "구원자"(ὁ ῥυόμενος, 11:26)등으로 부른다. 이는 지중해 동부 지역에서 발견된 수많은 명문과 문헌을 통해 알 수 있듯이, 그러한 언어로 지배자들을 칭송했던 헬레니즘의 전통과 맥을 같이하는 것이다.

황제를 θεός("신")로 칭송하고 높이는 경우는 어렵지 않게 찾아볼 수 있다. 일례로 리키아(Lycia)의 미라(Myra)에서 출토된 어떤 명문에는 아우구스투스 황제를 "땅과 바다를 다스리는 황제, 온 세상에 구원과 은택을 베푸는 자, 신이신 카이사르의 아들이자 신적인 아우구스투스"라고 칭

---

162 Harrison, *Paul and the Imperial Authorities*, 116.
163 Virgil, *Aeneid* 1.286-91; Ovid, *Metamorphoses* 15.888-90.
164 다음을 보라. Hans-Christian Kammler, "Die Prädikation of Jesu Christi als 'Gott' and die paulinische Christologie: Erwägungen zur Exegese von Röm 9,5b," *ZNW* 92 (2003): 164-80.

하고 있다.[165] 에베소에서 나온 어떤 명문에는 율리우스 카이사르를 "아레스와 아프로디테 사이에서 태어난 신의 현현이며, 전 인류의 생명을 구원한 자"라고 기술한다.[166] 심지어 로마에서도 "신"이라는 칭호는 넘칠 정도로 흔했다. 베르길리우스는 아우구스투스가 "우리에게 이러한 평화를 가져다준 신이므로, 그는 나에게 영원한 신으로 남을 것이다. 우리가 기르는 온순한 양도 종종 그의 제단에 오점을 더할 것이다"라고 썼다.[167] 이에 뒤질세라 호라티우스는 아우구스투스를 두고 다음과 같이 말한다. "하늘에서 울리는 천둥이 우리의 믿음을 확증해준다. 유피테르는 하늘에서 다스리지만 이곳 지상에서는 아우구스투스가 신으로 높임 받을 것이다. 이는 그가 브리타니아인과 완고한 파르티아인을 새롭게 정복한 까닭이다."[168] 이 신격화의 언어가 어떤 존재론적 주장을 담고 있는지는 명확하지 않다. 황제는 살았든 죽었든 간에 절대적인 것이 아닌 상대적인 신성을 소유하고 있었다. 황제가 지닌 신성은 로마의 신들과 연관되어 있었지만, 그 신들을 대체하거나 그들이 로마 종교에서 가진 지위를 빼앗지는 않았다.[169] 대부분의 경우, 신적 경

---

165 David C. Braund, *Augustus to Nero: A Sourcebook on Romans History, 31 BC-AD 68* (London: Crook Helm, 1985), § 66.

166 SIG 76.

167 Virgil, *Eclogues* 1.6-8.

168 Horace, *Odes* 3.5.

169 해당 논의의 일부는 'divus'와 'deus' 간에 의미 차이가 있는지, 또한 "신"(a god)에 대한 숭배와 "신에 준하는 존재"(as to a god)에 대한 숭배 간에 차이가 있는지 하는 문제에 관한 것이다. 다음의 논의를 보라. Simon R. F. Price, "Gods and Emperors: The Greek Language of the Roman Imperial Cult," *Journal of Hellenic Studies* 104 (1984): 79-95; Gradel, *Emperor Worship*, 261-371; Koortbojian, *Divinization of Caesar and Augustus*, 1-8, 21-24, 156-58, 177-81. 한편에서 유피테르와 같은 기존의 신도 과거에 사람이었다가 신적 지위로 격상되었다고 보는 의견이 있었고(Ennius, *Sacra Historia* 11.132-37), 키케로는 용맹하고 강한 사람은 사후에 신이 되어 경배와 기도와 숭모의 대상이 될 수 있다고 주장했다(*Leg.* 2.7.19). 다른 한편으로 어떤 이들은 신에게도 두 계급이 있는데, 그중 하나는 영원하고 불멸적인 존재들(곧 천상의 신), 다른 하나는 신격화된 존재(즉 지상의 신)로 구분된다는 주장도 있었다(Diodorus 6.1-2, Eusebius, *Praep. Ev.* 2.2.53에서 인용함). 신격화라는 생각을 조롱하는 이

칭은 최고의 영예가 군주에게 부여되었음을 뜻하며, 이는 제단에서 제물을 바치거나 군주의 수호신(*genius*), 신령(*numen*), 이미지, 가족, 인품 등을 숭배하는 것을 통해 표현되었다.[170]

1세기의 황제들에게 κύριος("주")라는 영예가 부여된 사례는 파피루스, 문학, 명문 등에 넘쳐난다(물론 그 지리적 분포는 대체로 다양했고, 이집트와 소아시아 등에 집중되어 있었으며, 네로 치하에서 크게 증가한 것은 사실이다). 어느 유명한 명문은 "네로, 온 세상의 주"(ὁ τοῦ παντὸς κόσμου κύριος Νέρων)라는 칭호로 그에게 탁월한 경의를 표한다.[171] κύριος라는 칭호는 황제가 *princeps*("제일 시민")이자 σεβαστός("공경 받을 이")이며 제국의 모든 위계 위에 군림한 "지존의 주"로서 유일무이한 최고의 지위를 지니고 있음을 나타낸다. 이 지위는 군사와 정치와 사회와 종교의 전 영역을 아우르는 수위권이었다. 팬턴의 주장에 따르면, 이러한 수위권은 황제가 제국의 모든 하위자들에게 후원과 은택을 베푼다는 측면에서는 **관계적** 성격을 지니고 있고, 오직 한 사람만 독보적으로 통제권을 행사할 수 있었다는 점에서는 **배타적** 성격을 지니고 있었다. 따라서 다른 자가 나타나 이러한 수위권을 참칭할 경우 그것은 내전으로 이어지기 마련이었다.[172] 더욱이 로마서 10:9-11에서 예수를 주로 시인하는 것이 고대 근동이나 그리스-로마에서 행했

들도 있었는데, 가령 키케로의 저작에 등장하는 철학자인 코타(Cotta)와 세네카는 클라우디우스에 대한 신격화를 풍자한 글을 쓰기도 했다(*Natura Deorum* 1.119; Seneca, *Apocolocyntosis*). 심지어 자신을 신으로 대접하라는 알렉산드로스 대왕의 요구는 경멸조의 비꼬임을 당했는데, 스파르타 사람인 다미스(Damis)는 다음과 같이 간결하게 말했다고 한다. "알렉산드로스가 신이 되고 싶어하니 신이라고 불러줍시다"(Plutarch, *Moralia* 219).

170 다음을 보라. Philo, *Legat.* 146-50; Nicolaus of Damascus, *FGrH* 90 F 125. 다음을 보라. Gradel, *Emperor Worship and Roman Religion*. John L. White(*The Apostle of God*, 99)는 다음과 같은 적절한 요약을 제공한다. "훌륭한 군주들은 신들을 숭배하는 것과 동일한 이유로 인해 신격화되었다. 즉 그들은 사회 질서를 구원한 자로 인정되었던 것이다."

171 Fantin, *Lord of the Entire World*, 221.

172 Fantin, *Lord of the Entire World*, 209-15.

던 충성의 서약처럼 한 명의 주인에 대한 배타적 헌신을 요구하는 것에 필적하는 것이었다고 한다면,[173] 그리스도인들은 황제에게 바쳤던 것 이상의 충성을 최상의 권위자인 예수께 드린 셈이었다. 황제에게 충성의 서약을 바치는 것은 여러 속주에서 흔하게 나타나는 관행이었으며, 파플라고니아(Paphlagonia)와 키프로스에서 출토된 명문에 나타난 문구에서 그 예를 찾아볼 수 있다.[174]

이에 더하여, 클리포드 안도(Clifford Ando)는 "개인이 자신의 주군을 회유하거나 설득하거나 속이기 위해서 충성심을 일부러 드러내려고 했다는 사실을 과소평가해서는 안 된다"고 말한다.[175] 황제 숭배는 단지 위로부터 강요되기만 한 것이 아니라 아래로부터 열정적으로 소비되기도 했다.[176] 황제에게 서약을 하고 찬양을 바치는 행위는 본질적으로 최고의 주인인 황제에게 변치 않는 충성을 보여주고 신적 영예를 부여함으로써 환심을 얻기 위한 방법이었다. 바로 그러한 이유로 인해 황제 숭배가 그 많은 속주의 도시에서 그토록 성행했던 것이다. 속주민들이 황제 숭배를 수용했던 까닭은 그것이 제국의 이권 및 제국과의 협력 관계를 가져다주었기 때문이었다. 이러한 측면이 중요한 이유는 이를 통해 황제 숭배가 단지 위로부터 백성들에게 강요된 것은 아님을 알 수 있기 때문이다. 하지만 황제 숭배를 동방 지역에 이식하기 위해서 때로 위로부터의 압력이 가해졌다는 사실을 부인할 수 없다. 이에 해당하는 사례로, 디오 카시우스(Dio Cassius)는 아우구스투스가 아시아와 비두니아에 거주하는 로마 시민권자들에게 율리우스를 신으로

173 Moshe Weinfeld, *Normative and Sectarian Judaism in the Second Temple Period* (LSTS 54; London: T&T Clark, 2005), 11-12, 30-34.
174 Clifford Ando, *Imperial Ideology and Provincial Loyalty in the Roman Empire* (Berkeley: University of California Press, 2000), 359-60.
175 Ando, *Imperial Ideology*, 231.
176 Friesen, "Normal Religion," 24.

숭배할 것을 요구했고, 속주의 주민들은 아우구스투스와 로마를 섬기는 제의에 경의를 표해야만 했다고 전한다.[177] 타키투스는 아우구스투스의 가문이 동요하던 시기에 다음과 같은 냉소적인 말을 남기고 있다. "신들에게 바쳐야 할 영예가 조금도 남아 있지 않았다. 아우구스투스가 신들의 것이었던 신전과 신상, 제관과 사제를 자신에게 돌려서 경배 받기를 선택했기 때문이다."[178] 티베리우스 치세 때, 키지쿠스(Cyzicus)시는 로마 시민들에 대한 폭행이 이어졌고 또한 아우구스투스를 위한 신전을 완공하지 못했다는 이유로 자유를 박탈당하기도 했다.[179] 황제 숭배가 지역적 특성에 따라 형성된 것은 틀림없지만, 그것은 본래 로마화된 세계라는 유토피아적 전망을 전파하기 위해 의도된 것이었으므로, "제국의 주민들을 제국의 어디에서나 참여할 수 있는 하나의 종교적 공동체로 묶어내는 데 기여하기도 했다."[180]

보다 일반적으로 말해서, 황제는 도시들과 민족들과 제국 전체의 구원자이자 은인이자 구속자라는 칭송을 받았다. 필론도 아우구스투스를 높이며 다음과 같이 말한다. "한 사람의 지도자 아우구스투스가 아니었다면 전 인류는 상호 간의 학살로 탈진된 나머지 궁극적 파멸에 이르게 되었을 것이다. 따라서 사람들이 그를 악을 물리친 자라고 부르는 것이 적절하다."[181] 로마의 공식 연대기 작가인 벨레이우스 파테르쿨루스(Velleius Paterculus)는 아우구스투스를 격찬하며 다음과 같이 말한다. "신들에게 바랄 수 있는 것, 신들이 인간에게 줄 수 있는 것, 소원을 품는다고 이루어질 수 있는 것, 행

---

177 Dio Cassius 51.20.6-8.
178 Tacitus, *Ann.* 1.10.
179 Tacitus, *Ann.* 4.36.2; Suetonius, *Tiberius* 37.3.
180 Eric M. Orlin, "Augustan Religion: From Locative to Utopian," in *Rome and Religion: A Cross-Disciplinary Dialogue on the Imperial Cult*, ed. J. Brodd and J. L. Reed (Atlanta: SBL, 2011), 57.
181 Philo, *Leg.* 144.

운이 가져다줄 수 있는 것은 아무것도 없지만, 아우구스투스는 로마로 귀환하면서 이 모든 것을 공화정과 로마의 민초들과 온 세상에 하사하셨다."[182] 심지어 필론은 칼리굴라마저도 "아시아와 유럽의 전 지역에 신선한 단비와 영원히 마르지 않는 축복의 샘물을 내려줄 수 있는 구원자이자 은인"이라고 칭송한다.[183]

비로마계 신들이나 정치적 영웅이라도 이들이 제국의 영역 내에 통합되어 있기만 하다면, 이들을 공경한다고 해서 로마 권력에 대한 위협으로 간주되지는 않았다. 황제 숭배가 그토록 성행했던 이유 중 하나는 그것이 가족 사당, 지역 축전 및 도시의 제의와 통합될 수 있었기 때문이다. 황제의 수호신은 가문의 수호신과 나란히 경배를 받았고, 황제를 위한 신전은 기존의 신전 옆에 세워졌는데, 여기에 노예와 자유민과 수공업 장인과 관헌과 지배층을 망라하는, 국가의 사회종교적 삶에 이해관계가 얽혀 있는 모든 사람이 가담하고 있었다.[184] 아우구스투스는 선대의 공화파들이 그러했던 것처럼 피정복민들을 적절히 회유하였는데, 이를 위해 그가 사용했던 방법은 권력에 혜택과 보상을 혼합하고, 지역의 지배층과 그 가신들을 보다 광범위한 권력의 장으로 끌어들이는 것이었다.[185] 그러나 제국의 바깥에 위치해 있으면서 사회정치적 위계에 의해 정해진 선을 넘거나, 공인된 신전이나 제의의 영역을 벗어나서 초월적 권위를 주장하는 것은 문제가 될 수 있었다. 따라서 로마 정치 기구의 입장에서는, 로마의 유대인 소수 집단 및 그리스도인 모임에 보내는 서신 속에 뭔가 불쾌하고 불온한 면이 있다고 볼 수 있었다. 이는 그 서신이 로마에 의해 처형당한 어떤 사람을 그러한 영예로운

---

182 Velleius Paterculus, *Hist.* 2.89.2-3.

183 Philo, *Leg.* 22.

184 White, *The Apostle of God*, 124-27.

185 Nystrom, "We Have No King but Caesar," 24.

칭호로 부르고 있기 때문이며, 더군다나 그는 메시아 왕으로 높임을 받았으며, 하늘의 권세와 최고의 신적 영예를 지녔다고 이야기되는 인물이었다. 국가 제의에서 황제를 위해 신적 경칭을 사용할 경우에는 대개 그 용법에 제한을 두었지만, 그렇다 하더라도, 살아 있는 황제에 대한 숭배는 사적인 제의에서와 이탈리아의 지방 도시에서 널리 행해지던 관습이었다. 어쨌든 예수를 하나님이자 주와 구원자로서 예배하는 그리스도 신앙은 가이사 신앙과 경쟁 관계였던 것으로 보인다. 그 이유는 과연 최고의 신적 영예를 지닌 이가 누구인지, 구원과 해방의 원천이 되는 이가 누구인지, 백성의 충성을 받을 이가 누구인지, 지존의 주가 누구인지에 대해, 전혀 다른 이야기가 바로 이곳 로마의 수도에서 돌고 있었기 때문이다. 예수를 "하나님", '구원자', "주님"으로 부르는 것은 정치적 지배자들이 생각하기에 자기들이 신민들로부터 받아야 할 영예와 충성을 예수에게 돌리는 것이나 마찬가지였다. 해리슨의 다음과 같은 논평은 꽤 적절하다. 즉 "바울 복음은 그 구원론적 핵심에서 그리스도를 통한 하나님의 승리의 은혜를 선포하고 있기에, 이는 적어도 율리우스 클라우디우스 가문을 신뢰하면서 그 지배하에 살아가던 백성들의 생각속에 자리잡고 있던, 지배자의 은택에 대한 자긍심 및 이제 막 영속화되기 시작한 권력에 대한 숭배를 은연중에 약화시켰던 것이다."[186]

로마서 13:1-14

로마서에서 로마의 통치 권력에 대하여 가장 많이 언급하는 본문은 로마서 13:1-7이다. 하지만 이 단락은 분명히 로마 권력에 대해서 우호적인 발언을 하고 있다. 어느 정도인가 하면, 해당 본문은 그리스도인들이 국가에 복

186　Harrison, *Paul and the Imperial Authorities*, 164.

종하고 국가의 요구에 협조할 것을 장려한다. 이 본문을 네로가 보았더라면 이에 대해 열렬한 환호를 보냈을까?[187] 이 본문이 교회와 국가 간의 관계와 관련해서 그 수용의 역사에서 상당한 논란의 대상이 되었고, 본문이 작성된 동기에 대해서도 다양한 견해들이 제시되었다는 사실이 그다지 놀라울 것은 없다.[188] 또한 바울이 겉보기에 그리스도인들이 로마의 정치 권력에 복종해야 한다고 말했다고 해서 그 발언이 별다른 제지를 받지 않고 전폭적으로 수용될 것을 의도했던 것도 아니었을 것이다.

에른스트 케제만은 바울이 일부 열성파 신도들에게 세속 질서를 다시 따르라고 권고하면서 하늘 시민권을 보유했다는 이유로 정치적 권위를 무심하게 대하는 태도에 맞서고 있었다고 보는 입장을 확산시켰다. 국가에 대한 복종을 소홀히 하는 것은 무정부상태로 이어질 것이고, 이는 결국 공동체 내의 사랑과 평화를 파괴하고 기독교에 대한 세상의 평판도 실추시키게 될 것이다. 다른 무엇보다도, 정치적 영역은 잠정적이라는 바로 그 이유 때문에, 바울은 독자들에게 그러한 권고를 했던 것이다.[189]

닐 엘리어트는 로마서 13:1-7은 바울이 이방인 그리스도인들 사이에서 대체주의가 발생하는 것을 차단하기 위해 기울였던 노력의 일환이었다고 본다. 로마서 8-11장과 12-15장은 이방인들의 오만함을 잠재우고 연약한 유대인 공동체를 정치적 공격으로부터 지키기 위한 의도에서 삽입된 단락이다. 그렇게 본다면, 로마서 13:1-7도 사면초가의 상태에 있던 로마 유대인 공동체의 취약한 상황을 더 악화시킬지도 모를 일종의 대중적 소요

---

187 Richard J. Cassidy, *Christians and Roman Rule in the New Testament: New Perspectives* (New York: Crossroad, 2001), 72.

188 다음의 연구를 보라. Krauter, *Studien zu Röm 13,1-7*, 4-38; Gillian Clark, "Let Every Soul Be Subject: The Fathers and the Empire," in *Images of Empire*, ed. L. Alexander (JSOTSup 122; Sheffield: JSOT Press, 1991), 251-75.

189 Käsemann, *Commentary on Romans*, 350-59.

를 차단하기 위해 작성된 것이다.[190] 다른 곳에서 엘리어트는 로마서 13:1-7이 제국의 흥망이 하나님의 처분에 달려 있다고 보는 전형적인 예언적 묵시에 해당한다고 주장한다. 따라서 교회의 지체들은 길거리에서 소요를 일으키는 행위를 삼가야 한다. 이는 그들 자신의 유익을 위한 것일 뿐 아니라, 앞서 로마서 12:19-21의 문맥이 말하고 있듯이, 심판과 보복은 궁극적으로 하나님께 속한 것이기 때문이다.[191]

카터(Carter)에 따르면, 바울은 로마서 13:1-7에서 아첨의 수사어구를 사용하는데, 이는 확실히 서신의 나머지 부분의 흐름과는 맞지 않지만, 현재로서는 추측할 수밖에 없는 당시의 불가피한 상황으로 인해 반드시 필요했다. 그는 "이 구절은 모든 상황에 해당하는 불변의 복종 윤리를 제시하는 정치적 논문이 아님"을 주장한다. 이 구절은 개인의 생존을 위해 국가에 충성한다는 식의 착각을 만들어 내는 것에 관한 것이다.[192]

크로산과 리드는 로마서 13:1-7이 보편적이고 추상화된 명령이 아니라 로마라는 특수한 상황에 부합하는 "신중한 조언"이라고 생각한다. 로마의 그리스도인들이 불온하다고 간주될 경우, 그들은 클라우디우스 치하에서 고난을 당한 이들처럼 정치적 박해를 겪을 수도 있었다. 일종의 "부정적 위계"에서는 언제 복종하고 언제 불복할지를 선택해야만 한다. 하지만 크로산과 리드는 또한 "긍정의 우위성"이 존재함을 믿는다. 바울도 이를 통해 로마 제국에 대한 대안을 세우고자 하며, 그 대안 가운데 "지역적, 통상

---

190 Neil Elliott, "Romans 13:1-7 in the Context of Imperial Propaganda," in *Paul and Empire: Religion and Power in Roman Imperial Society*, ed. R. A. Horsley (Harrisburg, PA: TPI, 1997), 184-204.
191 Neil Elliott, *Liberating Paul: The Justice of God and the Politics of the Apostle* (Sheffield: Sheffield Academic, 1995), 223-24.
192 Carter, *Roman Empire*, 133-36 (인용문은 136).

410 혁신적 신학자 바울

적, 일상적 차원에서 긍정적으로 구현된 전지구적 정의"가 출현한다.[193]

포터는 로마서 13:1-7이 "국가에 대한 전폭적인 복종"을 가르치는 것으로 간주해서는 안 된다고 생각한다. 바울은 권세자들에게 책임을 묻고 있는데, 그 이유는 이들이 하나님이 주신 권력을 행사하고 있기 때문이다. 또한 이러한 권력이 오용될 경우에는 불복종해야 할 상황도 있을 수 있다. 더욱이 바울이 "위에 있는 권세들"(ἐξουσίαις ὑπερεχούσαις)을 언급할 때 이는 아무 권세나 의미하는 것이 아니다. 대신에 ὑπερέχω는 그 자질에 있어서 뛰어난 우월성이라는 뜻의 질적 의미를 지닐 수 있다(예를 들어, 단 5:11; Sir 33:7 [LXX]; 빌 2:3; 3:8; 4:7). 포터에 따르면, 바울은 그리스도인들이 질적으로 우월한 권세, 즉 정의로운 권세에게만 복종할 것을 기대한다.[194]

라이트는 이 구절이 가이사의 바로 코 앞에 있는 로마에서 한 분이신 참 하나님의 역사를 증언하는 공동체를 세우는 것과 관련 있다고 주장한다. 그러나 이 공동체는 예수에 대한 충성이 시민의 불복종이나 정치적 혁명을 통해 정치 질서를 재편하는 것을 의미한다고 보는 견해는 거부한다. 교회는 기독교의 형태만 갖춘 유대교의 "네 번째 철학"이 되어서는 안 된다.[195] 하지만 여기에도 반제국적 전망이 들어 있는데, 라이트에 따르면, 이는 바울이 정치적 권세자들을 신적 권세의 지위로부터 하나님께 종속된 종의 수준으로 강등시키고 있는 까닭이다. 이사야에 나오는 고레스와 아주 유사하게 (사 45:1), 정치적 권세자들은 해야 할 과업이 있고 또 세상에 하나님의 질서와 정의를 어느 정도 수립하기도 한다. 그러므로 메시아를 믿는 그리스도인들이라고 해서 권세자들을 무시해도 좋을 정도로 백지 수표를 받은 것은 아

---

193 Crossan and Reed, *In Search of Paul*, 394, 409-12.
194 Porter, "Paul Confronts Caesar," 184-89; idem, "Romans 13:1-7 as Pauline Political Rhetoric," *FilNT* 3 (1990): 115-39.
195 Wright, "Romans," 10:716-20; idem, "Paul's Gospel and Caesar's Empire," 168.

니다. 교회는 예수가 오셔서 그에게 대적하는 모든 권세를 폐할 때까지 권세 아래 사는 것이다.[196]

　도로테아 H. 베르치만(Dorothea H. Bertschmann)은 신학자인 올리버 오도노반(Oliver O'Donovan), 존 하워드 요더(John Howard Yoder)와 더불어 로마서 13:1-7에 대해 대화하려고 한다.[197] 바울과 제국 전반(특히 빌 2장의 그리스도 찬양시)에 대해서 베르치만은 다음과 같이 주장한다. (1) 바울은 황제 숭배와 같이 통치자에 대한 우상숭배를 직간접적으로 비판하게 될 가능성이 있는 수단을 이용하지 않는다. (2) 바울은 악한 통치자에 대한 비판에 동원될 가능성이 있는 윤리적 준거를 따르지 않는다. (3) 바울은 신정정치에 근거해서 통치자에게 도전하게 될 가능성이 있는 수단을 이용하지 않는다.[198] (4) 바울은 통치자를 그리스도의 위계에 통합하게 될 가능성이 있는 그 어떤 선교적 준거도 제시하지 않는다. 베르치만은 특히 로마서 13:1-7에 대해 바울이 제국에 대항하는 것과는 거리가 멀다고 주장하면서 그 이유로 다음과 같은 근거를 든다.

1. 바울은 결코 통치자인 그리스도를 기존의 정치적 지배자들과 병치하거나 대비하지 않는다. 병행어라고 해서 반드시 비판으로 이어지는 것은 아니다.

2. 교회가 사회정치적 영역 안에 살고 있기는 하지만, 정치화되기를 추구하지는 않는다. 이는 교회 공동체가 예수의 권위 아래 있기 때문이다.

3. 교회는 정치적 권세자들을 존중하는데, 이는 그들이 하나님의 심판

196　Wright, "Romans," 10:716-23; idem, *Paul*, 78-79.

197　Bertschmann, *Bowing before Christ*.

198　Bertschmann, *Bowing before Christ*, 122-25, 173.

사역을 반영하고 있으므로 지지와 존중을 받을 만하기 때문이다.

4. 후기 기독교(post-Christendom) 시대에서 바울을 차용한다는 것은 (a) 정치 권력을 교회의 적 아니면 대리자로 간주하는 이분법에서 벗어나는 법을 배운다는 의미이며 (b) 그리스도가 궁극적으로 통치하실 것이라는 소망 안에 살면서 그때까지는 인류의 번영을 증진시키고자 하는 통치자들에게 지지를 보내면서 사회의 주변부에서 들려오는 예언적·목회적·비판적인 목소리에 귀를 기울인다는 의미다.[199]

바울이 로마서 13:1-7을 쓰게 된 경위가 무엇인지는 확실히 파악하기 힘든데, 그 이유는 말할 것도 없이 그러한 경위가 복잡했기 때문이다. 나는 로마서 13:1-7에서 다음의 네 가지 사실을 인지하고 있어야 한다고 본다.

첫째로, 바울은 이방의 통치자 및 이방 나라들을 하나님의 종으로 보는 오랜 유대 전통에 서 있다.[200] 이스라엘의 거룩한 전통에서 하나님은 자신의 주권적인 뜻에 따라 통치자들을 세우기도 하고 무너지게도 하는 분이시다. 요세푸스는 이러한 성서를 나음과 같이 요약한다. "어떠한 통치자도 하나님의 뜻이 아니고서는 직분을 얻지 못한다."[201] 이것이 바로 때로 이방인 통치자들에게도 복종하는 것이 전적으로 타당한 이유다.[202]

---

199 Bertschmann, *Bowing before Christ*, 174-87.

200 삼하 12:8; 대하 20:6; 잠 8:15-16; 사 45:1; 단 2:21, 37-38; 4:17, 25, 31; 5:21; Sir 10:4; Wis 6:1-5; Ep. Arist. 219, 224; 1 En. 46.5; 2 Bar. 82.9; 4 Macc 12:11.

201 Josephus, *War* 2.140.

202 Loren Stuckenbruck ("A Place for Socio-political Oppressors at the End of History? Eschatological Perspectives from *1 Enoch*," in *Reactions to Empire: Sacred Texts in Their Socio-political Contexts*, ed. J. A. Dunne and D. Batovici [WUNT 2.372; Tübingen: Mohr Siebeck, 2014], 21)는 에녹서로부터 적절한 예시를 제공한다. "에녹서 저자들과 독자들은 창조 세계의 상태가 아무리 악화되더라도 하나님은 자신의 길을 가실 것이며, 악의 대리자로 여겨지는 자들도 결국에는 이 사실을 인정하고 승복하게 될 것을 확신하고 있었다."

둘째로, 권세자들에 대한 복종을 말하는 바울의 간결한 발언이 하나님에 관한 언어로 포화되어 있음을 기억할 필요가 있다. 일곱 개 절로 이루어진 공간 안에 θεός("하나님")가 무려 여섯 차례나 언급된다. 바울에게는 어떠한 권세도 **하나님에게서 오지 않은 것이** 없었다. 권력은 **하나님이 세우신 것이다.** 하나님이 세우신 권세자들을 거부하는 자는 **하나님의 권위를** 거스르는 자다. 무력으로써 사회 질서를 유지하는 정치 권력도 사실은 **하나님의 대리인**이며, 정치 권력은 심지어 **하나님의 종**이기도 하다. 이것이 어쩌면 "숨겨진 사본"에 가장 근접한 해석이라고 할 수 있는데, 그 이유는 황제의 권위가 인정됨과 동시에 이방인 통치자들을 세우기도 하고 폐하기도 하는 야웨에 관한 유대교 전승에 익숙한 이들이 보기에는 그 권위가 부차적 지위로 강등되기 때문이다.[203] 이것은 이교의 권력에 대한 굴복이 아니라 예언적·묵시적 전통에서 나타나듯이, 지상의 권력 위에 있는 하나님의 권위를 열렬히 인정하는 것이다.[204]

셋째로, 로마서 13:1-7을 예수의 재림 시에 모든 권세가 전복될 것이고 최후의 심판이 반드시 있을 것이라고 이야기하는 바울의 묵시적 내러티브에 비추어 해석할 필요가 있다(롬 13:11-14; 16:20; 고전 15:24-28; 골 2:15; 살후 2:1-12). 바울은 다른 곳에서 "권세들"을 언급하면서, 그것이 정치적이든 영적이든 간에(이 둘은 서로 얽혀 있다), 예수의 주 되심 앞에서 무장해제를 당하고 무력하게 되었다고 선언한다(롬 8:38; 고전 2:8; 15:25-26; 골 2:15).[205]

---

203 Elliott, "Strategies of Resistance," 119-22; Harrison, *Paul and the Imperial Authorities*, 307-8.

204 Elliott, *Liberating Paul*, 224; Stegemann, "Coexistence and Transformation," 13-14; Tellbe, *Paul between Synagogue and State*, 200.

205 바울에 대한 제국대항적 해석을 비판하는 김세윤(*Christ and Caesar*, 67)의 견해에 대해 필자가 느끼는 문제점은 그가 정치적인 권세와 영적 권세를 분리한다는 것이다. 이는 성경적 세계관과 동떨어진 것이다.

로마서 13:1-7에서 위에 있는 권세에 복종하라고 하는 바울의 발언은 이어지는 로마서 13:11-14에 나오는 바울의 권고로 인해 상대화된다. 바울은 그의 청중/독자들에게 "너희가 이 시기를 알거니와 자다가 깰 때가 벌써 되었으니"라는 말씀과 "이는 이제 우리의 구원이 처음 믿을 때보다 가까웠음이라. 밤이 깊고 낮이 가까웠으니"라는 말씀으로 촉구한다. 그리하여 구원이 최소한 아주 가까이 임박해 있으며 앞서 언급한 바로 그 권력의 심판과 해체를 가져올 것임을 선언한다. 바울은 도시에 진정한 유익을 주는 하나님이 세우신 종들을 존중하기 위한 정치적 복종에 대해서는 묵인한다. 그렇지만 그는 로마가 **로마 아이테르나**("영원한 로마")가 아님을 잘 알고 있었는데, 이는 "때가 얼마 남지 않았고"(고전 7:29), "낮이 가까이 왔으며"(롬 13:12), 우리가 다 "그리스도의 심판대"(롬 14:10) 앞에 서게 될 것이기 때문이다.[206] 해리슨이 추론하듯이, "황제 가문이 그 백성을 '영원히' 통치할 것이라는 주장을 담고 있는 통치자의 정치 선전은 권력에 대한 우상숭배를 구체화한 것으로, 이는 십자가에서 죽으시고 부활하시고 다시 오실 하나님의 아들이 세상을 다스리실 것이라는 바울의 선포와 상충되었다. 율리우스 클라우디우스 왕조의 통치자들이 내세우는 '상징적 우주'는 바울의 관점에서 제시된 만유의 주이신 그리스도의 재림으로 말미암아 완성되는 하나님의 새 창조 안에서 정점에 달하는, 세계사의 종말론적 대단원과 어울릴 수 없는 것이었다."[207]

넷째로, 내가 서둘러 덧붙이고 싶은 것은 로마서 13:1-7이 그리스-로

---

206 유사한 논증으로는 다음을 보라. Bryan, *Render to Caesar*, 81-82; Joel White, "Anti-imperial Subtexts in Paul," 329-30; Bruce W. Winter, "Roman Law and Society in Romans 12-15," in *Rome in the Bible and the Early Church*, ed. P. Oakes (Carlisle, UK: Paternoster, 2002), 88-89.

207 Harrison, *Paul and the Imperial Authorities*, 1.

마의 도시적 환경 속에서 살아가는 현실을 새롭게 도입된 "신앙"을 통해 극복해가는 복잡한 과정의 일환이라는 사실이다. 게다가 이 신앙이 새로운 영토에서 반드시 환영받으리라고 예상할 수도 없었다. 로마에 있는 그리스도인은 마이크 던컨(Mike Duncan)의 다채로운 표현처럼 "어느 모로 보나 타자 중의 '타자'였다."[208] 그리스도인들은 대부분 동방 지역 출신으로서 라틴어보다는 그리스어를 사용하는, 시민권을 갖지 못한 거류 외인이었으며 사회의 하층 계급 출신이었다. 그들은 생김새도 달랐고 언어도 달랐으며, 유대인 공동체 내에서 소동을 일으켰던 종교 단체에 속해 있었고, 로마에 의해 십자가형을 당했으나 언젠가 세상을 정복하러 돌아올 것이라고 이야기되는 어떤 사람을 신성한 왕으로 섬기고 있었다. 그리스도인들은 사회적으로 주변부에 속해 있었고, 몇 가지 이유에서 의심의 눈총을 받고 있었으며, 또한 그에 따라 쉽게 공격당할 처지였다. 이러한 상황에 있는 집단에게 논쟁을 벌이고 적극적으로 저항하라고 조언하는 것은 신중하지 못한 선택이었을 것이다. 로마의 타도와 무장해제를 위해 기도하는 동시에 로마인 이웃과 평화롭게 살아간다는 것은 그리 쉽지 않은 일이다. 사회정치적 현실이 그러하기 때문에 결코 그리스도 대 가이사라는 철저한 이원론을 택할 수는 없다. 저항과 문화적 적응과 생존이 모두 동시에 관여하고 있기 때문이다.[209]

저항의 성향을 갖고 있었다 할지라도, "우발적 사태"가 발생하면 어떻게든 잘 넘기고 살아 남아야 했다.[210] 이는 테르툴리아누스의 발언을 연상시키는데, 그는 그리스도인들이 다른 신들을 경배하거나 "황제에게 제사를 바치지"는 않는다고 말하면서도, 여전히 모든 사람들은 황제에게 합당

---

208 Mike Duncan, *The History of Rome*, podcast, Episode 66, "666," 15:00-57 mins.

209 Hanges, "To Complicate Encounters," 29-31.

210 Galinsky, "The Cult of the Roman Emperor," 15.

한 "신심과 종교적 헌신과 충성"을 바쳐야 한다고 말하기도 했던 것이다.[211] 바울은 그 당시 로마 세계에서 살아가는 대부분의 유대인들처럼 동화와 저항 사이에서 서성이고 있었다.[212] 실제 현실에서 바울은 제국 찬가(*laudes imperii*)를 부르는 것이 불편했을 것이지만, 그렇다고 해서 군중을 이끌고 저항의 구호(*sic semper tyrannis*)를 외치면서 팔라티누스 언덕을 향해 돌진했을 것 같지는 않다.

보다 분명한 말로 표현하자면, 바울은 그리스도인들이 일시적인 혁명을 일으켜서 신격화된 한 독재자를 다른 자로 대체하는 것을 원치 않았고, 또는 자신들이 국가에 세금과 존경을 바쳐야 하는 의무로부터 벗어나 있다고 믿는 것도 바라지 않았으며, 혹은 그 당시 팔레스타인에서 점차 폭력으로 치닫고 있던 반로마적 정서에 동조하는 것도 원치 않았다. 그리스도인들은 공인받지 못한 종파 내지 미신에 속한 자들이라는 불리한 처지에 놓여 있으므로, 언제라도 수치와 고난과 폭행과 고발과 박해에 노출되어 있다(롬 5:3-5; 8:18, 31-39; 12:14, 17). 이에 대처하는 현명한 방법은, 현대적 이미지를 빌려서 말하자면, 레이다 망을 피해 머리를 난간 밑에 숙인 채로 머물러 있는 것이다. 이것을 비겁한 타협으로 보아서는 안 되는데, 그 까닭은 제국의 주변부에 자리한 이들에게는 생존이야말로 최선의 저항이기 때문이다. 따라서 바울은 믿는 자들이 권세자들을 존중하면서 선하게 행하기를 바란다. 왜냐하면 고레스로부터 가이사에 이르는 이교의 권세자들이라도 하나님의 목적 안에서 정해진 역할을 수행하고 있기 때문이다. 믿는 자들이 그렇게 할 수 있는 이유는 이방인 통치자들이 모르는 것을 그들은 알

211 Tertullian, *Apol.* 10.1; 36.2.
212 L. Michael White, "Capitalizing on the Imperial Cult: Some Jewish Perspectives," in *Rome and Religion: A Cross-Disciplinary Dialogue on the Imperial Cult*, ed. J. Brodd and J. L. Reed (Atlanta: SBL, 2011), 174.

고 있기 때문이다. 즉 통치자들은 "지혜로우신 하나님"의 "사역자"이며(롬 13:4; 16:27), 그리스도의 심판의 보좌 앞에 서게 될 때 하나님께 책임을 지게 될 것이다(롬 2:16; 14:10). 더군다나 원수 갚는 것은 하나님께 속한 일이다 (롬 12:19). 때가 차면 로마 제국은 사라질 것이고 심지어 그리스도의 나라에 의해 짓밟힘 당하고 말 것이다(롬 13:11-12; 16:20). 따라서 마르틴 헹엘의 결론처럼 "통치 권세가 가진 중요성은 제한되고 상대화된다. 권세는 하나님이 세우셨으므로, 분명히 필요하고도 이로운 것이지만, 그 기한이 정해져 있고 그 중요성도 단지 일시적일 뿐이다."[213]

로마서 15장

로마서는 메시아 예수 안에서의 하나 됨을 권고하는 로마서 15:5-13에서 절정에 이른다고 할 수 있다. 바울은 이방인이 하나님의 백성에 연합하게 된 것은 이스라엘의 실패에도 불구하고 일어난 것이 아니라 오직 이스라엘을 통해 일어난 것임을 거듭 역설한다(롬 1:16; 2:9-10; 3:1-2; 9:4-5; 11:1-31). 예수의 오심으로 인해 유대인과 이방인을 하나로 모으려는 하나님의 구원의 계획이 확증된다. 그다음으로 바울은 유대인과 이방인 간에 상호 포용의 윤리를 강화하기 위해 성경에서 인용한 여러 구절을 끼워 넣는데, 그것은 주로 이방인들이 이스라엘의 메시아를 믿는 믿음을 통해 이스라엘의 하나님을 찬양하고 영광을 돌리는 내용이다(시 17:50; 삼하 22:50[롬 15:9]; 신 32:45[롬 15:10]; 시 117:1[롬 15:11]; 사 11:10[롬 15:12]).

본 연구와 가장 직결되는 부분은 바로 로마서 15:12인데, 여기서는 이사야 11:10을 인용하고 있다. "또 이사야가 이르되 '이새의 뿌리 곧 열방을

---

213 Martin Hengel, *Christ and Power* (Philadelphia: Fortress, 1977), 36.

다스리기 위하여 일어나시는 이가 있으리니 열방이 그에게 소망을 두리라'
하였느니라." "이새의 뿌리"는 종말에 구원할 왕인 메시아를 지칭하는 명
칭으로, "다윗의 뿌리"와 같은 뜻이다(1QSb 5.26; 4QFlor 1.11; Pss. Sol. 17.21-
46; Sir 47:22; 계 5:5; 22:16). 바울은 이스라엘의 예언서를 이용하여 이스라
엘 왕국이 로마와 같은 외세하에 굴종된 상태에서 떨쳐 일어설 것이고, 이
것이 메시아 예수를 통해 성취될 것을 이야기한다. 주이트는 바울이 "이사
야 11장의 맥락에서 국수주의와 제국주의라는 유해한 찌꺼기"를 제거하고
있다고 본다. 문제는 여기서 바울의 메시아적 담론이 제국의 이념과 유사
한, 종말론적 미래에 한 유대인 왕이 나타나 세상을 다스릴 것에 관한 담론
을 모방하고 있다는 사실이다.[214] 바울은 열방에 대한 메시아의 통치를 선하
고 유익한 것으로 제시하는데, 이는 예수가 이방인들이 소망하는 대상이기
때문이다.[215] 예수의 통치는 이 세상에 속한 군국주의가 아니지만, 미래 역
사의 어느 때인가 하나님 나라에 대적하는 모든 권력과 권세, 특히 사탄(롬
16:20)의 권좌를 박탈할 것이 확실하다.

예수가 열방을 다스리도록 임명된 통치자이자 열방이 품은 소망의 원
천이라고 한다면, 이 예수야말로 많은 사람들이 로마 제국에 대해 기대했
던 바의 화신인 것이다. 『아이네이스』에서는 로마가 "제한없는 주권"을 성
취할 수 있었다고 단언한다. 심지어 가이사 앞에 헌상한 "열방의 선물"이라
는 것도 있었다.[216] 베르길리우스는 자신의 시작품을 통해 로마인들이 "땅
의 민족들을 다스릴 것"을 가르쳤다.[217] 『아우구스투스의 업적록』에서는 로
마의 세력이 전 세계로 뻗어나가 열방을 자신의 보호 아래에 불러 모은 것

---

214 Ronald Charles, *Paul and the Politics of Diaspora* (Minneapolis: Fortress, 2014), 195-200.
215 Jewett, *Romans*, 897의 의견과는 반대된다.
216 Virgil, *Aeneid* 8.715-28.
217 Virgil, *Aeneid* 6.1151-52.

을 칭송하면서, 민족들을 평정하고 영토마다 식민 작업을 하는 등 로마 제국이 북유럽과 아프리카와 아시아로까지 확장된 사실을 강조한다.[218] 아우구스투스는 지구를 발로 밟고 있는 자신의 나체 동상을 로스트라 연단 옆에 설치하려고까지 했다.[219] 그러나 이 무적의 로마 권력이 이새의 뿌리에 관해 예언하는 이사야 11장에서 인용한 짧은 구절에 의해 도전 받는다. 이새의 뿌리는 "땅 사방"에서 포로된 자들을 모을 것이고 "유다를 괴롭게 하던 자들은 끊어질 것이다"(사 11:12-13). 바울에게 있어 이것은 메시아 공동체에서 이미 이루어진 현실인데, 이 공동체 안에서 유대인과 이방인이 함께 모여 메시아를 통해 보여주신 하나님의 자비를 찬양하고 있다. 더욱이 로마서 1:3-4과 15:12은 이 서신이 앞뒤로 제국대항적 모티프에 의해 단단히 지탱되고 있음을 보여주며, 따라서 아우구스투스의 자손이 아니라 바로 다윗의 후손이 열방의 통치자임을 암시한다.[220]

결론

그렇다면 지금까지의 논의가 남긴 것은 무엇인가? 대체로 나는 마이어의 다음과 같은 주장이 타당하다고 본다. 즉 바울은 "로마 제국에 대하여 가차 없는 반대"를 한 것도, "보다 유연한 신학화 작업을 위해 일종의 영적 정적주의나 정치적 보수주의"를 표방한 것도 아니었다. 그는 "바울 복음을 자

---

218 *Acts of Augustus* 26-33.

219 Jewett, *Romans*, 48.

220 Wright, *Paul*, 76; Tellbe, *Paul between Synagogue and State*, 202.

신의 청중에게 설득력 있게 전달하기 위해서 자신이 처한 도시 환경에 속한 문화적·사회적 요소들을 잘 절충하는 것"에 집중하고 있었다.[221] 바울의 로마서는 사회적 저항이나 군사적 봉기를 위해 구상된 정치적 선언이 아니었다. 그것은 목회 신학이었으며, 신학을 빌미로 지중해 연안지역에 자리잡은 로마의 사회정치적 현실을 도외시하지도 않았다. 로마서는 민족적 울타리를 뛰어넘는 복음, 즉 유대인과 로마인과 그리스인과 기타 민족이 예수 그리스도의 주 되심 아래 하나가 되는 전망을 제시하기 위한 바울의 논증을 담고 있다. 로마서에서 이 복음에 대해 상술한 것은 로마의 가정 교회들이 유대적 생활 방식의 준수 여부나 그 방법을 둘러싼 할라카식의 논쟁으로 인해 분열되는 것을 막기 위한 노력의 일환이었다. 하지만 바울 복음이 지향하는 총체적 미래상은 로마의 미래상(황제의 수위권 및 지중해 동부 지역에 대한 제국의 헤게모니를 그 내용으로 한다)과 분명히 경쟁 관계에 놓여 있었다. 그렇다고 바울의 메시아가 다스리는 나라가 로마 제국에 군사적 위협이 되지는 않았다. 그 위협은 오히려 사회적인 것으로, 대안적 형태의 후견과 헌신의 체계를 수립하고, 기존의 위계질서와 상충하는 의사 가족 내지 친족 관계를 표방하는 방식이었다. 또한 그것은 로마의 종교적 전통을 신성모독이자 비인간적인 것으로 여겼다. 바울 신학이 로마 제국에 동화될 수는 없었다. 그러나 하나님의 통치를 표방하면서 온갖 체제전복적 성향을 지닌 바울의 전망이 뿌리를 내릴 경우, 로마는 기독교화라는 위협에 실제로 직면하게 될 수도 있었다. 그리고 바로 그런 일이 정말로 일어나고 말았다! 그 결

---

221 Maier, *Picturing Paul in Empire*, 38. 이와 유사한 논증으로 다음을 보라. Strecker ("Taktiken der Aneignung," 161): "바울은 로마 제국이나 가이사의 권력에 반대하는 논객은 아니었다. 오히려 복잡한 신학을 가진 전술가로서 로마 제국의 권력 구조를 메시아 사상을 위해 의도적으로 차용했다.…[이 신학은] 꽤나 고정된 방식으로 저항과 절충 사이에서 움직이고 있다." 여러 면에서 볼 때, Wright(*Paul and the Faithfulness of God*, 1298-99) 역시 바울이 "친로마"도 "반로마"도 아니라고 주장하는 등, 이와 유사한 방향으로 움직이고 있다.

과, 윌리엄 램지(William Ramsay)의 말마따나 "보편을 지향하는 바울 신학과 보편을 표방하는 로마 제국은 서로 결탁하든지, 아니면 어느 하나가 다른 하나를 파멸시킬 수밖에 없었다."[222] 그리고 역사는 이것이 사실임을 보여주었다.

우리의 로마서 연구를 통해 이스라엘의 종교가 늘 사회정치적 성격을 지니고 있었기 때문에 바울 복음 역시 사회정치적인 결을 띨 수밖에 없음이 입증되었다. 바울의 신학 담론은 분명히 제국의 개념들을 소환하여 그것들을 수정해 버린다. 바울은 탈식민주의(postcolonial) 연구자들이 "흉내내기"(mimicry)라고 명명한 전략과 유사한 방식을 구사하는데, 여기서 "흉내내기"란 억압받는 소수자들이 지배 권력의 수사법이나 주장을 모방함으로써 지배 권력과는 구별되는 자신들의 정체성을 규정함과 동시에 지배 권력에 반대하는 자신들의 입장을 나타내는 것이다.[223] 물론 바울의 신학 작업을 위한 주요 자료는 70인역과 기독교 전승이지만, 동시에 그는 로마 제국의 환경 속에 편재해 있던 주제와 언어와 상징을 반영하고 있다.

바울이 말하는 εὐαγγέλιον은 하나님의 δικαιοσύνη가 유대인과 그리스인 신자들에게 미친다는 사실을 알리는 왕의 포고문(롬 1:2-4, 16-17)이지만, 동시에 우상숭배와 악행에 대한 하나님의 진노가 나타났으므로 권세자들에게는 나쁜 소식이 된다(롬 1:18-23). 게다가 로마의 폭력적 군사력과 로마의 우매한 종교는 그리스도의 재림에 압도되어 모두 무너지고 말 것이다(롬 13:11-14; 16:20). 왜냐하면 로마와 그 통치자들은 하나님의 법정에서 그

---

222 William Ramsay, *The Cities of St. Paul: Their Influence on His Life and Thought* (Grand Rapids, MI: Baker, 1979), 70. 추가로 기독교가 로마 제국에 대한 위협이 되도록 작용했던 급진적·총체적 신학에 대해서는 다음을 보라. Barclay, *Pauline Churches*, 361-62.

223 다음을 보라. Catherine Keller, Michael Nausner, and Mayra Rivera, eds., *Postcolonial Theologies: Divinity and Empire* (St. Louis: Chalice, 2004); Jeremy Punt, *Postcolonial Biblical Interpretation: Reframing Paul* (Leiden: Brill, 2015), 40-41.

들이 저지른 악행에 대한 보응을 치를 것이기 때문이다(롬 3:24-26; 5:1; 8:1; 10:9-11).[224] 더욱이 로마서는 열방을 다스리며 열방을 불러 모아 이스라엘의 하나님께 순종하게 할 메시아이자 주님이신 예수의 통치를 언급하는 대목을 그 서두와 말미에 배치하고 있다(롬 1:1-5; 15:12; 16:26). 여기서 우리가 발견하는 것은 라이트의 말마따나 "하나님의 복음, 하나님의 아들, 가장 높은 권세, 온 세계의 모든 열방이 바치는 충성, 모든 열방이 한 분 하나님을 예배하리라는 오랜 이스라엘의 꿈, 그리고 더 중요한 초점이 오래된 전망에 맞춰져 있는데, 그것은 '열방을 통치하기 위해 일어날' 한 왕이 다윗의 혈통에서 오실 것이라는 전망"이다.[225] 따라서 로마서는 한 분이신 참하나님 아버지와 한 분이신 참된 주 예수 그리스도만이 계신다는 담대한 주장을 제국의 심장부에 전달하고 있다.[226]

로마 제국에 대해 조금이라도 알고 있는 사람이면 누구나 바울이 하나의 대안적 제국에 대한 전망을 형상화하고 있음을 알아보았을 것이다. 로마서를 암암리에 제국대항적인 글로 만드는 것은 바울이 단지 κύριος나 εὐαγγέλιον과 같은 병행어구를 사용한다는 점이 아니라, 그러한 언어가 묵시적이고 메시아적인 내러티브 가운데 표현되고 있다는 사실이다. 그 속에는 언제라도 오셔서 단번에 열방을 복종케 하실 오직 한 분인 주님만이 좌정해 계신다.[227] 만일 로마의 관리가 바울의 로마서를 읽었다면, 그것은 매

---

224 Stegemann, "Coexistence and Transformation," 8.

225 Wright, *Paul and the Faithfulness of God*, 1300-1301.

226 Porter, "Paul Confronts Caesar," 184.

227 이와 유사한 연구로는 다음을 보라. Wright, *Paul*, 69; idem, *Paul and the Faithfulness of God*, 1293(빌 2장에 나타난 내러티브를 다룬 부분); Heilig, *Hidden Transcripts?*, 103, 136, 154(권력을 대하는 로마의 관점에 도전한 기독론적 담론과 묵시적 내러티브가 지닌 중요성을 논하는 부분). 다음 결론에 주목하라. Tellbe (*Paul between Synagogue and State*, 205-6, 291): "하지만 여기서 지적해야 할 것은 로마서에 나오는 특정한 신학 용어들이 로마 제국의 이데올로기 안에 그 대응 개념들을 갖고 있음에도, 이 이데올로기에 대비되거나 반대되는 것

우 파격적인 문서로 보였을 것이다. 어느 죽은 유대인을 어떤 의미에서 가이사의 잠재적 경쟁자로 선포하는 내용의 서신이었기 때문이다. 로마서는 좋게 보면 종교적으로 유해하고, 나쁘게 보면 정치적으로 불온한, 동방에서 발생한 한 광신적 사교 집단이 지껄이는 헛소리 정도로 치부되었을 것이다.[228]

은 그 용어 자체가 아니라는 사실이다. **오직 이러한 용어들이 하나님의 정의와 그리스도의 주권에 대한 보편적이고 정치적인 주장들을 포괄하는 전반적 주제와 함께 다뤄질 경우에만 로마제국의 이데올로기에 대한 대비가 강력하게 함축된다**"(강조는 원저자의 것임).

228 다음을 보라. Novenson("What the Apostles Did Not See," 70)은 그리스도인들이 로마 당국의 이목을 끈 경우는 그리 흔치 않았다는 점에 주목한다. 그렇지만 "그들[그리스도인들이] 로마 관헌들의 주의를 끌게 될 경우, 그들은 유대인 반역자와 같이 여겨지고 그렇게 취급되었다."

참고 문헌

고대 문헌의 번역본의 출처는 Loeb Classical Library의 해당 자료들이다. 단, 필론(Philo)의 작품들과 『아우구스투스 행적』(*Acts of Augustus*)은 원어본을 참고했으며, 테르툴리아누스(Tertullian) 작품의 출처는 "니케아 이전 교부들"(Ante-Nicene Fathers)이다.

Abernethy, Andrew T., et al., eds. *Isaiah and Imperial Context: The Book of Isaiah in the Times of Empire*. Eugene, OR: Pickwick, 2013.

Adams, Edward. "Paul's Story of God and Creation: The Story of How God Fulfills His Purpose in Creation." In *Narrative Dynamics in Paul: An Assessment*, edited by B. W. Longenecker, pp. 19-43. Louisville: Westminster John Knox, 2002.

Allison, Dale C. *Resurrecting Jesus*. London: T&T Clark, 2005.

Ando, Clifford. *Imperial Ideology and Provincial Loyalty in the Roman Empire*. Berkley: University of California Press, 2000.

Bachmann, Michael. *Anti-Judaism in Galatians? Exegetical Studies on a Polemical Letter and on Paul's Theology*. Translated by R. L. Brawley. Grand Rapids, MI: Eerdmans, 2008.

Bachmann, Michael, and Johannes Woyke, eds. *Lutherische und neue Paulusperspektive: Beiträge zu einem Schlüsselproblem der gegenwärtigen exegetischen Diskussion*. WUNT 182. Tübingen: Mohr Siebeck, 2005.

Baker, Cynthia. "A 'Jew' by Any Other Name?" *JAJ* 2 (2011): 153-80.

Balla, Peter. *The Child-Parent Relationship in the New Testament and Its Environment*. WUNT 155. Tübingen: Mohr Siebeck, 2003.

Barclay, John M. G. *Obeying the Truth: A Study of Paul's Ethics in Galatians*. Edinburgh: T&T Clark, 1988.

_____. "Paul among Diaspora Jews: Anomaly or Apostate?" *JSNT* 60 (1995): 89-120.

_____. *Jews in the Mediterranean Diaspora: From Alexander to Trajan (323 BCE-117 CE)*. Berkeley: University of California Press, 1996.

_____. "Paul's Story: Theology as Testimony." In *Narrative Dynamics in Paul: A Critical Assessment*, edited by B. W. Longenecker, pp. 133-56. Louisville: Westminster John Knox, 2002.

_____. "Who Was Considered an Apostate in the Jewish Diaspora?" In *Pauline Churches and Diaspora Jews*, pp. 141-55. WUNT 275. Tübingen: Mohr Siebeck, 2011.

Barclay, John M. G., and Simon J. Gathercole, eds. *Divine and Human Agency in Paul and His Cultural Environment*. LNTS 335. London: T&T Clark, 2007.

Barnett, Paul. *Jesus and the Rise of Early Christianity: A History of New Testament Times*. Downers Grove, IL: InterVarsity, 1999.

Barrett, C. K. *A Critical and Exegetical Commentary on the Book of Acts*. ICC. 2 vols. Edinburgh: T&T Clark, 1994-98.

_____. "Paul: Councils and Controversies." In *Conflicts and Challenges in Early Christianity*, edited by D. A. Hagner, pp. 42-74. Harrisburg, PA: Trinity Press International, 1999.

Barth, Karl. *Church Dogmatics*. 4 vols. Edited by Geoffrey W. Bromiley and T. F. Torrance. Translated by Geoffrey W. Bromiley et al. Edinburgh: T&T Clark, 1956-75.

Barth, Markus. "Jews and Gentiles: The Social Character of Justification in Paul." *JES* 5 (1968): 241-67.

_____. "Der gute Jude Paulus." In *Richte unsere Füsse auf den Weg des Friedens*, edited by A. Baudis, D. Clausert, V. Schliski, and B. Wegener, pp. 107-37. Munich: Christian Kaiser, 1979.

Bauckham, Richard. "Barnabas in Galatians." *JSNT* 2 (1979): 61-70.

_____. "James and the Jerusalem Church." In *The Book of Acts in Its Palestinian Setting*, edited by R. Bauckham, pp. 415-80. Grand Rapids, MI: Eerdmans, 1995.

_____. "James and the Gentiles (Acts 15.13-21)." In *History, Literature and Society in the Book of Acts*, edited by B. Witherington, pp. 154-84. Cambridge: Cambridge University Press, 1996.

_____. "Apocalypses." In *Justification and Variegated Nomism*. Vol. 1, *The Complexities of Second Temple Judaism*, edited by D. A. Carson, P. T. O'Brien, and M. A. Seifrid, pp. 135-87. Grand Rapids, MI: Baker Academic, 2001.

_____. "James, Peter and the Gentiles." In *The Missions of James, Peter and Paul: Tensions in Early Christianity*, edited by B. Chilton and C. Evans, pp. 91-142. Leiden: Brill, 2004.

Beale, Gregory K. "Peace and Mercy upon the Israel of God: The Old Testament Background to Galatians 6, 16b." *Bib* 80 (1999): 204-23.

Beker, J. C. *Paul the Apostle: The Triumph of God in Life and Thought*. Philadelphia: Fortress, 1980.

_____. *Paul's Apocalyptic Gospel: The Coming Triumph of God*. Philadelphia: Fortress, 1982.

_____. *The Triumph of God: The Essence of Paul's Thought*. Minneapolis: Fortress, 1990.

Bell, Richard H. *Provoked to Jealousy: The Origin and Purpose of the Jealousy Motif in Romans 9-11*. WUNT 2.63. Tübingen: Mohr Siebeck, 1994.

_____. *The Irrevocable Call of God*. WUNT 184. Tübingen: Mohr Siebeck, 2005.

Belleville, Linda L. "'Under Law': Structural Analysis and the Pauline Concept of Law in Galatians 3.21-4.11." *JSNT* 26 (1986): 53-78.

Benjamin, Anna, and Antony E. Raubitschek. "Arae Augusti." *Hesperia* 28 (1959): 65-85.

Bernett, Monika. "Der Kaiserkult in Judäa unter herodischer und römischer Herschaft: Zu Herausbildung und Herausfoderung neuer Konzepte Jüdischer Herrschaftslegitimation." In *Jewish Identity in the Greco-Roman World*, edited by J. Frey, D. R. Schwartz, and S. Gripentrog, pp. 219-51. AJEC 711. Leiden: Brill, 2007.

Bernheim, Pierre-Antoine. *James, Brother of Jesus*. Translated by J. Bowden. London: SCM, 1997.

Bertschmann, Dorothea H. *Bowing before Christ—Nodding to the State? Reading Paul Politically with Oliver O'Donovan and John Howard Yoder*. LNTS 502. London: T&T Clark, 2014.

Betz, Hans Dieter. *Galatians*. Hermeneia. Philadelphia: Fortress, 1979.

Birnbaum, Ellen. *The Place of Judaism in Philo's Thought: Israel, Jews, and Proselytes*. Providence, RI: Brown University Press, 1996.

Bird, Michael F. "'Light to the Nations' (Isaiah 42:6 and 49:6): Intertextuality and Mission Theology in the Early Church." *RTR* 65 (2006): 122-31.

_____. *The Saving Righteousness of God: Studies on Paul, Justification, and the New Perspective*. PBM. Milton Keynes, UK: Paternoster, 2006.

_____. *Jesus and the Origins of the Gentile Mission*. LNTS 331. London: T&T Clark, 2007.

_____. "Jesus as Law-Breaker." In *Who Do My Opponents Say That I Am? An Investigation of the Accusations against the Historical Jesus*, edited by S. McKnight and J. B. Modica, pp. 3-26. LNTS 358. London: T&T Clark, 2008.

_____. *Are You the One Who Is to Come? The Historical Jesus and the Messianic Question*. Grand Rapids, MI: Baker, 2009.

_____. *Colossians and Philemon*. NCCS. Eugene, OR: Wipf & Stock, 2009.

_____. *Crossing Over Sea and Land: Jewish Missionary Activity in the Second Temple Period*. Peabody, MA: Hendrickson, 2009.

_____. "What if Martin Luther Had Read the Dead Sea Scrolls? Historical Particularity and Theological Interpretation in Pauline Theology: Galatians as a Test Case." *JTI* 3 (2009): 107-25.

_____. "Progressive Reformed View." In *Justification: Five Views*, edited by J. K. Beilby and P. R. Eddy, pp. 131-57. Downers Grove, IL: IVP Academic, 2011.

_____. "The Incident at Antioch (Gal. 2.11-14): The Beginnings of Paulinism." In *Earliest Christian History*, edited by M. F. Bird and J. Maston, pp. 329-61. WUNT 2.320. Tübingen: Mohr Siebeck, 2012.

_____. *Jesus Is the Christ: The Messianic Testimony of the Gospels*. Carlisle, UK: Paternoster, 2012.

_____. "Letter to the Romans." In *All Things to All Cultures: Paul among Jews, Greeks and Romans*, edited by M. Harding and A. Knobbs, pp. 177-204. Grand Rapids, MI: Eerdmans, 2012.

_____. "Salvation in Paul's Judaism." In *Paul and Judaism: Crosscurrents in Pauline Exegesis and the Study of Jewish-Christian Relations*, edited by R. Bieringer and D. Pollefeyt, pp. 15-40. LNTS 463. London: T&T Clark, 2012.

_____. "'One Who Will Arise to Rule over the Nations': Paul's Letter to the Romans and the Roman Empire." In *Jesus Is Lord, Caesar Is Not: Evaluating Empire in New Testament Studies*, edited by S. McKnight and J. B. Modica, pp. 146-65. Downers Grove, IL: IVP Academic, 2013.

Bird, Michael F., ed. *The Apostle Paul: Four Views*. Grand Rapids, MI: Zondervan, 2012.

Bird, Michael F., C. Heilig, and J. T. Hewitt, eds. *God and the Faithfulness of Paul*. WUNT 2.320. Tübingen: Mohr Siebeck, 2016.

Bird, Michael F., and Preston Sprinkle. "Jewish Interpretation of Paul in the Last Thirty Years." *CBR* 6 (2008): 355-76.

Bird, Michael F., and Preston M. Sprinkle, eds. *The Faith of Jesus Christ: Exegetical, Biblical, and Theological Studies*. Milton Keynes, UK: Paternoster, 2009.

Blaschke, Andreas. *Beschneidung: Zeugnisse der Bible und verwandter Text*. TANZ 28. Tübingen: Francke, 1998.

Blocher, Henri. "*Agnus Victor*: The Atonement as Victory and Vicarious Punishment." In *What Does It Mean to Be Saved?* edited by J. G. Stackhouse, pp. 67-91. Grand Rapids, MI: Baker Academic, 2002.

Blumenfeld, Bruno. *The Political Paul: Justice, Democracy and Kingship in a Hellenistic Framework*. JSNTSup 210. London: T&T Clark, 2003.

Boccaccini, Gabriele. *Roots of Rabbinic Judaism: An Intellectual History, from Ezekiel to Daniel*. Grand Rapids, MI: Eerdmans, 2002.

_____. "Inner-Jewish Debate on the Tension between Divine and Human Agency in Second Temple Judaism." In *Divine and Human Agency in Paul and His Cultural Development*, edited by J. M. G. Barclay and S. J. Gathercole, pp. 9-26. London: T&T Clark, 2007.

Bockmuehl, Markus. *Jewish Law in Gentile Churches: Halakhah and the Beginning of Christian Public Ethics*. Grand Rapids, MI: Baker, 2000.

_____. "1 Thessalonians 2:14-16 and the Church in Jerusalem." *TynB* 52 (2001): 1-31.

Boda, Mark J. "Walking in the Light of Yahweh: Zion and the Empire." In *Empire in the New Testament*, edited by S. E. Porter and C. L. Westfall, pp. 54-89. Eugene, OR: Cascade, 2011.

Boer, Martinus C. de. "Paul and Apocalyptic Eschatology." In *The Origins of Apocalypticism in Judaism and Christianity*, edited by J. J. Collins, pp. 345-83. New York: T&T Clark, 1998.

_____. "Paul, Theologian of God's Apocalypse." *Int* 56 (2002): 21-33.

_____. "Paul and Jewish Apocalyptic Eschatology." In *Apocalyptic and the New Testament: Essays in Honor of J. Louis Martyn*, edited by J. Marcus and M. L. Soards, pp. 169-90. JSNTSup 24. Sheffield: Sheffield Academic, 2003.

_____. "Paul's Use and Interpretation of a Justification Tradition in Galatians 2.15-21." *JSNT* 28 (2005): 189-216.

_____. *Galatians: A Commentary*. NTL. Louisville: Westminster John Knox, 2011.

_____. "N. T. Wright's Great Story and Its Relationship to Paul's Gospel." *JSPL* 4 (2014): 49-57.

Bornkamm, Günther. *Paul*. Translated by D. M. G. Stalker. New York: Harper & Row, 1971.

Botha, Jan. *Subject to Whose Authority? Multiple Readings of Romans 13*. Atlanta: Scholars, 1994.

Botha, Peter J. J. "Assessing Representations of the Imperial Cult in New Testament Studies." *VerbEccl* 25 (2004): 14-25.

Bousset, Wilhelm. *Kyrios Christos: A History of the Belief in Christ from the Beginnings of Christianity to Irenaeus*. Translated by J. E. Steely. Edited by L. Hurtado. Waco, TX: Baylor University Press, 2013.

Boyarin, Daniel. *A Radical Jew: Paul and the Politics of Identity*. Berkeley: University of California Press, 1994.

Braund, David C. *Augustus to Nero: A Sourcebook on Romans History, 31 BC-AD 68*. London: Crook Helm, 1985.

Brown, John Pairman. "Divine Kingship, Civic Institutions, Imperial Rule." In *Israel and Hellas*, 2:81-118. 2 vols. BZAW 231. Berlin: Walter de Gruyter, 1995.

Bruce, F. F. *The Acts of the Apostles: The Greek Text with Introduction and Commentary*. Grand Rapids, MI: Eerdmans, 1951.

_____. *Paul: Apostle of the Free Spirit*. Carlisle, UK: Paternoster, 1980.

_____. *The Epistle to the Galatians*. NIGTC. Grand Rapids, MI: Eerdmans, 1982.

_____. *Romans*. TNTC. Rev. ed. Leicester, UK: InterVarsity, 1985

Bryan, Christopher. *Render to Caesar: Jesus, the Early Church, and the Roman Superpower*. New York: Oxford University Press, 2005.

Buell, Denise Kimber. *Why This New Race: Ethnic Reasoning in Early Christianity*. New York: Columbia University Press, 2005.

Bultmann, Rudolf. *Primitive Christianity in Its Contemporary Setting*. Translated by R. H. Fuller. London: Thames & Hudson, 1956.

Burk, Denny. "Is Paul's Gospel Counterimperial? Evaluating the Prospects of the 'Fresh Perspective' for Evangelical Theology." *JETS* 51 (2008): 309-37.

Byrne, Brendan. "Interpreting Romans: The New Perspective and Beyond." *Int* 58 (2004): 241-52.

Campbell, Constantine R. *Verbal Aspect and Non-indicative Verbs: Further Soundings in the Greek of the New Testament*. SBG. New York: Peter Lang, 2008.

Campbell, Douglas A. *The Quest for Paul's Gospel: A Suggested Strategy*. London: T&T Clark, 2005.

_____. *The Deliverance of God: An Apocalyptic Rereading of Justification in Paul*. Grand Rapids, MI: Eerdmans, 2009.

_____. "Christ and the Church in Paul: A 'Post-New Perspective' Account." In *The Apostle Paul: Four Views*, edited by M. F. Bird, pp. 113-43. Grand Rapids, MI: Zondervan, 2012.

Campbell, William S. "Perceptions of Compatibility Between Christianity and Judaism in Pauline Interpretation." *BI* 13 (2005): 298-316.

_____. *Paul and the Creation of Christian Identity*. London: T&T Clark, 2006.

_____. "Religion, Identity and Ethnicity: The Contribution of Paul the Apostle." *Journal of Beliefs and Values* 29 (2008): 139-50.

Caneday, Ardel. "The Faithfulness of Jesus Christ as a Theme in Paul's Theology in Galatians." In *The Faith of Jesus Christ: Exegetical, Biblical, and Theological Studies*, edited by M. F. Bird and P. M. Sprinkle, pp. 185-205. Milton Keynes, UK: Paternoster, 2009.

Carlson, Stephen C. *The Text of Galatians*. WUNT 2.385. Tübingen: Mohr Siebeck, 2015.

Carson, D. A. "Summaries and Conclusions." In *Justification and Variegated Nomism*. Vol. 1, *The Complexities of Second Temple Judaism*, edited by D. A. Carson, P. T. O'Brien, and M. A. Seifrid, pp. 543-48. Grand Rapids, MI: Baker Academic, 2001.

_____. "Mystery and Fulfillment: Toward a More Comprehensive Paradigm of Paul's Understanding of the Old and the New." In *Justification and Variegated Nomism*. Vol. 2, *The Paradoxes of Paul*, edited by D. A. Carson, P. T. O'Brien, and M. A. Seifrid, pp. 393-436. Grand Rapids, MI: Baker Academic, 2004.

_____. "Mirror-Reading with Paul and against Paul: Galatians 2:11-14 as a Test Case." In *Studies in the Pauline Epistles*, edited by M. S. Harmon and J. E. Smith, pp. 99-112. Grand Rapids, MI: Zondervan, 2014.

Carson, D. A., Peter T. O'Brien, and Mark A. Seifrid, eds. *Justification and Variegated Nomism*. Vol. 1, *The Complexities of Second Temple Judaism*. Grand Rapids, MI: Baker Academic, 2001.

_____. *Justification and Variegated Nomism*. Vol. 2, *The Paradoxes of Paul*. Grand Rapids, MI: Baker Academic, 2004.

Carter, T. L. *Paul and the Power of Sin: Redefining "Beyond the Pale."* SNTSMS 115. Cambridge: Cambridge University Press, 2002.

Carter, Warren. *The Roman Empire and the New Testament: An Essential Guide*. Nashville: Abingdon, 2006.

_____. "Paul and the Roman Empire: Recent Perspectives." In *Paul Unbound: Other Perspectives on the Apostle*, edited by M. D. Given, pp. 7-26. Peabody, MA: Hendrickson, 2010.

Cassidy, Richard J. *Christians and Roman Rule in the New Testament: New Perspectives*. New York: Crossroad, 2001.

Chan, Mark L. Y. *Christology from within and Ahead: Hermeneutics, Contingency, and the Quest for Transcontextual Criteria in Christology*. Leiden: Brill, 2001.

Charles, Ronald. *Paul and the Politics of Diaspora*. Minneapolis: Fortress, 2014.

Chilton, Bruce D. "The Brother of Jesus and the Interpretation of Scripture." In *The Use of Sacred Books in the Ancient World*, edited by L.V. Rutgers, P. W. van der Horst, H. W. Havelaar, and L. Teugels, pp. 29-48. CBET 22. Leuven: Peeters, 1998.

Ciampa, Roy E., and Brian S. Rosner. *The First Letter to the Corinthians*. PNTC. Grand Rapids, MI: Eerdmans, 2010.

Clark, Gillian. "Let Every Soul Be Subject: The Fathers and the Empire." In *Images of Empire*, edited by L. Alexander, pp. 251-75. JSOTSup 122. Sheffield: JSOT Press, 1991.

Cohen, Shaye J. D. *The Beginnings of Jewishness*. Berkeley: University of California Press, 1999.

_____. *Why Aren't Jewish Women Circumcised: Gender and Covenant in Judaism*. Berkeley: University of California Press, 2005.

Cook, John Granger. *Roman Attitudes toward the Christians*. WUNT 261. Tübingen: Mohr Siebeck, 2010.

Cosgrove, Charles. *The Cross and the Spirit: A Study in the Argument and Theology of Galatians*. Macon, GA: Mercer University Press, 1988.

Cosgrove, Charles, Herold Weiss, and Khiok-Khng Yeo. *Cross-Cultural Paul: Journeys to Others, Journeys to Ourselves*. Grand Rapids, MI: Eerdmans, 2005.

Cousar, Charles. "Continuity and Discontinuity: Reflections on Romans 5-8 (in Conversation with Frank Thielman)." In *Pauline Theology*. Vol. 3, *Romans*, edited by D. M. Hay and E. E. Johnson, pp. 196-210. Minneapolis: Fortress, 1995.

Cranfield, C. E. B. *Epistle to the Romans*. 2 vols. ICC. Edinburgh: T&T Clark, 1975-79.

Crossan, John Dominic, and Jonathan L. Reed. *Excavating Jesus: Beneath the Stones, behind the Texts*. San Francisco: HarperSanFrancisco, 2001.

_____. *In Search of Paul: How Jesus's Apostle Opposed Rome's Empire with God's Kingdom*. San Francisco: HarperSanFrancisco, 2004.

Crossley, James G. *Why Christianity Happened: A Sociohistorical Account of Christian Origins (26-50 CE)*. Louisville: Westminster John Knox, 2006.

Cummins, Stephen A. *Paul and the Crucified Christ in Antioch: Maccabean Martyrdom and Galatians 1 and 2*. SNTSMS 114. Cambridge: Cambridge University Press, 2007.

Dahl, N. A. "The Doctrine of Justification: Its Social Function and Implications." In *Studies in Paul*, pp. 95-120. Minneapolis: Augsburg, 1977.

_____. "The One God of Jews and Gentiles (Rom. 3:29-30)." In *Studies in Paul*, pp. 178-91. Minneapolis: Augsburg, 1977.

Das, A. Andrew. *Paul and the Jews*. LPS. Peabody, MA: Hendrickson, 2003.

_____. *Paul, the Law, and the Covenant*. Peabody, MA: Hendrickson, 2004.

_____. "Paul and the Law: Pressure Points in the Debate." In *Paul Unbound: Other Perspectives on the Apostle*, edited by M. D. Given, pp. 99-116. Peabody, MA: Hendrickson, 2010.

Davies, W. D. *Torah in the Messianic Age and/or the Age to Come*. Philadelphia: SBL, 1952.

_____. *Paul and Rabbinic Judaism: Some Rabbinic Elements in Paul's Theology*. London: SPCK, 1955.

_____. "Paul: From the Jewish Point of View." In *The Cambridge History of Judaism*. Vol. 3, *The Early Roman Period*, edited by W. Horbury, W. D. Davies, and J. Sturdy, pp. 678-730. Cambridge: Cambridge University Press, 1999.

Davis Bledsoe, Amanda M. "Attitudes towards Seleucid Imperial Hegemony in the Book of Daniel." In *Reactions to Empire: Sacred Texts in Their Socio-Political Contexts*, edited by J. A. Dunne and D. Batovici, pp. 23-40. WUNT 2.372. Tübingen: Mohr Siebeck, .2014.

Deines, Roland. "The Pharisees between 'Judaisms' and 'Common Judaism.'" In *Justification and Variegated Nomism*. Vol. 1, *The Complexities of Second Temple Judaism*, edited by D. A. Carson, P. T. O'Brien, and M. A. Seifrid, pp. 443-504. Grand Rapids, MI: Baker Academic, 2001.

Deissmann, Adolf. *Light from the Ancient East: The New Testament Illustrated by Recently Discovered Texts of the Graeco-Roman World*. Translated by L. R. M. Strachan. 2nd ed. London: Hodder & Stoughton, 1927.

deSilva, David A. *Transformation: The Heart of Paul's Gospel*. Bellingham, WA: Lexham, 2014.

Diehl, Judith A. "Empires and Epistles: Anti-Roman Rhetoric in the New Testament Epistles." *CBR* 10 (2012): 217-52.

_____. "Anti-imperial Rhetoric in the New Testament." In *Jesus Is Lord, Caesar Is Not: Evaluating Empire in New Testament Studies*, edited by S. McKnight and J. B. Modica, pp. 38-81. Downers Grove, IL: IVP Academic, 2013.

Dodd, C. H. *The Bible Today*. Cambridge: Cambridge University Press, 1946.

Donaldson, Terence L. "The 'Curse of the Law' and the Inclusion of the Gentiles: Galatians 3.13-14." *NTS* 32 (1986): 94-112.

_____. "Proselytes or 'Righteous Gentiles'? The Status of Gentiles in Eschatological Pilgrimage Patterns of Thought." *JSP* 7 (1990): 3-27.

_____. *Paul and the Gentiles: Remapping the Apostle's Convictional World*. Minneapolis: Fortress, 1997.

_____. "Jewish Christianity, Israel's Stumbling and the *Sonderweg* Reading of Paul." *JSNT* 29 (2006): 27-54.

_____. *Judaism and the Gentiles: Jewish Patterns of Universalism (to 135 CE)*. Waco, TX: Baylor University Press, 2007.

_____. *Jews and Anti-Judaism in the New Testament: Decision Points and Divergent Interpretations*. London: SPCK, 2010.

_____. "Paul within Judaism: A Critical Evaluation from a 'New Perspective' Perspective." In *Paul within Judaism: Restoring the First-Century Context to the Apostle*, edited by M. Nanos and M. Zetterholm, pp. 277-302. Minneapolis: Fortress, 2015.

Dowling, Melissa B. *Clemency and Cruelty in the Roman World*. Ann Arbor: University of Michigan Press, 2006.

Driel, Edwin Christian van. "Christ in Paul's Narrative: Salvation History, Apocalyptic Invasion, and Supralapsarian Theology." In *Galatians and Christian Theology*, edited by M.

W. Elliott, S. J. Hafemann, N. T. Wright, and J. Frederick, pp. 230-38. Grand Rapids, MI: Baker Academic, 2014.

_____. "Climax of the Covenant vs Apocalyptic Invasion: A Theological Analysis of a Contemporary Debate in Pauline Exegesis." *IJST* 17 (2015): 6-25.

Dunn, James D. G. "The Incident at Antioch (Gal. 2:11-18)." *JSNT* 18 (1983): 3-57.

_____. *Romans 1-8*. WBC. Dallas, TX: Word, 1988.

_____. *Jesus, Paul and the Law: Studies in Mark and Galatians*. London: SPCK, 1990.

_____. *The Parting of the Ways: Between Christianity and Judaism and Their Significance for the Character of Christianity*. London: SCM, 1991.

_____. *The Epistle to the Galatians*. BNTC. Peabody, MA: Hendrickson, 1993.

_____. "Paul: Apostate or Apostle of Israel." *ZNW* 89 (1998): 256-71.

_____. *The Theology of Paul the Apostle*. Edinburgh: T&T Clark, 1998.

_____. "Who Did Paul Think He Was? A Study of Jewish Christian Identity." *NTS* 45 (1999): 174-93.

_____. *The New Perspective on Paul*. 2nd ed. Grand Rapids, MI: Eerdmans, 2007.

_____. "ΕΚ ΠΙΣΤΕΩΣ: A Key to the Meaning of ΠΙΣΤΙΣ ΧΡΙΣΤΟΥ." In *The Word Leaps the Gap*, edited by J. R. Wagner, C. K. Rowe, and A. K. Grieb, pp. 351-66. Grand Rapids, MI: Eerdmans, 2008.

_____. "How New Was Paul's Gospel? The Problem of Continuity and Discontinuity." In *Gospel in Paul: Studies on Corinthians, Galatians, and Romans*, edited by L. A. Jervis and P. Richardson, pp. 367-88. JSNTSup. Sheffield: Sheffield Academic, 1994. Reprinted in *The New Perspective on Paul*, pp. 247-64. Rev. ed. Grand Rapids, MI: Eerdmans, 2008.

_____. *Beginning from Jerusalem*. CITM 2. Grand Rapids, MI: Eerdmans, 2009.

Dunne, John Anthony. "Suffering and Covenantal Hope in Galatians: A Critique of the 'Apocalyptic Reading' and Its Proponents." *SJT* 68 (2015): 1-14.

Eastman, Susan G. "Israel and the Mercy of God: A Re-reading of Galatians 6.16 and Romans 9-11." *NTS* 56 (2010): 367-95.

Eck, Werner, ed. *Judäa—Syria Palästina: Ein Euseinandersetzung ein Provinz mit römischer Politik und Kultur*. TSAJ 340. Tübingen: Mohr Siebeck, 2014.

Ehrensperger, Kathy. *That We May Be Mutually Encouraged: Feminism and the New Perspective in Pauline Studies*. London: T&T Clark, 2004.

Eisenbaum, Pamela M. "Is Paul the Father of Misogyny and Antisemitism?" *Crosscurrents* 50, no. 4 (2000-2001): 506-24.

_____. "Following in the Footnotes of the Apostle Paul." In *Identity and the Politics of Scholarship in the Study of Religion*, edited by S. Davaney and J. Cabezon, pp. 77- 97. New York: Routledge, 2004.

_____. "A Remedy for Having Been Born of Woman: Jesus, Gentiles, and Genealogy in Romans." *JBL* 123 (2004): 671-702.

_____. "Paul, Polemics, and the Problem of Essentialism." *BI* 13 (2005): 224-38.

_____. *Paul Was Not a Christian: The Original Message of a Misunderstood Apostle*. New York: HarperCollins, 2009.

Elliott, John H. "Jesus the Israelite Was Neither a 'Jew' Nor a 'Christian': On Correcting Misleading Nomenclature." *JSHJ* 5 (2007): 119-54.

Elliott, Mark Adam. *The Survivors of Israel: A Reconsideration of the Theology of Pre-Christian Judaism*. Grand Rapids, MI: Eerdmans, 2000.

Elliott, Neil. *Liberating Paul: The Justice of God and the Politics of the Apostle*. Sheffield: Sheffield Academic, 1995.

_____. "Romans 13:1-7 in the Context of Imperial Propaganda." In *Paul and Empire: Religion and Power in Roman Imperial Society*, edited by R. A. Horsley, pp. 184-204. Harrisburg, PA: Trinity Press International, 1997.

_____. *Liberating Paul: The Justice of God and the Politics of the Apostle*. 2nd ed. Minneapolis: Fortress, 2006.

_____. "The Letter to the Romans." In *A Postcolonial Commentary on the New Testament Writings*, edited by F. F. Segovia and R. S. Sugirtharajah, pp. 194-219. New York: T&T Clark, 2007.

_____. *The Arrogance of Nations: Reading Romans in the Shadow of Empire*. Minneapolis: Fortress, 2008.

_____. "'Blasphemed among the Nations': Pursuing an Anti-imperial 'Intertextuality' in Romans." In *As It is Written: Studying Paul's Use of Scripture*, edited by S. E. Porter and C. D. Stanley, pp. 213-33. SBLSS 50. Leiden: Brill, 2008.

_____. "Paul's Political Christology: Samples from Romans." In *Reading Paul in Context: Explorations in Identity Formation*, edited by K. Ehrensperger and J. B. Tucker, pp. 39-50. LNTS 428. London: T&T Clark, 2010.

Engberg-Pedersen, Troels, ed. *Paul beyond the Judaism/Hellenism Divide*. Louisville: Westminster John Knox, 2001.

Enns, Peter. "Expansions of Scripture." In *Justification and Variegated Nomism*. Vol. 1, *The Complexities of Second Temple Judaism*, edited by D. A. Carson, P. T. O'Brien, and M. A. Seifrid, pp. 73-98. Grand Rapids, MI: Baker Academic, 2001.

Eriksen, Thomas Hylland. *Ethnicity and Nationalism: Anthropological Perspectives*. 2nd ed. London: Pluto, 2002.

Eschner, Christina. *Gestorben und hingegeben "für" die Sünder: Die griechische Konzepten des Unheil abwendenden Sterbens und deren paulinischen Aufnahme für die Deutung des Todes Jesu Christi*. 2 vols. WMANT 122. Berlin: Neukirchener Verlag, 2010.

Eskola, Timo. "Paul, Predestination and 'Covenantal Nomism'—Re-assessing Paul and Palestinian Judaism." *JSJ* 29 (1997): 390-412.

_____. *Theodicy and Predestination in Pauline Theology*. WUNT 2.100. Tübingen: Mohr Siebeck, 1998.

Esler, Philip F. *The First Christians in Their Social Worlds: Social-Scientific Approaches to New Testament Interpretation*. London: Routledge, 1994.

_____. *Galatians*. NTR. London: Routledge, 1998.

Evans, Craig A. "Revolutionary Movements, Jewish." In *DNTB*, edited by S. E. Porter and C. A. Evans, pp. 936-47. Downers Grove, IL: InterVarsity, 2000.

_____. "Paul and 'Works of Law' Language in Late Antiquity." In *Paul and His Opponents*, edited by S. E. Porter, pp. 201-26. Leiden: Brill, 2005.

Fantin, Joseph D. *Lord of the Entire World: Lord Jesus, a Challenge to Lord Caesar?* NTM 31. Sheffield: Sheffield Phoenix, 2011.

Fee, Gordon D. *Galatians*. PC. Blandford Forum, UK: Deo, 2007.

Feldmeier, Ronald, Ulrich Heckel, and Martin Hengel, eds. *Heiden: Juden, Christen und das Problem des Fremden*. WUNT 70. Tübingen: Mohr Siebeck, 1994.

Forman, Mark. *The Politics of Promise*. SNTSMS 148. Cambridge: Cambridge University Press, 2011.

Fredriksen, Paula. "Judaism, the Circumcision of Gentiles, and Apocalyptic Hope: Another Look at Galatians 1 and 2." *JTS* 42 (1991): 532-64.

_____. "Judaizing the Nations: The Ritual Demands of Paul's Gospel." In *Paul's Jewish Matrix*, edited by T. G. Casey and J. Taylor, pp. 327-54. Rome: Gregorian & Biblical Press, 2011.

Freeman, Charles. *A New History of Early Christianity*. New Haven: Yale University Press, 2009.

Frey, Jörg. "Paul's Jewish Identity." In *Jewish Identity in the Greco-Roman World*, edited by J. Frey, D. R. Schwartz, and S. Gripentrog, pp. 285-321. AGJU 71. Leiden: Brill, 2007.

_____."Zur Bedeutung der Qumrantexte für das Verständnis der Apokalyptik im Früh-judentum und im Urchristentum." In *Apokalyptik und Qumran*, edited by J. Frey and M. Becker, pp. 11-62. Paderborn: Bonifatius, 2007.

_____. "Demythologizing Apocalyptic? On N. T. Wright's Paul, Apocalyptic Interpretation, and the Constraints of Construction." In *God and the Faithfulness of Paul*, edited by M. F. Bird, C. Heilig, and J. T. Hewitt, pp. 334-76. WUNT 2. Tübingen: Mohr Siebeck, 2016.

Frey, Jörg, Daniel R. Schwartz, and Stephanie Gripentrog, eds. *Jewish Identity in the Greco-Roman World*. AGJU 71. Leiden: Brill, 2007.

Friesen, Steve J. "Normal Religion, or, Words Fail Us: A Response to Karl Galinsky's 'The Cult of the Roman Emperor: Uniter or Divider?' " In *Rome and Religion: A Cross-Disciplinary Dialogue on the Imperial Cult*, edited by J. Brodd and J. L. Reed, pp. 23-26. Atlanta: SBL, 2011.

Fuller, Daniel. *Gospel and Law: Contrast or Continuum?* Grand Rapids, MI: Eerdmans, 1980.

Gager, John G. *Reinventing Paul*. Oxford: Oxford University Press, 2000.

_____. "The Rehabilitation of Paul in Jewish Tradition." In *"The One Who Sows Bountifully": Essays in Honor of Stanley K. Stowers*, edited by C. Hodge, S. Olyan, D. Ullicci, and E. Wasserman, pp. 29-41. Providence, RI: Brown Judaic Studies, 2013.

Galinsky, Karl. "The Cult of the Roman Emperor: Uniter or Divider?" In *Rome and Religion: A Cross-Disciplinary Dialogue on the Imperial Cult*, edited by J. Brodd and J. L. Reed, pp. 1-21. Atlanta: SBL, 2011.

_____. "In the Shadow (or Not) of the Imperial Cult: A Cooperative Agenda." In *Rome and Religion: A Cross-Disciplinary Dialogue on the Imperial Cult*, edited by J. Brodd and J. L. Reed, pp. 215-25. Atlanta: SBL, 2011.

Garland, David. "Paul's Defense of the Truth of the Gospel regarding Gentiles (Galatians 2:15-3:22)." *RevExp* 91 (1994): 166-81.

Garlington, Donald B. *"The Obedience of Faith": A Pauline Phrase in Historical Context.* WUNT 2.38. Tübingen: Mohr Siebeck, 1991.

_____. *In Defense of the New Perspective on Paul: Essays and Reviews.* Eugene, OR: Wipf & Stock, 2004.

_____. *An Exposition of Galatians: A Reading from the New Perspective.* 3rd ed. Eugene, OR: Wipf & Stock, 2007.

Garroway, Joshua D. *Paul's Gentile-Jews: Neither Jew nor Gentile, But Both.* New York: Palgrave Macmillan, 2012.

Gaston, Lloyd. *Paul and the Torah.* Vancouver: University of British Columbia Press, 1987.

Gathercole, Simon J. *Where Is the Boasting? Early Jewish Soteriology and Paul's Response in Romans 1-5.* Grand Rapids, MI: Eerdmans, 2002.

Gaventa, Beverly Roberts. "The Singularity of the Gospel: A Reading of Galatians." In *Pauline Theology.* Vol. 1, *Thessalonians, Philippians, Galatians, Philemon,* edited by J. M. Bassler, pp. 147-59. Minneapolis: Fortress, 1985.

_____. *From Darkness to Light: Aspects of Conversion in the New Testament.* Philadelphia: Fortress, 1986.

_____. "Galatians 1 and 2: Autobiography as Paradigm." *NovT* 28 (1986): 310-26.

Georgi, Dieter. *Theocracy in Paul's Praxis and Theology.* Translated by D. E. Green. Minneapolis: Fortress, 1991.

_____. "God Turned Upside Down." In *Paul and Empire: Religion and Power in Roman Imperial Society,* edited by R. Horsley, pp. 148-57. Valley Forge, PA: Trinity Press International, 1997.

Gerdmar, Anders. *Rethinking the Judaism-Hellenism Dichotomy: A Historiographical Case Study of Second Peter and Jude.* ConBNT 36. Stockholm: Almqvist & Wiksell, 2001.

_____. *Roots of Theological Anti-Semitism: German Biblical Interpretation and the Jews, from Herder and Semler to Kittel and Bultmann.* Leiden: Brill, 2009.

Gibson, Jack J. *Peter between Jerusalem and Antioch.* WUNT 2.345. Tübingen: Mohr Siebeck, 2013.

Given, Mark D., ed. *Paul Unbound: Other Perspectives on the Apostle Paul.* Peabody, MA: Hendrickson, 2010.

Glasson, T. F. "What Is Apocalyptic?" *NTS* 27 (1980): 98-105.

Gorman, Michael J. *Apostle of the Crucified Lord: A Theological Introduction to Paul and His Letters.* Grand Rapids, MI: Eerdmans, 2004.

_____. *Reading Paul.* Eugene, OR: Cascade, 2008.

_____. *Inhabiting the Cruciform God: Kenosis, Justification, and Theosis in Paul's Narrative Soteriology.* Grand Rapids, MI: Eerdmans, 2009.

_____. "Justification and Justice in Paul, with Special Reference to the Corinthians." *JSPL* 1 (2011): 23-40.

Gottwald, Norman K. "Early Israel as an Anti-imperial Community." In *Paul and Empire: Religion and Power in Roman Imperial Society*, edited by R. A. Horsley, pp. 9-24. Harrisburg, PA: Trinity Press International, 1997.

Gradel, Ittai. *Emperor Worship and Roman Religion*. Oxford: Clarendon, 2002.

Gradl, Hans-Georg. "Kaisertum und Kaiserkult: Ein Vergleich zwischen Philos *Legatio ad Gaium* und Offenbarung des Johannes." *NTS* 56 (2010): 116-38.

Graf, David. "Nabateans." In *ABD* 4:972-73. New Haven: Yale University Press, 1992.

Grindheim, Sigurd. "Not Salvation History, but Salvation Territory: The Main Subject Matter of Galatians." *NTS* 59 (2013): 91-108.

Gruen, Eric. *Diaspora: Jews amidst Greeks and Romans*. Cambridge, MA: Harvard University Press, 2002.

Gurtner, Daniel M., ed. *This World and the World to Come: Soteriology in Early Judaism*. LSTS 74. London: T&T Clark, 2011.

Haacker, Klaus. "Das Evangelium Gottes und die Erwählung Israels: Zum Beitrag des Römerbriefs zur Erneuerung des Verhältnisses zwischen Christen und Juden." *TBei* 13 (1982): 59-72.

Haenchen, Ernst. *Acts of the Apostles: A Commentary*. Oxford: Blackwell, 1971.

Hagner, D. A. "Paul in Modern Jewish Thought." In *Pauline Studies*, edited by D. A. Hagner and M. J. Harris, pp. 143-65. Exeter, UK: Paternoster, 1980.

_____. "Paul and Judaism, the Jewish Matrix of Early Christianity: Issues in the Current Debate." *BBR* 3 (1993): 111-30.

_____. "Paul as a Jewish Believer—according to His Letters." In *Jewish Believers in Jesus: The Early Centuries*, edited by O. Skarsaune and R. Hvalvik, pp. 96-120. Peabody, MA: Hendrickson, 2007.

Hahn, Ferdinand. *Mission in the New Testament*. SBT 37. London: SCM, 1965.

Hall, Robert G. *Revealed History: Techniques for Ancient Jewish and Christian Historiography*. JSPSup 6. Sheffield: Sheffield Academic, 1991.

_____. "Arguing Like an Apocalypse: Galatians and an Ancient *Topos* outside the Greco-Roman Rhetorical Tradition." *NTS* 42 (1996): 434-53.

Hanges, James Constantine. "To Complicate Encounters: A Response to Karl Galinsky's 'The Cult of the Roman Emperor: Uniter or Divider?'" In *Rome and Religion: A Cross-Disciplinary Dialogue on the Imperial Cult*, edited by J. Brodd and J. L. Reed, pp. 27-34. Atlanta: SBL, 2011.

Hansen, Bruce. *All of You Are One: The Social Vision of Galatians 3.28, 1 Corinthians 12.13 and Colossians 3.11*. LNTS 409. London: T&T Clark, 2010.

Hansen, G. Walter. "A Paradigm of the Apocalypse." In *Gospel in Paul: Studies on Corinthians, Galatians and Romans*, edited by L. A. Jervis and P. Richardson, pp. 194-209. JSNTSup 108. Sheffield: Sheffield Academic, 1994.

Hanson, P. D. "Apocalypticism." In *IDBSup*, edited by K. Crim, pp. 27-34. Nashville: Abingdon, 1976.

Hardin, Justin. *Galatians and the Imperial Cult: A Critical Analysis of the First-Century Social Context of Paul's Letter*. WUNT 2.237. Tübingen: Mohr Siebeck, 2008.

Harink, Douglas. *Paul among the Postliberals: Pauline Theology beyond Christendom and Modernity*. Grand Rapids, MI: Brazos, 2003.

_____. "Paul and Israel: An Apocalyptic Reading." *Pro Ecclesia* 16 (2007): 359-80.

Harnack, Adolf von. *What Is Christianity?* New York: Harper & Row, 1957.

Harrison, James R. "Paul, Eschatology and the Augustan Age of Grace." *TynB* 40 (1999): 79-91.

_____. *Paul the Imperial Authorities at Thessalonica and Rome*. WUNT 273. Tübingen: Mohr Siebeck, 2011.

Hays, Richard. "Crucified with Christ: A Synthesis of the Theology of 1 and 2 Thessalonians, Philemon, Philippians, and Galatians." In *Pauline Theology*. Vol. 1, *Thessalonians, Philippians, Galatians, Philemon*, edited by J. M. Bassler, pp. 227-46. Minneapolis: Fortress, 1985.

_____. *Echoes of Scripture in the Letters of Paul*. New Haven: Yale University Press, 1989.

_____. *First Corinthians*. Interpretation. Louisville: Westminster John Knox, 1997.

_____. "The Letter to the Galatians." In *NIB*, edited by L. E. Keck, 11:183-348. 12 vols. Nashville: Abingdon, 2000.

_____. *The Faith of Jesus Christ: The Narrative Substructure of Galatians 3:1-4:11*. 2nd ed. Grand Rapids, MI: Eerdmans, 2002.

_____. "Is Paul's Gospel Narratable?" *JSNT* 27 (2004): 217-39.

_____. "Apocalyptic *Poiēsis* in Galatians: Paternity, Passion, and Participation." In *Galatians and Christian Theology: Justification, the Gospel, and Ethics in Paul's Letter*, edited by M. W. Elliott, S. J. Hafemann, N. T. Wright, and J. Frederick, pp. 200-219. Grand Rapids, MI: Baker Academic, 2014.

Heilig, Christoph. "Methodological Considerations for Search of Counter-Imperial 'Echoes' in Pauline Literature." In *Reactions to Empire: Sacred Texts in Their Socio-political Contexts*, edited by J. A. Dunne and D. Batovici, pp. 73-92. WUNT 2.372. Tübingen: Mohr Siebeck, 2014.

_____. *Hidden Criticism? The Methodology and Plausibility of the Search for a Counter-Imperial Subtext in Paul*. WUNT 2.392. Tübingen: Mohr Siebeck, 2015.

Hengel, Martin. *Judaism and Hellenism*. Translated by J. Bowden. 2 vols. London: SCM, 1974.

_____. *Christ and Power*. Philadelphia: Fortress, 1977.

_____. *Acts and the History of Earliest Christianity*. Translated by J. Bowden. Philadelphia: Fortress, 1979.

_____. *Jews, Greeks, and Barbarians*. Translated by J. Bowden. Philadelphia: Fortress, 1980.

_____. *Between Jesus and Paul*. London: SCM, 1983.

_____. *The Four Gospels and the One Gospel of Jesus Christ*. London: Bloomsbury/T&T Clark, 2000.

_____. "The Stance of the Apostle Paul toward the Law in the Unknown Years between Damascus and Antioch." In *Justification and Variegated Nomism*. Vol. 2, *The Paradoxes of Paul*, edited by D. A. Carson, P. T. O'Brien, and M. A. Seifrid, pp. 75-103. Grand Rapids, MI: Baker Academic, 2004.

_____. *Der unterschätzte Petrus: Zwei Studien*. Tübingen: Mohr Siebeck, 2007.

_____. *Saint Peter: The Underestimated Apostle*. Translated by Thomas Trapp. Grand Rapids, MI: Eerdmans, 2010.

Hengel, Martin, and Anna Maria Schwemer. *Paul between Damascus and Antioch: The Unknown Years*. Louisville: Westminster John Knox, 1997.

Heyer, C. J. den. *Paul: A Man of Two Worlds*. London: SCM, 2000.

Heyman, George. *The Power of Sacrifice: Roman and Christian Discourses in Conflict*. Washington, DC: Catholic University of America Press, 2007.

Hill, Craig. *Hellenists and Hebrews: Reappraising Division within the Earliest Church*. Minneapolis: Fortress, 1994.

Hock, Ronald. *The Social Context of Paul's Ministry: Tentmaking and Apostleship*. Philadelphia: Fortress, 1980.

Hodge, Caroline Johnson. "Apostle to the Gentiles: Constructions of Paul's Identity." *BI* 13 (2005): 270-88.

_____. *If Sons, Then Heirs: A Study of Kinship and Ethnicity in the Letters of Paul*. Oxford: Oxford University Press, 2007.

Hofius, Otfried. "Gesetz und Evangelium nach 2. Korinther 3." In *Paulusstudien*, pp. 75-120. WUNT 51. Tübingen: Mohr Siebeck, 1994.

Hogan, Pauline Nigh. *"No Longer Male and Female": Interpreting Galatians 3:28 in Early Christianity*. LNTS 380. London: T&T Clark, 2008.

Holmberg, Bengt. *Exploring Early Christian Identity*. Tübingen: Mohr Siebeck, 2008.

Holtz, Traugott. "Der antiochenische Zwischenfall (Galater 2.11-14)." *NTS* 32 (1986): 344-61.

Hooker, Morna D. *From Adam to Christ*. Cambridge: Cambridge University Press, 1990.

_____. "'Heirs of Abraham': The Gentiles' Role in Israel's Story: A Response to Bruce Longenecker." In *Narrative Dynamics in Paul: A Critical Assessment*, edited by B. W. Longenecker, pp. 85-96. Louisville: Westminster John Knox, 2002.

Horsley, Richard A., ed. *Paul and Empire: Religion and Power in Roman Imperial Society*. Harrisburg, PA: Trinity Press International, 1997.

_____. *Paul and Politics: Ekklesia, Imperium, Interpretation*. Harrisburg, PA: Trinity Press International, 2000.

_____. *Jesus and Empire: The Kingdom of God and the New World Order*. Minneapolis: Fortress, 2002.

_____. *Hidden Transcripts and the Arts of Resistance: Applying the Work of James C. Scott to Jesus and Paul*. Atlanta: SBL, 2004.

_____. *Paul and the Roman Imperial Order*. Harrisburg, PA: Trinity Press International, 2004.

_____. *In the Shadow of Empire: Reclaiming the Bible as a History of Faithful Resistance*. Louisville: Westminster John Knox, 2008.

Horsley, Richard A., and Neil Asher Silberman. *The Message and the Kingdom: How Jesus and Paul Ignited a Revolution and Transformed the Ancient World*. New York: Penguin Putnam, 1997.

Hübner, Hans. *Law in Paul's Thought*. Edinburgh: T&T Clark, 1984.

_____. "Zur gegenwärtigen Diskussion über die Theologie des Paulus." *JBTh* 7 (1992): 399-413. Hurtado, Larry. *Lord Jesus Christ: Devotion to Jesus in Earliest Christianity*. Grand Rapids, MI: Eerdmans, 2003.

_____. "Does Philo Help Explain Early Christianity?" In *Philo und das Neue Testament: Wechselseitig Wahrnehmungen*, edited by R. Deines and K.-W. Niebuhr, pp. 73-92. WUNT 172. Tübingen: Mohr Siebeck, 2004.

Hvalvik, Reidar. "A 'Sonderweg' for Israel: A Critical Examination of a Current Interpretation of Romans 11:25-27." *JSNT* 38 (1990): 87-107.

_____. "Paul as a Jewish Believer—according to the Book of Acts." In *Jewish Believers in Jesus: The Early Centuries*, edited by O. Skarsaune and R. Hvalvik, pp. 123-35. Peabody, MA: Hendrickson, 2007.

Jervis, L. Anne. "Peter in the Middle: Galatians 2:11-21." In *Text and Artifact in the Religions of Mediterranean Antiquity*, edited by M. R. Desjardins and S. G. Wilson, pp. 45-62. Waterloo, ON: Wilfrid Laurier University Press, 2000.

Jewett, Robert. "The Agitators and the Galatian Congregation." *NTS* 17 (1971): 198-212.

_____. "Gospel and Commensality: Social and Theological Implications of Galatians 2.14." In *Gospel in Paul: Studies on Corinthians, Galatians and Romans*, edited by L. A. Jervis and P. Richardson, pp. 240-52. Sheffield: Sheffield Academic, 1994.

_____. "The Corruption and Redemption of Creation: Reading Rom. 8:18-23 within the Imperial Context." In *Paul and the Roman Imperial Order*, edited by R. A. Horsley, pp. 25-46. Harrisburg, PA: Trinity Press International, 2004.

_____. *Romans*. Hermeneia. Minneapolis: Fortress, 2007.

Jones, Donald L. "Christianity and the Roman Imperial Cult." In *ANRW* II.23.2, edited by H. Temporini-Gräfin Vitzthum and W. Haase, pp. 1023-54. Berlin: Walter de Gruyter, 1980.

Jones, Hefin. Πίστις, Δικαιόω and the Apocalyptic Paul: Assessing Key Aspects of the Apocalyptic Reading of Galatians. PhD diss. Moore Theological College, 2015.

Jossa, Giorgio. *Jews or Christians?* WUNT 202. Tübingen: Mohr Siebeck, 2006.

Kammler, Hans-Christian. "Die Prädikation Jesu Christi als "Gott" und die paulinische Christologie: Erwägungen zur Exegese von Röm 9,5b." *ZNW* 92 (2003): 164-80.

Käsemann, Ernst. "The Beginnings of Christian Theology." In *New Testament Questions of Today*, pp. 108-37. Translated by W. J. Montague. London: SCM, 1969.

_____. "On the Subject of Primitive Christian Apocalyptic." In *New Testament Questions of Today*, pp. 138-67. Translated by W. J. Montague. London: SCM, 1969.

_____. "Paul and Israel." In *New Testament Questions of Today*, pp. 183-87. Philadelphia: Fortress, 1969.

_____. "'The Righteousness of God' in Paul." In *New Testament Questions of Today*, pp. 168-82. Translated by W. J. Montague. London: SCM, 1969.

_____. "Justification and Salvation History in the Epistle to the Romans." In *Perspectives on Paul*, pp. 60-78. London: SCM, 1971.

_____. *Commentary on Romans*. Translated by G. W. Bromiley. Grand Rapids, MI: Eerdmans, 1980.

Keck, Leander E. *Paul and His Letters*. Philadelphia: Fortress, 1979.

_____. "Paul and Apocalyptic Theology." *Int* 28 (1984): 229-41.

_____. "The Jewish Paul among the Gentiles: Two Portraits." In *Early Christianity and Classical Culture: Comparative Studies in Honor of Abraham J. Malherbe*, edited by J. T. Fitzgerald, T. H. Olbricht, and L. M. White, pp. 461-81. NovTSup 110. Leiden: Brill, 2003.

_____. *Romans*. ANTC. Abingdon: Nashville, 2005.

Kelhoffer, James A. "The Struggle to Define *Heilsgeschichte*: Paul on the Origins of the Christian Tradition." *BR* 48 (2003): 45-67. Reprinted in *Concepts of "Gospel" and Legitimacy in Early Christianity*, pp. 97-120. WUNT 324. Tübingen: Mohr Siebeck, 2014.

Keller, Catherine, Michael Nausner, and Mayra Rivera, eds. *Postcolonial Theologies: Divinity and Empire*. St. Louis: Chalice, 2004.

Kim, Seyoon. *Paul and the New Perspective: Second Thoughts on the Origin of Paul's Gospel*. Grand Rapids, MI: Eerdmans, 2002.

_____. *Christ and Caesar: The Gospel and the Roman Empire in the Writings of Paul and Luke*. Grand Rapids, MI: Eerdmans, 2008.

Kirk, J. R. Daniel. *Unlocking Romans: Resurrection and the Justification of God*. Grand Rapids, MI: Eerdmans, 2008.

Klausner, Joseph. *From Jesus to Paul*. Boston: Beacon, 1939.

Knox, John, and Douglas R. A. Hare. *Chapters in a Life of Paul*. Edited by Douglas R. A. Hare. Rev. ed. Macon, GA: Mercer University Press, 1987.

Kolb, Frank. "Antiochia in der frühen Kaiserzeit." In *Geschichte—Tradition—Reflexion*, edited by H. Cancik, H. Lichtenberger, and P. Schäfer, 2:97-118. Tübingen: Mohr Siebeck, 1996.

Koortbojian, Michael. *The Divinization of Caesar and Augustus*. Cambridge: Cambridge University Press, 2013.

Köstenberger, Andreas. "The Identity of ΊΣΡΑΗΛ ΤΟΥ ΘΕΟΥ (Israel of God) in Galatians 6:16." *Faith and Mission* 19 (2001): 3-24.

Krauter, Stefan. *Studien zu Röm 13,1-7. Paulus und der politische Diskurs der neronischen Zeit*. Tübingen: Mohr Siebeck, 2009.

Krentz, Edgar "Through a Lens: Theology and Fidelity in 2 Thessalonians." In *Pauline Theology*. Vol. 1, *Thessalonians, Philippians, Galatians, Philemon*, edited by J. M. Bassler, pp. 52-62. Minneapolis: Fortress, 1985.

Kroeker, P. Travis. "Recent Continental Philosophers." In *The Blackwell Companion to Paul*, edited by S. Westerholm, pp. 440-55. Oxford, MA: Wiley-Blackwell, 2011.

Kuula, Kari. *The Law, the Covenant and God's Plan: Paul's Treatment of the Law and Israel in Romans*. FES 85. Göttingen: Vandenhoeck & Ruprecht, 2002.

Kwon, Yon-Gyong. *Eschatology in Galatians*. WUNT 183. Tübingen: Mohr Siebeck, 2004.

Laato, Timo. *Paul and Judaism: An Anthropological Approach*. Atlanta: Scholars, 1995.

Langton, Daniel R. *The Apostle Paul in the Jewish Imagination: A Study in Modern Jewish-Christian Relations*. Cambridge: Cambridge University Press, 2010.

Law, T. Michael, ed. "Jew and Judean: A Forum on Politics and Historiography in the Translation of Ancient Texts." *Marginalia Review of Books*. August 26, 2014. http:// marginalia.lareviewofbooks.org/jew-judean-forum/.

Lee-Linke, Sung-Hee, ed. *Paulus der Jude: Seine Stellung im christlich-jüdischen Dialog heute*. Frankfurt am Main: Lembeck, 2005.

Levine, Amy-Jill, ed. *The Jewish Annotated New Testament*. Oxford: Oxford University Press, 2011.

Lewis, Scott M. *"So That God May Be All in All": The Apocalyptic Message of 1 Corinthians 15,12-34*. Rome: Gregorian University Press, 1998.

Lieu, Judith. *Christian Identity in the Jewish and Graeco-Roman World*. Oxford: Oxford University Press, 2004.

Lightfoot, J. B. *Saint Paul's Epistle to the Galatians*. London: Macmillan, 1982.

Longenecker, Bruce. *The Triumph of Abraham's God: The Transformation of Identity in Galatians*. Nashville: Abingdon, 1998.

_____. "Sharing in Their Spiritual Blessings? The Stories of Israel in Galatians and Romans." In *Narrative Dynamics in Paul: A Critical Assessment*, edited by B. W. Longenecker, pp. 58-84. Louisville: Westminster John Knox, 2002.

_____. "On Critiquing the 'New Perspective' on Paul: A Case Study." *ZNW* 96 (2005): 263-71.

_____. "On Israel's God and God's Israel: Assessing Supersessionism in Paul." *JTS* 58 (2007): 26-44.

_____. "Salvation History in Galatians and the Making of Pauline Discourse." *JSPL* 2 (2012): 65-87.

Longenecker, Richard N. *Paul, Apostle of Liberty*. New York: Harper & Row, 1964.

_____. *Galatians*. WBC. Dallas: Word, 1990.

Lüdemann, Gerd. *Paul, Apostle to the Gentiles: Studies in Chronology*. Philadelphia: Fortress, 1984.

_____. *Early Christianity according to the Traditions in Acts: A Commentary*. Translated by J. Bowden. London: SCM, 1989.

Lührmann, Dieter. "Abendmahlsgemeinschaft? Gal. 2.11ff." In *Kirche*, edited by D. Lührmann and G. Strecker, pp. 271-86. Tübingen: Mohr Siebeck, 1980.

Maccoby, Hyam. *Paul and Hellenism*. London: SCM, 1991.

Magda, Ksenija. "Unity as a Prerequisite for a Christian Mission: A Missional Reading of Rom 15:1-12." *Kairos* 2 (2008): 39-52.

_____. *Paul's Territoriality and Mission Strategy: Searching for the Geographical Awareness Paradigm behind Romans*. WUNT 2.266. Tübingen: Mohr Siebeck, 2009.

Maier, Harry O. *Picturing Paul in Empire: Imperial Image, Text and Persuasion in Colossians, Ephesians and the Pastoral Epistles*. London: Bloomsbury, 2013.

Malina, Bruce J., and John J. Pilch. *Social-Science Commentary on the Letters of Paul*. Minneapolis: Fortress, 2006.

Manson, T. W. *Only to the House of Israel? Jesus and the Non-Jews*. Philadelphia: Fortress, 1964.

Marshall, I. Howard. "Palestinian and Hellenistic Christian: Some Critical Comments." *NTS* 19 (1973): 271-87.

Martin, T. W. "Hellenists." In *ABD* 3:135-36. New Haven: Yale University Press, 1992.

Martyn, J. Louis. "Apocalyptic Antinomies in Paul's Letter to the Galatians." *NTS* 31 (1985): 410-24.

_____. "Events in Galatia: Modified Covenantal Nomism versus God's Invasion of the Cosmos in the Singular Gospel." In *Pauline Theology*. Vol. 1, *Thessalonians, Philippians, Galatians, Philemon*, edited by J. M. Bassler, pp. 160-79. Minneapolis: Fortress, 1985.

_____. "Epistemology at the Turn of the Ages: 2 Corinthians 5:16." In *Christian History and Interpretation: Studies Presented to John Knox*, edited by W. R. Farmer et al., pp. 269-87. Cambridge: Cambridge University Press, 1967. Reprinted in *Theological Issues in the Letters of Paul*, pp. 89-110. London: T&T Clark, 1997.

_____. *Theological Issues in the Letters of Paul*. Nashville: Abingdon, 1997.

_____. *Galatians: A New Translation with Introduction and Commentary*. AB. New York: Doubleday, 1997.

_____. "The Apocalyptic Gospel in Galatians." *Int* 54 (2000): 246-66.

Mason, Steve. "Jews, Judaeans, Judaizing, Judaism: Problems of Categorization in Ancient History." *JSJ* 38 (2007): 457-512.

Maston, Jason. *Divine and Human Agency in Second Temple Judaism and Paul: A Comparative Study*. WUNT 2.297. Tübingen: Mohr Siebeck, 2010.

_____. "The Nature of Salvation History in Galatians." *JSPL* 2 (2012): 89-103.

Matera, Frank J. *Galatians*. SP. Collegeville, MN: Liturgical, 2007.

Matlock, R. Barry. *Unveiling the Apocalyptic Paul: Paul's Interpreters and the Rhetoric of Criticism*. JSNTSup 127. Sheffield: Sheffield Academic, 1996.

Mayer, Bernhard. *Unter Gott Heilsratschluss. Prädestinationaussagen bei Paulus*. Würzburg: Echter, 1974.

Mayer, Wendy, and Pauline Allen. *John Chrysostom*. New York: Routledge, 2000.

McCormack, Bruce. "Can We Still Speak of Justification by Faith? An In-House Debate with Apocalyptic Readings of Paul." In *Galatians and Christian Theology: Justification, the Gospel, and Ethics in Paul's Letter*, edited by M. W. Elliott, S. J. Hafemann, N. T. Wright, and J. Frederick, pp. 159-84. Grand Rapids, MI: Baker Academic, 2014.

McCready, Wayne O., and Adele Reinhartz, eds. *Common Judaism: Explorations in Second-Temple Judaism*. Minneapolis: Fortress, 2008.

McGrath, A. E. "Justification." In *DPL*, edited by G. F. Hawthorne, R. P. Martin, and D. G. Reid, pp. 517-23. Downers Grove, IL: InterVarsity, 1992.

McKnight, Scot, and Joseph B. Modica. "Introduction." In *Jesus Is Lord, Caesar Is Not: Evaluating Empire in New Testament Studies*, edited by S. McKnight and J. B. Modica, pp. 15-21. Downers Grove, IL: IVP Academic, 2013.

McKnight, Scot, and Joseph B. Modica, eds. *Jesus Is Lord, Caesar Is Not: Evaluating Empire in New Testament Studies*. Downers Grove, IL: IVP Academic, 2013.

McLaren, James S. "Jews and the Imperial Cult: From Augustus to Domitian." *JSNT* 27 (2005): 257-78.

_____. "Searching for Rome and the Imperial Cult in Galilee: Reassessing Galilee-Rome Relations (63 B.C.E to 70 C.E.)." In *Rome and Religion: A Cross-Disciplinary Dialogue on the Imperial Cult*, edited by J. Brodd and J. L. Reed, pp. 111-36. Atlanta: SBL, 2011.

Meeks, Wayne A. *The First Urban Christians: The Social World of the Apostle Paul*. New Haven: Yale University Press, 1983.

_____. "Breaking Away: Three New Testament Pictures of Christianity's Separation from Jewish Communities." In *"To See Ourselves as Others See Us": Christians, Jews, and "Others" in Late Antiquity*, edited by J. Neusner and E. S. Frerichs, pp. 93-115. Chico, CA: Scholars, 1985.

Meeks, Wayne A., and Robert L. Wilken. *Jews and Christians in Antioch in the First Four Centuries of the Common Era*. Missoula, MT: Scholars, 1978.

Meggitt, J. J. "Taking the Emperor's Clothes Seriously: The New Testament and the Roman Empire." In *The Quest for Wisdom: Essays in Honour of Philip Budd*, edited by C. E. Joynes, pp. 143-69. Cambridge: Orchard Academic Press, 2002.

Meißner, Stefan. *Die Heimholung des Ketzers: Studien zur jüdischen Auseindandersetzung mit Paulus*. WUNT 2.87. Tübingen: Mohr Siebeck, 1996.

Metzger, Bruce M. *A Textual Commentary on the Greek New Testament*. 2nd ed. Stuttgart: Deutsche Bibelgesellsschaft, 1994.

Meyer, Jason C. *The End of the Law: Mosaic Covenant in Pauline Theology*. NACSBT. Nashville: Broadman & Holman, 2009.

Mijoga, H. B. P. *The Pauline Notion of Deeds of the Law*. San Francisco: International Scholars Publications, 1999.

Miller, Colin. "The Imperial Cult in the Pauline Cities of Asia Minor and Greece." *CBQ* 72 (2010): 314-31.

Miller, David M. "Ethnicity, Religion and the Meaning of *Ioudaios* in Ancient 'Judaism.'" *CBR* 12 (2014): 216-65.

Miller, James C. "The Jewish Context of Paul's Gentile Mission." *TynB* 58 (2007): 101-15.

_____. "Paul and His Ethnicity: Reframing the Categories." In *Paul as Missionary: Identity, Activity, Theology, and Practice*, edited by T. J. Burke and B. S. Rosner, pp. 37-50. LNTS 420. London: T&T Clark, 2011.

Montefiore, C. G. *Judaism and St. Paul: Two Essays*. New York: Dutton, 1915.

Moo, Douglas J. *The Epistle to the Romans*. NICNT. Grand Rapids, MI: Eerdmans, 1996.

_____. *Galatians*. BECNT. Grand Rapids, MI: Baker Academic, 2014.

Moore, H. "The Problem of Apocalyptic as Evidenced in Recent Discussion." *IBS* 8 (1986): 76-91.

_____. "Paul and Apocalyptic." *IBS* 9 (1987): 35-46.

Moore, Richard K. *Rectification ("Justification") in Paul, in Historical Perspective and in the English Bible: God's Gift of Right Relationship*. 3 vols. Lewiston, NY: Edwin Mellen, 2002.

Moule, C. F. D. "Jesus, Judaism, and Paul." In *Tradition and Interpretation in the New Testament*, edited by G. F. Hawthorne and O. Betz, pp. 43-52. Grand Rapids, MI: Eerdmans, 1987.

Munck, Johannes. *Paul and the Salvation of Mankind*. London: SCM, 1959.

Murphy-O'Connor, Jerome. *Paul: A Critical Life*. Oxford: Oxford University Press, 1997.

Myers, Benjamin. "From Faithfulness to Faith in the Theology of Karl Barth." In *The Faith of Jesus Christ: Exegetical, Biblical, and Theological Studies*, edited by M. F. Bird and P. M. Sprinkle, pp. 291-308. Milton Keynes, UK: Paternoster, 2009.

Nanos, Mark D. *The Mystery of Romans: The Jewish Context of Paul's Letter*. Minneapolis Fortress, 1996.

_____. "The Jewish Context of the Gentile Audience Addressed in Paul's Letter to the Romans." *CBQ* 61 (1999): 283-304.

_____. *The Irony of Galatians: Paul's Letter in First-Century Context*. Minneapolis: Fortress, 2002.

_____. "What Was at Stake in Peter's 'Eating with Gentiles' at Antioch?" In *The Galatians Debate: Contemporary Issues in Rhetorical and Historical Interpretation*, edited by M. D. Nanos, pp. 272-318. Peabody, MA: Hendrickson, 2002.

_____. "How Inter-Christian Approaches to Paul's Rhetoric Can Perpetuate Negative Valuations of Jewishness—although Proposing to Avoid That Outcome." *BI* 13 (2005): 255-69.

_____. "Paul between Jews and Christians." *BI* 13 (2005): 221-316.

_____. "Paul and Judaism: Why Not Paul's Judaism?" In *Paul Unbound: Other Perspectives on the Apostle*, edited by M. D. Given, pp. 117-60. Peabody, MA: Hendrickson, 2010.

_____. "A Jewish View." In *Four Views on the Apostle Paul*, edited by M. F. Bird, pp. 159-93. Grand Rapids, MI: Zondervan, 2012.

_____. "Paul's Relationship to Torah in Light of His Strategy 'to Become Everything to Everyone' (1 Corinthians 9.19-23)." In *Paul and Judaism: Cross-Currents in Pauline Exegesis and the Study of Jewish-Christian Relations*, edited by R. Bieringer and D. Pollefeyt, pp. 106-40. LNTS 463. London: T&T Clark, 2012.

_____. "To the Churches within the Synagogues of Rome." In *Reading Paul's Letter to the Romans*, edited by J. L. Sumney, pp. 11-28. Atlanta: SBL, 2012.

_____. "Paul's Polemic in Philippians 3 as Jewish-Subgroup Vilification of Local Non-Jewish Cultic and Philosophical Alternatives." *JSPL* 3 (2013): 47-92.

_____. "Was Paul a 'Liar' for the Gospel?: The Case for a New Interpretation of Paul's 'Becoming Everything to Everyone' in 1 Corinthians 9:19-23." *RevExp* 110 (2013): 591-608.

_____. "Paul's Non-Jews Do Not Become 'Jews,' But Do They Become 'Jewish'? Reading Romans 2:25-29 within Judaism, alongside Josephus." *Journal of the Jesus Movement in Its Jewish Setting* 1 (2014): 26-53.

_____. "The Question of Conceptualization: Qualifying Paul's Position on Circumcision in Dialogue with Josephus's Advisors to King Izates." In *Paul within Judaism: Restoring the First-Century Context to the Apostle*, edited by M. D. Nanos and M. Zetterholm, pp. 105-52. Minneapolis: Fortress, 2015.

Nanos, Mark D., and Magnus Zetterholm, eds. *Paul within Judaism*. Minneapolis: Fortress, 2015.

Neusner, Jacob. *The Emergence of Judaism*. Louisville: Westminster John Knox, 2004.

Nickelsburg, George W. E. *Ancient Judaism and Christian Origins: Diversity, Continuity, and Transformation*. Minneapolis: Fortress, 2003.

Niebuhr, K.-W. *Heidenapostel aus Israel: Die jüdische Identität des Paulus nach ihrer Darstellung in seinen Briefen*. WUNT 62. Tübingen: Mohr Siebeck, 1992.

Novenson, Matthew V. *Christ among the Messiahs: Christ Language in Paul and Messiah Language in Ancient Judaism*. New York: Oxford University Press, 2012.

_____. "Paul's Former Occupation in *Ioudaismos*." In *Galatians and Christian Theology: Justification, the Gospel, and Ethics in Paul's Letter*, edited by M. W. Elliott, S. J. Hafemann, N. T. Wright, and J. Frederick, pp. 24-39. Grand Rapids, MI: Baker Academic, 2014.

_____. "What the Apostles Did Not See." In *Reactions to Empire: Sacred Texts in Their Socio-political Contexts*, edited by J. A. Dunne and D. Batovici, pp. 55-72. WUNT 2.372. Tübingen: Mohr Siebeck, 2014.

Nystrom, David. "We Have No King but Caesar: Roman Imperial Ideology and the Imperial Cult." In *Jesus Is Lord, Caesar Is Not: Evaluating Empire in New Testament Studies*, edited by S. McKnight and J. B. Modica, pp. 23-37. Downers Grove, IL: IVP Academic, 2013.

Oakes, Peter. *Philippians: From People to Letter*. SNTSMS 110. Cambridge: Cambridge University Press, 2001.

O'Brien, Peter T. "Was Paul a Covenantal Nomist?" In *Justification and Variegated Nomism*. Vol. 2, *The Paradoxes of Paul*, edited by D. A. Carson, P. T. O'Brien, and M. A. Seifrid, pp. 249-96. Grand Rapids, MI: Baker Academic, 2004.

Odell-Scott, David. *Paul's Critique of Theocracy: A Theocracy in Corinthians and Galatians*. JSNTSup 250. London: T&T Clark, 2003.

Orlin, Eric M. "Augustan Religion: From Locative to Utopian." In *Rome and Religion: A Cross-Disciplinary Dialogue on the Imperial Cult*, edited by J. Brodd and J. L. Reed, pp. 49-59. Atlanta: SBL, 2011.

Overman, J. Andrew. *Church and Community in Crisis: The Gospel according to Matthew*. Valley Forge, PA: Trinity Press International, 1996.

Park, Eung Chun. *Either Jew or Gentile: Paul's Unfolding Theology of Inclusivity*. Louisville: Westminster John Knox, 2003.

Popkes, Wiard. "Zum Thema 'Anti-imperiale Deutung neutestamentlicher Schriften.'" *ThLZ* 127 (2002): 850-62.

Porter, Stanley E. "Romans 13:1-7 as Pauline Political Rhetoric." *FilNT* 3 (1990): 115-39.

_____. *Idioms of the Greek New Testament*. 2nd ed. Sheffield: Sheffield Academic, 1994.

_____. "Was Paul a Good Jew? Fundamental Issues in a Current Debate." In *Christian-Jewish Relations through the Centuries*, edited by S. E. Porter and B. W. R. Pearson, pp. 148-74. JSNTSup 192. Sheffield: Sheffield Academic, 2000.

_____. "Paul Confronts Caesar with the Good News." In *Empire in the New Testament*, edited by S. E. Porter and C. L. Westfall, pp. 164-96. Eugene, OR: Cascade, 2011.

Porter, Stanley E., and Andrew W. Pitts. "Πίστις with a Preposition and Genitive Modifier: Lexical, Semantic, and Syntactic Considerations in the Πίστις Χριστοῦ Discussion." In *The Faith of Jesus Christ*, edited by M. F. Bird and P. M. Sprinkle, pp. 33-53. Milton Keynes, UK: Paternoster, 2009.

Portier-Young, Anthea E. *Apocalypse against Empire: Theologies of Resistance in Early Judaism*. Grand Rapids, MI: Eerdmans, 2011.

Price, Simon R. F. "Gods and Emperors: The Greek Language of the Roman Imperial Cult." *Journal of Hellenic Studies* 104 (1984): 79-95.

_____. *Rituals and Power: The Roman Imperial Cult in Asia Minor*. New York: Cambridge University Press, 1984.

_____. "Ritual and Power." In *Paul and Empire: Religion and Power in Roman Imperial Society*, edited by R. A. Horsley, pp. 47-71. Harrisburg, PA: Trinity Press International, 1997.

_____. "Response." In *Paul and the Roman Imperial Order*, edited by R. A. Horsley, pp. 175-83. Harrisburg, PA: Trinity Press International, 2004.

Punt, Jeremy. *Postcolonial Biblical Interpretation: Reframing Paul*. Leiden: Brill, 2015.

Rad, Gerhard von. *Theologie des Alten Testaments*. 2 vols. Munich: Kaiser, 1961.

Rajak, Tessa. "The Jewish Community and Its Boundaries." In *The Jews among Pagans and Christians in the Roman Empire*, edited by J. Lieu, J. North, and T. Rajak, pp. 9-28. London: Routledge, 1992.

Ramsay, William. *The Cities of St. Paul: Their Influence on His Life and Thought*. Grand Rapids, MI: Baker, 1979.

Reasoner, Mark. *Romans in Full Circle: A History of Interpretation*. Louisville: Westminster John Knox, 2005.

Richard, Earl J. *Jesus, One and Many: The Christological Concept of New Testament Authors*. Wilmington, DE: Glazier, 1988.

Richardson, Peter. "Pauline Inconsistency: 1 Corinthians 9:19-23 and Galatians 2:11-14." *NTS* 26 (1980): 347-62.

Riesenfeld, Harald. *The Gospel Tradition*. Oxford: Blackwell, 1970.

Riesner, Rainer. *Paul's Early Period: Chronology, Mission Strategy, Theology*. Translated by Doug Stott. Grand Rapids, MI: Eerdmans, 1998.

Robinson, Donald. "The Circumcision of Titus, and Paul's 'Liberty.'" *AusBR* 12 (1964): 24-42.

_____. "Distinction between Jewish and Gentile Believers in Galatians." *AusBR* 13 (1965): 29-48.

Robinson, Thomas A. *Ignatius of Antioch and the Parting of the Ways*. Peabody, MA: Hendrickson, 2009.

Rock, Ian E. "Another Reason for Romans—A Pastoral Response to Augustan Imperial Theology: Paul's Use of the Song of Moses in Romans 9-11 and 14-15." In *Reading Paul in Context: Explorations in Identity Formation*, edited by K. Ehrensperger and B. J. Tucker, pp. 74-89. LNTS 428. London: T&T Clark, 2010.

_____. *Paul's Letter to the Romans and Roman Imperialism: An Ideological Analysis of the Exordium (Romans 1:1-17)*. Eugene, OR: Pickwick, 2012.

Roetzel, Calvin. *Paul, a Jew on the Margins*. Louisville: Westminster John Knox, 2003.

Rosner, Brian R. "Paul and the Law: What He Does Not Say." *JSNT* 34 (2011): 405-19.

_____. *Paul and the Law*. NSBT. Downers Grove, IL: IVP Academic, 2013.

Rowe, C. Kavin. *World Upside Down: Reading Acts in the Graeco-Roman Age*. Oxford: Oxford University Press, 2009.

Rowland, Christopher. *Christian Origins*. London: SPCK, 1985.

Rudolph, David J. *A Jew to the Jews: Jewish Contours of Pauline Flexibility in 1 Corinthians 9:19-23*. WUNT 2.304. Tübingen: Mohr Siebeck, 2011.

Runesson, Anders. "Particularistic Judaism and Universalistic Christianity? Some Critical Remarks on Terminology and Theology." *ST* 54 (2000): 55-75.

Rüpke, Jörg. *Religion of the Romans*. Translated by R. Gordon. Cambridge: Polity, 2007.

Russell, D. S. *The Method and Message of Jewish Apocalyptic*. OTL. Philadelphia: Westminster, 1976.

Russell, Peter J. *Heterodoxy within Second-Temple Judaism and Sectarian Diversity within the Early Church: A Correlative Study*. Lewiston, NY: Edwin Mellen, 2008.

Sandnes, Karl Olav. "A Missionary Strategy in 1 Corinthians 9.19-23?" In *Paul as Missionary: Identity, Activity, Theology, and Practice*, edited by T. J. Burke and B. S. Rosner, pp. 128-41. LNTS 420. London: T&T Clark, 2011.

Sanders, E. P. *Paul and Palestinian Judaism: A Comparison of Patterns of Religion*. Philadelphia: Fortress, 1977.

_____. *Paul, the Law, and the Jewish People*. Minneapolis: Fortress, 1983.

_____. "Jewish Associations with Gentiles and Galatians 2:11-14." In *The Conversation Continues: Studies in Paul and John*, edited by R. T. Fortna and B. Roberts Gaventa, pp. 170-88. Nashville: Abingdon, 1990.

_____. *Judaism: Practice and Belief, 63 BCE-66 CE*. London: SCM, 1992.

_____. "Common Judaism Explored." In *Common Judaism: Explorations in Second-Temple Judaism*, edited by W. O. McCready and A. Reinhartz, pp. 11-23. Minneapolis: Fortress, 2008.

_____. "Covenantal Nomism Revisited." *JSQ* 16 (2009): 23-55.

_____. "Paul's Jewishness." In *Paul's Jewish Matrix*, edited by T. G. Casey and J. Taylor, pp. 51-73. Rome: Gregorian & Biblical Press, 2011.

Sanders, E. P., et al., eds. *Jewish and Christian Self-Definition*. Vol. 2, *Aspects of Judaism in the Graeco-Roman Period*. London: SCM, 1981.

Sandmel, Samuel. "Parallelomania." *JBL* 81 (1962): 1-13.

_____. *Judaism and Christian Beginnings*. Oxford: Oxford University Press, 1978.

_____. *The Genius of Paul*. Philadelphia: Fortress, 1979.

Sandwell, Isabella. *Religious Identity in Late Antiquity: Greeks, Jews, and Christians in Antioch*. Cambridge: Cambridge University Press, 2007.

Satlow, Michael. "Jew or Judaean?" In *"The One Who Sows Bountifully": Essays in Honor of Stanley K. Stowers*, edited by C. Johnson Hodge et al., pp. 165-75. Providence, RI: Brown Judaic Studies, 2013.

Schäfer, Peter. "Die Torah der messianischen Zeit." *ZNW* 65 (1974): 27-42.

Schlier, Heinrich. *Der Brief an die Galater*. KEK. Göttingen: Vandenhoeck & Ruprecht, 1989.

Schließer, Benjamin. *Abraham's Faith in Romans 4: Paul's Concept of Faith in Light of the History of Reception of Genesis 15:6*. WUNT 224. Tübingen: Mohr Siebeck, 2007.

Schmithals, Walter. *The Theology of the First Christians*. Louisville: Westminster John Knox, 1997.

Schnabel, Eckhard. *Early Christian Mission*. 2 vols. Downers Grove, IL: IVP Academic, 2004.

Schnelle, Udo. *Apostle Paul: His Life and Theology*. Translated by M. Eugene Boring. Grand Rapids, MI: Baker Academic, 2005.

Schoeps, H. J. *Paul: The Theology of the Apostle in the Light of Jewish Religious History*. Philadelphia: Westminster, 1961.

Schrage, Wolfgang. *Der erste Brief an die Korinther*. 3 vols. Neukirchen-Vluyn: Neukirchener Verlag, 1991-99.

Schreiner, Thomas R. *Paul: Apostles of God's Glory in Christ: A Pauline Theology*. Downers Grove, IL: InterVarsity, 2001.

_____. *New Testament Theology: Magnifying God in Christ*. Grand Rapids, MI: Baker Academic, 2008.

Schwartz, Seth. "How Many Judaisms Were There? A Critique of Neusner and Smith on Definition and Mason and Boyarin on Categorization." *Journal of Ancient Judaism* 2 (2011): 221-38.

Schweitzer, Albert. *Quest of the Historical Jesus*. New York: Macmillan, 1968.

Schwemer, Anna Maria. "Paulus in Antiochien." *BZ* 42 (1998): 162-66.

Scott, J. C. *Domination and the Arts of Resistance: Hidden Transcripts*. New Haven: Yale University Press, 1990.

Scott, James M. "'For as Many as Are of Works of the Law Are under a Curse' (Galatians 3:10)."
In *Paul and the Scriptures of Israel*, edited by C. A. Evans and J. A. Sanders, pp. 187-221. JSNTSup 83. Sheffield: Sheffield Academic, 1993.

_____. *Paul and the Nations: The Old Testament and Jewish Background on Paul's Mission to the Nations with Special Reference to the Destination of Galatians*. WUNT 84. Tübingen: Mohr Siebeck, 1995.

Scroggs, Robin. "Salvation History: The Theological Structure of Paul's Thought (1 Thessalonians, Philippians, and Galatians)." In *Pauline Theology*. Vol. 1, *Thessalonians, Philippians, Galatians, Philemon*, edited by J. M. Bassler, pp. 212-26. Minneapolis: Fortress, 1991.

Sechrest, Love L. *A Former Jew: Paul and the Dialectics of Race*. LNTS 410. London: T&T Clark, 2009.

Seeley, David. *The Noble Death: Graeco-Roman Martyrology and Paul's Concept of Salvation*. JSNTSup 28. Sheffield: JSOT Press, 1990.

Segal, Alan. *Paul the Convert: The Apostolate and Apostasy of Saul the Pharisee*. New Haven: Yale University Press, 1990.

_____. "Conversion and Messianism: Outline for a New Approach." In *The Messiah: Developments in Earliest Judaism and Christianity*, edited by J. H. Charlesworth, pp. 74-88. Minneapolis: Fortress, 1992.

Seifrid, Mark. *Christ, Our Righteousness: Paul's Theology of Justification*. NSBT 9. Downers Grove, IL: IVP Academic, 2000.

_____. "For the Jew First: Paul's Nota Bene for His Gentile Readers." In *To the Jew First: The Case for Jewish Evangelism in Scripture and History*, pp. 24-39. Grand Rapids, MI: Kregel, 2008.

Shaw, David A. "Apocalyptic and Covenant: Perspectives on Paul or Antinomies at War?" *JSNT* 36 (2012): 155-71.

Sigal, Philip. *The Halakhah of Jesus of Nazareth according to the Gospel of Matthew*. Atlanta: SBL, 2007.

Silva, Moises. "Historical Reconstruction in New Testament Criticism." In *Hermeneutics, Authority, and Canon*, edited by D. A. Carson, pp. 117-21. Grand Rapids, MI: Baker, 1986.

Sim, David C., and James S. McLaren, eds. *Attitudes to Gentiles in Ancient Judaism and Early Christianity*. LNTS 499. London: Bloomsbury, 2014.

Slee, Michelle. *The Church in Antioch in the First Century: Communion and Conflict*. LNTS 244. London: T&T Clark, 2003.

Smiles, Vincent M. *The Gospel and the Law in Galatia: Paul's Response to Jewish-Christian Separatism and the Threat of Galatian Apostasy*. Collegeville, MN: Liturgical, 1998.

Soards, Marion L. "Paul: Apostle and Apocalyptic Visionary." *BTB* 16 (1986): 148-50.

Sprinkle, Preston M. "The Old Perspective on the New Perspective: A Review of Some 'Pre-Sanders' Thinkers." *Themelios* 30 (2005): 21-31.

_____. "Πίστις Χριστοῦ as an Eschatological Event." In *The Faith of Jesus Christ*, edited by M. F. Bird and P. M. Sprinkle, pp. 165-84. Milton Keynes, UK: Paternoster, 2009.

_____. *Paul and Judaism Revisited: A Study of Divine and Human Agency in Salvation.* Downers Grove, IL: IVP Academic, 2013.

Standhartinger, Angela. "Die paulinische Theologie im Spannungsfeld römisch-imperialer Machtpolitik: Eine neue Perspecktive auf Paulus, kritisch geprüft anhand des Philippersbriefs." In *Religion, Politik und Gewalt*, edited by F. Schweitzer, pp. 364-82. Gütersloh: Gütersloher Verlag, 2006.

Stanley, Christopher D. *The Colonized Apostle: Paul through Postcolonial Eyes.* Minneapolis: Fortress, 2011.

Stanton, Graham. "The Law of Moses and the Law of Christ." In *Paul and the Mosaic Law*, edited by J. D. G. Dunn et al., pp. 99-116 Grand Rapids, MI: Eerdmans, 2001.

Stark, Rodney. *Cites of God.* San Francisco: HarperSanFrancisco, 2006.

Starling, David. *Not My People: Gentiles as Exiles in Pauline Hermeneutics.* BZNW 184. Berlin: Walter de Gruyter, 2011.

Stauffer, Ethelbert. *New Testament Theology.* Translated by J. Marsh. London: SCM, 1955.

Stegemann, Ekkehard. "Coexistence and Transformation: Reading the Politics of Identity in Romans in an Imperial Context." In *Reading Paul in Context: Explorations in Identity Formation*, edited by K. Ehrensperger and B. J. Tucker, pp. 2-23. LNTS 428. London: T&T Clark, 2010.

Stendahl, Krister. "The Apostle Paul and the Introspective Conscience of the West." *HTR* 56 (1963): 199-215.

Stephens, Mark B. *Annihilation or Renewal? The Meaning and Function of New Creation in the Book of Revelation.* WUNT 2.307. Tübingen: Mohr Siebeck, 2011.

Stockhausen, Carol. "2 Corinthians and the Principles of Pauline Exegesis." In *Paul and the Scriptures of Israel*, edited by C. A. Evans and J. A. Sanders, pp. 143-64. JSNTSup 83. Sheffield: Sheffield Academic, 1993.

Stowers, Stanley K. "Social Status, Public Speaking and Private Teaching: The Circumstances of Paul's Preaching Activity." *NovT* 26 (1984): 59-82.

_____. *A Rereading of Romans: Justice, Jews, Gentiles.* New Haven: Yale University Press, 1994.

Strecker, Christian. "Taktiken der Aneignung: Politsche Implikationen der paulinischen Botschaft im Kontext der römischer imperialen Wirklichkeit." In *Das Neue Testament und politische Theorie: Interdisziplinäre Beiträge zur Zukunft des Politischen*, edited by E. Reinmuth, pp. 114-48. Stuttgart: Kohlhammer, 2001.

Strecker, Georg. *Theology of the New Testament.* Translated by M. E. Boring. Louisville: Westminster John Knox, 2000.

Strelan, Rick. *Paul, Artemis, and the Jews in Ephesus.* Berlin: Walter de Gruyter, 1996.

Stuckenbruck, Loren. "A Place for Socio-political Oppressors at the End of History? Eschatological Perspectives from *1 Enoch*." In *Reactions to Empire: Sacred Texts in Their Socio-political Contexts*, edited by J. A. Dunne and D. Batovici, pp. 1-22. WUNT 2.372. Tübingen: Mohr Siebeck, 2014.

Stuhlmacher, Peter. "Erwägungen zum ontologischen Charakter der καινὴ κτίσις bei Paulus."
    EvTh 27 (1967): 1-35.

Sturm, R. E. "Defining the Word 'Apocalyptic': A Problem in Biblical Criticism." In *Apocalyptic and the New Testament: Essays in Honor of J. Louis Martyn*, edited by J. Marcus and M. L. Soards, pp. 17-48. JSNTSup 24. Sheffield: Sheffield Academic, 2003.

Talbert, Charles H. "Paul, Judaism, and the Revisionists." *CBQ* 63 (2001): 1-22.

Tannehill, Robert. *The Narrative Unity of Luke-Acts: A Literary Interpretation.* 2 vols. Minneapolis: Fortress, 1990.

_____. *The Shape of Luke's Story: Essays on Luke-Acts.* Eugene, OR: Cascade, 2005.

Taubes, Jacob. *The Political Theology of Paul.* Translated by D. Hollander. Stanford: Stanford University Press, 2004.

Taylor, Justin. "Why Were the Disciples First Called 'Christians' at Antioch? (Acts 11:26)." *RB* (1994): 75-94.

_____. "The Jerusalem Decrees (Acts 15.20, 29 and 21.25) and the Incident at Antioch (Gal 2.11-14)." *NTS* 47 (2001): 372-80.

Taylor, Nicholas H. *Paul, Antioch and Jerusalem: A Study in Relationships and Authority in Earliest Christianity.* JSNTSup 66. Sheffield: JSOT Press, 1992.

_____. "Apostolic Identity and the Conflicts in Corinth and Galatia." In *Paul and His Opponents*, edited by S. E. Porter, pp. 99-123. PS 2. Leiden: Brill, 2005.

Tellbe, Mikael. *Paul between Synagogue and State: Christians, Jews, and Civic Authorities in 1 Thessalonians, Romans, and Philippians.* ConBNT 34. Stockholm: Almqvist & Wiksell, 2001.

Thielman, Frank. *From Plight to Solution: A Jewish Framework for Understanding Paul's View of the Law in Galatians and Romans.* Leiden: Brill, 1989.

_____. "The Story of Israel and the Theology of Romans 5-8." In *Pauline Theology.* Vol. 3, *Romans*, edited by D. M. Hay and E. E. Johnson, pp. 169-95. Minneapolis: Fortress, 1995.

_____. "God's Righteousness as God's Fairness in Romans 1:17: An Ancient Perspective on a Significant Phrase." *JETS* 54 (2011): 35-48.

Thiessen, Jacob. *Gottes Gerechtigkeit und Evangelium im Römerbrief: Die Rechtfertigungslehre des Paulus im Vergleich zu antiken jüdischen Aufsangen und zur Neuen Paulusperspektive.* Frankfurt am Main: Peter Lang, 2014.

Tilling, Chris, ed. *Beyond Old and New Perspectives: Reflections on the Work of Douglas Campbell.* Eugene, OR: Cascade, 2014.

Tomson, Peter. *Paul and the Jewish Law: Halakha in the Letters of the Apostle to the Gentiles.* Minneapolis: Fortress, 1990.

Troiani, Lucio. *Il perdono cristiano e altri studi sul cristianesimo delle origini.* Brescia: Paideia, 1999.

Tucker, Brian J. *Remain in Your Calling: Paul and the Continuation of Social Identities in 1 Corinthians.* Eugene, OR: Pickwick, 2011.

Unnik, W. C. van. *Das Selbstverständnis der jüdischen Diaspora in der hellenistisch-römanischen Zeit.* Leiden: Brill, 1993.

VanderKam, James C. "Judaism in the Land of Israel." In *Early Judaism: A Comprehensive Overview,* edited by J. J. Collins and D. C. Harlow, pp. 70-94. Grand Rapids, MI: Eerdmans, 2012.

Vanhoozer, Kevin J. *The Drama of Doctrine: A Canonical-Linguistic Approach to Christian Theology.* Louisville: Westminster John Knox, 2005.

VanLandingham, Chris. *Judgment and Justification in Early Judaism and the Apostle Paul.* Peabody, MA: Hendrickson, 2005.

Vermes, Geza. *Jesus and the World of Judaism.* London: SCM, 1983.

Vielhauer, Paul. "Apocalyptic in Early Christianity." In *New Testament Apocrypha,* edited by W. Schneemelcher, pp. 542-69. Translated by R. McL. Wilson. Louisville: Westminster John Knox, 1992.

Wagner, J. Ross. *Heralds of the Good News: Isaiah and Paul in Concert in the Letter to the Romans.* Leiden: Brill, 2003.

Wallace, David R. *The Gospel of God: Romans as Paul's Aeneid.* Eugene, OR: Pickwick, 2008.

Wan, Sze-kar. "Does Diaspora Identity Imply Some Sort of Universality? An Asian American Reading of Galatians." In *Interpreting beyond Borders,* edited by F. F. Segovia, pp. 107-31. Sheffield: Sheffield Academic, 2000.

Watson, Francis. *Paul and the Hermeneutics of Faith.* London: T&T Clark, 2004.

_____. "Constructing an Antithesis: Pauline and Other Jewish Perspectives on Divine and Human Agency." In *Divine and Human Agency in Paul and His Cultural Development,* edited by J. M. G. Barclay and S. J. Gathercole, pp. 99-116. London: T&T Clark, 2007.

_____. *Paul, Judaism, and the Gentiles: Beyond the New Perspective.* Rev. ed. Grand Rapids, MI: Eerdmans, 2007.

_____. "By Faith (of Christ): An Exegetical Dilemma and Its Scriptural Solution." In *The Faith of Jesus Christ,* edited by M. F. Bird and P. M. Sprinkle, pp. 147-63. Milton Keynes, UK: Paternoster, 2009.

Weatherly, J. A. "The Authenticity of 1 Thessalonians 2.13-16: Additional Evidence." *JSNT* 42 (1991): 79-98.

Webb, Robert L. "'Apocalyptic': Observations on a Slippery Term." *JNES* 49 (1990): 115-26.

Wechsler, Andreas. *Geschichtsbild und Apostelstreit: Eine forschungsgeschichtliche und exegetische Studie über antiochenischen Zwischenfall (Gal 2, 11-14).* BZNW 62. Berlin: Walter de Gruyter, 1991.

Wedderburn, Alexander J. M. *A History of the First Christians.* London: T&T Clark, 2005.

Weinfeld, Moshe. *Normative and Sectarian Judaism in the Second Temple Period.* LSTS 54. London: T&T Clark, 2005.

Wengst, Klaus. *Pax Romana and the Peace of Jesus Christ.* Translated by J. Bowden. Philadelphia: Fortress, 1987.

Westerholm, Stephen. *Perspectives Old and New on Paul: The "Lutheran" Paul and His Critics.* Grand Rapids, MI: Eerdmans, 2003.

_____. "Paul's Anthropological 'Pessimism' in Its Jewish Context." In *Divine and Human Agency in Paul and His Cultural Environment*, edited by J. M. G. Barclay and S. J. Gathercole, pp. 71-98. LNTS 335. London: T&T Clark, 2007.

White, Joel. "Anti-imperial Subtexts in Paul: An Attempt at Building a Firmer Foundation." *Bib* 90 (2009): 305-33.

White, John L. *The Apostle of God: Paul and the Promise of Abraham*. Peabody, MA: Hendrickson, 1999.

White, L. Michael. "Capitalizing on the Imperial Cult: Some Jewish Perspectives." In *Rome and Religion: A Cross-Disciplinary Dialogue on the Imperial Cult*, edited by J. Brodd and J. L. Reed, pp. 173-214. Atlanta: SBL, 2011.

Wilckens, Ulrich. *Rechtfertigung als Freiheit*. Neukirchen-Vluyn: Neukirchener, 1974.

Wilken, Robert L. *John Chrysostom and the Jews: Rhetoric and Reality in the Late Fourth Century*. Eugene, OR: Wipf & Stock, 2004.

Williams, Sam K. "Against *Pistis Christou*." *CBQ* 49 (1987): 431-47.

_____. *Galatians*. ANTC. Nashville: Abingdon, 1997.

Wilson, Stephen G. *Leaving the Fold: Apostates and Defectors in Antiquity*. Minneapolis: Fortress, 2004.

Wilson, Todd A. "The Law of Christ and the Law of Moses: Reflections on a Recent Trend in Interpretation." *CBR* 5 (2006): 129-50.

Windsor, Lionel J. *Paul and the Vocation of Israel: How Paul's Jewish Identity Informs His Apostolic Ministry, with Special Reference to Romans*. BZNW 205. Berlin: Walter de Gruyter, 2014.

Winninge, Mikael. *Sinners and the Righteous: A Comparative Study of the Psalms of Solomon and Paul's Letters*. Stockholm: Almqvist & Wiksell, 1995.

Winter, Bruce W. "Roman Law and Society in Romans 12-15." In *Rome in the Bible and the Early Church*, edited by P. Oakes, pp. 67-102. Carlisle, UK: Paternoster, 2002.

Witherington, Ben, III. *Paul's Narrative Thought World: The Tapestry of Tragedy and Triumph*. Louisville: Westminster John Knox, 1994.

_____. *Grace in Galatia: A Commentary on Paul's Letter to the Galatians*. Grand Rapids, MI: Eerdmans, 1998.

Wright, N. T. "The Paul of History and the Apostle of Faith." *TynB* 29 (1978): 61-99.

_____. *The Climax of the Covenant: Christ and the Law in Pauline Theology*. Edinburgh: T&T Clark, 1991.

_____. *New Testament and the People of God*. COQG 1. London: SPCK, 1992.

_____. "Gospel and Theology in Galatians." In *Gospel in Paul: Studies on Corinthians, Galatians and Romans for Richard N. Longenecker*, edited by L. A. Jervis and P. Richardson, pp. 222-39. JSNTSup 108. Sheffield: Sheffield Academic, 1994.

_____. *Jesus and the Victory of God*. COQG 2. London: SPCK, 1996.

_____. *What Saint Paul Really Said*. Oxford: Lion, 1997.

_____. "Paul's Gospel and Caesar's Empire." In *Paul and Politics: Ekklesia, Israel, Imperium, Interpretation: Essays in Honor of Krister Stendahl*, edited by R. A. Horsley, pp. 160-83. Harrisburg, PA: Trinity Press International, 2000.

_____. "A Fresh Perspective on Paul?" *BJRL* 83 (2001): 21-39.

_____. "Paul and Caesar: A New Reading of Romans." In *A Royal Priesthood: The Use of the Bible Ethically and Politically*, edited by C. Bartholomew, J. Chaplin, R. Song, and A. Walters, pp. 173-93. Carlisle, UK: Paternoster, 2002.

_____. "Romans." In *NIB*, edited by L. E. Keck, 10:393-770. 12 vols. Nashville: Abingdon, 2002.

_____. *Paul: In Fresh Perspective*. Minneapolis: Fortress, 2005.

_____. *Surprised by Hope*. San Francisco: HarperOne, 2008.

_____. *The New Testament for Everyone*. London: SPCK, 2011.

_____. "Romans 2:17-3:9: A Hidden Clue to the Meaning of Romans?" *JSPL* 2 (2012): 1-28.

_____. *Paul and the Faithfulness of God*. COQG 4. London: SPCK, 2013.

_____. "Two Radical Jews: A Review Article of Daniel Boyarin, *A Radical Jew: Paul and the Politics of Identity*." In *Pauline Perspectives: Essays on Paul, 1978-2013*, pp. 126-33. London: SPCK, 2013.

_____. "A New Perspective on Kasemann? Apocalyptic, Covenant, and the Righteousness of God." In *Studies in the Pauline Epistle*, edited by M. S. Harmon and J. E. Smith, pp. 243-58. Grand Rapids, MI: Zondervan, 2014.

_____. *The Paul Debate: Critical Questions for Understanding the Apostle*. Waco, TX: Baylor University Press, 2015.

_____. *Paul and His Recent Interpreters*. London: SPCK, 2015.

Yarbrough, Robert W. "Paul and Salvation History." In *Justification and Variegated Nomism*. Vol. 2, *The Paradoxes of Paul*, edited by D. A. Carson, P. T. O'Brien, and M. A. Seifrid, pp. 297-342. Grand Rapids, MI: Baker Academic, 2004.

_____. "Salvation History (*Heilsgeschichte*) and Paul." In *Studies in the Pauline Epistles*, edited by M. S. Harmon and J. E. Smith, pp. 181-98. Grand Rapids, MI: Zondervan, 2014.

Yinger, Kent L. "Reformation *Redivivus*: Synergism and the New Perspective." *JTI* 3 (2009): 89-106.

_____. *The New Perspective on Paul: An Introduction*. Eugene, OR: Cascade, 2011.

Zahn, Theodor. *Der Brief des Paulus an die Galater*. KNT. Leipzig: Deichert, 1907.

Zanker, Paul. *The Power of Images in the Age of Augustus*. Translated by A. Shapiro. Ann Arbor: University of Michigan Press, 1988.

Zetterholm, Magnus. *The Formation of Christianity in Antioch: A Social-Scientific Approach to the Separation between Judaism and Christianity*. London: Routledge, 2003.

_____. *Approaches to Paul: A Student's Guide to Recent Scholarship*. Minneapolis: Fortress, 2009.

_____. "Paul within Judaism: The State of the Questions." In *Paul within Judaism*, edited by M. D. Nanos and M. Zetterholm, pp. 51-52. Minneapolis: Fortress, 2015.

저자 색인

Bryan, Christopher 358, 375, 380, 415
Buell, Denise Kimber (뷰엘, 드니즈 킴버) 150-151
Bultmann, Rudolf (불트만, 루돌프) 29, 30
Burk, Denny 358, 362, 375
Byrne, Brendan 79

C

Campbell, Constantine R. 219
Campbell, Douglas A. (캠벨, 더글러스) 32, 70,
    74, 145, 191, 193, 195-196, 198-199, 202, 203, 212,
    222, 241, 247, 256, 261-262, 264, 266, 282
Campbell, William S. 95
Caneday, Ardel 241
Carlson, Stephen C. 313
Carson, D. A. 31, 73-74, 79, 82-84, 107, 192, 259, 263,
    327, 341
Carter, T. L. 324
Carter, Warren 346, 376, 410
Cassidy, Richard J. 409
Chan, Mark L. Y. 213
Charles, Ronald 58, 319, 325, 327, 419
Chilton, Bruce D. 311, 334
Ciampa, Roy E. 213
Clark, Gillian 409
Cohen, Shaye J. D. 95, 142-143, 311
Cosgrove, Charles 32, 245
Cousar, Charles 222
Crossan, John Dominic (크로산, 존 도미닉) 289,
    350, 364-365, 394, 411
Crossley, James G. 177-178
Cummins, Stephen A. 319, 331

D

Dahl, N. A. 37, 87
Das, A. Andrew 31, 79, 265-266
Davies, W. D. (데이비스, M. D.) 51, 60, 257
Deines, Roland 107, 308

Deissmann, Adolf (다이스만, 아돌프) 349, 379,
    384, 386
deSilva, David A. 236
Diehl, Judith A. 346
Dodd, C. H. (도드, C. H.) 260
Donaldson, Terence (도널슨, 테런스) 46-48, 61,
    87, 89, 92, 99, 135, 154, 271, 296
Dowling, Melissa B. 394
Driel, Edwin Christian van 203
Duncan, Mike (던컨, 마이크) 416
Dunn, James D. G. (던, 제임스 D. G.) 29-30, 41-43,
    74, 85, 87, 95, 99, 101, 107, 135, 154, 164-165, 179,
    198-199, 207-208, 210-211, 213, 220, 224-225, 227,
    244, 247-248, 250-251, 255, 261-262, 265, 274, 294,
    312, 314, 317, 325, 327, 329, 331, 333, 338, 360,
    376, 380, 413
Dunne, John Anthony 207, 360, 376, 413

E

Eastman, Susan G. 277
Eck, Werner 355
Ehrensperger, Kathy 32, 36-368
Eisenbaum, Pamela (아이젠바움, 파멜라) 54, 85-
    86, 146
Elliott, John H. 19
Elliott, Mark Adam 79, 95, 202-203
Elliott, Neil (엘리어트, 닐) 368-369, 376, 386, 394-
    395, 410, 414
Enns, Peter (엔스, 피터) 82-83
Eriksen, Thomas Hylland (에릭슨, 토머스) 149
Eschner, Christina 397
Eskola, Timo 82
Esler, Philip F. 312, 324-325, 330-331, 333, 336
Evans, Craig A. (에반스, 크레이그 A.) 80, 256, 266,
    309, 334

F

Fantin, Joseph D. (팬틴, 조지프) 350-351, 374, 404

Meeks, Wayne (믹스, 웨인) 34, 118, 157, 291, 293, 297

Meggitt, J. J. 346

Meißner, Stefan 51

Metzger, Bruce M. 140, 313

Meyer, Jason C. 213

Mijoga, H. B. P. 73

Miller, Colin 358, 375

Miller, David M. 19

Miller, James C. 107, 173, 179, 294

Modica, Joseph B. 148, 345-346, 348, 358-359

Montefiore, C. G. 76

Moo, Douglas J. 37, 82, 160, 192, 194, 307, 325-327, 329-330, 333

Moore, G. F. 37

Moore, H. 192

Moore, Richard K. 236

Moule, C. F. D. 82

Murphy-O'Connor, Jerome (머피오코너, 제롬) 154, 156-158, 162, 177

Myers, Benjamin 204

N

Nanos, Mark D. (나노스, 마크) 26, 52-53, 61, 69, 95, 100, 102-103, 104-105, 124, 143, 146, 314, 318, 326, 330, 333-334

Nausner, Michael 422

Neusner, Jacob 92

Nickelsburg, George W. E. (니켈스버그, 조지) 62, 72, 73, 78, 80

Niebuhr, K.-W. 95, 308

Novenson, Matthew V. 94, 360, 384, 388

Nystrom, David 348, 407

O

Oakes, Peter 362, 415

O'Brien, Peter T. 31, 74, 79, 82-84, 107, 192, 259, 341

Odell-Scott, David (오들스코트, 데이비드) 396-397

O'Donovan, Oliver (오도노반, 올리버) 353, 412

Orlin, Eric M. 406

Overman, J. Andrew 60

P

Park, Eung Chun 85

Pilch, John (필치, 존) 137, 152, 178

Pitts, Andrew W. 244

Popkes, Wiard 346

Porter, Stanley E. (포터, 스탠리 E.) 50, 80, 105, 112, 219, 244, 247, 254, 309, 367, 368, 380, 411, 423

Portier-Young, Anathea E. 380

Price, Simon R. F. (프라이스, 사이먼) 345, 356, 359, 362, 403

Punt, Jeremy 422

R

Rad, Gerhard von 206

Rajak, Tessa (라작, 테사) 316-317

Ramsay, William (램지, 윌리엄) 422

Reasoner, Mark 245

Reed, Jonathan L. (리드, 조너선 L.) 289, 347, 350, 355, 364-365, 370-371, 394, 406, 410-411, 417

Reinhartz, Adele 60, 69, 152

Riesner, Rainer 134, 154, 157-158, 160, 162-164

Richard, Earl J. 388

Richardson, Peter 213, 233, 310, 318, 325, 331

Riesenfeld, Harald 157

Rivera, Mayra 422

Robinson, Donald W. B. 266, 312-313, 324

Robinson, Thomas A. 292, 297

Rock, Ian (로크, 이언) 366-367, 387

Roetzel, Calvin (로첼, 캘빈) 63-64

Rosner, Brian R. 23, 108, 172, 213, 273

Rowe, C. Kavin 210, 351

Rowland, Christopher 179-180, 208, 294
Rudolph, David J. 26, 104, 146
Runesson, Anders 87
Rüpke, Jörg 361
Russell, D. S. (러셀, D. S.) 207
Russell, Peter J. 140

S

Sanders, E. P. (샌더스, E. P.) 21, 29-30, 37-41, 46,
    49, 60, 69, 73-74, 78-79, 82, 84, 87, 95, 103-104,
    124, 130-131, 137, 152, 160, 171, 176-177, 265,
    307, 310, 314-317, 319, 326, 332
Sandmel, Samuel 76, 374
Sandnes, Karl Olav 172
Sandwell, Isabella (샌드웰, 이자벨라) 150, 297
Satlow, Michael 19
Schäfer, Peter 257, 291
Schlier, Heinrich 318, 331
Schließer, Benjamin 245
Schmithals, Walter 314
Schnabel, Eckhard J. 157, 159-160, 162-164, 179,
    294
Schnelle, Udo 29
Schoeps, H. J. 76, 257
Schrage, Wolfgang 101-102
Schreiner, Thomas R. 213
Schürer, Emil (쉬러, 에밀) 71
Schwartz, Daniel R. 95, 355
Schwartz, Seth 19
Schweitzer, Albert (슈바이처, 알베르트) 195, 257
Schwemer, Anna Maria 140, 154, 156, 158, 162,
    164, 179, 291, 294, 327, 337, 339
Scott, James C. 376
Scott, James M. (스코트, 제임스) 135, 266, 377
Scroggs, Robin 193
Sechrest, Love L. (세크레스트, 러브) 35, 36, 101,
    104-105, 150
Seeley, David 397
Segal, Alan (시걸, 앨런) 28, 34, 77, 88, 103, 172, 177,
    179, 317, 342

Seifrid, Mark A. 31, 74, 79, 82-84, 87, 103, 107, 146,
    192, 259, 341
Shaw, David A. 236, 238
Sigal, Philip 71
Silberman, Neil Asher 364
Silva, Moisés 73
Sim, David C. 87
Slee, Michelle 312, 322, 325
Smiles, Vincent M. 312, 314
Soards, Marion L. (소어즈, 마리온 L.) 191-192
Sprinkle, Preston M. (스프링클, 프레스턴) 37, 52,
    57, 73, 75, 80, 84, 105, 113, 124, 204, 241-242, 244-
    245, 265
Standhartinger, A. 358
Stanley, Christopher D. 32
Stanton, Graham 87
Stark, Rodney 178
Starling, David 208
Stauffer, Ethelbert 208
Stegemann, Ekkehard W. (슈테게만, 에케하르트
    W.) 366, 414, 423
Stendahl, Krister (스텐달, 크리스터) 37, 193, 364
Stephens, Mark B. 275
Stockhausen, Carol 256
Stowers, Stanley K. 85, 177
Strecker, Christian (슈트레커, 크리스티안) 346,
    349, 421
Strecker, Georg 95, 318
Strelan, Rick 136
Stuckenbruck, Loren T. 209, 413
Stuhlmacher 112
Sturm, R. E. 192

T

Talbert, Charles H. 74
Tannehill, Robert 131
Taubes, Jacob (타우베스, 야코프) 381
Taylor, Justin 21, 95, 177, 293, 322
Taylor, Nicholas H. 112, 157
Tellbe, Mikael 352, 389, 398, 414, 420, 423

성구 및 고대 문헌 색인

랍비 문헌

초기 기독교 문헌

혁신적 신학자 바울

Copyright © 새물결플러스 2019

1쇄 발행 2019년 12월 26일

지은이 마이클 F. 버드
옮긴이 김수진
펴낸이 김요한
펴낸곳 새물결플러스

편 집 왕희광 정인철 박규준 노재현 한바울 정혜인
　　　　이형일 서종원 나유영 노동래 최호연
디자인 윤민주 황진주 박인미 이지윤
마케팅 박성민 이원혁
총 무 김명화 이성순
영 상 최정호 조용석 곽상원
아카데미 차상희

홈페이지 www.holywaveplus.com
이메일 hwpbooks@hwpbooks.com
출판등록 2008년 8월 21일 제2008-24호
주 소 (우) 04118 서울시 마포구 마포대로19길 33
전 화 02) 2652-3161
팩 스 02) 2652-3191

ISBN 979-11-6129-136-9 93230

책값은 뒤표지에 있습니다.

이 도서의 국립중앙도서관 출판예정도서목록(CIP)은 서지정보유통지원
시스템 홈페이지(seoji.nl.go.kr)와 국가자료공동목록시스템(nl.go.kr/
kolisnet)에서 이용하실 수 있습니다. CIP2019052079